국부론〔상〕

국부론(상)

2003년 10월 15일 초판 발행
2007년 12월 29일 개역초판 1쇄 발행
2025년 12월 30일 개역초판 23쇄 발행

저 자 / 애덤스미스
역 자 / 김수행
발행인 / 박기봉
발행처 / **비봉출판사**
서울 금천구 가산디지털2로 98, 2-1002(가산동, IT캐슬)
TEL. 2082-7444 FAX. 2082-7449
bbongbooks@hanmail.net
등록번호 2007-43 (1980년 5월 23일)

ISBN 978-89-376-0359-4 (전2권)
978-89-376-0360-0 94320

정가 27,000원

〈개역판〉

국 부 론〔상〕

An Inquiry Into The Nature and Causes of The Wealth of Nations

Adam Smith 저
김수행 역

비봉출판사

일러두기

1 번역에는 다음의 책들을 이용했다.

R. H. Campbell & A. S. Skinner, eds., An Inquiry into the Nature and Causes of the Wealth of Nations (Oxford: Oxford University Press, 1976).
Edwin Cannan 版, Volume I & II (London: Methuen & Co., 1904).
Edwin Cannan 版, Modern Library Version (New York: Random House, 1994).
竹內謙二 譯,『國富論』(上)(中)(下) (東京: 千倉書房, 1981).
大內兵衛 · 松川七郎 譯,『諸國民の富』(東京: 岩波書店, 1969).
楊敬年 譯,『國富論』(中國: 陝西人民出版社, 2001).
崔壬煥 譯,『國富論』(서울: 乙酉文化社, 1970).
金秀行 譯,『國富論』(서울: 東亞出版社, 1992).
楊敬年譯,『國富論』(中國: 陝西人民出版社, 2000).
唐日松等譯,『國富論』(中國: 華夏出版社, 2005).

2 스미스 자신의 주(註)는 *로 달았다. 본문 중의 ( )는 스미스 자신의 것이다.

3 역자의 주는 짧은 경우에는 본문 중에 〔 〕로 달았고, 긴 경우에는 1, 2, 3… 번호를 붙여 본문 하단에 달았다.

4 본문 각 문장의 앞에 있는 요약문은 캐넌 판에 의거했다.

애덤 스미스(Adam Smith · 1723~1790)

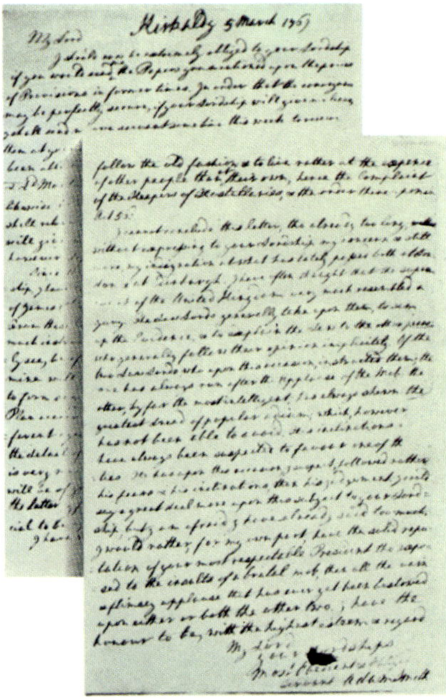

애덤 스미스의 편지

국부론 초판(1776년 3월 9일 발행)

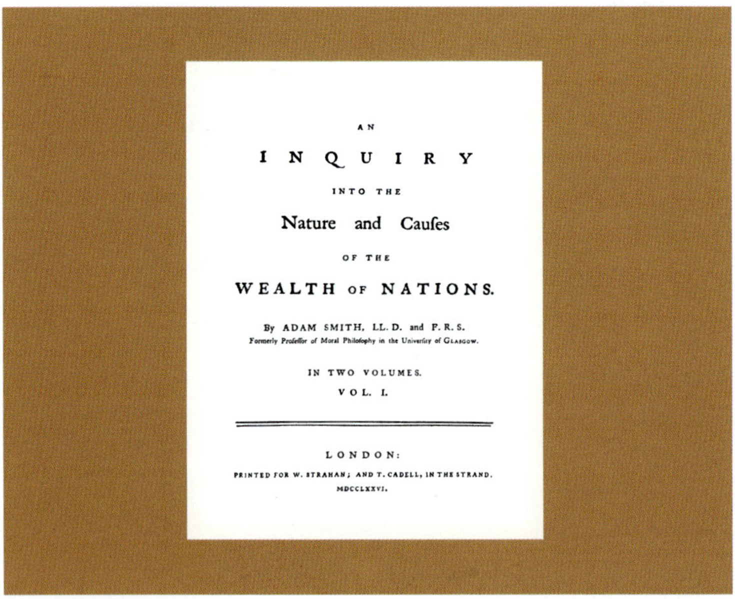

AN

INQUIRY

INTO THE

Nature and Causes

OF THE

WEALTH OF NATIONS.

By ADAM SMITH, LL.D. and F.R.S.

Formerly Professor of Moral Philosophy in the University of GLASGOW.

IN TWO VOLUMES.

VOL. I.

LONDON:

PRINTED FOR W. STRAHAN; AND T. CADELL, IN THE STRAND.

MDCCLXXVI.

영국 지도

이 지도는 「국부론」 에 나오는 지명들을 중심으로 작성하였다.

영국 왕의 계보 (1066년 이후)

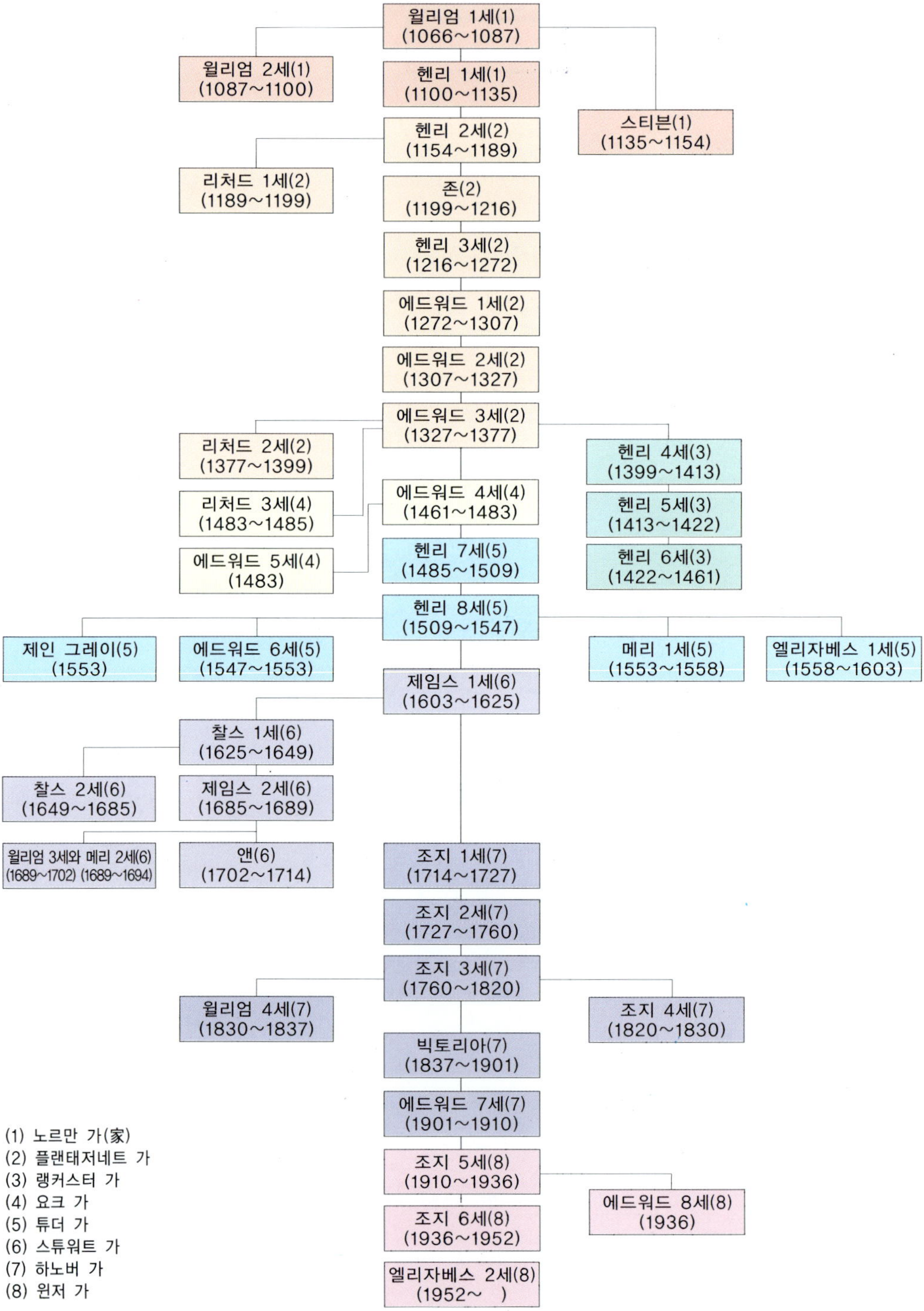

역자 서문 〈개역판〉

『국부론』(상)을 출간한 지 4년이나 지났다. 곧 (하)를 출간할 것 같았으나 여러 가지 사정으로 이렇게 늦어져 독자들에게 미안한 마음 금할 길이 없다. 이제 (상)(하)를 동시에 새로 발간하게 되어 매우 기쁘다.

『국부론』의 학술적 · 역사적 의의에 대해서는 역자 서문(1)에서 이미 쓴 바 있다. 이번에 책을 다시 번역하면서 느낀 점은, 『국부론』에는 엄청난 분량의 경제적 · 사회적 · 문화적 · 종교적 · 국가별 역사에 대한 상식들이 꽉 차 있다는 것이다. 그렇기 때문에 지식과 교양을 넓히는 가장 좋은 방법의 하나가 이 책을 읽는 것이 될 수 있다. 역자는 이 점을 고려하여 경제학 관련 항목 이외의 항목을 '색인'에 많이 집어넣었다. 각종 문제를 해명할 때 또는 각종 정책을 제안할 때 고려해야 할 사항들을 색인의 항목들을 통해 찾아볼 수 있을 것이다.

스미스가 제기하고 대답한 매우 흥미로운 질문들의 예를 들어보자. 금은보화를 가장 많이 가졌던 포르투갈과 스페인이 왜 유럽에서 가장 가난한 나라가 되었는가? 아메리카의 영국 식민지가 독립을 요구하고 있는데, 이것을 허용하는 것이 좋은가? 독립을 허용하지 않으면서 영국과 연방을 결성하기 위해서는 영국 정부는 어떤 양보를 해야 할 것인가? 학생들의 등록금으로 봉급을 받지 않고 기부재산으로 봉급을 받는 교수는 강의에 전혀 노력하지 않는데, 이것을 개선하는 방법은 무엇인가? 교회의 수입이 증가하는 것이 국부(國富)의 증진에 도움을 줄 것인가? 생활필수품에 대한 과세는 결국 누구의 부담이 되는가? 공정한 재판이 어떻게 국부의 증진에 기여하는가? 등등. 스미스의 정신을 계승한다는 지금의 주류경제학자들은 수학에 빠져서 이런 문제들에 대해서는 전혀 관심조차 가지지 않을 것이다.

스미스는 마르크스 경제학과 신고전파 경제학 모두의 원조(元祖)이다. 그의 주저인 『국부론』을 읽으면서 경제학의 나아갈 길과 한국경제의 나아갈 길을 다시 한 번 고민하는 것은 지금의 혼돈을 해결하는 하나의 방법이 될 것으로 믿는다.

2007년 12월 22일

서울대 정년퇴임식을 마친 뒤 산본에서

김 수 행

역자 서문

내가 처음 번역한 『국부론』은 동아출판사에서 1992년 9월에 출판되었는데, 그 몇 년 뒤 동아출판사가 그것을 절판하게 되었다. 그 기회에 비봉출판사가 자신이 계속 발간해온 '경제학 고전 시리즈'의 하나로 『국부론』을 새로 출판하자고 제의하기에, 내가 동아출판사의 동의를 얻어 번역을 다시 하게 된 것이다.

번역과정에 대해 미리 말할 필요가 있겠다. 비봉출판사의 박기봉 사장은 1966년 서울대학교 경제학과에 입학한 나의 5년 후배인데, 박 사장의 주장에 따라 이 번에는 『국부론』 Cannan 판에 있는 각 단락의 요약문(매 단락이 시작하는 문장의 왼쪽에 있음)을 추가하기로 했다. 그리고 박 사장은 내가 번역한 동아출판사 판에서 이해하기 어려운 용어나 문장을 원문에 의거해 먼저 고쳐서 나에게 보내왔고 내가 그 수정본을 다시 원문과 대조하면서 새로 번역하게 되었다. 박 사장은 어떻게 하면 경제학에 익숙하지 않은 일반 독자들이 『국부론』을 더 잘 이해할 수 있게끔 번역할 수 있을지를 고심했는데, 그가 가진 현실 경제에 대한 뛰어난 감각 때문에 이번의 비봉출판사 판은 훨씬 더 읽기가 쉽게 되었다.

내가 『국부론』에 관심을 가지는 이유는 다음과 같다.

첫째, 『자본론』에서 가장 많이 인용되고 있는 책이 바로 『국부론』이기 때문이다. 마르크스는 『국부론』을 연구하면서 자기의 경제학체계를 세웠다고 말할 수 있다. 스미스가 창조한 경제학의 용어와 개념을 마르크스는 한편으로는 계승하고 다른 한편으로는 비판하고 수정하면서 자기의 '혁명적인 체계'를 완성한 것이다. 내가 역자 주에서 기회가 생길 때마다 『국부론』과 『자본론』 사이의 이론적 계승과 단절을 언급한 것은 이 때문이다. 특히 마르크스는 스미스가 말하는 '노동의 자연가격' 또는 '자연적인 임금수준'으로부터 '노동력이라는 상품의 가치'라는 개념을 창조함으로써 노동과 노동력을 구별할 수 있었고, 이를 통해 이윤의 원천인 잉여노동을 발견함으로써 자본축적과 노자대립의 숨은 비밀을 폭로할 수 있었던 것이다.

둘째, 『국부론』에는 경제학의 체계를 세우려는 스미스의 진지한 조사와 탐구의 노력이 스며있기 때문이다. 물론 이 책은 이데올로기적으로는 그 당시 유행한 중상주의를 비판적으로 극복하는 것을 최종 목표로 삼고 있지만, 이를 위해 스미스는 중상주의의 핵심적인 명제들을 하나하나씩 논리적 일관성과 현실적 타당성에 의해 과학적으로 반박하고 있다. '국부'(the wealth of nation)가 금과 은으로 구성된 것이 아니라 국민이 향유하는 연간의 노동생산물로 구성되어 있다는 것을 증명하기 위해, 금과 은을 가장 많이 가지고 있는 스페인과 포르투갈이 왜 네덜란드와 영국 및 프랑스보다 가난한가를 분석했다. 또한 중상주의 정책들(예컨대 수출증진정책, 수입억제정책, 식민지정책, 독점무역회사의 설립)이 일부 상인과 제조업자의 이익을 증진시킬 뿐이고 사회 전체에 대해서는 해롭다는 것을 방대한 자료를 통해 증명했다. 그리고 자유경쟁이 독점이나 배타적 특권보다 훨씬 더 사회의 이익에 봉사한다는 것을 입증하기 위해 동업조합과 동인도회사의 역사를 탐구했다.

셋째, 『국부론』이 강조하는 자유경쟁은 부르주아경제학이 예찬하는 시장과는 다르다는 것을 알 수 있기 때문이다. 스미스가 지적하는 '보이지 않는 손'(an invisible hand)은 『국부론』에서 단 한 번 상권 552쪽에서 언급되었을 뿐이고, 개인이 자기의 이익을 추구할 때 '보이지 않는 손'에 이끌리어 사회의 이익도 증진된다는 주장이다. 또한 스미스가 말하는 '자연적 자유'(natural liberty)는 개인이 자신의 상태를 개선하려고 자연스럽게 노력하는 것을 막지 말라는 의미이지만, 사회 전체의 안정을 위협하는 몇몇 개인의 자연적 자유의 행사는 제한되어야 한다고 스미스는 강조한다. 따라서 '보이지 않는 손'이라는 은유나 '자연적 자유'에 의해 스미스가 우리에게 제시하는 사회철학은, 사회적 이익을 증진시키는 한도 안에서 개인에게 사적 이익을 추구하게 하는 것이 옳다는 것이다. 예컨대 독점자가 자기의 이익을 추구하는 자연적 자유는 제한되어야 하고, 독점자의 사적 이익은 사회의 이익을 증진시키지 않기 때문에 '보이지 않는 손'은 작동하지 않게 된다. 그런데 현재의 부르주아경제학은 독점자본이나 다국적자본이 사회 전체의 이익을 엄청나게 훼손하고 있는데도 불구하고 모든 것을 시장에 맡겨야 한고 강변하고 있는데, 이것은 분명히 스미스를 모독하는 행위이다.

『국부론』은 1776년 초판이 발간되었고, 제3판(1784년)에서 상당한 부분이 추가되었으며, 스미스의 생전에는 제5판(1789년)까지 나왔다. 아메리카의 독립전쟁이 1776년부터 시작되었고 프랑스의 부르주아혁명이 1789년 폭발했다는 점을 감안하면, 중상주의를 비판한 『국부론』이 일부 상인과 제조업자의 사적 이익 대신에 국민 대중의 이익을 옹호한 것은 그 당시의 시대정신을 반영하고 있다고 말해야 할 것이다. 스미스는 1723년 스코틀랜드의 커콜디(Kirkcaldy)에서 유복자로 태어나 평생을 독신으로 지내다가 1790년 7월 17일 에든버러에서 죽었다.

이 새로운 비봉출판사 번역판이 부르주아경제학이나 비주류경제학을 연구하는 모든 학도들에게, 그리고 경제문제에 관심을 가진 모든 일반 독자들에게 경제학의 최고 고전인 『국부론』을 제대로 이해하는 계기를 준다면, 나의 오랫동안의 힘든 노력은 보상을 받고도 남을 것이다.

2003년 7월 14일

서울대 16동 637호 연구실에서

김 수 행

차 례

제 2편 자본의 성질 · 축적 · 사용

제 3편 각국의 상이한 국부증진 과정

제 4편 정치경제학의 학설체계

(이상 상권)

제 4편 정치경제학의 학설체계 (계속)

제 5편 국왕 또는 국가의 수입

(이상 하권)

서문 및 본서의 계획

1. 연간 노동의 생산물이 연간 소비를 공급한다.

한 나라 국민의 연간 노동은 그들이 연간 소비하는 생활필수품과 편의품 전부를 공급하는 원천이며, 이 생활필수품과 편의품은 언제나 이 연간 노동의 직접 생산물로 구성되고 있거나 이 생산물과의 교환으로 다른 나라로부터 구입해온 생산물로 구성되고 있다.

2. 공급이 잘 되고 있는지 없는지는 생산물과 소비자 수의 비율에 따라 결정된다.

따라서, 한 나라 국민들이 필요로 하는 생활필수품과 편의품이 제대로 공급되고 있는지 그렇지 못한지는 이 직접 생산물 또는 그것과의 교환으로 다른 나라로부터 구입해온 생산물과 그것을 소비하는 사람의 수 사이의 비율에 의해 결정된다.

3. 이 비율은 두 가지 사정에 의해 결정된다 : 노동의 기교 · 숙련 · 판단과 유용노동자의 비율

그러나 각 나라에서 1인당 연간 생산물은 반드시 두 가지 사정에 의해 결정된다. 첫째는 국민이 노동을 할 때 발휘하는 기교, 숙련 및 판단이고, 둘째는 유용노동(有用勞動)에 종사하는 사람의 수와 유용노동에 종사하지 않는 사람의 수 사이의 비율이다. 어느 한

나라의 토양, 기후 또는 국토의 크기가 어떠하건 간에, 주어진 상황에서는, 그 나라의 연간 공급의 풍족 또는 결핍은 반드시 위의 두 가지 사정에 의해 결정된다.

4. 문명사회의 생산량이 증대된 원인은 유용노동자의 수보다는 기능·숙련·판단에 의해서 설명된다.

이 공급의 풍족 또는 결핍은 또한 위의 두 가지 사정 중 후자보다는 전자에 더 크게 의존하는 것 같다. 사냥이나 고기잡이에 종사하는 야만국들을 보면, 일할 수 있는 사람들은 모두 많든 적든 유용노동에 종사하며, 자기 자신을 위해, 또는 자기 가족이나 종족 중 너무 늙거나 어리거나 허약해서 사냥과 고기잡이를 할 수 없는 사람들을 위해, 생활필수품과 편의품을 공급하려고 온갖 애를 쓴다. 그러나 이러한 나라들은 너무나 비참할 정도로 가난해서 단순한 결핍 때문에 아이들, 노인들, 병든 사람들을 때로는 직접 죽이거나 때로는 내다버려서 굶어 죽게 하여 야수(野獸)들의 밥이 되게 할 수밖에 없는 처지에 있거나 또는 적어도 스스로 그런 처지에 있다고 생각한다. 이와는 반대로, 문명화되고 번영하는 나라들을 보면, 수많은 사람들은 전혀 노동을 하지 않으면서도 절대 다수의 일하는 사람들보다 10배, 때로는 100배의 노동생산물을 소비하는데도 불구하고, 사회의 총노동생산물이 너무나 거대하기 때문에, 모든 사람들은 풍부하게 공급받으며, 가장 저급의 가장 빈곤한 노동자라도 그가 절약하고 근면하다면 어떤 야만인이 얻을 수 있는 것보다 더 많은 생활필수품과 편의품을 얻을 수 있다.

5. 진보와 개선의 원인과 자연스런 분배가 제1편의 주제이다.

노동생산력의 이러한 진보와 개선의 원인과, 노동생산물이 사회의 상이한 계급 및 상이한 상황에 있는 사람들 사이에서 자연스럽게 분배되는 질서가 본서의 제1편의 주제이다.

6. 자본은 제2편에서 논의된다.

어떤 나라에서 노동을 할 때 발휘되는 기교, 숙련 및 판단의 실제 상황이 어떠하든 간에, 그 상황이 계속되는 상태에서는, 그 나라의 연간 공급의 풍족·결핍은 연간 유용노동에 종사하는 사람의 수와 그런 노동에 종사하지 않는 사람의 수 사이의 비율에 달려 있음에 틀림없다. 유용하고 생산적인 노동자들의 수는, 이하에서 보게 되듯이, 그들에게 일을 시키는 데 사용되는 자본의 양과 그 자본의 양을 사용하는 구체적인 방법에 비례한다. 그러므로 제2편은 자본의 성질, 자본이 점차로 축적되는 방식, 자본이 사용되는 상이한 방식에 따라 자본이 고용하는 노동의 수량이 달라지는 것을 다룬다.

7. 유럽이 도시산업을 장려하고 농업을 장려하지 않은 사정이 제3편에서 설명된다.

노동을 할 때 발휘되는 기교·숙련·판단이 비교적 발달한 나라들은 노동을 관리 지도하는 데 매우 상이한 정책을 채택했는데, 그 정책들은 노동생산물에 결코 동등하게 유리한 것은 아니었다. 어떤 국가의 정책은 특별히 농촌의 산업을 장려했으며, 다른 국가의 정책은 특별히 도시의 산업을 장려했다. 모든 산업을 동등하고 공평하게 취급한 국가는 없었다. 로마제국의 몰락 이래 유럽의 정책은 농촌산업인 농업보다는 도시산업인 수공업·제조업·상업을 우대했다. 이러한 정책을 채택하고 확립시켰다고 보이는 사정들이 제3편에서 설명된다.

8. 각종 상이한 정책들이 야기하는 각종 이론들이 제4편에서 설명된다.

비록 이러한 상이한 정책들은 그 정책들이 사회의 일반적 복지에 미치는 영향을 전혀 고려하지 않은 채 우선 특정 계급 사람들의 사적 이익과 편견 때문에 채용되었지만, 그 정책들은 매우 상이한 경제이론들을 낳았다. 이 이론들 중에서 어떤 것은 도시에서 영위되는 산업의 중요성을 특별히 강조하고, 다른 것은 농촌에서 영위되는 산업의 중요성을 특별히 강조했다. 이러한 이론들은 지식인들의 견해에 큰 영향을 미쳤을 뿐만 아니라 군주와 국가의 행정에도 큰 영향을 미쳤다. 제4편에서는 이러한 상이한 이론들과 그들이 각 시대, 각 나라에서 이룩한 주요 효과들을 가능한 한 상세하고 명료하게 설명하려고 했다.

9. 국왕이나 국가의 지출 · 수입 및 공채가 제5편에서 설명된다.

국민 대다수의 수입(收入)을 구성하는 것은 무엇인가, 또는 각 시대, 각 나라에서 그들의 연간 소비를 공급하는 자원의 성질은 무엇인가를 설명하는 것이 제4편까지의 목적이다. 마지막 제5편은 국왕 또는 국가의 수입(收入)을 다룬다. 제5편에서 밝히고자 한 것은 다음과 같다. 첫째, 국왕 또는 국가의 필요 지출은 무엇인가? 이 지출 중 사회 전체의 일반적 납세에 의해 부담되어야 할 것은 어떤 것이며, 사회의 어느 특정 부분 또는 특정 구성원의 납세에 의해 부담되어야 할 것은 어떤 것인가? 둘째, 사회 전체가 부담해야 할 지출을 사회 전체에 대해 과세하는 방법들에는 어떤 것이 있으며, 각 방법의 주요한 이점과 폐단은 무엇인가? 끝으로 셋째, 거의 모든 현대 정부로 하여금 그 세입의 일부를 담보로 공채(公債)를 발행하게 만드는 이유와 원인은 무엇인가? 그리고 이 공채가 사회의 진정한 부(富), 즉 사회의 토지와 노동의 연간생산물에 미치는 영향은 무엇인가?

제 1 편

노동생산력을 향상시키는 원인들과 노동생산물이 상이한 계급들 사이에 자연법칙에 따라 분배되는 질서

"우리가 매일 식사를 마련할 수 있는 것은 푸줏간 주인과 양조장 주인, 그리고 빵집 주인의 자비심(慈悲心) 때문이 아니라, 그들 자신의 이익을 위한 그들의 고려 때문이다. 우리는 그들의 자비심에 호소하지 않고 그들의 자애심에 호소하며, 그들에게 우리 자신의 필요를 말하지 않고 그들에게 유리함을 말한다. 거지 이외에는 아무도 전적으로 동포들의 자비심에만 의지해서 살아가려고 하지 않는다."

-제 1편 제 2장(p.19)-

"유무(有無)를 상통하고, 물물교환하고, 상호교역하려는 성향이 없다면 모든 사람은 자기가 필요로 하는 모든 필수품과 편의품을 스스로 조달해야 한다. 모든 사람은 동일한 책임을 이행해야 하고, 동일한 작업을 수행해야 한다. 그렇게 되면 재능의 큰 차이를 야기시키는 직업상의 차이는 존재할 수 없다. 상이한 직업을 가진 사람들 사이에 두드러지게 나타나는 재능의 차이를 형성시키는 것이 교환 성향인 것처럼, 이 차이를 유용한 것으로 만드는 것도 마찬가지로 이 교환 성향이다."

-제 1편 제 2장(p.21)-

"동업자들은 오락이나 기분전환을 위해 만나는 경우에도, 그들의 대화는 공중(公衆)에 반대되는 음모나 가격인상을 위한 모종의 책략으로 끝나지 않을 때가 거의 없다. 이러한 모임을 실제로 집행 가능하거나 자유와 정의에 모순되지 않는 법률로 저지한다는 것은 불가능하다. 그러나 법률이 동업자들의 이따금의 모임을 저지할 수는 없다고 하더라도 그러한 모임을 촉진해서는 안 되며, 더구나 그러한 모임이 필요하도록 만들어서도 안 된다."

-제1편 제 10장 (p.168)-

제1장
분 업

1. 분업은 노동의 효율을 최대로 제고시키는 주요 원인이다.

노동생산력을 최대로 개선·증진시키는 것은, 그리고 노동을 할 때 발휘되는 대부분의 기능·숙련·판단은 분업(分業: division of labour)의 결과인 것 같다.

2. 한 가지 특정한 예를 들어 보면 더욱 잘 이해된다.

분업이 사회의 전반적인 산업에 미치는 효과는 어느 특정 제조업에서 분업이 어떻게 작용하는지를 고찰함으로써 좀더 쉽게 이해할 수 있다. 분업은 보통 몇몇 아주 소규모 제조업에서 가장 잘 행해지고 있는 것처럼 생각된다. 이것은 아마 분업이 거기에서 실제로 잘 행해지고 있기 때문이 아니라, 소수인의 작은 수요를 충족시키는 소규모 제조업에서는 노동자 수가 적을 수밖에 없어서 관찰자가 작업의 각 부문에 종사하는 노동자들을 동일한 작업장에서 한눈으로 볼 수 있기 때문이다. 이와는 반대로, 다수 국민의 대규모 수요를 충족시키는 대규모 제조업에서는, 작업의 각 부문이 매우 많은 노동자들을 고용하기 때문에, 그들 모두를 동일한 작업장으로 모을 수 없고, 그리하여 하나의 부문에 종사하는 노동자들보다 더 많은 숫자를 한눈에 볼 수 없는 것이다. 그러므로 대규모 제조업에서는 소규모 제조업에서보다 사실상 작업이 훨씬 많은 부분으로 분할되어 있을지라도, 그 분할은 그렇게 분명하게 보이지 않고 따라서 훨씬 주목을 덜 받는다.

3. 예를 들어 핀 제조업 같은 것이다. 아주 소규모 제조업이지만, 그것의 분업이 자주 언급된 적이 있는 핀 제조업을 예로 들어 보자. 이 업종에 관한 교육을 받지 않고, 거기에서 쓰이는 기계의 사용에 익숙하지 않은 노동자는 아무리 열심히 일하더라도 아마 하루에 한 개의 핀도 만들 수 없을 것이며, 하루에 20개의 핀은 도저히 만들 수 없을 것이다. 그러나 이 업종이 지금 운영되고 있는 방식을 보면, 작업 전체가 하나의 특수한 직업일 뿐만 아니라, 그 작업이 다수의 부문으로 분할되어 그 각 부문의 대다수가 마찬가지로 특수한 직업으로 되고 있다. 첫번째 사람은 철사를 잡아늘이고, 두번째 사람은 철사를 곧게 펴며, 세번째 사람은 철사를 끊고, 네번째 사람은 끝을 뾰족하게 하며, 다섯번째 사람은 대가리를 붙이기 위해 끝을 문지른다. 대가리를 만드는 데도 두세 가지의 다른 조작이 필요하다. 대가리를 붙이는 것, 핀을 희게 하는 것, 핀을 종이로 싸는 것 모두가 하나의 전문 직업들이다. 이처럼, 핀을 만드는 중요한 작업은 약 18개의 독립된 조작으로 분할되고 있는데, 어떤 공장[1]에서는 이 18개의 조작을 18명의 직공들이 나누어서 하고 있고, 다른 공장에서는 한 직공이 두세 가지 조작을 담당하고 있다. 나는 이러한 종류의 작은 공장을 본 적이 있다. 거기에는 10명만이 고용되어 있었고, 따라서 약간의 노동자들은 두세 가지 서로 다른 조작을 하고 있었다. 그들은 매우

---

1) 마르크스는 매뉴팩처(manufacture)를 공장제수공업이라 하여 기계제대공업(machinofacture)과 구별하고 있다. 스미스가 살던 18세기 중엽에는 거의 대부분의 공장이 매뉴팩처였으므로 공장과 매뉴팩처가 동일시되고 있다. 따라서 마르크스는 스미스를 '매뉴팩처 시대의 대표적인 경제학자'라고 부른다. 『자본론』(김수행 역, 비봉출판사, 1989~91. 제1권 제2차 개역 2001) 제1권 제14장(분업과 매뉴팩처)을 참조하라—역자.

빈곤했고, 따라서 필요한 기계를 거의 가지지 않았지만, 그들은 힘써 일할 때 하루 약 12파운드〔5.4kg〕의 핀을 만들 수 있었다. 1파운드는 중간 크기의 핀 4,000개 이상이 된다. 그러므로 10명이 하루에 48,000개 이상의 핀을 만들 수 있고 한 사람은 하루에 4,800개의 핀을 만든 셈이 된다. 그러나 그들이 각각 독립적으로 완성품을 만든다면, 그리고 그들 중 누구도 이 특수 업종의 교육을 받은 적이 없었다면, 그들 각자는 분명히 하루에 20개도 만들 수 없을 것이며, 어쩌면 하루에 1개도 만들 수 없을지도 모른다. 다시 말해, 상이한 조작들의 적당한 분할과 결합이 없다면, 그들 각자가 지금 생산할 수 있는 것의 $\frac{1}{240}$ 은 물론 아마 $\frac{1}{4,800}$ 도 만들 수 없을 것이다.

4. 기타 모든 직업과 다양한 직업의 구분에서 그 효과는 동일하다.

기타 모든 수공업과 제조업의 경우에도, 비록 작업이 이와 같이 세분되거나 단순한 조작으로 전환될 수 없는 경우도 많겠지만, 분업의 효과는 이 제조업에서의 그것과 비슷하다. 그러나 분업은, 그것이 도입될 수 있는 한, 모든 업종에서 노동생산성을 증대시킨다. 상이한 업종과 직업들의 분리는 이러한 이익 때문에 발생하는 것 같다. 일반적으로 산업과 노동생산력이 최고로 발전된 나라일수록 각종 직업의 분리가 가장 크게 진전되고 있다. 미개 사회에서 한 사람이 하던 일이 진보된 사회에서는 일반적으로 몇 사람이 나누어 하는 일로 되고 있다. 모든 진보된 사회에서는 농민은 일반적으로 농민일 따름이며, 제조업자는 제조업자일 따름이다. 또한 어떤 하나의 완제품을 생산하는 데 필요한 노동도 거의 항상 다수의 노동자들에 의해 분담되고 있다. 마직물(麻織物)과 모직물(毛織物) 제조업을 예로 들어 보면, 각 부문에는 아마와 양모의 생산자로부터 아마포의 표백업자, 직물의 염색업자, 마무리공에 이르기까지 극히 다양한 많은 직업들이 있지 않은가! 그러나 농업은 그 성질상 제조업에서처럼 노동이 세분되거나 작업이 완전히 서로 분리될 수 없다. 목수의 일과 대장장이의 일은 확연히 분리되지만, 목축인의 일과 밀 재배자의 일은 그처럼 확연히 분리될 수 없다. 방적공과 직포공은 거의 언제나 서로 다른 사람이지만, 밀밭을 갈고, 써레질을 하고, 씨를 뿌리고, 수확하는 일은 흔히 동일한 사람에 의해 행해진다. 농업에서는 상이한 종류의 노동을 해야 할 필요가 계절에 따라 다르게 나타나기 때문에, 한 사람이 계속해서 한 종류의 노동에만 종사하는 것은 불가능하다. 이처럼 농업에 필요한 각종 노동들을 완전히 분리시키는 것이 불가능하기 때문에, 농업에서의 노동생산성의 향상은 언제나 제조업에서의 그것을 따라가지 못하는 것 같다. 가장 부유한 나라들은 일반적으로 타국에 비해 제조업뿐만 아니라 농업에서도 뛰어나지만, 보통 농업에서보다는 제조업에서 더욱 뛰어나다. 그들의 토지는 일반적으로 더 잘 경작되고 더 많은 노동과 비용이 거기에 투하되므로, 토지의 면적과 자연적 비옥도에 비해, 더 많은 생산물을 생산한다. 그러나 이처럼 더 많은 생산량은 더 많이 투하된 노동과 비용에 비례하는 것보다 크지는 않다. 농업에서는 부유한 나라의 노동이 반드시 가난한 나라의 노동보다 훨씬 더 생산적인 것은 아니다. 또는 적어도 제조업에서 일반적으로 볼 수 있는 것처럼 더욱 생산적이지는 않다. 그러므로, 만약 동일한 품질이라면, 부유한 나라의 밀이 가난한 나라의 밀에 비해 반드시 싸지는 않다. 또한 부유하고 진보된 정도로 말하면 프랑스가 폴란드보다 훨씬 더 부유하고 진보되어 있음에도 불구하고, 폴란드 밀의 가격과 그것과 동일한 품질의 프랑스 밀의 가격은 서로 같다. 영국에 비해 프랑스는 아마 생활의 풍족함과 진보라는 면에서는 뒤떨어져 있지만, 프랑스 밀은 영국 밀에 비해 품질에서는 완전히 동일하고 가격에서도 대체로 거의 동일하다. 그러나 밀 생산지는 영국이 프랑스보다 더 잘 경작되고 있으며, 프랑스의 밀 생산지는 폴란드보다 훨씬 더 잘 경작되고 있다고 한다. 가난한 나라는 뒤떨어진 경작방식에도 불구하고 밀의 가격과 품질에서 부유한 나라와 어느 정도 경쟁할 수 있지만, 제조업에서는, 적어도 그 제조업이 부유한 나라의 토양·기후·위치에 적합하다면, 결코 밀처럼 경쟁할 수 없다. 비단은 프랑스가 영국보다 품질도 좋고 값도 싸다. 왜냐하면, 견직업(絹織業)은, 적어도 현재 영국이 생사의 수입에 대해 높은 관세를 부과하고 있는 조건에서는, 프랑스의 기후에 적합한 만큼 그렇게 영국의 기후에 적합하지 않기 때문이다. 그러나 금속 제품류와 거친 모직물은 영국이 프랑스보다 비교할 수 없을 정도로 우수하며, 동일한 품질의 경우에는 값이 훨씬 싸다. 한 나라가 존립해 가는 데 반드시 필요한 몇몇 종류의 조잡한 가정용품 제조업을 제외하고는, 폴란드에는 어떤 종류의 제조업도 거의 없다고 한다.

5. 분업의 이익은 세 가지 사정에 기인하는 것이다.

분업의 결과 동일한 수의 노동자들이 수행할 수 있는 작업량이 이처럼 크게 증가하는 원인은 다음과 같은 세 가지 사정 때문이다. 첫째, 전업(專業)으로 인하여 노동자 각자의 숙련도가 높아지고, 둘째, 한 가지 일로부터 다른 일로 옮길 때 보통 허비하게 되는 시간이 절약되고, 셋째, 노동을 수월하게 해주고 단순하게 해주는 많은 기계의 발명으로 한 사람이 많은 사람의 일을 할 수 있게 되는 것이다.

6. 숙련도의 향상

첫째로, 노동자의 숙련도가 증진되면 그가 해낼 수 있는 작업량은 반드시 증대된다. 분업은 각자의 일을 어떤 단순한 한 가지 조작으로 축소시키고 그리고 그 조작이 그의 평생의 유일한 직업이 되게 함으로써 노동자의 숙련도를 크게 향상시킨다. 망치를 다루는 데는 익숙하지만 못을 만들어 본 적이 없는 보통의 대장장이가 어떤 특수한 경우에 못을 만들어야만 한다면, 그는 하루에 못을 200개 또는 300개 이상 만들지 못할 것이다—그것도 매우 볼품없는 못을. 못을 만드는 데는 익숙하지만 자신의 주된 직업이 못을 만드는 일이 아닌 대장장이는 아무리 노력하더라도 하루에 800~1,000개 이상은 만들지 못할 것이다. 그러나 나는 못을 만드는 일 외에는 어떤 직업도 가져보지 못한 20세 미만의 몇 명의 소년들이 전력을 다할 때에는 각자 하루에 2,300개 이상의 못을 만들 수 있는 것을 본 적이 있다. 그러나 못을 만드는 일은 결코 가장 단순한 작업들 중의 하나가 아니다. 풀무질을 해야 하고, 때로는 불의 세기를 조절하고, 쇠를 달구고, 못의 각 부분을 망치로 때려야 한다. 못대가리를 만들 때에는 공구를 바꾸어야 한다. 핀이나 금속단추의 제조공정을 세분화시킨 각각의 조작들은 모두 훨씬 더 간단하며, 평생 하나의 조작만을 해 온 사람의 숙련도는 훨씬 뛰어나다. 이들 제조업의 조작들 중 어떤 것들은 너무나 신속히 이루어지므로, 그것을 직접 보지 못한 사람들에게는 인간의 손으로 가능한 한계를 넘어선 것이라고 생각될 수도 있다.[2)]

7. 시간의 절약

둘째로, 하나의 일로부터 다른 일로 옮길 때 허비하게 되는 시간의 절약에 의해 얻어지는 이익은 언뜻 생각하기보다 훨씬 크다. 서로 다른 장소에서 서로 다른 공구를 사용해야 하는 작업들 사이로 빨리 옮겨가는 것은 불가능하다. 소규모 농업을 경영하는 농촌의 직포공은 직기(織機)로부터 밭으로, 그리고 밭으로부터 직기로 옮겨갈 때 많은 시간을 허비하게 마련이다. 만약 두 가지 상이한 작업을 동일한 작업장에서 수행할 수 있다면 시간의 손실은 확실히 훨씬 줄어들 것이다. 그러나 이런 경우에도 시간의 손실은 상당하다. 사람은 한 가지 일로부터 다른 일로 옮길 때 일반적으로 약간은 빈둥거리게 마련이다. 사람은 새로운 일을 처음 시작할 때부터 매우 열성적으로 되기가 어렵다. 마음이 떠나 있으므로 그 일에 몰두하기보다는 얼마 동안 빈둥거리게 된다. 자기의 작업과 도구를 30분마다 바꾸어야 하고, 거의 매일 20가지의 상이한 방법으로 손을 사용해야 하는 농촌 노동자는 어쩔수 없이 빈둥거리는 습관과 게으르고 소홀하게 일을 하는 습관이 몸에 배게 된다. 이 습관은 그

2) 『국부론』 제5편 제1장 제3절 2에서 스미스는 분업이 인간의 능력을 일면적으로 발달시켜 인간을 퇴화시키기 때문에 국민교육이 필요하다고 주장한다. 한편, 마르크스는 기술혁신이 급속하기 때문에 전면적으로 발달한 개인이 탄생할 수밖에 없음을 지적하고 있다. 『자본론』 제1권 제15장 제9절을 참조하라—역자.

를 언제나 게으르고 나태하게 만들며, 매우 급박한 상황에서조차 정력적으로 일을 하지 못하게 한다. 그러므로 숙련도의 결핍과는 별도로 이 원인 하나만으로도 그가 수행할 수 있는 작업량은 크게 감소할 수밖에 없다.

8. 직공들에 의하여 발명된 기계의 응용

셋째로, 적절한 기계의 사용으로 노동이 얼마나 수월해지고 단순해지는가에 대해서는 모두가 알고 있을 것이므로 예를 들 필요가 없다. 그러므로 나는 노동을 그처럼 쉽게 하고 단축시키는 모든 기계의 발명이 분업으로부터 유래하는 것 같다는 점을 지적하려고 한다. 사람은 정신의 모든 주의력을 각종 일에 분산시킬 때보다는 하나의 대상에 집중시킬 때 목적을 달성하기 위한 쉽고 간편한 방법을 훨씬 더 잘 발견하게 된다. 분업 때문에 각자의 모든 주의력은 자연히 어떤 하나의 단순한 대상에 집중된다. 그러므로 각각의 특수한 노동부문에 종사하는 사람들 중 누군가가 자기 자신의 특수한 작업을 수행하는 쉽고 간편한 방법을, 이러한 개선의 여지가 있는 경우, 머지 않아 발견하게 되리라는 것은 당연히 예상할 수 있다. 노동이 매우 세분되어 있는 공장에서 사용하는 기계의 대부분은 원래, 어떤 매우 단순한 조작에 종사하면서 자기의 생각을 그 조작을 수행하는 쉽고 간편한 방법의 발견에 집중시킨, 보통 노동자의 발명이었다. 이러한 공장을 방문해 본 사람들은 흔히 보통 노동자들이 자기 자신들의 일을 쉽고 신속하게 하기 위해 발명한 매우 편리한 기계들을 보았을 것이다. 최초의 증기기관의 경우, 피스톤이 올라가고 내려가는 것에 따라 보일러와 실린더 사이의 문을 열었다 닫았다 하기 위해서 한 소년이 계속 붙어 있어야 했다. 이 소년들 중 친구와 놀기를 좋아하는 한 소년이, 이 문을 여는 밸브 손잡이와 기계의 다른 부분을 끈으로 묶음으로써 그 밸브가 자기의 도움 없이 열리고 닫히며, 자기는 친구들과 마음놓고 놀 수 있다는 것을 발견했던 것이다. 증기기관이 최초로 발명된 이래 달성된 가장 큰 개량들 중의 하나는 이처럼 자기 자신의 일을 줄이고 싶어한 한 소년의 발명이었다.

9. 또는 기계제작자와 과학자에 의해서 발명된 기계의 응용

그러나 기계에 대해 이루어진 모든 개량들이 기계를 사용할 기회를 가졌던 사람들에 의해 만들어진 것은 결코 아니다. 많은 개량은, 기계를 만드는 일 자체가 하나의 특수한 사업으로 되었을 때, 그 기계를 만든 사람들의 독창력에 의해 이루어진 것이었으며, 몇 가지의 개량은 이른바 과학자 또는 사상가—이들의 임무는 어떤 것을 만드는 데 있지 않고 일체의 사물을 관찰하는 데 있다. 그러므로 그들은 서로 전혀 관계가 없고 성질이 전혀 다른 대상들의 힘을 때때로 결합시킬 수 있다—에 의해 만들어진 것이다. 사회의 진보에 따라 과학 또는 사색(思索)은, 기타 모든 직업과 마찬가지로, 특정 계급 인민의 주된 또는 유일한 직업으로 된다. 그들의 업무나 일도, 다른 직업과 마찬가지로, 다수의 상이한 부문으로 세분되고, 각각의 부문은 상이한 과학자들의 전문으로 된다. 산업에서의 분업과 마찬가지로, 과학에서의 이러한 분업은 기교를 증진시키고 시간을 절약한다. 각자는 자기 자신의 분야에서 점점 더 전문가로 되며, 그리하여 전체로서의 업적도 증가되며, 과학의 수량 및 내용도 크게 증가한다.

10. 그러므로 잘 다스려진 사회는 보편적으로 부유하다.

통치가 잘 되고 있는 사회에서 최하층의 국민까지도 전반적인 풍요로움을 누리게 되는 것은 분업의 결과 각종 생산물이 크게 증가하기 때문이다. 각 노동자[3]는 자기 자신의 노동생산물을 대량으로 가지고 있어서 자신의 수요를 충족시킬 뿐 아니라 대량으로 내다 팔 수 있으며, 다른 노동자들도 그와 마찬가지 상태에 있으므로, 그는 자기 자신의 대량의 생산물을 타인의 대량의 생산물과 교환할 수 있고,

3) 『국부론』에서는 임금노동자와 자영업주를 분명히 구분하지 않고 모두 노동자(workman) 또는 일꾼이라 부르고 있다—역자.

또는 같은 이야기지만, 그 생산물의 등가품(等價品)과 교환할 수 있다. 그는 타인이 필요로 하는 것을 풍부하게 공급하고, 타인은 그가 필요로 하는 것을 마찬가지로 풍부하게 공급하는데, 이리하여 전반적인 풍요가 사회의 모든 상이한 계층들에게 확산된다.

11. 일용 노동자의 코트까지도 무수한 직공들의 생산물이다.

번영하는 문명국의 가장 일반적인 수공업자 또는 일용노동자의 생활용품을 관찰해 보면, 그가 이러한 생활용품을 누리도록 하기 위해 그것을 만드는 데 조금이라도 노동을 투하한 사람의 수는 헤아릴 수 없을 만큼 많다는 것을 알게 될 것이다. 예컨대 일용노동자가 입고 있는 모직 상의는, 비록 거칠게 보일지 모르지만, 수많은 노동자들의 결합노동(joint labour)의 생산물이다. 양치기·양모 선별공·소모공·염색공·방적공·직포공·끝손질공 등이 이 거친 생활용품을 완성하기 위해 그들의 상이한 노동을 결합시켰음에 틀림없다. 그 밖에도 원료를 한 노동자로부터 나라 안의 매우 먼 곳에 살고 있는 다른 노동자에게 수송하는 데 얼마나 많은 상인들과 운수업자들이 관련되었는가! 염색공이 함께 섞어 사용하는 각종 약품들—이것들은 가끔 세계의 먼 구석으로부터 운반되어 온다—을 가져오기 위해서는 얼마나 많은 상인과 해운업자가 동원되어야 하며, 얼마나 많은 조선업자, 선원, 돛대 제조업자, 밧줄 제조업자가 필요한가! 또한 이 노동자들 중 가장 저급한 노동자의 도구를 만들어내는 데도 얼마나 다양한 노동이 필요한가! 선원의 선박이나 직포를 다듬는 직공의 기계나 직포공의 직기와 같은 복잡한 기계는 말할 것도 없고, 양치기가 양털을 깎을 때 쓰는 큰 가위와 같은 매우 단순한 도구를 만드는 데도 얼마나 다양한 노동이 필요한가를 생각해 보자. 광부·광석을 녹이는 용광로를 만드는 사람·용광로용 목재의 벌채자·용광로용 석탄을 때는 사람·벽돌제조공·벽돌 쌓는 사람·용광로를 지키는 사람·기계 설치공·단조공·대장장이 등 모두가 큰 가위 하나를 만들기 위해서 그들의 상이한 기술들을 결합시켜야만 한다. 마찬가지 방식으로 다음의 것들을 살펴보자. 양치기의 의복과 가구들·거친 아마포·내의·신발·침대와 그 구성부분들, 요리할 때 사용하는 쇠살대와 석탄—이것은 땅속으로부터 파내어 아마 수륙(水陸) 만 리의 여행 끝에 그에게 왔을 것이다—부엌용 모든 용구들, 식탁의 모든 기물·칼과 포크·음식을 받아 먹는 도자기 그릇과 양은 그릇, 빵과 맥주, 열과 빛을 받아들이고 바람과 비를 막는 유리 창문, 춥고 음습한 지구의 북부를 매우 안락한 거주지로 만드는 데 이용되는 온갖 발명품들, 이러한 모든 것들을 만드는 데 종사하는 각종 노동자들과 그들의 지식과 기술, 그리고 그들의 도구들. 이러한 모든 것들을 살펴보고 각각에 얼마나 다양한 노동이 개입되어 있는지를 고려한다면, 수천 명의 도움과 협력 없이는 문명국의 가장 초라한 사람까지도 그의 일상의 단순한 생활—우리가 단순하다고 매우 잘못 생각하고 있다—을 영위할 수 없다는 것을 알 수 있을 것이다. 물론 부자의 사치스러운 생활과 비교한다면 그의 생활은 매우 단순한 것임에 틀림없다. 그러나 유럽 왕의 생활용품이 근면하고 검소한 농민의 생활용품을 능가하는 정도는, 후자가 수만 명의 나체 야만인들의 생명과 자유의 절대적 지배자인 아프리카 왕의 생활용품을 능가하는 정도보다 크지 않다는 것은 아마도 사실일 것이다.

제2장
분업을 야기하는 원리

1. 분업은 인간성에 내재하는 교환성향에서 생긴다.

수많은 이익을 가져오는 분업은 원래, 그것이 낳는 일반적인 풍족을 예상하고 의도한, 인류의 지혜의 결과가 아니다. 분업은 그와 같은 폭넓은 효용을 예상하지 못한 인간성의 어떤 성향으로부터, 비록 매우 천천히 그리고 점진적이긴 하지만, 필연적으로 생긴 결과이다. 그 성향이란 곧 하나의 물건을 다른 물건과 바꿔 갖고, 거래하고, 교환하는 성향(propensity to exchange)이다.

2. 이 성향은 인간에게서만 볼 수 있다.

이 성향이 인간성의 더 이상 설명이 불가능한 원초적 본능들 중의 하나인지, 또는, 이쪽이 더 그럴 듯한데, 이성(理性: reason)과 언어의 재능에서 나오는 필연적인 결과인지는 우리의 현재의 연구 주제가 아니다. 이 성향은 모든 인간들이 보편적으로 가지고 있는 것이지만 기타 동물에서는 발견되지 않는데, 다른 동물들은 이러한 교환이나 기타 어떤 종류의 계약도 알지 못하는 것 같다. 두 마리의 사냥개가 한 마리의 토끼를 쫓을 때, 때로는 어떤 종류의 협동 하에 행동하는 것처럼 보인다. 한 마리가 토끼를 자기의 상대방 쪽으로 몰거나, 또는 상대방이 자기에게로 토끼를 몰 때, 그 개는 그 토끼를 잡으려고 달려든다. 그러나 이것은 어떤 계약의 결과가 아니라 특정 시점에서 동일 목표에 대한 욕망이 우연히 일치한 결과이다. 두 마리의 개가 두 개의 뼈다귀를 공평하게 의도적으로 교환하는 것을 본 사람은 아무도 없다. 어느 동물이 다른 동물에게 몸짓이나 자연적인 울음으로 "이것은 내것이고 그것은 네것이다. 나는 이것을 그것과 교환하고 싶다"고 표현하는 것을 들어본 사람은 아무도 없다. 동물이 인간이나 다른 동물로부터 어떤 물건을 얻으려고 한다면, 그 사람 또는 그 동물의 호의를 얻는 방법 이외에는 다른 어떤 설득 방법도 없다. 강아지는 어미에게 꼬리를 치며 아양떨고, 애완용 개 스패니얼(spaniel)은 얻어 먹고 싶을 때 온갖 아양을 떨면서 식사중인 주인의 주의를 끌려고 한다. 사람도 때때로 다른 사람에게 이와 같은 수법을 사용한다. 다른 사람으로 하여금 자기가 바라는 바대로 행하도록 할 수 있는 수단이 전혀 없을 때, 사람은 다른 사람의 환심을 사기 위해 온갖 아첨과 아양을 떨게 된다. 그러나 인간은 언제나 그렇게 할 만큼 시간적 여유가 없다. 문명사회에서 그는 언제나 무수한 사람들의 협력과 도움을 필요로 하지만, 그는 평생 동안 몇 사람의 친구를 만들 수 있을 뿐이다. 거의 모든 동물류에서 각 동물은 성숙하면 완전히 독립하며, 자연상태에서는 다른 동물의 도움을 필요로 하지 않는다. 그러나 인간은 항상 다른 동포의 도움을 필요로 하는데, 단지 그들의 선심에만 기대해서는 그 도움을 얻을 수가 없다. 그가 만약 그들 자신의 자애심(自愛心: self-love)이 자기에게 유리하게 발휘되도록 할 수 있다면, 그래서 자기가 그들에게 해주기를 요구하는 일을 그들이 자기에게 해주는 것이 그들 자신에게 이익이 된다는 것을 설득할 수 있다면, 그들의 도움을 얻으려는 그의 목적은 더 효과적으로 달성될 것이다. 타인과 어떤 종류의 거래를 하고자 하는 사람은 누구든지 이렇게 제의한다. "내가 원하는 것을 나에게 주시오, 그러면 당신이 원하는 것을 가지게 될 것이오." 이것이 이러한 거래에 담겨진 의미이다. 바로 이러한 방식으로 우리는 피차간에 자기가 필요로 하는 도움의 대부분을 얻게 된다. 우리가 매일 식사를 마련할 수 있는 것은 푸줏간 주인과 양조장 주인, 그리고 빵집 주인의 자비심 때문이 아니라, 그들 자신의 이익을 위한 그들의 고려 때문이다. 우리는 그들의 자비심에 호소하지 않고 그들의 자애심에 호소하며, 그들에게 우리 자신의 필요를 말하지 않고 그들 자신에게 유리함을 말한다. 거지 이외에는 아무도 전적으로 동포들의 자비심에만 의지해서 살아가려고 하지 않는다. 거지조차도 전적으로 타인의 자비심에 의지하지는 않는다. 사실 거지의 생활필수품은 전부 부자들의 자선에 의해 공급된다. 그러나 거지가 필요로 하는 생활필수품 모두를 궁극적으로 공급해 주는 것은 이 부자들의 자선행위이긴 하지만, 그것은 거지가 필요로 하는 것을 필요할 때 주지도 않고 줄 수도 없다. 그때그때 필요한 것의 대부분은 다른 사람들과 같은 방식으로 유무상통(有無相通), 물물교환, 구매 등에 의해 공급된다. 어떤 사람이 그에게 준 돈으로 그는 음식을 구입하며, 다른 사람이 준 낡은 옷을 그는 자기에게 더 잘 맞는 다른 낡은 옷과 교환하거나, 숙박·음식·돈—이 돈으로 그는 필요할 때마다 음식·의복·숙박비를 치를 수 있다—과 교환한다.

3. 교환성향은 이기심에 의해 촉진되어 분업에 이른다.

우리가 필요로 하는 상호간 도움의 대부분이 유무상통, 물물교환, 구매를 통해 획득되는 것처럼, 당초 분업을 야기시키는 것도 이러한 교환의 성향이다. 예컨대, 수렵민족이나 유목민족에서 어떤 사람은 다른 사람보다 더 쉽고 훌륭하게 활과 화살을 만든다. 그는 자신이 만든 활과 화살을 다른 사람의 가축이나 사슴고기와 교환하는데, 마침내 그는 자신이 직접 들에 나가 사냥하는 것보다 이러한 교환을 통해 더 많은 가축과 사슴고기를 얻을 수 있다는 것을 알게 된다. 그러므로 자기 자신의 이익을 위한 고려에서 그는 활과 화살의 제조를 그의 주된 업무로 삼게 되며, 그리하여 그는 일종의 무기 제조자가 된다. 다른 사람은 작은 오두막이나 이동식 집의 골조나 덮개를 만드는 능력이 남보다 뛰어나므로, 그는 자주 이웃사람들에게 불려가 그들을 위해 집을 지어주고 그 보상으로 가축과 사슴고기를 얻게 되는데, 마침내 그는 이 일에 종사하는 목수가 되는 것이 자기에게 이익이 된다는 것을 알게 된다. 이와 같은 방식으로 세번째 사람은 대장장이나 놋갓장이가 되고, 네번째 사람은 모피나 피혁의 무두질공이 되는데, 모피나 피혁은 야만인들의 주요 의복감이었다. 그리고 자기 자신의 노동생산물 중 자기 자신의 소비를 초과하는 잉여부분 모두를 타인의 노동생산물 중 자기가 필요로 하는 부분과 확실히 교환할 수 있다는 사실은, 각자로 하여금 특정 직업에 종사하여 그 특정 직업에 적합한, 자기가 가지고 있는 모든 재능과 자질을 개발하고 완벽하게 만들도록 장려한다.

4. 분업은 재능의 차이를 천부적 재능의 차이보다 크게 한다.

각 사람의 천부적 재능의 차이는 사실상 우리가 생각하는 것보다 훨씬 작다. 상이한 직업에 종사하는 성인들이 발휘하는 매우 상이한 재능은, 많은 경우, 분업의 원인(原因)이라기보다는 분업의 결과(結果)이다. 그 성격이 극히 상이한 두 사람 사이의 차이도, 예컨대 한 사람은 철학자이고 다른 한 사람은 거리의 평범한 짐꾼인 경우, 천성으로부터 유래하기보다는 후천적인 습관·풍습·교육으로부터 유래하는 것으로 보인다. 그 두 사람이 출생해서 6~8세가 되기 전에는 그들의 천성이 너무나 똑같아서 부모나 친구들조차 어떤 현저한 차이를 발견하지 못할 것이다. 대략 그 나이 때쯤이나 또는 얼마 지나지 않아서 그들은 매우 상이한 직업에 종사하기 시작한다. 그러면 재능의 차이가 눈에 띄게 되고, 그 차이가 점점 커져서, 드디어 철학자가 허영심 때문에 자신과 짐꾼 사이에 그 어떤 유사성도 인정하지 않으려는 단계에까지 도달한다. 유무(有無)를 상통하고, 물물교환하고, 상호교역하려는 성향이 없다면 모든 사람은 자기가 필요로 하는 모든 필수품과 편의품을 스스로 조달해야 한다. 모든 사람은 동일한 책임을 이행해야 하고, 동일한 작업을 수행해야 한다. 그렇게 되면 재능의 큰 차이를 야기시키는 직업상의 차이는 존재할 수 없다.

5. 이러한 차이를 만드는 것도, 그리고 이 차이를 유용한 것으로 만드는 것도 교환성향이다.

상이한 직업을 가진 사람들 사이에 두드러지게 나타나는 재능의 차이를 형성시키는 것이 교환성향인 것처럼, 이 차이를 유용한 것으로 만드는 것도 마찬가지로 이 교환성향이다. 동일한 종(種)에 속하지만 그 족(族)이 다른 많은 동물들이 태어나면서부터 갖는 자질과 재능상의 차이는, 풍습이나 교육의 영향을 받기 이전에 인간들 사이에서 나타나는 자질이나 재능의 차이보다, 훨씬 크다. 천부(天賦)의 자질이나 천성(天性)이란 측면에서 보면, 철학자와 거리의 짐꾼 사이의 차이는 맹견과 사냥개 사이의 차이, 사냥개와 애완견 사이의 차이, 그리고 애완견과 목양견(牧羊犬) 사이의 차이의 반도 되지 않는다. 그러나 족(族)이 다른 동물들은, 비록 동일한 종(種)에 속하더라도, 상호간에 거의 아무런 도움도 주지 못한다. 맹견의 힘은 사냥개의 민첩함에 의해 보완되지 못하고, 애완견의 영리함은 목양견의 길들여지기 쉬움에 의해 조금도 보완되지 않는다. 그들은 교환하고 교역할 능력이 없기 때문에, 상이한 자질과 재능의 효과가 그들의 공동의 자원으로 될 수 없고, 따라서 같은 종(種)에 속한 동물들의 생존조건의 향상에 조금도 기여하지 못한다. 각 동물은 제각기 독자적으로 자기 자신을 지탱하고 보호해야만 하며, 자연이 그 종(種)에게 부여한 각종 상이한 재능으로부터 그 어떤 이익도 얻어내지 못한다. 이와는 반대로, 인간들 사이에서는 가장 상이한 재능들이 상호간에 유용하며, 각각의 재능에 의한 상이한 생산물들은 유무상통, 물물교환 및 상호교역 하려는 일반적인 천성에 의해 일종의 공동의 자원이 되며, 각자는 이 공동의 자원으로부터 타인의 재능이 생산해 낸 생산물 중 자기가 필요로 하는 부분을 마음대로 사서 가질 수 있다.

제3장
분업은 시장의 크기에 의해 제한된다

1. 분업은 교환능력의 크기에 의해 제한된다.

교환능력이 분업을 야기하기 때문에, 분업의 정도는 언제나 이 교환능력의 크기, 또는 다른 말로 표현하면, 시장의 크기에 의해 제한을 받는다. 시장이 매우 작을 때는 어느 누구에게도 한 가지 일에만 몰두하도록 장려할 수 없다. 왜냐하면, 그런 상태에서는 자기 자신의 노동생산물 중 자기 자신의 소비를 초과하는 잉여부분 전부를 타인의 노동생산물 중 자기가 필요로 하는 부분과 교환할 수 없기 때문이다.

2. 여러 가지 직업은 도시 이외에서는 지속될 수 없다.

어떤 종류의 직업은, 그것이 최저급의 것이라 하더라도, 대도시에서만 영위될 수 있다. 예컨대 짐꾼은 다른 곳에서는 일거리를 얻어먹고 살아갈 수 없다. 작은 마을은 그에게는 범위가 너무 좁고, 시장이 열리는 보통의 마을도 그에게 계속적으로 일거리를 줄 만큼 크지 않다. 황량한 스코틀랜드의 고원지대(Highlands)에 흩어져 있는 인적이 드문 작은 마을에서는, 각 농부는 자신의 가족을 위해 혼자서 동시에 푸줏간 주인, 빵집 주인, 양조장 주인을 겸하지 않으면 안 된다. 그런 지방에서는 한 사람의 대장장이, 한 사람의 목수, 한 사람의 벽돌공을 찾기도 어렵고, 20마일 이내에서 그런 사람 둘을 찾기는 더욱 어렵다. 가장 가까이 있는 대장장이, 목수, 벽돌공으로부터 8~10마일이나 떨어져 살고 있는 뿔뿔이 흩어져 있는 가정들은, 인구가 더 많은 지방에서라면 일꾼을 불러서 시킬 온갖 자질구레한 일들까지 스스로 하는 것을 배워야 한다. 시골의 기능공은 거의 어디에서나, 동일한 종류의 재료를 사용할 정도로 유사한 다양한 직업의 일을 스스로 수행해야만 한다. 시골의 목수는 목재를 사용하는 모든 종류의 일을 스스로 해야 하며, 시골의 대장장이는 철을 사용하는 모든 종류의 일을 스스로 해야 한다. 전자는 목수일 뿐만 아니라 세목공, 가구공, 조각공, 바퀴공, 쟁기 제조공, 마차 제조공이기도 하다. 시골 대장장이의 직업은 아주 다양하다. 스코틀랜드 고원지대의 외딴 내륙지방에서는 못 제조공과 같은 직업은 있을 수가 없다. 못 제조공이라면 하루에 못을 1,000개는 만들 터이고, 일 년에 300일간 일한다면, 일 년이면 30만 개의 못을 만들 것이다. 그러나 이런 지방에서는 일 년에 1,000개의 못, 즉 하루치의 작업량도 팔 수 없을 것이다.

3. 수운은 시장을 확대한다.

육운(陸運) 단독으로 가능할 때보다 수운(水運)을 통해서 각종 산업에 더 넓은 시장이 열리기 때문에, 자연히 각종 산업이 세분되기 시작하고 발전하기 시작하는 것은 해안지대와 배가 운항할 수 있는 강의 양안(兩岸) 지대이다. 그리고 흔히 오랜 세월이 지난 뒤에야 이러한 발전은 천천히 내륙지방으로 확산된다. 두 사람의 마부가 몰고 여덟 마리의 말이 끄는 광폭 사륜마차(broad-wheeled waggon)는 4톤의 화물을 싣고 런던과 에든버러를 약 6주간에 걸쳐 왕복한다. 거의 같은 기간에 6~8명의 선원에 의해 런던과 리스(Leith) 사이를 운항하는 배는 200톤의 화물을 싣고 왕복한다. 그러므로, 수운(水運)의 도움으로, 6~8명이 동일한 시간에, 100명의 마부가 몰고 400마리의 말이 끄는 50대의 사륜마차가 운반할 수 있는 양의 화물을, 런던과 에든버러 사이에서 왕복시킬 수 있다. 200톤의 화물이 런던에서 에든버러까지 가장 값싼 육상운송으로 운반되는 경우, 이 200톤의 화물에는 3주간 100명의 생활비와, 400마리 말과 50대 사륜마차의 유지비, 그리고 이 유지비와 거의 같은 수준의 소모비가 부과되어야 한다. 그러나 수상운송되는 같은 양의 화물에는 선원 6~8명의 생활비, 200톤의 화물을 실은 배의 소모비, 증대된 위험비용, 즉 육상운송과 해상운송 사이의 보험료 차이만이 부과된다. 그러므로 두 도시 사이에 육상운송을 제외한 다른 교통수단이 없다면, 그 무게에 비해 가격이 매우 비싼 화물들만 운송될 수 있을 것이므로, 현재 두 도시 사이에 존재하는 상거래(商去來)의 작은 부분만이 실현될 수 있으며, 따라서 현재 두 도시가 서로 상대방의 산업에 제공하고 있는 격려의 일부만이 주어질 것이다. 또한 세계의 멀리 떨어진 지역들 사이에는 어떤 종류의 상업도 존재할 수 없을 것이다. 런던과 캘커타 사이의 육상운송 비용을 감당할 수 있는 화물에는 어떤 것이 있을까? 설령 이러한 비용을 감당할 만큼 귀중한 화물이 있다 하더라도, 그 화물들이 어떻게 그처럼 많은 야만국의 국경을 안전하게 통과할 수 있을까? 그런데 지금 런던과 캘커타 사이에는 상호간에 거액의 무역이 이루어지고, 상호간에 시장을 제공함으로써 서로 상대방의 산업에 큰 격려를 주고 있다.

4. 그러므로 개선이 처음 이룩된 것도, 해안지대 또는 항해 가능한 하천부터였다.

수상운송의 이점이 이처럼 거대하기 때문에 자연히 수상운송이 편리하여 세계 전체가 각종 노동생산물의 시장으로 개방되어 있는 곳에서 기술과 산업의 최초의 개선과 진보가 이루어지고, 그 개선과 진보가 훨씬 뒤에야 한 나라의 내륙지방으로까지 확산되는 것이다. 내륙지방은, 해안 및 운항 가능한 하천으로부터 자신을 분리시키고 있는 자기 주변 지역을 제외하고는, 오랫동안 자신들이 생산한 상품 대부분을 내다 팔 수 있는 시장을 찾을 수가 없었다. 그러므로 내륙지방의 시장의 크기는 오랫동안 주변 지방의 부(富)와 인구밀도에 비례할 수밖에 없었으며, 따라서 내륙지방의 발전은 언제나 주변 지방의 발전에 비해 낙후될 수밖에 없었다. 북아메리카 식민지에서 플란테이션(plantation) 농업은 항상 해안이나 운항 가능한 하천의 연안지대에서 행해졌으며, 그러한 곳으로부터 상당히 떨어진 곳까지는 확대되지 않았다.

5. 이를테면 고대의 지중해 연안국들 사이에서 그 예를 볼 수 있다.

가장 믿을 만한 역사에 의하면, 최초로 문명화된 것으로 보이는 나라들은 지중해 연안에 위치한 나라들이었다. 지중해는 세계에 이름난 최대의 내륙해(內陸海)이고, 조수가 없으며, 바람으로 인한 파도를 제외하고는 어떤 파도도 없으므로 해면이 항상 고요하고, 수많은 섬들이 있고, 해안들이 가까워서 그 당시의 유치한 항해술에도 매우 적합했다. 그 당시에는 나침반이 있는 줄도 몰랐으므로 사람들은 해안이 눈으로 보이지 않는 데까지 멀리 나가기를 두려워했고, 조선술이 발달하지 못해서 큰 바다의 거친 파도에 몸을 맡기는 것을 두려워했다. 헤라클레스의 기둥(Pillars of Hercules)을 지나가는 것, 즉 지브롤터 해협을 빠져나가는 일은, 고대에는 오랫동안 가장 불가사의하고 가장 위험한 항해로 간주되었다. 고대의 가장 숙련된 항해가이자 조선가인 페니키아인들과 카르타고인들까지도 훨씬 나중에야 그것을 시도했고, 오랫동안 그들은 그것을 시도한 유일한 국민들로 남아 있었다.

6. 개선은 먼저 이집트에서 일어났다.

지중해 연안국들 중에서 이집트가 농업이나 제조업에서 상당한 정도의 발전을 이룩한 최초의 나라인 것 같다. 북부 이집트는 나일강에서 수 마일 이상 떨어진 지역이 없으며, 남부 이집트는 나일강이 수많은 지류(支流)로 나누어져 있는데, 이 지류들은 대수롭지 않은 기술의 도움으로 대도시들 사이뿐 아니라 큰 촌락들 사이, 그리고 심지어 농가들 사이에도 수상운송을 가능케 해 주었던 것 같다. 이것은 마치 라인강과 마스(Maese)강이 지금 네덜란드에서 수행하고 있는 역할과 같다. 이러한 내륙 수상운송의 넓은 범위와 편리함이 이집트가 일찍부터 발달한 주된 원인 중의 하나였을 것이다.

7. 벵골과 중국에서의 발달

동인도의 벵골지방과 중국의 동부지방에서도 아주 오래된 고대에 이미 농업과 제조업의 발달이 있었던 것 같다. 비록 이 고대의 사적(史蹟)에 대한 진상이 세계의 다른 한 쪽에 있는 우리 유럽인들이 신뢰할 수 있는 권위있는 역사가에 의해 확증되고 있지는 않지만. 벵골지방에서는 갠지스강과 기타 큰 강들이 나일강이 이집트에서 그런 것처럼 수많은 운항 가능한 수로를 형성하고 있다. 중국의 동부지방에서도 몇 개의 큰 강들이 각각의 지류에 의해 수많은 수로를 형성하면서 서로 교차함으로써 나일강이나 갠지스강 또는 이들 두 강을 합한 것보다 더욱 광범한 내륙 수상운송을 제공하고 있다. 고대의 이집트인·인도인·중국인들이 외국무역을 장려하지 않고도 이러한 내륙 수상운송으로부터 거대한 풍요를 끌어냈다는 것은 주목할 만하다.

8. 그 반면에 아프리카, 타타르, 시베리아, 바바리아, 오스트리아, 헝가리는 낙후되어 있다.

아프리카의 내륙지방 전체, 흑해와 카스피해 북쪽의 아시아 지역 전체, 고대의 스키타이(Scythai), 근대의 타타르(Tartary)와 시베리아 등은 모든 시대에 걸쳐 지금과 같은 야만적이고 미개한 상태에 있었던 것 같다. 타타르의 바다는 얼어붙어 항해할 수 없으며, 세계 최대의 강들 중 몇 개가 그 나라에 흐르고 있지만 서로 너무 멀리 떨어져 있어서 그곳 대부분의 지역은 상업과 교통의 발달에 불리하다. 유럽의 발트해와 아드리아해, 유럽과 아시아의 지중해와 흑해, 아시아의 아랍 걸프만, 페르시아만, 인도만, 벵골만, 타이만 등과 같은 큰 내해가 아프리카에는 없기 때문에 대륙 내부로 해상무역을 끌어올 수 없으며, 아프리카의 큰 강들은 서로 너무 떨어져 있어서 비교적 대규모의 내륙 수상운송이 불가능하다. 이밖에, 한 나라의 국경 안에 비록 큰 강이 흐르고 있다 하더라도,

만약 수많은 지류나 수로로 나누어지지 않고, 그리고 바다에 도달하기 전에 타국의 영토를 통과해야 한다면, 그러한 강을 가진 나라의 상업은 결코 크게 발전할 수 없다. 왜냐하면, 중간에 영토를 가지고 있는 나라가 상류에 있는 나라와 바다 사이의 교통을 방해할 수 있는 힘을 가지고 있기 때문이다. 바바리아(Bavaria) · 오스트리아 · 헝가리 등 서로 다른 나라들에 대한 다뉴브강의 수상운항의 효과는, 그 강이 흑해에 들어갈 때까지의 전체 운항권을 이들 3국 중 어느 한 나라만이 독점하고 있을 경우에 비해, 거의 없는 것이나 다름없다.

제 4 장
화폐의 기원과 사용

1. 분업이 확립되면 모든 사람은 교환에 의해 생활한다.

분업이 일단 완전히 확립되면, 한 개인은 자신의 노동생산물로써 자신의 욕망의 극히 작은 부분만을 만족시킬 수 있다. 그는 자기 자신의 노동생산물 중 자기 자신의 소비를 초과하는 잉여분을 타인의 노동생산물 중 자기가 필요로 하는 부분과 교환함으로써 자기 욕망의 대부분을 만족시킨다. 이리하여 모든 사람은 교환에 의해 생활하며, 즉 어느 정도 상인이 되며, 사회 자체는 정확히 말해서 상업사회로 된다.

2. 물물교환의 어려움이 하나의 상품을 화폐로서 선정케 하였다.

그러나 분업이 처음 발생하기 시작했을 때, 이러한 교환능력의 작용은 흔히 여러 가지 장애와 곤란에 부딪친다. 한 사람은 어떤 상품을 자기 자신이 필요로 하는 것보다 더 많이 가지고 있고, 다른 사람은 자기 자신이 필요로 하는 것보다 더 적게 가지고 있다고 가정하자. 앞 사람은 이 과잉분을 처분하고자 하고, 뒷사람은 그 과잉분의 일부를 구매하고자 할 것이다. 그러나 만약 후자가 전자가 필요로 하는 어떤 것을 가지고 있지 않다면 그들 사이의 교환은 이루어질 수 없다.

푸줏간 주인은 자기 자신이 소비할 수 있는 것보다 많은 고기를 가지고 있고, 양조장 주인과 빵 가게 주인은 그 고기의 일부를 사고자 한다고 가정하자. 그러나 양조장 주인과 빵가게 주인은 각각 자기 직업의 생산물 이외에는 교환을 위해 제공할 것이 없고, 푸줏간 주인은 이미 자기가 필요로 하는 맥주와 빵을 모두 가지고 있을 경우에는, 그들 사이에는 교환이 일어날 수 없다. 푸줏간 주인은 그들을 위한 상인이 될 수 없고, 그들은 푸줏간 주인의 고객이 될 수 없다. 따라서 세 사람은 상호간에 아무런 봉사도 못하게 된다. 이러한 곤란한 상황을 피하기 위해, 어느 시기에나, 분업이 처음으로 확립된 뒤, 분별있는 사람은 누구나, 자기 노동의 특수한 생산물 이외에, 타인들의 상품과 교환할 때 타인들이 받기를 거절하지 않을 것으로 생각되는 어떤 종류의 상품 일정량을 항상 가지고 있으려고 노력했음에 틀림없다.

3. 예로서 가축 · 소금 · 조개 껍질 · 대구 · 담배 · 설탕 · 가죽 · 못을 들 수 있다.

아마도 수많은 상이한 상품들이 이러한 목적을 위해 차례차례 생각되었고 사용되었던 것 같다. 원시사회에서는 가축이 상업상 통용되는 매개수단이었다고 한다. 가축은 매우 불편한 매개수단이었음에 틀림없지만, 옛날에는 물건들이 그것들과 교환된 가축 수에 의해 평가되었던 것을 자주 본다. 호머에 의하면, 디오메데스(Diomedes)의 갑옷은 황소 9마리의 가치가 있었을 뿐인데, 글라우쿠스(Glaucus)의 갑옷은 황소 100마리의 가치가 있었다고 한다. 아비시니아(Abyssinia)에서는 소금이 상업과 교환에서 통용되는 매개수단이었다고 하며, 인도 해안의 어느 지역에서는 조개가, 뉴펀들랜드에서는 마른 대구가, 버지니아에서는 담배가, 서인도 식민지의 일부 지역에서는 설탕이, 다른 나라에서는 가죽이 상업과 교환을 위해 통용되는 매개수단이라고 한다. 오늘날 스코틀랜드의 어느 촌락에서는 일꾼이 빵집이나 맥주집에 갈 때 화폐 대신 못을 가지고 가는 일이 드물지 않다는 이야기를 듣고 있다.

4. 결국 금속이 뽑혔는데, 그 이유는 내구적이고 분할할 수 있다는 데 있었다.

그러나 모든 나라에서 사람들은 마침내 거부할 수 없는 이유로 각종 상품들 중에서 금속을 이 목적에 사용하기로 결정한 것 같다. 금속은 다른 어떤 상품보다도 보존하는 데 손실을 가장 적게 입고, 다른 어떤 상품보다도 내구성이 강하며, 또한 아무런 손실 없이 많은 부분들로 분할될 수 있으며, 다시 녹여서 쉽게 한 덩어리로 만들 수 있다. 이 성질은 다른 어떤 내구상품도 가지지 못하는 것이며, 다른 어떤 성질보다도 이 성질이 금속으로 하여금 상업과 유통의 매개수단에 적합하도록 했다. 예컨대 소금을 사기를 원하면서 그것과 교환으로 줄 것은 가축뿐인 사람은, 한꺼번에 황소 한 마리 또는 양 한 마리의 가치에 해당하는 소금을 사야만 했을 것이다. 이것보다 적게는 살 수 없을 것이다. 왜냐하면, 예컨대 그가 교환으로 제공하려고 하는 황소와 양은 손실 없이는 분할될 수 없기 때문이다. 그리고 그가 소금을 좀 더 사려고 하더라도, 그는 처음 수량의 두 배 또는 세 배, 즉 황소 두 마리 또는 세 마리, 양 두 마리 또는 세 마리의 가치에 해당하는 수량을 사야만 할 것이다. 이와는 반대로, 만약에 그가 소금과 교환할 것으로 황소나 양 대신에 금속을 가지고 있다면, 그가 지금 당장 필요로 하는 상품량에 정확히 대응하도록 금속량을 쉽게 쪼갤 수 있을 것이다.

5. 철 · 동 · 금 및 은이 이런 목적으로 사용되었다.

각각의 나라는 이 목적을 위해 상이한 금속을 사용했다. 고대 스파르타인들은 철(쇠)을 일반적인 거래수단으로, 고대 로마인들은 동(구리)을, 그리고 모든 부유한 상업국의 국민들은 금과 은을 사용했다.

6. 처음에는 각인이 되지 않은 덩어리 모양 그대로 사용되었다.

이러한 목적을 위해 사용된 금속들은 최초에는 각인(刻印)되지도 않고 주조(鑄造)되지도 않은 채, 즉 가공되지 않은 덩어리로 사용되었던 것 같다. 플리니(Pliny)는 (그의 저서 『자연사』(Natural

History)에서) 고대의 역사가 티메우스(Timaeus)의 말을 인용하여, 로마 사람들은 세르비우스 툴리우스(Servius Tullius) 시대 이전에는 주조된 화폐를 가지지 않았으며, 필요로 하는 것을 사기 위해서 각인되지 않은 구리 덩어리를 사용했다고 썼다. 그러므로 이 가공되지 않은 구리 덩어리가 그 당시에는 화폐의 기능을 수행했다.

7. 그 뒤 중량과 순도를 표시하기 위해 각인을 하게 되었다.

금속을 이처럼 가공하지 않은 채 사용하는 데는 두 가지 큰 불편이 수반되었는데, 첫째는 무게를 재는 것이 곤란하다는 것이고, 둘째는 금속의 시금(試金)이 곤란하다는 것이었다. 귀금속의 경우, 작은 양의 차이가 중대한 가치의 차이를 야기하므로 정확하게 무게를 재려면 매우 정밀한 추와 저울이 필요하다. 특히 금의 무게를 재는 일은 대단히 정밀한 작업이다. 작은 오차가 별로 중요시되지 않는 하급 금속의 경우에는 정밀성이 덜 필요할 것이다. 그러나 가난한 사람이 1파싱〔$\frac{1}{4}$ 페니〕 어치의 상품을 사거나 팔 때마다 그 파싱 금화의 무게를 재야만 한다면, 그것은 매우 성가신 일일 것이다. 시금(試金) 작업은 좀더 어렵고 귀찮은데, 금속의 일부를 적당한 용해제를 사용해 도가니 속에서 녹여 보지 않는 한 어떠한 감정도 매우 부정확하다. 주화(coined money)가 제도화되기 이전에는, 사람들은 이러한 귀찮고 어려운 수속을 밟지 않는 한 큰 사기와 기만을 당했을 것이고, 1파운드 무게의 순수한 은 또는 구리 대신에 겉모양은 순수한 은 또는 구리를 닮았으나 값싼 하급 금속들의 합금을 받았을 것이다. 이러한 폐해를 방지하고 교역을 촉진하며 그리하여 온갖 종류의 산업과 상업을 장려하기 위해, 상당히 발달한 모든 나라에서는 상품의 구매에 일반적으로 사용되는 특정 금속의 일정량에 공인된 도장을 새길 필요가 생기게 되었다. 이것이 화폐주조 제도와 조폐국이라는 정부기관의 기원이다. 이것은 모직물과 아마포의 품질을 검사해 날인하는 것과 동일한 성질을 가진 제도이다. 이러한 제도들은 모두 시장에 나온 상이한 상품들의 수량과 품질을 공인된 도장에 의거해 확인하기 위한 것이다.

8. 금속의 순도를 표시하는 각인이 최초로 도입되었다.

유통하는 금속에 찍힌 최초의 공인 도장은 많은 경우 금속의 순도(純度)를 보장하기 위한 것이었는데, 이것이 가장 어렵고도 중요한 것이었다. 이것은 마치 현재 식기와 은막대기에 찍힌 영국 정부의 순은 표시와 비슷하거나, 또는 때때로 금덩어리 위에 찍힌 스페인 정부의 순금 표시와 비슷했다. 이 순은 표시 또는 순금 표시는 금속의 한 쪽에만 찍혀 있고 표면 전체에는 찍혀 있지 않기 때문에, 금속의 중량을 보장하는 것이 아니라 순도를 보장하기 위한 것이었다. 아브라함(Abraham)은 에브론(Ephron)에게 막벨라의 땅값으로 지불하기로 약속한 은 400세겔을 무게로 달아 치루었다. 이 은덩어리는 그 당시 상인들 사이에 통용되던 화폐였는데, 현재의 금덩어리와 은막대기처럼 개수로써가 아니라 무게로 계산했었다. 고대 잉글랜드의 색슨 왕의 수입은 화폐가 아니라 현물, 즉 각종 식량과 식료품으로 수납되었다고 한다. 정복자 윌리엄 1세가 조세를 화폐로 지불하는 관습을 도입했다. 그러나 이 화폐는 오랫동안 개수에 의해서가 아니라 무게로 국고에 수납되었다.

9. 후에 이르러 중량을 표시하는 주화제도가 도입되었다.

이러한 금속의 무게를 정확하게 재는 일은 불편하고 곤란했기 때문에 주화제도가 생겨났는데, 주화에 찍힌 도장은 주화의 양쪽과 때때로 그 가장자리까지 덮고 있으므로, 금속의 순도뿐만 아니라 무게도 보장할 수 있다. 그리하여 이러한 주화는 무게를 재는 수고 없이 현재와 같이 개수로 받으면 되었다.

10. 화폐의 명칭은 본래 그 주화들의 중량을 표현하는 것이었다.

주화의 명칭(denomination)은 원래 주화에 함유되어 있는 금속의 무게 또는 양을 표시했던 것 같다. 로마에서 최초로 화폐를 주조한 세르비우스 툴리우스 시대에 로마의 주화인 아스

(As) 또는 폰도(Pondo)는 1로마 파운드의 순동(純銅)을 함유하고 있었다. 1아스 또는 1폰도는 우리의 트로이 파운드(Troys pound)와 마찬가지로 12온스로 분할되었고, 주화 1온스는 1온스 무게의 순동을 함유하고 있었다. 에드워드 1세 시기에 영국의 1파운드(English pound sterling)는 일정한 순도의 1타워 파운드(a Tower pound)의 은(銀)을 함유하고 있었다. 1타워 파운드는 1로마 파운드보다는 약간 무거웠고 1트로이 파운드보다는 약간 가벼웠던 것 같다. 헨리8세의 제18년〔1526〕 이전에는 트로이 파운드는 잉글랜드 조폐국에 도입되지 않았다. 프랑스의 주화 1리브르는 샤를마뉴 대제 시기에 일정한 순도의 1트로이 파운드의 은을 함유하고 있었다. 그 당시 샹파뉴 지방의 트루아(Troyes) 정기시(定期市)에는 유럽의 모든 국민들이 모여들었고, 이처럼 유명한 시장의 도량형은 전 유럽에 알려졌고 존중을 받았다. 알렉산더 1세 시대로부터 로버트 브루스 시대까지 스코틀랜드의 주화 1파운드는 잉글랜드의 주화 1파운드와 동일한 무게와 순도의 1파운드의 은을 함유하고 있었다. 잉글랜드·프랑스·스코틀랜드의 주화 1페니도 원래 무게 1페니, 즉 1온스의 $\frac{1}{20}$ 또는 1파운드의 $\frac{1}{240}$만큼의 은을 함유하고 있었다. 실링(shilling)이란 것도 원래는 무게의 명칭이었던 것 같다. 헨리 3세 때의 오래된 법률에는 "밀의 무게가 1쿼터당 12실링이라면, 1파싱의 좋은 빵은 11실링 4펜스의 무게가 나갈 것이다"고 규정되어 있다. 그러나 실링과 페니 또는 파운드의 비율은 페니와 파운드의 비율만큼 고정 불변이었던 것 같지는 않다. 예컨대 최초의 프랑스왕들 시대에 프랑스의 1수(sou), 즉 1실링은 경우에 따라 5·12·20·40 페니에 상당했던 것 같다. 고대 색슨 사람들 사이에서 1실링은 어느 때는 단지 5페니에 상당했던 것 같다. 그리고 그 비율은 그들의 이웃사람들, 즉 고대 프랑크 사람들 사이에서와 마찬가지로 그들 사이에서도 가변적이었던 것 같다. 프랑스에서는 샤를마뉴 대제 시대부터, 그리고 잉글랜드에서는 윌리엄 1세 시대부터, 파운드·실링·페니 사이의 비율이 지금과 동일하게 된

것 같다[1파운드=20실링, 1실링=12펜스] — 비록 각각의 가치는 매우 달라졌지만. 왜냐하면, 세계의 모든 나라에서 군주와 정부의 탐욕과 부정으로, 그들이 국민의 신뢰를 악용하여 주화에 원래 함유되었던 진정한 금속량을 점차로 감소시켰기 때문이다. 로마의 주화 1아스는 공화정 후반기에 원래의 가치의 $\frac{1}{24}$로 축소되었고, 무게가 1파운드가 아니라 $\frac{1}{2}$온스에 불과했다. 오늘날 잉글랜드의 주화 파운드와 페니는 원래 가치의 약 $\frac{1}{3}$을, 스코틀랜드의 주화 파운드와 페니는 원래 가치의 약 $\frac{1}{36}$을, 그리고 프랑스의 주화 파운드와 페니는 원래 가치의 $\frac{1}{66}$을 함유하고 있을 뿐이다. 이러한 조작에 의해 군주와 정부는, 그렇게 하지 않았다면 필요하게 되었을 것보다 더 적은 양의 은으로써 표면상 그들의 채무를 청산하고 그들의 의무를 완수할 수 있었다. 그러나 이것은 표면상으로만 그런 것이었다. 왜냐하면, 군주와 정부의 채권자는 정당히 받아야 할 것의 일부를 실제로 사취당했기 때문이다. 그 나라의 모든 채무자들은 마찬가지의 특혜를 누리게 되었고, 옛날 양화(良貨)로 빌렸던 것을 동일한 명목금액의 새로운 악화(惡貨)로 갚을 수 있었다. 그러므로 이러한 조작은 언제나 채무자에게 유리했고 채권자에게는 불리했다. 그리고 그것은 때때로 개인들의 재산에, 매우 심각한 국가적 재난에 의해 야기된 것보다, 더 크고 전반적인 변동을 야기했다.

11. 화폐는 보편적인 상업의 매개수단이 되었다.

이러한 방식으로 화폐는 모든 문명국에서 보편적인 상업의 매개수단이 되었으며, 화폐의 개입에 의해 온갖 종류의 재화들이 매매되고 상호 교환되었다.

12. 다음에서는 교환가치를 결정하는 법칙들을 고찰할 것이다.

재화를 화폐와 교환하거나 또는 한 재화를 다른 재화와 교환할 때 사람들이 자연적으로 준수하는 법칙이 무엇인가를 이제부터 고찰하려고 한다. 이 법칙들이 이른바 재화의 상대가치 또는 교환가치를 결정한다.

13. 가치는 교환가치와 사용가치로 나뉜다.

주의해야 할 것은, 가치(value)라는 단어가 두 개의 상이한 의미를 가진다는 점이다. 즉, 때로는 어떤 특정한 물건의 효용(效用)을 표시하고, 때로는 그 물건을 소유함으로써 갖게 되는, 다른 물건들을 구매할 수 있는 능력을 표시한다. 전자를 사용가치(使用價値: value in use), 후자를 교환가치(交換價値: value in exchange)라 부를 수 있다. 가장 큰 사용가치를 가진 물건들이 때때로 교환가치를 거의 가지지 않거나 전혀 가지지 않으며, 이와 반대로 가장 큰 교환가치를 가진 물건들이 때때로 사용가치를 거의 가지지 않거나 전혀 가지지 않는 경우가 있다. 물보다 더 유용한 것이 없지만 물로써 다른 것을 살 수도 없고 물을 다른 물건과 교환할 수도 없다. 이와는 반대로, 다이아몬드는 사용가치가 거의 없지만 그것을 매우 큰 수량의 다른 재화들과 교환할 수 있다.

14. 세 가지 문제

상품의 교환가치를 규제하는 원칙들을 조사하기 위해 나는 다음과 같은 것을 밝히고자 한다.

15. 모든 상품의 진실가격은 무엇인가

첫째, 이 교환가치의 진정한 척도는 무엇인가? 또는 무엇이 모든 상품의 진실가격(real price)을 구성하는가?

16. 이 가격의 서로 다른 부분들은 어떤 것인가.

둘째, 이 진실가격을 구성하는 서로 다른 부분들은 무엇인가?

17. 시장가격은 왜 이따끔 이 진실가격과 괴리되는가.

끝으로, 진실가격의 상이한 구성부분들 중 몇 개 또는 모두를 그것들의 자연적인 수준 또는 보통의 수준보다 때로는 인상하고 때로는 인하하는 상이한 사정들은 무엇인가? 또는 상품의 시장가격, 즉 현실가격(actual price)이 이른바 상품의 자연가격(natural price)과 정확히 일치하는 것을 때때로 방해하는 원인들은 무엇인가?

18. 이상 세 가지 문제의 답이 다음 세 장에서 논의될 것이다.

위의 세 문제들을 다음 세 개의 장(章)들에서 내가 할 수 있는 한 완전하고 분명하게 설명하려고 한다. 이를 위해 독자의 인내와 주의를 간청하는 바이다. 어떤 곳에서는 불필요하게 지루하다고 느낄 정도로 상세한 논의를 검토하기 위해서는 독자의 인내(忍耐)가 요구되며, 가능한 한 완전한 설명을 했다고 하더라도 여전히 어느 정도 애매하게 보일 수 있는 것을 이해하기 위해서는 독자의 주의(注意)가 요구된다. 명쾌함을 도모하기 위해 지루함을 무릅썼지만, 이러한 온갖 노력을 쏟은 뒤에도 그 성질상 매우 추상적인 문제에 대해서는 아직 약간의 애매함이 남아 있을지도 모른다.

제5장

상품의 진실가격과 명목가격, 또는 상품의 노동가격과 화폐가격

1. 노동은 교환가치의 진실한 척도이다. 한 사람이 부유한가 또는 가난한가는 그가 향유할 수 있는 생활상의 필수품·편의품·오락물의 정도에 따라 결정된다. 그러나 노동의 분업이 일단 완전히 확립된 후에는 한 사람이 자기 자신의 노동으로 공급할 수 있는 것은 이러한 것들 중 극히 작은 부분에 지나지 않는다. 그것들 중 매우 큰 부분은 타인의 노동으로부터 얻어 와야 하기 때문에, 그가 부유한가 또는 가난한가는 그가 지배할 수 있는, 또는 그가 구매할 수 있는 타인의 노동의 양(量)에 따라 결정된다. 그러므로 어떤 상품의 가치는, 그 상품을 소유하고 있지만 그것을 자신이 사용하거나 소비하려 하지 않고 다른 상품과 교환하려고 하는 사람에게는, 그 상품이 그로 하여금 구매하거나 지배할 수 있게 해 주는 노동의 양(量)과 같다. 따라서 노동은 모든 상품의 교환가치를 측정하는 진실한 척도(尺度)이다.[1)]

---

1) 마르크스에 의하면, 상품은 사용가치와 교환가치를 가지며, 교환가치는 가치〔그 상품을 생산하는 데 소요되는 추상적 인간노동의 양〕를 외부로 표현하는 형태다. 스미스는 상품의 사용가치를 형성하는 구체적 유용노동과 상품가치를 형성하는 동질적인 추

2. 모든 물품에 지불되는 최초의 가격이기도 하다.

모든 물건의 진실가격(real price), 즉 그것을 얻고자 하는 사람이 실제로 지불해야 하는 가치는, 그것을 얻는 데 드는 수고와 번거로움이다. 어떤 물건이 이미 그것을 획득해 가지고 있으나 그것을(자신이 소비하지 않고) 팔거나 다른 물건과 교환하려 하는 사람에 대해서 갖는 실제의 가치는, 그 물건을 소유하고 있음으로써 자신은 면제받고 그리고 타인에게 부과할 수 있는 수고와 번거로움이다. 화폐로 구매하거나 재화로 교환하는 물건은, 우리 자신의 수고와 번거로움에 의해 얻는 물건과 마찬가지로, 노동으로써 얻은 것이다. 그 화폐나 재화는 우리에게 이러한 수고를 면제해 준다. 그것들은 일정한 양의 노동이라는 가치를 함유하고 있는데, 우리는 그것들을 동등한 양의 노동의 가치를 함유하고 있다고 그 당시 가정되는 물건과 교환하는 것이다. 노동은 모든 물건을 구매하기 위해 지불되는 최초의 가격, 또는 최초의 구매화폐였다. 세상의 모든 재부(財富)를 구매하는 데 최초로 사용된 것은 금이나 은이 아니라 노동이었다. 재부를 소유하고 있으나 그것을 어떤 새로운 생산물과 교환하려고 하는 사람에게 대해 그 재부가 갖는 가치는 그것이 그로 하여금 구매하거나 지배할 수 있게 해 주는 노동량과 정확히 같다.

3. 재부(財富)는 노동을 구매하는 힘이다.

홉스(Hobbes)가 말한 바와 같이, 부(富)는 힘이다(Wealth is power). 그러나 거대한 재산을 획득하거나 상속받는 사람이 반드시 어떤 정치적 권력을, 그것이 군사적인 것이건 비군사적인 것이건 간에, 획득하거나 상속받는 것은 아니다. 그의 재산은 아마 그에게 그 두 가지를 획득할 수단을 제공할 수 있을지 모르지만, 재산의 단순한 소유가 그것들을 반드시

상적 인간노동을 명확히 구별하지 못했으며, 상품가치를 규정함에 있어 그 상품의 생산에 지출된 노동량(투하노동)과 그 상품이 임금을 매개로 하여 구매할 수 있는 노동량(지배노동)을 혼동하고 있다. 『자본론』 제1권 제1장(상품)을 참조하라—역자.

얻게 해주는 것은 아니다. 이 재산의 소유가 그에게 즉시 그리고 직접적으로 주는 힘은 구매력, 즉 일종의 모든 노동에 대한 지배력이며, 또는 그 당시 시장에 나와 있는 모든 노동생산물에 대한 지배력이다. 그의 재산의 대소(大小)는 이 힘의 크기에 정확히 비례하며, 또는 그가 구매할 수 있는 타인 노동의 양(量) 또는 타인 노동의 생산물의 양(量)에 정확히 비례한다. 모든 물건의 교환가치는 언제나 그것이 그 소유자에게 주는 이런 힘의 크기와 정확히 같음에 틀림없다.

4. 그러나 노동은 측정하기가 곤란하기 때문에, 가치는 보통 노동에 의하여 측량되지 않는다.

비록 노동이 모든 상품의 교환가치의 진실한 척도이지만, 상품의 가치는 보통 노동에 의해 측량(測量)되지 않는다. 흔히 두 가지 서로 다른 노동의 양 사이의 비율을 확정하기는 쉽지 않다. 상이한 두 종류의 작업에 소요된 시간만으로 이 비율을 결정할 수는 없을 것이다. 작업시에 견디어 낸 고난의 정도와 발휘된 독창성의 정도도 동시에 고려되어야 한다. 한 시간의 힘드는 일은 두 시간의 쉬운 일보다 더 많은 노동을 함유하고 있을 수 있고, 배우는 데 10년이 걸리는 직업에서의 한 시간의 일은 보통의 평범한 직업에서의 한 달간의 일보다 더 많은 노동을 함유하고 있을 수 있다. 그러나 고난이나 독창성에 관한 정확한 척도를 발견하기는 쉽지 않다. 실제로 상이한 종류의 노동의 상이한 생산물들을 서로 교환할 때는, 보통 이 두 요소가 어느 정도 고려된다. 그러나 그것은 어떤 정확한 척도에 의해 결정되는 것이 아니라, 시장에서의 흥정에 의해, 보통 생활의 일상업무를 수행하는 데는 충분한 정도의 대체적인, 정확하지는 않지만, 등가성(等價性)에 따라 결정된다.

5. 그러나 상품은 노동과 교환된다기보다는 기타 상품과 교환될 때가 더 많다.

이 밖에 상품은 노동이 아닌 다른 상품과 더욱 빈번하게 교환되고 비교된다. 따라서 상품의 교환가치를, 그 상품이 구매할 수 있는 노동량에 의해서가 아니라, 그 상품이 구매할 수 있는 다른 상품의 양에 의해서 평가하는 것이 좀더 자연스럽다. 대부분의 사람들도 노동의 양으로 표시된 것보다는 일종의 구체적인 상품의 양으로 표시된 것을 더 잘 이해한다. 후자는 볼 수 있고 만질 수 있는 물건이고, 전자는 일종의 추상적인 관념으로 이해될 수는 있지만 충분히 자연스럽거나 분명하지가 않다.

6. 특히 화폐와 교환되는데, 화폐도 이 때문에 가치를 평가하는 데 흔히 사용된다.

그러나 물물교환이 중지되고 화폐가 상업의 보편적인 매개수단으로 되면, 개개의 특정 상품은 다른 상품과 교환되기보다는 더욱 빈번하게 화폐와 교환된다. 푸줏간 주인이 빵이나 맥주와 교환하기 위해 자기의 쇠고기나 양고기를 빵집 주인이나 양조장 주인에게 가져가는 일은 거의 없다. 그는 고기를 가지고 시장에 가서 그것을 화폐와 교환하고, 그 뒤에 그 화폐를 빵이나 맥주와 교환한다. 그가 고기와 교환해서 얻는 화폐의 양이 뒤에 그가 구매할 수 있는 빵과 맥주의 양을 규정한다. 그러므로 고기의 가치를 그가 직접 고기와 교환하는 상품의 수량, 즉 화폐의 양에 의해 평가하는 것이, 그가 화폐를 매개로 해서만 고기와 교환할 수 있는 상품의 수량, 즉 빵과 맥주의 양에 의해 평가하는 것보다 자연스럽고 분명하다. 다른 말로 표현하면, 푸줏간 주인의 고기 1파운드는 3펜스 또는 4펜스의 가치가 있다고 말하는 것이, 3 또는 4파운드의 빵의 가치가 있다거나 3 또는 4쿼트(quart: $\frac{1}{4}$ 갤런)의 맥주의 가치가 있다고 말하는 것보다 자연스럽고 분명하다. 그러므로 모든 상품의 교환가치는 그것과의 교환으로 획득할 수 있는 노동이나 다른 상품의 양에 의해 측량되기보다 더욱 빈번하게 화폐의 양에 의해 측량된다.

7. 그러나 금과 은의 가치는 변동한다. 금은은 어떤 때는 더 많은 노동의, 어떤 때는 더 적은 노동의 가치가 있다. 그런데 동등한 노동은

그러나 금과 은은 다른 상품들과 마찬가지로 그 가치가 변동하여 때로는 더 싸

언제나 노동자에겐 동등한 희생을 의미한다.

지고 때로는 더 비싸지며, 때로는 구매하기 더 쉬워지고 때로는 구매하기 더 어려워진다. 특정량의 금은이 구매하거나 지배할 수 있는 노동의 양, 또는 그것과 교환될 수 있는 다른 상품의 양은, 언제나 이러한 교환이 행해지는 시기에 알려져 있는 광산의 풍부함 또는 빈약함에 달려 있다. 아메리카의 풍부한 광산의 발견은 16세기에 유럽의 금은의 가치를 종전 가치의 약 $\frac{1}{3}$로 하락시켰다. 이 금속들을 광산에서 시장으로 가져오는 데 소요되는 노동이 더 적으므로, 그것들이 시장으로 옮겨졌을 때, 그것들이 구매하거나 지배할 수 있는 노동의 양은 더 적어지게 된다. 금은 가치의 이러한 변혁은 아마도 역사상 가장 큰 것이었지만, 그러나 역사상 결코 유일한 것은 아니었다. 한 걸음, 한 길, 한 줌 등처럼 그 자신의 양이 끊임없이 변하는 자연의 척도와 같은 척도는 다른 물건들의 양을 측량하는 정확한 척도가 될 수 없듯이, 자신의 가치가 끊임없이 변하는 상품은 다른 상품들의 가치를 측량하는 정확한 척도가 될 수 없다. 동등한 양의 노동은 때와 장소를 가리지 않고 노동자에게는 동등한 가치가 있다고 말할 수 있을 것이다. 노동자의 보통의 건강·체력 그리고 정신 상태에서는, 그리고 그의 기교·숙련의 정도가 보통인 상태에서는, 동등한 양의 노동에 대해 동일한 분량의 안일·자유 그리고 행복을 희생해야만 한다. 노동자가 노동의 대가로 받는 상품의 양이 많든 적든 간에, 그가 지불하는 가격(희생)은 항상 동일함에 틀림없다. 물론 노동자는 노동의 대가로써 때로는 더 많은 상품을 구매할 수 있고 때로는 더 적은 상품을 구매할 수도 있지만, 변동하는 것은 상품들의 가치이지 상품들을 구매하는 노동의 가치가 아니다. 어느 때나 장소에서도 얻기 어렵거나 또는 얻는 데 많은 노동이 소요되는 물건은 비싸며, 얻기 쉽거나 또는 노동을 거의 들이지 않고도 얻을 수 있는 물건은 싸다. 그러므로 자신의 가치가 결코 변동하지 않는 노동만이 모든 상품들의 가치를 때와 장소를 가리지 않고 측정하고 비교할 수 있는 궁극의 진실한 척도이다. 노동은 상품의 진실가격이고, 화폐는 상품의 명목가격일 뿐이다.[2)]

8. 그럼에도 불구하고 고용주는 노동의 가치는 변동하는 것이라고 생각하고 있다.

그러나, 비록 동등한 양의 노동이 노동자에게는 항상 동등한 가치가 있다고 하더라도, 그를 고용하는 사람에게는 그것이 때로는 더 큰 가치를 가지고 때로는 더 적은 가치를 가지는 것처럼 보인다. 고용주는 동등한 양의 노동을 때로는 더 많은 양의 재화(財貨)로 구매하고 때로는 더 적은 양의 재화로 구매하기 때문에, 그에게는 노동의 가격이 다른 모든 재화의 가격과 마찬가지로 변동하는 것처럼 보인다. 그에게는 전자의 경우에는 노동의 가격이 비싼 것처럼 보이고, 후자의 경우에는 그것이 싼 것처럼 보인다. 그러나 실제로는 전자에서는 재화가 싸고, 후자에서는 재화가 비싼 것이다.

9. 그렇게 보면 노동은 진실가격과 명목가격을 가지고 있다.

그러므로 일반적인 의미에서 노동 역시 상품과 마찬가지로 진실가격과 명목가격을 가진다고 말할 수 있을 것이다. 노동의 진실가격은 노동을 얻기 위해 주어지는 생활필수품과 편의품의 수량이고, 노동의 명목가격은 노동을 얻기 위해 주어지는 화폐의 수량이라고 말할 수도 있다. 노동자가 부유한가 가난한가, 그리고 보수가 좋은가 나쁜가는 그의 노동의 진실가격에 비례하는 것이지 명목가격에 비례하는 것은 아니다.

10. 진실가격과 명목가격을 구별하는 것은 때에 따라서는 실용적이다.

상품과 노동의 진실가격과 명목가격 사이의 구별은 단순히 이론상의 문

---

2) 상품의 생산에 소요되는 노동량이 변동하지 않는다면, 상품가치는 변동하지 않는다. 그러나 스미스는 노동과 노동력을 구별할 수 없었으므로, 노동의 가치 또는 가격이라는 불합리한 표현은 어느 때는 노동량을 가리키기도 하고 어느 때는 임금, 즉 노동력의 가치를 가리키기도 한다. 『자본론』 제1권 제19장을 참조하라—역자.

제가 아니고 때로는 실제로도 매우 유용한 것일 수도 있다. 동일한 진실가격은 항상 동일한 가치를 가지지만, 금은의 가치변동 때문에 동일한 명목가격은 매우 상이한 가치를 가질 수 있다.[3] 영구적인 지대(地代) 수취권을 보유한 채 토지를 임대하는 경우, 그 지대가 항상 동일한 가치를 가지기를 원한다면, 지대 수취권을 보유하고 있는 가족에게 중요한 것은 그 지대가 특정 화폐액으로 규정되지 않아야 한다는 것이다. 특정 화폐액의 가치는 이 경우 두 가지 상이한 종류의 변동을 받을 수 있다. 첫째는, 동일한 액면가의 주화에 함유되어 있는 금은의 양이 시대에 따라 변동함으로써 일어나는 가치의 변화 때문이며, 둘째는, 동일한 양의 금은의 가치가 시대에 따라 변동함으로써 일어나는 가치의 변화 때문이다.

11. 그 이유는 주화에 들어 있는 금속의 양이 감소하는 경향이 있기 때문이다.

국왕과 정부는 종종 주화에 함유되어 있는 순금속의 양을 감소시킴으로써 일시적인 이익을 얻을 수 있다고 생각하였지, 그 순금속의 양을 증대시킴으로써 이익을 얻을 수 있다고는 생각하지 않았다. 따라서 나는, 모든 나라에서 주화에 함유되어 있는 금속의 양은 거의 계속 감소되어 왔지 증대되는 일은 없었으며, 따라서 이러한 변동은 거의 언제나 화폐지대(貨幣地代)의 가치를 감소시키는 경향이 있다고 생각한다.

12. 금과 은의 가치도 하락하는 경향이 있기 때문이다.

아메리카에서 발견된 광산은 유럽에서 금은의 가치를 감소시켰다. 어떤 확실한 증거는 없지만 일반적으로 인식하고 있듯

3) 스미스는 상품의 '진실가치' (또는 가격)와 '실질가치' (또는 가격)를 혼동하고 있다. 전자는 상품의 생산에 소요되는 노동량이고, 후자는 한 상품이 구매할 수 있는 다른 상품의 수량이다. 비록 한 상품의 생산에 필요한 노동량이 변하지 않더라도 다른 상품들의 '진실가치' 가 저하한다면 그 상품이 구매할 수 있는 다른 상품들의 수량은 증가할 것이다. 따라서 스미스가 사용하는 real price 는 어떤 경우에는 '진실가격'으로 번역해야 하고, 또 다른 경우에는 '명목가격'에 대립하는 '실질가격'으로 번역해야 한다—역자.

이, 이러한 감소는 여전히 점진적으로 진행되고 있으며 그리고 앞으로도 오랫동안 계속될 것 같다. 따라서 이러한 가정에 의거한다면, 이 변화는 화폐지대의 가치를 증대시키기보다는 오히려 감소시킬 것이다. 설령 화폐지대가 일정한 액면가의 주화량(예: 몇 파운드 스털링의 주화)으로 지불되도록 규정되지 않고 몇 온스의 순수한 은 또는 일정한 순도의 은 몇 온스로 지불되어야 한다고 규정되더라도 그렇다.

13. 화폐로 규정된 잉글랜드의 지대는 1586년 이래 $\frac{1}{4}$로 하락했다.

곡물로 규정된 지대는, 주화의 금속 함유량에 변화가 없는 경우에도, 화폐로 규정된 지대보다 지대의 가치를 훨씬 더 잘 보존했다. 엘리자베스 여왕 제18년(1575년)에 제정된 법률의 규정에 의하면, 모든 대학의 임대지 지대의 $\frac{1}{3}$은 곡물로 규정되어야 하며, 실제의 지불은 현물로 지불되거나 아니면 가장 가까운 공설시장에서의 시가에 따라 화폐로 지불되어야 했다. 이 곡물지대로부터 얻은 화폐는 최초에는 전체의 $\frac{1}{3}$에 불과했지만, 지금은 보통, 블랙스톤(Blackstone) 박사에 따르면, 나머지 $\frac{2}{3}$의 지대로부터 생기는 수입의 두 배에 가깝다. 이 계산에 의하면, 각 대학이 오랜 전부터 받아왔던 화폐지대는 그 옛날 가치의 거의 $\frac{1}{4}$로 하락했다. 다시 말하면, 원래 동일한 가치였던 곡물의 $\frac{1}{4}$에 불과한 정도의 가치가 있을 뿐이다. 필립과 메리의 통치 이래 잉글랜드 주화의 금속 함유량은 거의 또는 전혀 변동하지 않았으며, 동일한 수의 파운드화·실링화·페니화는 거의 동일한 양의 순은을 함유했다. 그러므로 대학의 화폐지대의 가치가 저하한 것은 모두 은의 가치의 저하 때문에 생긴 것이다.

14. 마찬가지로 스코틀랜드와 프랑스의 지대는 거의 무가치하게 되었다.

은의 가치의 하락이 동일한 액면의 주화에 함유되어 있는 은의 양의 감소와 결합된다면, 화폐지대에 의한 손실은 더욱 커진다. 스코틀랜드에서는 주화의 금속 함유량이 잉글랜드보다 훨씬 더 큰 변동을 겪었고, 그리고 프랑스에서는 스코틀랜드보다 더욱 큰 변동을 겪었는데, 그리하여 양국에서의 옛날의 지대는 원래는 상당히 큰 가치가 있었으나 지금은 거의 가치가 없는 것으로 되어 버렸다.

15. 곡물지대는 화폐지대보다 더 안정적이다.

동일한 양의 노동을 시간상 서로 멀리 떨어진 서로 다른 시점에서 구매할 때, 같은 양의 금은 또는 기타의 상품으로 사는 것보다 같은 양의 곡물, 즉 노동자의 생활자료로써 살 때 더욱 비슷한 양의 노동을 얻을 수 있다. 따라서 동일한 양의 곡물은 서로 멀리 떨어진 상이한 시점에서도 거의 비슷한 양의 진실한 가치를 가질 것이며, 또는 그것의 소유자로 하여금 지금과 거의 동일한 양의 타인노동을 구매하거나 지배할 수 있게 할 것이다. 나는, 동일한 양의 곡물은 동일한 양의 다른 어떤 상품보다 더욱 비슷하게 동일한 양의 노동을 구매하거나 지배할 수 있게 한다고 말했는데, 그 이유는, 동일한 양의 곡물도 정확하게 동일한 양의 노동을 구매하거나 지배할 수는 없기 때문이다. 노동자의 생활자료, 즉 노동의 실질가격은, 뒤에서 보는 바와 같이, 경우에 따라 매우 상이하다. 즉, 부유해지고 있는 사회에서는 정지하고 있는 사회보다 더욱 풍부하며, 정지하고 있는 사회에서는 몰락하고 있는 사회보다 더욱 풍부하다. 그러나 한 상품이 특정 시점에서 구입할 수 있는 노동의 양은, 그 상품이 그 당시에 구입할 수 있는 생활자료의 양(量)의 대소(大小)에 비례해서 많거나 적거나 한다. 그러므로 곡물로 규정된 지대는 일정량의 곡물이 구매할 수 있는 노동량의 변화에 의해서만 영향을 받는다. 그러나 다른 상품으로 규정된 지대는 일정량의 곡물이 구매할 수 있는 노동량의 변화에 의해서뿐만 아니라, 일정량의 그 상품이 구매할 수 있는 곡물의 양의 변화에 의해서도 영향을 받는다.

16. 그러나 해마다의 변동은 훨씬 더 크다.

그러나 주의해야 할 것은, 곡물지대의 진실가치[4]의 변화는, 한 세기 단위로 볼 때는 화폐지대의 진실가치의 변화보다 훨씬 적지만, 1년 단위로 볼 때는 더욱 크다는 점이다. 뒤에서 살펴보겠지만, 노동의 화폐가격〔임금수준〕은 해마다 곡물의 화폐가격에 따라 오르내리는 것이 아니라 도처에서 그 생활필수품인 곡물의 평균적이고 일반적인 가격에 (일시적이고 우연적인 가격이 아니라) 적응하는 것 같다. 또한 뒤에서 밝히겠지만, 곡물의 평균적인 또는 일반적인 가격은 은의 가치, 즉 은을 시장에 공급하는 광산의 풍부함 또는 빈약함에 의해, 다시 말해 특정량의 은을 광산에서부터 시장으로 가져오는 데 고용되어야 할 노동의 양, 따라서 노동자들에 의해 소비되는 곡물의 양에 의해 규제된다. 그러나 은의 가치는 때때로 1세기 동안에는 크게 변동하지만 1년 동안에는 거의 변동하지 않으며, 흔히 반 세기나 심지어 한 세기 동안 동일하거나 거의 동일한 경우도 있다. 그러므로 곡물의 보통의 또는 평균적인 화폐가격도 그렇게 오랫동안 동일하거나 거의 동일할 수 있으며, 그리고 노동의 화폐가격도, 사회가 기타 방면에서 동일하거나 거의 동일한 상황에 있다면, 그러할 것이다. 그런데 곡물의 일시적이고 우연적인 가격은 어느 해에는 그 전 해의 두 배로, 예컨대 1쿼터(quarter: 8부셸)가 25실링에서 50실링으로 변동할 수도 있다. 그러나 곡물의 가격이 50실링으로 상승하는 경우, 곡물지대의 명목가치와 진실가치는 모두 이전에 비해 두 배가 될 것이며, 두 배의 노동량, 또는 대부분의 기타 상품의 두 배를 지배하게 될 것이다. 단, 곡물가격의 변동에도 불구하고 노동의 화폐가격이, 그리고 그와 함께 기타 다른 대부분 상품의 화폐가격이 불변인 경우에 그러할 것이다.

17. 따라서 노동이 유일한 보편적 표준이다.

그러므로 노동은 유일하게 보편적이고 유일하게 정확한 가치의 척도이며, 모든 시기와 장소에서 상이한 상품들의 가치를 비교할 수

4) 이 용어는 지대로 받는 곡물이 구입할 수 있는 노동량을 가리키며, 일정량의 곡물을 생산하는 데 소요되는 노동량을 가리키는 것은 아니다—역자.

있는 유일한 표준이라는 것은 분명한 것 같다. 우리는, 상품의 구매에 지불되는 은의 양으로 상이한 상품들의 진실가치를 매 세기마다 측정할 수 없다는 점은 인정하고 있다. 그리고 매년마다 상이한 상품들의 진실가치를 곡물의 양으로 측정할 수 없다는 것도 사실이다. 그러나 우리는 노동의 양으로 상이한 상품들의 진실가치를 매 세기마다 그리고 매년마다 충분히 정확하게 측정할 수 있다. 한 세기를 단위로 볼 때, 곡물은 은보다 더 나은 가치척도이다. 왜냐하면, 한 세기 동안에는 동일한 양의 곡물은 동일한 양의 은보다 더욱 근사하게 동일한 양의 노동을 지배할 것이기 때문이다. 이와는 반대로, 1년간을 단위로 볼 때는 동일한 양의 은이 더 근사하게 동일한 양의 노동을 지배할 것이므로, 은이 곡물보다 더 나은 가치척도이다.

18. 그러나 통상의 거래에는 화폐로써 충분하다.

진실가격과 명목가격을 구별하는 것은 영구지대(永久地代)를 확정하거나 장기임대계약을 맺을 때는 유용하겠지만, 일상생활의 보통의 일상적인 교역에서는 유용하지 않다.

19. 이는 화폐가 동일한 때와 장소에서는 완전히 정확하기 때문이다.

동일한 때와 장소에서는 모든 상품의 진실가격과 명목가격은 서로 정확히 비례한다.[5] 예컨대 런던시장에서 어떤 상품을 팔아서 받는 화폐가 많거나 적음에 따라, 그 때와 장소에서 그 상품이 구입·지배할 수 있는 노동의 양도 많거나 적어진다. 그러므로 동일한 때와 장소에서 화폐는 모든 상품의 진실한 교환가치의 정확한 척도이다. 그러나 이것은 오직 동일한 때와 장소에서만 그렇다.

20. 원격지간의 거래에서 고려해야 할 것은 오직 한 가지이다.

멀리 떨어진 장소들에서는 상품의 진실가격과 명목가격 사이에 어떤 규칙

5) 마르크스에 의하면, 상품의 가치를 화폐의 수량(또는 화폐단위)으로 표시한 것이 상품가격이며, 화폐(예: 금은)도 노동생산물이므로 자기 자신의 가치를 가진다—역자.

적인 비례관계가 없지만, 한 장소에서 다른 장소로 재화를 운반하는 상인은 상품의 화폐가격만을, 즉 그가 구매할 때 지불한 은의 양과 판매할 때 받을 은의 양 사이의 차액만을 고려한다. 중국 광주에서 $\frac{1}{2}$온스의 은이 지배할 수 있는 노동의 양이나 생활필수품, 편의품의 양은 런던에서 1온스의 은이 지배할 수 있는 그것보다 클 것이다. 그러므로 광동(廣東)에서 $\frac{1}{2}$온스의 은에 판매되는 어떤 상품은 그 소유자에 대하여, 런던에서 1온스의 은에 판매되는 어떤 상품이 그 소유자에 대해서 갖는 것보다, 더욱 가치가 있고 더욱 중요할 수 있다. 그러나 런던의 상인이 광동에서 어떤 상품을 $\frac{1}{2}$온스의 은으로 구매한 다음 그것을 런던에서 1온스의 은에 판매한다면, 그는 이 거래로 100%의 이익을 얻는 셈인데, 그는 1온스의 은의 가치가 광동에서나 런던에서나 똑같은 것처럼 생각한다. 런던의 상인에게는 광동에서의 $\frac{1}{2}$온스의 은이 런던에서의 1온스의 은에 비해 더 많은 노동, 더 많은 생활필수품과 편의품을 지배할 수 있게 해 준다는 사실은 중요하지 않다. 그가 중요하게 생각하는 것은, 런던에서 은 1온스는 런던에서 은 $\frac{1}{2}$온스가 지배할 수 있는 노동, 생활필수품과 편의품의 두 배를 지배할 수 있다는 것이다.

21. 그러므로 화폐가격이 주의를 끌어왔던 것은 조금도 이상할 것이 없다.

일체의 매매행위가 적당한지 여부를 최종적으로 결정하고, 그리하여 일상생활 중 가격과 관련되는 거의 모든 업무를 규제하는 것은 상품의 명목가격 또는 화폐가격이므로, 그것이 진실가격보다 훨씬 더 주의를 받는 것은 이상할 게 없다.

22. 본서에서는 이따금 곡물가격이 사용될 것이다.

그러나 이 책에서는, 특정 상품이 상이한 시기와 장소에서 갖는 상이한 진실가치, 즉 그 상품이 상이한 시기와 장소에서 그것의 소유자에게 부여하는 타인 노동에 대한 상이한 정도의 지배력을, 비교해 보는 것이 때로는 유용할 수도 있다. 이 경우 우리가 비교해 봐야 하는 것은 그 상품이 보통 판매될 때의 상이한 양의 은이 아니라 그 상이한 양의 은이 구매할 수 있는 상이한 양의 노동이다. 그러나 상이한 시기와 장소에서의 노동의 시가(時價), 즉 임금수준을 정확히 안다는 것은 매우 어렵다. 곡물의 가격은, 비록 정기적으로 기록된 지역은 적지만, 일반적으로 비교적 잘 알려져 있으며, 역사가와 기타 저자들에 의해 자주 주목받았다. 그러므로 우리는 대체로 이 곡물의 시가를 이용하는 것으로 만족해야 한다. 왜냐하면, 그것이 노동의 시가와 항상 정확히 비례하기 때문이 아니라, 우리가 얻을 수 있는 것들 중에서 노동의 시가와 가장 근사하게 비례하기 때문이다. 앞으로 이와 같은 종류의 비교를 몇 개 행할 것이다.

23. 몇 가지 금속이 화폐로서 주조되었으나 단 한 가지만이 표준으로서 사용되었는데, 보통 처음으로 상업에 사용되었던 것이 표준으로 선택되었다.

산업의 진보에 따라 상업국들은 몇 개의 상이한 금속들을 화폐로 주조하는 것이 편리하다는 것을 알았다. 예컨대 거액의 지불에는 금을, 소액의 교역에는 은을, 그리고 더욱 소액의 매매에는 구리 또는 기타의 조잡한 금속을 사용했다. 그러나 그들은 항상 그 중의 하나가 다른 두 가지에 비해서 가치의 척도로 더욱 적합하다고 생각했으며, 이처럼 가치의 척도로 선호된 것은 일반적으로 이전부터 상업의 매개수단으로 사용되어 왔던 금속이었던 것 같다. 그 금속을 가치의 표준(즉, 본위(本位))으로 사용하기 시작하자마자(그 당시에는 다른 화폐가 없었으므로 그럴 수밖에 없었다), 그 이후에는 그럴 필요성이 없어졌는데도 여전히 그렇게 해왔다.

24. 로마인은 동을 사용하였다.

로마 사람들은 제1차 포에니전쟁 이전 5년 사이에 은화를 주조하기 시작했는데, 그 이전까지는 구리화폐만을 사용했다.* 그러므로 로마공화국에서는 구리

---

* 플리니(Pliny), 『자연사』(Natural History), P.33.

가 계속 가치의 척도였던 것 같다. 로마에서는 모든 장부상의 기록이나 모든 부동산의 가치가 아스(As) 또는 세스테르티우스(Sestertius)로 계산되었던 것 같다. 아스는 일종의 구리 주화의 명칭이고, 세스테르티우스는 2.5아스를 나타낸다. 세스테르티우스는 원래 은화였지만 그것의 가치가 도리어 구리로 평가되고 있었다. 로마에서는 돈이 많은 사람을 '다른 사람의 구리를 많이 가지고 있는 사람'(have a great deal of other people's copper)이라고 불렀다.

25. 근대 유럽의 각국들은 은을 사용했다. 로마 제국의 폐허 위에 나라를 세운 북방의 각국들은 정착 초기부터 은화를 사용했던 것 같고, 그 뒤 수 세대 동안 금화나 구리화를 알지 못했던 것 같다. 색슨 시대의 잉글랜드에는 은화가 있었지만, 영국(Great Britain)[6]의 에드워드 3세 이전에는 금화란 게 없었고, 제임스 1세 이전에는 구리화란 것도 없었다. 그러므로 잉글랜드에서는, 그리고 유럽의 기타 모든 근대국가들에서는, 동일한 이유에서 모든 장부상의 기록이나 모든 상품 및 모든 부동산의 가치가 일반적으로 은으로 계산되고 있다. 어떤 사람의 재산액을 나타내려고 할 때, 우리는 그 재산의 가격에 해당하는 파운드 스털링(1파운드 무게의 은화)의 숫자로 표시하지 금화 기니(guinea)의 숫자로 표현하지는 않는다.

26. 표준 금속이 본래 유일한 법화였다. 원래 모든 나라에서, 특별히 가치의 표준 또는 척도로 간주된 금속으로 주조된 화폐만이 지불에 사용되는 법정 화폐, 즉 법화(法貨: legal tender)였다고 나는 생각한다. 잉글랜드에서 금은 화폐로 주조된 이후에

6) 영국의 현재의 공식 명칭은 'United Kingdom' (연합왕국)인데, 이는 그레이트 브리튼(Great Britain)과 북 아일랜드(Northern Ireland)로 이루어져 있다. 그레이트 브리튼에는 잉글랜드(England), 웨일즈(Wales), 스코틀랜드(Scotland)가 포함되어 있다. 그런데 애덤 스미스의 시대에는 영국은 그레이트 브리튼 뿐이었으므로, 그레이트 브리튼을 영국으로 번역한다—역자.

도 장기간 법화로 간주되지 않았다. 금화와 은화 사이의 가치비율은 국가의 법률이나 공고에 의해 확정되지 않고 시장에서 결정되었다. 채무자가 금으로 지불하겠다고 하면, 채권자는 그런 지불을 완전히 거절할 수도 있고, 또는 자기와 채무자가 합의한 금의 가치로 받을 수도 있었다. 구리화는 현재 소액 은화의 거스름돈으로 사용되는 경우를 제외하고는 법화가 아니다. 이와 같은 상황에서 본위(本位) 금속과 비본위 금속 사이의 구분은 명목상의 구분 이상의 의미를 갖는다.

27. 그후 이 두 금속의 가치의 비율이 법률에 의해 공포되어, 두 금속이 법화가 되면 양자의 구별은 중요하지 않게 된다.

시간이 흐름에 따라 사람들이 각종 상이한 금속의 주화 사용에 점점 더 익숙해지고, 그리하여 그들 각각의 가치 비율을 더 잘 알게 됨에 따라, 대부분의 나라에서는 이 비율을 확정하여 법률로, 예컨대, 일정한 중량과 순도의 금화 1기니는 21실링의 은화와 교환될 수 있다든가, 21실링의 빚을 갚는 데 쓸 수 있는 법화라고 공포하는 것이 편리하다는 것을 발견한 것 같다. 이러한 상황에서, 이 법정 비율이 계속 유효한 한, 가치의 척도인 본위금속과 그렇지 않은 비본위금속 사이의 구분은 일종의 명목상(名目上)의 구분에 불과해진다.

28. 그러나 법정 비율이 바뀔 경우에는 예외이다.

그러나 이 법정 비율에 어떤 변화가 생긴다면, 이 구분은 다시 실제로 명목상의 것 이상이 되거나 또는 적어도 이상이 되는 것처럼 보인다. 예컨대 1기니 금화의 법정 가치가 20실링으로 인하되거나 22실링으로 인상된다면, 모든 계산과 거의 대부분의 채무가 은화로 표시되어 있으므로, 대부분의 지불은 종전과 마찬가지로 동일한 양의 은으로 이루어질 수 있다. 그러나 금화로 지불한다면 매우 상이한 양의 금화가 필요할 것인데, 전자의 경우에는 더 많은 금화가, 후자의 경우에는 더 적은 금화가 필요할 것이다. 은은 금보다 그 가치가 더욱 불변인 것처럼 보이게 된다. 은이 금의 가치를 측정하는 것처럼 보이고, 금이 은의 가치를 측정하는 것처럼 보이지는 않게 된다. 금의 가치는 그것과 교환되는 은의 양에 달려 있는 것처럼 보이고, 은의 가치는 그것과 교환되는 금의 양에 달려 있는 것처럼 보이지 않게 된다. 그러나 이러한 차이는 기장(記帳) 습관과, 대소의 금액을 금화에 의해서가 아니라 은화로 표현하는 습관 때문에 생긴 것에 불과할 것이다. 드럼몬드 씨(Mr. Drummond)가 발행한 25기니 또는 50기니의 수표는, 금화와 은화간의 법정 비율이 변경된 이후에도 종전과 마찬가지로, 25기니 또는 50기니로 지불되어야 할 것이다. 다시 말하자면, 법정 비율이 변경된 이후에도 종전과 동일한 양의 금으로 지불되어야 할 것이지만, 만약에 그것을 은으로 지불한다면 그 양은 매우 달라질 것이다. 이러한 수표의 지불에는 금이 은보다 그 가치가 더욱 불변인 것처럼 보일 것이다. 마치 금이 은의 가치를 측정하는 것처럼 보이고 은이 금의 가치를 측정하는 것처럼 보이지는 않을 것이다. 만약 기장 습관과 약속어음이나 기타 화폐 채무를 이런 식으로 표시하는 습관이 일반화된다면, 은이 아니라 금이 가치의 표준 또는 척도인 금속으로 간주될 것이다.

29. 법정 비율이 유효한 동안은, 영국에서처럼 가장 귀중한 금속의 가치가 전체 주화의 가치를 규제한다.

각종 상이한 주화용 금속들 사이의 일정한 법정 비율이 지속되는 한, 사실상 모든 주화의 가치는 가장 귀중한 금속의 가치에 의해 규정된다. 구리주화 12펜스는 최상급이 아닌 구리 $\frac{1}{2}$ 파운드를 함유하고 있는데, 이것은 주조되기 전에는 7펜스의 은의 가치도 없다. 그러나 법률 규정에 의해 구리주화 12펜스는 1실링과 교환될 수 있으므로, 구리주화 12펜스는 시장에서 1실링의 가치가 있는 것으로 간주되고, 언제나 1실링과 교환될 수 있다. 영국에서 최근의 금화재주조(1774년) 이전까지만 해도 금화는, 적어도 런던과 그 부근에서 유통되는 일부 금화는, 일반적으로 대부분의 은화보다 그것의 표준무게 이하로 저하되는 일이 적었다. 그러나 마손(磨損)된 21실링의 은화는 여전히 1기니의 금화와 등가(等價)로 간주되었는데, 후자도 물론 마손되기는 했지만 은화만큼 심하지는 않았다. 최근의 법률 규정은 금화를 어느 나라의 현행 주화보다도 훨씬 더 그것의 표준무게에 접근시켰다. 정부기관에서는 금화를 무게에 의해서만 받아들이도록 한 법률은, 그것이 시행되는 한, 금화의 표준무게를 불변으로 유지할 수 있을 것이다. 은화는 여전히 금화 재주조 이전과 마찬가지로 마손된 상태에 있다. 그러나 시장에서는 마손된 은화 21실링이 여전히 훌륭한 금화 1기니와 동일한 가치로 간주되고 있다.

30. 영국에서는 금화재주조가 은화의 가치를 상승시켰다.

금화재주조는 금화와 교환될 수 있는 은화의 가치를 상승시킨 것이 분명하다.

31. 잉글랜드 조폐국에서는 화폐 주조에 주조료를 받지 않는다.

잉글랜드의 조폐국에서는 1파운드 무게의 금을 $44\frac{1}{2}$기니의 주화로 주조하는데, 1기니가 21실링이므로, 이것은 46파운드 14실링 6펜스와 같다.[7] 그러므로 이러한 금화 1온스는 은화로 3파운드 17실링 $10\frac{1}{2}$펜스의 가치가 있다. 잉글랜드에는 화폐의 주조에 세금이나 주조료(seignorage)를 지불하지 않으며, 1파운드 또는 1온스 무게의 표준 금괴를 조폐국에 가져가는 사람은 1파운드 또는 1온스 무게의 금화를 아무런 공제 없이 돌려받는다. 그러므로 금 1온스당 3파운드 17실링 $10\frac{1}{2}$펜스라는 것은 잉글랜드에서는 금의 조폐국 가격, 즉 조폐국이 표준적인 금괴 대신 내어주는 은화량이라고 불린다.

32. 금화의 재주조 이후에는 금괴의 시장가격은 조폐국 가격보다 낮았다.

금화의 재주조 이전에는 표준 금괴 1온스의 가격이 시장에서 여러 해 동안 3파운드 18실링 이상이었고, 때로는 3파운드 19실링, 그리고 흔히 4파운드까지 되었다. 마손된 금화 4

7) 은화를 단위로 하면, 1파운드는 20실링이고, 1실링은 12펜스이다—역자.

파운드에는 1온스 이상의 표준금이 함유되어 있는 경우가 드물기 때문이다. 금화의 재주조 이후에는 표준 금괴의 시장가격은 온스당 3파운드 17실링 7펜스를 넘지 않았다. 금화의 재주조 이전에는 금괴의 시장가격은 항상 그것의 조폐국 가격보다 다소 높았지만, 재주조 이후에는 시장가격이 항상 조폐국 가격보다 낮았다. 그런데 그 시장가격은 금화로 지불되든 은화로 지불되든 마찬가지다. 그러므로 최근의 금화재주조는 금화의 가치를 제고시켰을 뿐만 아니라 금괴와 대비한 은화의 가치, 그리고 또한 기타 모든 상품에 대비한 은화의 가치를 제고시켰다. 비록 대부분의 기타 상품들의 가격은 수많은 기타 원인들에 의해 영향받기 때문에 그 상품들에 대비한 금화나 은화의 가치 상승은 그렇게 두드러지고 그렇게 분명하지 않을지도 모르지만.

33. 은괴의 시장가격은 금화 재주조 이래 하락했다.

잉글랜드 조폐국에서는 무게 1파운드(12온스)의 표준 은괴는 마찬가지로 무게 1파운드의 표준 은을 함유하는 62실링으로 주조된다. 그러므로 은 1온스당 5실링 2펜스라는 것은 잉글랜드에서의 은의 조폐국 가격, 즉 조폐국이 표준 은괴 대신 내어주는 은화량이라고 불린다. 금화의 재주조 이전에는 표준 은괴 1온스의 시장가격은 경우에 따라 5실링 4펜스, 5실링 5펜스, 5실링 6펜스, 5실링 7펜스, 그리고 때로는 5실링 8펜스에 달했다. 그러나 5실링 7펜스가 가장 평균적인 가격이었다. 금화의 재주조 이래 표준 은괴의 시장가격은 때때로 5실링 3펜스로 하락했으며, 5실링 5펜스를 넘어서는 일은 없었다. 은괴의 시장가격은 금화의 재주조 이래 상당히 하락했지만 조폐국 가격에 이르기까지는 하락하지 않았다.

34. 잉글랜드에서는 은이 그 가치 이하로 평가되고 있다.

잉글랜드의 주화에 사용되는 각종 상이한 금속들 사이의 교환비율에서, 구리는 자기의 진실가치보다 훨씬 높게 평가되지만 은은 자기의 진실가치보다 조금 낮게 평가되고 있다. 유럽 시장에서 프랑스의 주화와 네덜란드의 주화를 보면, 1온스의 순금은 약 14온스의 순은과 교환된다. 그런데 잉글랜드의 주화에서는 1온스의 순금은 약 15온스의 순은과 교환되며, 따라서 순금은 유럽의 일반적인 계산에 따를 때보다 더 많은 순은과 교환된다. 그러나 잉글랜드에서조차도 영국의 구리주화에 포함된 구리의 높은 가격 때문에 동괴(銅塊)의 가격이 인상되지 않는 것과 마찬가지로, 영국의 은화에 포함된 은의 낮은 교환비율 때문에 은괴의 가격이 인하되지는 않는다. 은괴는 금에 대해 적당한 비율을 여전히 유지하며, 같은 이유로 동괴는 은에 대해 적당한 비율을 여전히 유지하고 있다.

35. 은괴가 고가인 이유에 대한 로크의 설명은 잘못되었다.

윌리엄 3세 치하에서 은화가 재주조되었을 때[1695년], 은괴의 가격은 여전히 조폐국 가격보다 약간 높게 유지되었다. 로크(Locke)는 그 이유를 은괴의 수출은 허가하고 은화의 수출은 금지했기 때문이라고 설명했다. 그에 의하면, 은괴의 수출 허가는 은괴에 대한 수요를 은화에 대한 수요보다 크게 했다는 것이다. 그러나 국내에서 매매 등 일상의 용도를 위해 은화를 요구하는 사람들의 수가 수출이나 기타 다른 용도를 위해 은괴를 요구하는 사람들의 수보다 확실히 훨씬 더 많다. 현재에도 금괴의 수출은 허가하고 금화의 수출은 금지하지만, 금괴의 가격은 조폐국 가격 이하로 하락했다. 그러나 잉글랜드 주화에서 은은 그 당시에도 현재와 마찬가지로 금에 비해 낮게 평가되었고, 금화(그 당시에도 재주조의 필요성이 없다고 생각되었다)는 그 당시에도 현재와 마찬가지로 주화 전체의 진실가치를 규정했다. 은화의 재주조가 그 당시 은괴의 가격을 조폐국 가격으로까지 인하시키지 않았으므로, 지금 재주조를 또다시 한다고 해서 그처럼 인하시킬 수는 없을 것이다.

36. 은화가 재주조된다면 새 은화는 곧 녹여질 것이다.

은화를 재주조해서 금화처럼 그것의 표준무게로 접근시킨다면, 현재의 교환비율에 비추어 볼 때, 1개의 금화가 얻을 수 있는 은의 양은 은괴로서의 은과 교환될 때보다 주화로서의 은과 교환될 때에 더 많을 것이다. 이때 표준 무게의 은을 완전히 함유하고 있는 은화를 녹여서 그 은괴를 금화와 교환하고, 그 뒤에 이 금화를 은화와 교환하는 것이 이익이 될 것이다. 이러한 불편을 방지하는 유일한 방법은 현재의 교환비율을 약간 변경시키는 것인 것 같다.

37. 은은 더 높이 평가되어야 하지만, 1기니 이상의 법화가 되어서는 안 된다.

이러한 불편은 이렇게 하면 줄어들 수 있을 것이다. 즉, 현재 은화에 함유된 은의 가치는 금에 대한 적당한 비율보다 낮은데, 이것을 금에 대한 적당한 비율보다 그만큼 더 높게 하는 것이다. 다만 동시에 다음과 같이 규정할 필요가 있다. 즉, 1기니(금화)의 거스름돈을 초과하는 은화는 법화(法貨)가 되어서는 안 된다는 것이 그것인데, 이는 1실링(은화)의 거스름돈을 초과하는 구리화는 법화가 아닌 것과 같다. 이렇게 되면 어떤 채권자도 은화에 함유된 은의 높은 가치로 말미암아 사기당할 수는 없는데, 이는 마치 현재 구리화의 높은 평가로 말미암아 사기당하는 채권자가 없는 것과 마찬가지다. 은행업자만이 이 규정에 의해 고통을 받을 것이다. 예금인출 소동이 벌어지면, 그들은 때로는 6펜스짜리 주화(구리화)로 지불함으로써 시간을 벌려고 할 것이다. 그러나 이 규정에 의해 그들은 즉시 지불을 회피하는 위와 같은 수치스러운 방법을 사용할 수가 없을 것이다. 그러므로 그들은 현재보다 많은 양의 현금을 금고에 보유해야 할 것이다. 이것은 확실히 그들에게는 상당한 불편을 주겠지만, 이것은 동시에 그들의 채권자(예금자)들에게는 상당한 안전성을 줄 것이다.

38. 만약 적절히 평가된다면 은괴는 재주조하지 않더라도 조폐국 가격 이하로 떨어질 것이다.

3파운드 17실링 $10\frac{1}{2}$펜스(금의 조폐국 가격)는, 우리의 현재의 우량한 금화에서조차, 분명히 1온스 이상의 표준금을 함유하고 있지 않으며, 따라서 1온스 이상의 표준금괴를 구매할 수 없다고 생각될 수도 있다. 그러나 금화는 금괴보다 편리하다. 비록 잉글랜드에는 주조료(seignorage)가 없지만, 금괴를 조폐국에 보낸 뒤 몇 주를 기다려야 그 소유자는 금화를 받을 수 있다. 조폐국이 지금처럼 바쁘다면, 몇 달을 기다려야만 금화로 돌려받을 수 있을 것이다. 이러한 지연(遲延)은 소액의 주조료와 동등하며, 금화를 동일한 양의 금괴보다 좀더 가치있게 한다. 잉글랜드 주화에서 은이 금과 적당한 비율로 평가된다고 하더라도, 은괴의 가격은 아마 은화의 재주조가 없는 경우에도 조폐국 가격 이하로 하락할 것이다. 왜냐하면 심지어 현재의 마손된 은화의 가치도 그 은화와 교환될 수 있는 우량한 금화의 가치에 의해 규정되기 때문이다.

39. 주조료는 용해를 방지하고, 수출을 저지할 것이다.

금화와 은화의 주조에 소액의 주조료나 세금을 부과한다면, 금화와 은화 형태의 금과 은의 가치는 동일한 양의 금괴나 은괴 형태의 금은의 가치에 비해 더욱 커질 수 있을 것이다. 이 경우 주조된 금속의 가치는 그 주조료의 대소에 비례해서 상승할 것이다. 이것은 마치 금은 식기에 세공하는 경우, 세공 가격에 비례해서 금은 식기의 가격이 상승하는 것과 같다. 주화의 가치가 금속 덩어리의 가치보다 높기 때문에 주화의 용해를 저지하며, 주화의 수출도 좌절시킨다. 국가의 어떤 절박한 수요 때문에 주화의 수출이 불가피하게 되었다 하더라도, 그것의 대부분은 오래지 않아 자동적으로 다시 되돌아올 것이다. 왜냐하면, 해외에서는 주화가 같은 무게의 금속괴의 가격으로만 판매될 수 있지만, 국내에서는 주화가 같은 무게의 금속괴가 구매할 수 있는 것보다 더 많은 것을 구매할 것이기 때문이다. 따라서 주화를 다시 국내로 가져오는 것이 이익이 될 것이다. 프랑스에서는 약 8%의 주조료가 부과되고 있는데, 프랑스 주화는 해외로 수출되어도 자동적으로 다시 국내로 되돌아온다고 한다.

40. 금은의 시장가격의 파동은 보통 있는 상업적 원인들 때문에 생기는 것이지만, 조폐국 가격에서 부단히 일탈하고 있는 것은 주화의 상태 때문이다.

금괴와 은괴의 시장가격의 우연한 파동은 기타 모든 상품의 시장가격의 파동을 일으키는 것과 동일한 원인에서 발생한다. 해상 및 육상운송 과정에서의 각종 사고로 금은이 자주 상실되며, 도금·레이스·자수 등에 금은이 계속 소비되며, 그리고 주화와 금은제 식기류의 마손에 의해 금은이 계속 소모되기 때문에, 광산을 가지고 있지 않은 나라들은 이러한 상실과 소모를 보충하기 위해 끊임없이 금은을 수입해야 한다. 금은의 수입상 역시 기타 모든 상인과 마찬가지로 그때 그때의 수입을 그 당시의 수요라고 판단한 것과 일치시키려고 최선을 다할 것이다. 그러나 아무리 주의하더라도 그들은 어떤 때는 과다하게 수입하고 어떤 때는 과소하게 수입한다. 그들이 수요보다 과다한 금은괴를 수입한 경우, 그들은 그것을 다시 수출하는 데 관련되는 위험과 번거로움을 감수하기보다는 그것의 일부를 보통의 평균가격보다 낮게 판매하려고 한다. 다른 한편, 수요보다 과소하게 수입한 경우, 그들은 평균가격보다 높은 가격을 받는다. 그러나 이러한 온갖 우연적인 파동을 겪으면서도 금은괴의 시장가격이 수년 동안 계속해서 안정적이고 지속적으로 조폐국 가격보다 높거나 낮다면, 그것은 주화의 상태에 관련된 어떤 것이 그 당시 일정한 양의 주화로 하여금 그 주화가 당연히 함유해야 하는 양의 금속괴보다 작은 가치 또는 큰 가치를 가지게 하기 때문이라고 확신할 수 있을 것이다. 왜냐하면, 결과의 안정성과 지속성은 그것에 상응하는 원인의 안정성과 지속성을 전제하고 있기 때문이다.

41. 재화의 가격은 주화의 실제의 금속 함유량에 맞추어진다.

어느 특정국의 화폐가 어느 특정 시기와 장소에서 가치의 정확한 척도인가 아닌가는, 유통하는 주화가 그것의 표준에 정확히 일치하는가, 또는 그것이 함유해야 하는 순금량 또는 순은량을 정확하게 함유하고 있는가에 달려 있다. 예컨대 잉글랜드에서 $44\frac{1}{2}$ 기니가 정확하게 1파운드 무게의 표준금, 즉 11온스의 순금과 1온스의 불순물을 함유한다면, 잉글랜드의 금화는 어느 특정 시기와 장소에서도 재화의 실제가치(actual value)를 가장 정확하게 측정할 수 있는 척도가 될 수 있을 것이다. 그러나 마멸과 손상에 의해 $44\frac{1}{2}$ 기니가 1파운드 무게의 표준 금보다 적은 금을 함유하고 있다면, 그리고 그 마멸의 정도가 주화마다 다르다고 한다면, 가치의 척도는 기타의 모든 도량형이 일반적으로 직면하는 것과 같은 불확실성에 직면하게 될 것이다. 도량형(度量衡)이 그것의 표준과 정확히 일치하는 경우가 드물기 때문에, 상인은 자신의 상품가격을 표준적인 도량형에 따라 매기는 것이 아니라, 경험에 의해 평균적으로 발견하는 현실적인 도량형에 따라 매기게 된다. 주화에도 위와 같은 무질서가 있으므로, 상품가격은 주화가 함유해야 하는 순금량 또는 순은량에 따라 매겨지는 것이 아니라 주화가 평균적으로 실제로 함유하고 있는 순금량 또는 순은량에 따라 매겨진다.

41. 재화의 화폐가격은 주화의 명칭과는 관계가 없다.

지적해 두어야 할 것은, 재화의 화폐가격이란, 내가 이해하기로는, 언제나 재화를 판매하고 받는 순금량 또는 순은량을 가리키는 것이지 주화의 명칭과는 아무런 관계가 없다는 것이다. 예를 들어 에드워드 1세 시대의 6실링 8펜스는 현재의 1파운드 스털링과 동일한 화폐가격이라고 나는 생각한다. 왜냐하면, 우리가 판단할 수 있는 바에 의하면, 전자는 후자와 동일한 양의 순은을 함유했기 때문이다.

제6장
상품가격의 구성부분

1. 최초에는 노동의 양이 가치의 유일한 척도였다.

자본의 축적과 토지의 사유(私有)가 없었던 초기의 원시사회에서는 각종 물품을 획득하는 데 필요한 노동의 양(量) 사이의 비율이 물품들 상호간의 교환에 어떤 법칙을 제공할 수 있는 유일한 요인인 것 같다. 예컨대 수렵민족 사이에서 해리(beaver)를 잡는 것이 보통 사슴(deer)을 잡는 것보다 두 배의 노동이 든다면, 한 마리의 해리는 당연히 두 마리의 사슴과 교환되거나 두 마리의 사슴과 같은 가치가 있어야 할 것이다. 일반적으로 이틀 또는 두 시간의 노동생산물은 하루 또는 한 시간의 노동생산물의 두 배의 가치가 있어야 하는 것은 당연하다.

2. 노동에서의 힘든 정도가 고려되어야 한다.

어떤 종류의 노동이 다른 종류의 노동보다 더 힘든다면, 이처럼 더 힘든 정황에 대한 고려가 당연히 어느 정도 있어야 할 것이다. 그리하여 더욱 힘든 한 시간의 노동생산물은 때때로 비교적 덜 힘든 두 시간의 노동생산물과 교환될 것이다.

3. 뛰어난 숙련과 창의력도 고려되어야 한다.

또는 어떤 종류의 노동이 비상

한 숙련과 창의성을 요구한다면, 사람들은 그러한 재능에 대해 존경심을 가질 것이고, 따라서 자연히 그 생산물에 대해 그것의 생산에 소요된 시간 때문에 응당 부여해야 할 것보다 더 큰 가치를 부여하게 될 것이다. 이러한 재능은 장기간의 실천에 의해서만 획득될 수 있기 때문에, 그 생산물에 더 큰 가치를 부여하는 것은 그러한 재능을 획득하는 데 지출된 시간과 노동에 대해 합리적인 보수를 주는 것에 불과할 것이다. 진보된 사회 상태에서 더욱 힘든 일과 특수한 기능(技能)에 대한 고려는 일반적으로 노동임금에서 이루어지고 있는데, 이러한 고려는 초기의 원시사회에서도 이미 행해졌음에 틀림없다.

4. 당시에는 노동의 전 생산물은 노동자에게 속했다.

초기의 원시사회에서는 노동생산물 전체가 노동자에게 속하며, 어떤 상품을 획득하거나 생산하는 데 보통 지출되는 노동의 양이, 그 상품이 보통 응당 구매·지배·교환해야 하는 노동의 양을 규정할 수 있는 유일한 요인이다.

5. 자본을 사용할 때는 자본가의 이윤으로 뭔가가 주어지지 않으면 안 된다. 따라서 노동의 가치 그 자체는 임금과 이윤으로 분해된다.

자본이 특정한 사람들의 손에 축적되자마자 그들 중 약간의 사람들은 근면한 사람들에게 원료와 생활수단을 제공하면서 일을 시켜, 그들이 만든 것의 판매에 의해, 또는 그들의 노동이 원료에 추가한 가치에 의해, 이익을 보려고 하는 것은 당연하다. 완제품을 화폐·노동·기타의 재화와 교환할 때, 자신의 자본을 이러한 모험에 투자한 사업가가 이윤을 얻기 위해서는 원료가격과 노동자의 임금을 지불하고도 무엇이 남아 있어야만 한다. 그러므로 노동자가 원료에 추가하는 가치는 두 부분으로 나누어지는데, 한 부분은 자기의 임금을 지불하고, 다른 부분은 자기의 고용주가 원료와 임금을 지불하기 위해 투자한 자본 전체에 대한 이윤을 지불한다.[1)] 고용주는 노동자들의 생산물의 판매에 의해 자기 자본을 보충하는 것보다 더 큰 것을 기대할 수 없다면 노동자들을 고용하는 데 흥미를 가질 수 없을 것이다. 그리고 자기의 이윤이 자기가 투자한 자본의 크기와 어떤 비례관계를 가지지 않는다면, 고용주는 작은 자본보다도 큰 자본을 투자하는 데 흥미를 가질 수 없을 것이다.

6. 이윤은 단순히 감독과 지휘의 임금만을 뜻하는 것은 아니다.

자본의 이윤은 특수한 종류의 노동, 즉 지휘·감독하는 노동에 대한 임금에 불과하다고 생각할지도 모른다. 그러나 이윤은 임금과는 전혀 다르고, 완전히 상이한 원리에 의해 지배되며, 이 지휘·감독하는 노동의 양(量)·강도·창의성과는 아무런 비례관계도 없다. 이윤은 전적으로 투자한 자본의 가치에 의해 지배되며, 그 크기는 투자한 자본의 크기에 비례한다. 예컨대 공업자본의 일반적인 연간 이윤이 10%인 특정 지역에 두 개의 상이한 공장이 있는데, 그 각각은 20명의 노동자를 연간 300파운드의 비용으로, 즉 1명에 연간 15파운드를 주고 고용하고 있다고 가정하자. 그리고 한 공장에서 연간 가공되는 조잡한 원료는 700파운드의 비용이 드는 데 불과하고, 다른 공장에서 연간 가공되는 고급원료는 7,000파운드의 비용이 든다고 가정하자. 이 경우 한 공장에 연간 투자되는 자본은 1,000파운드에 불과하고, 다른 공장에 연간 투자되는 자본은 7,300파운드이다. 그러므로 10%의 이윤율 하에서 전자의 사업가는 약 100파운드의 연간 이윤만을 기대할 것이지만, 후자의 사업가는 약 730파운드의 연간 이윤을 기대할 것이다. 비록 그들의 이윤은 이처럼 크게 상이하지만, 그들이 담당하는 지휘·감독 노동은 아주 똑같거나 거의 똑같을 것이다. 다수의 큰 사업에서는 이 지휘·감독 노동의 거의 대부분은 주

1) 스미스는 'capital advanced'와 'capital employed'를 구별하지 않고 있다. 100원을 투자해 이 자본을 일년 동안 10번 회전시킨다면 '사용된 자본'은 1,000원이 된다. 그런데 이윤은 '투자한 자본'의 크기에 비례하지 '사용된 자본'의 크기에 비례하지 않는다. 따라서 번역에서는 이 점을 고려했다—역자.

요한 사무원에게 맡겨져 있으며, 그의 임금은 이 지휘·감독 노동의 가치를 나타낸다고 말할 수 있을 것이다. 그의 임금을 결정할 때는 그의 노동과 기능뿐만 아니라 그에 대한 신임(trust)도 일반적으로 고려되지만, 그의 임금은 결코 그가 지휘·감독하는 자본의 규모와 어떤 비례관계를 가지지 않는다. 그런데 이 자본의 소유자는 거의 아무런 노동도 하지 않음에도 불구하고, 자기 이윤이 자기 자본에 정비례할 것을 기대하고 있다. 그러므로 상품가격에서 자본이윤은 노동임금과는 전혀 상이하고 전혀 다른 원리에 의해 규제되는 구성부분을 이룬다.

7. 노동자는 고용주와 몫을 나누어 가지며, 노동만이 단독으로 가치를 규정하는 것은 아니다.

이러한 상황에서는 노동생산물 전체가 반드시 노동자에게 귀속하지는 않는다. 대부분의 경우 그는 자기를 고용하는 자본 소유자와 그 생산물을 나누어 가져야 한다. 또한 어느 상품을 획득하거나 생산하는 데 일반적으로 지출되는 노동량은, 그 상품이 통상 구매·지배·교환할 노동량을 결정할 수 있는 유일한 요인도 아니다. 임금을 지불하고 노동의 원료를 공급한 자본의 이윤을 위해 추가적인 양(量)이 존재해야 한다는 것은 명백하다.[2)]

8. 토지가 모두 사유재산화되면, 지대는 대부분의 상품가격의 제3의 구성부분을 이루게 된다.

한 나라의 토지가 모두 사적 소유로 되자마자 토지 소유자는 다른 사람들과 마찬가지로 씨를 뿌리지 않은 곳에서 거두기를 바라며, 토지의 자연적 생산물에 대해서까지 지대(地代)를 요구

2) 노동자가 원료에 추가하는 노동이 임금·이윤·지대라는 상이한 수입형태로 '분해'된다는 것과 임금·이윤·지대가 각각의 특수한 원리에 의해 규정되어 상품가치를 '구성'한다는 것은 전혀 상이한 주장이다. 왜냐하면, 전자의 주장에서는 임금·이윤·지대의 합계가 이미 노동자의 노동(또는 부가가치)에 의해 제한되고 있기 때문이다. 마르크스는 전자의 주장을 상품가치에 대한 스미스의 '심오한(esoteric) 파악'이라고 부르고, 후자의 주장을 '피상적인(exoteric) 파악'이라고 부른다. 『자본론』 제3권 제50장(경쟁이 야기하는 환상)을 참조하라 —역자.

한다. 삼림의 목재, 들의 풀, 그리고 땅의 모든 천연열매는, 과거에 토지가 공유였을 때는 노동자들은 그것들을 수집하는 수고만 하면 됐지만, 이제는 노동자에게 추가적인 대가를 내어놓을 것을 요구한다. 노동자는 그것들을 수집할 수 있게 하는 허가에 대해 지불해야 하며, 자기 노동이 수집하거나 생산하는 것의 일부를 토지 소유자에게 바쳐야만 한다. 이 부분, 또는 똑같은 이야기지만 이 부분의 가격이 토지 지대를 구성하며, 대부분의 상품들의 가격 중에서 제3의 구성부분을 이룬다.

9. 진실가격과 명목가격을 구별하는 것은 때에 따라서는 실용적이다.

가격의 모든 상이한 구성부분들의 진실가치는 그들 각각이 구매·지배할 수 있는 노동의 양(量)에 의해 측정된다는 점에 주의해야 한다. 노동은 가격 중에서 노동〔임금이 옳다〕으로 분해되는 부분의 가치뿐만 아니라 지대로 분해되는 부분과 이윤으로 분해되는 부분의 가치도 측정한다.

10. 진보된 사회에서는 일반적으로 세 가지 부분이 다같이 존재하고 있다.

모든 사회에서 상품가격은 결국 이 세 부분 중 어느 한 부분 또는 전부로 분해되며, 모든 진보된 사회에서는 이 세 부분 모두가 혹은 많게 혹은 적게 대부분 상품들의 가격에 구성부분으로서 들어간다.

11. 예를 들면 곡물의 경우 그러하다.

예컨대 곡물가격에서, 한 부분은 토지 소유자의 지대를 지불하고, 다른 한 부분은 곡물생산에 사용되는 노동자의 임금 또는 역축(役畜)의 유지비를 지불하며, 제3의 부분은 차지농업자(farmer)의 이윤으로 지불된다. 이런 세 부분은 직접적으로 또는 궁극적으로 곡물가격 전체를 구성하는 것 같다. 어떻게 보면, 차지농업자의 자본을 보충하거나 역축과 기타 농기구의 마손을 보상하기 위해서 제4의 부분이 필요하다고 생각될 수도 있다. 그러나 어떤 농기구의 가격, 예를 들면 역축의 가격 그 자체가 위와 같은 세 부분으로 구성되어 있다는 것을 고려해야 한다. 즉, 그것을 사육하는 데 사용되는 토지의 지대, 그것을 사육하는 노동의 임금, 그리고 이 토지지대·노동임금을 투자하는 차지농업자의 이윤이 바로 그것이다. 그러므로 곡물가격이 역축의 유지비뿐만 아니라 역축의 가격까지 지불한다고 하더라도, 곡물의 가격 전체는 여전히 직접적으로 또는 궁극적으로 지대·노동(임금)·이윤이라는 세 부분으로 분해된다.[3)]

12. 밀가루 또는 거친 가루도 그러하다.

밀의 분말이나 거칠게 빻은 가루에는 밀의 가격에다 방앗간 주인의 이윤과 그의 고용원들의 임금을 추가해야 하며, 빵가격에는 빵집 주인의 이윤과 그의 고용원의 임금을 추가해야 하고, 그리고 밀가루와 빵의 가격 각각에는 밀을 농장에서 방앗간으로 수송하는 노동 또는 방앗간에서 빵집으로 밀가루를 수송하는 노동뿐만 아니라, 그 노동임금을 투자하는 사람들의 이윤도 추가해야 한다.

13. 아마의 가격도 그러하다.

아마의 가격도 밀의 가격과 마찬가지로 세 부분으로 나누어진다. 아마포의 가격에는 아마의 가격에다 아마 손질공·방적공·직포공·표백공의 임금뿐만 아니라 이들을 고용하는 사람들의 이윤도 추가해야 한다.

14. 고급으로 제조된 상품에는 지대의 비율이 비교적 작다.

특정 상품의 가공과정이 길어짐에 따라 가격 중 임금과 이윤으로 분해되는 부분이 지대로 분해되는 부분에 비해 점점 더 커진다. 가공단계의 진전에 따라 이윤이 추가되는 횟수가 증가할 뿐만 아니라 다음 단계의 이윤이 앞 단계의 이윤보다 크다. 왜냐하면, 이윤을 얻기 위해 투자되는 자본이 언제나 다음 단계에서 더욱 크기 때문이다. 예

3) 이렇게 되면 상품의 가치(또는 가격)에는 기계의 감가상각분과 원료비가 포함되지 않고 상품의 가치는 수입(收入)의 총계와 일치하게 된다. 이것을 마르크스는 '스미스의 도그마'라 부르고 『자본론』 제2권 제19장 제2절에서 상세히 비판하고 있다—역자.

컨대 직포공을 고용하는 자본은 방적공을 고용하는 자본보다 클 수밖에 없다. 왜냐하면 전자는 방적공을 고용하는 자본과 그 이윤〔즉, 실값〕을 지불해야 할 뿐만 아니라 직포공의 임금도 지불해야 하기 때문이다. 그리고 이윤은 반드시 자본과 어떤 비례관계를 가지고 있는 것이다.

15. 소수의 상품은 세 가지 구성부분 가운데 오직 두 부분 또는 심지어 한 부분만을 갖는다.

그러나 가장 진보된 사회에는 그 가격이 두 부분, 즉 노동의 임금과 자본의 이윤으로만 분해되는 소수의 상품들이 존재하며, 노동임금으로만 구성되는 상품들도 그 수는 더욱 적지만 존재한다. 예컨대 바닷고기의 가격에는 한 부분은 어부의 노동을 지불하고, 다른 부분은 어업에 투자된 자본의 이윤을 지불한다. 지대는 가격을 구성하는 경우가 거의 없다—비록 그런 경우가 있음을 나중〔제1편 제11장〕에 설명하겠지만. 그러나 적어도 대부분의 유럽에서는 담수어업(river fisheries)의 상황은 완전히 다르다. 연어 어업은 지대를 지불하는데, 비록 토지 지대라고 부르기는 곤란하지만 그 지대는 임금·이윤과 함께 연어 가격의 일부를 구성한다. 스코틀랜드의 일부지역에서는 소수의 가난한 사람들이 보통 스코틀랜드 자갈(Scotch Pebbles)이라고 불리는 각종 작은 돌들을 해안에서 수집하는 것을 업으로 삼고 있다. 돌 세공인이 그들에게 지불하는 가격은 그들의 노동임금뿐이며, 따라서 지대나 이윤은 자갈 가격의 일부를 구성하지 않는다.

16. 그러나 모든 상품의 가격에는 세 부분 중 어느 한 부분을 포함하지 않을 수 없다.

어떤 상품의 전체 가격도 결국 위와 같은 세 부분의 어느 하나 또는 모두로 분해될 수밖에 없다. 왜냐하면 그 가격에서 토지 지대와, 그 상품을 제조하고 시장으로 운반하는 데 지출된 노동 전체의 가격을 지불한 뒤에 남는 부분은 누군가의 이윤으로 되지 않을 수 없기 때문이다.

17. 또한 해마다의 전체 생산물의 가격은

개개 구체적인 상품의 가격 또는

임금 · 이윤 · 지대로 분해된다.

교환가치는, 분해해서 보면, 위와 같은 세 부분의 어느 하나 또는 모두로 분해되기 때문에, 일국의 연간 노동생산물 전체를 이루는 모든 상품들의 가격도, 합쳐서 보면, 마찬가지로 세 부분으로 분해되어야 하며, 그 나라의 상이한 주민들 사이에 노동임금·자본이윤·토지지대로 분할되어야 한다. 한 사회의 노동에 의해 연간 수집되거나 생산된 전체 재화는, 또는 같은 의미지만, 그것의 전체 가격은, 최초에는 상이한 구성원들 사이에서 이와 같이 분배되었다. 임금·이윤·지대 세 가지는 모든 수입(收入)과 모든 교환가치의 최초의 원천들이다. 기타 모든 수입들은 궁극적으로 이 세 개의 어느 하나로부터 파생하는 것이다.

18. 임금 · 이윤 · 지대만이 수입의 본원적인 원천들이다.

자기 자신의 자원(資源)으로부터 수입을 얻고 있는 사람은 누구나 그 수입을 자기의 노동 또는 자기의 자본 또는 자기의 토지로부터 얻고 있음에 틀림없다. 노동으로부터 나오는 수입을 임금(賃金)이라고 부른다. 자본을 운영하거나 사용하는 사람이 자본으로부터 얻는 수입을 이윤(利潤)이라고 부른다. 자본을 자기 자신이 직접 사용하지 않고 타인에게 빌려주는 사람이 빌려준 그 자본으로부터 얻는 수입을 화폐이자 또는 화폐사용료라고 부른다. 이자는 차입자가 그 화폐를 사용함으로써 이윤을 얻을 기회를 갖게 해준 데 대해 대부자에게 지불하는 보상이다. 그 이윤의 일부는 당연히 자본 운용의 위험과 수고를 무릅쓴 차입자에게 귀속되며, 다른 일부는 차입자에게 이윤 획득의 기회를 제공한 대부자에게 귀속된다. 차입자가 낭비가여서 첫번째 부채의 이자를 지불하기 위해 두번째 부채를 지는 그런 자가 아닌 한, 화폐이자는 언제나 파생적인 수입(derivative revenue)이며, 화폐사용으로 얻은 이윤으로부터 지불되지 않는다면 그것은 다른 어떤 수입 원천으로부터 지불되어야 한다. 전적으로 토지로부터 나오는 수입은 지대(地代: rent)라고 불리고 토지

소유자에게 귀속된다. 차지농업자의 수입은 부분적으로는 자기 노동으로부터, 그리고 부분적으로는 자기 자본으로부터 나온다. 차지농업자에게 토지는 그로 하여금 노동임금과 자본이윤을 얻게 하는 수단에 불과하다. 모든 세금, 세금에 그 원천을 두고 있는 모든 수입, 예컨대 공무원의 봉급과 양로연금 및 각종 연금들은 궁극적으로 이 세 가지 최초의 수입원천들 중 어느 하나로부터 나오는 것이며, 노동임금·자본이윤·토지지대로부터 직접적으로 또는 간접적으로 지불된다.

19. 이러한 수입은 때때로 혼동되고 있다.

이 세 가지 상이한 종류의 수입이 상이한 사람들에게 귀속되는 경우 그 수입은 쉽게 구별되지만, 그 수입이 동일한 사람에게 귀속되는 경우에는 때때로, 적어도 일상 용어에서는, 서로 혼동된다.

20. 예를 들어 지주인 농업자의 지대를 이윤이라고 부르거나,

자기의 소유지 일부를 경작하는 농장경영자는 경작비용을 지불하고 난 뒤에 토지소유자의 지대와 차지농업자의 이윤을 모두 얻어야 한다. 그러나 그는 습관적으로 자기의 소득 전체를 이윤이라고 부르며, 그리하여 적어도 일상 용어에서는 지대와 이윤을 혼동한다. 북아메리카와 서인도의 농장경영자의 대부분은 바로 이러한 상황에 있다. 그들 대다수는 자신의 소유지를 경작하고 있는바, 따라서 우리는 식민지 대농장의 지대에 대한 이야기는 거의 들어보지 못하지만 그것의 이윤에 대한 이야기는 흔히 듣는다.

21. 농업자의 임금을 보통이윤이라 부른다.

보통의 차지농업자는 농장의 일반 작업을 지휘하는 감독인을 거의 고용하지 않고 스스로 쟁기를 끌고 써레질을 하는 등 많은 일을 한다. 그러므로 수확물 중 지대를 지불하고 남는 것은 경작에 투자한 자본을 보통이윤과 함께 보상해야 할 뿐만 아니라, 노동자이자 동시에 감독인인 자신에게 임금을 지불해야 한다. 그런데 지대를 지불하고 자본을 보충한

뒤에 남는 것은 모두 이윤이라고 부른다. 그러나 임금은 분명히 그것의 일부이다. 차지농업자는 타인에게 줄 임금을 절약했으므로 반드시 그것을 자신이 얻어야만 한다. 따라서 이 경우 임금은 이윤과 혼동되고 있다.

22. 그리고 독립된 제조업자의 임금 역시 이윤이라 불린다.

원료를 구매하고, 자기 제품을 시장에 내다 팔 수 있을 때까지 자기의 생활을 유지하는 데 충분한 자본을 가지고 있는 독립 제조업자는 장인(master) 밑에서 일하는 직인(journeyman)의 임금과, 장인이 직인의 제품을 팔아서 얻는 이윤을 함께 얻어야 한다. 그러나 그의 이득 전체는 보통 이윤이라 불리고, 따라서 임금은 이 경우에도 역시 이윤과 혼동되고 있다.

23. 그 반면에, 자기 자신의 토지로써 재배하는 원예사의 지대와 이윤은 노동의 소득이라고 생각되고 있다.

자신의 정원을 손수 경작하는 원예사는 토지소유자 · 차지농업자 · 노동자라는 세 가지 상이한 인격을 한 몸에 지니고 있다. 그러므로 그의 생산물은 우선 그에게 토지소유자의 지대를 지불해야 하고, 그 다음으로 차지농업자의 이윤을 지불해야 하고, 그리고 난 후 노동자의 임금을 지불해야 한다. 그러나 이 전체는 보통 그의 노동수입으로 간주된다. 따라서 이 경우에는 지대와 이윤 두 가지가 임금과 혼동되고 있다.

24. 연간 생산물의 대부분은 놀고 먹는 사람들의 수중에 들어가며, 이 비율이 생산물의 증감을 규정한다.

문명국에서는 상품의 교환가치가 오로지 노동으로부터만 발생하는 상품은 극소수에 불과하고 지대와 이윤이 대부분 상품들의 교환가치에 크게 기여한다. 따라서 그 나라의 연간 노동생산물이 구매 · 지배할 수 있는 노동의 양은 항상 그 연간 생산물을 재배 · 제조하여 시장으로 운반하는 데 사용된 노동의 양보다 훨씬 크다.[4] 사회가 매년 구매할 수 있는 노동 모두를 고용한다면, 노동의 양이 매년 크게 증가하고 있으므로, 그 다음 해의 일년간 생산물의 가치는 그

해의 일년간 생산물의 가치보다 훨씬 크게 될 것이다. 그러나 연간생산물 전체가 근면한 사람들을 유지하는 데만 사용되는 나라는 없다. 어느 나라에서나 나태한 사람들이 연간 생산물의 큰 부분을 소비한다. 연간생산물이 해마다 이 두 계급의 사람들 사이에 분배되는 비율에 따라, 연간생산물의 보통가치 또는 평균적인 가치는 증가하거나, 감소하거나, 또는 불변일 것이다.

4) 이렇게 주장할 수 있는 이유는, 상품의 가치는 상품생산에 지출된 죽은 노동(또는 과거의 노동)과 살아 있는 노동(또는 현재의 노동)의 응결체이며, 임금·이윤·지대의 원천은 살아 있는 노동이라는 이론을 포기했기 때문이다 —역자.

제7장
상품의 자연가격과 시장가격

1. 임금 · 이윤의 보통수준 또는 평균수준

각 사회 또는 그 인근지역 내에는 노동·자본의 각종 상이한 사용처에서 임금이나 이윤의 보통수준 또는 평균수준(ordinary or average rate)이 존재한다. 앞으로 설명하겠지만, 이 수준은 당연히 부분적으로는 그 사회의 일반적인 상황, 즉 그 사회가 부유한가 가난한가, 진보하고 있는가 정체하고 있는가 또는 쇠퇴하고 있는가 등의 상황에 의해 규정되며, 부분적으로는 각 사용처의 구체적 성질에 의해 규정된다.

2. 지대의 보통수준 또는 평균수준

마찬가지로, 한 사회 또는 그 인근지역 내에 보통의 또는 평균적인 지대수준이 존재하는데, 앞으로 설명하겠지만, 이 수준 역시 부분적으로는 그 토지가 위치하고 있는 사회 또는 그 인근지역의 일반적인 상황에 의해 규정되고, 부분적으로는 토지의 자연적인 또는 개량된 비옥도에 의해 규정된다.

3. 보통의 또는 평균적인 수준을 자연율이라 한다.

이러한 보통의 또는 평균적인 수준은 그 시기와 장소에서 통용되는 임금·이윤·지대의 자연율(natural rate)이라고 부를 수 있을 것이다.

4. 이 자연율로 지불되면 상품은 그의 자연가격으로 팔리는 것이다.

어떤 상품의 가격이 그 상품을 제조하여 시장으로 내오는 데 사용된 토지의 지대, 노동의 임금, 자본의 이윤을 각각의 자연율에 따라 지불하는 데 과부족이 없다면, 그 상품은 이른바 그것의 자연가격(natural price)으로 판매되는 것이라 할 수 있다.

5. 실제 원가대로 팔리는 경우, 그 속에는 이윤이 포함되어 있다.

그 상품은 정확히 그것의 가치대로, 즉 그것을 시장으로 내오는 사람이 실제로 들인 비용대로 판매되는 것이다. 일상적인 용어에서는 이른바 한 상품의 원가(原價)는 그것을 다시 팔려고 하는 사람의 이윤을 포함하지 않지만, 만약 그가 자기 주위에서 얻고 있는 보통의 이윤율을 허용해 주지 않는 가격으로 그 상품을 판매한다면, 그는 분명히 그 거래에서 손실을 보게 된다. 왜냐하면, 만약 그가 자기의 자본을 다른 방법으로 사용했더라면 그는 보통의 이윤을 얻었을 것이기 때문이다. 그런데 그의 이윤은 그의 수입이고 그의 생활의 정당한 원천이다. 상품을 만들어 시장에 내보내는 동안 그가 노동자들에게 임금 또는 생활수단을 선대(先貸)하는 것처럼, 그는 자기 자신에게도 생활수단을 선대하는데, 이 생활수단은 보통 그가 상품 판매로부터 합리적으로 기대할 수 있는 이윤에 상당하는 것이다. 그러므로 상품이 그에게 이윤을 남겨주지 않는다면, 그 상품은 그가 실제로 그 상품에 들인 비용을 그에게 상환하지 않는 셈이 된다.

6. 아무런 이익도 없이 계속 팔려는 사람은 없기 때문이다.

그러므로 그에게 이 이윤을 남겨주는 가격은 판매자가 때때로 자기의 상품을 팔게 되는 최저가격과 반드시 일치하는 것은 아니더라도, 그가 상품을 상당히 장기간 동안 판매하고자 할 때의 최저가격인 것이다. 적어도 완전한 자유가 있거나, 또는 자기가 원할 때마다 자기의 업종을 변경시킬 수 있는 경우에는 더욱 그렇다.

7. 시장가격

한 상품이 보통 판매되는 실제의 가격은 그 상품의 시장가격(market price)이라고 불린다. 이것은 그 상품의 자연가격보다 높거나, 낮거나, 또는 그것과 똑같을 수 있다.[1)]

8. 시장가격은 시장에 반입되는 상품의 양(量)과 유효수요에 의해 조절된다.

어느 특정 상품의 시장가격은 실제로 시장에 출하되는 상품의 양과, 그 상품의 자연가격을 지불할 뜻이 있는 사람들, 즉 그 상품을 시장으로 가져오는 데 지불되어야 하는 지대·임금·이윤의 총가치를 지불할 의사가 있는 사람들의 수요의 비율에 의해 조절된다. 이러한 사람들을 유효수요자(effectual demander)라 부르고, 그들의 수요를 유효수요(effectual demand)라 부를 수 있다. 왜냐하면, 그들의 수요는 충분히 그 상품을 시장으로 가져오게 할 수 있기 때문이다. 이 유효수요는 절대수요(absolute demand)와는 다르다. 매우 가난한 사람도 어떤 의미에서는 큰 마차와 그것을 끌 여섯 마리 말에 대한 수요를 가지고 있다고 할 수 있다. 왜냐하면, 그것을 가지고 싶어할 것이기 때문이다. 그러나 그의 수요는 유효수요가 아니다. 왜냐하면 그런 상품은 결코 그의 수요를 충족시키기 위해 시장에 나오지는 않을 것이기 때문이다.

9. 상품의 양이 유효수요에 부족할 때, 시장가격은 자연가격 이상으로 상승한다.

시장에 나오는 상품의 양이 유효수요보다 적다면, 그 상품을 시장으로 가져오기 위해 지불되어야 하는 지대·임금·이윤의 총가치액을 지불할 의사가 있는 사람들 모두가 그들이 원하는 양을 공급받을 수는 없다. 그 중의 어떤 사람들은 그 상

---

1) 마르크스는 시장가격이 자연가격(또는 가치)을 기준으로 동요한다는 것을 인정하지만, 자연가격(또는 가치)이 자연적인 수준의 임금·이윤·지대로 구성된다는 스미스의 이론을 거부한다. 임금·이윤·지대의 자연적인 수준은 이 책의 제1편 제9~11장에서 논의되고 있다—역자.

품을 포기하기보다는 좀더 높은 값을 지불하려고 할 것이다. 그들 사이에 곧바로 경쟁이 시작될 것이고, 부족한 수량의 크기나 경쟁자들의 부유(富裕) 정도, 그리고 사치스런 습성에 의해 조성된 경쟁의 열기에 따라 시장가격은 자연가격을 혹은 크게 혹은 적게 상회할 것이다. 경쟁자들 사이에 부유의 정도와 사치의 정도가 같고, 상품이 부족한 정도가 같더라도, 그 상품의 획득이 그들에게 가지는 중요성에 따라 일반적으로 경쟁의 열기는 달라진다. 따라서 한 도시가 봉쇄되어 있는 동안이나 기근을 만났을 때는 생활필수품의 가격이 놀랄 만큼 상승한다.

10. 상품의 수량이 유효수요를 초과할 때는 시장가격은 자연가격 이하로 떨어진다.

시장에 나오는 상품의 양이 유효수요를 초과한다면, 그 상품 전부가 그 상품을 시장으로 가져오기 위해 지불되어야 하는 지대·임금·이윤의 총가치액을 지불할 의사가 있는 사람들에게 판매될 수 없다. 일부 상품은 그보다 적게 지불하려는 사람들에게 판매되어야 하는데, 그들이 지불하는 낮은 가격이 상품 전체의 가격을 인하시킬 수밖에 없다. 공급 초과분의 크기 정도가 판매자들의 경쟁을 증가시키는 정도에 따라, 또는 그 상품을 즉시 처분하는 것이 그들에게 얼마나 중요한가에 따라, 시장가격은 자연가격보다 혹은 크게 혹은 작게 밑돌 것이다. 동일한 규모의 과잉 수입(輸入)이라도 썩기 쉬운 상품, 예컨대 오렌지의 경우가 내구상품, 예컨대 고철의 경우보다 더욱 치열한 경쟁을 야기할 것이다.

11. 상품의 수량이 유효수요와 일치할 때 시장가격과 자연가격은 일치한다.

시장에 나오는 상품량이 유효수요를 충족시키는 데 꼭 맞을 때, 시장가격은 당연히 자연가격과 정확히 일치하거나, 아니면 거의 일치하게 된다. 가지고 있는 상품 수량 전체가 이 가격으로 처분될 수 있지만, 그 이상의 가격으로 처분될 수는 없다. 상인들 간의 경쟁은 그들 모두로 하여금 이 가격을 받아들일 수밖에 없게 하지만, 그렇다고 더 낮은 가격을 받아들이도록 강제할 수도 없다.

12. 상품의 양은 자연히 유효수요에 적응한다.

시장에 나오는 상품의 양은 자연히 스스로 유효수요에 적응한다. 왜냐하면, 어떤 상품을 시장에 내보내는 데 자기의 토지·노동·자본을 사용하는 사람들에게는 그 상품의 수량이 유효수요를 초과하지 않는 것이 이익이 되고, 기타 다른 모든 사람들〔소비자〕에게는 그 수량이 유효수요보다 적지 않아야만 이익이 되기 때문이다.

13. 상품의 양이 유효수요를 초과할 때, 그 가격의 어떤 구성부분은 자연율 이하의 지불을 받게 된다.

어떤 때 시장에 나온 상품의 양이 유효수요를 초과한다면, 그 가격의 어떤 구성부분들은 자기의 자연율 이하의 지불을 받을 수밖에 없다. 만약 그것이 지대라면, 토지 소유자의 이해관계는 즉시 그의 토지의 일부를 그 사업으로부터 철수시키도록 할 것이고, 만약 그것이 임금 또는 이윤이라면, 노동자 또는 고용주의 이해관계는 그들의 노동 또는 자본의 일부를 그 사업으로부터 철수시키도록 할 것이다. 이리하여 시장에 나오는 상품의 양은 겨우 유효수요를 만족시키는 데 충분한 수준이 될 것이다. 따라서 상품가격의 모든 구성부분들은 그들의 자연율로 상승할 것이고, 상품의 가격은 자연가격으로 상승할 것이다.

14. 상품의 양이 유효수요에 미치지 못할 때, 그 가격의 구성부분들 가운데 어떤 것은 자연율 이상의 지불을 받게 된다.

이와는 반대로, 시장에 나오는 상품의 양이 어떤 때 유효수요보다 적다면, 상품가격의 어떤 구성부분은 그 자연율을 웃도는 지불을 받게 될 것이다. 만약 그것이 지대라면, 여타의 토지 소유자의 이해관계는 당연히 이 상품의 제조에 더 많은 토지를 제공하게 만들 것이고, 그것이 임금 또는 이윤이라면, 여타의 모든 노동자와 제조업자들의 이해관계는 그 상품을 제조하여 시장에 내보내는 데 더 많은 노동과 자본을 사용하게 만들 것이다. 그리하여 시장에 나오는 상품의 양은 곧 유효수요를 만족시키는 데 충분하게 될 것이다. 따라서 가격의 모든 구성부분들은 곧 그들의 자연율로 하락할 것이며, 전체 가격은 자연가격으로 하락할 것이다.

15. 자연가격은 실제 가격이 그것을 향해 움직이는 중심가격이다.

그러므로 자연가격은 모든 상품들의 가격이 끊임없이 그것을 향해 끌려가는 중심가격(central price)이다. 각종 우연한 사건에 의해 상품의 가격이 이 중심가격보다 상당히 높게 유지될 수도 있고, 또 때로는 그것보다 상당히 아래로 떨어질 수도 있다. 그러나, 가격이 이 안정(安定) 및 지속의 중심에 정착하는 것을 방해하는 장애물이 무엇이든, 가격은 끊임없이 자연가격을 향해 움직이고 있다.

16. 노동은 그 자체를 유효수요에 적합시킨다.

매년 어떤 상품을 시장에 내보내기 위해 고용되는 노동의 총량은 자연히 이러한 방식으로 유효수요에 적응한다. 그것은 자연히 유효수요를 만족시키는 데 충분할 뿐, 그것을 초과하지 않는 양의 상품을 시장에 내보내는 것을 목표로 삼는다.

17. 그러나 주어진 노동량이 생산하는 양은 때때로 변동한다.

어떤 직업에서는 동일한 양의 노동이 연도에 따라 매우 상이한 양의 상품을 생산하며, 다른 직업에서는 동일한 양의 노동이 언제나 동일한 또는 거의 동일한 양의 상품을 생산한다. 농업에서 동일한 수의 노동자들은 연도에 따라 매우 상이한 양의 밀·포도주·기름·홉(hop) 등을 생산한다. 그러나 동일한 수의 방적공과 직포공은 매년 동일한 또는 거의 동일한 양의 아마포와 모직물을 생산한다. 농업에서는 평균생산량만이 어쨌든 유효수요에 적합할 수 있는데, 그 산업의 실제의 생산량은 자주 평균생산량보다 훨씬 많거나 훨씬 적기 때문에, 시장에 나오는 상품의 양은 유효수요에 비해 때로는 크게 초과하고 때로는 매우 부족하다. 그러므로 유효수요가 항상 동일한 크기로 유지되더라도, 그 상품의 시장가격은 크게 파동치고, 때로는 자연가격을 훨씬 하회하거나 훨씬 상회한다. 기타 산업에서는 동일한 양의 노동의 생산물은 언제나 동일하거나 거의 동일하기 때문에, 그 생산물은 더 정확하게 유효수요에 대응할 수 있다. 그러므로 유효수요가 계속 동일한 크기로 유지된다면 상품의 시장가격도 계속 동일할 것이며, 자연가격과 완전히 일치하거나 거의 일치할 것이다. 모든 사람이 경험을 통해 아는 바와 같이, 아마포와 모직물 같은 상품의 가격은 수요의 변화에 따라서만 변동하고, 곡물의 가격은 수요의 변화에 의해서뿐만 아니라 그 수요를 만족시키기 위해 시장에 반입되는 곡물량의 훨씬 크고 빈번한 변화에 의해 변동한다.

18. 시장가격의 변동은 지대보다 임금과 이윤에 더 큰 영향을 미친다.

어떤 상품의 시장가격이 우연적이고 일시적으로 변동할 때, 그로 인해 주로 영향을 받는 것은 가격 중에서 임금과 이윤으로 분해되는 부분이다. 지대로 분해되는 부분은 비교적 적은 영향을 받는다. 화폐로 규정된 지대는 그 크기나 가치에서 시장가격의 변동으로부터 전혀 영향을 받지 않는다. 미가공 생산물(rude produce)의 일정한 비율 또는 일정한 양으로 규정된 지대는 그 생산물의 시장가격의 우연적이고 일시적인 변동에 따라 매년의 가치가 영향을 받는 것은 분명하지만, 매년의 크기는 영향을 받지 않는다. 차지계약을 체결할 때 토지소유자와 차지농업자는 그들의 최선의 판단에 따라 매년 지대의 크기를 생산물의 일시적이고 우연적인 가격이 아니라 평균적인 보통가격에 따라 규정하려고 노력한다.

19. 그 영향의 정도는 상품 및 노동의 공급에 따라 다르다.

이러한 종류의 변동이 노동 또는 이윤의 가치 및 크기 양자에 미치는 영향은, 시장이 상품 또는 노동으로, 즉 이미 완성된 작업〔상품〕 또는 장차 이루어져야 할 작업〔노동〕으로, 과잉공급되고 있는가 과소공급되고 있는가에 따라 결정된다. 국상(國喪)은 검은 천의 가격을 인상시키며(왜냐하면, 시장에는 거의 언제나 검은 천의 재고가 부족하기 때문이다), 대량의 검은 천을 보유하고 있는 상인의 이윤을 증대시킨다. 그러나 국상은 직포공의 임금에는 영향을 미치지 않는다. 시장에는 〔검은 천이란〕 상품의 공급이 부족하지 〔직포〕 노동의 공급이 부족한 것은 아니기 때문이다. 즉, 이미 완성된 작업이 부족한 것이지 장차 이루어져야 할 작업이 부족한 것은 아니기 때문이다. 국상은 검은 천으로 옷을 만들 재봉사의 임금을 인상시킨다. 시장에는 〔재봉〕 노동의 재고가 부족하다. 따라서 시장에는 입수할 수 있는 것보다 더 많은 〔재봉〕 노동, 이루어져야 할 더 많은 작업에 대한 유효수요가 있다. 국상은 색깔 있는 비단과 천의 가격을 저하시키며, 그것들을 대량으로 보유하고 있는 상인의 이윤을 축소시킨다. 그것은 또한 그러한 상품제조에 고용되고 있는 노동자의 임금도 저하시킨다. 왜냐하면, 그러한 상품에 대한 수요는 국상 기간에는, 즉 6개월 또는 아마 12개월 동안 중단되기 때문이다. 이 분야에서는 시장이 상품과 노동의 재고과잉 상태에 있다.

20. 그러나 시장가격은 장기간 자연가격 이상으로 유지될 수도 있다.

어떤 구체적 상품의 시장가격은 이러한 방식으로 자연가격을 향해 끊임없이 끌려가고 있다고 말할 수 있지만, 때로는 어떤 특수한 사건, 때로는 자연적인 원인, 때로는 특수한 행정규제 등이 다수의 상품에 대해 그 시장가격을 장기간 자연가격보다 훨씬 높게 유지할 수 있다.

21. 그것은 고이윤에 관한 일반적인 정보가 부족하기 때문이다.

유효수요의 증대로 어떤 상품의 시장가격이 자연가격보다 상승할 때, 자기 자본을 사용해서 그런 시장에 공급하고 있는 사람들은 일반적으로 이러한 변화를 조심스럽게 숨기려고 한다. 왜냐하면, 이 변화가 많은 사람들에게 알려진다면, 수많은 새로운 경쟁자들이 큰 이윤을 얻으려는 유혹에 끌려서 그 부문에 자신들의 자본을 투자함으로써 유효수요가 완전히 충족되어 시장가격은 곧 자연가격으로 하락할 것이며, 아마 어떤 때는 자연가격 이하로 하락할 수도 있기 때문이다. 시장이 상품을 공급하는 사람들의 소재지로부터 멀리 떨어져 있다면, 그들은 때때로 그 비밀을 몇 년 동안 숨길 수도 있을 것이고, 그 동안 새로운 경쟁자들의 참여 없이 특별이윤(extraordinary profit)을 누릴 수도 있을 것이다. 그러나 이러한 종류의 비밀은 오랫동안 지켜질 수 없으며, 비밀이 폭로되면 이 특별이윤은 곧 사라져 버린다.

22. 또는 제조업상의 비법 때문이다.

제조업의 비법(secrets)은 상업의 비법보다 오랫동안 유지될 수 있다. 한 염색업자가 어떤 색깔을, 보통 사용되는 재료의 절반밖에 되지 않는 가격의 재료를 사용해서 만들어 내는 방법을 발견해낸 경우, 잘 관리만 한다면, 그는 이 발견의 이익을 평생 동안 누릴 수 있고 유산으로서 자기의 자손에게 전할 수도 있다. 그의 특별이득은 그의 비공개 노동에 대해 지불되는 높은 가격으로부터 유래하며, 정확히 말해 그 노동의 높은 임금에 지나지 않는다. 그런데 이 특별이득이 그의 자본의 각 부분에서 되풀이해 나타나고, 그리하여 이 특별이득의 총액이 그의 자본과 어떤 규칙적인 비례관계를 가지게 되기 때문에, 이 특별이득은 일반적으로 자본의 특별이윤으로 간주된다.

23. 이는 장기간 작용할 수도 있다.

이러한 시장가격의 등귀는 어떤 뜻밖의 사건들의 결과임에 분명하지만, 그 사건들의 작용은 때로는 여러 해 동안 계속될 수 있다.

24. 또는 그것이 특수한 토질의 희소성 때문일 수도 있다.

어떤 자연생산물은 특수한 토양과 위치를 필요로 하기 때문에, 한 나라에서 그것의 생산에 적합한 모든 토지를 이용하더라도 유효수요를 충족시키기에 부족할 수도 있다. 그러므로 시장에 반입되는 총량은, 그것을 생산한 토지의 지대와 그것을 생산해서 시장으로 내보내는 데 사용된 노동의 임금과 자본의 이윤을 그것들의 자연율에 따라 지불하기에 충분한 가격보다 더 높은 가격을 주려는 사람들에게 팔릴 것이다. 이러한 상품들은 몇 세기 동안 계속 이처럼 높은 가격으로 팔릴 수 있으며, 그 가격 중 토지지대로 분해되는 부분은 일반적으로 그 자연율 이상으로 지불된다. 이러한 희귀한 생산물을 산출하는 토지의 지대는, 특히 뛰어난 토양과 위치를 가진 프랑스 포도밭의 지대처럼, 그 주위의 기타 동등한 정도로 비옥하고 잘 경작된 토지의 지대와는 아무런 규칙적인 비례관계도 없다. 이와는 반대로, 이 상품을 시장으로 내보내는 데 사용된 노동의 임금과 자본의 이윤은 그 주위의 기타의 노동 및 자본의 사용처의 임금 및 이윤과 자연적인 비례관계를 갖게 된다.

25. 이것은 영원히 지속될 수도 있다.

시장가격의 이러한 등귀는 분명히 자연적 원인의 결과인데, 그 자연적 원인은 유효수요가 완전히 충족되는 것을 저지하며, 따라서 지속적으로 영원히 작용할 수도 있다.

26. 독점은 상업상의 비법과 같은 효과를 가지고 있다.

개인이나 상사(商社)에 부여된 독점은 상업이나 제조업에서의 비법과 같은 효과를 가지고 있다. 독점자들은 시장을 끊임없이 공급부족 상태로 유지하고 유효수요를 결코 완전히 충족시키지 않음으로써 그들의 상품을 자연가격보다 훨씬 비싸게 판매하며, 그들의 이득을, 그것이 임금이든 이윤이든, 자연율 이상으로 크게 증대시킨다.

27. 독점가격은 획득할 수 있는 최고의 가격이다.

독점가격은 어떤 경우에나 얻을 수 있는 최고의 가격이다. 이와는 반대로, 자연가격 또는 자유경쟁가격은 어떤 경우에나 얻을 수 있는 최저가격이 아니라, 상당한 기간에 걸쳐 얻을 수 있는 최저가격이다. 독점가격은 어떤 경우에도 구매자들로부터 짜낼 수 있는, 또는 구매자들이 주는 데 동의할 것으로 가정되는, 최고가격이다. 자연가격은 판매자들이 일반적으로 받아들일 수 있고 동시에 그들의 사업을 계속해 나갈 수 있는 최저가격이다.

28. 동업조합의 특권들은 확대된 독점이다.

동업조합〔길드〕의 배타적 특권, 도제조례(徒弟條例), 그리고 기타 특정 직종에서의 경쟁자 수를 그 직종에 진입하고자 원하는 사람의 수보다 적은 수로 제한하는 모든 법률은, 비록 정도는 낮지만, 독점과 동일한 경향을 가지고 있다. 그것들은 일종의 확대된 독점으로, 흔히 몇 세대에 걸쳐 그 직종 전체에서 특정 상품의 시장가격을 자연가격보다 높게 유지하며, 거기에 종사하는 노동의 임금과 자본의 이윤을 자연율보다 높게 유지한다.

29. 행정규제가 있는 한 시장가격의 등귀는 계속된다.

시장가격의 이러한 등귀는, 이 등귀를 야기하는 행정규제가 존재하는 한, 계속될 것이다.

30. 시장가격이 오랫동안 자연가격 이하로 되는 일은 별로 없다.

어떤 특정 상품의 시장가격은 오랫동안 자연가격 이상으로 유지될 수는 있지만 그 이하로 유지될 수는 없다. 가격의 어느 부분이 자연율보다 낮게 지불받으면, 그것으로 인해 이해관계에 영향을 받은 사람은 곧 손실을 봤다고 느끼고 그 업종으로부터 토지나 노동이나 자본을 곧 철수할 것이므로, 시장에 나오는 상품량은 유효수요를 충족시키기에 꼭 적합하게 될 것이다. 그러므로 시장가격은 곧 자연가격으로 상승할 것이다. 적어도 완전한 자유가 있는 곳에서는 이렇게 될 것이다.[2)]

31. 그러나 때로는 도제제도 및 동업조합법이 일정기간 임금을 자연율 이하로 내리기도 한다.

도제조례와 기타 동업조합 규정은, 매뉴팩처가 번영할 때는 노동자들로 하여금 임금을 자연율보다 훨씬 높게

2) 마르크스에 의하면, 상품의 시장가격이 상품가치 이하로 저하하는 불황기에는 상품가치를 인하시키려는 기술혁신이 촉진된다. 스미스는 자본의 일반적 성질보다는 자본 사이의 경쟁에 관심을 집중시키고 있다—역자.

인상할 수 있게 하지만, 매뉴팩처가 쇠퇴할 때는 노동자들에게 자연율보다 훨씬 낮은 임금을 강요하게 된다. 전자의 경우에는 그 법규들이 자기의 업종에 진입하려는 많은 사람들을 배제시켜 주지만, 후자의 경우에는 그 법규들이 자기들을 기타의 많은 업종에서의 취업기회로부터 배제시키고 있다. 그러나 이러한 법규가 노동자의 임금을 자연율 이상으로 인상시키는 효과는 오랫동안 지속되지만, 노동자의 임금을 자연율 이하로 인하시키는 효과는 그만큼 오랫동안 지속되지 않는다. 전자의 효과는 몇 세기 동안 지속될 수 있지만, 후자의 효과는 어느 업종의 번영기에 그 업종에 종사하게 된 노동자들의 생애를 넘어 지속될 수는 없다. 왜냐하면, 그들이 죽어 사라지면, 그 업종에 종사하려는 사람들의 수는 자연히 유효수요에 적응하게 될 것이기 때문이다. 어느 특정 업종에서 몇 세대에 걸쳐 노동임금이나 자본이윤을 자연율 이하로 유지할 수 있기 위해서는, 그 법규가 인도나 고대 이집트의 법규만큼 난폭해야만 한다(거기에서는 모든 사람은 종교의 교의에 의해 아버지의 직업을 계승해야 했고, 직업을 바꾼다면 가장 지독한 신성모독죄를 범한 것으로 간주되었다).

32. 이상이 시장가격과 자연가격 사이의 편차에 관한 설명이다.

이상이 상품의 시장가격과 자연가격 사이의 편차에 관해, 우연적인 것이든 영구적인 것이든, 지금 설명해야 할 필요가 있다고 생각되는 것의 전부이다.

33. 자연가격은 임금 · 이윤 및 지대의 자연율과 함께 변동한다.

자연가격 그 자체는 그 구성부분 각각, 즉 임금·이윤·지대의 자연율과 함께 변동한다. 그리고 각각의 사회에서 이 자연율은 그 사회의 상황, 즉 부유한가 빈곤한가, 진보하고 있는가 정체하고 있는가 쇠퇴하고 있는가에 따라 변동한다. 다음 네 개의 장에서는 변동의 각종 원인들을 내가 할 수 있는 한 완전하고 분명하게 설명하려고 한다.

34. 임금은 제 8장에서 논의된다.

첫째로, 임금률(the rate of wages)을 자연적으로 결정하는 사정들은 무엇인가, 그리고 이 사정들은 부와 빈곤, 사회의 진보·정체·쇠퇴에 의해 어떤 영향을 받는가를 설명할 것이다.

35. 이윤은 제 9장에서

둘째로, 이윤율을 자연적으로 결정하는 사정들은 무엇인가, 그리고 이 사정들은 위에서 본 사회상태에 의해 어떤 방식으로 영향을 받게 되는지를 밝힐 것이다.

36. 임금과 이윤의 차이는 제10장에서

노동과 자본의 사용처가 상이함에 따라 화폐임금과 화폐이윤은 매우 상이하지만, 각종 상이한 사용처에서 노동의 다양한 화폐임금 사이에 그리고 자본의 다양한 화폐이윤 사이에 일반적으로 일정한 균형관계가 존재하는 것 같다. 이 균형관계는, 뒤에서 보는 바와 같이, 부분적으로는 상이한 사용처의 성질에 달려 있고, 부분적으로는 그 사회의 법률과 정책에 달려 있다. 그러나 이 균형관계는, 비록 많은 점에서 법률과 정책에 의존하지만, 그 사회의 빈부, 그 사회의 진보·정체·쇠퇴의 상태에 의해서는 거의 영향을 받지 않고, 이 모든 상이한 상태에서도 불변이거나 거의 불변인 것처럼 보인다. 따라서 셋째로, 나는 이 균형관계를 규제하는 모든 상이한 사정들을 설명할 것이다.

37. 그리고 지대는 제 11장에서 다루어질 것이다.

넷째이자 마지막으로, 토지 지대를 규제하는 사정들은 무엇인가, 그리고 토지가 산출하는 각종 상이한 물품들의 진실가격을 인상시키거나 인하시키는 사정들은 무엇인가를 밝힐 것이다.

제8장
노동의 임금

1. 생산물은 노동의 자연임금이다.

노동생산물은 노동의 자연보수 또는 자연임금(natural wages)을 구성한다.

2. 본래 노동의 생산물 전체는 노동자에게 속했다.

토지의 사적 점유와 자본의 축적이 있기 이전의 원시사회 상태에서는 노동생산물 전체가 노동자에게 속했다. 그에게는 그것을 함께 나누어 가져야 할 토지 소유자나 고용주가 없었다.

3. 이런 사태가 계속되었다면 모든 물품은 더 저렴해졌을 것이다.

이런 상태가 계속되었다면, 노동임금은 분업이 야기한 노동생산력의 모든 개선 및 증진과 함께 증가했을 것이다. 모든 물건들은 점차 더욱 싸게 되었을 것이다. 그것들은 더욱 적은 노동량에 의해 생산되었을 것이며, 이런 상태에서는 같은 양의 노동에 의해 생산된 상품들은 당연히 서로 교환될 것이므로, 그 물건들은 더 적은 양의 노동의 생산물로써도 구매될 수 있었을 것이다.

4. 외관상으로는 많은 물품이 더 비싸게 되었을지 모른다.

그러나 비록 모든 물건들이 실제로는 더 싸진다고 하더라도, 표면상으로는 더 비싸게, 즉 더 많은 양의 다른 물건들과 교환될 수 있는 물건들이 다수 있을 것이다. 예컨대, 대부분의 업종에서는 노동의 생산력이 열 배 상승했지만, 즉 하루의 노동이 이전의 열흘치에 해당하는 생산량을 생산할 수 있게 되었지만, 어떤 특정 업종에서는 노동생산력이 오직 두 배 상승했다고, 즉 하루의 노동이 이전의 이틀치에 해당하는 생산량을 생산할 수 있게 되었다고 가정하자. 그러면 대부분의 업종의 하루의 노동생산물과 이 특정 업종의 하루의 노동생산물을 교환함에 있어, 대부분의 업종의 이전 생산량의 열 배가 이 특정 업종의 이전 생산량의 두 배를 구매하게 될 것이다. 그러므로 이 특정 업종의 생산물의 일정량, 예컨대 1파운드의 무게는 이전보다 다섯 배나 비싸게 된 것처럼 보일 것이다. 그러나 사실상 그것은 이전보다 두 배나 값이 싸다. 즉, 그 일정량은 다섯 배의 다른 상품과 교환될 수 있지만, 그것을 구매·생산하는 데는 이전의 노동량의 반만을 필요로 할 뿐이다. 그러므로 이것의 취득은 이전보다 두 배나 쉬워진 것이다.

5. 토지의 점유와 자본의 축적에 의해서 이러한 상태는 끝이 났다.

그러나 노동자가 자기의 노동생산물 전체를 향유하던 이 원시상태는 일단 토지의 사유와 자본의 축적이 발생하자마자 더이상 존속할 수 없었다. 따라서 이 원시상태는 노동생산력의 중대한 개선 및 증진이 이루어지기 훨씬 이전에 끝났으며, 그러므로 이 원시상태가 노동의 보수 또는 임금에 미쳤을 영향에 대해서 더이상 연구하는 것은 쓸모 없는 일일 것이다.

6. 제1차로 지대가 공제된다.

토지가 사적 소유로 되자마자, 토지소유자는 노동자가 토지로부터 재배하거나 수집할 수 있는 거의 모든 생산물의 일부를 자기 몫으로 요구한다. 그의 지대는 경작노동의 생산물로부터의 제1차 공제(控除)이다.

7. 제2차로 이윤이 공제된다.

토지를 경작하는 사람이 수확 때까지 자기의

생활을 유지할 수 있는 수단을 가지고 있는 경우는 거의 없다. 그의 생활비는 일반적으로 그를 고용하는 차지농업자의 자본으로부터 선대(先貸)된다. 그런데 만약 차지농업자가 노동자의 노동생산물의 분배에 참가할 수 없다면, 또는 그의 자본이 이윤과 함께 회수되지 않는다면, 그는 노동자를 고용하는 데 아무런 관심도 없을 것이다. 이 이윤이 경작노동의 생산물로부터의 제2차 공제이다.

8. 다른 수공업과 제조업에서도 모두 그러하다.

거의 모든 기타 노동생산물도 이와 같은 이윤을 공제당한다. 모든 수공업과 매뉴팩처에서 대부분의 노동자들은 생산물이 완성될 때까지 생산물의 원료와 그들의 임금 및 생활비를 선대해 줄 고용주를 필요로 한다. 고용주는 그들의 노동생산물을 나누어 가지거나, 그들이 원료에 추가하는 가치를 나누어 가지는데, 이 분배몫이 바로 그의 이윤이다.

9. 독립된 직공은 임금과 함께 이윤도 획득한다.

때로는 생산에 필요한 원료를 구매하고, 작업이 완료될 때까지 자기 자신의 생활을 유지하는 데 충분한 자본을 가진 독립적인 노동자도 있다. 그는 고용주이자 동시에 노동자이며, 자기의 노동생산물 전체 또는 자기 노동이 원료에 추가하는 가치 전체를 향유한다. 그것은 보통 상이한 두 사람에게 속하는 상이한 두 개의 수입, 즉 자본의 이윤과 노동의 임금을 포함한다.

10. 그러나 이런 경우는 좀처럼 없다.

그러나 이러한 경우는 드물며, 유럽의 어느 곳에서나 고용주 아래에서 일하는 노동자가 20명이라면 독립적인 노동자는 1명인 비율이다. 그러므로 노동임금이란 어디에서나 일반적으로 노동자와 그를 고용하는 자본 소유자가 각각 다른 사람인 경우의 임금으로서 이해된다.

11. 임금은 노동자와 고용주 사이의 계약에 의해 결정된다.

보통 노동임금이 얼마인가는 이해관계가 전혀 다른 쌍방〔노동자와 고용주〕 사이에서 체결되는 계약에 의거한다. 노동자는 가능한 한 많이 받기를 원하며, 고용주는 가능한 한 적게 주기를 원한다. 노동자는 노동임금을 올리기 위해 단합하는 경향이 있고, 고용주는 노동임금을 낮추기 위해 단합하는 경향이 있다.

12. 고용주가 유리하나,

그러나 보통의 경우 쌍방 중 어느 쪽이 유리한 지위를 차지함으로써 상대방으로 하여금 자기의 조건에 따르게 할 수 있는지를 예상하기는 어렵지 않다. 고용주들은 수적으로 더 적기 때문에 훨씬 더 쉽게 연합할 수 있으며, 또한 법률과 정부기관은 고용주들의 연합은 인정해 주거나 적어도 금지하지 않지만, 노동자들의 단합은 금지하고 있다. 노동의 가격을 낮추기 위해 〔고용주들이〕 연합하는 것을 반대하는 의회 법률은 하나도 없지만, 노동의 가격을 올리기 위해 〔노동자들이〕 단합하는 것을 반대하는 의회 법률은 많이 있다. 이러한 모든 쟁의에서 고용주들은 훨씬 오랫동안 견딜 수 있다. 토지소유자·차지농업자·공장주·상인들은 노동자를 한 사람도 고용하지 않더라도 이미 가지고 있는 자본으로 한두해 동안은 살아갈 수 있다. 그러나 노동자들은 직업을 가지지 않는다면, 1주간을 버틸 사람이 많지 않고, 한달간 버틸 사람은 거의 없고, 한 해 동안 버틸 사람은 아무도 없다. 장기적으로 보면 노동자가 고용주를 필요로 하는 것과 마찬가지로 고용주도 노동자를 필요로 할 것이지만, 그 필요성은 노동자가 고용주를 필요로 하는 것만큼 직접적인 것은 아니다.

13. 고용주들의 연합은 노동자들의 단결만큼 소문이 나지 않는다.

노동자들의 단합에 관해서는 자주 듣게 되지만 고용주들의 연합에 관해서는 거의 듣지 못한다고 사람들은 말한다. 이 때문에 고용주들의 연합은 매우 드물다고 생각하는 사람이 있다면, 그는 진상을 알지 못할 뿐만 아니라 세상물정을 잘 모르는 사람이다. 고용주들은 노동임금을 현재의 수준 이상으로 올리지 않기 위해서 언제 어디서나 일종의 암묵적인, 그러면서도 한결같은 연합을 지속적으로 맺고 있다. 이 연합을 위반하는 것은 어디에서나 매우 인기없는 행동이며, 이웃사람들과 동료들로부터 비난받을 행동이다. 우리는 사실상 이러한 연합에 대해 거의 듣지 못하는데, 그 이유는 이 연합이 아무도 주의하지 않는 평소의 그리고 자연스런 상태이기 때문이다. 고용주들도 때로는 노동임금을 현재의 수준 이하로 낮추기 위해서 특별한 연합을 결성한다. 고용주들의 이 연합은 항상 매우 조용히 비밀스럽게 진행되므로, 그것이 실행으로 옮겨져서, 때때로 그런 것처럼, 노동자들이 저항의 필요성을 절감하면서도 아무런 저항도 하지 못하고 굴복하고 말 때까지, 다른 사람들은 고용주들의 연합에 대해 아무것도 들을 수 없다. 그러나 이러한 고용주들의 연합행동은 자주 그에 대항하는 노동자들의 방어적 단합에 의해 저항을 받는다. 노동자들은 때때로 이러한 도전이 없더라도 노동의 가격을 올리기 위해 자발적으로 단합한다. 그들이 보통 말하는 단합의 이유는, 때로는 식료품값이 올랐다든가, 때로는 고용주들이 자기들의 노동으로부터 큰 이윤을 얻고 있다는 것 등이다. 그러나 그들의 단합은, 공격적인 것이든 방어적인 것이든, 항상 세상의 이목을 끈다. 왜냐하면, 문제를 신속하게 해결하기 위해서 노동자들은 언제나 큰 소리로 소란을 피우고, 때로는 매우 놀라운 폭행과 폭력을 사용하기 때문이다. 그들은 절망하고, 그리고 절망적인 사람처럼 온갖 황당하고 제멋대로인 행동을 하는데, 그 이유는, 그들은 고용주를 위협해서 자기들의 요구를 곧바로 받아들이도록 하거나 아니면 굶어죽기 때문이다. 이런 경우, 고용주들도 노동자들을 향해 큰소리를 지르고, 치안판사의 도움을 끊임없이 소리높여 요구하고, 하인·노동자·직인(도제와 장인 사이에 있는 등급)의 단합에 대해 엄한 현행 법률의 엄격한 집행을 소리높여 요구한다. 이리하여 노동자들은 이 소란스러운 단합의 폭력행사로부터 거의 아무런 이익도 얻지 못하는데, 부분적으로는 치안판사의 개입 때문에, 부분적으로는 고용주들의 뛰어난 침착함 때문에, 그리고 부분적으로는 대부분의 노동자들이 당장의 생존을 위해 굴복할 수밖에 없는 필연성 등 때문에, 이러한 폭력행사는 주모자의 처벌과 파멸 이외에는 아무것도 얻지 못하고 끝나고 마는 것이 보통이다.

14. 그러나 고용주들은 임금을 일정 수준 이하로 내릴 수는 없다.

노동자들과의 쟁의에서 고용주들은 일반적으로 우세를 점하고 있음에 틀림없지만, 보통의 임금을, 그것이 가장 저급한 노동의 임금이라 하더라도, 어떤 일정한 수준 이하로 상당한 기간 억제하는 것은 불가능한 것 같다.

15. 이 일정 수준은 일인분의 생활자료와 가족들을 위한 그 이상의 어떤 것을 말한다.

사람이 항상 자신의 노동에 의해 생활을 유지해야 한다면, 그의 임금은 적어도 그의 생활을 유지하는 데 충분해야 한다. 대부분의 경우 임금은 이것보다 좀 더 많아야 한다. 그렇지 않으면 그는 자기 가족을 부양할 수 없을 것이며, 노동자 종족은 제1세대를 넘어 존속할 수 없을 것이다. 이 때문에 캉띠용(Cantillon)은 가장 저급한 일에 종사하는 보통의 노동자도 두 명의 자식을 부양할 수 있기 위해서는, 부인은 자식들을 돌봐야 하기 때문에 그녀의 노동의 보수는 자기 자신의 생활비를 충당할 수 있을 뿐이라고 가정하면서, 어디에서나 적어도 자기 자신의 생활비의 두 배를 벌어야 한다고 생각했던 것 같다. 그러나 통계에 의하면, 신생아의 반은 성년이 되기 전에 죽기 때문에, 가장 가난한 노동자도 아이 둘에게 성년까지 생존할 기회를 주기 위해서는 대체로 네 명의 아이를 키우고자 시도한다. 그런데 아이 넷의 필요생활비는 성인 한 사람의 생활비와 거의 동등하다는 것이다. 건장한 노예의 노동은 본인 생활비의 두 배의 가치가 있는 것으로 계산된다고 캉띠용은 부언하면서, 가장 형편없는 노동자의 노동이라도 건장한 노예의 노동보다 적은 가치를 가질 수는 없다고 생각했다. 이렇게 보면, 적어도 이런 점만은 분명한 것 같다. 즉, 한 가족을 부양하기 위해서 한 쌍의 부부의 노동은, 최하급의 보통 노동에서도, 그들 자신의 생존을 유지하는 데 정확히 필요한 것보다 좀더 많이 벌 수 있어야 한다는 것이다. 그러나 얼마나 많이 벌어야 하는가는, 위에서 말한 비율이든 기타 다른 비율이든 간에, 내가 결정할 수 있는 문제가 아니다.[1)]

16. 임금이 이 수준보다 상당히 높을 수도 있다.

그러나 때때로 노동자들에게 유리하도록 하여 그들로 하여금 임금을 이 수준보다 훨씬 높게 올릴 수 있게 하는 사정들도 있다. 이 수준은 분명히 보통의 인간에 적합한 최저임금에 지나지 않는다.

17. 노동자에 대한 수요가 증가할 때 그러하다.

어떤 한 나라에서 임금으로 살아가는 사람들, 즉 각종 노동자·직인·하인들에 대한 수요가 계속 증가할 때, 매년 그 전년에 취업한 사람 수보다 더 많은 사람들에게 취업기회를 제공할 때, 노동자들은 임금을 올리기 위해 단결할 필요가 없다. 노동자의 부족은 고용주들 사이에 경쟁을 야기하며, 고용주들은 노동자를 구하기 위해 더 높은 임금을 제시하며, 따라서 임금을 올리지 말자는 고용주들의 자연적인 연합을 스스로 타파한다.

18. 그것은 임금을 지불하기 위해 예정된 기금의 증가 때문이다.

분명한 것은, 임금으로 살아가는 사람들에 대한 수요는 임금의 지불에 사용하기로 예정되어 있는 기금(funds)의 증가에 비례해서만 증가할 수 있다는 것이다. 이 기금에는 두 가지 종류가 있다. 첫째는 생활비에 필요한 것을 초과하는 수입이고, 둘째는 고용주의 사업에 필요한 것을 초과하는 자본이다.

19. 이 기금은 잉여수입과

토지소유자·연금수령자〔국채의 이자를 받는 사람〕·화폐소유자가 자기 가족의 생활비에

---

1) 마르크스가 제시하는 노동력의 가치에도 다음 세대의 노동자를 양육하는 생활수단이 포함되어 있다—역자.

충분하다고 판단하는 것보다 더 많은 수입을 얻는다면, 그들은 그 잉여의 전부 또는 일부를 하나 또는 그 이상의 하인을 부리는 데 사용한다. 이 잉여가 늘어나면 그들은 자연히 하인의 수를 늘릴 것이다.

20. 잉여자본이다.

직포공이나 구두제조공과 같은 독립적인 노동자가 자기 제품의 원료를 구매하고, 그 제품을 처분하는 동안 자신의 생활비에 충분한 것보다 더 많은 자본을 가졌을 때, 그는 자연히 그 잉여로 하나 또는 그 이상의 직인을 고용하여 그들의 노동으로부터 이윤을 얻으려고 할 것이다. 이러한 잉여가 늘어나면 그는 자연히 직인의 수를 늘릴 것이다.

21. 그러므로 노동자에 대한 수요는 국부의 증가와 더불어 증가한다.

그러므로 임금으로 살아가는 사람들에 대한 수요는 그 나라의 수입 및 자본의 증대와 함께 필연적으로 늘어나며, 그것 없이는 늘어날 수 없다. 수입과 자본의 증대는 국부(國富)의 증대이다. 따라서 임금으로 살아가는 사람들에 대한 수요는 국부의 증대와 함께 자연히 늘어나며, 그것 없이는 늘어날 수 없다.

22. 고임금은 국부의 실제의 크기에 의해서가 아니라, 그 증대에 의하여 야기된다.

노동임금의 인상을 가져오는 것은 국부의 실제의 크기가 아니라 국부의 계속적인 증대이다. 따라서 노동임금이 가장 높은 나라는 가장 부유한 나라가 아니라 가장 번성하고 있는 나라, 또는 가장 급속히 부유해지고 있는 나라이다. 잉글랜드는 확실히 현재로서는 북아메리카의 어느 지역보다 훨씬 더 부유한 나라이다. 그러나 노동임금은 잉글랜드의 어느 지역보다도 북아메리카에서 훨씬 더 높다. 뉴욕주에서는 보통의 노동자가 하루에 미화로 3실링 6펜스를 받는데, 이는 영국 화폐로 2실링에 해당한다.* 조선(造船)

* 이것은 현재의 난리〔1776년의 미국독립전쟁〕가 일어나기 전인 1773년에 쓴 것이다.

목수는 미화로 10실링 6펜스와, 영국 화폐 6펜스에 해당하는 1파인트(0.57리터)의 럼술을 받는데, 이를 합하면 영국 화폐로 6실링 6펜스에 해당한다. 그리고 대목(大木)과 벽돌공은 미화로 8실링을 받는데, 이는 영국 화폐로 4실링 6펜스에 해당하고, 재봉사는 미화 5실링을 받는데, 이는 영국 화폐로 2실링 10펜스에 해당한다. 이러한 가격들은 모두 런던에서의 그것보다 높으며, 다른 식민지에서도 임금은 뉴욕만큼 높다고 한다. 식료품 가격은 북아메리카의 어디에서나 잉글랜드보다 훨씬 싸다. 거기에서는 기근이란 말을 아직까지 들어본 적이 없다. 가장 나쁜 흉작에도 수출용 식료품은 감소하지만 자기 자신들을 위한 것은 언제나 충분하다. 그러므로 노동의 화폐가격이 모국인 잉글랜드의 어디보다도 높다면, 노동의 실질가격, 즉 노동이 노동자에게 제공하는 생활필수품·편의품에 대한 실제의 지배력은 훨씬 더 큰 비율로 높을 수밖에 없다.

23. 북아메리카는 잉글랜드보다 더 번성하고 있다.

북아메리카는 아직 잉글랜드만큼 부유하지는 않지만 훨씬 더 번성하고 있으며, 훨씬 더 빠른 속도로 부유해지고 있다. 어느 한 나라의 번영의 가장 결정적인 지표는 주민 수의 증가이다. 영국과 기타 대부분의 유럽 나라에서는 주민이 500년 이내에 두 배로 될 것으로 생각되지는 않는다. 그런데 북아메리카의 영국 식민지에서는 주민의 수가 20~25년에 두 배로 되는 것으로 판명되었다. 현재 이 증가는 새로운 주민의 끊임없는 유입 때문이 아니라 현지 인구의 대량번식 때문이다. 거기에서는 노인이 될 때까지 사는 사람은 자기 자손을 50~100명, 때로는 그 이상을 보게 되는 경우도 자주 있다고 한다. 노동의 보수가 매우 높기 때문에 자식이 많은 가정은 부모에게 부담이 되는 것이 아니라 풍요와 행운의 원천이 된다. 부모를 떠나 독립할 수 있을 때까지 아동 하나의 노동은, 계산에 의하면, 부모에게 100파운드의 순이익을 준다고 한다. 4~5명의 아이들을 가진 젊은 과부는, 유럽의 중류층 또는 하류층에서는 재혼의 기회가 거의 없지만, 거기에서는 아이들이 일종의 재산으로 간주되어 흔히 구혼신청을 받는다. 아이들의 가치가 결혼을 권장하는 최대로 중요한 요인이다. 따라서 북아메리카 사람들은 일반적으로 매우 젊을 때 결혼한다. 이러한 조혼에 의한 인구의 큰 증가에도 불구하고, 북아메리카에서는 일손 부족에 대한 불평이 계속되고 있다. 노동자에 대한 수요, 즉 그들을 고용하는 데 사용될 기금이 그들이 찾을 수 있는 노동자의 수보다 더욱 빨리 증가하는 것 같다.

24. 아무리 부유하더라도 정체한 나라에서는 임금이 높지 않다.

비록 한 나라의 부(富)가 아무리 거대하더라도, 만약 그 나라가 오랫동안 정체상태에 있었다면, 그곳에서 노동임금이 매우 높을 것으로 기대할 수 없다. 임금의 지불에 사용될 예정인 기금, 즉 그곳 주민들의 수입과 자본은 매우 큰 규모일지 모르지만, 몇 세기 동안 그 규모가 불변이거나 거의 불변이라면, 매년 고용되는 노동자의 수는 그 다음 해에 필요한 수를 쉽게 공급할 수 있으며, 심지어 더 많이 공급할 수도 있다. 일손 부족은 있을 수 없으며, 고용주들은 일손을 확보하기 위해 서로 경쟁적으로 높은 임금을 제시할 필요도 없을 것이다. 일자리는 항상 부족할 것이고, 노동자들은 일자리를 얻기 위해 서로 경쟁해야 할 것이다. 이러한 나라에서 노동임금이 노동자 본인의 생활비와 그가 가족을 부양할 수 있게 하는 수준보다 높다면, 노동자들끼리의 경쟁과 고용주들의 이해관계 때문에, 임금수준은 곧 보통의 인간에게 적합한 최저수준으로 저하할 것이다. 중국은 오랫동안 세계에서 가장 부유한 나라 중의 하나였다. 즉, 토지는 가장 비옥하고 가장 잘 경작되고, 가장 근면하고, 가장 인구가 많은 나라 중의 하나였다. 그러나 중국은 오랫동안 정체상태에 있었던 것 같다. 500여 년 전[1275년]에 중국을 방문한 마르코 폴로(Marco Polo)는 당시의 중국의 농업·산업 및 많은 인구에 대해 묘사하고 있는데, 그것은 요즘의 중국 여행자들이 묘사하고 있는 것과 거의 똑같다. 마르코 폴로의 시대 훨씬 이전에 이미 중국은 그곳의 법과 제도가 그 사회에 허용하는 최고수준의 부유함에 도달했던 것이다. 모든 여행자들의 이야기는 기타 많은 부분에서는 일치하지 않지만, 노동의 임금이 매우 낮다는 점과, 노동자가 가족을 부양하는 데 곤란을 느낀다는 점에서는 일치하고 있다. 중국의 노동자는, 하루종일 땅을 파고도 저녁에 적은 양의 쌀이라도 살 수 있다면, 만족한다. 수공업자의 처지는, 비록 생존은 가능하다고 하더라도, 더욱 나쁘다. 유럽처럼 작업장에 한가롭게 앉아서 고객이 찾아오기를 기다리는 것이 아니라, 수공업자는 자기의 도구를 들고 거리를 끊임없이 배회하면서 자기의 서비스를 사라고 외치는데, 이는 마치 일거리를 구걸하는 것과 같다. 중국 하층민의 빈곤은 유럽의 가장 가난한 국민의 빈곤보다 훨씬 심하다. 광동(廣東) 주변에는 수백 또는 수천 가족들이 육지에서는 살 곳이 없어 강과 운하 위의 작은 고기잡이 배에서 살고 있다고 한다. 그들이 가진 생활수단은 너무나 부족해서, 그들은 유럽 선박들이 바다에 버린 가장 더러운 쓰레기를 끌어올리려고 애를 쓴다. 그들은 반은 부패하고 악취가 나는 죽은 짐승의 고기, 예컨대 죽은 개나 고양이의 시체를 다른 나라 사람들이 가장 위생적인 식품을 좋아하듯이 좋아한다. 중국에서는 결혼이 장려되는데, 이것은 아이들의 양육으로 이득을 얻을 수 있기 때문이 아니라 아이들을 죽일 수 있는 자유 때문이다. 모든 대도시에는 매일 밤 몇 명의 아이들이 길거리에 버려져 있거나 물 속에 개처럼 빠져 죽어 있다. 아이들을 죽이는 일을 공공연한 직업으로 삼아 먹고 살아가는 사람들도 있다고 한다.

25. 중국은 후퇴하고 있지는 않으며, 노동자는 그곳에서 그 수를 유지하고 있다.

그러나 중국은, 비록 정체상태에 있을지는 몰라도, 후퇴하고 있는 것 같지는 않다. 도시 주민들이 도시를 버리고 떠나는 경우는 없다. 어느 곳에서나 토지가 일단 경작되고 난 후에는 내버려두는 일이 없다. 그러므로 매년 동일한 또는 거의 동일한 노동이 계속 수행되고 있고, 따라서 노동의 유지에 사용되기로 예정된 기금이 현저하게 감소하지 않음에 틀림없다. 그리하여 최하층의 노동자들은 생활물자가 부족함에도 불구하고 그럭저럭 자기의 종족을 유지시켜 통상의 인구수를 유지하고 있음에 틀림없다.

26. 쇠퇴하고 있는 나라에서는 사정이 이와는 다를 것이다.

그러나 노동의 유지에 사용되기로 예정된 기금이 현저하게 감소하고 있는 나라에서는 사정이 다르다. 각종 상이한 직업에서 매년 하인과 노동자에 대한 수요는 그 전년보다 적을 것이다. 상류계급에서 성장한 사람들도 많은 숫자가 자기들의 직업에서 일자리를 얻지 못해 최하급의 직업에서 일자리를 얻으려고 할 것이다. 최하급의 직업은 원래 거기에 있던 노동자들로 가득차 있을 뿐만 아니라 기타 모든 직업의 사람들이 흘러들어와서 넘치고 있으므로, 그곳은 취업경쟁이 너무나 격렬하여 노동임금을 노동자의 생활이 가장 비참하고 궁핍한 수준으로까지 떨어뜨리게 된다. 이러한 가혹한 조건으로도 많은 사람들은 일자리를 구할 수 없어서 굶어 죽거나 걸식하거나 극악무도한 범죄행위를 저지르게 된다. 결핍·기아·사망이 곧 이 최하층에 만연하고, 거기서부터 모든 상층계급으로 번져가는데, 그 나라의 주민수가, 가혹한 정치와 재난의 피해를 벗어나 아직도 남아 있는 수입과 자본에 의해 쉽게 유지될 수 있는 규모로 축소될 때까지, 이런 상황은 계속된다. 아마 벵골이나 동인도의 영국 식민지의 현재 상황이 거의 이것에 가까울 것이다. 인구가 이미 대량 감소했으나 토지가 비옥한 나라는 생활이 크게 곤란하지 않아야 될 텐데도 불구하고 매년 30~40만 명이 굶어죽어 간다면, 그곳에서는 노동빈민(the labouring poor)의 생활에 사용될 기금이 급속히 감소하고 있음을 확신할 수 있다. 북아메리카를 보호하고 통치하는 영국 헌법의 정신과, 동인도에서 억압적인 권력을 휘두르는 상사(商社)의 정신 사이의 차이는 아마 두 나라의 상이한 상황에 의해 가장 잘 설명될 수 있을 것이다.[2)]

27. 노동의 풍부한 보수는 국부 증가의 결과이자 징조이다.

노동의 풍부한 보수는 국부 증가의 필연적인 결과임과 동시에 국부 증가의 자연스러운 징조이다. 다른 한편으로, 노동빈민의 생활물자가 부족한 것은 정체상태의 자연스러운 징조이며, 그들이 기아상태에 있다는 것은 급속한 후퇴의 자연스러운 징조이다.

28. 영국에서는 임금이 최저율을 초과하고 있다.

영국에서 현재의 노동임금은 노동자가 가족을 부양하는 데 정확히 필요한 것보다 분명히 많은 것 같다. 이 점을 분명히 하기 위해 노동자가 가족을 부양할 수 있는 최저금액이 얼마인지 지루하고 애매한 계산을 해 볼 필요는 없을 것이다. 노동임금이 이 나라에서는 어느 곳에서나 보통의 인간이 살아갈 수 있는 최저수준에 의해 지배되지 않고 있다는 명백한 징조가 많이 있다.

29. (1)왜냐하면, 겨울과 여름의 임금 사이에 차이가 있기 때문이다.

첫째로, 영국의 거의 모든 곳에서, 최하급의 노동에서조차, 여름 임금과 겨울 임금 사이에 차이가 있다. 여름 임금이 언제나 가장 높다. 그러나 연료비 지출이 매우 크기 때문에 가족의 생활비는 겨울에 가장 많이 든다. 생활비 지출이 가장 적을 때 임금은 도리어 가장 많기 때문에, 임금은 생활비 지출의 필요성에 의해 지배되지 않고 작업의 양과 추정 가치(價値)에 의해 지배되고 있다는 것은 분명한 것 같다. 노동자는 여름 임금의 일부를 저축해서 겨울 비용의 지출에 충당해야 하고, 따라서 그의 일년 전체의 임금은 일년 동안 가족을 부양하는 데 필요한 것을 초과하지 않는다고 말할 수도 있을 것이다. 그러나 노예, 또는 생활물자의 획득을 우리에게 전적으로 의존하고 있는 사람〔예: 거지〕은 위와 같은 방식의 대우를 받지 않을 것이다. 왜냐하면, 그의 매일의 생활

---

2) 북아메리카의 번영에 미친 영국의 영향은 제4편 제7장 제2절에 설명되고 있으며, 동인도회사에 대해서는 제4편 제7장 제3절을 참조하라—역자.

물자는 그의 매일의 필요에 비례해서 조절될 것이기 때문이다.

30. (2)임금은 식료품의 가격과 더불어 변동하지 않기 때문이다.

둘째로, 노동임금은 영국에서는 식료품의 가격에 따라 변동하지 않는다. 식료품 가격은 어디에서나 매년 그리고 매월 변동하지만, 많은 곳에서 노동의 화폐가격은 때로는 반세기 동안 불변이다. 그러므로 이러한 곳에서 노동자가 식료품 가격이 높은 연도에 가족을 부양할 수 있다면, 가격이 중간 수준일 때는 안락하게 살 수 있을 것이고, 가격이 매우 낮을 때는 풍족하게 살 수 있을 것이다. 지난 10년 동안 식료품의 가격은 높은 수준이었지만, 그 때문에 이 나라의 많은 곳에서 노동의 화폐가격이 현저히 상승하지는 않았다. 약간의 지역에서는 노동의 화폐가격이 현저히 상승했지만, 그것은 식료품 가격이 상승했기 때문이라기보다는 노동에 대한 수요가 증가했기 때문이다.

31. (3)임금은 식료품의 가격보다 장소에 따라 더 변동하기 때문이다.

셋째로, 연도별 변동폭은 식료품 가격이 노동임금보다 크며, 장소별 변동폭은 노동임금이 식료품 가격보다 크다. 영국의 대부분의 지역에서 빵과 육류의 가격은 일반적으로 동일하거나 거의 동일하다. 노동빈민들이 모든 상품을 구매하는 방식인 소매로 팔리는 빵·육류·기타 대부분의 상품들은, 뒤에서 설명하는 이유 때문에, 대도시 지역과 벽지에서 일반적으로 동일한 가격이거나 또는 대도시지역에서 좀더 싸다. 그러나 노동임금은 대도시와 그 주변 지역이 거기로부터 몇 마일 떨어진 곳에 비해 $\frac{1}{4}$이나 $\frac{1}{5}$, 즉 20~25%가 높은 경우가 자주 있다. 런던과 그 주변에서는 노동의 보통 가격이 하루에 18펜스인데, 그곳에서 몇 마일 떨어진 지역에서는 하루에 14 또는 15펜스까지 떨어진다. 에든버러와 그 주변에서의 노동의 보통 가격은 하루에 10펜스이며, 그곳에서 몇 마일 떨어진 곳에서는 8펜스인데, 이 8펜스는 스코틀랜드 저지대(Lowlands)의 대부분 지역에서 일반노동의 보통가격이며, 그곳에서는 잉글랜드보다 지역별 차이가 훨씬 작다. 노동가격에서의 이 정도 크기의 차이는 사람을 한 교구(敎區: parish)로부터 다른 교구로 이동하게끔 하는 데 충분하지는 않은 것 같다. 그러나 상품가격에서의 이 정도 크기의 차이는 부피가 가장 큰 상품들까지도 한 교구에서 다른 교구로 이동하게끔 할 뿐만 아니라 심지어 국내의 한 구석에서 다른 한 구석으로, 또는 세계의 한 끝에서 다른 한 끝으로 대규모로 이동시킴으로써 곧 그 가격차이를 거의 없애버려 같은 수준이 되게 할 것이다. 비록 인간성은 변하기 쉽고 일관성이 없다고 사람들은 말하지만, 모든 종류의 물건 중에서 인간을 이동시키는 것이 가장 어렵다는 것은 경험에 의해 분명히 드러난다. 그러므로 노동빈민들이 노동가격〔임금〕이 가장 낮은 지방에서 자기 가족을 부양할 수 있다면, 노동가격이 가장 높은 지방에서는 풍족한 생활을 할 수 있음에 틀림없다.

32. (4)노동가격과 식료품 가격의 변화는 때와 장소에 따라 다르다.

넷째로, 노동가격의 변화와 식료품가격의 변화는, 장소에서나 시기에서나, 서로 일치하지 않을 뿐만 아니라 정반대인 경우가 자주 있다.

33. 스코틀랜드보다도 잉글랜드에서는 곡류가 더 싸고 임금이 높은 것처럼, 임금과 식료품의 가격은 이따금 반대의 방향으로 변동한다.

보통 사람의 식량인 곡물은 잉글랜드보다 스코틀랜드에서 더 비싸며, 따라서 스코틀랜드는 잉글랜드로부터 거의 매년 대량의 공급을 받는다. 잉글랜드산 곡물은 그 반입국인 스코틀랜드에서 그 반출국인 잉글랜드보다 비쌀 것임에 틀림없다. 그러나 스코틀랜드에서 잉글랜드산 곡물은, 그것과 경쟁하면서 시장에 나오는 스코틀랜드산 곡물보다, 그 질을 고려하면, 더 비싸게 판매되는 것은 아니다. 곡물의 품질은 주로 제분소에서 알곡으로부터 나오는 가루의 양으로 판명되는데, 이 점에서 잉글랜드산 곡물은 스코틀랜드산 곡물보다 훨씬 우수하다. 비록 외견상으로 보면, 즉 그 부피에 비해서는 잉글랜드산 곡물이 더 비싸지만, 실제로는, 즉 그 질이나 또는 무게에 비해서는 더 싸다. 반면에, 노동가격은 스코틀랜드보다 잉글랜드에서 더 높다. 그러므로 노동빈민이 스코틀랜드에서 가족을 부양할 수 있다면 잉글랜드에서는 풍족한 생활을 할 수 있음에 틀림없다. 오트밀(oatmeal)은 스코틀랜드의 보통사람들에게 가장 중요하고 가장 좋은 식품에 속하지만, 잉글랜드의 같은 계급의 사람들의 식품에 비하면 훨씬 저급에 속한다. 이러한 생활방식에서의 차이는 결코 그들의 임금 차이의 원인이 아니라 그 결과이다. 그런데도 사람들은 이상하게도 그것을 오해하여, 그것을 원인이라고 말하는 것을 나는 자주 들었다. 한 사람은 부유하고 그 이웃은 가난한 것은 외출할 때 한 사람은 마차를 타고 그 이웃은 걸어다니기 때문이 아니라, 한 사람은 부유하기 때문에 마차를 탈 수 있고 그의 이웃은 가난하기 때문에 걸어다니는 것이다.

34. 그리고 전 세기는 현 세기보다 곡류는 더 비쌌으며 임금은 더 저렴하였다.

잉글랜드와 스코틀랜드에서는 지난 한 세기 동안 곡물은 매년 지금 세기보다 더 비쌌다. 이것은 현재 의문의 여지가 전혀 없는 사실이며, 이 사실은 잉글랜드보다 스코틀랜드의 경우에 더욱 결정적으로 증명된다. 스코틀랜드에서 이 사실은 정부의 공정곡가(公定穀價: public fiars)에 의해 증명되고 있는데,[3)] 이 공정곡가는 스코틀랜드의 각 주(county)에서 각종 곡물에 대해 시장의 실제 상황에 따라 결정한 매년의 평가가격이다. 이러한 직접적인 증거가 어떤 제 2차적인 증거에 의해 확인되어야 한다면, 나는 프랑스에서도, 그리고 아마 대부분의 유럽에서도 그러했다고 말할 수 있다. 프랑스에서는 극히 명백한 증거가 있다. 잉글랜드와 스코틀랜드에서는 곡물이 지난 세기에 지금의 세기보다 좀더 비쌌다는 것은 분명한 사실이지만, 노동이 지난

---

3) 공정곡가 제도의 자세한 내용은 제11장 제3절 1의 9항(213쪽)을 참조하라 — 역자.

세기에 지금 세기보다 훨씬 더 쌌다는 것 또한 분명한 사실이다. 그러므로 노동빈민들이 지난 세기에 자기 가족을 부양할 수 있었다면, 그들은 지금은 훨씬 더 안락하게 살 수 있음에 틀림없다. 지난 세기에 스코틀랜드의 대부분 지역에서 보통 노동의 가장 일반적인 하루 임금은 여름에는 6펜스였고, 겨울에는 5펜스였다. 고원지대(Highlands)와 서부 섬들(Western Islands)의 일부 지역에서는 아직도 이와 거의 동일한 주 3실링이 지불되고 있다. 스코틀랜드 저지대의 대부분 지역에서는 현재 보통 노동의 가장 일반적인 임금은 하루에 8펜스이다. 에든버러 부근이나 잉글랜드와 접경하고 있는 각 주들에서는 하루에 10펜스, 때로는 1실링까지 지불되고 있는데, 아마도 후자의 지역들은 잉글랜드와 가깝기 때문일 것이다. 그리고 최근에 노동에 대한 수요가 현저하게 증가한 기타의 몇몇 지방들, 예컨대 글래스고, 카론(Carron), 에이어셔(Ayrshire) 등에서도 상황은 이와 비슷하다. 농업·제조업·상업의 발달은 스코틀랜드보다도 잉글랜드에서 훨씬 더 일찍 시작되었다. 노동에 대한 수요와 노동의 가격은 필연적으로 이러한 발달과 함께 증가했음에 틀림없다. 따라서 지금 세기와 마찬가지로 지난 세기에서도 노동의 임금은 잉글랜드가 스코틀랜드보다 더 높았다. 노동임금은 지난 세기 이래 현저하게 상승했다. 그러나 각 지역마다 지불한 임금의 차이가 매우 커서 얼마만큼 지불했는지를 확정하기는 더욱 곤란하다. 1614년 보병의 급료는 지금과 마찬가지로 하루에 8펜스였다. 이 급료가 처음 정해질 때, 그것은 당연히 보통 노동자들의 통상임금에 의해 결정되었을 것이고, 보병은 보통 이들 계층으로부터 충당되었을 것이다. 수석판사 헤일(Hale)은 찰스 2세 때 쓴 글에서, 부부, 일을 할 수 있는 아이 둘, 일을 할 수 없는 아이 둘 등 6명으로 구성된 노동자 가정의 필요 비용을 주 10실링 또는 연 26파운드라고 계산하고 있다. 그들이 노동에 의해 이 금액을 벌 수 없다면, 그들은 구걸 또는 도둑질에 의해 그 부족분을 보충할 수밖에 없다고 그는 생각하고 있었다. 그는 이 문제에 대해 매우 자세하게 연구했던 것 같다.* 다비넌트(D'Avenant) 박사로부터 정치산술의 재능을 격찬받은 바 있는 그레고리 킹(Gregory King)은 1688년에 노동자와 출퇴근하는 하인의 보통소득은 한 가정당 매년 15파운드로 계산했는데, 그는 한 가족은 평균 3.5인으로 구성된다고 가정했다. 그의 계산은 표면상으로는 헤일의 계산과 상이하지만, 실제로는 거의 일치한다. 두 사람 모두 이러한 가족의 주당 지출은 일인당 약 20펜스라고 생각했다. 이러한 가족의 금전상의 소득과 비용은 그 당시 이래 영국 대부분의 지역에서 크게 늘어났다. 물론 어떤 곳은 더 많이 늘어났고 또 어떤 곳은 더 적게 늘어났을 것이지만, 현재의 노동임금 증가에 관한 과장된 보고서에서 말하고 있는 것처럼 그렇게 많이 증가한 곳은 거의 없다. 주의해야 할 것은, 노동가격은 어디에서나 매우 정확하게 확인될 수 없다는 점이다. 왜냐하면, 동일한 장소에서 동일한 종류의 노동에 대해서도 노동자의 능력 차이뿐만 아니라 고용주의 인심이 후한가 박한가에 따라 상이한 가격이 지불되기 때문이다. 임금이 법률에 의해 규제되지 않는 지역에서 우리가 확인할 수 있는 것은 오직 무엇이 가장 일반적인 임금수준인가 하는 것이다. 경험에 의하면, 법률은 가끔 임금을 규제하려고 시도했지만 결코 적절히 규제할 수 없었다는 것이다.

35. 반면에 다른 필수품과 편의품도 더 저렴해졌다.

현 세기 동안 노동의 실질보수, 즉 그것으로 노동자가 구매할 수 있는 생활필수품·편의품의 실제 양은 노동의 화폐가격의 증가보다 훨씬 더 큰 비율로 증가했다. 곡물이 어느 정도 싸졌을 뿐만 아니라 노동빈민들이 좋아하는 영양분이 많은 기타 식료품들이 크게 싸졌기 때문이다. 예컨대 감자는 영국 전체에서 30~40년 전 가격의 $\frac{1}{2}$에 불과하다. 무·당근·배추 등의 사정도 마찬가지인데, 이런 것들은 과거에는 삽으로

* R. Burn, *History of the Poor Law*(런던, 1764)에 있는 그의 '빈민의 생계보조를 위한 방안'을 보라.

재배되었지만 지금은 보통 쟁기로 재배된다. 각종 채소류의 값도 싸졌다. 영국에서 소비되는 사과와 심지어 양파의 대부분은 지난 세기에는 네덜란드에서 수입되었다. 아마포·모직물 제조업의 큰 개량은 노동자에게 더욱 값싸고 좋은 의복을 제공하며, 거친(粗) 금속제품 제조업의 큰 개량은 노동자에게 다수의 훌륭하고 편리한 가정용 기구뿐만 아니라 더 값싸고 더 좋은 노동도구를 제공한다. 비누·소금·양초·가죽·발효주는 주로 이것들에 부과되는 세금 때문에 더욱 비싸졌다. 그러나 이 비싼 상품들에 대한 노동빈민들의 필수 소비량은 너무나 적기 때문에, 이것들의 가격 상승은 기타 다수 상품의 가격 하락을 상쇄하지 못한다. 사치풍조가 최하층 사람들에게까지 번지고 있다든가, 노동자들은 지난 날에 만족했던 음식·의복·거주에 이제는 더 이상 만족하려고 하지 않는다는 등의 일반적인 비난을 보면, 증가한 것은 노동의 화폐가격뿐만 아니라 노동의 실질보수라는 것을 확신하게 될 것이다.

36. 노동의 수입이 많은 것은 그 사회에 이롭다.

하층계급의 생활상태가 이렇게 개선되는 것이 사회에 유익하다고 보아야 하는가, 불리하다고 보아야 하는가? 그 대답은 첫눈에는 매우 분명한 것 같다. 하인·노동자 그리고 각종 직공들은 모든 대국(大國)의 인구의 대부분을 이루고 있다. 그러므로 그 대부분의 상태를 개선하는 것은 결코 전체에 불리한 것이라고 간주될 수 없다. 어느 사회라도 그 구성원의 대부분이 가난하고 비참하다면 번영하는 행복한 사회일 수 없다. 뿐만 아니라, 국민 전체의 의식주를 공급하는 노동자들이 자기 자신의 노동생산물 중 자기 자신의 몫으로 그런대로 잘 먹고, 잘 입고, 좋은 집에서 살 수 있어야 또한 공평하다고 할 수 있다.

37. 빈곤은 출산을 방해하지는 않는다.

빈곤이 결혼을 억제하는 효과가 있다는 것은 의문의 여지가 없는 사실이지만, 빈곤이 결혼을 저지시키지는 못한다. 빈곤은 심지어 출산(出産:

generation)에 유리한 것처럼 보인다. 반 기아상태에 있는 고원지대의 부인은 20명 이상의 아이들을 낳는 경우가 자주 있지만, 잘먹고 아름답게 꾸미는 부인들은 가끔 아이를 하나도 낳을 수 없거나 겨우 2~3명의 아이만 낳는 것이 보통이다. 상류사회의 부인들 사이에 흔히 있는 불임(不姙)은 하류사회의 부인들 사이에서는 매우 드물다. 여성들의 호사와 사치는 향락욕에 불을 지르지만 출산력은 약화시키거나 흔히 그것을 완전히 파괴시키는 것 같다.

38. 그러나 빈곤은 아이들을 양육하는 데는 유리하지 못하다.

빈곤이 출산을 저지시키지는 못하지만 자식의 양육에는 매우 불리하다. 약한 식물은 싹이 돋아나더라도 매우 차가운 토양과 매서운 기후에서는 곧 시들어 죽고 만다. 스코틀랜드의 고원지대에서는 20명의 아이를 낳은 엄마가 2명밖에 키우지 못하는 경우가 종종 있다고 한다. 몇몇 경험 많은 장교가 나에게 말해준 바에 의하면, 군부대 안에서 태어난 군인의 자식들만으로는 그 부대의 사병 수를 보충할 수 없을 뿐만 아니라 심지어 군악대를 보충할 수도 없다고 한다. 그러나 군부대 주둔지 부근에서는 다른 곳에서 볼 수 없는 귀여운 아이들을 많이 볼 수 있다. 그러나 그 아이들 중 13~14세까지 생존하는 아이들은 매우 적다. 어떤 곳에서는 출생아의 절반이 네 살 이전에 죽고, 많은 곳에서는 일곱 살 이전에 죽으며, 거의 모든 곳에서는 9~10세 이전에 죽는다. 그런데 이처럼 높은 사망률은 어디서나 주로 보통사람들의 아이들 중에서 보이는데, 이들은 상류계급의 아이들과 같은 보살핌을 받을 수 없기 때문이다. 비록 이들은 결혼 후 상류사회 사람들보다 더 많은 아이들을 낳지만, 그들의 자녀들이 성년이 될 때까지 살아남을 수 있는 비율은 더 작다. 기아양육원(棄兒養育院: foundling hospital)에서, 그리고 교구 자선단체에서 양육되는 아이들의 사망률은 보통사람의 아이들의 사망률보다도 훨씬 더 높다.

39. 그래서 증식을 억제한다.

모든 종류의 동물은 그들의 생활물자에 비

례해서 자연적으로 번식하며, 어떤 종(種)도 그것을 넘어 번식할 수는 없다. 그러나 문명사회에서는 생활물자의 부족이 인류의 증식에 한계를 설정할 수 있는 것은 하층계급의 사람들 가운데서만이며, 그렇게 하는 방법도 오로지 그들이 결혼해서 낳는 많은 아이들 대부분을 죽이는 것이다.

40. 반면에 노동의 보수가 후하면 증식은 촉진된다.

노동의 보수가 후하면 노동자들은 아이들을 더 잘 먹일 수 있고, 따라서 더 많은 아이를 성년이 될 때까지 양육할 수 있기 때문에, 위에서 말한 한계는 자연히 확대될 것이다. 그런데 지적해 두어야 할 것은, 이것은 노동에 대한 수요의 증가에 비례해서 가능해진다는 점이다. 노동에 대한 수요가 계속 증가한다면, 노동의 보수는 필연적으로 노동자의 결혼과 출산을 자극함으로써 노동자로 하여금 계속 증가하는 노동수요를 계속 증가하는 인구에 의해 충족시키도록 장려할 것이다. 만약 노동의 보수가 어느 시기에 이 목적에 필요한 것보다 적다면, 일손 부족이 보수를 인상시킬 것이며, 노동의 보수가 어느 시기에 그 필요수준보다 높다면, 인구의 과잉번식이 보수를 필요수준으로 떨어뜨릴 것이다. 전자에서는 시장에 노동이 과소공급될 것이며, 후자에서는 시장에 노동이 과잉공급될 것이므로, 노동가격은 곧 그 사회 사정이 요구하는 적절한 수준으로 되돌아가게 될 것이다.[4] 이러한 방식으로 인간에 대한 수요는 기타 상품에 대한 수요와 마찬가지로 필연적으로 인간의 생산을 조절하는데, 인간의 생산이 너무 느리게 진행될 때는 그 생산을 촉진하고, 인간의 생산이 너무 빨리 진행될 때는 그 생산을 정지시킨다. 북아메리카·유럽·중국 등 세계 각지에서 인구증가 상태를 조절하고 결정하는 것은 인간에 대한 수

---

4) 마르크스에 의하면, 임금상승→인구증가→임금하락이라는 논리는 '경제학적 허구'이며, 임금의 일반적 변동은 자본축적이 기술혁신을 동반하면서 진행되는가 그렇지 않은가에 달려 있다. 『자본론』 제1권 제25장(자본주의적 축적의 일반법칙)을 참조하라—역자.

요인바, 북아메리카에서는 인구 증가를 급속히 촉진시키고, 유럽에서는 인구 증가를 완만하고 점진적으로 진행시키며, 중국에서는 인구 증가를 거의 완전히 정지시키고 있다.

41. 자유인의 손모도 노예의 손모처럼, 비록 그렇게 크게는 아니지만, 대가가 지불되지 않으면 안 된다.

흔히 노예의 손모(損耗: wear and tear)는 노예주의 손실이지만, 자유로운 고용원(servant)의 손모는 그 자신의 손실이라고 말한다. 그러나 후자의 손모는 사실상 그 자신의 손실인 것과 마찬가지로 고용주의 손실이기도 하다. 각종 직인과 하인들에게 지불되는 임금은 대체로 그들로 하여금 직인과 하인의 수를 그들에 대한 사회의 수요의 증가·감소·정체에 대응해서 공급할 수 있게 하는 수준이어야 한다. 자유로운 고용원의 손모는 그의 고용주의 손실이기는 하지만, 그것은 일반적으로 노예의 손모보다 훨씬 더 적은 손실이다. 노예의 손모를 말하자면 보충·수리하는 데 사용하기로 예정되어 있는 기금은 일반적으로 태만한 노예주인이나 부주의한 감독자에 의해 관리되는 반면, 자유로운 고용원의 경우에는 같은 목적의 기금이 자유로운 고용원 자신에 의해 관리되기 때문이다. 일반적으로 부자들의 경제생활에 유행하는 무질서는 노예의 손모를 보충하는 데 사용될 기금의 관리에도 자연히 침투해 들어오지만, 가난한 사람들의 엄격한 절약 및 주의는 자유로운 고용원의 손모를 보충하는 데 사용될 기금의 관리에서도 자연히 확립된다. 이와 같은 상이한 관리방식 아래에서는 동일한 목적이라도 그것을 집행하는 데는 매우 상이한 정도의 비용이 들 것이다. 따라서 모든 시대 및 국민의 경험으로부터 볼 때, 자유인에 의해 수행되는 작업이 결국 노예에 의해 수행되는 작업보다 저렴하다고 생각된다. 보통 노동의 임금이 그렇게나 높은 보스톤·뉴욕·필라델피아에서도 사정은 마찬가지라는 것이 판명되고 있다.

42. 고임금은 인구를 증가시킨다.

그러므로 노동의 후한 보수는 부의 증대

의 결과이면서 또한 인구 증가의 원인이다. 노동의 후한 보수를 불평하는 것은 그 나라의 최대 번영의 필연적인 인과관계에 대해 한탄하는 것이다.

43. 진보적인 상태는 노동빈민에게는 최선의 것이다.

지적해 두고 싶은 것은, 국민의 절대다수인 노동빈민의 생활상태가 가장 행복하고 가장 편안하게 보이는 것은 사회가 진보하고 있을 때, 즉 사회가 이미 최고로 부유해졌을 때가 아니라 사회가 계속 더욱 부유해지고 있을 때이다. 노동자의 생활상태는 사회가 정체상태에 있을 때는 어렵고, 쇠퇴상태에 있을 때는 비참하다. 진보하고 있는 상태는 사실상 사회의 모든 계층의 사람들에게 즐겁고 만족스런 상태이다. 정체상태에서는 활기가 없고, 쇠퇴하는 사회상태에서는 우울하다.

44. 고임금은 근면을 조장한다.

노동의 후한 보수는 인구 증가를 장려하면서도 보통 사람의 근면을 증대시킨다. 노동임금은 근면을 장려하는데, 근면은 인간의 기타 성질과 마찬가지로 그것이 받는 장려에 비례해서 증대된다. 풍부한 생활물자는 노동자의 체력을 증진시키고, 자신의 상태를 개선시켜 안락하고 풍부한 가운데 생을 마칠 수 있을 것이라는 유쾌한 희망은 그로 하여금 자신의 체력을 최대한도로 발휘하도록 고무한다. 따라서 임금이 높은 곳에서는 임금이 낮은 곳에서보다 노동자가 더욱 적극적이고, 더욱 부지런하고, 더욱 빨리 움직이는 것을 항상 보게 되는데, 예컨대 스코틀랜드보다는 잉글랜드에서, 그리고 멀리 떨어진 농촌지방보다는 대도시 주변에서 더욱 그러하다[5] 일부 노동자들은, 만약 그들이 나흘 동안에 일주일간의 생활물자를 벌 수 있다면, 나머지 사흘은 놀 것이다. 그러나 대부분의 노동자들은 결코 그렇지 않다. 이와는 반대로, 노동자들은 성과급제(成果給制) 임금에 의해 후한 보수를 받을 때 과로하기 쉽고, 수 년 안에 자신의 건강과 육체를 망치기 쉽다.

---

5) 임금을 높게 지불하면 노동생산성이 향상된다는 논리는 그 당시 지배적인 임금인하론을 비판하는 성격을 가진다—역자.

런던이나 몇몇 지방에서는, 목수는 자기의 정력이 가장 왕성한 상태를 8년 이상 유지할 수 없다고 한다. 이와 비슷한 현상들은 성과급제가 실시되고 있는 다수의 기타 업종에서 나타나고 있는데, 일반적으로 제조업에서, 그리고 임금이 보통보다 높은 곳에서는 어디에서나, 심지어는 농업노동에서도 나타난다. 거의 모든 종류의 수공업자는 특수한 부분적인 작업에 지나치게 몰두하기 때문에 생기는 독특한 질병에 시달리고 있다. 이탈리아의 유명한 의사인 라마치니(Ramuzzini)는 이러한 질병에 대해 한 권의 책을 썼다. 우리는 우리의 사병(士兵)들이 우리 중에서 가장 근면한 사람들이라고는 생각하지 않는다. 그러나 사병들이 어떤 특정 작업에 고용되어 성과에 따라 후하게 지불될 때, 그들의 장교들은 그 작업의 발주자와 함께, 사병들은 성과급에 따르더라도 매일 일정한 금액 이상을 초과해서 벌 수 없다고 명문화해두지 않으면 안 되는 경우가 자주 있다. 이 규정이 명문화되기 전에는 상호경쟁과 더 많이 벌려는 욕망 때문에 사병들은 과로하고, 이 과로 때문에 건강을 해치는 경우가 많았다. 한 주일 중 나흘 동안 지나치게 일에 몰두한 것이 나머지 사흘을 빈둥거리는 것의 진정한 원인인데도 이를 심하게 비난하는 사람들이 많다. 정신적인 노동이든 육체적인 노동이든 간에 계속해서 며칠간 많은 노동을 하고 난 후에는 대부분의 사람들은 쉬고 싶은 욕구가 생기는데, 이 욕구는 폭력 또는 어떤 강력한 필요성에 의해 저지되지 않는 한 거의 억제할 수 없다. 이 휴식에 대한 욕구는 본성의 요구이므로, 어떤 방식으로든, 때로는 편히 쉬는 것에 의해, 때로는 유흥과 오락에 의해, 그 요구는 충족되어야 한다. 그 요구에 따르지 않으면, 그 결과는 흔히 위험하고, 때로는 치명적이며, 거의 언제나 조만간 특유한 직업병을 유발하게 된다. 고용주가 항상 이성과 인도주의 정신에 귀를 기울인다면, 그는 흔히 다수의 노동자들에게 지나치게 열심히 일을 하도록 고무하기보다는 그것을 누그러뜨려 주어야 할 필요가 있다. 적당히 일함으로써 계속 일할 수 있는 사람은 자기의 건강을 가장 오랫동안 유지할 수 있을 뿐만 아니라, 일 년 전체로 보면 가장 많은 양의 일을 한다는 사실이 모든 업종에서 판명되리라고 나는 믿는다.

45. 식료품의 값이 싼 해에는 게으름이 조장된다는 견해는 잘못이다.

물가가 싼 해에는 노동자들은 일반적으로 보통 때보다 더 게으르고, 물가가 비싼 해에는 노동자들은 일반적으로 보통 때보다 더 부지런하다고 흔히들 생각한다. 따라서 이로부터, 생활물자가 풍족하면 그들의 근면은 느슨해지고, 생활물자가 부족하면 그들의 근면이 증진된다고 결론을 내린다. 생활물자가 보통 때보다 좀더 풍족하면 일부 노동자들은 게으르게 된다는 것은 의문의 여지가 없는 사실이다. 그러나 그것이 대부분의 노동자들에게 영향을 미친다든가, 사람들은 일반적으로 잘 먹을 때보다 못 먹을 때에, 기분이 좋을 때보다 기분이 나쁠 때에, 항상 건강할 때보다 자주 아플 때에, 일을 더 잘 한다는 것은 거짓말인 것 같다. 지적해 두어야 할 것은, 기근이 든 해에는 일반적으로 보통 사람들 사이에 질병과 사망이 많은데, 그것은 그들의 노동생산물을 감소시키지 않을 수 없다.

46. 식료품의 값이 싼 해에는 임금이 상승한다.

풍년에는 노동자들은 자기의 고용주를 떠나 자기 스스로의 노력으로 생활물자를 얻으려고 하는 경우가 자주 있다. 그러나 저렴한 식료품 가격은 노동자의 유지에 사용될 기금을 증가시킴으로써 고용주, 특히 차지농업자로 하여금 더 많은 노동자를 고용하도록 촉구한다. 차지농업자는 이 경우 곡물을 낮은 가격으로 시장에 내다 팔기보다는 그 곡물로 노동자들을 더 많이 고용함으로써 더 많은 이윤을 얻으려고 한다. 노동자에 대한 수요는 증가하지만, 그 수요를 충족시키는 사람들의 수는 감소한다. 그러므로 노동가격은 식료품 가격이 싼 연도에 상승하는 수가 자주 있다.

47. 식료품이 비싼 해에는 임금이 낮다.

흉년에는 생활물자의 취득이 곤란

하고 불확실하기 때문에, 이런 사람들은 모두 이전의 일터로 돌아가려고 한다. 그러나 식료품 가격이 비싸지면 노동자의 유지에 사용될 기금이 감소됨으로써, 고용주들은 현재 부리고 있는 노동자의 수를 증가시키는 것이 아니라 감소시키게 된다. 물자가 비싼 해에는 가난한 독립적인 수공업자는 자신의 작업 원료 조달에 사용하던 소량의 자본마저 소비하게 되기 때문에, 생활물자를 얻기 위해서 직인이 되어야만 한다. 일자리는 적은데 일자리를 구하는 사람은 많으므로, 다수의 사람들은 보통 때보다 불리한 조건을 받아들이려 하며, 따라서 노동자·직인의 임금은 물가가 비싼 해에 떨어지는 경우가 흔히 있다.

48. 고용주들은 식료품이 비싼 해를 더 좋아한다.

따라서 각종 고용주들은 식료품이 싼 해보다는 비싼 해에 노동자들과 더 유리한 흥정을 하며, 노동자들이 이전보다 더욱 유순하고 순종한다는 것을 발견하게 된다. 그러므로 자연히 고용주들은 식료품이 비싼 해가 생산에 더 유리하다고 좋아한다. 이밖에 가장 큰 두 고용주 계급인 토지소유자와 차지농업자가 식료품이 비싼 해를 좋아하는 또 한 가지 이유가 있다. 전자의 지대와 후자의 이윤은 식료품의 가격에 크게 의존하기 때문이다. 사람들은 일반적으로 타인을 위해 일할 때보다 자기 자신을 위해 일할 때 일을 더 적게 한다고 생각하는 것보다 더 어리석은 생각은 없다. 가난한 독립 수공업자는 성과급으로 일하는 직인보다 일반적으로 더 부지런하다. 전자는 자기 근로의 생산물 전체를 차지하지만, 후자는 자기 생산물을 고용주와 나누어 가져야 하기 때문이다. 전자는 혼자서 독립된 상태에 있기 때문에 나쁜 친구의 유혹을 덜 받는데, 이러한 유혹은 대규모 공장에서 너무나 자주 타인의 도덕성을 파괴한다. 한 달 또는 일년 단위로 고용되어 일을 많이 하든 적게 하든 임금이나 보수가 똑같은 노동자들보다는 독립 수공업자 쪽이 훨씬 더 우수하다. 물자가 싼 해는 각종 노동자와 직인에 대한 독립 수공업자의 비율을 증가시키고, 식료품이 비싼 해는 그 비율을 저하시키는 경향이 있다.

49. 메상스는, 프랑스의 어떤 매뉴팩처에서는 식료품 가격이 싼 해에 더 많이 생산되었다고 설명하고 있다.

상 치엔느 징세구의 징세관(徵稅官)이자, 박학하고 재능이 많은 프랑스의 작가 메상스(Messance)는 가난한 사람들이 물가가 비싼 해보다는 물가가 싼 해에 더욱 일을 많이 한다는 것을 밝히기 위해서, 상이한 종류의 세 가지 매뉴팩처에서 각각 물가가 싼 해와 비싼 해에 생산된 상품의 수량과 가치를 비교했는데, 그 하나는 엘베프(Elbeuf)에서 운영되고 있는 조(粗) 모직물 매뉴팩처이고, 다른 하나는 아마포 매뉴팩처이고, 또 다른 하나는 비단 매뉴팩처인데, 뒤의 두 매뉴팩처는 루앙지방의 전 지역에서 운영되고 있었다. 공문서 기록보존소의 기록에서 베껴온 그의 보고에 의하면, 위의 세 매뉴팩처에서 생산한 상품의 수량과 가치는 물가가 비싼 해보다 싼 해에 일반적으로 크며, 그 수량과 가치는 물가가 가장 싼 해에 항상 최대였고, 가장 비싼 해에 최소였다. 위의 세 매뉴팩처는 모두 정체상태에 있는 것 같다. 즉, 생산량이 해마다 조금씩 다르긴 하지만, 전체로 보면 후퇴하지도 않고 전진하지도 않는 것 같다.

50. 해마다의 식료품 가격의 고저와 스코틀랜드의 아마포 및 요크셔의 모직물 제조의 변동과의 사이에는 어떠한 관련도 보이지 않는다.

스코틀랜드의 아마포 매뉴팩처와 요크셔 웨스트 라이딩(West Riding)의 조(粗) 모직물 매뉴팩처는 성장하고 있는 매뉴팩처로서, 그 생산량은 해마다 조금씩 다르긴 하지만, 수량과 가치에서 일반적으로 계속 증가하고 있다. 그러나 이미 발표된 그들의 연도별 생산량 통계를 검토해 보았지만, 나는 그들의 생산량 변동이 물가가 싸거나 비싼 것과 어떤 두드러진 관련이 있는지 발견할 수 없었다. 1740년은 대흉년이었는데, 그때는 두 매뉴팩처가 분명히 상당히 쇠퇴했던 것 같지만, 또 다른 대흉년이었던 1756년에는, 스코틀랜드의 아마포 매뉴팩처는 보통 이상의 발전을 이룩했다. 요크서의 조(粗) 모직물 매뉴팩처는 쇠퇴했고, 생산량은 아메리카 식민지에서 실시했던 인지조례(stamp act)가 폐지된 해인 1766년까지 1755년의 수준을 회복하지 못했다. 그러나 1766년과 1767년에는 이전의 생산량을 크게 능가했고, 그 이래 계속 발전하고 있다.

51. 생산량은 다른 여러 사정들에 의존하고 있는데, 비교적 많은 것들이 식료품 값이 싼 해에는 계산에서 빠진다.

원격지에 판매하는 모든 대규모 매뉴팩처의 생산량은 생산국의 각 연도의 물가가 싼가 비싼가에 달려 있기보다는 소비국의 수요에 영향을 미치는 상황들, 즉 전쟁과 평화, 경쟁 상대 매뉴팩처의 번영과 쇠퇴, 주요 고객들의 기분 등에 더욱 달려 있다. 이밖에 물가가 싼 해에 수행된 대부분의 예외적인 작업들은 매뉴팩처에 관한 공식기록에는 기재되지 않는다. 왜냐하면, 이 때에는 고용주를 떠나는 남성노동자는 독립 노동자가 되고, 여성노동자는 부모에게 돌아가 자신과 가족을 위한 옷을 만들기 위해 방적하는 경우가 일반적이기 때문이다. 독립 수공업자들까지도 반드시 시장에서 팔기 위해 일하는 것은 아니며, 이웃사람에게 고용되어 그 가족을 위한 제품을 만들기도 한다. 그러므로 이러한 노동생산물은 공식기록에 들어가지도 않는다. 그런데 때때로 이 공식기록의 숫자들이 떠들썩하게 공표되며, 이 공식기록으로부터 우리의 상인들과 제조업자들은 거대한 제국의 흥망성쇠를 점치려고 쓸데없는 노력을 한다.

52. 그러나 노동의 가격과 식료품의 가격 사이에는 어떤 관련이 있다.

노동가격의 변동이 반드시 식료품가격의 변동과 일치하는 것이 아닐 뿐만 아니라 자주 그것과 정반대라고 하더라도, 우리는 이 때문에 식료품가격이 노동가격에 아무런 영향도 미치지 않는다고 생각해서는 안 된다. 노동의 화폐가격은 필연적으로 두 가지 사정에 의해 규제되는데, 노동에 대한 수요와, 생활필수품·편의품의 가격이 그것이다. 노동에 대한 수요는, 그 수요가 증가·불변·감소하는가에 따라서, 즉 그것이 인구의 증가·불변·감소를 요구하는가에 따라서, 노동자에게 지불되어야 할 생활필수품 및 편의품의 수량을 결정하고, 노동의 화폐가격은 그 수량을 구매하는 데 필요한 금액에 의해 결정된다. 그러므로 식료품가격이 낮은 경우 때때로 노동의 화폐가격이 높지만, 만약 식료품가격은 높고 노동에 대한 수요는 계속 불변이라면, 노동의 화폐가격은 더욱더 높을 것이다.[6)]

53. 식료품의 공급 사정에 따라 노동수요가 변한다.

식료품이 갑자기 매우 풍부하게 된 해에는 노동에 대한 수요가 증가하고, 갑자기 매우 부족하게 된 해에는 노동에 대한 수요가 감소하기 때문에, 노동의 화폐가격은 전자에서는 상승하고, 후자에서는 저하할 때가 있는 것이다.

54. 풍년에는 노동에 대한 수요가 비교적 많다.

식료품이 갑자기 극히 풍부하게 된 해에는 그 전해에 고용한 수보다 더 많은 노동자를 먹여 살리고 고용하는 데 충분한 자금이 다수 산업의 고용주들의 수중에 있다. 그러나 이 극히 많은 수의 노동자들을 반드시 구할 수 있는 것은 아니다. 그러므로 더 많은 노동자를 원하는 고용주들은 노동자를 구하기 위해 경쟁적으로 더 높은 가격을 제시하며, 이리하여 때로는 노동의 실질가격과 화폐가격이 모두 상승하게 되는 것이다.

55. 흉년에는 노동에 대한 수요가 비교적 적다.

식료품이 갑자기 그리고 극히 부족한 해에는 이와는 반대의 상황이 벌어진다. 노동자를 고용하는 데 사용되기로 예정된 기금이 그 전 해보다 적어진다. 수많은 사람들이 해고되며, 그들은 일자리를 구하기 위해

---

6) 마르크스에 의하면, 노동력의 가치는 노동자와 그의 가족을 부양하는 데 필요한 생활수단들의 가치를 합한 것과 같으며, 노동력의 시장가격은 노동력에 대한 수요와 공급에 의해 변동한다. 『자본론』 제1권 제6장(노동력의 구매와 판매)과 제19장(노동력 가치의 임금으로의 전환)을 참조하라—역자.

서로 경쟁적으로 낮은 가격을 제시하는데, 이 때문에 노동의 실질가격과 화폐가격 모두가 저하할 때도 있다. 식료품이 극히 부족했던 1740년에는 많은 사람들이 생존만 할 수 있다면 어떤 일이든 하려고 했다. 그러나 그 뒤 식료품이 풍부하게 된 해에는 노동자와 일꾼들을 얻기가 더욱 어려워졌다.

56. 식료품가격의 변동의 결과는 이렇게 하여 상쇄된다.

물가가 비싼 해에는 노동에 대한 수요의 감소가 노동가격을 저하시키는 경향이 있지만, 한편으로는 식료품의 높은 가격이 노동가격을 인상시키는 경향도 있다. 이와는 반대로, 물가가 싼 해에는 노동에 대한 수요의 증가가 노동가격을 인상시키는 경향이 있지만, 한편으로는 식료품의 낮은 가격이 노동가격을 인하시키는 경향도 있다. 식료품가격의 보통의 변동에서는 상반되는 이 두 종류의 원인들이 서로를 상쇄시키는 것 같다. 이것이 아마도 노동임금이 어디에서나 식료품가격보다 더욱 안정적이고 불변적인 이유이다.[7]

57. 임금의 상승은 가격을 인상시킨다. 그러나 임금을 상승시킨 원인은 가격을 인하시키는 경향이 있다.

노동임금의 상승은 필연적으로, 상품가격 중 임금으로 분해되는 부분을 증가시킴으로써, 많은 상품들의 가격을 인상시키며,[8] 그리고 인상된 만큼 그 상품들의 국내외 소비를 감소시키는 경향이 있다. 그러나 노동임금을 상승시킨 바로 그 원인, 즉 자

7) 스미스가 노동을 상품의 진실가치(또는 가격)의 척도라고 생각한 이유가 여기에 있다. 스미스의 경우 상품가치의 실체가 인간노동이라는 사상은 제대로 전개되지 못하고 있다—역자.

8) 상품가치가 독립적으로 결정되는 지대·임금·이윤에 의해 구성된다고 보기 때문에, 임금상승은 필연적으로 상품가치를 인상시키게 된다. 그러나 마르크스는 노동자의 노동이 지대·임금·이윤을 창조한다고 보기 때문에, 이 경우 노동자의 노동이 증감하지 않은 채 임금이 상승한다면 지대나 이윤이 감소할 뿐이고 상품가치는 변동하지 않게 된다—역자.

본의 증가는 노동생산력을 증가시켜서 더 적은 노동량으로 더 많은 생산물을 만들게 하는 경향이 있다. 다수의 노동자를 고용하는 자본의 소유자는 자기 자신의 이익을 위해서 필연적으로 작업을 적당히 분할하여 각자에게 분배함으로써 그들이 가능한 한 최대의 생산량을 생산할 수 있도록 하려고 노력하게 된다. 같은 이유로, 자본의 소유자는 노동자들에게 자신이나 노동자들이 생각할 수 있는 가장 좋은 기계를 제공하려고 한다. 개별공장의 노동자들 사이에서 일어나는 것은, 같은 이유로, 전체 사회의 노동자들 사이에서도 일어난다. 노동자의 수가 많으면 많을수록 그들의 담당업무는 더욱 더 다양한 작업과 공정으로 분할되고 세분되게 마련이다. 각자의 작업을 수행하는 데 가장 적합한 기계의 발명에 종사하는 사람이 많으면 많을수록 그러한 기계는 더욱 더 발명이 가능하게 된다. 그리하여 이러한 개선과 개량의 결과 수많은 상품들이 이전보다 훨씬 더 적은 노동량에 의해 생산됨으로써, 노동가격의 상승은 노동량의 감소에 의해 상쇄되고도 남는다.〔이리하여 상품 한 개의 가격은 저하한다.〕

제9장 자본의 이윤

1. 이윤은 부의 증가 또는 감소에 의존한다. 자본이윤의 상승과 하락은 노동임금의 상승과 하락을 일으키는 것과 동일한 원인, 즉 사회의 부(富)의 증가 또는 감소상태에 달려 있지만, 이 원인이 양자에 미치는 영향은 매우 다르다.

2. 이윤은 부의 증가에 따라 하락한다. 자본의 증가는 한편으로는 임금을 인상시키지만 다른 한편으로는 이윤을 하락시킬 수 있다. 다수의 부유한 상인들의 자본이 동일한 사업으로 돌려질 때, 그들 자본의 상호간 경쟁은 자연히 그 사업의 이윤을 하락시키게 된다. 또한 동일한 사회에서 모든 상이한 업종의 자본이 증가할 때, 위와 동일한 경쟁이 그들 사이에서 동일한 효과를 가져올 것이 틀림없다.[1)]

3. 이윤율을 확정하기는 곤란하다. 이미 밝힌 바와 같이, 특정 시기와 특정 장소에서 노동의 평균임금이 얼마인지 확정하기는 쉽지 않다. 이 경우에도 우리는 다만 가장 통상적인 임금이

---

1) 『자본론』 제3권 제3편(이윤율 저하 경향의 법칙)은 스미스의 사상을 비판하면서 마르크스의 사상을 전개하고 있다—역자.

얼마인가를 확정할 수 있을 뿐이고, 자본의 통상이윤에 대해서는 확정할 수도 없다. 이윤은 매우 심하게 변동하기 때문에 특정 업종에 종사하는 사람도 자신의 연간 평균이윤이 얼마인지를 항상 알 수는 없다. 연간 평균이윤에 영향을 미치는 것은 자기가 거래하는 상품의 가격변동뿐만 아니라 자신의 경쟁자와 고객의 운수의 좋고 나쁨, 상품이 바다나 육로로 운송될 때 또는 창고에 보관되어 있을 때 입을 수 있는 온갖 사고 등이다. 그러므로 그것은 매년 변동할 뿐만 아니라 매일 그리고 거의 매시간 변동하고 있다. 큰 나라에서 영위되는 모든 상이한 업종들의 평균이윤을 확정하기는 훨씬 더 어려울 것임에 틀림없고, 평균이윤이 이전에는 어떠했는지, 또는 먼 과거에는 어떠했는지를 정확하게 판단하기는 완전히 불가능하다.

4. 이자율을 통하여 추정할 수는 있다. 현재나 과거의 자본의 평균이윤을 어느 정도 정확하게 확정하는 것이 불가능하다고 하더라도, 화폐의 이자로부터 그것과 관련된 관념을 어느 정도 얻을 수 있을 것이다. 따라서 다음과 같은 원칙을 정립할 수 있을 것이다. 화폐의 사용으로 큰 이득을 얻을 수 있는 경우에는 화폐의 사용에 대해 일반적으로 많은 대가를 지불할 것이며, 화폐의 사용으로 얻을 수 있는 것이 적은 경우에는 화폐의 사용에 대해 적은 대가를 지불할 것이다. 그러므로 한 나라에서의 통상의 시장이자율이 변동함에 따라 자본의 통상이윤도 그에 따라 변동한다는 것—전자가 하락하면 후자도 하락하고, 전자가 상승하면 후자도 상승한다—을 인정할 수 있을 것이다. 이자의 변동은 이윤의 변동에 관해 우리에게 일정한 관념을 줄 수 있다.[2)]

2) 마르크스는 이자율과 이윤율이 상반되는 운동을 하고 있음을 강조하면서, 이자율은 불황국면에서 가장 낮고 공황국면에서 가장 높지만, 이윤율은 공황국면에서 가장 낮고 번영국면에서 가장 높다고 지적한다. 『자본론』 제3권 제30장(화폐자본과 실물자본 Ⅰ)을 참조하라—역자.

5. 잉글랜드에서는 이자율이 떨어졌다.

헨리 8세의 제 37년〔1545년〕에 10%를 초과하는 모든 이자는 불법이라고 선포되었다. 그 이전에는 그 이상을 받은 경우가 가끔 있었던 모양이다. 에드워드 6세 시대〔1547~1553년〕에는 종교적인 열광이 일체의 이자를 금지시켰다. 그러나 이 금지령은, 같은 종류의 다른 모든 금지령들과 마찬가지로, 아무런 효과도 없었으며, 고리대의 악(惡)을 감소시키기보다 오히려 증가시켰다고 한다. 헨리 8세의 법령은 엘리자베스 여왕 제 13년〔1571년〕의 법령 제 8호에 의해 부활되고, 제임스 1세의 제 21년〔1623년〕까지 법정이자율은 10%였는데, 그 뒤 8%로 제한되었다. 법정이자율은 왕정복고 후 곧〔1660년〕 6%로 인하되었고, 앤 여왕 제 13년〔1713년〕에 5%로 인하되었다. 이러한 모든 상이한 법적 규제들은 매우 적절하게 만들어진 것 같다. 그것들은 시장이자율 또는 신용좋은 사람이 보통 빌리는 이자율을 따라간 것이지 앞서간 것은 아니었던 것 같다. 앤 여왕시대 이래 5%는 시장이자율보다 낮지 않고 오히려 높았던 것 같다. 지난 전쟁〔1756~1763년〕 이전에 정부는 3%로 차입했고, 런던과 기타 지역의 신용 좋은 사람들은 3.5%, 4%로 차입했다.

6. 그동안 부는 증가하고 있었다.

헨리 8세 시대 이래 잉글랜드의 부와 수입(收入)은 계속 증가했으며, 이 진전 과정에서 증가속도는 감소하기보다 점차 가속되었던 것 같다. 부와 수입은 증가했을 뿐만 아니라 점점 더 빠르게 증가한 것 같다. 동일한 기간에 노동임금은 계속 상승했고, 대부분의 상공업 부문에서는 자본이윤이 감소했다.

7. 이윤은 자본이 적은 시골보다 그것이 많은 도시가 더 낮다.

대도시에서는 시골에 비해 어떤 사업을 하더라도 일반적으로 더 많은 자본이 필요하다. 각 사업분야에 사용된 거대 자본과 수많은 부유한 경쟁자들 때문에 대도시의 이윤율은 시골의 이윤율보다 일반적으로 낮다. 그러나 노동임금은 시골마을보다 대도시에서 일반적으로 높다. 번영하는 도시에서는 투자할 큰 자본을 가진 사람들이 자주 자기들이 원하는 수의 노동자들을 얻을 수 없으므로 자기들이 원하는 수의 노동자들을 얻기 위해 서로 경쟁하게 되는데, 이 때문에 노동임금은 인상되고 자본이윤은 감소한다. 농촌의 외딴 곳에서는 모든 사람들을 고용할 수 있는 자본이 없으므로, 사람들이 직장을 얻기 위해 상호간에 경쟁하게 됨으로써 노동임금은 저하하고 자본이윤은 상승한다.

8. 이자율은 빈국인 스코틀랜드가 잉글랜드보다 더 높다.

법정이자율은 스코틀랜드와 잉글랜드에서 동일하지만, 시장이자율은 스코틀랜드 쪽이 오히려 더 높다. 신용이 가장 좋은 사람이라도 스코틀랜드에서는 5% 이하로 차입할 수 없다. 에든버러에서는 심지어 개인 은행업자까지도 액면금액의 전부 또는 일부에 대해 언제나 현금지불을 요구할 수 있는 자기의 약속어음, 즉 개인은행 발행의 은행권에 대해 4%를 지불하고 있는데, 런던의 개인은행업자는 예금된 화폐에 대해 이자를 지불하지 않는다. 스코틀랜드에서는 거의 모든 사업을 잉글랜드보다 더 적은 자본으로 영위할 수 있다. 그러므로 보통이윤율은 어느 정도 더 높을 것임에 틀림없다. 이미 본 바와 같이, 노동임금은 스코틀랜드에서는 잉글랜드보다 낮다. 스코틀랜드는 훨씬 더 가난할 뿐만 아니라, 더 나은 상태로 분명히 전진하고는 있으나 그 속도는 훨씬 느리다.

9. 잉글랜드보다 덜 부유한 프랑스에서도 그러하다.

금세기 동안 프랑스에서는 법정이자율이 항상 시장이자율에 의해 규제된 것은 아니었다.* 1720년에 이자율은 20펜스당 1페니(즉, 5%)로부터 50펜스당 1페니(즉, 2%)로 하락했고, 1724년에는 30펜스당 1페니(즉, 3.33%)로 상승했으며, 1725년에는 다시 20펜스당 1페니(즉, 5%)로 상승했다. 1766년 라베르디(Laverdy)의 통치기간 이자는 25펜스당 1페니(즉, 4%)

---

* Denisart, *Collection de décisions nouvelles et de notions relatives à la jurisprudence actuelle*, 파리, 제7판, 1771년.

로 인하되었다. 대수도원장 테레(The Abbe Terray)는 그 뒤 옛날 이자율인 5%로 인상했다. 이처럼 여러 차례 이자율을 급격히 인하시킨 숨은 목적은 공채(公債)의 이자를 감축하려는 것이었으며, 그 목적은 때때로 달성되었다. 프랑스는 현재 잉글랜드만큼 부유하지는 않다. 법정이자율이 프랑스에서는 잉글랜드보다 흔히 낮았지만, 시장이자율은 일반적으로 더 높았다. 왜냐하면, 다른 나라에서와 마찬가지로, 프랑스에서도 법을 피하는 매우 안전하고 쉬운 방법이 있었기 때문이다. 잉글랜드와 프랑스 두 나라에서 장사하는 영국상인으로부터 확인한 바에 의하면, 상업의 이윤은 프랑스가 더 높다. 이 때문에 다수의 영국 사람들은 상업이 매우 존중받는 잉글랜드보다는 상업이 멸시받는 프랑스에 투자하려고 하는 것이다. 노동임금은 잉글랜드보다는 프랑스가 낮다. 스코틀랜드로부터 잉글랜드로 갈 때 보통 사람들의 의복·안색의 차이가 그들의 상태의 차이를 충분히 표현해 준다. 프랑스로부터 잉글랜드로 돌아올 때는 그 차이가 훨씬 더 크다. 프랑스는 스코틀랜드보다 부유한 나라이지만 그만큼 빨리 진보하고 있지는 않은 것 같다. 자기 나라가 퇴보하고 있다는 견해가 잉글랜드에서는 일반적인데, 이 견해는 프랑스의 경우에조차 전혀 근거없는 것이라고 나는 생각한다. 더욱이 20~30년 전에 스코틀랜드를 보았던 사람들이 지금 다시 보면서 스코틀랜드가 퇴보하고 있다고 말할 수는 결코 없다고 생각한다.

10. 그러나 잉글랜드보다 더 부유한 네덜란드에서는 이자율이 더 낮다.

다른 한편으로, 네덜란드는 영토의 크기와 인구의 다소를 고려할 때 잉글랜드보다 부유한 나라이다. 거기에서는 정부는 2%에 차입하고 신용좋은 개인은 3%에 차입한다. 노동임금은 잉글랜드보다 네덜란드가 높고, 네덜란드 사람들은 유럽의 어느 국민보다 낮은 이윤으로 무역하고 있다고 알려져 있다. 네덜란드의 무역은 쇠퇴하고 있다고 사람들이 주장하고 있는데, 어떤 특정 부문은 그럴지도 모르지만, 위의 징조들에 의하면, 일반적인 쇠퇴가 아닌 것은 분명하다. 이윤이 감소할 때 상인들은 상업이 쇠퇴하고 있다고 불평하기 쉽지만, 이윤의 감소는 상업 번영의 자연적인 결과이거나 이전보다 많은 자본이 상업에 투자된 결과이다. 지난 전쟁 중 네덜란드는 프랑스의 운수업 전체를 획득했고 아직도 상당한 부분을 보유하고 있다. 네덜란드 사람들이 프랑스와 영국의 거액의 국채(國債)를 보유하고 있다는 것, 영국의 국채만도 4천만 파운드나 보유하고 있다는 것(그러나 이 수치가 상당히 과장된 것이라고 나는 생각한다), 그리고 이자율이 자기 나라보다 높은 나라의 개인들에게 거액을 대출하고 있다는 것은, 자기들의 자본이 과다하다는 것, 즉 자본이 자기 나라의 적당한 사업에 투자되어 상당한 이윤을 얻을 수 없을 만큼 증가했다는 것을 분명히 증명하는 것이지만, 그들의 상업이 쇠퇴했다는 것을 증명하는 것은 아니다. 이는 마치 한 개인의 자본이, 비록 특정 사업에서 획득된 것이라 하더라도, 그 사업에 투자할 수 있는 규모를 초과할 수 있지만, 그 사업은 계속 증대하는 것과 같다. 네덜란드의 경우도 이와 마찬가지이다.

11. 식민지의 특수한 경우에는 고임금과 고이윤은 병존하지만, 이윤은 점차 감소한다.

북아메리카와 서인도의 각 식민지에서는 노동임금뿐만 아니라 화폐이자, 따라서 자본이윤이 잉글랜드보다 높다. 각 식민지에서는 법정이자율과 시장이자율 모두 6~8% 수준이다. 높은 노동임금과 높은 자본이윤은, 새로운 식민지의 특수상황을 제외하고는, 병존하는 경우가 거의 없다. 새로운 식민지는 언제나 대부분의 여타 나라들과 비교하면 당분간 영토에 비해 자본이 부족하고, 자본에 비해 인구가 부족하다. 경작에 투자할 자본보다는 경작용 토지가 많기 때문에 가장 비옥하고 가장 좋은 위치의 토지, 즉 해변의 토지와 운항 가능한 강 연안의 토지에만 자본이 투자된다. 이러한 토지는 흔히 심지어 그 자연생산물의 가치보다 낮은 가격으로 구매된다. 이러한 토지의 구입·개량에 사용된 자본은 매우 큰 이윤을 낳을 수밖에 없고, 따라서 매우 큰 이자를 지불할 수 있게 된다. 이처럼 수익성이 높은 사업에서 자본이 급속히 축적되기 때문에, 농장주는 고용인의 수를 새로운 정착지에서 구할 수 있는 숫자보다 더욱 빠르게 증가시키려고 한다. 그러므로 그가 고용한 노동자는 매우 후한 보수를 받는다. 식민지가 확대됨에 따라 자본이윤은 점차로 감소한다. 가장 비옥하고 가장 좋은 위치의 토지가 모두 점유되어 버린 뒤에는, 토양과 위치가 열등한 토지를 경작해야 하기 때문에 더 적은 이윤이 얻어지며, 여기에 사용된 자본에 대하여 더 적은 이자가 지불될 수 있을 뿐이다. 우리 식민지의 대부분에서 현재의 세기 동안 법정이자율과 시장이자율은 크게 하락했다. 부(富)·개량·인구가 증가할 때 이자(利子)는 하락한다. 노동임금은 자본이윤과 함께 하락하지 않는다. 노동에 대한 수요는 자본이윤이 어떻든 자본의 증가와 함께 증가한다. 자본이윤이 감소한 이후에도 자본은 계속 증가할 수 있을 뿐만 아니라 이전보다 더욱 빠르게 증가할 수 있다. 이것은 근면한 개인의 경우와 마찬가지로 부의 획득에서 전진하고 있는 근면한 국민 전체의 경우에도 나타난다. 이윤율이 낮은 거대자본은 이윤율이 높은 소규모 자본보다 일반적으로 빠르게 증가한다. 격언에 의하면, 화폐가 화폐를 만든다(money makes money: 돈이 돈을 번다). 돈을 조금이라도 벌었다면 더욱 많이 버는 것은 쉬운 일이다. 크게 어려운 것은 그 조금의 돈을 버는 것이다. 자본의 증가와 노동의 증가 또는 유용노동에 대한 수요의 증가 사이의 관련은 부분적으로 이미 설명되었지만 자본축적을 다루면서 더 완전히 설명될 것이다.

12. 새로운 영토 및 새로운 사업은 부가 증진하고 있는 나라에서도 이윤을 상승시킬 수 있다.

새로운 영토의 획득이나 새로운 사업분야의 개척은 부(富)가 급속히 증가하고 있는 나라에서조차 때때로 자본이윤 그리고 화폐이자를 제고시킬 수 있다. 그 나라의 자본은 이러한 획득과 개척이 국민들에게 제공하는 온갖 사업에 충분하지 않기 때문에, 그 자본은 최대의 이윤을 줄 수 있는 특정 부문에만 사용된다. 이전에 다른 사업에 사용되었던 자본의 일부가 거기로부터 철수하여 새로운 더욱 유리한 사업으로 향한다. 그러므로 옛날의 사업분야들에서는 경쟁이 이전보다 약해지며, 시장에는 각종 상품이 이전보다 불충분하게 공급된다. 이리하여 가격은 필연적으로 다소 상승함으로써 그 상품들을 거래하는 사람들에게 더 큰 이윤을 주고, 따라서 그 사람들은 더 높은 이자를 주고서도 차입할 수 있다. 지난 전쟁이 종결된 이후 얼마 동안 런던의 가장 신용있는 개인뿐만 아니라 런던의 최대 회사 중 몇몇은 일반적으로 5%로 차입했는데, 이들은 그 전에는 4%와 4.5% 이상을 지불해 본 적이 없었다. 이것은 사회의 자본이 감소했다고 가정하는 것에 의해 설명되기보다는 북아메리카와 서인도의 획득에 따른 영토·사업의 큰 증가에 의해 충분히 설명될 수 있다. 종전의 자본량에 의해 수행되어야 할 새로운 사업의 큰 증가는 다수의 개별사업에 사용되는 자본량을 필연적으로 감축시켰을 것이고, 이리하여 각 개별사업에서는 경쟁이 약화되어 이윤이 더 커진 것이다. 영국의 자본량이 지난 전쟁의 거대한 비용에도 불구하고 감소하지 않았다고 내가 믿는 이유에 대해서는 뒤에서[제2편 제3장과 제5편 제3장] 언급할 것이다.

13. 자본의 감소는 이윤을 제고시킨다.

사회의 자본량의 감소 또는 노동자의 고용에 충당되는 재원의 감소는 노동임금을 저하시키고, 또한 자본이윤을 제고시키며, 따라서 화폐이자를 제고시킨다. 노동임금이 하락하기 때문에 자본소유자는 이전보다 적은 비용으로 상품을 시장에 출하할 수 있으며, 또한 상품을 시장에 공급하는 자본이 이전보다 적어져 상품공급이 감소하기 때문에 자본소유자는 상품을 이전보다 비싸게 팔 수 있다. 즉, 상품들은 비용이 더 적게 들면서 더 비싸게 팔린다. 이처럼 이윤이 양쪽에서 추가되기 때문에 높은 이자를 지불할 수 있다. 동인도의 벵골·기타 영국 식민지에서 그렇게 갑자기 그리고 쉽게 거대한 재산을 획득한 것을 보면, 이 피폐한 나라들에서는 노동임금이 매우 낮기 때문에 자본이윤이 매우 높다는 것을 증명하고 있다. 화폐이자도 그것에 비례하여 높다. 벵골에서는 차지농업자들에게 화폐가 40, 50, 60%로 대부되는 경우가 자주 있으며, 그 다음해의 수확물이 상환의 담보로 된다. 이처럼 높은 이자를 지불할 수 있기 위해서는 이윤이 지주에게 돌아갈 지대의 거의 전부를 흡수해야 하고, 이 지독한 고리대(高利貸)는 이번에는 이윤의 대부분을 흡수하게 된다. 로마공화국의 멸망 이전에 이와 같은 종류의 고리대가 지방총독의 악정 하에 지방에서는 일반적이었던 것 같다. 키케로(Cicero)의 편지에서 알 수 있는 바와 같이, 덕망 있는 브루투스(Brutus)도 키프로스에서 48%로 화폐를 대부했다.

14. 부유해질 수 있는 데까지 부유해진 나라에서는 이윤도 임금도 극히 낮다.

토양과 기후, 그리고 타국들과의 정세(情勢) 등이 한 나라에게 줄 수 있는 모든 부를 이미 획득한 나라, 그리하여 퇴보하지는 않지만 더 진보할 수 없는 나라에서는 노동임금과 자본이윤은 아마 매우 낮을 것이다. 영토가 유지할 수 있는 인구, 또는 자본이 고용할 수 있는 인구를 초과하는 과잉인구를 가진 나라에서는, 취직경쟁이 매우 심하여 노동임금을 노동자들의 수를 유지하는 데 겨우 충분한 수준으로 인하시킬 것이며, 이미 인구가 과잉이기 때문에 노동자의 수는 증가하지 않을 것이다. 모든 사업에 비해 과잉인 자본을 가진 나라에서는 각각의 사업의 성질·규모가 허용하는 최대의 자본량이 각 분야에 사용될 것이며, 이리하여 자본 사이의 경쟁은 어디에서나 최대일 것이고, 일반적인 이윤은 최저일 것이다.

15. 그러나 이러한 나라는 결코 없었다.

그러나 이 정도의 풍족에 도달한 나라는 아직 없었다. 중국은 오랫동안 정지하고 있는 것 같으며, 그 법률과 제도가 줄 수 있는 모든 부를 이미 오래 전에 획득한 것 같다. 그러나 이 정도의 부는 중국의 토양·기후·위치가 법률과 제도가 달라졌을 때 줄 수 있는 것보다 훨씬 적다. 외국무역을 무시하거나 경멸하며 외국선박을 한두 개의 항구에만 허용하는 나라는 그와 다른 법과 제도를 가진 나라가 행할 수 있는 것과 동일한 양의 사업을 행할 수 없다. 또한 중국에서는 부자나 거대자본의 소유자는 상당한 안전을 누리지만, 가난한 사람이나 소자본의 소유자는 안전을 거의 누리지 못하고 언제나 무능한 관리에 의해 법의 미명 하에 강탈당하기 때문에, 각종의 사업분야에 사용되는 자본량은 그 사업의 성질·규모가 허용하는 최대한도에 달할 수가 없다. 각각의 사업에서 가난한 사람들을 억압하기 위해 부자들에 의한 독점이 형성되고, 부자들은 모든 사업을 자기들에게 집중시켜 큰 이윤을 획득한다. 이리하여 중국에서는 화폐의 일반적인 이자가 12%라고 하는데, 자본의 일반적인 이윤은 이처럼 많은 이자를 지불하는 데 충분할 것이다.

16. 이자는 계약 이행의 강제에 결함이 있으면 올라간다.

법률상의 결함은 때때로 이자율을 한 나라의 상황, 즉 부유한지 가난한지에 따라 요구되는 수준보다 훨씬 높게 인상할 수 있다. 법률이 계약의 이행을 강요하지 않는다면, 모든 차입자는 법질서가 더 잘 잡힌 나라의 파산자나 신용없는 사람과 거의 동일하게 취급된다. 대부의 회수가 불확실하기 때문에 대부자는 파산자에게 보통 요구하는 것과 같은 고리대적인 이자를 얻으려고 한다. 로마제국의 서부지방을 침략한 야만족 사이에는 계약 이행이 수세대에 걸쳐 계약 당사자의 신의(信義)에 맡겨져 왔으며, 왕의 법정은 거기에 거의 개입하지 않았다. 옛날에 발생한 높은 이자율은 아마도 부분적으로는 이러한 이유 때문인 것 같다.

17. 이자 금지에 의하여 이자율이 오르기도 한다.

법률이 이자를 완전히 금지하더라도 이자를 실제로 막을 수는 없다. 많은 사람들이 차입을 해야 하지만, 대부하려는 사람은 차입자에게 그 돈을 사용하게 함으로써 얻을 수 있는 것뿐만 아니라 이자금지법을 피하는 것의 어려움과 위험을 고려하지 않을 수 없을 것이다. 모든 회

교국에서의 높은 이자율은 그들의 빈곤 때문이 아니라 부분적으로는 위와 같은 이유, 그리고 부분적으로는 대부금 회수의 곤란 때문이라고 몽테스키외(Montesquieu)는 설명하고 있다.

18. 최저이윤율은 손실을 메우고도 남음이 있을 만한 것이어야 한다.

일반적인 이윤율의 최저한도는 자본의 사용이 면하기 어려운 우연한 손실을 보상하는 데 충분한 것보다 항상 커야만 한다. 오직 이 초과분만이 순이윤 또는 명백한 이윤이다. 이른바 총이윤은 이 초과분뿐만 아니라 위와 같은 특별한 손실을 보상하기 위해 유보된 이윤을 포함하고 있다. 차입자가 지불할 수 있는 이자는 이 순이윤에만 비례한다.

19. 최저이자율도 그러한 것이어야 한다.

최저의 보통 이자율은, 위와 마찬가지로, 대부할 때 조심을 하더라도 면하기 어려운 우연한 손실을 보상하는 데 충분한 것보다 커야만 한다. 이자율이 이것보다 크지 않으면 자선 또는 우정(friendship)이 대부의 유일한 동기일 것이다.

20. 더이상 부유해질 수 없는 나라에서는 이자가 대단히 낮으므로 가장 부유한 사람들만이 그것으로 생활할 수 있다.

〔기존의 법과 제도하에서 가능한〕 최대의 부를 이미 획득한 나라, 각 사업분야마다 사용될 수 있는 최대의 자본량이 이미 사용된 나라에서는 통상의 순이윤율이 매우 낮을 뿐만 아니라, 거기로부터 지불될 수 있는 통상의 시장이자율도 너무 낮으므로, 매우 부유한 사람을 제외하고는 자기의 화폐이자로 살아가기가 불가능하다. 중소 규모의 재산을 가진 사람은 모두 스스로 자기 자본을 운용해야 한다. 거의 모든 사람이 사업가가 되거나 어떤 사업에 종사하는 것이 필요하게 된다. 네덜란드는 거의 이 상태에 접근하고 있는 것 같다. 거기에서는 사업가가 되지 않는 것이 오히려 이상하다. 필요에 밀려 거의 모든 사람이 사업가로 되고 있는데, 이러한 관례가 어디에서나 유행을 규

정한다. 옷을 입지 않는 것이 우스운 일인 것처럼, 다른 사람들과 달리 사업에 종사하지 않는 것이 우스운 일이다. 군부대나 병영에서는 문관(文官)이 이상하게 보이고 심지어는 경멸당할 위험도 있는 것처럼, 사업가들 사이에서는 놀고 먹는 사람이 그러한 위치에 있다.

21. 최고의 이윤율은 모든 지대를 흡수해 버리고 임금만을 남길 것이다.

최고의 보통 이윤율은, 대부분의 상품가격에서 토지지대에 속하는 부분 전체를 흡수하고, 상품을 제조·출하하는 노동자에게 최저수준의 임금, 노동자가 겨우 생존할 수 있는 임금만을 지불하는 데 충분한 것만 남겨두는 수준일 것이다. 노동자는 노동하는 동안 항상 어떤 방식으로든 먹지 않으면 안 될 것이지만, 토지소유자는 항상 지대를 받는 것은 아니었다. 동인도회사의 직원들이 벵골에서 수행하고 있는 사업의 이윤은 아마 위와 같은 상태로부터 크게 벗어난 것은 아닌 것 같다.

22. 이윤에 대한 이자의 비율은 이윤율과 함께 상승하고 하락한다.

통상의 시장이자율이 통상의 순이윤율에 대해 가져야 할 비율은 이윤의 증감에 따라 변동하게 마련이다. 영국에서는 이자의 두 배가 되는 이윤이 상인들이 말하는 좋은·적당한·중간의 이윤이라 간주되는데, 이 조건은 내가 보기에는 통상의 보통 이윤을 의미한다. 보통의 순이윤율이 8~10%인 나라에서는, 사업이 차입자금에 의해 운영되는 경우, 그것의 반이 이자로 가는 것이 합리적일 것이다. 자본의 사용에 따르는 위험은 차입자가 지고 있고, 차입자는 말하자면 그 자본 사용의 위험을 대부자에게 보험드는 셈이다. 대부분의 사업에서는 4~5%는 이런 위험에 대한 보험료로서 충분하며, 또한 자본을 사용하는 수고에 대한 보수로서도 충분할 것이다. 그러나 이자와 순이윤 사이의 비율은 보통의 이윤율이 매우 낮은 나라와 매우 높은 나라에서는 동일하지 않을 것이다. 보통 이윤율이 매우 낮다면 그것의 반을 이자로 지불할 수 없을 것이고, 매우 높다면 더 큰 부분이 지불될 수도 있을 것이다.

23. 이윤이 낮은 나라는 임금이 낮은 나라와 마찬가지로 싸게 팔 수 있다.

급속히 부유해지고 있는 나라에서는 낮은 이윤율이, 다수의 상품가격에서, 높은 노동임금을 상쇄함으로써, 노동임금이 더 낮은 비교적 덜 번영하고 있는 이웃나라만큼 값싸게 상품들을 판매할 수 있게 한다.

24. 실제로 고이윤은 고임금보다 더 물가를 올리는 경향이 있다.

사실상 높은 이윤은 높은 임금보다 더욱 생산물가격을 인상시키는 경향이 있다. 예컨대 아마포의 제조에서 아마 손질공·방적공·직포공 등 각종 노동자 임금이 하루 2펜스씩 인상된다고 가정하면, 아마포 가격은 2펜스×취업자수×노동일수의 금액만큼 인상될 필요가 있을 것이다. 즉, 상품가격 중 임금으로 분해되는 부분은 상이한 제조단계 모두를 통해 이 임금상승에 산술급수적으로 비례해 등귀할 뿐이다. 그러나 이들 노동자를 고용하는 각종 고용주들의 이윤이 5% 인상된다고 가정하면, 상품가격 중 이윤으로 분해되는 부분은 상이한 제조단계 모두를 통해 이 이윤상승에 기하급수적으로 비례해 등귀할 것이다. 왜냐하면, 아마 손질공을 고용하는 고용주는 그가 선대한 원료·임금의 가치 전체에 대해 추가적인 5%를 자기의 아마 판매시에 요구할 것이고, 방적공의 고용주는 선대한 아마의 구매가격과 방적공 임금에 대해 5%를 추가할 것이며, 직포공의 고용주는 선대한 아마사(絲)의 구입가격과 직포공 임금에 대해 5%를 추가할 것이기 때문이다. 상품가격을 인상시키는 형태에 있어 임금인상은 채무의 누적에서 단리(單利)와 같은 방식으로 작용하고, 이윤인상은 복리(複利)처럼 작용한다. 우리의 상인과 제조업자는 높은 임금이 상품가격을 인상시켜 국내·국외의 판매량을 감축시킨다고 여기고 높은 임금의 나쁜 영향에 대해서는 크게 불평을 하면서도, 높은 이윤의 나쁜 영향에 대해서는 아무런 얘기도 하지 않는다. 그들은 자기 자신의 이윤이 미치는 해로운 영향에 대해서는 입을 다물고, 타인들의 이득이 미치는 해로운 영향에 대해서만 불평하고 있다.

제10장
노동·자본의 각종 사용처의 임금·이윤

1. 완전한 자유가 있는 곳에서는 이익과 불이익은 같아지는 경향이 있다.

노동·자본의 사용처가 상이함에 따라 유리한 점도 있고 불리한 점도 있지만, 전체로 보면 동일한 지방에서는, 완전히 서로 같거나 끊임없이 같아지는 경향이 있음에 틀림없다. 동일한 지방에서 어떤 사업이 여타 사업보다 분명히 유리하거나 불리하다면, 전자의 경우에는 많은 사람들이 그 사업으로 모여들고 후자의 경우에는 많은 사람들이 그 사업을 떠날 것이다. 그리하여 그 사업의 유리함 또는 불리함은 곧 여타 사업의 수준으로 될 것이다. 사물들이 자기의 자연적인 과정을 따르도록 방임(放任)되는 사회, 완전한 자유가 있는 사회, 그리고 모든 사람이 자기가 적당하다고 생각하는 어떤 직업을 완전히 자유롭게 선택하거나 자기가 적당하다고 생각할 때마다 완전히 자유롭게 직업을 바꿀 수 있는 사회에서는 적어도 위와 같을 것이다. 모든 사람은 자기 이익이 명하는 바에 따라 유리한 사업을 찾으려 하고 불리한 사업을 피하려고 한다.

2. 화폐임금 및 화폐이윤의 실제의 차

화폐임금 및 화폐이윤은 유럽의 모든

이는 일부분은 상쇄적인 사정들에 기인하는 것이며, 또 일부분은 완전한 자유의 결여에 기인하는 것이다.

곳에서 노동·자본의 사용처가 다름에 따라 매우 상이하다. 그런데 이렇게 상이한 이유는 부분적으로는 사용처 그 자체의 어떤 사정들 때문인데, 이 사정들은 실질적으로 또는 관념적으로 어떤 사용처에서는 금전상의 이득이 적은 것을 보상하고, 다른 사용처에서는 금전상의 이득이 큰 것을 상쇄(相殺)시킨다. 그리고 또 부분적으로는 유럽의 정책 때문인데, 이 정책은 어디에서나 사물을 완전히 자유롭게 방임하지 않는다.

3. 본 장(章)을 두 개의 절(節)로 나누어 고찰한다.

이 장(章)을 두 절(節)로 나누어 이들 사정들과 정책을 각각 고찰하려고 한다.

제 1절 사용처 그 자체의 성질로부터 생기는 불균등

1. 다섯 가지의 상쇄적 사정들이 있다.

내가 관찰할 수 있었던 바에 의하면, 다음의 다섯 가지 사정들은 어떤 직업에서는 금전상의 수익이 적은 것을 보상해 주고, 다른 어떤 직업에서는 금전상의 수익이 큰 것을 상쇄시키는 주요한 사정들이다. 첫째, 직업 자체가 사람들을 유쾌하게 하는가 불쾌하게 하는가. 둘째, 그 직업을 습득하기가 쉽고 비용이 저렴한가, 어렵고 비용이 많이 드는가. 셋째, 취업이 안정적인가 불안정적인가. 넷째, 그 직업에 종사하는 사람에게 주어진 신임(信任), 곧 그의 책임이 큰가 작은가. 다섯째, 그 직업에서 성공가능성이 있는가 없는가이다.

2. 임금은 직업의 쾌·불쾌와 더불어 변화한다.

첫째로 노동임금은 직업이 쉬운가 어려운가, 깨끗한가 더러운가, 명예스러운가 불명예스러운가에 따라 다르다. 따라서 대부분의 지역에서, 1년 전체를 보면, 직인재봉사(journeyman taylor)는 직인직포공보다 적게 번다. 전자의 작업이 훨씬 쉽기 때문이다. 직인직포공은 직인대장장이보다 적게 번다. 전자의 작업이 반드시 더 쉬운 것은 아니지만 훨씬 깨끗하기 때문이다. 직인대장장이는 비록 기능공이지만 12시간 노동을 해도 보통의 노동자에 불과한 광부가 8시간에 버는 것보다 적게 번다. 전자의 작업은 그렇게 더럽지 않고 덜 위험하며 낮에 지상(地上)에서 수행되기 때문이다. 모든 명예로운 직업에서 명예는 보수의 큰 부분을 구성한다. 금전상의 수익이라는 점에서는, 모든 것을 고려하더라도, 명예로운 직업은 일반적으로 너무나 적은 보수를 받는데, 이 점에 대해서는 앞으로 밝힐 것이다. 불명예는 그 반대의 효과를 가진다. 푸줏간이란 직업은 잔혹하고 불쾌하기 때문에 대부분의 나라에서 대부분의 일반 직업보다 수익이 많다. 모든 직업 중 가장 불쾌한 사형집행인의 직업은 수행하는 작업량에 비교하면 어떤 일반 직업보다 많은 보수를 받는다.

3. 대단히 쾌적한 직업은 엄청나게 보수가 적다.

원시사회 상태에서 사냥과 고기잡이는 인류의 가장 중요한 직업이었으나, 이것들은 진보된 사회 상태에서는 인류의 가장 유쾌한 오락으로 변했고, 과거에는 필요에 의해 종사했던 것을 지금은 오락으로 추구한다. 그러므로 진보된 사회 상태에서는 타인이 오락으로 추구하는 것을 직업으로 삼는 사람은 모두 매우 가난하다. 어부는 테오크리투스(Theocritus) 시대부터 그러했고,* 밀렵자는 영국에서는 매우 가난한 사람이다. 법이 밀렵을 엄격히 금지하고 있는 나라에서는 허가받은 사냥꾼의 사정도 별로 낫지 않다. 이러한 직업에 대한 타고난 취미가 많은 사람들로 하여금 거기에 종사하도록 하기 때문에 그 직업으로 안락하게 살 수가 없으며, 그들의 노동생산물은 그 노동량에 비해 너무 싸므로 그것을 시장으로 가져가서 팔아 봐야 그에게 가장 빈곤한 수준의 생활수단을 제공할 수 있을

---

* Theocritus, *Idyllium.*

뿐이다.

4. 이와 같은 것은 이윤에 관해 서도 마찬가지로 들어맞는다.

불쾌함과 불명예는 노동의 임금에 미치는 것과 똑같은 영향을 자본의 이윤에도 미친다. 여관·술집 경영자는 모든 취객의 폭행에 직면해 주인행세를 제대로 할 수 없으며, 따라서 여관·술집은 유쾌하거나 명예로운 사업이 못된다. 그러나 소규모의 자본으로 그처럼 큰 이윤을 낳는 일반 직종은 거의 없다.

5. 임금은 그 일을 습득하는 데 드는 비용에 따라 차이가 생긴다.

둘째로 노동임금은 일을 배우기가 쉬운가 어려운가, 그것을 배우는 데 비용이 많이 드는가 적게 드는가에 따라 다르다.

6. 특별한 기교와 숙련을 요하는 직업은 값비싼 기계를 설치하는 것처럼 높은 임금을 요구한다.

값비싼 기계를 설치할 때, 우리는 그 기계가 마멸되기까지 수행하는 특별한 작업이 그 기계에 투하된 자본과 그것에 대한 통상적인 이윤을 보상하리라고 기대하기 마련이다. 특별한 기교와 숙련을 요하는 직업을 배우기 위해 많은 노동과 시간을 투입한 사람은 위에서 말한 비싼 기계의 하나에 비유될 수 있다. 그가 습득한 직업은 보통노동의 보통임금을 초과하여 그에게 교육비 전체를 보상할 뿐만 아니라 적어도 교육비에 상당하는 자본의 통상이윤도 보상하리라고 기대하기 마련이다. 그리고 이러한 보상은 적당한 기간 안에 이루어져야 하는데, 그 이유는, 기계의 경우 인간보다 더 확실한 내용연수(耐用年數)를 보상기간으로 생각하는 것과 마찬가지 방식으로, 인간의 매우 불확실한 수명을 고려해야 하기 때문이다.

7. 숙련노동과 보통노동의 임금 차이는 이런 원리에 의거한다.

숙련노동의 임금과 보통노동의 임금 사이의 차이는 위의 원리에 의거하고 있다.

8. 도제수행의 비용은 제조공의 임

유럽의 정책은 모든 기계공·수공인(手

금이 농촌노동자의 그것보다 더 높은 이유를 설명해 준다.

工人) · 제조공의 노동을 숙련노동으로 간주하고, 모든 농촌노동자의 노동을 보통노동으로 간주한다. 전자의 노동이 후자의 노동보다 성질상 정교하고 치밀하다고 가정하는 것 같다. 그런데 약간의 경우에는 그러하지만 대부분의 경우에는 그렇지 않은데, 이에 대해서는 뒤에서 이야기할 것이다. 그리하여 유럽의 법률·관습은 어떤 사람이 전자의 노동을 행할 자격을 갖기 위해서는, 비록 지역에 따라 그 엄격한 정도가 다르긴 하지만, 반드시 먼저 도제수업(徒弟修業: apprenticeship)을 할 것을 요구하고 있다. 후자의 노동은 모든 사람들에게 자유롭게 공개되어 있다. 도제기간에는 그의 노동 전체는 자기의 장인(匠人: master)의 것이 된다. 그 동안 도제는 많은 경우 자기의 부모나 친척에 의해 부양되어야 하며, 거의 대부분의 경우 부모나 친척으로부터 의복을 제공받아야 한다. 또한 일반적으로 장인에게 교육의 대가로 약간의 돈이 지불된다. 화폐를 지불할 수 없는 도제는 시간을 지불하는데, 즉 보통의 기간보다 길게 붙들려 있는데, 이것은 도제들이 일반적으로 게으르다는 사실에 비추어 볼 때 장인에게 반드시 유리한 것은 아니지만 도제에게는 언제나 불리하다. 이와는 반대로, 농촌노동에서는 노동자가 비교적 쉬운 일에 종사하고 있을 동안에도 그 직업의 비교적 어려운 부분을 배울 수 있으며, 자기 자신의 노동에 의해 자기 직업의 상이한 모든 단계에서 생활비를 번다. 그러므로 유럽에서 기계공·수공인·제조공의 임금이 농촌노동자의 임금보다 약간 높아야 한다는 것은 합리적이다. 그것은 사실 그러하며, 그들은 더 높은 보수 때문에 대부분의 나라에서 더 높은 계층의 사람들로 간주된다. 그러나 이 보수 차이는 일반적으로 매우 작다. 더 일반적인 제조업, 예컨대 보통의 아마포·모직물 제조업의 직인의 일당 또는 주급은 대부분의 나라에서 보통일꾼의 그것과 거의 차이가 나지 않는다. 물론 전자의 직업은 더 계속적이고 안정적이어서 일년 전체로 보면 보수 차이가 약간 클 수 있을지도 모른다. 그러나 그 차이는 교육비의 차이를 보상할 수 있을 만큼 큰 것이 아님은 명백하다.

9. 자유직업을 위한 교육은 비용이 더 많이 든다. 따라서 금전적 보수도 더 높다.

독창적인 예술과 자유직업을 위한 교육은 훨씬 더 괴롭고 비용이 많이 든다. 그러므로 미술가·조각가·변호사·의사에 대한 금전상의 보수는 훨씬 더 후해야 하며, 사실상으로도 그렇다.

10. 이윤은 이러한 사정에 의해서는 그렇게 크게 영향을 받지 않는다.

자본이윤은 자본이 사용되는 직업의 습득이 쉬운가 어려운가에 의해 거의 영향을 받지 않는 것 같다. 대도시에서 자본이 일반적으로 사용되는 각종 직업들은 사실상 거의 동일하게 습득이 쉽거나 어려운 것 같다. 해외무역이나 국내상업의 어느 부문이 다른 것들보다 훨씬 더 복잡한 것 같지는 않다.

11. 임금은 취업의 안정성에 따라 차이가 생긴다.

셋째로, 상이한 직업의 노동임금은 취업의 안정성과 불안정성에 따라 다르다.

12. 취업이 불안정한 직업의 임금이 더 높다.

취업은 어떤 업종에서는 다른 업종보다 훨씬 더 안정적이다. 대부분의 제조업에서 직인은 연중 자기가 일할 수 있는 거의 모든 날에 일할 수 있다. 이와는 반대로, 벽돌공과 석공(石工: mason)은 매우 추운 날이나 날씨가 매우 나쁜 날에는 일할 수 없으며, 그들의 취업은 언제나 고객의 우연한 주문에 달려 있다. 따라서 그들은 일하지 않는 날이 자주 있다. 그러므로 그들이 취업시에 버는 것은 그들이 놀 때의 생활을 유지할 수 있도록 해야 할 뿐만 아니라, 이처럼 불확실한 상태가 때때로 야기하게 되는 불안과 초조에 대해 일정하게 보상해야 할 것이다. 제조업에 종사하는 노동자 대부분의 보수가 보통일꾼의 보수와 거의 동일한 수준이지만, 벽돌공·석공의 보수는 일반적으로 보통일꾼의 그것보다 50% 내지 두 배 높다. 보통일꾼이 주당 4~5실링을 벌면, 벽돌공·석공은 대개 7~8실링을 벌며, 전자가 6실링을 벌면 후자는 대개 9~10실링을 벌며, 런던에서처럼 전자가 9~10실링을 벌면 후자는 보통 15~18실링을 번다. 그런데 숙련노동 중에서 벽돌공과 석공의 노동보다 더 쉽게 습득할 수 있는 것은 없는 것 같다. 런던의 가마꾼은 여름에는 때때로 벽돌공으로 고용된다고 한다. 벽돌공·석공의 높은 임금은 그들의 숙련에 대한 보상이라기보다는 그들의 취업의 불안정성에 대한 보상이다.

13. 목수의 임금이 석공보다 낮은 것은 취업이 더 안정적이기 때문이다.

목수는 석공보다 정교하고 독창적인 작업을 한다고 생각된다. 그러나, 모든 곳에서 그런 것은 아니지만, 대부분의 지역에서는 목수의 하루 임금은 석공의 그것보다 낮다. 목수의 취업은 고객의 우연한 주문에 의존하는 부분도 있기는 하지만 그렇게 전적으로 의존하고 있지는 않으며, 날씨에 의해 중단되지도 않기 때문이다.

14. 런던의 직인 재봉사가 보통일꾼보다 높은 임금을 받는 이유도 이 때문이다.

일반적으로 안정적인 취업을 제공하는 직업이 어떤 특정 지역에서 안정적인 취업을 제공하지 못하는 경우, 그 노동자 임금은 언제나 보통일꾼 임금보다 훨씬 높게 상승한다. 런던에서는 거의 모든 직인수공인은 다른 곳의 날품팔이와 마찬가지로 하루마다 또는 매주마다 장인에 의해 고용되거나 해고된다. 그러므로 최하급의 수공인인 직인재봉사는 하루에 30펜스를 버는데, 보통일꾼의 임금은 18펜스이다. 작은 도시나 농촌에서는 직인재봉사의 임금이 보통일꾼의 임금과 동일한 경우도 드문데, 런던에서는 직인재봉사들이, 특히 여름에는, 가끔 몇 주 동안 실직하기 때문에 그처럼 임금이 높은 것이다.

15. 취업의 불안정성이 작업의 어려움 · 불쾌함 등과 결합되면 그 임금은 더욱 높아진다.

취업의 불안정성이 작업의 어려움·불쾌함·더러움과 결합되는 경우, 가장 평범한 노동의 임금이 가장 숙련된 수공인의 임금보다 높아지는 경우가 가끔 있다. 성과급으로 지불받는 광부의 경우, 일반적으로 뉴캐슬에서는 보통노동임금의 약 두 배를 벌며, 스코틀랜드의 다수 지방에서는 약 세 배를 버는 것 같다. 그의 높은 임금은 전적으로 그의 작업의 어려움·불쾌함·더러움 때문이다. 그의 취업은 대부분의 경우 자기가 원하는 대로 안정적이다. 런던의 석탄 하역부(荷役夫: heaver)는 어려움·더러움·불쾌함에 있어 광부와 거의 동일한 작업을 수행하지만, 석탄 운반선의 도착이 불규칙하기 때문에 그들 대부분의 취업은 필연적으로 매우 불안정하다. 그러므로 광부가 일반적으로 보통노동임금의 2~3배를 번다면, 석탄 하역부는 4~5배를 벌어야 한다는 것은 부당하지 않은 것 같다. 몇 년 전 그들에 관한 실태조사에서 밝혀진 바에 의하면, 그들이 그 당시 받고 있던 임금수준에 따르면 하루 6~10실링을 벌 수 있다. 6실링은 런던에서 보통노동임금의 약 4배나 된다. 각종 직업에서 최저수준의 보수는 항상 대다수 노동자의 보수라고 생각해도 좋다. 석탄 하역부의 이러한 보수가 아무리 지나치게 많아 보일지라도, 그 보수가 그 직업의 모든 불쾌한 점을 충분히 보상하고도 남는다면 수많은 경쟁자들이 곧 나타나서 배타적인 특권도 없는 이 직업의 임금을 더 낮은 수준으로 인하시켰을 것이다.

16. 취업의 안정성은 이윤에 영향을 미치지 않는다.

취업의 안정성 또는 불안정성은 개별 사업의 자본의 보통이윤에 영향을 미칠 수 없다. 자본이 끊임없이 사용되는가 안 되는가는 사업의 성질에 달려 있는 것이 아니라 사업가에게 달려 있기 때문이다.

17. 임금은 주어지는 신임에 따라 차이가 생긴다.

넷째로, 노동임금은 노동자가 받고 있는 신임(信任: trust)의 대소에 따라 상이하다.

18. 금은세공인·보석세공인의 임금이 높은 이유

금세공인·보석공의 임금은 동일한 재능이나 더 뛰어난 재능을 가진 다른 노동자의 임금보다 어디에서나 높다. 왜냐하면 그들에게 맡겨진 재료가 귀중한 것들이기 때문이다.

19. 의사 · 변호사의 보수가 높은 이유

우리는 자신의 건강을 의사에게 맡기며, 재산 그리고 때로는 생명과 명예를 변호사에게 맡긴다. 이런 신임을 매우 비천하거나 낮은 계층의 사람에게 안전하게 맡길 수는 없다. 그러므로 그들에 대한 보수는 이처럼 중요한 신임에 상응하는 사회적 지위를 제공할 수 있어야 한다. 그들의 교육에 지출되는 시간이 길고 비용이 크다는 사실은 위와 같은 사정과 결부되어 그들의 노동가격을 필연적으로 훨씬 더 인상시키게 된다.

20. 이윤은 신임의 영향을 받지 않는다.

어떤 사람이 사업에 자기의 자본만을 사용하는 경우, 신임의 문제는 존재하지 않는다. 그러나 그가 다른 사람으로부터 받는 신용(信用: credit)은 자기 사업의 성질에 의존하는 것이 아니라 타인들이 그의 재산 · 성실 · 사려분별을 어떻게 생각하는가에 달려 있다. 그러므로 상이한 사업분야에서의 상이한 이윤율은 사업가에 대한 다른 사람들의 상이한 신임 정도로부터 발생할 수 없다.

21. 임금은 성공의 가능성에 따라 달라진다.

다섯째, 상이한 직업에서의 노동임금은 그 직업에서의 성공의 가능성 여부에 따라 다르다.

22. 자격증을 따기 힘든 직업에서의 높은 보수는 복권 당첨과 같다.

어떤 사람이 지금 교육받고 있는 직업에 적합한 자격을 과연 얻을 수 있는가 없는가는 직업에 따라 매우 다르다. 기계적인 직업의 대부분에서는 성공이 거의 확실하지만, 자유직업에서는 매우 불확실하다. 당신의 아들을 구두제조공에게 도제로 보내 보라. 그가 구두 만드는 것을 배울 수 있다는 데에는 의심의 여지가 없다. 그러나 그에게 법률을 공부하게 하면, 그가 법률상담에 의해 생활할 수 있을 정도의 자격을 얻게 될 확률은 기껏해야 20 대 1이다. 완전히 공평한 복권제도(lottery)에서 상금을 받는 사람은 상금을 받지 않는 사람들이 잃은 돈을 모두 얻게 마련이다. 20명이 실패하고 1명이 성공하는 직업에서는, 이 1명은 실패한 20명이 성공했더라면 얻을 수 있었을 것을 모두 얻어야만 한다. 아마 40세쯤 되어야 자기의 직업에 의해 이득을 보기 시작하는 변호사는 자기 자신의 힘들고 비용이 많이 드는 교육에 대한 보상뿐만 아니라, 교육을 받고서도 아무런 이득도 얻지 못할 20명 이상의 사람들의 힘들고 비용이 많이 드는 교육에 대한 보상도 받아야만 한다. 변호사의 수수료가 때때로 매우 지나치게 비싸다고 생각되지만, 그에 대한 진정한 보상보다는 낮다. 구두제조공이나 직포공과 같은 보통직업에 종사하는 각종 노동자들의 연간수입 예상액과 연간지출 예상액을 계산해 보면, 연간수입 예상액이 일반적으로 연간지출 예상액을 초과하는 것을 알 수 있다. 그러나 변호사 양성소(Inns of Court)에서 변호사와 법학도에 관해 동일한 계산을 해 보면, 비록 수입액은 가능한 한 최고 수치로 잡고 지출액은 가능한 한 최저 수치로 잡더라도, 그들의 연간수입 예상액은 연간지출 예상액의 매우 작은 부분에 불과하다는 것을 알 수 있다. 그러므로 법률에서의 복권당첨은 완전히 공평한 복권제도와도 매우 거리가 멀다. 그리고 법률직업은, 기타 다수의 자유직업·명예직업과 마찬가지로, 금전상의 수익이라는 면에서는 분명히 너무 적게 보상받고 있다.

23. 그럼에도 불구하고 법률과 이와 비슷한 직업에 사람들이 모여든다.

그러나 이 직업은 다른 직업에 비해 자기의 지위를 유지하고 있으며, 위에서 말한 바와 같은 실망스러운 사정에도 불구하고, 가장 편견 없고 자유로운 정신의 소유자들이 이 직업에 많이 몰려들고 있다. 그 이유는 다음의 두 가지이다. 첫째, 이 직업에서의 탁월한 업적에 따르는 명예에 대한 욕망 때문이며, 둘째, 모든 사람이 다소간에 가지고 있는 자기 자신의 능력과 운수에 대한 선천적인 자신감 때문이다.

24. 일반인의 존경은 우수한 능력에

몇 사람만이 중간 수준에 도달할

대한 보수의 일부분을 이루고 있다.

수 있는 직업에서 남보다 두드러지게 뛰어나는 것은 이른바 천재 또는 수재의 가장 결정적인 표지(標識: mark)이다. 이러한 뛰어난 능력에 대한 일반인의 존경은 항상 보수의 일부를 이루는데, 존경의 정도가 큰가 작은가에 따라 존경이 보수에서 차지하는 비율이 달라진다. 존경은 의사의 직업에서는 보수의 큰 부분을 이루고, 법률가 직업에서는 더욱 큰 부분을 이루며, 시 · 철학에서는 거의 전부를 이룬다.

25. 배우 · 오페라 가수 등의 특수한 경우는 예외이다.

매우 유쾌하고 아름다운 재능을 가지면 존경을 받을 수 있다. 그러나 그 재능을 돈벌이를 위해 발휘한다면, 이성에 의한 판단이건 편견에 의한 판단이건 간에, 몸을 파는 행위로 간주된다. 그러므로 그 재능을 돈벌이를 위해 발휘하는 사람들의 금전상의 보수는 그 재능을 얻는 데 든 시간 · 노동 · 비용을 보상할 뿐만 아니라, 그 재능을 생활수단으로 사용하기 때문에 얻게 되는 불명예를 보상하는 데 충분해야 한다. 배우 · 오페라 가수 · 오페라 댄서 등의 매우 큰 보수는 이러한 두 개의 기준, 즉 재능이 희귀하고 아름다운 것과 그 재능을 이렇게 사용하는 것이 불명예스럽다는 것에 근거하고 있다. 우리가 그들의 인격을 경멸하면서도 그들의 재능에 대해 이렇게 후하게 보상하는 것은 언뜻 생각하면 불합리한 것처럼 보인다. 그러나 우리가 그들의 인격을 경멸한다면, 우리는 필연적으로 그들의 재능에 대해 후하게 보상할 수밖에 없다. 그러한 직업에 대한 일반의 견해 또는 편견이 변한다면, 그들의 금전적인 보수는 곧 감소할 것이다. 많은 사람들이 그 직업에 응모할 것이고, 그들 사이의 경쟁은 곧 그들의 노동가격을 감소시킬 것이다. 이러한 재능은 비록 평범한 것은 아니라 하더라도 결코 우리가 상상하는 것만큼 드문 것은 아니다. 많은 사람들이 그 재능을 완전무결하게 보유하고 있지만, 그 재능을 돈벌이에 사용하는 것을 싫어한다. 또한 그 재능을 돈벌이에 사용하는 것이 조금이라도 명예스러운 것이 된다면, 더 많은 사람들이 그 재능을 획득할 수 있다.

26. 대부분의 사람들은 자신의 능력에 대해 지나친 자만심을 가지고 있다.

대부분의 사람들이 자기 자신의 능력에 대해 가지는 지나친 자만심은 모든 시대의 철학자·도덕가들이 지적해 온 오래된 악덕(惡德)이다. 그러나 자기 자신의 행운에 대해 품는 황당한 낙관은 별로 주목을 받지 않았다. 그러나 아마도 이것이 더 보편적인 것일 수 있다. 상당히 건강하고 원기 좋은 시절에 자신의 행운을 믿어 보지 않은 사람은 없을 것이다. 모든 사람들은 이득의 기회를 과대평가하고, 대부분의 사람들은 손실의 기회를 과소평가하는데, 상당히 건강하고 원기 좋은 사람치고 손실의 기회를 그 정당한 기대치보다 높게 평가하는 사람은 하나도 없다.

27. 복권은 이득의 기회가 과대평가되고 있음을 말해 준다.

이득의 기회가 본래 과대평가된다는 것은 복권판매업이 어디에서나 성공하는 것을 보면 알 수 있다. 세상에는 완전히 공평한 복권판매업, 즉 이득의 전체가 손실의 전체를 보상하는 복권판매업은 없었고, 앞으로도 없을 것이다. 왜냐하면, 그래서는 복권 발행자가 이익을 얻을 수 없기 때문이다. 정부발행 복권에서 복권은 실제로는 최초의 구매자가 지불하는 가격만큼의 가치도 없는데도 시장에서는 일반적으로 20%, 30% 때로는 40%나 할증되어 팔린다. 큰 상금을 얻겠다는 허황한 희망이 이 수요의 유일한 원인이다. 매우 성실한 사람까지도 1~2만 파운드 스털링을 얻을 기회를 위하여 작은 금액을 지불하는 것을 어리석은 일이라고 생각하지 않는다. 비록 그 작은 금액조차도 당첨기회의 예상가치에 비하면 20~30% 큰 것임을 알고 있으면서도 그렇다. 상금이 20파운드를 초과하지 않는 복권판매업에서는, 보통의 정부복권보다 완전히 공평한 복권판매업에 훨씬 더 가까운데도 불구하고, 복권에 대한 수요가 그만큼 크지 않다. 큰 상금을 얻을 수 있는 기회를 높이기 위해 어떤 사람은 동일한 복권을 여러 장 구매하며, 다른 사람은 상이한 복권들을 구매한다. 그러나 수학적으로 보면, 복권을 많이 사면 살수록 더욱더 손해를 볼 확률이 높아진다는 명제보다 더욱 확실한 것은 없다. 복권 모두를 사면 당신은 확실히 손해를 볼 것이므로, 당신이 구매하는 복권수가 많으면 많을수록 점점 더 이 확실성에 접근하게 되는 것이다.

28. 보험업자들의 낮은 이윤은 손실의 기회가 과소평가되어 있다는 것을 말해 준다.

손실의 기회는 자주 과소평가되고 그 진정한 예상가치보다 과대평가되는 일이 없다는 것은 보험업자의 이윤이 매우 낮은 것을 보면 알 수 있다. 화재위험 · 해상위험에 관한 보험업을 하나의 직업으로 삼기 위해서는, 보통의 보험료가 보통의 손실을 보상하는 데 충분하며, 경영비용을 지불하는 데 충분하고, 동등한 크기의 자본을 다른 사업에 투자할 때 얻을 수 있을 정도의 이윤을 제공하는 데 충분해야 한다. 이러한 보험료를 지불하는 사람은 분명히 위험의 진정한 가치, 또는 보험에 들면서 지불하려고 하는 최저가격을 지불하는 셈이다. 보험업으로 작은 이윤을 얻은 사람은 많지만 큰 재산을 얻은 사람은 거의 없다. 이 사실만 보더라도, 보험업의 손익계산은 많은 사람들이 큰 재산을 얻는 기타의 보통사업보다 유리하지 않다는 것은 분명한 것 같다. 보험료가 싼 데도 불구하고 위험을 무시하고 보험료를 지불하기 싫어하는 사람들이 많다. 영국 전체의 평균을 보면 집 20채 중 19채 또는 아마 집 100채 중 99채가 화재보험에 들어 있지 않다. 해상위험은 대부분의 사람들에게 비교적 크게 보이기 때문에, 보험에 들지 않는 선박에 대한 보험에 든 선박의 비율은 집의 경우보다는 훨씬 높다. 그러나 많은 선박들은 사시사철 그리고 전쟁시에도 보험에 들지 않고 항해하고 있다. 때로는 이렇게 하는 것이 결코 경솔한 짓은 아니다. 왜냐하면, 큰 회사 또는 큰 상인이 항해중인 배 20~30척을 가지고 있을 때, 그 배들은 말하자면 피차간에 서로 보험에 들어 있는 셈이기 때문이다. 그 모든 배들로부터 절약하는 보험료가 그 선박들이 보통 입게 될 손실을 보상하고도 남을 수 있기 때문이다. 그러나 집의 경우와 마찬가지로 선박에 대한 보험을 무시하는 것은, 대부분의 경우, 위와 같은 치밀한 계산의 결과가 아니라 단순한 무모함과 위험에 대한 주제넘은 무시 때문이다.

29. 청년들은 특히 이득의 기회를 과대평가하고 손실의 위험을 과소평가하는 경향이 있다.

위험에 대한 무시와 성공에 대한 지나친 기대는 일생 중 젊은 사람이 자기의 직업을 선택할 시기에 가장 강하다. 그 시기에 불운의 공포가 행운의 희망을 거의 상쇄시킬 수 없다는 것은, 이른바 자유직업(liberal professions)을 선택하려는 상류층의 열의에서보다는, 군인이 되거나 선원이 되려는 보통사람들의 열의에서 더욱 분명히 나타난다.

30. 이런 이유로 군인은 급료를 적게 받는다.

보통의 사병이 목숨을 잃을 가능성은 매우 높다. 그러나 이 위험을 고려하지 않고 젊은 지원병들은 새로운 전쟁이 터지기만 하면 곧 응모한다. 그들은 승진의 기회가 거의 없는데도 불구하고 청년다운 꿈으로 명예와 훈장을 딸 온갖 기회를 상상하지만, 그럴 기회는 결코 오지 않는다. 이러한 공허한 희망이 그들의 피에 대한 대가의 전부이다. 그들의 보수는 보통 노동자의 보수에도 미치지 못하며, 실제의 복무에서 그들의 노동은 훨씬 더 힘든다.

31. 선원의 급료도 그렇게 많지 않다.

해군의 복권은 육군의 복권만큼 불리하지는 않다. 평판이 좋은 노동자·수공업자의 아들은 자기 아버지의 동의를 얻어 해군에 입대하는 경우가 자주 있지만, 육군에 입대하려는 경우에는 언제나 아버지의 동의를 얻지 못한다. 전자의 경우에는 타인들도 성공 가능성을 어느 정도 인정하지만, 후자의 경우에는 자기 이외에는 아무도 성공 가능성을 인정하지 않는다. 위대한 제독(admiral)은 위대한 장군(general)보다 사회적 찬양의 대상이 되지 않으며, 해상 복무에서 얻은 최고의 성공은 육상 복무에서 얻은 최고의 성공만큼 화려한 재산과 명예를 얻지 못한다. 이와 같은 차이가 육군과 해군의 모든 계급들에 존재한다. 서열 규정에 의하면, 해군의 함장은 육군의 대령과 동급이지만, 일반인들의 평가에서는 그렇지 않다. 복권에서는 상금이 큰 것의 수가 적으면 상금이 작은 것의 수는 더 많을 수밖에 없다. 마찬가지로, 보통의 수병(水兵: sailor)은 보통의 육군 사병보다 자주 약간의 행운과 승진의 기회를 얻을 수 있다. 이러한 상금을 얻을 희망 때문에 해군이 되는 것이다. 수병의 기능과 숙련은 거의 모든 수공업자의 그것보다 훨씬 우수하고, 그의 인생은 고난과 위험의 연속이지만, 그들이 보통 수병의 지위에 있는 한, 그들이 얻는 보수는 기능과 숙련을 발휘하고 고난과 위험을 극복하는 데서 오는 쾌감 밖에는 거의 없다. 수병 또는 선원(seaman)이 받는 임금은 항구의 보통노동자의 임금보다 높지 않은데, 항구의 노동자의 임금이 선원의 임금수준을 규정한다. 선원들은 끊임없이 이 항구에서 저 항구로 돌아다니기 때문에, 영국의 각 항구를 왕래하는 선원들의 월급은 각 항구에 남아 있는 다른 노동자들의 월급보다도 더 평준화되어 있다. 절대 다수의 사람들이 왕래하는 항구인 런던항의 임금수준이 다른 모든 항구의 임금수준을 규제한다. 런던의 각종 노동자들의 임금은 에든버러의 동종 노동자 임금의 약 두 배이지만, 런던항으로부터 출항하는 선원들은 리스(Leith)항으로부터 출항하는 선원들보다 월 3~4실링 정도 많이 받을 뿐이며, 그 차이가 이처럼 크지 않은 경우도 자주 있다. 평화시의 상업 운항에서 런던항 선원들의 노동가격은 한 달에 20~27실링이고, 런던의 보통노동자는 주당 9~10실링을 벌기 때문에 한 달에 40~45실링을 벌게 된다. 물론 선원은 자기 임금 외에도 음식을 제공받는다. 그러나 이 음식의 가치는 선원 임금과 보통노동자 임금 사이의 차이를 반드시 초과하는 것은 아니다. 비록 때때로 초과한다 하더라도, 이 초과분은 선원에게 명백한 이익이 될 수 없다. 왜냐하면, 그는 그 음식을 가족과 나누어 먹을 수 없으며, 집에 있는 가족을 자기 임금으로 부양해야 하기 때문이다.

32. 극복될 수 있을 것으로 기대되는 위험은 사람을 끌지만, 단순히 건강에 좋지 못한 일은 사람을 끌지 못한다.

위험과 구사일생의 모험은 젊은 사람들의 기를 꺾기는 커녕 그런 직업으로 그들을 끌어들이는 것 같다. 하층계급의 사람들 중 마음 약한 어머니는 자기 아들을 항구도시의 학교에 보내는 것을 두려워한다. 왜냐하면, 배를 보거나 선원들의 얘기나 모험담을 듣고 바다로 나가게 되지나 않을까 걱정하기 때문이다. 용기와 능숙한 솜씨로 벗어날 수 있을 것으로 기대하는 먼 장래의 위험은 우리를 불쾌하게 하지 않으며, 따라서 그 위험은 어떤 직업에서도 노동임금을 인상시키는 요인이 될 수 없다. 그러나 용기와 능숙한 솜씨가 아무런 도움이 되지 않는 직업에서는 그렇지 않다. 건강상 매우 좋지 않은 것으로 알려진 직업에서는 노동임금은 언제나 매우 높다. 건강상 해로운 것은 일종의 불쾌함이며, 직업의 쾌·불쾌가 노동임금에 미치는 영향에 대해서는 앞에서 논의한 바 있다.

33. 이윤은 수익의 확실성에 따라 변화한다.

자본의 각종 사용처에서 보통이윤율은 다소간 투자수익의 확실성 여부에 따라 다르다. 투자수익은 해외무역보다는 국내상업에서, 해외무역 중 어떤 분야보다는 다른 분야에서, 예컨대 자메이카와의 무역보다는 북아메리카와의 무역에서, 일반적으로 덜 불확실하다. 보통이윤율은 항상 위험과 더불어 다소 상승한다. 그러나 그것은 위험에 비례해 상승하는 것 같지도 않고, 위험을 완전히 보상할 만큼 상승하는 것 같지도 않다. 가장 위험한 사업에서 파산이 가장 빈번하다. 모든 사업 중 가장 위험한 것은 밀수(密輸: smuggle)인데, 모험이 성공했을 때는 수익이 매우 높지만, 그러나 이것은 필연적으로 파산으로 가는 길임에 분명하다. 성공에 대한 주제넘은 희망이 다른 경우에서와 마찬가지로 여기에서도 작용함으로써 이 위험한 사업에 수많은 모험가들을 끌어들이고, 그들 사이의 경쟁 때문에 이윤은 위험을 보상하는 데 충분한 수준 이하로 떨어진다. 위험을 완전히 보상하기 위해서는 보통의 투자수익은 자본의 보통이윤 외에도 모든 우연적인 손실을 보상해야 할 뿐만 아니라, 모험가에게 보험업자의 이윤과 같은 성질을 가진 초과이윤을 제공해야 한다. 만약 보통의 투자수익이 이 모든 것을 지불하기에 충분하다면, 이 사업에서의 파산이 다른 사업에서보다 더 빈번하지는 않을 것이다.

34. 이윤은 임금처럼 불균등하지 않으며, 또한 그들의 불균등도 때로는 다만 임금을 포함하고 있기 때문일 경우가 많다.

그러므로 노동임금의 차이를 야기하는 다섯 개의 사정 중에서 오직 두 개, 즉 사업의 유쾌함과 불쾌함, 그리고 사업에 따르는 위험과 안전이 자본이윤에 영향을 미친다. 그런데 유쾌함과 불쾌함에 대해 말하자면, 각종 사업의 대부분은 자본의 측면에서 보면 거의 차이가 없고, 노동의 측면에서 보면 큰 차이가 있다. 또한 자본의 보통이윤은 위험과 더불어 증가하지만 위험에 반드시 비례해서 증가하지는 않는 것 같다. 이것으로부터 알 수 있는 것은, 동일한 사회 · 지방에서는 각종 투자의 평균 또는 보통이윤율은 각종 노동의 화폐임금보다 더욱 평준화되어야 한다는 점이다. 그리고 사실상으로도 그렇다. 보통노동자와 변호사 또는 의사 사이의 보수 차이는 분명히 어느 두 개의 상이한 사업 사이의 보통이윤 차이보다 훨씬 크다. 또한 상이한 사업들의 외관상의 이윤 차이는 일반적으로 우리가 임금으로 간주해야 할 것과 이윤으로 간주해야 할 것을 구별하지 않음으로써 생기는 오해이다.

35. 약사의 이윤의 경우가 그러하다.

'약제사(藥劑師)의 이윤'(apothecaries profit)이란 말은, 어떤 것이 지나치게 크다는 것을 가리키는 상투어로 사용되고 있다. 그러나 이 외관상의 큰 이윤은 노동의 정당한 임금에 지나지 않는 경우가 자주 있다. 약제사의 기능은 어떤 수공업자의 그것보다 훨씬 더 세밀하고 정교하며, 그에게 주어진 신임, 따라서 그의 책임은 훨씬 더 중요하다. 약제사는 언제나 가난한 사람들의 의사이며, 고통이나 위험이 매우 크지 않을 때는 부자들의 의사이기도 하다. 그러므로 그의 보수는 그의 기능과 책임에 적합해야 하며, 이 보수는 그가 파는 약값으로부터 일반적으로 나온다. 가장 훌륭한 약제사가 큰 지방도시에서 일년에 판매하는 약 전체는 아마 원가로 30파운드 내지 40파운드 스털링에 불과할 것이다. 그러므로 그가 그 약을 300파운드 내지 400파운드 또는 1,000%의 이윤으로 판매한다고 하더라도, 이 이윤은 그가 약값에 추가해서 청구한 노동의 정당한 임금에 불과하다. 그는 자기 임금을 이러한 방법으로 청구할 수 있을 뿐이다. 이 외관상의 이윤의 대부분은 이윤이란 외투로 분장된 진정한 임금이다.

36. 또는 시골의 잡화상도 그러하다.

작은 항구도시의 소규모 식품잡화상(grocery)은 100파운드의 자본에 대해 40~50%의 이윤을 얻지만, 거대한 도매상은 10,000파운드의 자본에 대해 8~10%의 이윤을 얻는다. 식품잡화상은 주민들의 편의를 위해 필요하며, 시장이 협소하기 때문에 그 사업에 더 큰 자본을 투하할 수 없다. 그러나 식품잡화상은 그 사업으로 생활할 뿐만 아니라 그 사업이 요구하는 자격에 합당한 생활을 할 수 있어야 한다. 그는 소규모 자본을 소유하는 것 외에도 읽고 쓰고 계산할 수 있어야 하며, 40~60가지 상품들에 대해 가격·품질·그것들을 가장 싸게 구입할 수 있는 시장들을 잘 판단할 수 있어야 하기 때문이다. 요컨대 식품잡화상은 큰 상인에게 필요한 모든 지식을 가져야만 한다. 따라서 그가 큰 상인이 되지 못하는 것은 충분한 자본이 없다는 것뿐이다. 연간 30파운드 내지 40파운드는 이처럼 유능한 사람의 노동에 대한 보수로서 지나치다고 말할 수 없다. 이 노동의 보수를 그의 자본의 외관상의 큰 이윤으로부터 빼면 자본의 보통이윤밖에 남지 않는다. 이 경우에도 외관상의 이윤의 큰 부분은 진정한 임금에 불과하다.

37. 소매상의 이윤과 도매상의 이윤의 차

소매상의 외관상의 이윤과 도매

이가 시골보다 도시에서 더 작은 것은 위와 같은 이유에서 기인하는 것이다.

상의 이윤 사이의 차이는 소도시와 농촌마을보다는 수도에서 훨씬 작다. 10,000파운드가 식품잡화상에 사용될 수 있는 곳에서는 그 상인의 노동임금은 그 거대한 자본의 진정한 이윤에 매우 작은 추가분을 이룰 뿐이다. 따라서 거기에서는 부유한 소매상의 외관상의 이윤은 도매상의 이윤보다 훨씬 더 평준화되어 있다. 이 때문에 수도에서 소매상의 소매가격은 일반적으로 소도시와 농촌마을과 동일하든지 때때로 훨씬 싸다. 예컨대 식품잡화류는 일반적으로 훨씬 싸며, 빵과 육류는 때때로 거의 동일하다. 식품잡화류를 대도시로 운송하든 농촌마을로 운송하든 그 비용은 동일하며, 밀과 가축은 멀리 떨어진 곳으로부터 운송해야 하기 때문에 농촌마을로 운송하는 것보다 대도시로 운송하는 것이 더욱 큰 비용을 요구한다. 그리하여 식품잡화류는 그 원가가 대도시와 농촌마을에서 동일하기 때문에 최소의 이윤이 추가되는 곳[대도시]에서 가장 싸다. 빵과 육류는 그 원가가 농촌마을보다 대도시에서 더욱 크기 때문에, 대도시의 이윤이 더 작다 하더라도, 그것들은 대도시에서 반드시 더 싸지는 않고, 흔히 가격이 같다. 빵과 육류와 같은 품목에서는 외관상의 이윤을 감소시키는 바로 그 원인이 원가를 인상시키고 있다. 즉, 시장의 확대는 더 큰 자본을 투자하게 함으로써 외관상의 이윤을 감소시키지만, 더 멀리 떨어진 곳으로부터 공급을 받게 함으로써 원가를 인상시킨다. 외관상의 이윤의 감소와 원가의 인상은 대부분의 경우 상쇄되는 것 같다. 아마 이 때문에 밀과 가축의 가격은 영국의 각 지역에서 매우 상이하지만, 빵과 육류의 가격은 영국의 대부분에 걸쳐 일반적으로 거의 동일하다.

38. 도시에서의 비교적 낮은 이윤율은 더 큰 재산을 얻게 하지만, 이들 재산은 대부분 투기에서 생긴다.

도매상과 소매상의 자본이윤은 통상 소도시와 농촌마을보다는 수도에서 적지만, 수도에서는 소규모로 시작해서 큰 재산을 버는 경우가 자주 있는 반면, 소도시와 농촌마을에서는 거의 없다. 소도시와 농촌마을에서는 시장이 좁기 때문에 사업은 자본의 증대에 따라 반드시 확장될 수가 없다. 이러한 곳에서는 개인의 이윤율이 매우 높다고 하더라도 그 금액은 매우 클 수 없으며, 따라서 연간 축적액도 매우 클 수 없다. 이와 반대로, 대도시에서는 자본의 증대에 따라 사업이 확장될 수 있으며, 검약하고 번창하는 사람의 신용은 자기의 자본보다 훨씬 빨리 증대한다. 자기의 사업은 신용과 자본에 비례해 확장되며, 자기의 이윤액은 사업 규모에 비례하고, 자기의 연간 축적액은 이윤액에 비례한다. 그러나 대도시에서도 정상적이고, 탄탄하게 확립되어 있고, 잘 알려진 사업분야에서는 평생동안 근면·절약·조심하면서 전력을 다 바치지 않고서는 큰 재산을 벌 수가 거의 없다. 물론 투기업(trade of speculation)에서는 때때로 갑작스럽게 큰 돈을 벌 수도 있다. 투기적인 상인은 정상적이고, 탄탄하게 확립되어 있으며, 잘 알려진 하나의 사업분야에 종사하지 않는다. 그는 금년에는 밀 장사를 하고, 다음 해에는 포도주 장사를 하며, 그 다음 해에는 설탕·담배·차 장사를 한다. 투기적인 상인은 보통의 이윤율보다 높다고 예상되는 사업에는 어디에나 들어가고, 그 사업의 이윤이 다른 사업의 이윤과 동등하게 된다고 예상될 때는 언제나 그 사업에서 떠난다. 그러므로 그의 이윤·손실은 이미 잘 확립되어 있고 잘 알려진 사업분야의 이윤·손실과는 어떤 비례관계도 가질 수 없다. 대담한 모험가는 때로는 두세 번의 투기 성공에 의해 상당한 재산을 모을 수 있지만, 또한 두세 번의 투기 실패로 상당한 재산을 잃어버릴 수도 있다. 이 투기사업은 대도시에서만 수행될 수 있다. 왜냐하면, 투기에 필요한 정보는 상업과 교통이 빈번한 곳에서만 얻을 수 있기 때문이다.

39. 이리하여 다섯 가지 사정은 금전적 수익의 차이를 상쇄시킨다.

위에서 언급한 다섯 가지 사정들은, 비록 각각은 노동임금과 자본이윤에 큰 불균등을 야기하지만, 자본과 노동의 상이한 사용처의 유리함과 불리함의 전체에 관해서는, 현실의 것이든 상상의 것이든, 아무런 불균등도 야기하지 않는다. 이 사정들은 어떤 사업에서는 작은 금전상의 이득을 보상하며, 다른 사업에서는 큰 금전상의 이득을 상쇄시키는 성질을 가지고 있다.

40. 그러나 완전한 자유와 함께 세 가지 조건이 필요하다.

사업들이 유리함과 불리함 전체에서 이러한 균등이 보장되게 하기 위해서는, 가장 완전한 자유가 있는 경우에도, 다음과 같은 세 가지 조건이 필요하다. 첫째, 그 사업들이 그 지방에서 잘 알려져 있고 이미 오래 전부터 확립된 것이어야 한다. 둘째, 그 사업들이 보통상태 또는 이른바 자연상태에 있어야만 한다. 셋째, 그 사업들이 종사하는 사람들의 유일한 또는 주된 사업이어야 한다.

41. (1)사업은 잘 알려져 있어야 하고 오랫동안 확립되어 온 것이어야 한다.

첫째로 이 균등은 그 지방에서 잘 알려져 있고 이미 오래 전부터 확립된 사업들에서만 발생할 수 있다.

42. 왜냐하면 새로운 사업은 더 높은 임금을 낳기 때문이며

기타의 모든 사정들이 동일하다면, 임금은 오래된 사업보다 새로운 사업에서 일반적으로 더 높다. 창업자가 새로운 제조업을 건설하려고 할 때, 그는 우선 다른 사업으로부터 노동자를 유인하기 위해 더 높은 임금을, 즉 그들이 지금의 사업에서 받는 것보다 높거나 새로운 사업의 성질이 요구하는 것보다 높은 임금을 지불해야 하며, 상당한 시간이 지나고 나서야 비로소 그는 그 임금을 보통수준으로 인하시키려고 시도할 것이다. 제품에 대한 수요가 전적으로 유행과 기호(嗜好)로부터 발생하는 제조업은 끊임없이 부침(浮沈)하고 있으며, 탄탄하게 확립된 오래된 제조업으로 간주될 수 있을 만큼 오랫동안 유지되는 경우는 아주 드물다. 이와는 반대로, 제품에 대한 수요가 주로 실용성이나 필요성으로부터 발생하는 제조업은 덜 변동하며, 동일한 형태·구조의 제품이 몇 세

기 동안 계속 수요될 수 있다. 그러므로 노동임금은 전자의 제조업이 후자의 제조업보다 높은 경향이 있다. 버밍엄은 주로 전자 종류의 제품을 생산하며, 셰필드는 후자 종류의 제품을 생산하는데, 두 지역의 노동임금은 이러한 차이에 상응하여 다르다고 한다.

43. 비교적 높은 이윤을 낳기 때문이다.

새로운 제조업·상업 영역·농경방법의 개척은 언제나 일종의 투기이며, 창업자는 이것으로부터 특별한 이윤을 꿈꾼다. 이 이윤은 때로는 매우 크고 때로는 매우 작은데, 일반적으로 그 지역의 기타 오래된 사업의 이윤과는 어떤 규칙적인 비례관계를 가지지 않는다. 그 계획사업이 성공하면 처음에는 이윤이 일반적으로 매우 높다. 그 사업 또는 방법이 완전히 확립되어 잘 알려지면 경쟁에 의해 그 이윤은 다른 사업 수준으로 저하한다.

44. (2)노동·자본의 사용처는 자연상태에 있어야 한다.

둘째로 노동·자본의 각종 사용처의 유리함·불리함 전체에서의 이러한 균등은 이들 사용처의 보통상태 또는 이른바 자연상태에서만 발생할 수 있다.

45. 왜냐하면 각 직업의 노동에 대한 수요가 수시로 변동하기 때문이며,

거의 모든 종류의 노동에 대한 수요는 때로는 보통보다 크고, 때로는 보통보다 작다. 전자의 경우에는 그 사업의 유리함이 보통수준을 상회하고, 후자의 경우에는 하회한다. 농업노동에 대한 수요는 연중의 어느 시기보다 건초 만드는 시기와 수확시에 크며, 임금은 수요와 함께 상승한다. 전쟁시에는 4~5만 명의 선원들이 무역업무로부터 국왕을 위해 징집되는데, 그들의 부족과 함께 상선의 선원에 대한 수요는 필연적으로 증가하여 그들의 임금은 일반적으로 월 1기니~27실링으로부터 40실링~3파운드로 등귀한다. 이와 반대로, 쇠퇴하는 제조업에서는 다수의 노동자들이 익숙한 직업을 떠나지 않고 그 직업의

성질에 적합한 임금보다 작은 임금에 만족하고 있다.

46. 이윤은 생산되는 상품의 가격과 더불어 변동하기 때문이다.

자본이윤은 그 자본을 사용하여 생산되는 상품들의 가격에 따라 변동한다. 상품가격이 보통수준 또는 평균수준 이상으로 등귀하면, 그 상품을 시장에 출하하는 데 사용된 자본의 이윤은 적당한 수준 이상으로 증가하고, 가격이 보통수준 이하로 하락하면 이윤도 적당한 수준 이하로 감소한다. 모든 상품은 대체로 가격의 변동을 겪으며, 어떤 상품은 다른 것들보다 훨씬 자주 겪는다. 인간노동에 의해 생산되는 모든 상품의 경우, 연간 고용되는 노동량은 필연적으로 그 상품에 대한 연간 수요량에 의해 규제되며, 이리하여 연간 평균생산량은 연간 평균소비량과 거의 일치하게 된다. 이미 본 바와 같이, 약간의 사업에서는 동일한 노동량이 항상 동일하거나 거의 동일한 상품량을 생산한다. 예컨대 아마포 · 모직물 제조업에서는 동일한 수의 노동자는 매년 거의 동일한 양의 아마포 · 모직물을 생산한다. 그러므로 이러한 상품의 시장가격 변동은 오직 수요의 우연적인 변동으로부터만 발생할 수 있다. 국상(國喪)은 검은 천의 가격을 인상시킨다. 그러나 대부분의 아마포 · 모직물 무지(無地) 원단에 대한 수요는 상당히 일정하기 때문에 그 가격도 일정하다. 그러나 다른 사업에서는 동일한 노동량이 언제나 동일한 상품량을 생산하지 않는 경우도 있다. 예컨대 동일한 노동량이 연도에 따라 매우 상이한 양의 밀 · 포도주 · 홉 · 사탕 · 담배 등을 생산한다. 그러므로 이러한 상품들의 가격은 수요의 변동뿐만 아니라 공급의 훨씬 더 크고 빈번한 변동에 의해 변동하며, 따라서 매우 크게 동요한다. 몇몇 상인의 이윤은 필연적으로 상품가격과 함께 변동하게 될 것이며, 투기적인 상인의 활동은 주로 이러한 상품을 취급한다. 그는 상품가격이 오를 것으로 예상될 때 그 상품을 구매하려고 하며, 그 가격이 내릴 것으로 예상될 때 그 상품을 판매하려고 한다.

47. (3)직업은 그 직업에 종사하고 있는 사람들에게 주된 것이어야 한다.

셋째로, 노동·자본의 각종 사용처의 유리·불리 전체에서의 이 균등은 각각의 사용처가 그것에 종사하는 사람들의 유일한 또는 주된 직업인 경우에만 발생할 수 있다.

48. 왜냐하면, 한 직업에 의해 부양되는 사람들은 다른 직업에서는 싼 값으로 일할 수 있기 때문이다.

어떤 사람이 자기 시간의 대부분을 차지하지 않는 하나의 직업으로부터 생활수단을 얻는다면, 그는 여가시간에 다른 직업의 일을, 그 직업의 성질에 적합한 임금보다 낮은 임금을 받고 일하려고 할 것이다.

49. 스코틀랜드의 농장 오막살이집에 사는 날품팔이 농부가 그러하다.

스코틀랜드의 여러 지역에서는 아직도 날품팔이 농부(cotter)가 존재한다. 비록 몇 년 전에는 지금보다 더 흔하게 볼 수 있었지만. 그들은 토지 소유자와 차지농업자의 일종의 머슴이다. 그들이 고용주로부터 받는 보통의 보수는 가옥·채마밭·소 한 마리 키울 수 있는 목초·열등한 경지 1~2에이커 등이다. 고용주가 그들의 노동을 요구하는 경우 그는 위의 것 이외에 주당 약 16펜스의 가치가 있는 2펙〔peck: 1펙은 약 8쿼트의 분량〕의 오트밀을 받는다. 연중 대부분 고용주는 그들의 노동을 거의 요구하지 않으며, 그들 자신의 작은 점유지의 경작은 그들의 남은 시간을 잡아먹는 데 충분하지 않다. 이러한 머슴들이 현재보다 수가 많았을 때, 그들은 매우 적은 보수를 받고 자기의 여가시간 동안 어느 누구를 위해서건 일하려고 했으며, 기타의 노동자들보다 적은 임금을 받고 일했다고 한다. 옛날에는 머슴들이 유럽 전체에 걸쳐 일반적이었던 것 같다. 경작 수준이 낮고 주민이 부족한 나라에서는 대부분의 토지 소유자와 차지농업자는 농업노동이 특정 계절에 요구하는 다수의 노동자를 다른 방법으로는 구하지 못했을 것이다. 이 머슴들이 때때로 그들의 주인으로부터 받은 일당 또는 주급은 분명히 그들의 노동가격의 전체는 아니었다. 그들이 받은 집과 땅이 노동가격의 큰 부분이었다. 그런데 이 일당 또는 주급을 다수의 학자들은 그들의 노동가격의 전부라고 간주했으며, 이리하여 그 학자들은 옛날의 노동가격과 식품가격을 수집해 그 두 가격이 놀랄 정도로 낮았다는 것을 기분좋아 하면서 발표했던 것이다.

50. 셰틀랜드의 뜨개질 하는 사람. 이러한 머슴의 생산물은 그 생산물의 성질에 적합한 가격보다 싸게 시장에 나오는 경우가 자주 있다. 스코틀랜드의 여러 지방에서는 스타킹(stocking)을 손으로 짜는데, 이 스타킹은 직기로 짠 것보다 싸다고 한다. 이 스타킹은 다른 직업으로부터 자기의 생활수단의 주된 부분을 얻고 있는 머슴과 노동자들의 생산물이다. 연간 1,000켤레 이상의 스타킹이 셰틀랜드(Shetland)로부터 리스(Leith)로 수입되는데, 그 가격은 한 켤레에 5~7펜스라고 한다. 셰틀랜드섬의 작은 수도인 리어릭(Learwick)에는 하루 10펜스가 보통노동의 보통가격인데, 노동자들은 한 켤레에 1기니 이상의 가치를 가진 소모사 스타킹을 짜고 있다.

51. 스코틀랜드의 아마사 방적공. 스코틀랜드에서는 아마사 방적이 스타킹 짜는 것과 거의 같은 방식으로 주로 다른 목적에 고용되어 있는 머슴들에 의해 수행되고 있다. 그들은 매우 적은 생활자료를 벌 뿐이므로, 이 두 가지 일에 의해 전체 생활자료를 벌려고 노력한다. 스코틀랜드의 대부분에서는 주당 20펜스를 버는 여자는 훌륭한 방적공이다.

52. 런던의 하숙업자들도 그러하다. 부유한 나라에서는 시장이 일반적으로 너무나 넓어 어느 한 사업만으로도 그것에 종사하는 사람들의 노동과 자본 전부를 흡수하는 데 충분하다. 사람들이 하나의 직업에 의해 살면서 동시에 다른 직업으로부터 약간의 수익을 얻는 예는 주로 가난한 나라에서 나타난다. 그러나 동일한 종류의 다음과 같은 예는 매우 부유한 나라의 수도에서 발견되는 것이다. 유럽에

서 집 임대료가 런던처럼 비싼 도시는 없지만, 가구가 붙어 있는 방(furnished apartment) 하나가 런던처럼 싸게 임대되는 수도도 없다. 하숙은 런던이 파리보다 훨씬 쌀 뿐 아니라, 같은 수준의 방인 경우, 에든버러보다도 싸다. 이상하게 보이는 것은, 집 임대료가 비싼 것이 하숙비가 싼 것의 원인이라는 점이다. 런던의 집 임대료가 비싼 이유는 모든 큰 수도의 집 임대료를 인상시키는 원인들, 즉 노동가격이 높고, 일반적으로 멀리 떨어진 곳으로부터 운송되어 와야 할 모든 건축자재 가격이 높고, 모든 토지소유자가 독점자로 역할함으로써 농촌에서 가장 좋은 100에이커의 땅으로부터 받아낼 수 있는 것보다 큰 지대를 도시의 1에이커의 나쁜 땅으로부터 받아내기 때문에 대지 임차료가 높다는 것 등등뿐만 아니라, 부분적으로는 가장(家長)으로 하여금 아래층으로부터 맨 위층까지 집 전체를 빌리게 하는 잉글랜드 사람들의 독특한 풍속·관습 때문이다. 잉글랜드에서 주택(dwelling-house)이라 하면, 동일한 지붕 밑에 있는 모든 것을 가리킨다. 프랑스·스코틀랜드·기타 다수의 유럽 나라들에서는 주택은 하나의 층을 가리키는 데 불과하다. 런던의 상인들은 자기 고객들이 살고 있는 도시 지구(地區)에서 집 전체를 빌려야 한다. 그의 상점은 일층에 있고, 그와 가족은 맨 위층에서 자며, 그는 중간의 두 층을 하숙인에게 빌려줌으로써 자기 집의 임대료 일부를 지불하려고 한다. 그는 하숙인에 의지하는 것이 아니라 자기 사업에 의해 가족을 부양한다. 이와는 반대로, 파리와 에든버러에서 하숙을 치는 사람들은 일반적으로 그것 이외의 생계수단을 가지고 있지 않으며, 따라서 하숙비가 집 임대료뿐만 아니라 가족의 생활비 전체를 지불해야 한다.

제 2절 유럽의 정책에 기인하는 불균등

1. 유럽의 정책은 더욱 중대한 불균등을 야기하고 있다.

위에서 언급한 세 가지 필요조건 중 어느 하나가 없다면, 가장 완전한 자유가 있는 곳이라 하더라도, 노동·자본의 각종 사용처의 유리함·불리함 전체에는 불균등이 일어날 수밖에 없다는 것을 위에서 보았다. 그러나 유럽의 정책은 사물들을 완전한 자유상태에 두지 않음으로써 훨씬 더 중요한 다른 불균등을 야기하고 있다.

2. 그것은 다음과 같은 세 가지 방법으로 일어난다.

이것은 주로 다음과 같은 세 가지 방법에 의해 야기되고 있다. 첫째 약간의 사업에서 경쟁을 제한하거나 거기에 참여하려고 하는 수보다 적은 수만 허용하는 것, 둘째 다른 사업에서는 경쟁을 자연적으로 행해지는 것 이상으로 강화하는 것, 셋째 사업·장소 사이에 노동·자본의 자유로운 이동을 방해하는 것이 그것이다.

3. (1)그것은 어떤 직업에서의 경쟁을 억제한다.

첫째로, 유럽의 정책은 약간의 사업에서 경쟁을 제한하거나 거기에 참여하려고 하는 수보다 적은 수만 허용함으로써 노동·자본의 각종 사용처의 유리성·불리성 전체에서 매우 중요한 불균등을 야기하고 있다.

4. 주로 동업조합에 배타적 특권들을 부여함으로써 그렇게 하고 있다.

동업조합(corporation)의 배타적 특권이 위의 목적으로 사용되는 주요 수단이다.

5. 동업조합은 장기간의 도제수업을 요구 하고, 또 도제의 수를 제한한다.

동업조합을 만든 업종의 배타적 특권은 그 조합이 설립된 도시에서는 필연적으로 영업의 자유를 가진 사람들 사이로 경쟁을 제한한다. 그 도시에서 자격을 가진 장인(master) 밑에서 도제 수업(apprenticeship)을 했다는 것이 일반적으로 영업의 자유를 얻는 필수조건이다. 동업조합의 규약은 때때로 장인이 부릴 수 있는 도제 수를 규정하며, 거의 언제나 도제의 봉사 의무 연한을 규정한다. 이 두가지 규정의 목적은 경쟁을 소수의 사람들로 제한함으로써 그렇지 않으면 거기에 참여했을 다수의 경쟁자들을 배제하려는 것이다. 도제 수의 제한은 경쟁을 직접적으로 억제하며, 도제 기한의 연장은 교육비의 증대를 통해 경쟁을 더 간접적이기는 하지만 마찬가지로 효과적으로 억제한다.

6. 규정된 도제의 수를 위반하면 벌금을 내야 한다.

셰필드(Sheffield)에서는 칼 만드는 장인은 동업조합의 규약에 의해 동시에 한 사람의 도제만을 둘 수 있을 뿐이다. 노포크(Norfolk)와 노리치(Norwich)에서는 직조 장인은 두 명 이상의 도제를 둘 수 없는데, 이를 위반하면 벌금으로 매달 5파운드를 왕에게 바쳐야 한다. 모자 만드는 장인은 잉글랜드나 영국 식민지 어디에서나 두 명 이상의 도제를 둘 수 없으며, 이를 위반하면 매달 5파운드의 벌금을 내야 하는데, 그것의 반은 왕에게, 그리고 나머지 반은 기록법원에 고소하는 사람에게 주어야 한다. 이러한 규정들은 영국법에 의해 승인되었지만, 셰필드의 규약을 만들게 한 바로 그 동업조합적 정신으로부터 나온 것이 분명하다. 런던의 비단 직조인들은 동업조합을 만든 지 1년도 되지 않아 어떤 장인도 한 번에 도제 두 명 이상을 가질 수 없다는 규약을 만들었는데, 이 규약을 폐기하기 위해서는 의회의 특별법이 필요했다.

7. 도제수업의 통상기간은 7년이다.

동업조합이 있는 업종 대부분에서 도제수업 연한은 유럽 전체에서 옛날에는 대개 7년이었던 것 같다. 이러한 동업조합 모두를 옛날에는 유니버시티(university)라고 불렀는데, 이 용어는 사실상 어떤 동업조합에 대해서도 붙일 수 있는 정확한 라틴어 이름이었다. 금속세공인 유니버시티, 재봉사유니버시티 등의 표현을 옛날 도시의 낡은 특허장(charter)에서 우리는 자주 보게 된다. 지금 특별히 대학(大學)이라고 불리는 동업조합이 처음 설립되었을 때, 마스터 오브 아트(master of arts)라는 학위를 얻기 위해 연구해야 할 연한은, 그 동업조합이 훨씬 더 오래된 보통 업종에서의 도제수업 연한으로부터 모방해 온 것이 분명한 것 같다. 자격을 가진 장인 밑에서 7년간 일했다는 것이 장인의 자격을 얻어 도제를 두는 데 필요했던 것처럼, 자격을 가진 선생〔마스터〕 밑에서 7년간 연구했다는 것이 교양과목의 선생(master) · 교사(teacher) · 박사(doctor)(옛날에는 모두 동의어였다)의 자격을 얻어 자기 밑에다 연구하는 학생(scholar) · 문하생(apprentice) (마찬가지로 옛날에는 두 개가 동의어였다)을 두는 데 필요했다.

8. 도제조례는 잉글랜드의 모든 곳에서 7년간 봉사를 요구했으나, 성시(城市)에만 국한했다.

엘리자베스 1세 제5년〔1562년〕에 반포된 보통 도제조례라고 불리는 법령에 의해, 어떤 사람도 이전에 적어도 7년간 도제로 봉사하지 않았다면 당시 잉글랜드에서 수행되던 직업 · 수공업 · 기술을 수행할 수 없었다. 그런데 이 도제조례는 그 이전에 다수의 동업조합의 규약(bye-law)이었던 것을 잉글랜드의 성시(城市: market town)에서 수행되는 모든 직업에 적용되는 일반공법(general and public law)으로 만든 것이다. 법령의 조문은 매우 일반적이고 분명히 영국 전체를 포괄하는 것 같지만, 그것의 적용범위는 해석상 성시에 한정되었고, 농촌마을에는 한 사람이 몇 개의 상이한 직업을, 각각의 직업에 7년간의 도제봉사를 하지 않은 채 동시에 수행할 수 있는 것으로 간주되었는데, 그 이유는 그 상이한 직업들이 주민의 편의를 위해 필요했을 뿐만 아니라 주민의 수가 모자라서 각 직업에 전담인을 둘 수 없었기 때문이다.

9. 더구나 이 조례가 통과되었을 당시 이미 확립되어 있던 직업에 국한되었다.

또 법령 조문의 엄격한 해석에 의해, 이 법령의 적용은 엘리자베스 1세 제5년 이전에 잉글랜드에서 확립된 직업으로 한정되었고, 그 연도 이후에 도입된 직업에는 확대 적용되지 않았다. 이러한 한정은 다음과 같은 몇 개의 구별을 야기했는데, 그 구별은 행정규칙상 매우 바보 같은 짓이었다. 예컨대 마차 제조업자는 스스로 바퀴를 만들 수도 없고, 바퀴를 만드는 직인(journeyman)을 고용할 수도 없으며, 오직 바퀴제조 장인으로부터 사야만 한다. 왜냐하면, 바퀴제조업은 엘리자베스 1세 제5년 이전에 잉글랜드에서 수행되고 있었기 때문이다. 그러나 바퀴 제조업자는, 비록 마차 제조업에서 도제봉사를 하지 않았더라도, 스스로 마차를 만들거나 마차 만드는 직인을 고용할 수 있었다. 왜냐하면, 마차 제조업은 그 법령이 제정될 당시 잉글랜드에서 수행되지 않아서 그 법령의 적용을 받지 않았기 때문이다. 맨체스터·버밍엄·울버햄프턴의 제조업 다수는 엘리자베스 1세 제5년 이전에 잉글랜드에서 수행되지 않았기 때문에 이 법령의 적용을 받지 않는다.

10. 도제 봉사 연한은 프랑스에서는 다르다.

프랑스에서는 도제 연한이 도시와 직업에 따라 다르다. 파리에서는 다수의 경우 5년이지만, 장인으로서 직업을 경영할 자격을 얻기 위해서는 도제수행 이후 5년을 직인으로서 더 봉사해야 한다. 이 직인으로 봉사하는 동안, 그는 장인의 동료(companion)라고 불리고, 그 기간 자체도 그의 동료기간이라고 불린다.

11. 스코틀랜드에서도 이와 같았는데, 이곳에서는 법규가 가혹하지 않았다.

스코틀랜드에서는 도제 연한을 일반적으로 규제하는 법이 없다. 그 연한은 동업조합에 따라 다르다. 도제 연한이 긴 경우 그 연한의 일부는 적은 벌금을 납부함으로써 일반적으로 면제되었다. 대부분의 도시에서는 매우 적은 벌금을 납부함으로써 어떤 직종이라도 경영할 수 있는 자유를 얻을 수 있다. 스코틀랜드의 주요 제품인 아마포·대마포의 직조인과, 이 제조업에 봉사하는 기타의 수공업자, 예컨대 물레바퀴 제조업자, 실패 제조업자 등은 벌금을 지불하지 않고서도 어느 자치시(自治市)에서나 자기의 직업을 경영할 수 있다. 모든 자치시에서는 모든 사람이 주(週) 중에 법적으로 허용된 날에 육류를 자유롭게 판매할 수 있다. 스코틀랜드에서는 몇몇 매우 섬세한 직업에서조차 3년이 도제봉사의 보통 연한이다. 일반적으로 말해, 유럽에서 동업조합법이 스코틀랜드에서처럼 관대한 나라는 없다.

12. 이러한 모든 법규는 가혹한 것임은 물론이고 부적당한 것이다.

자기 자신의 노동에 대한 소유권은 기타 모든 재산권의 근본적인 토대이며, 따라서 가장 신성불가침의 것이다. 가난한 사람의 세습재산은 그의 두 손의 힘과 기교에 있는데, 그가 이 힘과 기교를 이웃사람에게 해를 끼치지 않고 적당하다고 생각하는 어떤 방법으로 사용하는 것을 방해하면, 이것은 가장 신성한 재산권에 대한 분명한 침해이다. 이것은 노동자 자신과 그를 고용하려고 하는 사람들의 정당한 자유에 대한 분명한 잠식이다. 그것은 노동자가 자신이 적합하다고 생각하는 곳에서 일하는 것을 방해하는 것과 마찬가지로, 고용주가 자신이 적합하다고 생각하는 사람을 고용하는 것을 방해한다. 노동자가 고용에 적합한지 아닌지에 대한 판단은 그것에 중대한 이해관계를 가진 고용주의 결정에 맡겨둘 수 있다. 고용주가 혹시나 부적합한 사람을 고용할까봐 입법자가 걱정해 주는 것은 분명히 도가 지나칠 뿐 아니라 적절하지도 않다.

13. 장기의 도제수업이 열악한 제품의 출현을 방지해 주는 것은 아니다.

장기의 도제연한 제도가 불완전한 제품이 시장에 자주 출현하는 것을 막을 수는 없다. 이것은 일반적으로 무능의 결과가 아니라 사기(詐欺)의 결과이기 때문에, 장기의 도제연한은 사기를 방지하는 보장이 될 수 없다. 이러한 폐해를 방지하기 위해서는 전혀 다른 규제가 필요하다. 금은제품에 찍는 순도 표시〔1300년에 시행〕, 아마포와 모직물에 찍는 검인〔전자는 1711년에, 후자는 1597년에 시행〕은 도제조례보다 훨씬 더 구매자를 안심시켜 준다. 구매자는 일반적으로 이 표시와 도장을 보면서 그것을 제조하는 노동자가 과연 7년의 도제연한을 마쳤는지 마치지 않았는지를 알아보려고 생각하지 않는다.

14. 청년들을 근면하게 만들지도 않는다.

장기의 도제연한 제도는 젊은 사람을 근면하게 만드는 경향도 없다. 성과급으로 일하는 직인은 근면한데, 그 이유는 근면에 따라 이득을 얻기 때문이다. 도제는 게으르기 쉽고 거의 언제나 게으른데, 그 이유는 부지런해도 아무런 직접적 이득이 생기지 않기 때문이다. 저급한 직업에서는 노동의 재미는 오로지 노동의 보수를 얻는 데 있다. 노동의 재미를 가장 먼저 맛볼 수 있는 상태에 있는 사람들이 가장 먼저 노동에 흥미를 느껴 일찍부터 근면의 습관을 얻는 것 같다. 젊은 사람이 오랫동안 노동으로부터 이득을 얻지 못한다면 자연히 노동을 싫어하게 된다. 공공의 자선사업에 도제로 나간 소년들은 보통의 도제연한 이상으로 붙잡혀 있는데, 그들은 일반적으로 매우 게으르고 가치 없는 사람으로 된다.

15. 도제수업이란 옛날 사람들에게는 알려져 있지 않았다.

도제제도는 옛날 사람들에게는 전혀 알려져 있지 않았다. 그런데 장인과 도제의 상호간 의무가 모든 근대법의 상당히 중요한 조항으로 되어 있다. 로마법은 이것에 대한 언급이 전혀 없다. 우리가 지금 도제라는 단어에 결부시키고 있는 관념, 즉 어떤 직업에서 장인이 그 직업을 가르쳐 준다는 조건으로 장인을 위해 일정 연한 노동해야만 하는 노동자란 관념을 표현하는 그리스어 단어 또는 라틴어 단어를 나는 알지 못한다(내 생각에는 감히 없다고 말할 수 있다).

16. 장기간 도제수업은 전혀 불필요하다.

장기의 도제연한은 전혀 불필요하다. 보통의 수공업보다 훨씬 뛰어난 수공업, 즉 벽시계와 손목시계를 만드는 수공업에도 장기교육을 받아야 할 만큼의 비법(secrets)이 있는 것은 아니다. 이 아름다운 기계〔시계〕의 최초의 발명, 그리고 시계제조에 사용되는 도구들의 최초의 발명은 분명히 심사숙고와 장기간 실험의 산물이었으며, 인간 창의성의 가장 훌륭한 발휘로 간주될 수 있다. 그러나 모든 것이 이미 발명되었고 충분히 이해되고 있는 지금, 도구를 사용해서 시계를 제조하는 방법을 젊은 사람에게 아무리 완전하게 설명하더라도 2~3 주 이상의 교육은 필요하지 않으며, 며칠의 교육으로도 아마 충분할 것이다. 보통의 기계적인 직업에서는 며칠의 교육으로 충분하다. 물론 손의 기교는 보통 직업에서도 많은 실습·경험 없이는 얻어질 수 없다. 그러나 젊은 사람이 처음부터 직인으로서 일하고, 따라서 그가 하는 작업에 따라 보수를 받고, 그 대신 숙련과 경험의 부족으로 때때로 못쓰게 만드는 원료에 대해 배상하도록 한다면, 그는 훨씬 더 부지런하고 주의깊게 실습할 것이다. 그의 교육은 이러한 방법으로 해야 일반적으로 더 효과적이고, 덜 지루하며, 비용도 적게 들 것이다. 물론 장인은 손해를 볼 것이다. 그는 지금 절약하고 있는 7년간의 도제임금 전부를 손해볼 수도 있다. 그리고 도제 자신도 결국은 손해를 보게 될 수도 있다. 왜냐하면, 쉽게 배울 수 있는 직업에서는 도제는 더 많은 경쟁자를 가질 것이고, 그가 완전한 직인으로 되었을 때 그의 임금은 지금보다 훨씬 적을 것이기 때문이다. 경쟁의 증대는 직인의 임금뿐만 아니라 장인의 이윤도 저하시킬 것이다. 따라서 사업·기술·비법〔여기에서는 실제로 장인·직인·도제를 가리킨다〕 모두가 손해를 볼 것이다. 그러나 모든 수공업 제품들이 훨씬 싸게 시장에 공급될 것이므로 일반 소비자들은 이익을 볼 것이다.

17. 가격을 유지하고 따라서 임금과 이윤을 유지하기 위해서 동업조합이 설립되었다.

모든 동업조합 및 동업조합법들이 생겨난 것은 자유경쟁을 제한함으로써 이러한 가격인하 및 그에 따른 임금·이윤의 저하를 방지하기 위한 것이었다. 옛날에 유럽의 많은 지역에서 동업조합을 설립하기 위해서는 동업조합이 설립되는 자치시의 허가만이 필요했다. 잉글랜드에서는 왕의 특허도 필요했다. 그러나 왕이 이 특권을 가진 것은 백성으로부터 돈을 갈취하기 위한 것이었지 억압적인 독점에 대항하여 백성의 자유를 옹호하기 위한 것은 아니었던 것 같다. 왕에게 요금을 지불하면 특허장은 일반적으로 곧 허가되었다. 수공업자·상인의 특정 집단이 특허장 없이 동업조합으로서 활동하는 것이 적합하다고 생각한 경우, 이러한 불법 길드(guild)는 이 때문에 반드시 해산당하는 것이 아니라, 불법적인 특권의 행사를 허가받는 대가로 왕에게 매년 벌금을 바쳐야만 했다.* 모든 동업조합 및 조합이 자치상 적합하다고 생각해서 정한 규약의 직접적인 감독권은 조합이 설립된 자치시에 있었으며, 조합에 대한 징계처분은 일반적으로 왕으로부터 나오는 것이 아니라, 이 하급단체〔동업조합〕를 구성원으로 하고 있었던 더 큰 단체〔자치시〕로부터 나왔다.

18. 그것에 의해 도시는 시골을 희생시킴으로써 이득을 보았다.

자치시의 관리권은 완전히 수공업자와 상인들의 수중에 있었다. 자신들의 각종 상품으로 시장이 공급과잉의 상태에 빠지지 않도록 하는 것, 그들이 흔히 말하는 것처럼, 시장이 항상 공급부족의 상태에 있게 하는 것이 그들 집단 모두에게 분명히 이익이 되었다. 각 집단은 이 목적에 적합한 규정을 제정하기를 열망했고, 이것을 동의해 준다면 다른 집단들에게도 마찬가지의 일을 하도록 동의하려고 했다. 이러한 규정의 결과 각 집단은 그 도시 안의 다른 집단으로부터 상품을, 그 규정이 없었더라면 구매할 수 있었을 가격보다 약간 비싼 가격으로, 구매할 수밖에 없었다. 그러나 그 보상으로 각 집단은 자기 자신의 상품을 그만큼 비싸게 팔 수 있었으므로 결국 마찬가지였다. 그리고 그 도시 안의 각 집단 상호간의 거래에서 그들은 누구도 그 규정에 의해 손실을 보지 않았다. 그러나 농촌과의 거래에서 그들은 모두 큰 이익을 보았고, 도시를 유지하고 부유하게 한 거래 모두는 농촌과의 거래였다.

* Madox, *Firma Burgi*, 런던, 1726년, p.26.

19. 비교적 소량의 도시의 노동생산물로 비교적 다량의 시골의 노동생산물을 획득할 수 있었기 때문이다.

도시는 자신의 생활자료 전부 및 노동의 원료 모두를 시골로부터 가져온다. 도시는 이것에 대해 주로 다음과 같은 두 가지 방법으로 지불한다. 첫째, 원료의 일부는 가공과 제조과정을 거친 뒤 시골로 되돌려 보낸다. 이 경우 원료가격에 노동자의 임금과 장인 또는 직접적인 고용주의 이윤이 추가된다. 둘째, 도시로 유입된 국외·국내의 미가공생산물·제조품의 일부를 농촌으로 보낸다. 이 경우에도 이들 상품의 원래 가격에 운송 노동자·선원의 임금 및 그들을 고용하는 상인의 이윤이 추가된다. 이 두 종류의 상업 중 전자로부터 도시가 얻는 것은 자기의 제조업에 의해 얻는 이익이고, 후자로부터 도시가 얻는 것은 자기의 국내상업·외국무역에 의해 얻는 이익이다. 양자 모두로부터 얻는 것은 노동자의 임금 및 각종 고용주들의 이윤이다. 그러므로 이러한 임금·이윤이 일반적 수준을 초과하도록 하는 규정들은 모두 도시로 하여금 자기의 더 적은 노동의 생산물로 시골의 더 많은 노동의 생산물을 구매할 수 있게 해준다. 그 규정은 도시의 상인·수공업자를 시골의 토지소유자·차지농업자·노동자보다 유리하게 하며, 도시와 시골 사이의 상업에서 일어났을 자연적인 평등을 파괴한다. 사회의 노동의 연간생산물 전체는 도시와 시골의 주민 사이에 매년 분할되는데, 이 규정 때문에, 이 규정이 없었을 경우의 몫보다 더 큰 몫이 도시 주민에게 분배되고 더 작은 몫이 시골 주민에게 분배된다.

20. 도시의 반출은 그 반입의 진실가격이다.

매년 도시로 유입되는 식료품과 원료에 대해 도시가 지불하는 진실가격은 매년 도시로부터 유출되는 제조품과 기타 상품의 양이다. 후자를 비싸게 팔면 팔수록 전자를 그만큼 싸게 구매하게 된다. 도시산업은 점점 유리해지며 시골산업은 점점 불리해진다.

21. 도시 산업이 더 이익이 많다는

유럽의 어디에서나 도시에서 행해지는

것은 큰 재산이 그곳에서 만들어진다는 것에서 나타난다.

산업이 시골에서 행해지는 산업보다 유리하다는 것은, 매우 치밀한 계산을 하지 않고 다음과 같은 매우 단순하고 분명한 관찰에 의해서도 알 수 있다. 즉, 유럽의 모든 나라에서 우리는 도시에 속하는 산업인 상업·제조업에 의해 적은 돈으로 거대한 재산을 얻은 사람을 100명 본다면, 시골에 속하는 산업인 토지의 개량·경작에 의한 농산물의 육성에 의해 그렇게 된 사람은 1명도 제대로 볼 수 없다는 사실이다. 시골보다 도시에서 산업이 큰 보상을 받으며 노동임금과 자본이윤이 더 크다는 것은 분명하다. 그런데 자본과 노동은 당연히 가장 유리한 곳을 찾아가며, 따라서 시골을 떠나 가능한 한 도시로 가려고 한다.

22. 도시의 주민들은 단결하기 쉽다.

도시의 주민들은 한 장소에 집합하고 있으므로 쉽게 단결할 수 있다. 따라서 도시에서 행해지는 가장 보잘것없는 직업까지도 동업조합을 결성한다. 동업조합이 결성되지 않은 직업에서도 동업조합의 정신, 즉 외부인에 대한 질투나, 도제를 받아들이거나 직업상의 비법을 전달하는 것에 대한 혐오가 일반적으로 지배하며, 이러한 동업조합의 정신은 규칙으로써 금지할 수 없는 자유경쟁을 자발적인 협의·동의에 의해 저지할 것을 가르쳐 준다. 오직 소수의 종사자가 있을 뿐인 직업은 이러한 결속을 매우 쉽게 맺을 수 있다. 1,000명의 방적공과 직포공에게 일거리를 계속 주기 위해서는 아마도 소모공(梳毛工) 6명만 있으면 될 것이다. 단결해서 도제를 받아들이지 않기로 함으로써 이 소모공들은 그 직업을 마음대로 할 수 있을 뿐만 아니라 노동가격을 작업의 성질에 적합한 수준보다 훨씬 높게 인상할 수 있다.

23. 시골의 주민들이 단결하기 어려운 것은 서로 멀리 떨어져 있어 동업조합정신이 없기 때문이다. 경작기술은 어려운 것인데도 도제 수업을 규정하고 있지 않다.

시골 주민들은 서로 멀리 분산되어 있으므로 쉽게 단결할 수 없다. 그들은 동업조합을 만들어 본 적도 없으며, 동업조합의 정신도 그들 사이에는 없다. 농촌의 중요한 산업인 농업을 경영할 자격을 얻기 위해 도제제도가 필요하다고 생각해 본 적도 없다. 그렇지만 이른바 예술·자유직업 다음으로 각종 지식·경험을 필요로 하는 직업은 농업밖에 없다. 농업에 대해 각국 언어로 쓰여진 책들이 많은 것을 보면, 가장 현명하고 가장 학식 있는 국민들 사이에서 농업이 결코 매우 쉽게 이해될 수 있는 것으로 간주되지 않았다는 것을 알 수 있다. 그리고 책으로부터 농업의 각종 복잡한 작업에 관한 지식을 얻는 것은 불가능하다. 비록 농업서적의 엉터리 저자들은 보통농민을 경멸하는 경향이 있지만, 보통농민은 누구나 그러한 지식을 가지고 있다. 이와 반대로, 어떤 기계적인 직업 중에서 모든 조작이 서너 페이지의 소책자로 완전하고 분명히 설명될 수 없는 것은 거의 없다. 왜냐하면, 그것은 그림과 말로써 설명될 수 있기 때문이다. 지금 프랑스 과학원이 발행하는 수공업의 역사책에는 몇 개가 실제로 이렇게 설명되고 있다. 또 기후의 온갖 변화와 기타 모든 우연적인 상황에 따라 달라져야만 하는 농업의 작업을 지휘·감독하는 것은, 항상 동일하거나 거의 동일한 작업을 지휘·감독하는 것보다 훨씬 많은 판단과 자유재량을 필요로 한다.

24. 대부분의 기계적인 직업보다 더 많은 기능을 요하는 시골의 저급 노동에 대해서도 도제수업이 정해진 일은 없다.

농부의 기술, 즉 경작의 전반적 조작방법뿐 아니라 시골의 허다한 저급 노동도 대부분의 기계적인 직업보다 훨씬 더 많은 기능과 경험을 필요로 한다. 놋쇠와 철을 작업의 대상으로 하는 사람은 그 성질이 항상 동일하거나 거의 동일한 도구와 원료를 다룬다. 그러나 한 조의 말·소를 부려 땅을 가는 사람은 그가 사용하는 도구가 경우에 따라서 건강상태, 힘, 성질이 매우 다르다. 또한 그가 사용하는 원료의 상태도 그가 사용하는 도구만큼이나 변하기 쉽다. 따라서 도구·원료 모두는 많은 판단과 주의로 다루어져야 한다. 보통 농부는, 비록 일반적으로 바보와 무식한 사람의 표본으로 간주되지만, 이 판단과 주의의 면에서는 실수하는 일이 거의 없다. 물론 농부는 도시에 사는 기계 노동자보다 사교에 덜 익숙하다. 농부의 목소리와 말은 더 투박하고, 그것에 익숙하지 않은 사람은 이해하기가 어렵다. 그러나 그의 이해력은 사물의 다양한 변화를 고려하는 데 습관이 되어 있으므로, 아침부터 밤까지 한두 가지 매우 간단한 작업의 수행에 모든 신경을 쏟고 있는 기계 노동자의 이해력보다 일반적으로 훨씬 더 우수하다.[1] 농촌의 하층 사람들이 도시의 하층 사람들보다 실제로 얼마나 우수한가는 사업상이든 호기심에서든 두 쪽과 대화를 많이 한 사람은 누구나 알고 있다. 따라서 중국과 인도에서는 농업노동자의 지위·임금이 대부분의 수공인·직공의 그것보다 높다고 한다. 만약 동업조합법과 동업조합 정신에 의한 방해만 없다면 아마 모든 곳에서 그러할 것이다.

25. 도시산업의 우월성은 외국제품에 대한 고율의 관세와 같은 다른 많은 규제에 의해 지탱된다.

유럽의 모든 곳에서 도시산업이 농촌산업보다 우월한 것은 반드시 동업조합과 동업조합법 때문만은 아니다. 그 우월성은 기타 많은 규제에 의해 지탱되고 있다. 외국제품 및 외국상인이 수입하는 모든 상품에 대한 고율의 관세는 동일한 목적에 봉사한다. 동업조합법은 도시 주민들로 하여금 자기 나라 사람들과의 자유경쟁을 걱정하지 않고 자기들의 가격을 인상할 수 있게 해주지만, 기타 규정들은 외국인들과의 자유경쟁으로부터 그들을 보호해 준다. 위의 두 가지 방법에 의한 가격인상은, 결국 이런 독점의 결성에 반대한 적이 없는 농촌의 토지소유자·차지농업자·노동자에 의해 지불된다. 농촌 주민들은 일반적으로 단결할 의향도 없으며, 단결에 적합하지도 않다. 상인·제조업자들이 시끄럽게 주장하는 소리와 궤변은 쉽사리 사회의 일부 및 그 부차적인 부분의 사적 이익이 사회 전체의 일반이익(general interest)이라는 것을 농촌

---

1) 이 점은 스미스가 분업을 비판할 때 자주 언급하는 것이다—역자.

주민에게 설득시킨다.[2)]

26. 영국에서는 이 우월성이 쇠퇴했다.

영국에서는 농촌산업에 대한 도시산업의 우월성은 현재보다도 이전에 더욱 컸던 것 같다. 현재는 지난 세기(17세기)나 현세기 초보다 농업노동 임금이 제조업노동 임금에, 그리고 농업자본의 이윤이 상업자본 · 제조업자본의 이윤에 더욱 접근하고 있다. 이러한 변화는 도시산업을 특별히 장려한 것의 필연적인, 그러나 그 효과가 아주 늦게 나타난 결과라고 간주할 수 있다. 도시에 축적되는 자본은 너무나 커져서 도시 고유의 산업분야에서 옛날의 이윤을 더 이상 얻을 수 없게 되었다. 도시산업도 다른 모든 산업과 마찬가지로 한계가 있으며, 자본의 증가는 경쟁을 증대시킴으로써 필연적으로 이윤을 감축시킨다. 도시에서의 이윤 저하는 자본이 농촌으로 유입되도록 강요하며, 그곳에서 농업노동에 대한 새로운 수요를 창출함으로써 필연적으로 농업노동 임금을 인상시킨다. 이리하여 자본은, 만약 이런 표현을 사용해도 된다면, 전국으로 확산되고 농업에 사용됨으로써 부분적으로 농촌으로 되돌아오는데, 이 자본은 원래는 농촌의 희생 위에 대부분 도시에서 축적되었던 것이다. 유럽의 모든 곳에서 농촌의 가장 큰 진보는 원래 도시에서 축적된 자본의 이와 같은 범람 때문이었다는 점을 나는 뒤에서 밝힐 것이다. 그리고 동시에, 몇몇 나라들이 이러한 과정을 통해 상당한 정도의 풍족에 도달했지만, 이 과정은 필연적으로 더디고 불확실하고 수많은 사건에 의해 방해받거나 중단되기 쉬우며, 모든 면에서 자연과 이성의 순서(order)에 반대된다는 점을 나는 증명할 것이다. 이 과정을 야기한 이해관계 · 편견 · 법률 · 관습에 관해서는 제3편과 제4편에서 가능한 한 상세하고 분명하게 설명할 것이다.

27. 동업자들의 회합은 조장

동업자들은 오락이나 기분전환을 위해 만나

---

2) 스미스는 국부 증진의 자연적인 진행과정이 농업→제조업→외국무역이라고 보기 때문에 '부차적인'이라는 표현을 사용한다. 제 3편 제 1장을 참조하라—역자.

되어서는 안 된다.

는 경우에도, 그들의 대화는 공중(公衆)에 반대되는 음모나 가격인상을 위한 모종의 책략으로 끝나지 않을 때가 거의 없다. 이러한 모임을 실제로 집행 가능하거나 자유와 정의에 모순되지 않는 법률로 저지한다는 것은 불가능하다. 그러나 법률이 동업자들의 이따금의 모임을 저지할 수는 없다고 하더라도 법률이 그러한 모임을 촉진해서는 안 되며, 더구나 그러한 모임이 필요하도록 만들어서도 안 된다.

28. 동업자의 이름과 주소를 등록하는 종류의 일

어떤 도시의 어떤 업종의 종사자 전부에게 그들의 이름과 주소를 공공 등기부에 등록하도록 하는 규정은 그러한 모임을 촉진한다. 그것은 서로 몰랐을 사람들을 연결시켜 주며, 그 직업의 각 사람에게 다른 동업자의 주소를 알게 해 준다.

29. 병자, 과부, 고아를 위한 기금의 설정

동업자들로 하여금 각자 돈을 내게 하여 그들 중의 가난한 사람·병든 사람·과부·고아를 도와주도록 하는 규정은 그들이 관리해야 할 공동관심사를 제공함으로써 그러한 모임을 필요하게 만든다.

30. 동업조합의 설립

동업조합은 그러한 모임을 필요하게 할 뿐만 아니라 다수인들의 행위가 전체를 구속하게 만든다. 자유로운 직업에서는 각 구성원 전체의 동의에 의하지 않고서는 유효한 연합이 결성될 수 없으며, 그 연합도 각 사업가가 모두 같은 생각을 계속 유지하는 동안에만 지속될 수 있을 뿐이다. 그런데 동업조합은 다수결에 의해 적절한 벌칙을 가진 규칙을 제정할 수 있으며, 이 규칙은 어떤 자발적인 연합보다 더욱 효과적이고 더욱 영속적으로 경쟁을 제한할 수 있다.

31. 동업조합은 불필요하며 직공들을 타락시킨다.

사업을 더 잘 관리하기 위해 동업조합이 필요하다는 주장은 전혀 근거가 없다. 노동자에 대해 실행되는 진실하고 유효한 제재(制裁)는 동업조합에 의한 것이 아니라 고객들에 의한 것이다. 노동자가 감히 가짜를 만들지 못하게 하고, 감히 게으름을 피우지 못하게 하는 것은 직장을 잃는 것에 대한 두려움이다. 배타적인 동업조합은 필연적으로 이러한 제재력을 약화시킨다. 왜냐하면, 거기에는 근무태도가 좋든 나쁘든 특정 노동자들만이 고용될 수밖에 없기 때문이다. 많은 대규모 자치시에서, 가장 필요한 일부 사업에서조차, 노동자다운 노동자를 찾아볼 수 없는 것은 이 때문이다. 당신이 당신의 작업이 제대로 수행되기를 바란다면 그것을 교외로 가져가서 그곳에서 작업을 하게 한 다음, 그것을 다시 도시로 몰래 들여와야 한다. 그곳의 노동자들은 특권을 가지고 있지 않고 의지할 수 있는 것이라고는 그들 자신의 평판뿐이다.

32. 유럽의 정책은 몇 가지 직업에서 경쟁을 제한한다.

이와 같이 유럽의 정책은 약간의 업종에서 경쟁을 가능한 수보다 적은 수로 제한함으로써 노동·자본의 각종 사용처의 유리성·불리성 전체에 매우 중요한 불균등을 야기하고 있다.

33. (2)유럽의 정책은 몇 가지 직업에서 경쟁을 증대시킨다.

둘째로, 유럽의 정책은 약간의 업종에서 경쟁을 자연적으로 가능한 것 이상으로 격화시킴으로써 노동·자본의 각종 사용처의 유리성·불리성 전체에 다른 하나의 불균등을 야기한다.

34. 그것은 성직자의 교육비를 싸게 하고 그렇게 해서 그들의 소득을 감소시킨다.

적당한 수의 젊은 사람들이 특정 직업을 위한 교육을 받는 것이 매우 중요하다고 생각되었기 때문에, 때로는 정부가 그리고 때로는 개인 기부자가 기숙사비 및 교육비 지원금(pension)·장학금(scholarships)·잉글랜드 대학 장학금(exhibitions)·스코틀랜드 대학 장학금(bursaries) 등 수많은 명목의 장학기금을 설립했으며, 그리하여 이러한 장학제도가 없다면 들어갈 뜻이 없었을 많은 사람들이 이들 직업에 들어

간다. 모든 기독교 나라에서는 대부분의 성직자의 교육은 이렇게 수행된다고 나는 생각한다. 그들 중 매우 적은 수가 오직 자기 자신의 비용으로 교육을 받는다. 그러므로 자비(自費)로 교육받는 사람들의 장기간의 지루하고 비싼 교육은 그들에게 합당한 보수를 반드시 획득시켜 주지는 않을 것이다. 왜냐하면, 교회는 그런 교육에 합당한 보수 수준보다 훨씬 낮은 보수를 받더라도 직업을 얻으려는 사람들로 만원이기 때문이다. 이리하여 가난한 사람들의 경쟁은 부자가 받아야 할 보수를 빼앗아 간다. 부목사나 목사를 보통직업의 직인과 비교하는 것은 불경스럽긴 하지만, 그들의 보수는 직인의 임금과 똑같은 성질을 가지고 있다고 정당하게 말할 수 있다. 이들 셋은 각각의 상급자와 맺는 계약에 따라 보수를 받는다. 14세기 중엽 이전에는, 잉글랜드에서는, 지금의 화폐 10파운드와 거의 동등한 양의 은을 함유했던 5마크(merk)가 부목사 또는 유급 교구목사의 보통 연봉이었는데, 이것은 몇 번의 전국 종교회의의 결의에 의해 규정된 것이다. 그 당시 장인 석공의 보수는 하루에, 지금의 화폐 1실링과 같은 양의 은을 함유했던 4펜스이고, 직인 석공의 보수는 하루에, 지금의 화폐 9펜스와 같은 양의 은을 함유했던 3펜스라고 선포되었다. 이 두 노동자들의 임금은, 만약 그들이 상시 고용되었다고 가정하면, 부목사의 보수보다 훨씬 컸다. 장인 석공의 임금은, 만약 그가 연중 $\frac{1}{3}$을 취업상태에 있다면, 부목사의 보수와 같았다. 앤 여왕 제12년〔1713년〕의 법령 제12호는 다음과 같이 선포했다. "부목사가 여러 곳에서 부족한데, 이것은 부목사를 위한 충분한 생활비와 장려비가 없어서 그런 것이므로, 주교(主教: bishop)는 자필 서명에 의해 연간 20~50파운드의 봉급 또는 수당을 줄 수 있는 권한을 가진다." 연간 30파운드는 지금 부목사에게는 매우 좋은 연봉인데, 이 의회 법령에도 불구하고 런던에는 연봉 20파운드 이하의 부목사들이 많다. 런던에는 연간 40파운드를 버는 직인 구두제조공이 있으며, 근면한 노동자치고 어떤 업종에서나 연간 20파운드를 받지 않는 사람은 거의 없다. 연간 20파운드는 다수의 농촌교구에서 보통 노동자들이 벌고 있는 것을 초과하지 않는다. 법이 노동자 임금을 규제하려고 시도할 때는 언제나 임금을 인상시키는 것이 아니라 항상 인하시키려고 했지만, 부목사의 경우에는 그 임금을 인상하려고 시도했으며, 교회의 위신을 위해 교구 목사로 하여금 부목사들이 받아들이려는 비참한 생활비 이상을 부목사에게 지불하도록 강제했다. 그런데 어느 경우에나 법은 마찬가지로 효력이 없었던 것 같고, 부목사의 임금을 의도한 수준으로 인상시킬 수도 없었고, 노동자 임금을 인하시킬 수도 없었다. 왜냐하면, 법은 빈곤한 처지에 놓여 있는데다 수많은 경쟁자와 직면하고 있는 부목사들이 법정 보수 이하를 받아들이는 것을 막을 수 없었기 때문이며, 그리고 노동자들을 고용해서 이윤이나 쾌락을 얻으려고 하는 고용주들의 임금 인상 경쟁에 직면하고 있는 노동자들이 법정보수 이상을 받는 것을 막을 수 없었기 때문이다.

35. 그러므로 잉글랜드 및 로마 가톨릭교회의 영광을 유지하는 것은 거액의 헌금 등뿐이다.

교회의 하급 성직자들의 비참한 생활상태에도 불구하고 상급 성직자들의 높은 수입과 성직(聖職)의 승진 가능성이 교회의 위엄을 유지하고 있다. 성직에 대한 이러한 존경은 또한 하급 성직자들에게까지 금전상 보수의 초라함을 약간은 보상해 준다. 잉글랜드와 모든 천주교 나라에서 교회의 복권(lottery: 성직자가 될 수 있는 기회)은 사실상 필요 이상으로 〔교회에게〕 유리하게 되어 있다. 스코틀랜드 · 제네바의 교회와 기타 몇 개의 신교 교회를 보면, 교육을 매우 쉽게 받을 수 있는 이 존경스러운 직업에는 천주교 나라보다도 훨씬 적은 녹(祿)을 받는데도 불구하고 충분한 수의 학식 있고, 예의 있고, 존경할 만한 사람들이 몰려들고 있다.

36. 만일 이와 동일한 원인이 있다면, 그것은 법률가와 의사의 보수를 깎아내릴 것이다.

법률가와 의사처럼 신성한 직무에 따른 봉록, 즉 성직록(聖職祿)이 없는 직업에서, 성직과 동일한 수의 사람들이 공공의 경비로 교육을 받는다면, 머지 않아 경쟁이 너무나 치열해져서 그들의 금전상 보수는 크게 저하할 것이다. 그러면 어떤 사람도 자기 아들에게 자기 스스로 돈을 들여 법률·의학을 교육시키는 것은 가치 없는 일로 될 것이며, 이들 직업은 공공의 자선에 의해 교육된 사람들에게 완전히 맡겨질 것이다. 그들은 수가 많고 생활수준이 낮기 때문에 일반적으로 아주 형편없는 보수로도 만족할 것이므로, 지금 존경받고 있는 직업인 법률가와 의사는 완전히 타락하게 될 것이다.

37. 이러한 이유로 문필가들의 보수도 하락했다.

이른바 문인(文人)이라 불리는 가난한 계급의 사람들은 법률가와 의사가 위에서 말한 가정(假定) 하에 있을 경우와 매우 비슷한 상황에 있다. 유럽의 모든 곳에서 대부분의 문인들은 교회에서 성직을 맡기 위한 교육을 받았으나 각종 이유로 성직을 얻지 못한 사람들이다. 그들은 일반적으로 공공의 경비로 교육을 받았으며, 그들의 수가 어디에서나 너무 많아 그들의 노동가격이 매우 빈곤한 수준으로 하락한 것이다.

38. 교사의 보수도 그러했다.

인쇄술의 발명 이전, 문인들이 자기의 재주로 먹고 살 수 있는 유일한 직업은 공공의 선생 또는 개인교사, 즉 자기 스스로 획득한 유용하고 호기심을 끄는 지식을 남에게 전달하는 사람이 되는 것이었다. 이 직업은 인쇄술의 발명으로 생겨난 출판업자를 위해 저술하는 직업보다 더욱 명예롭고 유용하며 일반적으로 더 유리한 직업이다. 학문의 우수한 교사가 되기 위해 들인 시간·연구·독창성·지식·몰두는 가장 우수한 변호사·의사에게 필요한 것과 거의 동등하다. 그러나 우수한 교사의 통상 보수는 변호사·의사의 그것과는 비교할 수도 없다. 왜냐하면, 교사의 직업은 공공의 비용으로 교육받은 가난한 사람들로 꽉 차 있는 반면에, 변호사·의사의 직업은 자기 자신의 비용으로 교육받은 매우 적은 사람들이 종사하고 있기 때문이다. 그러나 공공의 선생과 개인 교사의 통상 보수가 매우 적게 보일지라도, 빵을 얻기 위해 글을 쓰는 비교적 가난한 문인들의 경쟁이 시장에서 사라지지 않았다면, 그 보수는 지금보다 분명히 더 낮았을 것이다. 인쇄술의 발명 이전에는 학자(scholar)와 거지(beggar)는 거의 동의어(同義語)였다. 그 전에는 대학총장들이 학생들에게 가끔 구걸 면허장을 발행했던 것 같다.

39. 교사들은 옛날에는 훨씬 더 많은 보수를 받았다.

가난한 사람들을 학식이 요구되는 직업에 종사할 수 있도록 교육시키기 위한 위와 같은 자선제도가 없었던 옛날에는, 우수한 교사의 보수는 훨씬 높았던 것 같다. 이소크라테스(Isocrates)는 궤변론자를 비난하는 글에서, 그 당시의 교사들이 언행(言行)이 일치하지 않는다고 다음과 같이 비난하고 있다. "그들은 학생들에게 아주 그럴듯한 약속을 하고, 그들에게 현명해지고 행복하고 올바른 사람이 되는 길을 가르쳐 주겠다고 한다. 그러면서도 이렇게 중요한 서비스의 대가로 그들은 겨우 4~5미나(mina: $\frac{1}{60}$ 탈렌트)의 적은 보수만을 요구한다. 지혜를 가르치는 사람은 그 자신이 현명해야만 한다. 그런데 이러한 싸구려 가격으로 자기의 서비스를 판매하려는 사람은 가장 명백한 바보임에 틀림없다." 그는 여기서 분명히 교사의 보수를 과장하려고 하지 않았으며, 교사의 보수가 그가 말한 것보다 적지는 않았다는 것을 확신할 수 있다. 4미나는 13파운드 6실링 8펜스와 같았고, 5미나는 16파운드 13실링 4펜스와 같았다. 이 두 금액 중 큰 금액이 통상 그 당시 아테네에서 가장 우수한 교사에게 지불되었음에 틀림없다. 이소크라테스 본인은 각 학생으로부터 10미나, 즉 33파운드 6실링 8펜스를 요구했으며, 그가 아테네에서 가르칠 때 그의 학생은 100명이었다고 한다. 이 숫자는 그가 한 번에 가르친 사람들, 즉 한 교과과정에 출석한 사람들이며, 그 숫자는 그렇게 큰 도시에서 그렇게 유명한 교사—그는 그 당시 모든 학문 중 가장 유행하던 학문인 수사학(rhetoric)을 가르쳤다—에게 청강하던 사람들로서는 특별히 많은 것이라고는 생각되지 않는다. 그러므로 그는 한 교과 과정에 의해 1,000미나, 즉 3,333파운드 6실링 8펜스를 벌었음에 틀림없다. 플루타크(Plutarch)가 다른 곳에서 언급한 바와 같이, 1,000미나는 이소크라테스 강의의 통상 가격이었다. 기타의 많은 우수한 교사들도 이 시대에는 큰 재산을 모았던 것 같다. 고르기아스(Gorgias)는 순금으로 자신의 조상(彫像)을 만들어 델포이의 신전에 바쳤다. 물론 그 조상이 실물처럼 컸다고 가정해서는 안 될 것이다. 플라톤(Plato)은 말하기를, 고르기아스의 생활방식은, 그 당시의 다른 두 우수한 교사인 히피아스(Hippias)와 프로타고라스(Protagoras)의 생활방식과 마찬가지로, 허례허식에 가까울 정도로 호화로왔다고 한다. 플라톤 자신도 매우 호화롭게 살았다고 한다. 아리스토텔레스(Aristotle)는 알렉산더 대왕의 가정교사가 되어 대왕과 그의 아버지 필립으로부터 매우 후한 보수를 받았다는 것은 모두가 아는 사실인데, 그럼에도 불구하고 그는 자기 학교의 강의를 재개하기 위해 아테네로 돌아가는 것이 좋겠다고 생각했다.

그 당시 학문의 교사들은 수가 적었으며, 그 1~2세대 후에는 그 수가 많아져 경쟁이 그들의 노동가격과 개인에 대한 존경심을 약간 저하시켰다. 그러나 가장 우수한 교사들은 현재의 어느 누구보다 훨씬 큰 존경을 항상 받았던 것 같다. 아테네 사람들은 플라톤 학파의 카르네아데스(Carneades)와 스토아 학파의 디오게네스(Diogenes)를 근엄한 사절로 로마에 보냈다. 그 당시 아테네는 옛날의 영광에 비하면 약간 쇠퇴했지만 여전히 당당한 독립공화국이었다. 카르네아데스도 디오네게스와 마찬가지로 바빌론 태생이었는데, 아테네 사람만큼 외국인에게 공직을 주지 않으려는 사람이 없었다는 점을 고려하면, 그에 대한 아테네 사람들의 존경이 매우 컸음에 틀림없다.

40. 수업료가 이렇게 싸다는 것은 사회로서는 아마 전혀 불리한 것도 아니다.

이러한 불균등〔즉, 약간의 업종에서 경쟁을 자연적으로 가능한 것 이상으로 격화시킴으로써 노동·자본의 각종 사용처의 유리성·불리성 전체에 대해 야기하는 불균등〕은 대체로 국민 대중에게 해로운 것이라기보다는 오히려 유리한 것이다. 이 불균등은 공공의 교사의 직업을 약간 타락시켰지만, 학문적 교육의 염가성(廉價性)은 이 작은 불편을 크게 보상하고도 이익을 주는 것임에 틀림없다. 교육이 수행되는 학교·대학의 조직이 유럽의 대부분에서 지금보다 합리적으로 된다면, 국민 대중은 한층 더 큰 이익을 얻을 것이다.

41. (3)유럽의 정책은 노동의 자유로운 이동을 방해한다.

셋째로, 유럽의 정책은, 한 업종에서 다른 업종으로, 그리고 한 장소에서 다른 장소로 노동·자본이 자유롭게 이동하는 것을 방해함으로써, 노동·자본의 각종 사용처의 유리성·불리성 전체에 매우 불편한 불균등을 야기하는 경우가 있다.

42. 도제제도와 동업조합의 특권은 각종 직업간의 유통과 각 지방간의 유통을 방해한다.

도제 조례는 동일한 장소에서조차 노동이 한 업종에서 다른 업종으로 자유롭게 이동하는 것을 방해한다. 그리고 동업조합의 배타적 특권은 동일한 업종에서조차 한 장소에서 다른 장소로 노동이 자유롭게 이동하는 것을 방해한다.

43. 그러므로 임금을 균등화하는 데 필요한 전직이 방해되고 있다.

어떤 제조업에서는 노동자에게 높은 임금이 지불되고, 다른 제조업에서는 노동자가 생존수준의 임금에 만족할 수밖에 없는 경우가 자주 발생한다. 전자는 발전하는 상태에 있고, 따라서 새로운 노동자를 끊임없이 수요한다. 후자는 쇠퇴하는 상태에 있고, 노동자의 과잉이 끊임없이 증대하고 있다. 이 두 제조업이 때로는 동일한 도시에 있을 수도 있고 때로는 가까운 이웃에 있을 수도 있지만, 서로서로 전혀 도움을 줄 수가 없다. 왜냐하면, 동일한 도시에 있는 경우 도제조례가 그것을 저지하며, 가까운 이웃에 있는 경우 도제조례와 배타적 동업조합이 그것을 저지하기 때문이다. 그러나 다수의 상이한 제조업에서 작업은 매우 비슷하기 때문에, 만약 위와 같은 불합리한 법률이 방해하지만 않는다면, 노동자들은 쉽게 직업을 바꿀 수 있을 것이다. 예컨대 무지(無地)의 아마포·비단 직조 기술은 거의 전적으로 동일하다. 무지 모직물의 직조 기술은 약간 다르기는 하지만, 그 차이는 아주 미미하므로, 아마포 직조공·비단 직조공은 며칠 안에 꽤 훌륭한 모직물 직조 노동자가 될 수 있다. 그러므로 이 세 개의 큰 제조업 중 어느 하나가 쇠퇴하면 노동자들은 더 번영하는 다른 제조업에서 직장을 구할 수 있을 것이다. 이리하여 번영하는 제조업에서는 임금이 너무 높게 상승하지 않고, 쇠퇴하는 제조업에서는 임금이 너무 낮게 하락하지 않을 것이다. 아마포 제조업은 사실상 잉글랜드에서는 특별법(1663년)에 의해 모든 사람에게 개방되어 있다. 그러나 아마포 제조업은 영국의 대부분을 통해 크게 발달하고 있지 않으므로, 기타 쇠퇴산업의 노동자에게 대규모의 활로를 제공할 수 없다. 따라서 이 노동자들은 도제조례가 적용되는 곳에서는 교구(教區: parish)의 구호를 받든가 일반 노동자로서 일하는 수밖에 달리 선택의 여지가 없다. 그러나 그들은 습관 때문에, 자기들이 일해 온 제조업과 어느 정도 비슷한 제조업에서 일하는 것보다 일반 노동자가 되기에는 훨씬 더 부적합하다. 그러므로 그들은 일반적으로 교구의 구호를 받게 된다.

44. 노동의 유통을 방해하는 것은 또한 자본의 유통도 방해한다.

한 업종으로부터 다른 업종으로 노동의 자유로운 이동을 방해하는 것은, 그것이 무엇이든, 자본의 자유로운 이동도 방해한다. 왜냐하면, 어떤 사업에 사용될 수 있는 자본량은 그 사업에 고용될 수 있는 노동량에 크게 의존하기 때문이다. 그러나 동업조합법은 한 장소로부터 다른 장소로의 노동의 자유로운 이동보다 자본의 자유로운 이동을 덜 방해한다. 왜냐하면, 부유한 상인이 자치시에서 영업할 특권을 얻는 것은 가난한 노동자가 일할 특권을 얻는 것보다 어디에서나 훨씬 쉽기 때문이다.

45. 잉글랜드에서는 노동의 유통이 구빈법에 의해서도 방해되고 있다.

동업조합법이 노동의 자유로운 이동을 방해하는 것은 유럽의 모든 곳에서 공통적이다. 그러나 구빈법(救貧法: the poor law)이 그것을 방해하는 것은, 내가 아는 한, 잉글랜드에 특유하다. 이 방해는 빈민이 자기의 교구 밖에서 거주할 권리를 얻거나 노동할 허가를 얻는 것을 어렵게 한다는 점에 있다. 동업조합법에 의해 자유로운 이동이 방해되는 노동은 수공업과 제조업의 노동뿐이다. 그런데 거주권을 얻기 어렵게 하는 것은 농업노동의 자유로운 이동까지도 방해한다. 잉글랜드의 행정에서 가장 무질서한 구빈행정의 발생·발전·현재의 상태에 대해 좀 더 설명하는 것이 좋을 것이다.

46. 엘리자베스 제43년 법령 제2호에 의하여 각 교구는 자기 교구의 빈민을 부양하지 않으면 안 되게 되었다.

수도원의 파괴에 의해 가난한 사람들이 종교기관의 자선을 받을 수 없게 되었을 때, 그들의 구호를 위한 약간의 비효과적인 시도가 있은 뒤, 엘리자베스 1세 제43년〔1601년〕의 법령 제2호는 다음과 같이 규정했다. 즉, 각 교구는 자기 교구의 빈민을 구호할 의무가 있고, 매년 빈민감독관을 지명해야 하며, 그는 교구위원들과 함께 교구세(敎區稅: parish rate)를 징수하여 이 목적을 위한 충분한 자금을 조달해야 한다.

47. 찰스 2세 제13년 및 14년의 법률은 40일간 교구에 거주한 빈민을 빈민이라고 판정하지만, 그 기간 안에는 퇴거시킬 수 있다고 확정했다.

이 법령에 의해 각 교구는 자기 교구의 빈민을 구제할 의무를 지게 된 것이다. 따라서 어떤 사람을 자기 교구의 빈민으로 간주해야 하는가는 꽤 중요한 문제로 되었다. 이 문제는 약간의 변동 이후 드디어 찰스 2세 제13년과 제14년〔1662년〕의 법령에 의해 확정되었다. 이 법령에 의하면, 40일간 계속 거주했다면 빈민은 어느 교구에서나 거주권을 얻을 수 있다. 그러나 이 기간 안에 교구위원이나 빈민감독관의 고소에 의해 두 명의 치안판사가 새로 옮겨온 사람을 바로 직전 주소의 교구로 돌려보내는 것은 합법적이다. 그러나 그 새로 옮겨온 사람이 연간 임대료 10파운드의 집을 임차했거나, 그가 원래 거주했던 교구의 거주권을 포기하겠다는 것의 담보로 치안판사들이 충분하다고 인정하는 보증금을 제공하는 경우에는 그를 퇴거시켜서는 안 된다.

48. 제임스 2세 제1년의 법령에 의해 새로운 주민은 서면보고를 제출하도록 요구받게 되었다.

이 법령 때문에 약간의 부정행위가 발생했다고 한다. 예컨대 교구 관리가 때때로 자기 교구의 빈민을 매수해서 다른 교구로 몰래 가게 하고, 거기에서 40일간 계속 살다가 합법적인 거주권을 얻게 함으로써 자기 교구의 구제부담을 경감시켰다는 것이다. 이리하여 제임스 2세 제1년(1685년)의 법령이 제정되었는데, 이 법령에 의하면, 거주권을 얻는 데 필요한 40일간의 계속 거주는 그가 거주하려고 온 교구의 교구위원이나 감독관에게 자기의 주소와 가족수를 서면으로 제출한 때로부터 기산(起算)한다는 것이다.

49. 윌리엄 3세 제3년의 법률에 의하여 이러한 서명보고 제출은 교회에 공시되도록 하였다.

그러나 교구의 관리들은 다른 교구보다 자기의 교구에 대해 반드시 더욱 정직하게 업무를 처리했던 것은 아닌 것 같다. 교구의 관리들은 때때로 서면보고를 받고도 아무런 적당한 조치를 취하지 않음으로써 불법침입자를 묵인했다. 그리하여 교구의 각 주민은 이러한 불법침입자로 인해 부담을 지게 되는 상황을 최대한 방지하는 것이 그들 자신에게 이익이 된다고 가정하고, 윌리엄 3세 제3년(1691년)의 법령에 의해 40일간의 거주는 일요일 교회에서 예배를 마친 직후 그 제출한 서면이 공시된 때부터 기산한다고 규정했다.

50. 서면보고 제출 요구는 가능한 한 거주권을 주지 않기 위해서였다.

번(Burn) 박사는 다음과 같이 말한다. "결국, 제출 서면의 공시 후 40일간 계속 거주함으로써 거주권을 얻는 경우는 매우 드물다. 법령의 목적은 남몰래 교구에 들어오는 사람들에게 거주권을 주려고 하기보다는 주지 않으려고 하는 것이다. 왜냐하면, 서면으로 제출하는 것은 교구로 하여금 그 사람을 제거하라고 압력을 가하는 것일 뿐이기 때문이다. 그러나 만약 어떤 사람이 실제로 다른 교구로 이동해야 하는가 아닌가에 대해 의문을 가지고 있다면, 그는 서면제출에 의해 교구로 하여금 자기에게 40일간의 계속적인 거주를 허용함으로써 거주권을 부여할 것인지 아니면 자기를 다른 교구로 퇴거시킬 것인지를 결정하게 한다."

51. 정주를 획득하는 데는 이 밖에 네 가지 방법이 있었다.

이 법령은 빈민이 옛날의 방식, 즉 40일 동안의 계속 거주로 새로운 거주권을 얻는 것을 거의 불가능하게 했다. 그러나 한 교구의 보통 사람이 다른 교구에서 안전하게 사는 것을 전적으로 금지할 수 없다고 생각되었으므로, 그 법령은 서면을 제출하거나 공시하지 않은 채 거주권을 얻을 수 있는 네 가지 방법을 지정했다. 첫째 교구세를 부과받아 납부하는 것, 둘째 1년 임기의 교구 관리직에 선출되어 1년간 봉사하는 것, 셋째 교구에서 도제로 봉사하는 것, 넷째 그 교구에서 1년간 고용되어 1년 동안 동일한 직장에서 일하는 것이다.

52. 그 가운데 두 가지는 모든 가난한 사람에게는 불가능했다.

교구 주민 전체의 공공(公共)의 행동 없이는 어느 누구도 앞의 첫째와 둘째 방법 중의 어느 한 가지 방법에 의해 거주권을 얻을 수 없다. 왜냐하면, 교구 주민들은 자기의 생활을 유지하는 방편으로 노동밖에는 아무것도 가지지 않은 외래인에게 교구세를 부과하거나 그를 교구 관리직에 선임함으로써 교구민으로 받아들이는 것의 결과가 어떤 것인지 너무나 잘 알고 있기 때문이다.

53. 나머지 두 가지 방법도 기혼자에게는 불가능했다.

결혼한 남자는 나중의 두 가지 방법 중의 어느 하나에 의해 거주권을 얻을 수 없다.

도제가 결혼한 사람인 경우는 매우 드물고, 결혼한 사람은 1년간의 취업에 의해 거주권을 얻을 수 없다고 명시적으로 규정되어 있기 때문이다. 취업에 의해 거주권을 주는 방법을 채용한 것의 주된 효과는 1년간 고용하던 옛날 방식을 크게 해소시켰다는 것이다. 이 방식은 이전에는 잉글랜드에서 일종의 관습이어서 지금도 특별한 연한을 정하지 않은 경우 법률은 노동자가 1년간 고용되는 것으로 해석한다. 그러나 고용주는 노동자를 이러한 방식으로 고용함으로써 거주권을 주는 것을 반드시 원하지는 않으며, 노동자도 그렇게 고용되는 것을 반드시 원하지는 않는다. 왜냐하면, 최후의 거주권이 그 이전의 모든 거주권을 무효로 만들어버리므로, 노동자들은 이것에 의해 부모·친척의 거주지이자 자기의 출생지에 대한 원래의 거주권을 잃어버릴지도 모른다고 걱정하기 때문이다.

54. 모든 독립한 직공들에게도 불가능했다.

그가 날품팔이든 수공인이든 간에, 독립적인 노동자가 도제가 되거나 취업에 의해 새로운 거주권을 얻을 수 없다는 것은 명확하다. 그러므로 이러한 사람이 자신의 기능을 가지고 새로운 교구에서 살려고 할 때, 그가 아무리 건강하고 근면하다고 하더라도, 그가 연간임대료 10파운드의 가옥을 임차하거나(그러나 이것은 자신의 노동밖에 가진 것이 없는 사람에게는 불가능한 일이다), 원래 거주했던 교구의 거주권을 포기하겠다는 것의 담보로 두 명의 치안판사가 충분하다고 인정하는 보증금을 제공하든가 하지 않는 한, 교구위원이나 빈민감독관은 마음대로 그에게 퇴거 명령을 내릴 수 있다. 치안판사가 얼마 만큼의 보증금을 요구할 것인지는 전적으로 그들의 마음에 달렸지만, 아마 30파운드 이하는 요구하지 않을 것이다. 왜냐하면, 법령의 규정에 의하면 30파운드 이하의 가치를 가진 자유보유 토지(free-hold estate)의 구입도 교구의 거주권을 획득하게 할 수 없다고 되어 있는데, 그 이유는 이것이 원래 교구의 거주권을 취소하는 데 대한 담보로서 충분하지 않기 때문이다. 그러나 이러한 보증금은 노동으로 살아가는 사람이 제공할 수 있는 것이 아닌데도 이보다 훨씬 더 많은 보증금을 요구하는 경우가 자주 있었다.

55. 증명서의 발행으로 사람들은 즉시 퇴거할 것을 명령받지 않고, 또 정주를 획득하지 않고서도 어떤 교구에 거주할 수 있게 되었다.

각종 법령들이 거의 완전히 빼앗아 버린 노동의 자유로운 이동을 어느 정도 회복하기 위해서 증명서 발행이 제안되었다. 윌리엄 3세 제8년과 제9년(1697년)의 법령에 의하면, 누구든지 그가 최후로 합법적으로 거주한 교구로부터 증명서, 즉 교구위원과 빈민감독관이 서명하고 두 명의 치안판사가 확인한 증명서를 가져오면, 다른 교구는 그를 받아들일 의무가 있으며, 증명서를 가진 사람은 그가 새로운 교구의 구호를 받게 될 것 같다는 이유만으로는 퇴거당하지 않고, 그가 실제로 구호를 받게 될 때에만 퇴거당하며, 퇴거당할 때에는 증명서를 발행한 교구가 그의 부양비 · 퇴거비를 모두 지불해야 한다고 규정했다. 그리고 증명서를 가진 사람이 거주하려고 하는 교구에게 가장 완전한 담보를 제공하기 위해서 이 법령은 나아가 다음과 같은 사항을 규정했다. 즉, 그는 연간임대료가 10파운드인 집을 임차하거나, 무보수로 교구 관리직에 1년간 봉사하거나 하는 방법을 제외하고는, 어떤 방법에 의해서도 결코 새로운 교구에서 거주권을 얻을 수 없다. 따라서 결과적으로 그는 서면제출 · 취업 · 도제 봉사 · 교구세 지불에 의해서도 새로운 교구에서 거주권을 취득할 수 없다. 또한 앤 여왕 제12년(1712년)의 법령 제1집 제18호에 의하면, 증명서를 가진 사람은 자신의 하인 · 도제가 증명서에 의해 자신이 거주하고 있는 교구에서 거주권을 얻게 할 수 없다.

56. 새로 거주하는 교구는 증명서를 요구했으나 이전 교구는 그 발급을 거부했다.

이러한 제도가 그 이전의 법령들이 거의 박탈한 노동의 자유로운 이동을 어느 정도 회복시켰는가는 번(Burn) 박사의 다음과 같은 매우 정확한 관찰로부터 알 수 있다. "어느 곳에 거주하러 오는 사람에게 증명서를 요구하는 데에는 분명히 각종 상당한 이유가 있다. 즉, 증명서에 의해 거주하는 사람들은 도제 봉사·취업·서면제출·교구세 납부에 의해서는 거주권을 얻을 수 없다는 것, 그들은 자기의 도제·머슴에게 거주권을 얻어 줄 수 없다는 것, 그들이 교구의 구호를 받게 되면 그들을 어디로 송환할 것인가가 분명히 알려지며, 교구는 그들의 부양비와 송환비를 받게 된다는 것, 그들이 병들어 송환될 수 없다면 증명서를 발행한 교구가 그들을 부양해야 한다는 것――이런 모든 것들은 증명서가 없으면 불가능하다. 이런 이유 때문에 교구들은 보통의 경우에는 증명서를 발행하지 않으려 했다. 왜냐하면, 증명서를 발급해 주었던 사람을 더 나쁜 상태로 다시 받아들일 것이 명확하기 때문이다." 이 관찰에 담겨 있는 뜻은, 빈민이 거주하러 가는 교구는 언제나 증명서를 요구할 수밖에 없고, 빈민이 떠나려 하는 교구는 증명서를 발행하지 않으려 할 수밖에 없다는 것이다. 매우 학식 있는 동일한 저자는 자기가 쓴 『구빈법(救貧法)의 역사』라는 책에서 다음과 같이 말한다. "사람이 불행히도 소위 거주권을 얻은 지역에서 계속 거주하는 것이 아무리 불편하다고 하더라도, 또는 다른 곳으로 가서 거주함으로써 기대할 수 있는 이익이 아무리 크다고 하더라도, 사람을 평생 동안 어느 한 곳에 가두어 둘 권한을 교구 관리에게 부여하고 있다는 점에서, 이 증명서에는 어느 정도 불법적인 요소가 있다."

57. 재판소는 감독관이 증명서를 교부하도록 강제할 것을 거부했다.

증명서는 선행(善行)의 증명서가 아니라 그가 실제로 속하는 교구를 증명하는 것에 불과하지만, 증명서를 발급해 줄 것인가 말 것인가는 전적으로 교구 관리의 마음에 달려 있었다. 번 박사의 말에 의하면, 교구위원과 빈민감독관으로 하여금 증명서에 서명하도록 하기 위해 최고민사재판소가 명령장을 발부해 달라는 신청이 있었는데, 그 재판소는 이 신청이 매우 괴상한 시도라고 생각하여 기각한

적이 있었다.

58. 이 법률은 잉글랜드의 노동의 가격이 극히 불균등한 원인이다.

잉글랜드에서, 서로 멀리 떨어져 있지 않은 지방들의 노동가격이 서로 극히 불균등하다는 것을 우리는 자주 보게 되는데, 이는 아마도 거주법(居住法: the law of settlements)이 가난한 사람에게 부과하는 장애, 즉 가난한 사람은 증명서 없이는 한 교구로부터 다른 교구로 가서 일할 수 없다는 제약 때문이다. 건강하고 근면한 독신자는 때때로 증명서 없이도 거주할 수 있도록 묵인될 수 있을지 모르지만, 부인과 가족을 가진 사람이 그런 시도를 한다면 분명히 대부분의 교구에서 추방될 것이며, 독신자가 이후 결혼하면 그도 일반적으로 추방된다. 그러므로 한 교구에서의 노동부족은 다른 교구에서의 노동과잉에 의해 반드시 해소되지는 않는다. 그러나 스코틀랜드에서와, 내가 믿기로는, 거주권의 취득에 아무런 어려움이 없는 기타 모든 나라에서는 그렇지 않다. 비록 그러한 나라들에서도 임금이 대도시의 주변 또는 노동에 대한 특별한 수요가 생긴 곳에서는 때때로 조금 상승하며, 이러한 곳으로부터 멀어질수록 점차 하락하여 그 나라의 보통수준에 도달할 것이지만, 그러한 나라들에서는, 우리가 잉글랜드에서 가끔 보는 바와 같은, 가까운 지역 사이의 갑작스럽고 설명할 수 없는 임금 격차는 발견할 수 없다. 잉글랜드에서는, 가난한 사람이 교구라는 인위적인 경계선을 넘어가기가 다른 나라에서 때때로 임금수준을 매우 분명히 구분하는 자연의 경계, 즉 만(灣)이나 높은 산맥을 넘기보다 더욱 어렵다.

59. 사람들이 감수하고 있지만, 이는 자연적 자유의 명백한 침해다.

어떤 경범죄도 범하지 않은 사람을 그가 거주하려는 교구로부터 추방하는 것은 자연적 자유와 정의(natural liberty and justice)의 명백한 침해이다. 그러나 잉글랜드의 보통 사람들은, 자신들의 자유를 매우 소중히 여기면서도, 대부분의 다른 나라의 보통 사람들처럼 그 자유가 무엇인지를 제대로 이해하지 못했기 때문에, 그들은 지금까지 1세기 이상 이러한 억압을 아무런 대책 없이 감수해 온 것이다. 물론 사려깊은 사람들이 때때로 거주법을 사회적 불만거리라고 불평하긴 했지만, 거주법은 무기명 체포영장—이것은 분명히 탈법적인 행위지만 어떤 일반적인 억압을 야기하지 않았다—에 대한 반대처럼 일반적인 사회적 논란거리로 된 적이 없다. 잉글랜드에서는 40세의 가난한 사람치고 자기 일생의 어느 부분에서 이 엉터리같은 거주법에 의해 매우 비참하게 억압당했다고 느껴보지 않은 사람은 거의 없을 것이다.

60. 임금은 옛날에는 법률 또는 치안판사에 의해 정해졌다.

이 긴 장(章)을 마감하면서 다음과 같은 점을 지적해 두고 싶다. 즉, 옛날에는 노동임금이, 처음에는 나라 전체에 걸치는 일반법에 의해, 그리고 그 다음에는 각 주 치안판사의 특별명령에 의해 규정되는 것이 보통이었지만, 이 두 개의 관행은 지금은 전혀 사용되지 않는다. 번(Burn) 박사는 다음과 같이 말한다. "400년이 넘는 기간의 경험에 비추어 볼 때, 그 성질상 상세하게 제한할 수 없는 것을 엄격하게 규제하려고 하는 모든 노력을 포기할 때가 온 것 같다. 왜냐하면, 동일한 종류의 작업에 종사하는 사람들은 모두 동등한 임금을 받는다면, 경쟁심도 사라지고 근면과 창의성을 발휘할 여지도 사라지기 때문이다."

61. 런던의 재봉사의 임금은 아직도 법률에 의해 정해져 있다.

그러나 특별법은 때때로 여전히 특수업종과 특수지역의 임금을 규제하려고 시도하고 있다.[3] 그리하여 조지 3세 제8년(1768년)의 법령은, 런던과 그 주위 5마일 안의 장인 재봉사는 국상(國喪)의 경우를 제외하고는 노동자에게 하루 2실링 $7\frac{1}{2}$펜스 이상을 주지 못하

3) 『자본론』 제1권 제28장(15세기 말 이후 피수탈자에 대한 피의 입법. 임금인하를 위한 법령들)과 제1권 제10장 제5절(표준노동일을 위한 투쟁: 14세기 중엽에서 17세기 말까지의 노동일의 연장을 위한 강제법)을 참조하라 —역자.

도록, 노동자도 그 이상을 받지 못하도록, 무거운 벌칙과 함께 금지했다. 의회가 고용주와 노동자 사이의 의견차이를 조정하려고 시도할 때, 의회의 상담역이 되는 것은 언제나 고용주다. 그러므로 그 조정이 노동자에게 유리할 때는 항상 정당하고 공평하지만, 고용주에게 유리할 때는 때때로 그렇지 못하다. 예컨대, 몇 개 업종의 고용주로 하여금 노동자에게 현물로 지불하지 말고 현금으로 지불하도록 강제한 법률은 매우 정당하고도 공평하다. 이 법률은 고용주에게 어떤 실질적인 고통을 부과하는 것도 아니다. 왜냐하면, 그 법률은, 고용주가 현물로 지불한다고 하면서도 실제로는 반드시 지불하지 않았던 가치를, 화폐로 지불하게 한 것에 불과하기 때문이다. 이 법률은 노동자에게 유리한 것이지만, 조지 3세 제8년의 법령은 고용주에게 유리한 것이다. 고용주들이 노동자의 임금을 인하시키기 위해 연합할 때, 그들은 일반적으로 어떤 수준 이상의 임금을 주지 않기로 사사로운 동맹 또는 협약을 맺고, 이를 어기는 경우 일정한 벌금을 물도록 한다. 만약 노동자들이 이와 같은 종류와는 정반대되는 연합을 맺어 어떤 수준 이하의 임금을 받지 않기로 하고, 만약 이를 어기면 일정한 벌금을 물도록 한다면, 법령은 노동자들을 매우 엄격하게 처벌할 것이다. 만약 법령이 공평무사하다면 고용주들도 마찬가지로 처벌해야 할 것이다. 그런데 조지 3세 제8년의 법령은 고용주들이 이러한 연합에 의해 확립하려고 시도하는 바로 그 규제〔최고임금 규제〕를 법률에 의해 강제하고 있다. 또한 노동자들은, 이 법령이 가장 유능하고 가장 근면한 노동자를 보통 노동자와 동일하게 취급하고 있다고 불평하는데, 여기에는 충분한 근거가 있다.

62. 가격을 고정시켜 이윤을 규제하려고 계획했다. 빵의 공정가격제는 아직도 존속한다.

옛날에도 식료품과 기타 상품의 가격을 규제함으로써 상인과 기타 매매 당사자들의 이윤을 규제하려는 시도가 자주 있었다. 내가 아는 한, 빵의 법정가격은 이러한 옛날 습관의 유일한 흔적이다. 배타적인 동업조합이 있는 곳에서는 가장 중요한 생활필수품의 가격을 규제하는 것이 정당할 것이다. 그러나 그것이 없는 곳에서는 경쟁이 법정가격보다 더욱 훌륭하게 그 가격을 규제할 것이다. 조지2세 제31년〔1757년〕의 법령에 의해 제정된 빵의 법정가격을 결정하는 방법은 법의 결함 때문에 스코틀랜드에서는 실시될 수 없었다. 왜냐하면, 그 법의 집행은 시장 관리인(clerk of the market)에게 맡겨져 있었는데, 스코틀랜드에는 그러한 관직이 없었기 때문이다. 이 결함은 조지 3세 제3년〔1762년〕까지 보완되지 않았다. 법정가격이 없더라도 불편을 느끼지 못했고, 법정가격의 설정이 이미 행해진 몇몇 곳에서도 큰 편익을 낳지 못했기 때문이다. 그러나 스코틀랜드의 대부분 도시에서는 배타적 특권을 요구하는 빵 제조업자의 동업조합이 있었으나 그 특권은 충분히 엄격한 보호를 받지 못했다.

63. 임금과 이윤의 불균등은 사회의 진보 또는 쇠퇴의 상태에 의해서는 큰 영향을 받지 않는다.

앞에서 이미 살펴보았듯이, 노동·자본의 각종 사용처의 임금수준·이윤율 사이의 차이는 사회의 부(富)·빈곤, 사회의 진보·정지·퇴보의 상태에 의해 크게 영향받지 않는 것 같다. 공공복리상의 이러한 격변은, 비록 임금·이윤의 일반수준에는 영향을 미치지만, 결국 각각의 업종 모두에게 동등한 영향을 미치는 것임에 틀림없다. 그러므로 각 업종 사이의 임금수준·이윤율 격차는 그대로 불변인 채 남아 있을 것이며, 적어도 상당한 기간은 위와 같은 격변에 의해 쉽게 변경될 수 없을 것이다.

제11장
토지의 지대

1. 지대는 차지인에게 보통이윤을 지불하고 남은 초과분이다.

토지사용에 대해 지불하는 가격으로 간주되는 지대(地代: rent)는 당연하게도 차지인이 그 토지의 현실상황에서 지불할 수 있는 최고가격이다. 차지계약의 조건을 정할 때, 지주는 생산물 중 차지인이 종자를 마련하고, 노동의 대가를 지불하고, 가축과 기타 영농기구를 구입·보존하는 데 사용하는 자본을 유지하기에 충분한 것과, 인근 지역 농업자본의 보통이윤을 합한 것보다 더 큰 몫을 차지인에게 주지 않으려고 노력한다. 이 몫은 차지인이 손해 없이 만족할 수 있는 최소의 몫임이 분명하며, 지주는 그 이상을 차지인에게 주려고 하지는 않는다. 이 몫을 초과하는 부분의 생산물을, 또는 마찬가지이지만, 이 부분의 생산물 가격을, 지주는 당연히 토지 지대로서 차지하려 하는데, 이것은 분명히 그 토지의 현실상황에서 차지인이 지불할 수 있는 최고의 몫이다. 사실, 때로는 지주의 인심이 후해서, 그보다 더 흔하게는 지주의 무지 때문에, 지주가 이 크기보다 작게 받아들이는 수도 있다. 그리고, 더욱 드물기는 하지만, 차지인이 무지해서, 약간 더 많이 지불할 것을 약속하거나 인근

지역의 농업자본의 보통이윤에 비해서 약간 더 작게 가지고 만족하는 수도 있다. 그러나 이 부분을 토지의 자연적 지대(natural rent), 또는 대부분의 토지가 자연히 그 정도의 크기로 임대되는 지대라고 간주할 수 있다.

2. 지대는 토지의 개량에 사용된 자본의 이자뿐만이 아니다.

토지지대는 지주가 토지개량에 투자한 자본에 대한 합리적인 이윤 또는 이자에 지나지 않는다고 생각할지도 모른다. 어떤 경우에는 이것은 분명히 부분적으로 타당하겠지만, 부분적으로만 그러할 뿐이다. 지주는 개량되지 않은 토지에 대해서까지 지대를 요구하며, 소위 개량비용에 대한 이자 또는 이윤이 일반적으로 이 원래의 지대에 추가된다. 더욱이 이러한 개량은 반드시 지주의 자본에 의해 이루어지는 것도 아니며, 때로는 차지인의 자본에 의해 이루어진다. 그러나 차지계약이 갱신될 때, 지주는 마치 자기 자신의 자본에 의해 개량이 이루어졌기라도 한 것처럼 지대의 증액을 요구한다.

3. 어떤 때는 개량될 수 없는 토지, 즉 해초가 자라는 바위에 대해서도 지대는 취득된다.

때때로 지주는 인간이 전혀 개량할 수 없는 것에 대해서도 지대를 요구한다. 켈프(kelp)는 해초의 일종인데, 이것을 태우면 유리·비누·그 밖의 몇 가지에 사용되는 알칼리성 소금이 나온다. 이것은 영국의 몇몇 지방, 특히 스코틀랜드에서 매일 두 차례씩 바닷물로 뒤덮이는 바위 위에서만 자라며, 인간의 노동에 의해서는 결코 늘어나지 않는다. 그러나 켈프가 자라는 해안에 접한 땅의 지주는 곡식을 재배하는 자신의 밭과 같은 정도의 지대를 요구한다.

4. 낚시질하는 기회에 대해서도 지대가 취득된다.

셰틀랜드섬 주위의 바다는 보통 이상으로 생선이 풍부한데, 생선은 주민 생활자료의 대부분을 이룬다. 그러나 바다에서 산출되는 것으로부터 이윤을 얻기 위해서는 그들은 바다에 인접한 토지에 거주해야 한다. 지주의 지대는 농업자가 토지에서 획득할 수 있는 것에 비례하지 않고 토지와 바다 양쪽에서 획득할 수 있는 것에 비례한다. 그 지대의 일부는 생선으로 지불된다. 그리하여 지대가 상품가격의 일부를 형성하는 극히 소수의 예 중의 하나를 이 지방에서 볼 수 있다.

5. 그러므로 지대는 일종의 독점가격이다.

그러므로 토지의 사용에 대한 가격으로 간주되는 지대는 자연히 독점가격이다. 지대는 지주가 그 토지의 개량에 투하했을지도 모르는 것, 또는 지주가 취득할 수 있는 것에는 전혀 비례하지 않고, 농업자가 지불할 수 있는 것에 비례한다.[1)]

6. 생산물의 특정 부분이 지대를 마련하는 데 충분한 가격으로 팔릴지 안 팔릴지는 수요에 의존한다.

토지 생산물 중에서 일반적으로 시장에 출하될 수 있는 것의 보통가격은, 그것을 시장에 내보내기까지 틀림없이 사용되었을 자본을 보통이윤과 함께 회수하기에 충분해야 한다. 만일 보통가격이 그 이상이라면, 잉여부분은 자연히 토지 지대로 될 것이다. 만일 그 이상이 되지 못한다면, 상품이 시장에 내보내지더라도 그 가격은 지주에게 지대를 제공할 수 없다. 그 가격이 그 이상이 될지 안 될지는 수요에 의존한다.

7. 어떤 부분은 충분한 수요가 있는데, 다른 부분은 때에 따라서는 있을 때도 있고 없을 때도 있다.

토지생산물 중 어떤 것에 대해서는 그것을 시장에 내보내기에 충분한 가격 이상의 높은 가격을 받을 수 있을 만큼의 수요가 있을 때도 있고 없을 때도 있다. 전자의 경우에는 지주가 반드시 지대를 얻지만, 후자의 경우에는 사정에 따라 지대를 얻을 때도 있고 얻지 못할 때도 있다.

8. 임금과 이윤은 가격의 원인이고 지대는 그 가격의 결과이다.

따라서 지대는 임금·이윤과는 다른 방법으로 상품가격의 구성에 참여한다는

---

1) 마르크스는 지대를 차액지대 · 절대지대 · 독점지대로 구분하며, 차액지대를 다시 제1형태와 제2형태로 구분하고 있다. 그러나 스미스는 이러한 구분을 명확하게 하고 있지 않다. 『자본론』 제3권 제6편(초과이윤의 지대로의 전환)을 참조하라—역자.

점에 주의해야 한다. 임금과 이윤이 높거나 낮은 것은 가격이 높게 되거나 낮게 되는 원인이지만, 지대가 높거나 낮은 것은 그것의 결과이다. 그 상품을 시장에 내보내기까지 지불되어야만 하는 임금·이윤이 높거나 낮기 때문에 특정상품의 가격이 높거나 낮게 된다. 그러나 그 가격이 높거나 낮기 때문에 그 상품가격이 가져다 주는 지대에 고저(高低)가 있게 되거나 또는 전혀 지대를 가져다 주지 않게 되는 것이다. 다시 말하면, 지대가 높거나, 낮거나, 어떤 지대도 전혀 발생하지 않거나 하는 것은 상품가격이 이러한 임금·이윤을 지불하기에 충분한 것보다 훨씬 더 높거나, 약간 더 높거나, 아니면 전혀 높지 않기 때문이다.[2]

9. 본장은 세 절(節)로 나뉜다.

나는 이 장(章)을 세 절(節)로 나누어서 첫째, 다소나마 항상 지대를 낳는 토지생산물에 대해, 둘째, 어떤 때는 지대를 낳고 어떤 때는 지대를 낳지 않는 토지생산물에 대해, 그리고 셋째, 이와 같은 두 종류의 생산물을 서로 비교해 보고 또 이들을 제조업 생산물과 비교해 볼 때, 진보·개량의 각 단계에 따라 자연히 일어나는 이들 생산물의 상대적 가치의 변동에 대해 고찰할 것이다.

제 1절 언제나 지대를 낳는 토지생산물

1. 식량은 언제나 그것이 유지할 수 있을 만큼의 노동량을 구매할 수 있다.

다른 모든 동물과 마찬가지로 인간은 생활자료에 비례하여 자연스럽

---

2) 마르크스에 의하면, 사적으로 독점된 모든 토지에 대해 지불하는 절대지대는 토지생산물의 가격이 농업자본가에게 평균이윤을 보장하는 수준 이상으로 등귀하는 것을 필요로 한다. 그러나 최열등지에 대해서는 지불하지 않고 우등지에 대해서만 지불하는 차액지대의 제1형태는 최열등지의 생산물가격이 농업자본가에게 평균이윤을 보장하는 수준이면 존재한다. 『자본론』 제3권 제45장(절대지대)을 참조하라 — 역자.

게 증식하므로, 식량에 대한 수요는 언제나 다소간 존재한다. 식량은 언제나 다량 또는 소량의 노동을 구매·지배할 수 있으며, 그리고 그것을 획득하기 위해 기꺼이 무슨 일이든 하려고 하는 사람은 언제나 존재한다. 실제로 식량이 구매할 수 있는 노동량은, 노동에 대해 이따금 높은 임금이 지불되기 때문에, 그 식량을 가장 경제적으로 사용하는 경우 그것이 유지할 수 있는 노동량과 반드시 같지는 않다. 그러나 식량은 언제나 보통 그 인근지역에서 노동이 받는 임금수준에 의거해 유지할 수 노동량을 구매할 수 있다.

2. 거의 모든 토지는 노동을 유지하고 이윤을 지불하기에 족한 것 이상을 생산하며, 그리하여 지대를 낳는 것이다.

그러나 어떤 상태에 있더라도 토지는 식량을 생산하며 시장에 내보내는 데 필요한 모든 노동을 유지하는 데 충분한 것보다 더 많은 식량을 생산하는데, 더구나 그 노동을 가장 후하게 유지하는 방식으로 계산하더라도 그렇다. 또한 그 잉여는 언제나 노동을 고용하는 데 쓰인 자본을 이윤과 함께 보상하고도 남는다. 그러므로 얼마만큼은 항상 지주에게 지대로 남는다.

3. 젖소와 양을 사육하는 황무지도 지대를 낳는다.

노르웨이와 스코틀랜드의 가장 거친 황무지에서도 젖소와 양을 위한 목초를 생산하는데, 젖소나 양의 젖과 번식된 새끼들은 그것을 사육하는 데 필요한 노동을 유지하고, 그것을 사육하는 사람 또는 소유자에게 보통이윤을 지불할 뿐 아니라 지주에게 약간의 지대를 가져다 주기에 언제나 충분하다. 지대는 초지가 우량한 정도에 비례해 증가한다. 왜냐하면, 같은 면적의 우량한 토지는 더 많은 가축을 유지할 수 있을 뿐만 아니라, 가축이 비교적 좁은 범위 안에 몰려 있게 되므로 그것들을 사육하거나 그것의 생산물을 모으는 데 필요한 노동도 그만큼 적어지기 때문이다. 그 지주는 일석이조(一石二鳥)의 이득을 얻는다. 즉, 생산물의 증가에 의해, 그리고 그 생산물로써 유지되어야 할 노동의 감소에 의해 이득을 얻는다.

4. 지대는 비옥도뿐만 아니라 위치에 따라서도 달라진다.

토지의 생산물이 무엇이든 간에, 토지의 지대는 토지의 비옥도에 따라 다를 뿐만 아니라, 토지의 비옥도가 어떠하든 간에, 토지의 위치에 따라서도 다르다. 도시 인근에 있는 토지는 시골벽지에 있는 토지에 비해서, 비록 비옥도는 똑같다고 하더라도, 더 많은 지대를 낳는다. 후자를 경작하는 것이 전자를 경작하는 것보다 더 많은 노동이 드는 것은 아니라 하더라도, 먼 곳의 생산물을 시장에 내보내는 데는 언제나 더 많은 노동이 든다. 그러므로 그 생산물에 의해 더 많은 양의 노동이 유지되어야 하며, 따라서 농업자의 이윤과 지주의 지대 모두의 원천인 잉여도 감소한다. 그러나 이미 앞에서도 설명한 바와 같이, 시골 벽지의 이윤율은 일반적으로 대도시 인근보다 더 높다.[3] 그러므로 이 감소한 잉여 중에서 더욱 적은 몫이 지주에게 돌아간다.

5. 양호한 도로 등은 지대의 차이를 감소시킨다.

양호한 도로·운하·운항 가능한 하천은 운송비를 감소시킴으로써 한 나라의 벽지를 도시 인근과 거의 같은 수준으로 만든다. 그러므로 모든 개량들 중에서 교통은 가장 큰 개량이다. 그것들은 한 나라의 대부분을 차지하는 외딴 지역의 개발을 자극한다. 그것은 도시 인근 지역이 도시에 대해 가지고 있는 독점력을 파괴하므로 도시에도 유리하다. 또한 도시 인근 지역에도 유리하다. 그것은 기존 시장에 약간의 경쟁상품을 도입하기도 하지만, 도시 인근지역의 생산물에 대해 다수의 새로운 시장을 제공한다. 뿐만 아니라 독점은 훌륭한 경영의 적(敵)이다. 왜냐하면, 훌륭한 경영은, 모든 사람들로 하여금 자기 방어를 위해 훌륭한 경영을 채택하도록 강요하는 자유롭고 보편적인 경쟁을 통하지 않고서는 결코 확립

3) 왜냐하면, 시골 벽지에는 자본이 부족해서 자본 사이의 경쟁이 심하지 않으며, 또한 노동에 대한 수요가 크지 않아 임금수준이 낮기 때문이다. 제1편 제9장을 참조하라—역자.

될 수 없기 때문이다. 약 50년 전에 런던 부근의 몇몇 지방이, 유료도로를 더 멀리 떨어진 지방까지 연장하는 것에 반대하는 청원을 의회에 냈다. 그들의 주장에 의하면, 이렇게 멀리 떨어진 지방에서는 노동이 싸기 때문에, 도로가 그곳까지 연장되면 장차 그들의 목초·곡물을 자기네 지방보다 더 싸게 런던시장에 팔게 될 것이고, 따라서 자기네 지방의 지대가 감소하고 자기네 경작은 파멸하고 만다는 것이었다. 그러나 그 이후 그들의 지대는 도리어 상승했으며, 그들의 경작도 개량되었다.

6. 곡물 산지는 노동을 유지하고도 방목지보다 더 많은 식량을 공급한다.

보통의 비옥도를 지닌 밀밭은 같은 면적의 최상의 목초지보다 인간의 식량을 훨씬 더 많이 생산한다. 비록 경작에는 훨씬 더 많은 노동이 들지만, 종자를 보충하고 모든 노동력을 유지하고 난 뒤에 남는 잉여도 훨씬 더 크다. 그러므로 만일 1kg의 식용육이 1kg의 빵 이상의 가치를 갖지 않는다고 가정한다면, 밀밭의 더 많은 잉여는 더 큰 가치를 가질 것이며, 농업자의 이윤과 지주의 지대 양자에 대한 더 큰 재원을 구성할 것이다. 농업이 조잡하게 행해지던 초기에는 사정은 보통 그러했던 것 같다.

7. 초기에는 식용육이 빵보다 더 값이 쌌다.

그러나 빵과 식용육이라는 두 가지 다른 종류 식량의 상대적 가치는 농업의 발전단계에 따라 매우 다르다. 농업이 조잡하게 이루어졌던 초기에는, 당시 국토의 대부분을 차지했던 황무지는 가축들을 위해 방치되었다. 빵보다도 식용육이 더 많았으며, 따라서 빵을 구하기 위해 매우 심각한 경쟁이 있었고, 빵의 가격도 높았다. 울로아(Ulloa)씨에 의하면, 부에노스 아이레스에는 40~50년 전에 4레알(real), 즉 영국 돈으로 $21\frac{1}{12}$펜스가 2~3백 마리의 소 떼에서 뽑힌 가장 큰 황소 한 마리의 보통 가격이었다고 한다. 그는 빵가격에 관해서는 언급하지 않았는데, 그 이유는 아마도 그것에 관해서는 특기할 만한 것이 없다고 생각했기 때문일 것이다. 그는 말하기를, 그곳에서는 황소 한 마리의 가격이 그것을 포획하는 노동의 가치보다 못했다고 한다. 그러나 많은 노동을 들이지 않고서는 곡물은 어디에서나 생산될 수 없으며, 더구나 당시 유럽에서 포토시(Potosi)의 은광에 이르는 직통로였던 라 플라타(La Plata) 강 유역의 나라에서는 노동의 화폐가격이 아주 쌀 리가 없었다. 그러나 경작이 국토의 대부분으로 확장되고 난 뒤에는 사정은 달라진다. 그때는 식용육보다도 빵이 많아진다. 경쟁의 방향은 거꾸로 되며, 식용육의 가격이 빵 가격보다 더 비싸진다.

8. 그러나 그 뒤에 식용육이 더 비싸게 되었다.

더욱이 경작이 확대됨으로써 황무지는 식용육에 대한 수요를 충족하기에 불충분하게 된다. 경작지의 상당 부분이 가축을 사육하고 살찌우는 데 사용되어야 하며, 따라서 가축가격도 사육에 필요한 노동뿐만 아니라 그러한 토지가 곡물경작에 사용될 때 지주와 농업자가 그것에서 끌어낼 수 있을 지대와 이윤까지 지불하기에 충분해야 한다. 전혀 개발되지 않은 황야에서 기른 가축이라도 같은 시장에 내보내지면 중량 또는 품질에 비례해서 가장 개량된 토지에서 사육된 가축과 같은 가격으로 판매된다. 이러한 황야의 소유자들은 여기에서 이윤을 얻으며 가축 가격에 비례해서 지대를 올린다. 1세기 이전에는 스코틀랜드 고원지대의 많은 지역에서 식용육이 귀리로 만든 빵만큼 값이 쌌거나 더 쌌다. 합병(1707년 스코틀랜드와 잉글랜드의 합병)은 스코틀랜드 고원지대의 가축들에게 잉글랜드 시장을 개방시켜 주었다. 이 가축들의 보통가격은 이제 금세기 초에 비해 약 3배로 올랐으며, 많은 고원지대 농장의 지대는 같은 기간에 3~4배로 올랐다. 이제 영국의 거의 모든 지방에서 최고급 식용육 1파운드는 일반적으로 최고급 흰 빵 2파운드 이상의 가치가 있으며, 풍년에는 3~4파운드의 가치가 될 때도 있다.

9. 목초지도 곡물 전답 정도의 지대를 낳는다.

이처럼 개량의 진전에 따라 미개발 목초지의 지대·이윤은 어느 정도 개량된 목초지의 지대·

이윤에 의해 규제되며, 후자는 다시 곡물의 지대·이윤에 의해 규정된다. 곡물은 해마다 수확되는 작물이고, 식용육은 성숙하는 데 4~5년이 소요되는 수확물이다. 그러므로 같은 1에이커의 토지는 곡물의 산출량보다 훨씬 적은 양의 고기를 생산할 것이기 때문에, 수량의 비교적 적음은 가격의 비교적 높음에 의해 보상되어야 한다. 만일 가격의 비교적 높음이 수량의 비교적 적음을 보상하고도 남는다면, 더 많은 곡물 생산지가 목초지로 바뀔 것이며, 만일 그것을 보상하기에 부족하다면, 목초지의 일부가 다시 곡물 생산지로 환원될 것이다.

10. 때로는 방목지의 지대가 더 클 때도 있다.

그러나 목초지의 지대·이윤과 곡물 생산지의 그것들 사이의 균등, 즉 직접생산물이 가축의 사료가 되는 토지의 지대·이윤과 직접생산물이 인간의 식량이 되는 토지의 지대·이윤 사이의 균등은, 한 나라의 개량된 토지 대부분에서 일어날 뿐이란 점을 이해해야 한다. 어떤 특정 지역에서는 사정이 전혀 달라서, 목초지의 지대·이윤이 곡물 생산지에서 얻는 그것보다 훨씬 더 높다.

11. 즉, 대도시 인근 지역에서의 지대가 그러하다.

예컨대 대도시 인근 지역에서는 우유와 말 사료에 대한 수요가 식용육의 높은 가격과 더불어 목초(grass)의 가치를 곡물의 가치에 대한 이른바 자연적 비율 이상으로 인상시키곤 한다. 이러한 위치상의 유리함이 멀리 떨어진 지방의 토지까지 전달될 수 없음은 분명하다.

12. 또한 인구가 조밀한 곡물수입국은 그 전국토를 통해서 그러한데, 이는 네덜란드와 고대 이탈리아에서 그러했던 것과 같다.

특수한 여러 가지 사정으로 한 나라의 인구가 지나치게 조밀하게 되어, 그 나라의 전 국토가 대도시의 인근에 있는 토지처럼 주민생활에 필요한 목초·곡물을 함께 생산하기에 충분하지 못할 수도 있다. 그리하여 이런 나라의 토지는 비교적 부피가 크고 너무 먼 곳으로부터 쉽사리 들여올 수 없는 상품인 목초의 생산에 주로 사용되고, 국민 대부분의 식량인 곡물은 주로 외국으로부터 수입되었다. 현재 네덜란드는 이러한 상태에 있으며 고대 이탈리아의 대부분도 로마의 번영기에는 그러했던 것 같다. 키케로(Cicero)에 의하면, 늙은 카토(Cato)가 다음과 같이 말했다고 한다. 즉, 사유지 경영에서 첫째이자 가장 유리한 것은 가축을 잘 기르는 것이고, 둘째는 그런대로 기르는 것이고, 셋째는 나쁘게 기르는 것이라고. 그는 곡물경작을 이윤과 이익의 측면에서 제4위에 놓았을 뿐이다. 사실 고대 이탈리아의 로마 근교에서는 곡물이 무상 또는 아주 낮은 가격으로 국민에게 분배되었으므로, 곡물 경작이 크게 저해되었음에 틀림없다. 그 곡물은 정복지에서 보내온 것인데, 정복지 중 몇몇은 조세 대신 생산물의 $\frac{1}{10}$을 지정된 가격〔1펙(peck: 약 9리터) 당 약 6펜스〕으로 공화국에 공급하도록 강요되었다. 국민에게 분배되었던 곡물의 이러한 낮은 가격은 옛날 로마의 영토였던 라티움(Latium)에서 로마시장으로 보내는 곡물가격을 필연적으로 떨어뜨렸을 것이며, 또한 곡물경작을 저해했을 것이다.

13. 그리고 울타리가 드물게 되어 있는 나라에서도 때때로 그러할 때가 있다.

또한 곡물을 주로 생산하는 평야 지방에서는, 울타리로 잘 둘러싸인 목초지가 그 부근에 있는 어떠한 곡물생산지보다 비싸게 임대될 때가 흔히 있다. 이러한 목초지는 곡물의 경작에 사용되는 가축을 사육하는 데 편리하며, 목초지의 높은 지대는 그 자체의 생산물인 가축의 가치로부터 지불되는 것이 아니라, 가축에 의해 경작되는 곡물생산지의 생산물 가치로부터 지불된다. 만일 이웃의 토지들이 전부 울타리로 싸여진다면 이 높은 지대는 떨어질 것이다. 스코틀랜드에서 울타리를 친 토지의 지대가 현재 높은 것은 울타리를 친 토지가 적기 때문인 것 같으며, 이런 토지의 부족이 없어지면 이렇게 높은 지대도 더이상 계속되지 않을 것이다. 울타리의 이익은 곡물생산지에서보다 목초지에서 더 크다. 울타리는 가축을 지키는 노동을 절약하며, 또한 가축은 목동과 개가 방해하지 않을 때 사료를 더 잘 먹는다.

14. 대개는 곡물생산지의 지대가 방목지의 그것을 규정한다.

그러나 이런 입지상의 유리함이 없는 지방에서는 곡물 또는 기타 국민의 일상의 식물성 식량을 생산하는 토지의 지대·이윤은, 곡물을 생산하는 데 적합한 토지 위에서 목초를 재배할 때, 필연적으로 그 목초지의 지대·이윤을 규정한다.

15. 가축의 사육 방법이 개량되면 빵에 비해서 고기의 값이 떨어진다.

동일한 면적의 토지가 더 많은 가축을 사육할 수 있도록 자연의 목초 대신에, 예컨대 무·당근·양배추 등과 같은 인공적인 목초를 사용하는 것은 발전한 나라에서 식용육 가격이 빵가격보다 높은 것을 어느 정도 완화시킬 것으로 기대해도 좋다. 사실 그러했던 것 같다. 적어도 런던시장에서는 식용육 가격이 빵가격에 비해 지난 세기의 초보다 현재 더 싸다는 사실을 믿을 만한 몇 가지 이유가 있다.

16. 17세기의 초의 식용육 가격

『헨리 왕자의 생애』란 책의 부록에서 버치(Birch) 박사는, 이 왕자가 보통 지불했던 식용육 가격에 관해 언급하고 있다. 600파운드 무게의 황소 한 마리는 보통 대략 9파운드 10실링이었다고 한다. 즉, 무게 100파운드에 31실링 8펜스였다. 헨리 왕자는 1612년 11월 6일에 19세로 죽었다.

17. 쇠고기 가격은 150년 전보다 더 싸다.

1764년 3월에는 그 당시 식료품 가격이 높은 원인에 관한 의회 조사가 있었다. 여러 증거들 중에서 버지니아의 한 상인이 증언한 바에 의하면, 그는 1763년 3월 자기 배의 식량용으로 쇠고기 100파운드를 24~25실링에 구입했는데, 그는 이것을 보통가격이라고 생각했다. 식료품이 비쌌던 그 조사연도에는 같은 종류, 같은 양의 쇠고기를 27실링에 구입했다고 한다. 그러나 1764년의 이 높은 가격은 헨리 왕자가 보통 지불했던 가격보다 4실링 8펜스나 더 싼 것이었다. 더욱이 이런 원거리 항해를 위해 소금에 절이는 데 적합한 쇠고기는 최상급뿐이란 것도 염두에 두어야 한다.

18. 쇠고기 가격은 150년 전에는 파운드당 $3\frac{4}{5}$펜스였다.

헨리 왕자가 지불한 가격은 좋은 부위와 나쁜 부위를 모두 합해 파운드당 $3\frac{4}{5}$펜스였다. 그리고 이 비율대로 계산한다면, 좋은 부위는 소매로 파운드당 $4\frac{1}{2}$펜스 또는 5펜스 이하로 팔 수 없었을 것이다.

19. 식용육의 가격은 1764년에는 파운드당 $4\frac{4}{5}$펜스 이하였다.

1764년의 의회 조사에서, 증인들은 최상급 쇠고기의 좋은 부위의 가격은 소비자에게는 1파운드에 $4\sim4\frac{1}{4}$펜스이고, 나쁜 부위의 가격은 일반적으로 7파싱(farthing)[4]으로부터 $2\frac{1}{2}\sim2\frac{3}{4}$펜스라고 진술했으며, 이 가격도 보통 3월의 가격보다 $\frac{1}{2}$페니 더 비쌌다고 한다. 그런데 이러한 높은 가격마저도 헨리 왕자 시대의 보통 소매가격이었다고 생각되는 가격보다는 훨씬 더 싼 것이었다.

20. 밀의 가격은 비교적 쌌다.

지난 세기의 처음 12년 동안에는 윈저 시장(Windsor market)에서 가장 좋은 밀의 평균가격은 1쿼터당, 즉 9윈체스터 부셸 당 1파운드 18실링 $3\frac{1}{6}$펜스였다.

21. 1764년의 밀 가격

그러나 1764년을 포함한 그 이전의 12년 동안에는 같은 시장에서 같은 양의 가장 좋은 밀의 평균가격은 2파운드 1실링 $9\frac{1}{2}$펜스였다.

22. 밀의 가격은 150년 전에 더 쌌다.

그러므로 지난 세기의 처음 12년 동안에는 1764년 이전의 12년 동안에 비해 밀은 훨씬 더 값이 쌌으며, 식용육은 훨씬 더 비쌌던 것 같다.

23. 곡물 및 목초 생산지의 지대

모든 큰 나라에서, 대부분의 경작지는 인

4) 영국의 화폐단위는 다음과 같았다. 1파운드=20실링, 1실링=12펜스, 1페니=4파싱—역자.

와 이윤은 다른 모든 토지의 그것들을 규정한다.

류의 식량 또는 가축의 사료를 생산하는 데 사용되고 있다. 이들의 지대와 이윤은 다른 모든 경작지의 지대와 이윤을 규제한다. 만일 다른 어떤 특정 생산물이 곡물·사료보다 더 적은 지대와 이윤을 낳는다면, 그 토지는 곧 곡물·목초의 생산으로 바뀌며, 만일 특정 생산물이 이보다 많은 지대와 이윤을 가져오면, 곡물생산지·목초지의 일부가 곧 그 생산물의 생산으로 바뀐다.

24. 어떤 다른 토지의 지대와 이윤이 외관상으로 더 많은 것은, 더 많은 경비에 대한 이자에 지나지 않는다.

특정 생산물의 생산에 토지가 더욱 적합하게 하기 위해서 더 많은 최초의 개량비 지출, 또는 매년의 경작비 지출을 필요로 하는 생산물은, 곡물·목초의 생산 때보다 전자의 경우에는 더 많은 지대를, 후자의 경우에는 더 많은 이윤을 내는 것처럼 보인다. 그러나 이것이 좀더 많은 경비지출에 대한 합리적인 이자 또는 보상을 넘는 경우는 거의 없다.

25. 이를테면 홉 재배지와 과수원이 그러하다.

홉 재배지·과수원·야채 재배지에서는 지주의 지대와 농업자의 이윤이 일반적으로 곡물생산지·목초지의 그것보다 더 크다. 그러나 토지를 이러한 상태로 만드는 데는 많은 경비를 필요로 하기 때문에 당연히 많은 지대가 지주에게 지불된다. 더구나 이것은 더욱 조심스럽고 숙련된 재배를 필요로 하기 때문에 더 많은 이윤이 차지농에게 지불됨은 당연하다. 그뿐 아니라, 적어도 홉 재배지와 과수원에서는 수확이 더욱 불안정하다. 그러므로 그 가격은 수시로 일어나는 모든 손실을 보상하고도 보험의 이윤과 같은 어떤 것을 제공해야만 한다. 그러나 이들 재배자들의 생활수준이 대체로 가난하고 언제나 보통 정도밖에 되지 않는 것을 보면, 그들의 훌륭한 창의성이 초과 보상되고 있지 않다는 것을 알 수 있다. 매우 많은 부자들이 위의 농업을 오락으로 행하고 있으므로, 이윤을 위해 그것을 하는 사람들은 거의 이익을 보지 못한다. 왜냐하면, 그들의 최고 고객으로 될 사람들이 자신들의 가장 비싼 생산물 모두를 자급하고 있기 때문이다.

26. 야채재배지도 그러하다. 이러한 개량에서 지주가 얻게 되는 이득이 그 개량을 하는 데 든 최초 경비보다 컸던 때는 결코 없었을 것이다. 고대 농업에서는 관개가 잘 된 야채재배지가 포도밭 다음으로 가장 가치있는 생산물을 생산한다고 생각되었다. 그러나 약 2천 년 전에 농업에 대한 책을 저술했으며 농업의 아버지의 한 사람으로 존경받았던 데모크리투스(Democritus)는 야채재배지에 울타리를 치는 사람들이 현명한 일을 했다고는 생각하지 않았다. 이윤은 돌담의 비용을 보상하지 못할 것인데, 그 이유는 벽돌(내 생각에는, 햇볕에 구워진 벽돌을 의미한 것 같다)도 비와 겨울 폭풍우에 의해 붕괴되고 끊임없는 수리를 필요로 하기 때문이라고 말했다. 콜루멜라(Columella)는 데모크리투스의 이러한 판단을 전하면서 그것을 반박하지는 않았으나, 가시덤불과 찔레 따위로 울타리를 치는 아주 간단한 방법을 제안했는데, 이러한 울타리는 오래 가고 꿰뚫을 수도 없다는 것을 경험으로 알게 되었다고 말한다. 그러나 이 방법은 데모크리투스 시대에는 일반적으로 알려지지 않았던 것 같다. 팔라디우스(Palladius)는 콜루멜라의 의견을 채택했는데, 그것은 이미 바로(Varro)에 의해 권고된 바가 있었다. 이러한 고대 개량가들의 판단에서 본다면, 야채재배지의 생산물은 엄청난 재배비와 관개비를 겨우 보상할 정도밖에 되지 않았던 것 같다. 왜냐하면, 그만큼 태양에 가까운 나라에서는 오늘날과 마찬가지로 당시에도 재배지의 모든 이랑에 물을 댈 수 있도록 수원(水源)을 장악할 필요가 있다고 생각했기 때문이다. 오늘날 유럽 대부분의 지방을 통해 야채재배지는 콜루멜라에 의해 추천되었던 것 이상으로 훌륭하게 울타리를 칠 가치가 있다고는 생각되지 않는다. 영국과 북쪽에 있는 몇 나라에서는 울타리의 도움 없이는 비교적 좋은 과일

이 제대로 익을 수 없다. 그러므로 이런 나라에서는 과일가격은 그 생산에 필요한 울타리의 건설비와 유지비를 보상하기에 충분한 것이어야 한다. 과수(果樹)로 된 울타리가 흔히 야채재배지를 둘러싸기도 하는데, 그리하여 야채재배지는 그 자체의 생산물로써는 결코 그 건설비용을 부담할 수 없는 울타리의 혜택을 누린다.

27. 포도밭도 그러하다. 적당하게 심어져서 완전하게 관리되고 있는 포도밭은 농장 중에서 가장 가치 있다는 것이 고대 농업에서는, 근대의 모든 포도주 생산국에서와 마찬가지로, 정설이었던 것 같다. 그러나 콜루멜라가 우리에게 말해준 바와 같이, 새로운 포도밭을 만드는 것이 유리한 것인지 아닌지는 고대 이탈리아 영농가들의 논쟁거리였다. 콜루멜라는 모든 신기한 재배법의 참된 애호가와 마찬가지로 포도밭이 유리하다고 단정하고, 이윤과 경비를 비교함으로써 그것이 가장 유리한 경작이라는 것을 설명하려고 노력했다. 그러나 새로운 사업계획의 이윤과 경비를 이렇게 비교하는 것은 대체로 잘못이 많으며, 더구나 농업의 경우에는 다른 어떤 경우보다 더욱 그러하다. 그러한 재배에 의해 실제로 얻는 이득이 일반적으로 그가 상상했던 것만큼 컸다면 그것에 관한 논쟁이 있었을 리가 없다. 바로 이와 같은 점이 오늘날에도 포도주를 산출하는 나라에서 빈번히 논쟁의 주제가 된다. 실제로 이들 나라의 농업 저술가들, 즉 집약적 경작의 애호가들과 장려자들은 콜루멜라에 동조하여 포도밭이 유리하다고 생각한다. 프랑스에서 오래된 포도밭 소유자들이 새로운 포도밭의 재배를 막으려고 노력하는 것을 보면 위의 저술가들의 견해가 옳다는 것을 증명하는 것 같으며, 현재로는 포도 재배가 다른 어떤 경작보다 유리하다는 것을 경험자들이 자각하고 있는 것처럼 보인다. 그러나 이와 동시에 이 사실은 또 다른 하나의 견해, 즉 이러한 큰 이윤은 현재 포도의 자유로운 재배를 억제하고 있는 법률이 없어지면 그 이상 존속할 수 없다는 견해를 시인하는 것 같다. 1731년에 그들은 하나의

칙령을 준수해야 했는데, 여기서는 새로운 포도밭의 경작과 낡은 포도밭, 즉 2년 동안 경작이 중단되었던 밭의 갱신을 국왕의 특별한 허가가 없는 한 금지하고 있으며, 이 허가는 주지사가 토지를 검사하여 그 토지가 다른 어떤 것도 재배할 수 없다는 것을 증명할 때에만 주도록 되어 있다. 이러한 칙령이 구실로 삼은 것은 곡물·목초의 부족과 포도주의 과잉이었다. 그러나 이러한 과잉이 사실이었다면 칙령이 없었더라도 포도 경작의 이윤이 곡물·목초의 이윤에 대한 자연적 비율 이하로 떨어져 새로운 포도밭의 경작을 효과적으로 막았을 것이다. 포도밭의 증가에 의해 일어났다고 주장하는 곡물 부족에 관하여 살펴보면, 포도주 생산에 적합한 토지를 가지고 있는 포도 주지방보다 더욱 세심하게 곡물을 경작하는 지방은 프랑스에는 없다. 예를 들어 부르고뉴(Burgundy), 기엔(Guienne) 및 상부 랑그도크(the Upper Languedoc)를 보라. 포도의 경작에 고용되는 수많은 일손이 곡물에 대한 즉석 시장(ready market)을 제공해 줌으로써 반드시 곡물경작을 장려한다. 곡물에 대해 지불할 수 있는 사람들의 수를 감소시키는 것은 곡물경작을 장려하는 방편으로서는 확실히 잘못된 것이다. 그것은 마치 제조업을 억제함으로써 농업을 장려하려는 정책과 같다.

28. 최초의 개량비 지출이 큰 생산물의 지대 역시 곡물·목초의 지대에 의해 규제된다.

그러므로 토지를 쓸모있게 만들기 위해 비교적 큰 최초의 개량비 지출을 필요로 하거나 또는 해마다 비교적 많은 경작비 지출을 필요로 하는 생산물의 지대·이윤은 곡물·목초의 지대·이윤보다 훨씬 많지만, 그럼에도 불구하고 위와 같은 거대한 경비를 보상할 뿐이므로, 사실상 곡물·목초의 지대·이윤에 의해 규제된다고 말할 수 있다.

29. 특수한 생산물의 생산에 적합한 토지는 독점권을 갖는다.

때로는 어떤 특수한 생산물에 적합한 토지가 너무 적어 그 생산물에 대한 유효수요를 충족시키지 못하는 경우가 있다. 총생산물은, 그것을 재배해 시장에 내보내는 데 필요한 지대·임금·이윤의 전액을 그것의 자연적인 수준, 즉 대부분의 다른 경작지에서 보통 지불되는 수준에 따라 지불하기에 충분한 것보다 더 많은 금액을 내겠다는 사람들 사이에 처분될 수 있다. 가격 중 개량·경작에 든 비용 전체를 지불하고 남는 잉여부분은 보통, 이런 경우에는, 그리고 이런 경우에만, 곡물·목초의 잉여부분과 어떤 규칙적인 비례관계를 갖지 않게 되며, 그리고 거의 무한정으로 그것을 초과할 수도 있다. 이 초과분의 대부분은 자연히 지주의 지대로 귀속된다.[5)]

30. 예들 들면 특수한 맛의 포도주를 생산하는 토지가 그렇다.

예컨대 포도주의 지대·이윤과 곡물·목초의 지대·이윤 사이의 통상적이고 자연적인 비율은 다음과 같은 포도밭에 대해서만 발생한다. 즉, 적당한 햇볕만 있으면 자갈밭이든 모래밭이든 어떠한 토양에서도 재배될 수 있는 보통의 포도주, 알콜 도수와 건강에 좋다는 것 이외에는 특별히 취할 게 없는 포도주를 생산하는 포도밭에 관해서만 성립하는 것이라고 생각해야 한다. 한 나라의 보통 토지는 이러한 포도밭과만 경쟁할 수 있고, 특수한 성질을 갖는 포도밭과는 경쟁할 수 없다.

31. 포도는 토지의 특수한 성질에 따라 그 맛이 달라진다.

포도나무는 다른 어떤 과일나무보다 토지의 성질 차이에 영향을 많이 받는다. 일반적으로 알려져 있는 바로는, 포도는 어떤 토질로부터 독특한 맛을 얻게 되는데, 이 맛은 재배와 관리를 아무리 잘 하더라도 다른 토질에서는 얻어낼 수 없다고 한다. 이러한 맛은, 사실상의 맛이든 가상의 맛이든 간에, 소수 포도밭의 생산물에만 특유할 때도 있고, 어떤 때는 작은 지역의 대부분 포도밭의 생산물이 그럴 수도 있고, 또 때로는 큰 지방의 대부분 포도밭의 생산물이 그럴 수도 있다. 시장에 나오는 이러한 포도주의 총량은 유효수요를 충족시키기에 부족하다.

---

5) 우수하고 특수한 포도주가 독점가격을 가지기 때문에 특정 포도밭이 독점지대를 낳게 되는 경우다—역자.

즉, 이들을 제조하여 시장에 내보내는 데 필요한 지대·이윤·임금의 전액을 보통 수준, 또는 보통의 포도밭에서 지불되고 있는 수준에 따라 흔쾌히 지불하려고 하는 사람들의 수요를 충족시키기에 부족하다. 그러므로 그 총량은 그 수준보다 더 많이 지불하려는 사람들에게 팔릴 수 있으며, 따라서 그 가격은 보통의 포도주 가격보다 더 올라가게 마련이다. 이 가격 차이는 그 포도주의 유행성·희소성이 구매자들의 경쟁을 유발시키는 정도에 따라 커지기도 하고 작아지기도 한다. 그 차이가 얼마가 되든, 그 대부분은 지주의 지대로 돌아간다. 왜냐하면, 이러한 포도밭이 일반적으로 대부분의 다른 포도밭보다 더 정성껏 재배된다고 하더라도, 그 포도주가 비싼 것은 이러한 정성스런 재배의 결과라기보다 오히려 그렇게 재배하게 되는 원인인 것처럼 생각되기 때문이다. 즉, 그렇게 비싼 생산물의 경우 태만에 의해 일어나는 손실이 막대하므로, 가장 부주의한 사람까지도 주의를 하지 않을 수 없게 되기 때문이다. 그러므로 이 비싼 생산물의 적은 양으로도 그 재배에 쏟은 특별히 많은 노동의 임금과 그 노동을 고용한 특별히 많은 자본의 이윤을 지불하는 데 충분하다.

32. 서인도의 사탕수수 식민지도 그러하다.

서인도에서 유럽 각국이 보유하고 있는 사탕수수 농장은 귀중한 포도밭과 비교될 만하다. 그들의 생산물 전체는 유럽의 유효수요에 미치지 못하므로, 그것을 만들어 시장에 내보내는 데 필요한 지대·이윤·임금의 전액을 다른 생산물에 대해 보통으로 지불되는 수준보다 더 많이 내겠다는 사람들에게 팔릴 것이다. 코친차이나(Cochin-china: 인도차이나의 남쪽 지역)에서는 가장 좋은 백설탕이 1퀸틀(quintal) 당 3피아스터(piastre: 약 13실링 6펜스)에 팔린다고 그 나라의 농업에 관한 매우 주의깊은 관찰자인 프와브르(Poivre) 씨가 말해 주었다.* 여기서 퀸틀이라고 하

* P. Poivre, *Voyages d' un Philosophe*, 1768년.

는 것은 150~200파리 파운드(Paris pound)의 중량이고, 그 중간치로 하면 175 파리 파운드이다. 따라서 영국의 중량으로 환산하면 1 헌드레드웨이트(hundredweight: 112파운드)의 가격은 약 8실링에 지나지 않는데, 이것은 우리 식민지에서 수입되는 황설탕 또는 흑설탕에 대해 보통 지불되는 가격의 $\frac{1}{4}$, 최상의 백설탕에 대해 지불되는 가격의 $\frac{1}{6}$도 되지 않는다. 코친차이나에서는 경작지의 대부분이 국민 대다수의 식량인 밀과 쌀을 생산하는 데 사용된다. 밀·쌀·설탕의 각각의 가격은 그곳에서는 아마 자연적인 수준, 즉 대부분의 경작지의 각종 수확물이 자연적으로 얻게 되는 가격 수준으로, 최초의 개량비와 연년의 경작비에 따라 지주와 농업자를 보상해 주는 가격을 유지하고 있을 것이다. 그러나 우리의 사탕수수 식민지에서는 설탕가격은 유럽 또는 아메리카에서의 밀·쌀 가격에 비해 자연적인 수준을 유지하고 있지 않다. 사탕수수 경작자는 럼주와 당밀로서 자기의 경작비 전체를 지불하고 자기의 설탕은 모두 순이윤이 될 것으로 기대한다고 한다. 나로서는 단언할 수 없지만, 만일 그것이 사실이라면, 이것은 마치 밀 재배업자가 밀짚과 여물로써 자기의 경작비 전체를 지불하고, 자기의 밀은 모두 순이익이 될 것이라고 기대하는 것과 같다. 우리는 흔히 런던과 기타 상업도시에서 상인단체가 우리의 사탕수수 식민지에 있는 황무지를 구입하는 것을 보는데, 그들은 그곳이 아주 멀리 떨어져 있고 또 사법제도의 결함 때문에 수익이 불확실한데도 불구하고, 토지관리인과 대리인을 고용해서 그 토지를 개량하고 경작함으로써 이윤을 얻으리라고 기대하고 있다. 스코틀랜드와 아일랜드의 가장 비옥한 토지 또는 북아메리카의 밀 재배지에서는, 그곳의 사법제도가 비교적 엄격하기 때문에 더욱 규칙적인 수익이 기대되는데도 불구하고, 아무도 사탕수수 식민지에서와 똑같은 방법으로 개량하고 경작하려고 하지는 않을 것이다.

버지니아와 메릴랜드에서는 담배 재배가 밀 재배보다 더

33. 또한 정도는 덜하더라도 버지니아와 메릴랜드의 담배재배지에서도 그러하다.

유리하므로 인기가 있다. 담배는 유럽의 대부분 지역에서 유리하게 재배될 수 있었을 것이다. 그러나 유럽의 거의 모든 지역에서 담배는 으뜸가는 과세대상이 되었을 것인데, 담배가 재배되는 지역의 여러 농장으로부터 조세를 징수하는 것은 담배의 수입시에 관세를 징수하는 것보다 더 어렵다고 정부는 생각했다. 이 때문에 매우 불합리하게도 담배 재배는 유럽의 대부분 지역에서 금지되었다. 이리하여 담배생산이 허용되는 지역은 일종의 독점을 누리며, 버지니아와 메릴랜드는 최대량의 담배를 생산함으로써, 비록 소수의 경쟁자가 있기는 해도, 이러한 독점 이익의 상당히 큰 몫을 차지한다. 그렇지만 담배 재배는 사탕수수 재배만큼 그렇게 유리하지는 않은 것 같다. 나는 종래 영국 거주 상인들의 자본을 사용하여 개량하고 경작한 담배농장이 있다는 말을 전혀 들어보지 못했으며, 우리의 담배식민지에서 돌아온 사람 중에, 우리가 흔히 보는 사탕수수 식민지에서 돌아온 부유한 재배자와 같은 사람을 하나도 보지 못했다. 이러한 식민지에서 밀 경작보다 담배 경작을 더 좋아한다는 것으로 미루어 본다면, 담배에 대한 유럽의 유효수요가 완전히 충족되지는 않은 것으로 생각되지만, 그것은 설탕에 대한 유효수요에 비한다면 거의 충족된 것 같다. 그리고 비록 현재의 담배가격은 그것을 제조해서 시장에 내보내는 데 필요한 지대·임금·이윤의 전액을, 보통 밀밭에서 지불되는 수준에서 지불하기에 충분하고도 남음이 있다 하더라도, 그것은 현재의 설탕가격보다 그렇게 높지 않을 것임에 틀림없다. 따라서 우리의 담배 재배자들은, 프랑스에서 오래된 포도밭의 소유자들이 포도주의 과잉에 관해 갖는 것과 똑같은 공포를 담배의 과잉에 대해 가지고 있다. 그리하여 그들은 주의회의 법령에 의해 담배 재배를, 16~26세의 흑인 한 명당 약 1,000파운드의 담배를 생산할 수 있는 6,000포기로 제한했다. 그들은, 이러한 흑인 한 사람이 이러한 분량의 담배 외에도 옥수수밭 4에이커를 관리할 수 있다고 생각했다. 더글러스(Douglass) 박사에 의하면, 나는 그가 잘못 전해 들은 것이 아닌지 의심스럽지만, 그들은 시장에 과잉공급되는 것을 막기 위해 풍년에는, 네덜란드인들이 향료에 대해 한 것과 똑같은 방법으로, 흑인 한 사람에게 일정량의 담배를 태워버리게 했다는 것이다.* 담배의 현재 가격을 유지하기 위해 만일 이렇게 난폭한 방법이 필요하다면, 담배 재배가 밀 재배 이상으로 누리는 우월한 이익은, 설령 아직도 어느 정도 남아 있다고 하더라도, 아마 오래 계속되지는 않을 것이다.

34. 이리하여 식량을 생산하는 경작지의 지대가 나머지 대부분의 지대를 규정한다.

이러한 방법으로 인간의 식량을 생산하는 경작지의 지대가 다른 대부분의 경작지의 지대를 규정한다. 어떠한 생산물이라 하더라도 식량경작지의 지대 이하의 지대로 오래 견딜 수는 없다. 왜냐하면, 그 토지는 곧 다른 용도로 돌려질 것이기 때문이다. 그리고 만일 어떤 특수한 생산물이 일반적으로 그 이상의 지대를 낳는다면, 그것은 그 생산물에 적합한 토지의 양이 너무나 적어 그것의 수요를 충족시키지 못하기 때문일 것이다.

35. 그리고 유럽에서는 밀 생산지의 지대가 식량을 생산하는 다른 경작지의 지대를 규정한다.

유럽에서는 밀이 인간의 식량으로서 직접 소요되는 주된 토지생산물이다. 그러므로 유럽에서는 특수한 상황을 제외하고는 밀밭의 지대가 다른 모든 경작지의 지대를 규정한다. 영국은 프랑스의 포도밭이나 이탈리아의 올리브밭을 부러워할 필요는 없다. 특수한 상황을 제외하면, 이러한 것들의 가치는 밀 가치에 의해 규정되며, 영국의 밀밭 비옥도는 이들 두 나라 중 어느 나라보다 크게 열등한 것도 아니다.

36. 만일 보통 식량생산이 더욱

만일 어떤 나라에서 국민이 대체로 좋

* W. Douglass, *A Summary, Historical and Political, of the First Planting, Progressive Improvements and Present State of the British Settlements in North America*, 런던, 1760년, 제2권, pp.372~3.

많은 잉여를 산출할 수 있다면, 지대는 더욱 높아질 것이다.

아하는 식물성 식량이 밀 이외의 어떤 식물로부터 나온다면, 그리고 그 식물이 보통의 토지에서 밀 생산과 같은 또는 거의 같은 방식의 경작에 의해서도 가장 비옥한 토지에서 생산되는 밀보다 훨씬 더 많은 식량을 생산한다면, 지주의 지대, 즉 임금을 지불하고 농업자의 자본을 보통이윤과 함께 보충하고 난 뒤에 지주에게 남게 될 식량의 잉여는, 밀의 경우에 비해 훨씬 더 많을 것이다. 그 나라에서 노동의 보통 보수가 어떻든 간에, 더 많은 잉여는 언제나 더 많은 노동을 유지할 수 있을 것이며, 따라서 지주로 하여금 더 많은 노동을 구매 또는 지배할 수 있게 할 것이다. 그의 지대의 실질가치, 다시 말해 그의 진정한 실력과 권위, 즉 다른 사람들의 노동이 그에게 공급해 줄 수 있는 생활필수품·편의품에 대한 그의 지배력은, 훨씬 더 커질 것이다.

37. 예를 들면 쌀의 경우가 그렇다.

논은 가장 비옥한 밀밭보다 훨씬 많은 양의 식량을 생산한다. 1에이커당 매년 2회에 걸쳐 매회마다 30~60부셸까지의 통상적 수확을 올린다고 한다. 그러므로 비록 그 경작은 비교적 많은 노동을 필요로 하더라도, 그 모든 노동을 유지하고 난 뒤에 남는 잉여는 밀밭의 그것에 비해 훨씬 더 크다. 따라서 국민이 대체로 좋아하는 식물성 식량이자 경작자들이 주로 먹는 쌀의 생산국에서는, 밀 생산국보다도, 큰 잉여 중 더 큰 몫이 지주에게 귀속될 것이다. 영국의 다른 식민지에서와 마찬가지로 재배자가 일반적으로 농업자인 동시에 지주이며, 따라서 지대가 이윤과 혼합되어 있는 케롤라이나에서는, 쌀 경작이 밀 경작보다 더 유리하다. 비록 그들의 논은 연 1회밖에 생산하지 않고, 그리고 유럽의 관습에 따라 쌀은 그곳에서 주민들이 보통 좋아하는 식량이 아닌데도 불구하고 그렇다.

38. 그러나 논은 쌀 이외의 다른 식량 경작지의 지대를 규정할 수 없다.

좋은 논은 사계절 동안 습지고 더구나 한 계절 동안은 물로 덮여 있다.

그것은 밀·목초·포도 또는 인간에게 아주 유용한 다른 어떤 식물의 생산에도 부적당하며, 이러한 목적에 적합한 토지는 쌀 재배에는 적합하지 않다. 그러므로 쌀 생산국에서는 논의 지대가 쌀의 생산으로 결코 전용될 수 없는 다른 경작지의 지대를 규정할 수 없다.

39. 감자 재배지의 지대도 크다.

감자밭에서 생산되는 식량은 논에서 생산되는 식량보다 양에서 떨어지지 않으며, 밀밭에서 생산되는 것에 비하면 훨씬 더 많다. 1에이커의 토지로부터 감자는 12,000파운드가 생산되고, 밀은 2,000파운드가 생산된다. 그러나 감자는 수분을 많이 가지고 있기 때문에, 이들 두 종류의 식물로부터 섭취되는 음식, 즉 영양분은 그들의 중량에 비례하지는 않는다. 그러나 넉넉잡아 감자 중량의 반이 수분이라고 하더라도, 1에이커의 감자밭은 6,000파운드의 영양분을 생산하는 셈이며, 1에이커의 밀밭에서 생산되는 것의 세 배나 된다. 또한 1에이커의 감자밭은 1에이커의 밀밭보다 더 적은 비용으로 경작된다. 밀의 파종에 앞서 놀리기 위해 땅을 갈아엎는 데 드는 비용은 감자 재배시의 제초(除草) 및 기타 특별한 경작비를 상쇄하고도 남을 만한 비용이다. 쌀 생산국에서의 쌀과 마찬가지로, 유럽의 어느 지방에서 감자가 국민들의 주식으로 되어 현재 밀과 기타 곡물이 차지하는 경작지와 똑같은 경작지를 차지하게 된다면, 동일한 면적의 경작지가 현재보다 훨씬 더 많은 수의 주민을 부양할 것이다. 또한 노동자는 일반적으로 감자를 먹기 때문에, 경작에 사용된 모든 자본을 회수하고 모든 노동을 유지하고 난 뒤에 남는 잉여는 더욱 커질 것이다. 또한 이 잉여 가운데 더욱 큰 몫이 지주에게 귀속될 것이다. 인구는 증가할 것이며, 지대도 현재보다 훨씬 더 상승할 것이다.

40. 감자 재배지는 전용될 수 있으므로 다른 식량 경작지의 지대를 규정한다.

감자 생산에 적합한 토지는 거의 모든 유용한 야채에도 적합하다. 만일 감자가 현재 밀이 차지하는 경작지와 같은 경작 면적을 차지한다면, 밀과 마찬가지로 다른 대부분의 경작지의 지대를 규정할 것이다.

41. 밀은 아마 귀리보다는 더 좋은 식물일 것이지만, 감자보다는 못하다.

내가 들은 바에 의하면, 랭커셔의 어떤 지방에서는 귀리로 만든 빵이 밀로 만든 빵보다 노동자들에게 더 영양가 있는 식량이라고 하며, 또한 스코틀랜드에서도 똑같은 주장이 나온 것으로 듣고 있다. 그러나 나는 그것의 진실성을 의심한다. 스코틀랜드 서민들은 귀리로 만든 빵을 먹고 있는데, 그들은 밀로 만든 빵을 먹는 잉글랜드 서민들처럼 건강하지도 않고 잘 생긴 것도 아니다. 그들은 잉글랜드 서민들처럼 그렇게 열심히 일하지도 않고 그렇게 건강해 보이지도 않는다. 두 나라의 상류사회 사람들 사이에는 이와 같은 차이가 없다는 점으로 미루어 보면, 스코틀랜드의 서민 음식은 이웃인 잉글랜드의 서민 음식만큼 사람의 몸에 적합하지는 않은 것 같다. 그러나 감자에 관해서는 사정이 다르다. 런던의 가마꾼 · 짐꾼 · 석탄 운반부들 · 매음(prostitution)에 의해 생활하는 불행한 여인들—아마 이들은 영국의 영토 안에서도 가장 힘센 사나이들과 가장 아름다운 여인들일 것이다—은, 대부분이 감자를 주식으로 하는 아일랜드의 최하층계급 출신이라고 한다. 다른 어떤 식량도 영양분, 즉 인체의 건강에 적합한 성질에 있어 감자만큼 우수하지는 않다.

42. 그러나 감자는 부패하기 쉽다.

감자를 1년 동안 보존하기는 어려우며, 더구나 곡물처럼 2~3년 동안 저장하는 것은 불가능하다. 썩기 전에 팔지 못하지나 않을까 하는 불안이 감자 재배를 저해하며, 그것이 또한 어떤 대국에서도 감자가 빵처럼 모든 계급의 식물성 주식이 되지 못하는 주요한 이유이다.

제 2절 지대를 낳을 때도 있고 낳지 않을 때도 있는 토지생산물

1. 식량은 지대를 낳는 유일한 토지생산물이다.

인간의 식량은 지주에게 언제나, 그리고 반드시, 약간의 지대를 제공하는 유일한 토지생산물이다. 기타 다른 생산물은 사정에 따라 어떤 때는 제공하기도 하고 어떤 때는 제공하지 않기도 한다.

2. 의복과 주택은 인간의 2대 욕망이다.

음식 다음으로, 옷을 입고 집 안에 살려는 것은 인간의 2대 욕망이다.

3. 의복과 주택의 재료는 최초에는 매우 풍부했으나 뒤에는 지대를 낳게 되었다.

그 최초의 원시적 상태에서 토지는, 식량을 공급해 줄 수 있는 사람의 수에 비해 훨씬 더 많은 사람들에게 의복과 주택의 원료를 공급해 줄 수 있었다. 개량된 상태에서는 토지는 의복·주택의 재료를 공급해 줄 수 있는 사람들(적어도 그 사람들이 그러한 재료를 필요로 하고 또 그러한 재료에 대해 기꺼이 지불하려고 한다는 것을 전제한다면)보다 훨씬 더 많은 수의 사람들에게 식량을 공급해 줄 수도 있다. 그러므로 전자의 상태에서는 의복·주택의 재료는 언제나 과잉이며, 이 때문에 가치가 거의 없거나 전혀 없을 때도 흔히 있다. 후자의 상태에서는 그 재료는 종종 부족해서 그 가치가 반드시 증가한다. 전자의 상태에서는 그 재료들의 대부분은 쓸모없는 것으로서 버려지며, 사용된 것의 가격도 그것을 사용할 수 있도록 만드는 데 든 노동·비용과 같으며, 따라서 지주에게는 아무런 지대도 낳지 않는다. 후자의 상태에서는 그 재료는 모두 사용되고 더구나 흔히 획득할 수 있는 것보다 더 많은 수요가 있을 때도 있다. 어떤 사람들은 재료들을 시장에 가져오는 비용을 보상하기에 충분한 것 이상을 기꺼이 지불하려고 한다. 그리하여 그것들의 가격은 언제나 지주에게 약간의 지대를 낳을 수 있다.

4. 예를 들면 짐승의 가죽과 양모가 그러하다. 비교적 큰 짐승의 가죽은 의복의 최초의 재료였다. 그러므로 짐승의 고기를 주식으로 하는 수렵민족과 목축민족의 경우, 개인은 음식을 조달하는 것에 의해 자기가 입을 수 있는 것보다 더 많은 의복재료를 공급하게 된다. 만일 대외무역이 없었다면, 그들 재료의 대부분은 무가치한 물건으로 버려졌을 것이다. 유럽인에 의해 발견되기 전, 북아메리카의 수렵민족의 상태가 이러했을 것인데, 그들은 오늘날 잉여 모피를 유럽 사람들의 모포(blanket) · 무기 · 브랜디(brandy)와 교환하고 있으며, 이것이 그 모피에다 다소나마 가치를 부여하는 것이라 하겠다. 내가 알기로는, 현재의 상업상태 하에서는 가장 야만적인 국민들도 토지 사유제가 확립되어 있으며, 그들도 이런 종류의 대외무역을 행하고 있다. 그들은 그들의 토지가 생산하지만 국내에서는 가공도 소비도 할 수 없는 의복재료에 대한 수요가 그들보다 부유한 이웃 국민들에게 있고, 그 수요가 그것들을 그들에게 보내는 데 드는 비용 이상으로 그것들의 가격을 올려주고 있음을 알고 있다. 따라서 그 가격은 지주에게 약간의 지대를 제공한다. 스코틀랜드 고원지대의 소가 대부분 자국에서 소비되었을 시대에는 가죽의 수출이 무역의 가장 중요한 품목을 이루었고, 그것과 교환된 것은 고원지대 농장의 지대에 약간의 추가분을 제공했다. 옛날에는 국내에서 소비도 가공도 할 수 없었던 잉글랜드의 양모는 당시 영국보다 더 부유하고 더 근면한 나라였던 플랑드르에서 시장을 발견했는데, 그 가격은 그것을 생산한 토지의 지대에 약간의 추가분을 제공했다. 그 당시의 잉글랜드 또는 현재의 스코틀랜드 고원지대보다 더 잘 경작되지도 않았고 대외무역도 전혀 하지 않았던 나라들에서는 의복 재료가 확실히 너무 과잉이어서 그 대부분이 무용지물로 버려졌을 것이며, 그 가운데 어떠한 부분도 지주에게 지대를 제공할 수 없었을 것이다.

5. 석재와 목재도 그러하다. 주택 재료는 의복 재료만큼 먼 곳으로 운송

될 수 없으며, 따라서 그렇게 쉽게 대외무역의 대상이 되지 않는다. 주택 재료를 생산하는 나라에서 그 재료가 과잉일 때는 현재의 세계 통상 상황에서조차도 그것이 지주에게는 아무런 가치가 없는 경우가 흔히 있다. 런던 근교에 훌륭한 채석장이 있다면 상당한 지대를 낳을 것이지만, 스코틀랜드와 웨일스의 많은 지방에서 그것은 전혀 지대를 낳지 않는다. 건축용 목재는 인구가 많고 경작이 잘 된 나라에서는 아주 가치있는 것이며, 그것을 생산하는 토지는 상당한 지대를 낳는다. 그러나 북아메리카의 많은 지방에서 지주는 커다란 나무들의 대부분을 반출해 가는 사람에게 크게 감사할 것이다. 스코틀랜드 고원지대의 어떤 곳에서는 도로와 수상운송이 없기 때문에 목재 중 나무껍질만을 시장에 내보내며, 목재는 땅 위에서 썩도록 내버려지고 있다. 주택 재료가 이렇게 과잉일 때는, 사용되는 부분의 가치도 그것을 사용하기에 맞도록 만드는 데 든 노동과 비용만큼의 값어치밖에 없다. 그것은 지주에게 전혀 지대를 낳지 않으며, 지주는 대체로 나무를 요구하는 사람 누구에게나 그것의 사용을 허가한다. 그러나 더 부유한 나라의 수요가 지주로 하여금 때때로 지대를 획득할 수 있게 해 준다. 런던의 도로포장이 스코틀랜드 해안에 있는 불모의 암석의 소유자들로 하여금 그 전에는 전혀 지대를 낳지 않았던 곳에서 지대를 얻을 수 있게 해 주었다. 노르웨이와 발트해 연안의 목재는 국내에서는 발견할 수 없었던 시장을 영국의 많은 지방에서 찾아냈으며, 그 때문에 그 소유자들에게 약간의 지대를 제공했다.

6. 인구는 식량에 의존한다.

한 나라의 인구는 그 나라의 생산물이 옷을 입힐 수 있고 주거시킬 수 있는 사람의 수에 비례하는 것이 아니고, 그 나라의 생산물로써 먹여 살릴 수 있는 사람의 수에 비례한다. 식량이 마련되면 필요한 의복·주거를 발견하는 것은 쉬운 일이다. 그러나 의복·주거는 손쉽게 얻을 수 있어도 식량을 찾아내기는 어려울 때가 종종 있다. 영국의 어떤 지방에서조차 이른바 '한 채의 집' 은 한 사람의 하루 노동에 의해 세워질 수 있다. 가장 단순한 종류의 의복과 짐승가죽을 손질해서 입을 수 있게 하는 데는 이보다 약간 더 많은 노동을 필요로 하지만, 크게 많은 노동을 필요로 하지는 않는다. 야만 민족들 사이에는 연간 노동의 1% 또는 그보다 조금 더 많은 것으로써 그들의 대부분을 만족시킬 만한 의복·주거를 공급하는 데 충분하다. 나머지 99%는 흔히 모두 그들의 식량을 마련하는 데 쓰이는 경우가 있다.

7. 따라서 의복 · 주택의 재료에 대한 수요는 식량의 획득이 더욱더 쉬워짐에 따라 증가된다.

그러나 토지의 개량·경작으로 한 가족의 노동이 두 가족에게 식량을 공급할 수 있을 때, 그 사회의 절반의 노동은 사회 전체에게 식량을 공급하는 데 충분하게 된다. 그러므로 그 나머지 반, 또는 적어도 그들 중의 대부분은 다른 물건을 마련하는 일, 다시 말하면 인간의 다른 욕망·기호를 만족시키는 일에 종사할 수 있다. 의복·주거·가구·마차는 이러한 욕망·기호의 주요 대상이라 하겠다. 부자라고 해서 가난한 이웃보다 더 많은 식량을 소비하지는 않는다. 질적으로는 상당한 차이가 있고, 그것을 선택하고 마련하는 데 더 많은 노동·기교를 필요로 할 것이지만, 그 양(量)에서는 거의 같다. 그러나 부자의 굉장한 저택과 커다란 옷장을 가난한 사람의 오두막집과 얼마 되지 않는 넝마조각과 비교해 보면, 우리는 그들의 의복·주택·가구 사이에는 질(質)에서와 거의 마찬가지로 양(量)에서도 큰 차이가 있음을 알 수 있다. 음식에 대한 욕구는 모든 사람들의 위장의 작은 용량에 의해 한정되어 있지만, 건물·의복·마차·가구라는 편의품·장식품에 대한 욕구는 무한하고 일정한 한계도 없는 것 같다. 따라서 다 소비할 수 없을 만큼 많은 식량을 지배하는 사람들은 언제나 그 잉여분을, 또는 같은 뜻이지만 그 잉여분의 가격을, 이러한 다른 종류의 욕망을 만족시키는 것과 흔쾌히 교환하려고 한다. 한정된 욕망을 만족시키고 남는 것은 〔만족될 수 없으며 또한 전혀 한계가 없다고 생각되는〕 그러한 욕망을 충족시키기 위해 제공된다. 가난한 사람들은 식량을 얻기 위해서 부자들의 이러한 기호를 만족시켜 주려고 노력하고 있으며, 식량을 더욱 확실하게 획득하기 위해서 그들은 작업을 더 값싸고 더 완전하게 하려고 서로 경쟁한다. 일꾼의 수는 식량의 증가, 즉 토지의 개량·경작의 진전에 따라 증가한다. 그리고 그들의 직업은 성질상 극도로 세분된 분업을 허락하므로, 그들이 가공할 수 있는 재료의 양은 그들의 수보다 훨씬 더 큰 비율로 증가한다. 그리하여 인간의 발명에 의해 건물·의복·마차·가구에 실용적으로나 장식용으로 사용될 수 있는 모든 종류의 재료, 즉 땅속 깊이 매장된 화석·광물, 귀금속·보석에 대한 수요가 일어난다.

8. 이리하여 식량은 그러한 재료를 생산하는 토지에서도 지대가 나오게 한다.

이처럼 식량은 지대의 본원적 원천일 뿐만 아니라, 토지의 생산물 중 나중에 지대를 제공하는 모든 것들도 생산물 가치의 지대 부분을 토지의 개량·경작에 의해 식량을 생산하는 노동의 생산력 향상을 통해서 얻게 된다.

9. 그러나 그 경우에도 그들 재료의 생산지에 대해서 반드시 지대를 제공한다고는 할 수 없다.

그러나 토지생산물 중 나중에 지대를 제공할 수 있는 모든 것들이 반드시 지대를 제공하는 것은 아니다. 토지가 개량·경작되는 나라에서도 생산물에 대한 수요가, 그것을 시장에 내보내는 데 사용하지 않을 수 없는 노동을 지불하고, 또한 자본을 보통이윤과 함께 보상하기에 충분한 것보다, 더 큰 가격을 항상 보장한다고 말할 수는 없다. 수요가 그렇게 될지 안 될지는 여러 가지 사정에 달려 있다.

10. 이를테면 어떤 탄광은 너무나 빈약해서 지대를 제공하지 못한다.

이를테면, 어떤 탄광이 지대를 제공할 수 있을지 없을지는 부분적으로 그것의 풍요도에 의존하고, 또 부분적으로는 그것의 위치에 의존한다.

11. 탄광의 풍부함과 빈약함의 기준

일정량의 노동에 의해 채굴될 수 있는

석탄의 양이 다른 탄광의 대부분에서 같은 양의 노동에 의해 채굴될 수 있는 것보다 더 많으냐 더 적으냐에 따라 그 탄광은 풍부한 탄광 또는 빈약한 탄광이라고 불린다.

12. 매장량이 빈약한 탄광은 지대를 지불하지 않는다.

어떤 탄광은 유리한 위치에 있지만 매장량이 빈약해서 운영될 수 없다. 그 생산물은 비용을 지불하지 못한다. 그러한 탄광은 이윤도 지대도 제공할 수 없다.

13. 지대를 제공하지 못하는 탄광

생산물이 노동을 지불하고 또 사용된 자본을 보통이윤과 함께 보상하기에 겨우 충분한 정도의 탄광도 있다. 그러한 탄광은 기업가에게는 다소나마 이윤을 제공하지만 지주에게는 전혀 지대를 제공하지 못한다. 자기 자신이 기업가로서 자기가 거기에 사용하는 자본의 보통이윤을 획득하는 지주가 아니고서는, 그러한 탄광이 유리하게 운영될 수 없다. 스코틀랜드의 많은 탄광은 이러한 방식으로 운영되고 있으며, 달리 운영될 수는 없다. 지주는 약간이나마 지대를 지불받지 않는 한, 누구에게도 그것의 운영을 허가하지 않을 것이고, 또한 지대를 조금이나마 지불할 수 있는 사람은 아무도 없을 것이기 때문이다.

14. 또는 위치가 너무 불리한 경우도 그러하다.

같은 나라에 있는 다른 탄광은 매우 풍부하지만 위치 때문에 운영될 수 없는 것도 있다. 비용을 지불하기에 충분한 석탄이 보통의 또는 그 이하의 노동의 양(量)에 의해 그 광산에서 채굴될 수 있을 것이다. 그러나 주민이 적고 좋은 도로·수로도 없는 내륙지방에서는 채굴량이 판매될 수 없을 것이다.

15. 석탄의 가격은 목재의 가격에 의하여 억압되고 있다.

석탄은 목재보다 덜 쾌적한 연료이며, 목재만큼 건강에 좋은 것도 아니라고 한다. 따라서 석탄 가격은 소비지에서는 대체로 목재 가격보다 약간 낮을 것임에 틀림없다.

16. 목재의 가격은 농업의 상태와 더불어 변동한다.

또한 목재의 가격은 가축 가격과 마찬가지 방식으로, 그리고 똑같은 이유로, 농업 상태와 더불어 변동한다. 농업의 원시상태에서는 한 나라의 대부분이 수목으로 덮여 있으므로 지주에게 그것은 무가치한 것에 지나지 않으며, 지주는 벌채할 사람이라면 누구에게나 그것을 기꺼이 주었을 것이다. 농업이 진보함에 따라 삼림의 일부는 경작의 진보에 의해 깨끗이 벌채되고, 다른 일부는 가축 수가 증가한 결과 없어진다. 가축은 전적으로 인간 근로의 획득물인 곡물과 같은 비율로 증가하지는 않더라도 인간의 주의·보호 하에서 증식한다. 인간은 사료가 풍부한 계절에 그것이 모자라는 계절에 대비해서 사료를 저장하며, 한 해 전체를 통해 자연이 공급하는 것보다 더 많은 양의 사료를 가축에게 주고, 가축의 적들을 박멸함으로써, 가축이 자연의 모든 은혜를 누리도록 보호해 준다. 수많은 가축 떼가 자유롭게 숲속을 돌아다니도록 내버려 두면 오래된 나무를 파손하지는 않더라도 어린 나무의 성장을 방해하기 때문에, 1세기 또는 2세기가 경과하는 동안 삼림 전체가 황폐해 버린다. 이리하여 목재 부족이 목재 가격을 상승시키며, 그 가격은 꽤 많은 지대를 낳는다. 따라서 지주는 목재용 수목을 기르는 데 자기의 최상의 토지를 사용하는 것이 무엇보다 유리하다는 것을 알게 될 때도 있는데, 큰 이윤이 그 수익이 늦게 획득되는 것을 보상해 주는 경우도 종종 있다. 오늘날 영국의 여러 지방에서 일어나고 있는 사태가 이와 같은데, 그러한 지방에서는 식수(植樹)의 이윤이 곡물생산지·목초지의 이윤과 같다고 한다. 지주가 식수에서 얻는 이익은 어디에서나 곡물생산지·목초지가 그에게 제공할 수 있는 지대를 적어도 상당히 오랫동안 넘을 수는 없다. 그러나 개간이 잘 된 내륙지방에서는 식수에서 얻는 이익이 경작에서 얻는 지대보다 적지 않은 경우가 가끔 있다. 훌륭하게 개간된 나라의 해안지방에서 만일 석탄이 연료로서 쉽게 얻어질 수 있다면, 건축용 목재를 국내에서 가꾸기보다는 비교적 개간이 덜 된 외국으로부터 가지고 오는 것이 때로는 값이 싸게 먹힐 수도 있다. 최근 몇 년 사이에 건설된 에든버러의 신(新) 시가지에서는 아마도 한 조각의 스코틀랜드산 목재도 찾아 볼 수 없을 것이다.

17. 그러나 석탄을 생산하는 지방에서의 석탄은 어느 곳에서나 이 가격을 훨씬 하회하고 있다.

목재 가격이 어떻든 간에, 만일 석탄 가격이 비싸서 장작가격과 거의 같게 된다면, 우리는 그 장소에서, 그리고 그러한 사정 하에서, 석탄가격은 가능한 최고가격으로 올라가 있다는 것을 믿어도 좋다. 잉글랜드 내륙지방의 몇 군데, 특히 옥스포드셔(Oxfordshire)에서 그러한데, 그곳에서는 서민의 화로까지도 석탄과 나무를 혼용하는 것이 보통이며, 따라서 이 두 가지 종류의 연료에 관한 가격 차이도 크지 않다.

18. 탄광의 지대는 가장 풍부한 탄광에 의해 결정된다.

석탄 생산지에서는 석탄 가격이 이 최고가격보다 훨씬 낮다. 만일 그렇지 않다면 석탄은 육로 또는 수로에 의한 먼 거리의 운송비를 감당할 수 없을 것이다. 팔릴 수 있는 것도 소량밖에 되지 않을 것이기 때문에, 석탄 판매업자들과 탄광 소유자들은 최저가격보다 조금 나은 가격으로 대량판매하는 것이 최고가격으로 소량판매하는 것보다 자신들에게 이익이라는 것을 알게 된다. 뿐만 아니라 가장 풍부한 탄광이 이웃의 다른 모든 탄광의 석탄가격을 규정한다. 가장 풍부한 탄광의 소유자와 기업가 쌍방은 이웃사람들보다 약간 싸게 팔면, 전자는 더 많은 지대를, 후자는 더 많은 이윤을 얻을 수 있다는 것을 알고 있다. 그렇게 되면 이웃사람들은, 비록 그와 같이 싼 가격으로 팔 충분한 여유도 없을 뿐 아니라 또 그 가격은 항상 그들의 지대·이윤을 감소시키고 때로는 전부 없애버릴 것이지만, 그와 같은 싼 가격으로 팔지 않을 수 없다. 어떤 탄광은 완전히 포기되고, 어떤 것은 지대를 제공할 수 없으므로 단지 소유자에 의해 운영될 수 있을 뿐이다.

19. 가능한 최저가격은 사용된 자본의 이윤만을 지불할 수 있을 뿐이다.

석탄이 어떤 상당한 기간에 걸쳐 팔릴 수 있는 최저가격은, 다른 모든 상품의 그것과 마찬가지로, 그것을 시장에 내보내기까지 사용되지 않을 수 없는 자본을 보통이윤과 함께 보상하는 데 겨우 충분할 만한 가격이다. 지주가 지대를 획득할 수 없어서 손수 그것을 운영하든지, 아니면 그것을 아주 방치해 버릴 수밖에 없는 탄광에서, 석탄가격은 일반적으로 거의 이러한 가격에 가까울 것임에 틀림없다.

20. 석탄가격에서 지대가 차지하는 비율은 낮다.

석탄이 지대를 제공하는 곳에서조차, 지대가 석탄가격 중에서 차지하는 몫은 다른 대부분의 토지생산물의 가격 중에서 지대가 차지하는 비율보다 일반적으로 더 작다. 지상에 있는 소유지의 지대는 보통 그 총생산물의 $\frac{1}{3}$이라고 생각되며, 그리고 그것은 대체로 수확의 수시적인 변동과 관계 없는 확정지대이다. 그러나 탄광에서 총생산물의 $\frac{1}{5}$은 대단히 높은 지대이며, $\frac{1}{10}$은 보통지대인데, 더구나 그것은 확정지대가 결코 아니고 생산량의 수시적인 변동에 의존한다. 이러한 수시적인 변동이 너무나 크기 때문에, 30년 동안의 지대에 상당하는 가치가 경작지의 소유권에 대한 가격으로서 적당하다고 생각되는 나라에서, 탄광소유권에 대한 가격은 10년분의 지대에 상당하는 가치로도 충분하다고 생각된다.

21. 금속광산의 위치는 탄광의 그것보다는 덜 중요하다.

탄광이 소유자에 대해 가지는 가치는 흔히 그것이 풍부한지 않은지에 달려 있지만, 또한 그 위치에 달려 있기도 하다. 금속광산의 가치는 풍부성에 더 의존하고 그 위치에는 비교적 적게 의존한다. 귀금속일 때는 더욱 그러하지만, 보통금속일 때도 광석에서 분리되면 매우 큰 가치를 지니므로, 일반적으로 장거리의 육상운송과 가장 먼 거리의 해상운송 경비를 부담할 수 있다. 금속들의 시장은 광산의 인접국에 국한되지 않고 전세계로 확대된다. 일본의 구리는 유럽에서 거래되고 있는 상품이며, 스페인의 철은 칠레와 페루에서 거래되는 상품이다. 페루의 은은 유럽에서 팔리고 있을 뿐만 아니라, 유럽으로부터 중국으로도 팔려간다.

22. 이는 세계 각지의 금속들이 서로 경쟁하기 때문이다.

웨스트모어랜드나 쉬롭셔에서의 석탄가격은 뉴캐슬에서의 석탄가격에 거의 영향을 미치지 않으며, 프랑스 리옹 지방에서의 석탄 가격은 뉴캐슬에서의 석탄가격에 전혀 영향을 미칠 수 없다. 그렇게 멀리 떨어져 있는 탄광의 생산물은 결코 서로 경쟁할 수 없다. 그러나 가장 멀리 떨어져 있는 금속광산의 생산물은 흔히 서로 경쟁할 수 있으며, 사실상 서로 경쟁한다. 그러므로 귀금속의 가격은 더욱 그러하지만 보통금속의 가격까지도 세계에서 가장 풍부한 광산에서의 가격이 다른 모든 광산에서의 가격에 다소나마 영향을 반드시 미친다. 일본의 구리 가격이 유럽 동광에서의 가격에 약간의 영향을 미칠 것임에 틀림없다. 페루에서의 은가격은, 다시 말하면 은이 그곳에서 구매할 수 있는 노동 또는 다른 재화의 양은, 유럽의 은광에서뿐만 아니라 중국의 은광에서의 은의 가격에 대해서도 영향을 미칠 것임에 틀림없다. 페루의 은광이 발견된 이래 유럽의 은광은 대부분 폐업했다. 은 가격이 너무나 떨어졌기 때문에 유럽 은광의 생산물로써는 그것을 운영하는 데 드는 경비를 지불할 수 없게 되었기 때문이다. 다시 말해, 유럽 은광의 운영을 위해 소비된 의식주와 기타의 필수품을 이윤과 함께 회수할 수 없게 되었기 때문이다. 포토시의 광산이 발견된 이래 쿠바와 산토도밍고(Santo Domingo: 도미니카)의 광산도 그렇게 되었으며, 페루의 오래된 광산도 그러했다.

23. 그러므로 지대는 금속 가격에서 작은 부분을 차지한다.

각 광산에서의 금속가격은 세계에서 실제로 경영되고 있는 가장 풍부한 광산에서의 가격에 의해 어느 정도 규정되기 때문에, 대부분 광산에서의 가격은 그것을 운영하는 데 드는 경비를 지불할 정도 이상은 거의 될 수 없으며, 지주에게 아주 높은 지대를 제공하는 것은 거의 불가능하다. 따라서 대부분의 광산에서 지대는 보통금속의 가격 중 작은 몫을 차지하며, 귀금속에서는 더욱 더 작은 몫을 차지하는 것 같다. 노동의 임금과 이윤이 가격의 대부분을 이루고 있기 때문이다.

24. 콘월과 스코틀랜드에서는, 납과 주석광산은 $\frac{1}{6}$의 지대를 지불한다.

주석광산의 부감독인 보올레이스(Borlace) 목사가 우리에게 말해준 바에 의하면, 세계에서 가장 풍부한 콘월(Cornwall) 주석 광산의 평균지대는 총생산물의 $\frac{1}{6}$이라고 한다. 그는 말하기를, 어떤 것은 이보다 좀 더 지불할 여유가 있으며, 어떤 것은 그 정도를 지불할 만한 여유도 없다고 한다. 스코틀랜드의 몇몇 아주 풍부한 납광산의 지대도 역시 총생산물의 $\frac{1}{6}$이다.

25. 페루의 은광은 일찍이 $\frac{1}{5}$의 지대를 지불했으나, 현재는 $\frac{1}{10}$밖에 지불하지 않고 있다.

프레지어(Frezier)와 울로아(Ulloa)가 말한 바에 의하면, 페루의 은광에서는 대체로 그 소유자가 채광 기업가에게 자기의 쇄광장(碎鑛場)에서 광석을 분쇄하게 하고, 자기에게 보통의 쇄광료를 지불하는 것 이외에 다른 사례를 강요하지는 않는다고 한다. 그런데 1736년까지 스페인 국왕의 조세는 표준 은의 $\frac{1}{5}$이었는데, 이것은 세계에서 가장 풍부한 것으로 알려져 있었던 페루 은광의 대부분에서 당시까지 현실적인 지대라고 생각되고 있었다. 만일 조세가 없었다면, 이 $\frac{1}{5}$은 당연히 지주에게 귀속되었을 것이며, 또한 당시 이 조세를 감당할 수 없어서 채광하지 못하고 있었던 많은 광산들도 채광되었을 것이다. 주석에 대한 콘월 공작(the duke of Cornwall)의 과세는 그 가치의 5%, 즉 $\frac{1}{20}$이상에 달했던 것으로 생각되는데, 그 비율이야 어떻든 간에, 만일 주석이 무세(無稅)였다면 이것 또한 당연히 광산 소유자에게 귀속되었을 것이다. 그러나 이 $\frac{1}{20}$을 앞에서 말한 $\frac{1}{6}$〔지주에 대한 지대〕에 추가한다면, 콘월 지역

주석광산의 평균지대와 페루 은광의 평균지대는 그 비율이 13:12 $[(\frac{1}{6}+\frac{1}{20}):\frac{1}{5}]$였다는 것을 알게 될 것이다. 그러나 페루 은광은 현재에는 이렇게 싼 지대도 지불할 수 없으며, 1736년에는 은에 대한 조세가 $\frac{1}{5}$에서 $\frac{1}{10}$로 내렸다. 은에 대한 이 정도의 조세마저도 주석에 대한 $\frac{1}{20}$의 조세에 비한다면 밀수에 대한 더 강한 유혹이 될 것이며, 또한 부피가 큰 상품보다 값비싼 상품의 밀수가 더 쉬울 것임에 틀림없다. 따라서 스페인 국왕의 조세는 제대로 납부되지 않고 있다고 하는데 콘월 공작의 그것은 잘 납부된다고 한다. 그러므로 지대는 세계에서 가장 풍부한 은광산에서의 은가격 중에서보다는 가장 풍부한 주석광산에서의 주석가격 중에서 훨씬 더 큰 부분을 차지한다고 볼 수 있을 것이다. 이 두 광산을 운영하는 데 사용된 자본을 보통이윤과 함께 보상한 뒤에 그 소유자에게 남는 것은 대개 귀금속의 경우보다 보통금속의 경우가 더 큰 것 같다.

26. 그 반면에 이윤은 매우 적다.

페루에서는 은광 채굴업자들의 이윤도 보통 그리 크지 않다. 가장 존경할 만하고 견문이 넓은 저자들이 우리에게 알려주는 바에 따르면, 페루에서 어떤 사람이 새로운 광산 운영에 착수할 때, 그는 파산 또는 몰락의 운명에 처해진 사람으로 간주되는 것이 보통이며, 따라서 모든 사람들은 그를 멀리하고 피한다. 그곳에서의 광산 사업은 여기와 마찬가지로 일종의 복권(lottery), 즉 비록 어떤 것의 상금이 매우 커서 많은 모험자들을 유혹하여 성공의 전망이 없는 사업에 자기의 전재산을 내던지도록 하지만, 그 상금 전체는 당첨되지 못한 복권 전체의 손실을 보상하지는 못하는 복권이라고 생각되는 것 같다.

27. 페루에서는 국왕의 이익을 위해 광산업이 장려되고 있다.

그러나 국왕은 은광의 생산물로부터 자기 수입의 상당한 부분을 염출하고 있으므로, 페루에서는 법률이 새로운 은광의 발견·운영을 장려한다. 새로운 은광을 발견한 사람은 누구나 광맥의 방향이라고 생각하는 쪽을 향해 길이 246피트, 폭 123피트의 구역에 대한 권리를 가진다. 그는 이 광산구역의 소유자가 되고, 지주에게는 아무런 사례도 지불하지 않고 그것을 운영할 수 있다. 콘월 공작은 자기의 이익을 위해 그의 오래된 공작령(duchy)에 위와 같은 종류의 법규를 만들었다. 즉, 울타리로 둘러싸여 있지 않은 황무지에서 주석광을 발견한 사람은 누구나 일정 면적에다 그 경계를 그을 수 있는데, 이것을 광산 구역이라 부른다. 그 경계 획정자는 그 광산의 실제의 소유자가 되며, 토지소유자의 동의 없이 자기 스스로 그것을 운영해도 좋고, 그것을 타인에게 빌려 주어도 좋지만, 그것을 운영할 경우 극히 소액의 사례를 지주에게 지불하지 않으면 안 된다. 이 두 법규의 어느 것에서나 사유재산이라는 신성한 권리가 국가의 수입을 위해 희생되고 있다.

28. 현재 페루의 금광은 $\frac{1}{20}$의 지대를 지불하는 데 지나지 않는다.

페루에서는 새로운 금광의 발견·운영을 마찬가지로 장려하는데, 금의 경우 국왕의 조세는 표준 금의 $\frac{1}{20}$밖에 되지 않는다. 그것은 은의 경우처럼 한때 $\frac{1}{5}$이었고, 그 뒤 $\frac{1}{10}$이 되었지만, 금광을 운영해도 이 두 가지 조세 중 최저율마저 부담할 수 없다는 것이 판명되었던 것이다. 프레지어와 울로아는, 만일 은광에 의해 돈을 번 사람을 발견하기가 드문 일이라면, 금광에 의해 돈을 번 사람을 찾아내기란 훨씬 더 드문 일이라고 말한다. 이 $\frac{1}{20}$은 칠레와 페루의 대부분의 금광에서 지불되는 총지대인 것 같다. 더구나 금은 은에 비해 훨씬 더 밀수하기가 쉽다. 그 이유는 금이 부피에 비해 가치가 큰 금속이기 때문일 뿐만 아니라, 금을 산출하는 독특한 방법 때문이기도 하다. 은은 순수한 채로 발견되는 일이 극히 드물며, 대부분의 다른 금속처럼 대체로 다른 광물에 함유되어 있다. 따라서 아주 힘들고 지겨운 작업에 의하지 않고서는 그 광물에서 은을 분리하여 그 분리에 쓰인 비용을 지불할 만한 양을 얻어내기가 불가능하다. 더욱이 이 작업은 이 목적을 위해 세워진 작업장에서가 아니고는 잘 되지 않으므로, 국왕의 관리들의 감시하에 놓여지게 마련이다. 이에 반해 금은 거의 언제나 순수한 채로 발견된다. 금은 작은 크기의 조각으로 발견될 때도 있고, 모래·흙·기타의 이물질(異物質)에 섞여 거의 볼 수 없을 정도의 분자로서 발견될 때도 있지만, 이 경우에도 아주 간단한 작업에 의해 그것을 분리할 수 있다. 그 작업은 어느 집에서나 소량의 수은을 가진 사람이면 누구든지 할 수 있다. 따라서 만일 국왕의 조세가 은에 대해 잘 징수되지 않는다면, 금에 대해서는 더욱 더 잘 징수되지 않을 것이다. 그리고 금 가격 중 지대부분은 은 가격 중 지대부분에 비해서도 훨씬 더 작다.

29. 귀금속의 최저가격은 통상의 이윤과 함께 자본을 회수할 수 있어야 한다.

귀금속이 팔릴 수 있는 최저가격, 다시 말하면 일정한 기간에 귀금속과 교환될 수 있는 다른 재화의 최소량은, 다른 모든 재화의 통상적인 최저가격을 결정하는 것과 똑같은 원리에 의해 규정된다. 귀금속을 광산으로부터 시장으로 내보내는 데 보통 사용되는 자본과 보통 소비되는 의식주가 그것을 결정한다. 그것은 적어도 이러한 자본을 보통이윤과 함께 보상하는 데 충분해야 한다.

30. 그러나 그것들의 최고가격은 그 희소성에 의해 결정된다.

그러나 귀금속의 최고가격은 그 귀금속 자체가 실제로 희소한가 풍부한가에 의해서만 결정된다. 석탄가격은 목재가격에 의해 규정되고, 석탄이 아무리 부족하더라도 그 가격이 목재가격을 넘어 인상될 수는 없지만, 귀금속의 최고가격은 다른 상품가격에 의해 규정되지는 않는다. 금의 희소성을 어느 정도까지 증대시키면 조그만 금조각도 다이아몬드 이상으로 귀중하게 될 것이며 더 많은 양의 다른 재화와 교환될 것이다.

31. 귀금속에 대한 수요는 그 효용과 아름다움에서 생기며,

귀금속에 대한 수요는 부분적으로는 효용에서 생기고, 또 부분적으로는 아름다

또한 그 아름답다는 장점은 희소성에 의해서 높아진다.

움에서 생긴다. 철을 제외한다면, 귀금속은 아마 다른 어떤 금속보다 더 유용할 것이다. 귀금속은 쉽게 녹슬지 않고, 잘 더럽혀지지 않으므로 깨끗하게 보관하기가 쉽다. 그리고 이 때문에 식탁·부엌의 기구들도 이것으로 만들면 더욱 더 마음에 든다. 은으로 된 냄비는 납·구리·주석으로 된 것보다 더 깨끗하며, 또한 금으로 된 냄비는 은으로 만든 것보다 역시 더 좋을 것이다. 그러나 귀금속의 주요한 장점은 아름다움에서 생기는 것이며, 이 아름다움이야말로 귀금속들을 의복·가구의 장식에 특히 알맞게 한다. 어떠한 칠이나 물감도 도금(鍍金)처럼 훌륭한 빛깔을 낼 수 없다. 귀금속이 아름답다는 장점은 희소성에 의해 크게 제고된다. 대부분의 부자들에게 부(富)가 주는 으뜸가는 기쁨은 그 부의 과시(parade of riches)에 있는데, 그 기쁨은, 그들 생각에, 자기들 외에는 어느 누구도 가질 수 없는 부의 결정적인 표지(mark)를 자신들이 가지고 있는 것으로 보일 때 극치에 달한다. 그들의 눈에는, 유용하거나 아름다운 어떤 물건의 매력은 그 희소성에 의해, 다시 말하면 그것을 꽤 많이 수집하는 데는 많은 노동을 필요로 하고, 그들 이외에는 아무도 그 노동에 대해 지불할 수 없다는 사실에 의해 크게 제고된다. 그들은 이러한 물건을, 그것보다 훨씬 더 아름답고 훨씬 더 유용하나 비교적 흔한 물건보다, 더 비싼 값으로 기꺼이 구매하려고 한다. 효용(utility)·아름다움(beauty)·희소성(scarcity)이란 성질은 귀금속의 높은 가격, 즉 귀금속이 어디에서나 다량의 다른 재화와 교환될 수 있는 것의 본원적인 토대이다. 이 가치〔사용가치와 교환가치가 혼합되어 있다〕는 귀금속이 주화로서 사용되는 것보다 먼저 있었고, 또한 그것과는 관계가 없었으며, 그러한 성질이 있었으므로 귀금속이 주화에 적합한 것이 되었다. 그러나 주화로서의 용도는 귀금속에 대한 새로운 수요를 불러일으켜 다른 분야에 사용될 수 있었을 양을 감소시킴으로써 그 뒤에 귀금속 가치를 유지·증대시키는 데 기여했을지도 모른다.

32. 보석에 대한 수요는 전적으로 그 아름다움에서만 생긴다. 그리고 이 아름다움은 그 희소성에 의하여 제고된다.

보석(precious stones)에 대한 수요는 아름다움에서만 생긴다. 그것은 장식품 이외에는 효용이 없다. 그리고 아름답다는 장점은 희소성에 의해, 즉 광산에서 그것을 획득하는 데 겪는 큰 곤란과 비용에 의해 크게 제고된다. 따라서 대부분의 경우 임금과 이윤이 보석의 높은 가격의 거의 전부를 이루고 있다. 지대는 극히 적은 몫을 차지할 따름이며, 전혀 그 몫을 얻지 못할 경우도 흔히 있다. 가장 풍부한 광산만이 비교적 많은 지대를 제공한다. 보석상인 타베르니에(Tavernier)가 골콘다(Golconda)와 비지아프르(Visiapour)의 다이아몬드 광산을 방문했을 때 들은 바에 의하면, 그 나라의 국왕은 자기 이익을 위해 운영하였던 모든 광산 중 가장 크고 가장 아름다운 보석을 생산하는 광산만 남겨 놓고 전부 폐쇄하도록 명령했다는 것이다. 그 밖의 모든 광산은 그 소유자에게는 운영할 만한 가치가 없었던 것 같다.

33. 귀금속광산과 보석광산의 지대는 그 상대적인 풍부함에 비례하며, 절대적인 풍부함에는 비례하지 않는다.

귀금속과 보석의 가격은 세계 어느 곳에서나 세계에서 가장 풍부한 광산에서의 가격에 의해 규정되므로, 각 광산이 소유자에게 제공할 수 있는 지대는 절대적인 풍부성이 아니라 상대적인 풍부성, 즉 같은 종류의 다른 광산에 대해 우월한 정도에 비례한다. 만일 포토시의 광산이 유럽 광산들을 능가했던 정도로 포토시(Potosi)의 광산을 능가할 만한 새로운 광산이 발견된다면, 은의 가치는 떨어져 포토시의 광산까지도 운영할 만한 가치가 없는 것이 되어버릴지도 모른다. 스페인령 서인도제도가 발견되기까지는 유럽에서 가장 풍부한 은광산은, 현재 페루의 가장 풍부한 광산이 그 소유자에게 제공하는 것과 같은 정도의 많은 지대를 제공했을 것이다. 훨씬 적은 양의 은으로도 같은 양의 다른 재화와 교환되었을 것이며, 소유자의 몫이 훨씬 적었다 하더라도 그것은 같은 양의 노동·상품을 구매·지배할 수 있었을 것이다. 은광산이 국민과 광산 소유자에게 제공하는 실질적 수입인 생산물·지대의 가치는 현재 페루의 은광산의 경우와 같았을 것이다.

34. 공급이 풍부해지더라도 세계의 부(富)는 증가되지 않을 것이다.

귀금속 또는 보석을 생산하는 가장 풍부한 광산도 세계의 부에 추가할 수 있는 것은 거의 없다. 주로 희소성에서 가치가 나오는 생산물은, 그것이 풍부해지면 반드시 가치가 떨어진다. 한 벌의 은쟁반과 그 밖의 의복·가구의 하찮은 장식은 비교적 소량의 노동 또는 비교적 적은 양의 상품으로 구매될 수 있을 것이며, 세계가 귀금속·보석의 풍요함에서 얻을 수 있는 유일한 이익은 바로 이 점에 있다.

35. 그러나 지상의 소유지인 경우에는 생산물과 지대는 모두 절대적인 풍부함에 의해 규정된다.

그러나 지상(地上)의 소유지에 관해서는 사정이 다르다. 그들의 생산물·지대의 가치는 토지의 절대적인 비옥도에 비례하고 상대적인 비옥도에 비례하지 않는다. 일정량의 의식주를 생산하는 토지는 항상 일정 수의 주민에게 의식주를 공급할 수 있으며, 지주의 몫이 얼마든 그 몫은 항상 그러한 주민의 노동과, 그 노동이 그에게 공급할 수 있는 상품의 일정량에 대한 지배권을 지주에게 줄 것이다. 불모지의 가치는 이웃의 가장 비옥한 토지에 의해 감소되지 않고 오히려 증가하는 것이 보통이다. 비옥한 토지에 의해 부양되는 다수의 주민은 불모지 생산물에 대해 시장을 제공하는데, 이러한 시장은 불모지 자체의 생산물로써 부양할 수 있는 주민들 가운데서는 결코 발견할 수 없었을 것이기 때문이다.

36. 풍부한 식량은 다른 생산물의 가격을 올린다.

식량을 생산하는 토지의 비옥도를 증진시키는 것은, 그것이 무엇이든, 개량이 이루어지는 토지의 가치를 증가시킬 뿐만 아니라, 다른 토지의 생산물에 대한 새로운 수요를 창조함으로써 다른 토지의 가치를 증가시키는 데도 기여한다. 토지 개량의 결과 많은 주민이 스스로 소비할 수 있는 것보다 많은 식량을 풍부하게 가진다는 것은 귀금속·보석은 물론 의복·주거·가구·마차 등 모든 편의품·장식품에 대한 수요의 주요 원인이다. 식량은 세계의 부(富)의 주요 부분을 구성할 뿐만 아니라, 수많은 기타 각종 부(富)가 가치를 갖게 되는 것도 대부분 식량의 풍부함 때문이다. 쿠바와 산토도밍고의 가난한 주민들이 스페인 사람들에 의해 처음으로 발견되었을 때, 그들은 머리털과 의복의 여러 부분에 작은 조각의 금을 장식으로 붙이는 습관이 있었다. 그들은 금조각을 우리들이 보통보다 좀 더 아름다운 작은 자갈을 평가하는 정도로밖에 취급하지 않았으며, 그것은 주워둘 만한 값어치는 있는 것이지만, 누군가가 달라고 하면 거절할 만큼 가치가 있는 것은 아니라고 생각했던 것 같다. 그들은 새로 온 손님이 원하기만 하면 그것을 기꺼이 주었으며, 아주 값진 선물을 했다고 생각하는 것 같지도 않았다. 스페인 사람들이 금을 획득하려고 광분하는 것을 보고 그들은 깜짝 놀랐다. 그리고 그들에게는 대단히 부족했던 식량을 너무나 많이 가지고 있기 때문에, 극히 소량의 번쩍거리는 값싼 물건〔금〕에 대해 몇 년 동안이나 모든 가족을 부양할 수 있을 만큼 많은 식량을 서슴지 않고 주려고 하는 나라가 어디엔가 있으리라고는 꿈에도 생각하지 못했다. 만일 그들이 이것을 이해할 수 있었다면 스페인 사람들의 열광도 그들을 놀라게 하지는 않았을 것이다.

제 3절 항상 지대를 제공하는 생산물과 어떤 때는 지대를 제공하고 어떤 때는 제공하지 않는 생산물의 가치 사이의 비율 변동

1. 전반적인 진보 과정은 식량 이외의 생산물을 비싸게 한다.

토지의 부단한 개량과 경작에 따라 식량이 점점 풍부해지면 응용·장식 등에 쓰이는 식량 이외의 토지생산물에 대한 수요가 필연적으로 증가한다. 따라서 전체 개량과정을 통해 이러한 두 종류 생산물의 상대적인 가치에는 한 가지 변동만 있게 된다는 것을 예상할 수 있다. 즉, 어떤 때는 지대를 제공하고 어떤 때는 제공하지 않는 생산물의 가치는 얼마간의 지대를 항상 제공하는 생산물의 가치에 비해 끊임없이 상승하게 된다는 것이다. 기술과 산업이 진보함에 따라 의복·주택의 재료, 대지에서 얻어지는 유용한 화석·광물, 귀금속·보석은 점차 수요가 많아지고 점점 더 많은 양(量)의 식량과 교환된다. 바꾸어 말하면, 점점 더 비싸지게 되는 것이다. 대부분의 경우 이러한 것들 대부분의 사정은 그러했으며, 만일 특수한 사건이 발생하여 그 중 어떤 것의 공급을 그 수요보다 훨씬 더 큰 비율로 증가시키지 않는다면, 모든 경우, 모든 것들의 사정도 그러했을 것이다.

2. 그렇지 않을 때도 있으니, 이를테면 풍부한 매장량을 가진 은광 발견의 경우가 그렇다.

예를 들어 연석(軟石) 채석장의 가치는 그것이 소재하고 있는 지역의 진보와 인구 증가에 따라 반드시 증가할 것이다. 특히 채석장이 그 인근지역에서 유일한 것일 경우에는 더욱 그러할 것이다. 그러나 은광의 가치는, 비록 그 주변 1,000마일 이내에 또 하나의 다른 은광이 없다고 하더라도, 반드시 그 나라의 진보와 함께 증가한다고는 말할 수 없다. 연석 채석장의 생산물〔사암·석회석〕에 대한 시장은 그 주변 수 마일 이상으로 뻗치는 일은 좀처럼 있을 수 없고, 그 수요도 대체로 그 작은 지역의 진보와 인구에 비례하지 않을 수 없다. 그러나 은광의 생산물에 대한 시장은 세계 전체로 뻗친다. 그러므로 세계가 전체적으로 진보하고 인구가 증가하지 않는 한, 비록 은광 인근에 있는 한 큰 나라가 진보하더라도, 은에 대한 수요는 전혀 증가하지 않을 수 있다. 비록 세계가 전체적으로 진보하고 있다 하더라도, 만일 그 진보과정에서 이미 존재하는 것보다 더 풍부한 새로운 은광이 발견되기라도 한다면, 은에 대한 수요는 증가할 것이지만 공급도 또한 훨씬 더 큰 비율로 증가할 것이므로,

은의 진실가격(real price)은 점차 하락할 것이다. 즉, 어떤 일정량의 은, 이를테면 1파운드 무게의 은은 점점 더 적은 양의 노동밖에 구매·지배하지 못하게 될 것이며, 그것은 노동자의 주요 생활수단인 밀의 점점 더 적은 양과 교환될 것이다.

3. 은에 대한 큰 시장

전 세계의 상업지역과 문명지역이 은에 대해 큰 시장을 이루고 있다.

4. 전반적인 진보과정에서 은은 더 비싸게 되어갈 것이다.

만일 전반적인 진보에 따라 이 세계의 수요가 증가할 때 동시에 그 공급이 같은 비율로 증가하지 않는다면, 은의 가치는 밀의 가치에 비해 점차로 상승할 것이다. 일정량의 은은 점점 더 많은 곡물과 교환될 것이다. 바꾸어 말하면, 곡물의 평균 화폐가격은 갈수록 저하할 것이다.

5. 만일 어떤 우연한 사건이 발생하여 다년간 그 공급을 증가시킨다면 더 싸게 될지도 모른다.

이와는 반대로, 어떤 우연한 사건으로 인해 은의 공급이 다년간 수요보다 더 큰 비율로 증가한다면, 은은 점차로 더 싸게 될 것이다. 바꾸어 말하면, 곡물의 평균 화폐가격은 모든 진보에도 불구하고 갈수록 더 상승할 것이다.

6. 수요와 공급이 동등하게 증가하면 불변인 채로 있을 수도 있다.

그러나 만일 은의 공급이 수요와 거의 같은 비율로 증가한다면, 은은 계속 거의 같은 양의 곡물을 구매하거나 거의 같은 양의 곡물과 교환될 것이다. 그리고 곡물의 평균 화폐가격은 모든 진보에도 불구하고 계속 거의 같을 것이다.[6)]

---

6) 상품의 진실가격과 명목가격에 대해서는 이미 제1편 제5장에서 논의한 바 있다. 은의 진실가격(또는 가치)은 일정량의 은이 구매할 수 있는 노동량이고, 이 노동량은 일정량의 은이 구매할 수 있는 곡물의 양에 비례한다고 스미스는 생각하고 있다. 그러나 화폐상품인 은과 기타 상품들의 생산에 필요한 노동량이 은과 기타 상품들의 가치를

7. 이상 세 가지 사정은 과거 4백 년 동안 일어나고 있었다.

이상 세 가지는 사회의 진보과정에서 일어날 수 있는 사정들의 모든 조합이다. 프랑스와 영국에서 발생한 것에 의하면, 위의 세 가지 조합의 각각은 지난 4세기 동안 유럽시장에서 위에서 말한 순서대로 발생한 것 같다.

1. 지난 4세기 동안의 은 가치의 변동에 관한 이야기

1) 제1기

1. 1350년에서 1570년까지 은으로 표시한 곡물가격은 점차 하락하였다.

1350년과 그 이전 얼마 동안 잉글랜드에서 밀 1쿼터〔8부셸〕의 평균가격은 타워 저울(tower-weight)로 은 4온스 이하로 평가되지는 않았던 것 같은데, 이것은 오늘날의 화폐로 약 20실링과 같다. 그런데 밀가격은 점차로 하락해서 은 2온스(오늘날의 화폐로 약 10실링)로 되었는데, 그 가격은 16세기 초의 추정가격으로, 1570년 경까지 계속되었던 것 같다.

2. 1350년 밀은 1쿼터에 은 4온스였다.

1350년, 즉 에드워드 3세 제25년에 노동자법(the statute of labourers)이라고 불리는 것이 제정되었다. 이 법은 그 전문(前文)에서, 장인들에게 임금을 올려 달라고 요구한 노동자들의 무례를 크게 개탄하고 있다. 그리하여 그 법은, 앞으로 모든 노동자는 현 국왕 제20~24년에 받았던 것과 같은 임금과 배급(liveries: 배급에는 의복뿐만 아니라 식료품도 포함되었다)으로 만족해야 한다는 것, 그리고 그들이 배급받는 밀은 어디에서나 1부셸 당 10펜스 이상으로 평가되어서는 안 된다는 것, 그리고 그들에게 밀로 지

규정하며, 기타 상품들의 가치를 은량으로 표현한 것이 각 상품의 화폐가격이라는 마르크스의 생각과는 매우 다르다 ―역자.

급하느냐 화폐로 지급하느냐의 선택은 항상 장인의 자유여야 한다는 것을 규정하고 있다. 따라서 1부셸에 10펜스라는 것이 에드워드 3세 제25년에는 밀의 매우 온당한 가격이라고 간주되었던 셈이다. 왜냐하면, 노동자들에게 통상의 식량배급 대신 밀가격을 받도록 하기 위해 특별한 법을 필요로 했기 때문이다. 그 10년 전인 에드워드 3세 제16년에도 그 가격은 합리적인 것이라고 생각되었다. 그러나 에드워드 3세 제16년에는 10펜스가 타워 저울로 은 약 $\frac{1}{2}$온스를 함유하며, 오늘날의 화폐로서는 거의 $\frac{1}{2}$크라운(crown: 5실링짜리 은화)과 같은 것이었다. 따라서 타워 저울로 은 4온스는 당시의 화폐 6실링 8펜스와 같으며, 오늘날 화폐로 거의 20실링과 같은 것인데, 이것이 밀 1쿼터의 온당한 가격으로 간주되었음에 틀림없다.

3. 금 세기 초에도 그 이하는 아니었다.

이 법은 당시 곡물의 온당한 가격이 어느 수준이었는지에 대해, 역사가 및 다른 저술가들이 일반적으로 기록한 어떤 특정 연도의 가격보다도, 확실히 더 훌륭한 증거를 제시하고 있다. 역사가 및 다른 저술가들이 가격을 기록하는 것은 그것이 이상하게 비싸거나 쌌기 때문이므로, 그러한 기록을 근거로 보통가격이 얼마였을 것이라고 판단하기는 곤란하다. 뿐만 아니라, 14세기 초반과 그 이전 얼마 동안 밀의 보통가격이 1쿼터에 은 4온스 이하는 아니었으며 다른 곡물가격도 이에 비례했다는 것을 믿을 만한 다른 이유도 있다.

4. 14세기 초의 몇 가지 물품들의 화폐가격

1309년 캔터베리의 성 오거스틴 수도원의 부원장이었던 랄프 드 본(Ralph de Born)은 자신의 취임식 후 연회를 베풀었는데, 이 연회음식의 차림표뿐만 아니라 수많은 물품의 가격이 윌리엄 손(William Thorn)에 의해 기록 보존되고 있다. 그 잔치에서 소비되었던 것은 다음과 같다. 첫째 밀 53쿼터, 그 가격은 19파운드, 즉 1쿼터당 7실링 2펜스, 오늘날의 화폐로 약 21실링 6펜스, 둘째 맥아(malt) 58쿼터, 그 가격은 17파운드 10실링, 즉 1

쿼터당 6실링, 오늘날의 화폐로 약 18실링, 셋째 귀리(oat) 20쿼터, 그 가격은 4파운드, 즉 1쿼터당 4실링, 오늘날의 화폐로 약 12실링이 소비되었다. 여기서 맥아와 귀리의 가격은 밀가격에 대한 통상 비율보다 더 높은 것 같다.

5. 이 가격들은 잔치음식에 쓰인 곡물들의 가격이다.

이런 가격들은 이상하게 비싸거나 싸기 때문에 기록된 것은 아니고, 그 장대함으로 유명했던 한 잔치에서 소비되었던 많은 곡물에 대해 실제로 지불된 가격으로서 우연히 기록된 것에 지나지 않는다.

6. 그 이전 얼마 동안도 그러했다.

1262년, 즉 헨리 3세 제51년에 '빵과 맥주에 관한 법정 가격령'(The Assize of Bread and Ale)이라는 옛 법률이 부활되었다. 왕은 그 전문에서, 이 법률은 그의 선조인 잉글랜드왕들의 시대에 제정된 것이라고 말한다. 따라서 그것은 적어도 자기의 할아버지인 헨리 2세 시대만큼이나 오래되었을 수도 있고, 또는 정복시대(1066년, 영국이 노르만의 윌리엄공작에 의해 정복된 것을 가리킴)만큼이나 오래된 것일지도 모른다. 그 법률은 밀 가격에 따라, 즉 당시의 화폐로 밀가격이 1쿼터당 1실링에서 20실링까지 되는 것에 따라, 빵의 가격을 규정하고 있다. 그런데 이런 종류의 법률이 제정될 때는 일반적으로 그것이 중간가격으로부터의 일탈을, 즉 가격이 그 이하가 되거나 그 이상이 되는 것을 방지하기 위해 만들어졌다고 생각된다. 그러므로, 이 가정에 의하면, 타워 저울로 은 6온스를 함유하는 10실링, 즉 오늘날의 화폐로 약 30실링이 이 조례가 최초로 제정되었을 때 밀 1쿼터의 중간가격이라고 생각되며, 헨리 3세 제51년까지 계속 그러했음에 틀림없다. 따라서 우리는 그 중간가격은 이 법률이 규정하는 빵의 최고가격의 $\frac{1}{3}$, 즉 타워 저울로 은 4온스를 함유하는 당시의 화폐 6실링 8펜스 이하는 아니었다고 상정하더라도 크게 틀리지는 않을 것이다.

7. 14세기 중엽까지의 밀의 가격

따라서 이러한 여러 가지 사실로부터

14세기 중엽과 그 이전의 꽤 오랫동안 밀 1쿼터의 평균 또는 통상 가격이 타워 저울로 은 4온스 이하라고 추측되지 않는다는 결론을 내릴 수 있을 것 같다.

8. 그때부터 그것은 점차로 내려서 16세기 초에는 2온스가 되었으며, 1570년까지 그대로였다.

14세기 중엽부터 16세기 초반까지 합리적이며 온당하다고 생각된 가격, 즉 밀의 통상 또는 평균가격은 점차 이 가격의 약 $\frac{1}{2}$ 로 떨어져서 마침내 타워 저울로 은 약 2온스, 즉 오늘날의 화폐로 약 10실링으로까지 떨어졌던 것 같다. 밀은 1570년경까지 계속 이 가격으로 평가되었다.

9. 1512년의 밀 가격

〔1512년에 작성된〕 제5대 노섬벌랜드 백작(the fifth earl of Northumberland)이었던 헨리의 가계부에는 밀에 관해 두 가지 다른 평가가 있다. 그 하나는 1쿼터당 6실링 8펜스라고 계산하고, 다른 하나는 겨우 5실링 8펜스로 계산했다. 1512년에 6실링 8펜스는 타워 저울로 은 2온스밖에 함유하지 않았으며, 오늘날 화폐로 약 10실링과 같았다.

10. 200년간 밀의 가격은 6실링 8펜스였다.

에드워드 3세 제25년부터 엘리자베스 1세의 초반에 이르는 2백여년 동안, 여러 가지 법률에 나타난 것에 의하면, 6실링 8펜스가 밀의 이른바 온당하고 합리적인 가격, 즉 통상적이며 평균적인 가격으로 계속 간주되었다. 그러나 이 기간을 통해 주화에 변경이 있었기 때문에, 그 명목액에 함유된 은량은 끊임없이 감소되었다. 그러나 은 가치 증가가 동일한 명목액에 함유된 은량의 감소를 충분히 메워 줄 수 있었으므로, 입법부는 이러한 사정에 주목할 필요가 있다고 생각하지 않았다.

11. 밀의 수출이나 수입이 허용되는 경계 가격은 6실링 8펜스였다.

그리하여 1436년 밀가격이 6실링 8펜스까지 하락했을 때는 허가 없이 수출해도 좋다는 법률이 제정되었다. 그리고 1463년에는 밀가격이 1쿼터당 6실링 8펜스를 넘지 않는다면 수입해서는 안 된다는 법률이 제정되었다. 입법부는 가격이 대단히 낮을 때는 수출을 해도 별 문제가 없지만, 가격이 상승할 때 수입을 허가하는 것에 대해서는 신중해야 한다고 생각했다. 따라서 오늘날 화폐로 13실링 4펜스와 거의 같은 양의 은을 함유하는 6실링 8펜스(오늘날의 화폐의 은 함유량은 에드워드 3세 시대에 동일한 명목액에 함유된 것보다 $\frac{1}{3}$이 적다)가 당시 밀의 이른바 온당하고 합리적인 가격이라고 생각되었다.

12. 밀의 온당하고 합리적인 가격은 10실링이었다.

1554년에는 필립과 메리 제1~2년의 법률에 의해, 그리고 1558년에는 엘리자베스 제1년의 법률에 의해, 밀의 수출은 마찬가지로 1쿼터당 가격이 6실링 8펜스를 넘으면 언제든지 금지되었는데, 당시 이 금액의 은 함유량은 오늘날의 동일 명목액의 그것에 비해 2펜스 이상 많지는 않았다. 그러나 밀가격이 이렇게 크게 저하할 때까지 수출을 억제하는 것은 사실상 완전히 수출을 금지하는 것이나 마찬가지라는 것을 얼마 지나지 않아 알게 되었다. 그리하여 1562년에는 엘리자베스 제5년의 법률에 의해 밀가격이 1쿼터당 10실링을 넘지 않는다면 언제든지 항구로부터 수출할 수 있게 되었는데, 당시 이 금액의 은 함유량은 오늘날의 동일 명목액의 그것과 거의 같았다. 따라서 당시 이 가격은 밀의 이른바 온당하고 합리적인 가격이라고 생각되었다. 그리고 그것은 1512년의 노섬벌랜드 가계부의 평가와 거의 일치한다.

13. 프랑스에서도 이와 같은 하락이 관찰되었다.

프랑스에서도 마찬가지로 15세기 말엽과 16세기 초엽에 곡물의 평균가격이 이에 선행하는 2세기 동안보다 훨씬 더 낮았다는 것은 뒤프레 드 생 모르(Dupré de St. Maur)와, 『곡물정책론』의 품위 있는 저자(C. J. Herbert)에 의해 관찰된 사실이다. 곡물가격은 같은 기간에 유럽 대부분을 통해 아마 똑같이 떨어졌을 것이다.

14. 그것은 은에 대한 수요의 증가, 또는 공급의 감소에 의한 것이었을 것이다.

은의 가치가 곡물가치에 비해 이렇게 상승한 것은, 사회가 진보하고 경작이 증진된 결과 은에 대한 수요가 증가했는데도 공급이 그 전과 같았기 때문이거나, 또는 수요는 그 전과 같았지만 당시 세계적으로 알려진 광산의 대부분이 상당히 고갈되어 버린 결과 그것들의 운영비가 크게 증가하여 공급이 점차 감소했기 때문이거나, 또는 이 두 가지 사정 가운데 어느 정도는 전자에, 어느 정도는 후자에 기인했을 것이다. 15세기 말엽과 16세기 초반에는 유럽 대부분이 그 이전의 수 세대보다 더 안정된 정치형태에 접근하고 있었다. 공공의 안녕질서가 증대되면 자연히 산업이 진보하고 귀금속과 다른 모든 사치품·장식품에 대한 수요도 부(富)의 증가와 더불어 자연히 늘어날 것이다. 연간생산물이 증대하면 할수록 그것을 유통시키기 위해 점점 더 많은 양의 주화가 필요하게 될 것이며, 부자의 수가 많아지면 많아질수록 점점 더 많은 양의 은제 식기와 그밖의 은제 장식품이 필요하게 될 것이다. 또한 당시 유럽시장에 은을 공급하던 광산의 대부분이 매우 고갈되었기 때문에 그것들의 운영비가 점점 증가되었다고 가정하는 것은 자연스럽다. 그러한 광산들 중에는 로마시대 때부터 운영되어 왔던 것도 많다.

15. 그런데도 대다수의 저자들은 은의 가치가 계속 하락했다고 생각했다.

그런데 옛 시대의 상품가격에 관해 쓴 저자들의 대부분은 노르만 정복에서부터, 아마도 줄리어스 시저(Julius Caesar)의 침입에서부터, 아메리카 광산의 발견에 이르기까지 은가치는 부단히 감소했다는 견해를 갖고 있다. 그들이 이러한 견해를 갖게 된 것은, 부분적으로는 그들이 곡물과 기타 약간의 천연 토지생산물의 가격을 관찰하는 기회를 가졌기 때문이며, 또한 부분적으로는 은의 양은 모든 나라에서 부의 증가와 더불어 자연히 증가하므로, 가치는 수량의 증가와 함께 감소한다는 속된 관념을 가지고 있었기 때문인 듯하다.

16. 그들이 곡물의 가격을 관찰하면서 오해하게 된 사정은 다음과 같다.

그들이 곡물가격을 관찰할 때 종종 오해하게 되었던 것은 다음의 세 가지 사정 때문이었던 것 같다.

17. 환산가격과 시장가격을 혼동했다.

첫째, 옛날에는 거의 모든 지대가 현물로, 즉 일정량의 곡물·가축·가금(家禽: poultry) 등으로 지불되었다. 그러나 지주가 차지인으로부터 해마다 지대를 현물로 요구하거나 일정액의 화폐로 요구하거나 하는 것은 그의 자유여야 한다는 것을 계약조건으로 할 때도 종종 있었다. 현물지대가 일정액의 화폐로 환산되는 가격을 스코틀랜드에서는 환산가격(conversion price)이라 부른다. 현물을 받거나 현물의 가격을 받거나 그 선택은 항상 지주의 자유이므로, 차지인의 안전을 위해서는 환산가격이 평균 시장가격을 넘는 것보다 오히려 그 이하여야 할 필요가 있다. 따라서 많은 지방에서는 그것이 평균 시장가격의 $\frac{1}{2}$ 보다 그리 크지 않다. 스코틀랜드의 대부분을 통해 이러한 관습은 가금(家禽)에 관해 아직도 존속하며, 어떤 지방에서는 가축에 관해서도 존속한다. 만약 공정곡가(公定穀價: public fiars)라는 제도에 의해 이런 관습이 폐지되지 않았더라면, 그것은 아마 곡물에 관해서도 존속되었을 것이다. 공정곡가는 품질이 다른 각종 곡물의 평균가격을 각 주의 현실적인 시장가격에 따라서 매년 평가한 것으로서 순회재판소(assize)의 결정으로 정해진다. 이 제도는 어떤 일정한 고정된 가격에 의해서가 아니라 해마다의 공정가격에 의해 곡물지대를 환산했으므로, 차지인을 위해서는 충분히 안전하고 또 지주에게는 훨씬 더 편리한 것이었다. 그런데 옛날의 곡물가격을 수집한 저자들은 스코틀랜드에서 환산가격이라고 불리던 것을 종종 실제의 시장가격으로 오해했던 것 같다. 플리트우드(Fleetwood)는 자기가 이러한 오류를 범했다는 것을 시인한 바 있다. 그러나 그는 어떤 특별한 목적을 위해서 자기의 책을 썼으므로, 이 환산가격을 15회나 인용한 뒤에 가서 비로소 그 오류를 시인했다. 그 가격은 밀 1쿼터당 8실링이다. 이 금액은 그가 기록을 시작한 연도인 1423년에는 오늘날 화폐 16실링과 같은 분량의 은을 함유했다. 그러나 그가 기록을 끝마친 연도인 1562년에는 그것은 오늘날 동일한 명목액이 함유하는 것과 같은 분량의 은을 함유하는 데 지나지 않았다.

18. 옛날의 공정가격(公定價格)에 관한 법률을 아무렇게나 필사했다.

둘째로, 옛날의 공정가격(公定價格)에 관한 법률(Statutes of assize)이 때로는 게으른 필사자에 의해 아무렇게나 필사되거나 또는 입법부에 의해 실제로 아무렇게나 작성되기도 했기 때문에 그러한 오해가 생긴 것이다.

19. 옛날의 공정가격은 이렇게 결정되었다.

옛날의 공정가격에 관한 법률은 언제나 밀·보리의 가격이 최저일 때 빵·맥주의 가격은 얼마이어야 할 것인지를 먼저 결정하고, 그 다음에 그러한 두 종류의 곡물이 이 최저가격 이상으로 점차 상승해가는 데 따라 빵·맥주의 가격이 얼마여야 한다는 것을 결정했던 것 같다. 그러나 그러한 법률조문의 필사자들은 종종 최초의 서너 개 최저가격에 관한 규정만 필사하면 충분하다고 생각했던 것 같으며, 그렇게 함으로서 그들은 자신들의 노동을 절약했고, 또한 이로써 그보다 더 높은 가격에서 준수해야 할 비율을 표시하는 데 충분하다고 판단했던 것 같다.

20. 고대 법률의 필사자들의 태만이 가격에 관한 오해를 낳았다.

헨리 3세 제51년의 빵·맥주에 관한 법정가격령에서는 밀가격이 당시의 화폐로 1쿼터당 1실링에서 20실링까지 이르는 데 따라 빵가격이 규정되었다. 그러나 러프헤드(Ruffhead)판 법률집이 출판되기 이전의 각종 법률집 모두가 그 대본으로 삼았던 필사본에서는, 필사자가 12실링을 넘는 가격에 관한 규정을 전혀 필사하지 않았다. 그리하여 몇몇 저술가는 이러한 잘못된 필사 때문에 오해하여 1쿼터당 6실링이라는 중간가격, 즉 오늘날의 화폐로 약 18실링이 당시 밀의 통상적 또는 평균적 가격이었다고 자연스럽게 결론을 내렸던 것이다.

21. 또는 그러한 법률들을 오해했다.

이와 거의 같은 시기에 제정된 공정가격 위반 행위에 대한 처벌법(Tumbrel and Pillory)에서는, 맥주가격은 보리가격이 1쿼터당 2~4실링 사이에서 6펜스 상승할 때마다 규제되고 있다. 그러나 그 4실링이라는 것은 당시 보리가 흔히 등귀할 수 있었던 최고가격이라고 생각한 것은 아니고, 이러한 가격들은 다른 모든 가격에서도 준수되어야 할 비율을 예시한 것에 지나지 않는다는 것을 우리는 그 법률의 마지막에 나오는 "et sic deinceps crescetur vel diminuetur per sex denarios."라고 하는 말에서 추측할 수 있다. 이 표현은 허술하지만 그 뜻은 매우 분명하다. 즉, "이러한 방식으로 맥주가격은 보리가격이 6펜스 오르거나 내리는 데 따라 증감되어야 한다"는 것이다. 이 법률조항의 작성에서 입법부 자신도, 필사자들이 다른 법률조항을 필사한 경우처럼, 부주의했던 것 같다.

22. 공정가격에 관한 필사본의 예시(例示)를 오해하였다.

오래된 스코틀랜드의 법률서인 『왕위의 존엄』(Regiam Majestatem)의 옛날 사본 가운데는 공정가격에 관한 법률이 있다. 거기에는 빵 가격이, 밀가격이 스코틀랜드의 1볼(boll : 잉글랜드의 약 $\frac{1}{2}$쿼터에 해당)당 10펜스에서 3실링에 이르는 데 따라, 규제되고 있다. 이 공정가격이 제정되었다고 생각되는 시대의 스코틀랜드 3실링은 오늘날 우리 화폐로 약 9실링과 같았다. 러디만(Ruddiman)은 이것으로부터 3실링이라는 것이 당시 밀이 등귀한 최고가격이었으며, 10펜스 또는 1실링 또는 기껏해야 2실링이 통상가격이었다고 결론내리는 것 같다.* 그러나 그 필사본을 자세히 보면, 이러한 모든 가격은 밀과 빵의 각각의 가격 사이에 준수되어야 하는 비율을 예시하기 위해 기재된 것에 지나지 않는다는 것이

---

* J. Anderson, *Selectus diplomatum et numismatum Scotiae thesaurus*, ed. T. Ruddiman, 에든버러, 1739년, 러디만의 서문을 보라.

명백해진다. 그 법률의 마지막에 나오는 말은, "나머지 경우에는 위에서 말한 밀 가격을 참작하여 판단할 것"이다.

23. 지나치게 낮은 가격을 너무 중시했던 것이다.

셋째로, 밀이 아주 옛날에 이따금씩 팔렸던 매우 낮은 가격으로 인해 그들이 오해하게 된 것 같다. 더욱이 당시의 최저가격은 후대의 그것보다 훨씬 낮았으므로 그 통상가격도 훨씬 낮았음에 틀림없다고 생각했던 것 같다. 그러나 그들은, 옛날에는 그 최저가격이 후대의 어떠한 가격보다 더 낮았던 것과 마찬가지로, 그 최고가격 역시 후대의 그것보다 훨씬 높았다는 것을 발견할 수 있었을 것이다. 예컨대 플리트우드(Fleetwood) 주교는 밀 1쿼터의 1270년의 가격에 대해 두 가지를 우리에게 제시하고 있다. 즉, 그 하나는 당시의 화폐로 4파운드 16실링, 즉 오늘날의 화폐로 14파운드 8실링이고, 다른 하나는 6파운드 8실링, 즉 오늘날의 화폐로 19파운드 4실링이다. 이렇게 엄청난 가격은 15세기 말엽 또는 16세기 초반에는 전혀 찾아볼 수 없다. 곡물가격이란 어떠한 시대에도 변동하기 쉬운 것이지만, 모든 상업·교통이 중단되어 한 나라의 어떤 지방의 풍부함이 다른 지방의 부족함을 구제할 수 없게 된 불안하고 무질서한 사회에서는 더욱 변동하기 쉬운 것이다. 12세기 중엽에서 15세기 말엽까지 플랜태저네트(Plantagenet) 왕조가 잉글랜드를 지배할 때 잉글랜드는 너무나 무질서해서, 어떤 지역은 곡물이 풍부한 데 반해, 그곳에서 그리 멀리 떨어져 있지 않은 다른 지역은 기후불순 또는 이웃 영주의 습격에 의해 수확물이 못쓰게 되어 기근의 심한 공포를 경험하는 수도 있었다. 더욱이 만일 어떤 적대적인 영주의 토지가 그런 지역들 사이에 가로놓여 있다면, 전자는 후자에 대해 최소한도의 원조마저 해줄 수 없었을 것이다. 15세기 후반에서 16세기 전체를 통해 잉글랜드를 지배했던 튜더(Tudor) 왕조의 활기있는 통치하에서는 감히 공공의 안녕질서를 어지럽힐 만큼 강력한 영주는 한 사람도 없었다.

24. 본장의 마지막에 나오는 밀가격 표는 이상의 설명을 확증하고 있다.

독자는 본 장(章)의 마지막에 플리트우드 주교가 수집한 밀가격을 오늘날 우리의 화폐로 환산하여 1202년부터 1597년까지 연대순으로 12개년씩 7개로 구분하여 정리해 둔 것을 발견할 것이다. 또한 독자는 12개년의 평균가격을 볼 수 있을 것이다. 이 긴 기간 가운데 플리트우드 주교가 수집할 수 있었던 것은 겨우 80개년에 관한 것에 지나지 않으며, 최후의 12개년을 메우기 위해서는 4개년 분이 부족하다. 그러므로 나는 이튼대학의 기록에 근거하여 1598년, 1599년, 1600년 및 1601년의 가격을 보충했다. 내가 추가한 것은 이것뿐이다. 독자는 13세기 초에서 16세기 중엽 이후에 이르기까지 각 12개년의 평균가격이 점차로 저하하고 16세기 말엽에 가까워지면서 다시 상승하기 시작하는 것을 볼 수 있을 것이다. 실제로 플리트우드가 수집할 수 있었던 것은 주로 이상하게 비싸거나 쌌기 때문에 주목을 끌었던 가격이었던 것 같다. 그리고 나도 그러한 가격으로부터 어떤 대단히 확실한 결론을 끌어낼 수 있다고 주장하지는 않는다. 그러나 그러한 가격이 적어도 어떤 것을 증명한다면, 그것은 내가 설명하려고 노력해 왔던 것을 확증해 주는 것에 지나지 않는다. 그러나 플리트우드 자신은 대부분의 저술가들과 마찬가지로 그 기간 전체를 통해 은이 점차로 풍부하게 된 결과 은의 가치가 끊임없이 감소했다고 믿었던 것 같다. 그러나 그 자신이 수집한 밀가격은 확실히 이 견해와 일치하지 않는다. 밀가격들은 뒤프레 드 생 모르(Dupre de St. Maur)의 견해와 내가 설명하려고 노력한 견해와 완전히 일치한다. 플리트우드 주교와 뒤프레 드 생 모르는 최대의 근면과 성실로써 옛 물건의 가격을 수집했다고 생각한다. 그래도 역시 조금 이상한 것은, 그들의 견해가 크게 다른데도 그들이 수집한 사실은, 적어도 밀가격에 관한 한, 그렇게도 정확하게 일치한다는 것이다.

25. 어떤 때는 은의 가치가 가축 · 가금

그러나 가장 현명한 저술가들이

등의 가격으로 측정되기도 했다. 그러나 이것들의 낮은 가격은 그것들이 싸다는 것을 나타내는 것이지 은이 비싸다는 것을 나타내지는 않는다.

그처럼 오랜 옛날의 은의 가치가 컸다고 추론했던 것은, 곡물가격이 저렴했기 때문이 아니라, 오히려 기타 토지의 천연생산물들의 가격이 저렴했기 때문이다. 곡물은 일종의 제조품이므로, 그러한 미개시대에는 기타 상품, 즉 가축·가금·온갖 사냥감 등과 같은 제조되지 않은 상품들의 대부분에 비해 훨씬 더 고가였다고 한다. 빈곤하고 미개한 시대에 이러한 상품이 곡물보다 훨씬 쌌다는 것은 틀림없는 사실이다. 그러나 이처럼 값쌌던 것은 은의 가치가 높았기 때문이 아니라 그러한 상품들의 가치가 낮았기 때문이다. 즉, 은이 부유하고 진보한 시대보다 이러한 시대에 더 많은 노동을 구매·대표했기 때문이 아니고, 그러한 상품들이 훨씬 적은 양의 노동밖에 구매·대표하지 못했기 때문이다. 은은 확실히 유럽에서보다는 스페인령 아메리카에서 더 쌀 것에 틀림없다. 즉, 긴 육지와 바다에 걸친 수송비·운임·보험료를 들여 가져오는 나라보다 그것이 생산되는 나라에서 더 저렴할 것에 틀림없다. 그러나 울로아(Ulloa)에 의하면, 부에노스 아이레스에서는 영국 돈으로 $21\frac{1}{2}$펜스가 3~4백 마리의 무리에서 뽑힌 가장 뛰어난 황소 한 마리의 가격이었던 것은 얼마 전의 일이었다고 한다. 바이런(Byron)에 의하면, 칠레의 수도에서는 좋은 말 한 필의 가격이 16실링이었다는 것이다. 자연상태로는 비옥하지만 그 대부분이 전혀 경작되지 않은 나라에서는 가축·가금·온갖 사냥감 등은 매우 적은 양의 노동으로 획득될 수 있으므로, 그것들은 아주 적은 양의 노동밖에 구매·지배하지 못할 것이다. 그것들이 팔리는 화폐가격이 낮다는 것은, 그곳에서 은의 진실가치가 대단히 높다는 것의 증거가 아니라, 그러한 상품의 진실가치가 대단히 낮다는 것의 증거다.

26. 노동만이 가치의 진실한 척도이다.

항상 기억해 두어야 할 것은, 은과 그 밖의 다른 모든 상품의 가치의 진실한 척도는 노동이지 어떤 특정 상품 또는 일련의 상품이 아니라는 것이다.

27. 가축 · 가금 등은 시대가 달라짐에 따라 대단히 다른 노동량에 의해 생산된다.

그러나 거의 황폐하거나 주민이 희박한 나라에서는 가축·가금·온갖 사냥감 등은 자연발생적인 생산물이므로, 자연은 종종 주민의 소비가 필요로 하는 수량보다 훨씬 더 많은 수량을 생산한다. 이런 상황에서는 공급이 보통 수요를 초과한다. 그러나 사회상태가 달라지고 그 진보의 단계가 달라짐에 따라 그러한 상품은 매우 다른 노동량을 대표할 것이며, 매우 다른 노동량과 동등할 것이다.

28. 반면에, 곡물을 생산하는 노동량은 전혀 변동하지 않는다.

모든 사회상태에서, 그리고 모든 진보단계에서, 곡물은 언제나 인간근로의 생산물이다. 그러나 각종 근로의 평균생산물은 항상 어느 정도 정확하게 평균소비에 적응한다. 그리고 평균공급은 평균수요에 적응한다. 뿐만 아니라, 진보의 단계가 다르더라도 토양·기후가 같으면 같은 양의 곡물생산은 평균적으로는 거의 같은 양의 노동을, 또는 같은 뜻이지만, 노동가격을 필요로 할 것이다. 왜냐하면, 경작의 개량에 수반되는 노동생산력의 끊임없는 증진은 농업의 주요 도구인 가축의 부단한 가격상승에 의해 다소 상쇄되기 때문이다. 그러므로 우리는 이상의 모든 이유에서 모든 사회상태에서, 그리고 진보의 모든 단계에서, 같은 양의 곡물은 토지의 천연생산물 중 다른 어떤 것보다 더욱 정확하게 같은 양의 노동을 대표한다고 확신해도 좋다. 따라서 이미 말한 바와 같이, 부(富)와 진보의 모든 단계에서 곡물은 다른 어떤 특정 상품 또는 일련의 상품들보다 더 정확한 가치의 척도이다. 그러므로 우리들이 각각의 단계에서 은의 진실가치를 판단하려면 그것을 곡물과 비교하는 것이 다른 어떤 상품 또는 일련의 상품들과 비교하는 것보다 낫다.[7]

29. 그리고 곡물은 노동의 화폐가격을 규정한다.

이 밖에 곡물이나 일반적으로 국민들이 좋아하는 다른 식물성 음식은 모든 문명국에서 노동자의 생활자료의 주요 부분을 이룬다. 농업이 확장된 결과 모든 나라의 토지는 동물성 음식보다 훨씬 많은 양의 식물성 음식을 생산하고, 노동자는 어느 곳에서나 주로 가장 값싸고 가장 풍부하고 영양가 있는 음식으로 생활한다. 가장 번영한 나라나 노동의 보수가 높은 나라들을 제외하면, 식용육은 노동자의 생활자료의 작은 부분을 이루는 데 지나지 않고, 가금은 더욱 더 작은 부분을 이루며, 사냥감은 어떠한 부분도 이루지 않는다. 프랑스에서는, 그리고 프랑스보다 노동이 좀더 나은 보수를 받는 스코틀랜드까지도, 노동자가 고기를 먹는 것은 휴일이나 그 밖의 특별한 기회가 아니고서는 좀처럼 있을 수 없다. 그러므로 노동의 화폐가격은 고기나 기타 토지의 천연생산물의 평균 화폐가격보다도 노동자의 생활자료인 곡물의 그것에 훨씬 더 많이 의존한다. 따라서 금은의 진실가치, 즉 그것들이 구매·지배할 수 있는 노동의 실제량은 금은이 구매·지배할 수 있는 고기나 기타 토지의 천연생산물의 양보다도 곡물의 양에 더 많이 의존한다.

30. 또한 저자들은 은 가치는 그것의 수량이 증가함에 따라 하락한다는 관념에 의해서도 오해하게 되었다.

총명한 저자들 다수가 오해하게 된 것은, 곡물 또는 그 밖의 상품가격을 매우 등한히 관찰했기 때문일 뿐만 아니라, 은량은 모든 나라에서 부와 함께 자연히 증가하므로, 은의 가치는 이와 같은 수량의 증가와 함께 저하한다는 통속적인 관념에 사로잡혀 있었기 때문이다. 그러나 이 견해는 전혀 근거가 없는 것이라고 생각

7) 스미스에 의하면, 일정량의 곡물을 생산하는 데 필요한 노동량은 역사적으로 거의 변동하지 않는다. 왜냐하면, 노동생산력의 상승에 의해 살아 있는 노동은 감소하지만 노동수단(예: 가축)의 가격이 상승해서 죽은 노동은 증가하기 때문이다. 따라서 곡물은 다른 상품들의 가치변동을 정확히 측정할 수 있다. 이것은 '불변의 가치척도' 를 찾으려는 노력에 불과한 것이지, '가치의 실체' 를 발견하려는 노력은 아니었던 것이다 —역자.

된다.

31. 귀금속의 양이 증가되는 두 가지 원인

한 나라에서 귀금속량은 다음 두 가지 원인에 의해 증가할 것이다. 첫째는 그것을 공급하는 광산의 생산량 증가이고, 둘째는 국민의 부(富)의 증가, 즉 국민의 연간 노동생산물의 증가이다. 이 가운데 전자는 귀금속의 가치감소와 필연적으로 연결되어 있는 것이 분명하지만, 후자는 그렇지 않다.

32. 광산이 풍부해짐으로써 생기는 생산량의 증가는 가치의 감소와 관련이 있다.

더 풍부한 광산들이 발견되면 점점 더 많은 양의 귀금속이 시장으로 반입된다. 그런데 이것과 교환되어야 할 생활필수품·편의품의 수량이 전과 같다면, 같은 수량의 금속은 더 적은 수량의 상품과 교환된다. 따라서 어떤 나라에서 귀금속량의 증가가 광산의 증가된 생산량에서 생기는 한, 그 증가는 귀금속 가치의 감소와 필연적으로 관련된다.

33. 그 수량의 증가가 국부의 증가에서 결과된 때에는 그렇지 않다.

이와는 반대로, 한 나라의 부(富)가 증가하고 노동의 연간생산물이 점점 더 많아지면, 더 많은 수량의 상품을 유통시키기 위해 점점 더 많은 수량의 주화가 필요하게 된다. 더욱이 국민은 자연히 점점 더 많은 귀금속제 식기를 구매할 것이다. 왜냐하면, 그렇게 할 만한 여유가 있으며, 귀금속제 식기와 교환할 수 있는 상품들을 더 많이 가지고 있기 때문이다. 그들의 주화 수량은 필요에 의해 증가할 것이고, 그들의 귀금속제 식기의 수량은 허영·허식에 의해 증가할 것이며, 훌륭한 조각·회화 그리고 다른 사치품·골동품도 허영·허식에 의해 증가하게 될 것이다. 조각가·화가가 빈곤과 불황의 시기보다 부(富)와 번영의 시기에 더욱 많은 보수를 받는 것과 마찬가지로, 금은은 부(富)와 번영의 시기에 더 큰 대가를 받을 것이다.

34. 금과 은은 부국에서 더 비싸다. 이것은 생활자료의 가격에서 중국을 유럽과 비교하고, 또 스코틀랜드를 잉글랜드와 비교해 보면 알 수 있을 것이다.

금은의 가격은, 더 풍부한 광산이 우연히 발견되어 그것이 가격을 낮게 만들지 않는 한, 각국의 부(富)와 함께 자연히 상승하므로, 광산의 상태가 어떻든, 어떠한 시대에도 당연히 가난한 나라보다는 부유한 나라에서 더 높다. 다른 상품과 마찬가지로 금은도 자연히 가장 비싼 값이 지불될 만한 시장을 찾는다. 그리고 모든 물건에 가장 좋은 가격이 지불되는 곳은 그렇게 할 만한 여유가 있는 나라이다. 반드시 기억해 두어야 할 것은, 노동은 모든 것에 대해 지불되는 최후의 가격이라는 점이다. 그리고 노동이 평등하게 좋은 대접을 받는 나라에서 노동의 화폐가격은 노동자의 생활자료의 화폐가격에 비례할 것이다. 그러나 금은은 당연히 가난한 나라에서보다 부유한 나라에서, 즉 생활자료가 빈약하게 공급되는 나라보다 그것이 풍부한 나라에서 훨씬 많은 수량의 생활자료와 교환될 것이다. 만일 그러한 두 나라가 대단히 멀리 떨어져 있다면, 그 차이는 아마 대단히 클 것이다. 왜냐하면, 귀금속은 물론 당연히 불리한 시장으로부터 유리한 시장으로 이동할 것이지만, 양국에서의 귀금속의 가격을 거의 동일하게 할 만한 수량을 운송하는 것은 곤란할 것이기 때문이다. 만일 양국이 가까우면 그 차이는 비교적 작을 것이며, 때에 따라서는 거의 느낄 수 없을 정도일 것이다. 이런 경우에는 운송이 쉽기 때문이다. 중국은 유럽의 어떤 나라보다 훨씬 더 부유한 나라이며, 중국과 유럽에서의 생활자료의 가격 차이는 대단히 크다. 중국에서의 쌀은 유럽 어느 곳에서의 밀보다 훨씬 더 싸다. 잉글랜드는 스코틀랜드보다 훨씬 더 부유한 나라지만, 두 나라에서의 곡물의 화폐가격 차이는 훨씬 작으며 겨우 느낄까 말까 할 정도이다. 스코틀랜드의 곡물은 잉글랜드의 곡물보다 일반적으로 훨씬 더 싼 것처럼 보이지만, 품질을 고려하면 확실히 조금 더 비싸다. 스코틀랜드는 거의 매년 잉글랜드로부터 대단히 많은 분량을 공급받고 있다. 그리고 모든 상품은 그것을 보내는 나라보다 받아들이는 나라에서 약간 더 비싼 것이 보통이다. 그러므로 잉글랜드의 곡물은 잉글랜드에서보다 스코틀랜드에서 더 비쌀 것임에는 틀림없으나, 그 품질, 즉 그것으로 만들어지는 밀가루의 양과 품질을 고려하면, 잉글랜드의 곡물은 시장에 나와서 이것과 경쟁하는 스코틀랜드의 곡물보다, 스코틀랜드에서 더 비싸게 팔리지 않는 것이 보통이다.

35. 각국 간 노동의 실질보수의 차이는 각국의 진보 · 정지 · 퇴보의 상태에 의해 규제된다.

중국과 유럽 사이의 노동의 화폐가격의 차이는 생활자료의 화폐가격의 차이보다 훨씬 더 크다. 왜냐하면, 중국은 정지상태에 있다고 생각되는 반면에 유럽의 대부분은 진보하는 상태에 있으므로, 노동의 실질적 보수가 중국보다 유럽에서 더 높기 때문이다. 노동의 화폐가격은 잉글랜드보다 스코틀랜드에서 더 낮다. 왜냐하면, 노동의 실질적 보수가 훨씬 낮기 때문이다. 즉, 스코틀랜드는 더 큰 부(富)를 향해 전진하고 있지만, 그 전진은 잉글랜드보다 훨씬 느리다. 스코틀랜드로부터 잉글랜드로의 이민은 자주 있으나 잉글랜드로부터 스코틀랜드로의 이민은 드물다는 것은 이 두 나라에서 노동에 대한 수요에 대단한 차이가 있다는 것을 충분히 증명한다. 기억해 두어야 할 것은, 노동의 실질적 보수의 각국 간의 비율은 각국의 현실의 빈부(貧富)에 의하지 않고 각국이 진보·정지·퇴보의 어느 상태에 있는가에 의해 자연히 규제된다는 것이다.

36. 금은은 가장 가난한 국민들 사이에서 가장 값싸다.

금은은 가장 부유한 국민들 사이에서 자연히 최대 가치가 있듯이, 가장 가난한 국민들 사이에서는 자연히 최소 가치를 갖는다. 가장 가난한 야만인들 사이에서는 금은은 가치가 거의 없다.

37. 곡물이 도시에서 비교적 비싸다는 사실은 그곳에서 은이 싸

대도시에서 곡물은 벽지보다 항상 더 비싸다. 그러나 이것은 은이 실제로 대도

기 때문이 아니라 곡물이 실질적으로 비싸기 때문이다.

시에서 더 싸기 때문에 그렇게 된 것이 아니라 곡물이 실제로 비싸기 때문에 그렇게 되는 것이다. 은을 대도시로 가지고 가는 것이 그것을 벽지로 가지고 가는 것보다 노동이 적게 드는 것은 아니지만, 곡물을 대도시로 가지고 가려면 훨씬 더 많은 노동이 들기 때문이다.

38. 네덜란드, 제노바 등에서도 그렇다.

네덜란드와 제노바 지방과 같은 대단히 부유한 상업국에서 곡물이 비싼 이유는, 곡물이 대도시에서 비싼 것과 동일하다. 이러한 나라들은 그들의 주민을 부양하기에 충분한 양의 곡물을 생산하지 않는다. 그들은 수공업자와 제조업자의 근면과 숙련에서, 노동을 촉진하고 단축할 수 있는 각종 기계에서, 선박과 운수·상업의 용구·수단 등에서는 부유하지만, 곡물은 부족해서 먼 나라로부터 수입해야 하며, 따라서 곡물가격뿐만 아니라 운송비도 지불해야 한다. 은을 암스테르담에 가지고 가는 것이 단치히(Dantzick)에 가지고 가는 것보다 노동이 적게 드는 것은 아니지만, 곡물을 암스테르담에 가지고 가려면 단치히에 가지고 가는 것보다 훨씬 더 많은 노동이 든다. 은의 실제 비용은 양쪽 모두가 거의 같겠지만, 곡물의 실제 비용에는 대단히 큰 차이가 있다. 네덜란드나 제노바의 진정한 부(富)를, 주민의 수는 그대로 유지한 채 감소시킨다면, 그리고 멀리 떨어진 나라들로부터 공급받을 수 있는 그들의 힘을 감소시킨다면, 곡물가격은 이러한 힘의 감소의 원인이나 결과로서 반드시 나타나는 은량의 감소와 함께 하락하지 않고 기근시의 가격으로 폭등할 것이다. 생활필수품이 모자랄 때는 모든 사치품을 버려야 하며, 따라서 사치품의 가치는 풍요·번영의 시기에는 상승하고 빈곤·불황의 시기에는 하락한다. 그러나 생활필수품은 그렇지 않다. 생활필수품의 진실가격, 즉 생활필수품이 구매·지배할 수 있는 노동의 양은 빈곤·불황의 시기에 상승하고 풍요·번영의 시기에는 하락한다. 풍요 · 번영의 시기에는 생활필수품이 크게 풍부하기 때문이다. 곡물은 생활필수품이고 은은 사치품에 불과하다.

39. 그러므로 부의 증가에 기인한 은의 증가는 전혀 그 가치를 감소시킬 수 없었다.

그러므로 14세기 중엽에서 16세기의 중엽 기간에 부(富)의 증가와 사회의 진보로 말미암아, 귀금속의 양(量)이 어떻게 증가했든, 그것은 영국이나 기타 유럽의 어느 곳에서도 귀금속의 가치를 저하시키는 경향을 가질 수 없었다. 옛날의 물가를 수집한 사람들이 곡물이나 기타 상품들의 가격을 관찰하여 은의 가치의 감소를 추론할 수 없다면, 부(富)의 증가와 사회의 진보로부터 은의 가치의 감소를 추론하는 것은 더욱 불가능하다.

2) 제 2기

1. 제2기에 관해서는 의문의 여지가 없다.

위의 제1기의 은의 가치 추이에 대해 학자들 간에 견해가 매우 다양했음에도 불구하고, 제2기의 은의 가치 추이에 대해서는 일치하고 있다.

2. 은의 가치가 하락하여 곡물 1쿼터가 은 6온스 또는 8온스의 가치를 갖게 되었다.

1570년경부터 1640년에 이르기까지의 약 70년 동안 은의 가치와 곡물가치 사이의 비율 변화는 제1기와 정반대였다. 은의 진실가치가 하락했다. 다시 말해, 은은 이전보다 적은 양의 노동과 교환되었다. 그러나 곡물의 명목가격은 상승해서 이전에 1쿼터당 은 2온스, 즉 현재 우리의 화폐로 약 10실링에 팔리던 것이 은 6~7온스, 즉 현재 우리의 화폐로 약 30~40실링으로 팔리게 되었다.

3. 이것은 아메리카의 풍부한 광산 발견에 기인한 것이다.

아메리카 대륙에서 풍부한 광산이 발견된 것이 곡물 가치에 대한 은 가치의 하락을 야기한 유일한 원인이었던 것으로 보인다.

모든 사람들은 이러한 사실의 원인을 모두 같은 방식으로 설명했으므로, 사실에 대해서나 그것의 원인에 대해서나 어떠한 논쟁도 없었다. 이 기간은 유럽 대부분의 지역이 산업과 개량에서 발전하고 있었으므로 그 결과 은에 대한 수요가 증대되었음에 틀림없다. 그러나 공급의 증대가 수요의 증대를 훨씬 초과했으므로 은의 가치가 상당히 하락했던 것이다.[8] 그러나 다음과 같은 사실은 주의해야 한다. 즉, 아메리카 광산의 발견은 1570년에 이르기까지는 영국의 물가에 어떤 현저한 영향도 미치지 못했던 것 같다. 포토시 광산이 발견된 것이 그보다는 무려 20년 전의 일이었는데도 그렇다.

4. 1595년에서 1620년까지의 윈저 시장에서의 밀가격

1595년에서 1620년까지, 이 두 해를 포함하여, 윈저 시장(Windsor market)에서 9부셸이 1쿼터인 최상급 밀의 평균가격은, 이튼대학의 기록에 따르면, 2파운드 1실링 $6\frac{9}{13}$펜스였던 것 같다. 이 금액에서 마지막 자리수를 무시하고 이것의 $\frac{1}{9}$, 즉 4실링 $7\frac{1}{3}$펜스를 빼면, 8부셸 1쿼터의 최상급 밀 가격은 1파운드 16실링 $10\frac{2}{3}$펜스가 된다. 그리고 이 금액으로부터 마찬가지로 마지막 자리수를 무시하고 이것의 $\frac{1}{9}$, 즉 4실링 $7\frac{1}{3}$펜스만큼을 최상급 밀과 중급 밀 가격의 차이로서 빼면, 중급 밀의 평균가격은 약 1파운드 11실링 $8\frac{8}{9}$펜스, 또는 약 $6\frac{1}{3}$온스의 은이었던 것으로 된다.

5. 1621년에서 1636년 사이 윈저 시장에서의 밀가격

1621년에서 1636년까지 같은 시장에서 같은 양의 최상급 밀의 평균가격은 같은 기록에 따르면 2파운드 10실링이었던 것으로 보인다.

---

8) 마르크스는 이 시기의 곡물가격의 폭등을 다음과 같이 설명한다. 즉, 은의 생산에 필요한 노동량은 풍부한 광산의 발견에 의해 크게 감소하여 은의 가치를 폭락시켰지만, 곡물의 생산조건은 변하지 않아 곡물의 생산에 필요한 노동량은 불변이고 따라서 곡물가치는 종전과 같았다. 이러한 상황에서 곡물가치를 은의 양(量)으로 표현하는 곡물가격은 폭등할 수밖에 없었으며, 폭등한 곡물을 유통시키기 위해 대규모의 은의 양(量)이 필요하게 된 것이다. 『자본론』 제1권 제3장 제2절(유통수단)을 참조하라 —역자.

이 금액에서 앞의 경우에서와 마찬가지 방법으로 $\frac{1}{9}$을 빼면, 8부셸 1쿼터의 중급 밀의 평균가격은 1파운드 19실링 6펜스, 또는 약 $7\frac{2}{3}$온스의 은이었던 것으로 된다.

3) 제 3기

1. 아메리카 광산 발견의 영향은 1636년 경에 끝났다.

1630년에서 1640년 사이, 또는 대략 1636년경에 아메리카 광산의 발견이 은 가치 하락에 미친 효과는 완료되었던 것으로 보인다. 그리고 은 가치는 곡물가치에 비해 이 시기보다 더 떨어졌던 적은 없는 것 같다. 은가치는 금세기를 통해 약간 상승한 것으로 보이며, 아마 이 상승은 지난 세기 말 이전부터 시작된 것 같다.

2. 1637년부터 1700년까지 윈저의 밀 가격은 아주 조금밖에 상승하지 않았다.

1637년에서 1700년에 이르기까지(두 해를 포함하여), 즉 지난 세기의 마지막 64년 동안, 윈저 시장에서 최상급 밀 9부셸 1쿼터의 평균가격은 위의 기록에 따르면 2파운드 11실링 $\frac{1}{3}$펜스였던 것으로 나타나는데, 이것은 그 이전의 16년간에 비하면 불과 1실링 $\frac{1}{3}$펜스 더 비싼 것이다. 그러나 이 64년 동안 계절의 변동에 의해 발생하는 것보다 훨씬 심각한 곡물부족을 야기했을 것임에 틀림없는 두 개의 사건이 발생했는데, 이 사건들은 은가치의 추가적 감소를 생각하지 않더라도 곡물가격의 소폭의 등귀를 설명하고 남음이 있다.

3. 그 원인은 내란 때문이었다.

그 첫번째 사건은 내전(civil war)〔찰스 1세와 의회와의 싸움: 1642~51년〕이었다. 이것은 경작을 저해하고 상업을 중단시킴으로써, 내전이 없었을 경우 계절의 추이가 야기할 수 있는 것 이상으로 곡물가격을 상승시켰음에 틀림없다. 내전은 영국 내의 모든 시장에 다소간 이러한 영향을 미쳤겠지만, 가장 먼 곳으로부터 곡물을 공급받아야만 하는 런던 인근 시장에 특히 심각한 영향을 미쳤음에 틀림없다. 따라서 위의 기록을 보면, 1648년에는 윈저시장에서 최상급 밀 가격은 9부셸 1쿼터당 4파운드 5실링이었고 1649년에는 4파운드였던 것으로 나타난다. 이 두 해의 가격이 2파운드 10실링(1637년 이전 16년간의 평균가격)을 초과하는 것의 합계는 3파운드 5실링인데, 이를 17세기의 마지막 64년으로 나누어 보면, 이것만으로도 그 기간 일어났다고 생각되는 소폭의 가격등귀를 거의 설명할 수 있다. 그러나 이 두 해의 가격은 최고가격이었음에는 틀림없으나 내전에 의해 야기된 것으로 보이는 최고가격으로서 유일한 것은 결코 아니었다.

4. 곡물수출에 대한 장려금이 국내시장의 곡물가격을 등귀시켰다.

두번째 사건은 1688년에 주게 된 곡물수출 장려금이었다. 많은 사람들은 이 장려금이 경작을 장려함으로써 오랜 세월이 지나면 장려금이 없을 때와 비교했을 때 국내시장의 곡물량을 훨씬 풍부하게 하고, 그 결과 곡물가격을 훨씬 싸게 할 것이라고 생각해 왔다. 장려금이 이러한 효과를 어떤 시기에 어느 정도로 발휘할 수 있는가에 대해서는 나중에 검토할 것이다.[9] 여기서는 다만 1688년에서 1700년 사이에 이 장려금은 이러한 효과를 낼 만큼 충분한 시간적 여유를 갖지 못했다는 사실을 지적하고자 한다. 이 짧은 기간 동안 장려금의 유일한 효과는 매년의 잉여생산물의 수출을 장려함으로써, 따라서 한 해의 풍작으로 다른 해의 부족을 메꾸는 것을 방해함으로써, 국내시장의 가격을 등귀시켰음에 틀림없다. 1693년부터 1699년까지 잉글랜드를 휩쓴 곡물 부족은 의심의 여지없이 무엇보다도 좋지 못한 기후 때문이었고, 따라서 유럽의 상당히 넓은 부분에 걸쳐 일어났던 것이지만, 어느 정도는 이 장려금에 의해 더 악화되었음에 틀림없다. 그 결과 1699년에는 9개월 동안 더 이상

9) 제4편 제5장(장려금)을 참조하라 —역자.

의 곡물수출이 금지되었다.

5. 주화의 훼손이 곡물의 명목가격을 인상시켰다.

동일한 기간에 일어난 세 번째 사건이 있었는데, 이 사건은 곡물 부족을 야기시키지 않았을 뿐만 아니라 곡물에 대해 보통 지불되는 은의 실제량을 증대시키지도 않았을 것으로 추정되지만, 그럼에도 불구하고 곡물의 명목가격을 어느 정도 증대시켰음에 틀림없다. 이것은 은화가 훼손에 의해 법정 무게보다 훨씬 가볍게 되었다는 사실이다. 이러한 훼손은 찰스 2세의 치하부터 시작되어 1695년에 이르기까지 계속해서 증대해 갔는데, 라운즈(Lowndes)에 의하면, 당시의 유통은화는 평균적으로 표준가치보다 25% 가까이 밑돌고 있었다. 모든 상품의 시장가격을 구성하는 명목가격은 표준에 따른 은량에 의해서가 아니라 경험에 의해 알려진 은화에 실제 포함된 은량에 의해 규제된다. 따라서 이 명목가격은 주화가 그것의 표준가치에 근접할 때보다 주화가 훼손에 의해 심히 저질화될 때 필연적으로 더 높다.

6. 당시에는 훼손이 현세기보다 훨씬 더 심했다. 더욱이 장려금은 장기간 존속했기 때문에 곡물가격을 어느 정도 떨어뜨리는 효과가 있었다.

금세기(18세기)에 와서 은화는 현재보다 더 크게 법정 표준무게에 미달한 적이 없었다. 은화가 심히 훼손되어 있음에도 불구하고 그 가치는 그것과 교환되는 금화의 가치에 의해 유지되어 왔다. 왜냐하면, 최근의 재주조(re-coinage)(1774년) 이전에 금화도 또한 상당히 훼손되었음에도 불구하고 은화에 비해서는 덜 훼손되었기 때문이다. 이와는 반대로, 1695년에는 은화 가치가 금화에 의해 유지되지 못했다. 그때는 보통 1기니가 30실링의 훼손된 은화와 교환되고 있었던 것이다. 최근의 금화재주조 이전에 은 덩어리의 가격은 온스당 5실링 7펜스를 거의 넘지 못했는데, 이 가격은 주조가격보다 불과 5펜스 높은 것이었다. 그러나 1695년에는 은 덩어리의 보통가격이 온스당 6실링 5펜스였으며, 이는 주조가격보다 15펜스 높은 것이었다.* 그러므로 최근의 금화재주조 이전에조차도 주화는, 금화와 은화를 통틀어, 은 덩어리와 비교했을 때 그 표준가치보다 8% 이상 밑돌지는 않았던 것으로 생각된다. 이와 반대로 1695년에는 거의 25% 이상 밑돌았다고 생각된다. 금세기 초, 즉 윌리엄 시대의 대대적인 재주조 직후에, 유통 은화의 대부분은 현재에 비하면 그것의 표준무게에 현저히 가까웠음에 틀림없다. 또한 금세기에는 경작을 저해하거나 국내상업을 정지시킬 수 있는 내전과 같은 거대한 사회적 재난도 없었다. 그리고 금세기의 대부분을 통해 이루어진 장려금은 그것이 없을 때 실제의 경작상태에서 예상되는 것보다 곡물가격을 조금이라도 등귀시켰음에 틀림없지만, 금세기 동안 장려금은 보통 그것에 의해 이루어진다고 간주되는 모든 좋은 효과, 즉 경작을 장려하여 국내시장의 곡물량을 증대시키는 효과를 낳기에 충분한 시간을 가졌기 때문에, 내가 나중에 설명하고 검토하고자 하는 학설에 의거할 때, 장려금은 곡물가격을 등귀시키기도 했지만, 다른 한편으로, 그 가격을 하락시키기도 했다고 가정할 수 있다. 많은 사람들은 이 후자가 큰 것으로 생각해 왔다. 여러 가지의 결과로 금세기의 첫 64년 동안 윈저시장의 최상급 밀 9부셸 1쿼터의 평균가격은, 이튼대학의 기록에 의하면, 2파운드 10실링 $6\frac{19}{32}$펜스였던 것으로 나타난다. 이 가격은 지난 세기의 마지막 64년의 가격에 비해 약 10실링 6펜스, 즉 25% 이상 싼 것이며, 1636년 이전의 16년간, 즉 아마도 아메리카의 풍부한 광산의 발견이 그 완전한 효과를 발휘했을 것으로 생각되는 기간의 가격에 비하면 9실링 6펜스나 싼 것이다. 그리고 1620년에 앞선 26년간, 즉 그 발견이 아직은 그 완전한 효과를 발휘했다고 생각되기 이전의 기간에 비하면 약 1실링 싼 것이다. 이 기록에 의하면, 중급 밀의 평균가격은 금세기의 첫 64년 동안 8부셸 1쿼터당 약 32실

---

* W. Lowndes, *Report Containing an Essay for the Amendment of the Silver Coins*, 런던, 1695년, p.68.

링이었던 셈이 된다.

7. 은은 금세기 초 이래 약간 상승해 왔으며, 그 상승은 이미 그 이전에 시작되어 있었다.

그러므로 은의 가치는 금세기에 걸쳐 곡물가치에 비해 어느 정도 상승해 왔던 것으로 보인다. 그리고 이러한 상승은 아마도 지난 세기 말 이전의 어느 시기에서부터 시작되었을 것이다.

8. 1687년의 밀 가격은 1595년 이래 최저였다.

1687년에 윈저시장에서 9부셸 1쿼터의 최상급 밀 가격은 1595년 이래의 최저가격인 1파운드 5실링 2펜스였다.

9. 킹씨의 계산에 의해 밝혀진 바와 같다.

1688년에 이 분야의 전문가로 알려진 그레고리 킹(Gregory King)은 평년작이 이루어진 해의 밀의 평균가격은 생산자측에서 본다면 부셸당 3실링 6펜스, 또는 쿼터당 28실링이라고 평가했다. 내가 이해하기로는, 생산자 가격(grower's price)이란 종종 계약가격(contract price)이라고 불리는 것과 동일한 것인데, 농업자가 정해진 몇 해 동안 일정량의 곡물을 중간상에게 공급하기로 계약할 때의 가격이다. 이러한 종류의 계약은 농업자로 하여금 시장에서 판매하는 데 드는 비용과 수고를 절약해 주기 때문에, 이 계약가격은 일반적으로 평균 시장가격이라고 생각되는 가격수준보다 낮게 마련이다. 킹은 당시 평년작이 이루어진 해의 보통의 계약가격을 쿼터당 28실링으로 판단했다. 내가 확인한 바에 의하면, 최근 일련의 이상기후에 의해 야기된 흉작 이전에는 이 가격이 평년의 정상적인 계약가격이었다.

10. 곡물수출 장려금은 지방 지주들을 위해 교부되어 밀가격을 인상시켰다.

1688년에는 곡물수출에 대해 의회의 장려금이 교부되었다. 당시만 해도 입법부에서 현재보다 더 큰 비중을 차지하고 있었던 지방 지주들(country gentlemen)은 곡물의 화폐가격이 하락하고 있다는 것을 감지하고 있었던 것이다. 이 장려금은 찰스 1세 시대와 2세 시대에 거래되곤 했던 높은 가격으로까지 가격을 인위적으로 올리기 위한 일종의 편법이었다. 따라서 장려금은 밀이 쿼터당 48실링이라는 높은 가격으로 될 때까지 교부되어야 했는데, 이 가격은 킹이 바로 그해에 평년작의 생산자 가격으로 평가했던 가격보다 20실링 또는 $\frac{5}{7}$만큼이나 더 비싼 것이었다. 만약 그의 계산이 매우 널리 얻고 있었던 자신의 명성을 유지시켜 줄 만큼 옳은 것이라면, 쿼터당 48실링이라는 가격은, 이러한 장려금이라는 편법이 없을 경우, 또는 극심한 흉년이 아닌 경우라면 도저히 기대할 수 없는 가격이었다. 그러나 윌리엄 왕의 정부는 당시 완전히 안정된 상태가 아니었고, 더구나 당시는 정부가 연년의 토지세법을 최초로 도입하기 위해 지방 지주들에게 간청하고 있었던 바로 그 시기였기 때문에, 정부는 지방 지주들이 요구하는 어떤 것이라도 거절할 처지에 있지 못했던 것이다.

11. 곡물 가치에 비해 은의 가치는 상승하고 있었다.

따라서 곡물 가치에 비한 은의 가치는 지난 세기 말 이전에 이미 어느 정도 상승하고 있었을 것이며, 금세기의 대부분의 기간에 걸쳐서도 그 상승은 지속되었던 것 같다. 비록 장려금의 작용이 필연적으로 실제의 작황에서 일어났을 은의 가치의 현저한 상승을 둔화시켰음에 틀림없지만.

12. 경작 확대의 효과 외에도, 장려금은 풍년 때나 흉년 때나 다같이 곡물의 가격을 올린다.

풍년에는 장려금은 추가적인 수출을 야기함으로써 장려금이 없을 경우 예상되는 가격 이상으로 곡물가격을 등귀시킨다. 최고의 풍년에서도 곡물가격을 높게 유지함으로써 경작을 고무한다는 것이 이 제도의 공인된 목적이었다.

13. 장려금은 수출을 통해 풍년의 곡물비축을 감소시킴으로써 흉년의 가격을 인상시켰다.

대규모 흉년에는 장려금은 일반적으로 중지되었다. 그러나 장려금은 그러한 대규모 흉년시의 가격에조차도 어느 정도의 영향을 미쳤음에 틀림없다. 왜냐하면, 장려금은 풍년에 수출을 크게 촉진함으로써 종종 한 해의 풍작이 다른 해의 흉작을 보상하는 것을 방해했기 때문이다.

14. 따라서 장려금은 풍년과 흉년 모두의 곡물가격을 등귀시킨다.

따라서 풍년과 흉년 모두에 걸쳐 장려금은 실제의 작황에서 자연스럽게 예상되는 가격 이상으로 곡물가격을 상승시킨다. 그러므로 만약 금세기의 첫 64년 동안의 밀의 평균가격이 지난 세기의 마지막 64년 동안의 그것보다 낮았다면, 그리고 동일한 작황에서 만약 장려금의 작용이 없었다면, 전자는 틀림없이 후자보다 더욱 낮았을 것이다.

15. 장려금은 경작을 확장했다(따라서 가격을 떨어뜨렸다)고 한다. 그러나 은의 가치의 상승이 잉글랜드에 특유한 것은 아니었다.

그러나 사람들은, 만약 장려금이 없었다면 경작상태가 동일하지는 않았을 것이라고 말할지도 모른다. 나는 나중에, 특히 장려금을 다루게 될 때, 이 제도가 이 나라의 농업에 어떠한 영향을 미쳤는지에 대해 설명할 것이다. 여기서는 다만 곡물가치에 대비한 은가치의 이러한 상승이 영국에만 특유한 것은 아니었다는 것을 살펴보고자 한다. 같은 기간 프랑스에서 이러한 상승이 거의 동일한 비율로 일어났다는 것은 뒤프레 드 생 모르(Dupré de St. Maur), 메상스(Messance), 그리고 「곡물정책론」이란 논문의 저자 등 성실한 세 사람의 곡물가격 수집가들에 의해 관찰되고 있다. 그러나 프랑스에서는 1764년에 이르기까지 곡물수출은 법으로 금지되어 있었다. 이러한 금지에도 불구하고 프랑스에서는 영국과 동등한 곡물가격의 하락이 일어났으므로, 영국에서의 이 하락의 원인을 곡물수출에 대한 비상한 장려 때문이라고 생각하는 것은 곤란하다.

16. 이 변화는 곡물가치의 하락 때문이라기보다는 은 가치의 등귀 때문이

아마도 이러한 곡물의 평균 화폐가격의 변화를, 곡물의 실제 평균가치

라고 간주되어야 할 것이다.

가 하락한 결과라고 보기보다는, 유럽시장에서 은의 실제 가치가 점진적으로 상승한 결과라고 보는 것이 타당할 것이다. 이미 설명한 바와 같이, 곡물은 장기간에 걸쳐서는 은 또는 다른 상품보다 더욱더 정확한 가치척도이다. 아메리카의 풍부한 광산의 발견 이후 곡물이 이전의 화폐가격에 비해 3~4배 올랐을 때, 이러한 변화는 보편적으로 곡물의 진실가치의 상승 때문이라기보다는 은의 진실가치의 하락 때문으로 간주되었다. 따라서 만약 금세기의 첫 64년 동안 곡물의 평균 화폐가격이 지난 세기의 대부분의 시기의 그것 이하로 조금이라도 떨어졌다면, 이 역시 마찬가지로 곡물의 진실가치의 어떠한 하락 때문이라기보다는 유럽시장에서의 은의 진실가치의 상승의 결과로 간주되어야 한다.

17. 최근의 곡물의 고가격은 단순히 불량한 날씨 탓에 지나지 않는다.

지난 10~12년간의 곡물의 높은 가격은 유럽시장에서 은의 진실가치가 여전히 하락하고 있는 것이 아닌가라는 의구심을 불러일으켰다. 그러나 이러한 곡물의 높은 가격은 명백히 극심한 기후불순의 결과였던 것으로 보이며, 따라서 영구적인 것이라기보다는 일시적이고 우연적인 사건으로 간주되어야 한다. 지난 10~12년간에 걸쳐 유럽 대부분의 지역들은 기후불순을 경험했다. 그리고 폴란드의 혼란은, 흉년에는 보통 폴란드로부터 곡물을 공급받아 왔던 모든 나라들에서 곡물 부족을 격화시켰다. 이러한 장기적인 기후불순은 일상적인 사건은 아닐지라도 결코 드문 사건은 아니다. 누구라도 과거의 곡물가격의 역사를 깊이 조사해 본 사람이라면 어렵지 않게 이러한 종류의 예를 몇 가지 발견할 수 있을 것이다. 뿐만 아니라, 비정상적인 10년간의 흉년은 비정상적인 10년간의 풍년보다 더 놀라울 것도 없다. 1741년에서 1750년까지의 곡물의 낮은 가격은 지난 8~10년간의 곡물의 높은 가격과 아주 좋은 대조를 이룬다. 1741년에서 1750년에 이르는 동안 윈저시장에서 최상급 밀 9부셸 1쿼터의 평균가격은, 이튼대학의 기록에 의하면, 겨우 1파운드 13실링 $9\frac{4}{5}$ 펜스에 지나지 않았는데, 이것은 금세기의 첫 64년의 평균가격보다 거의 6실링 3펜스나 낮은 것이다. 같은 기록에 따르면, 이 10년 동안 중급 밀 8부셸 1쿼터의 평균가격은 겨우 1파운드 6실링 8펜스였던 것으로 된다.

18. 장려금은 1741~1750년의 가격을 유지했다.

그러나 1741년에서 1750년 사이에 장려금이 국내시장의 곡물가격이 자연스럽게 하락했을 수준으로 하락하는 것을 방지했음에 틀림없다. 이 10년 동안 수출된 각종 곡물량은, 관세청의 장부에 따르면, 거의 8,029,156쿼터 1부셸에 이른다. 그리고 이것에 지불된 장려금은 1,514,962파운드 17실링 $4\frac{1}{2}$ 펜스에 이른다. 따라서 1749년 당시의 수상인 펠람(Pelham)은 하원에서 그 이전의 3년간 곡물수출에 대해 지나치게 많은 금액이 지불되었다고 진술했다. 그는 이러한 진술에 대한 충분한 이유를 갖고 있었으며, 그 다음해였다면 그는 더욱더 충분한 이유를 갖게 되었을 것이다. 그 다음 한 해 동안 지불된 장려금은 무려 324,176파운드 10실링 6펜스에 달했다. 이러한 강제적 수출이, 그것이 없었을 경우보다, 얼마나 국내시장의 곡물가격을 높게 유지했겠는지는 말할 필요조차 없다.

19. 1750년의 갑작스런 변화는 계절의 우연한 변화에 기인한 것이다.

독자들은 본장의 끝에 첨부된 통계표의 말미에서 이 10년간〔1741~50년〕의 통계가 별도로 되어 있는 것을 볼 수 있을 것이다. 또한 독자들은 그것에 앞선 10년간〔1731~40년〕의 통계도 별도로 되어 있는 것을 볼 수 있을 것인데, 이 10년간도 또한 그 뒤의 10년만큼 낮지는 않으나 여전히 금세기의 첫 64년간의 총평균보다는 낮은 평균가격을 보여주고 있다. 그러나 1740년은 극심한 흉년이었다. 1750년에 앞선 이 20년은 1770년에 앞선 20년과 좋은 대조를 이룬다. 전자는, 물론 중간중간에 높은 가격을 기록한 해가 한두 해 끼어 있지만, 금세기의 총평균을 현저히 밑도는 해들이고, 후자는, 중간중간에 낮은 가격을 기록한 해가 한두 해(예컨대 1759년) 끼어 있지만, 금세기의 총평균가격을 현저히 웃돈다. 만약 총평균을 밑도는 전자의 정도가 총평균을 웃도는 후자의 정도에 미치지 못했다면, 우리는 이를 장려금의 탓으로 간주해야만 할 것이다. 그 변화는 언제나 완만하고 점진적이게 마련인 은가치의 변화 탓으로 돌리기에는 너무나 갑작스러운 것이었다. 장려금의 효과가 이렇게 갑자기 나타난 것은 갑작스럽게 작동할 수 있는 원인, 즉 계절의 갑작스러운 변덕에 의해서만 설명될 수 있을 뿐이다.

20. 노동가격의 상승은 노동에 대한 수요증가에 기인한 것이며, 은가치의 감소에 기인한 것은 아니다.

영국에서 노동의 화폐가격은 사실 금세기 동안 계속 상승했다. 그러나 이것은 유럽시장에서 은가치가 하락한 결과라기보다는 영국의 거대하고 보편적인 번영에 기인하는 노동수요 증대의 결과로 보인다. 영국만큼 번영하지 못한 프랑스의 경우, 노동의 화폐가격은 지난 세기 중엽 이래 곡물의 평균 화폐가격과 함께 점차 하락한 것으로 관찰된다. 지난 세기와 금세기에 프랑스의 보통노동의 하루 임금은 아주 균일하게 밀 1세띠에(septier)의 평균가격의 약 $\frac{1}{20}$이었다고 한다. 세띠에는 4윈체스터 부셸보다 조금 많은 양을 나타내는 부피의 단위이다. 영국에서는, 이미 살펴본 바와 같이, 금세기를 통해 노동자에게 주어지는 노동의 실질 보수, 즉 생활필수품·편의품의 실제량이 상당히 증가했다. 노동의 화폐가격의 상승은 유럽의 일반시장에서 은의 가치가 감소한 효과라기보다는, 영국의 특별히 양호한 상황에서 노동의 진실가격이 증대한 효과였던 것으로 보인다.

21. 금은 광산의 지대 및 이윤의 감퇴

아메리카의 첫 발견 이후 얼마 동안 은은 계속 종전 가격대로, 또는 종전 가격보다 크게 낮지 않은 가격으로 팔렸다. 때문에 채광 이윤은 한동안 매우 컸을 것이며, 자연이윤율을 크게 상회했을 것이다. 그러나 은을 유럽으로 수입했던 사람들은 얼마 지나지 않아 연간 수입량 모두를 이와 같은 높은 가격으로 처분할 수 없다는 사실을 발견하게 되었을 것이다. 은은 점차 더 적은 양의 재화와 교환되었다. 은의 가격은 그 자연가격, 즉 은을 광산에서 시장으로 내보내기 위해 각각의 자연적인 수준에 따라 지불되어야 하는 노동임금·자본이윤·토지지대를 지불하기에 충분한 가격에 이를 때까지 점차 하락했을 것이다. 페루 은광의 대부분에서 스페인 왕의 조세는 총생산량의 $\frac{1}{10}$에 달해, 이미 살펴보았듯이, 토지지대 전체를 삼켜버리고 있다. 이 조세는 원래 $\frac{1}{2}$이었는데 곧 이어 $\frac{1}{3}$로 떨어지고 다시 $\frac{1}{5}$이 되었다가, 결국 $\frac{1}{10}$로 떨어져 이 세율이 지금까지 계속되고 있다. 페루 은광의 대부분에서 이 조세는 기업가의 자본을 통상적인 이윤과 함께 보상하고 남는 것의 전부인 것처럼 보인다. 그리고 한때 매우 높았던 이 광산들의 이윤이 지금에 와서는 겨우 채광을 계속할 정도로 낮다는 것은 일반적으로 인정되고 있는 바이다.

22. 포토시 은광의 발견 이후 은의 가격은 자연가격 수준으로 떨어졌다.

포토시(Potosi)의 은광이 발견된 해인 1545년으로부터 41년 전인 1504년에 스페인 왕의 세금은 등록된 은 생산량의 $\frac{1}{5}$로 축소되었다. 그 뒤 90년이 지나는 동안, 즉 1636년에 이르기까지, 아메리카 대륙에서 가장 풍부한 이 광산은 이 세금을 스페인 왕에게 계속 지불하면서도 유럽 시장의 은가치를 떨어질 수 있는 한도까지 낮게 떨어뜨릴 수 있었다. 90년이라는 햇수는 독점이 아닌 상품 그 어느 것이라도 그 자연가격, 즉 일정한 세금을 물더라도 상당기간 계속해서 판매될 수 있는 최저가격 수준까지 인하시키기에 충분한 시간이다.

23. 시장의 점진적 확대에 따라 은가치의 하락이 저지되었다.

유럽시장의 은 가격은 아마도 더 낮은 수준으로 떨어졌을 수도 있었을 것이며, 은에 대한 세금을 1736년처럼 $\frac{1}{10}$로 경감하거나 금에 대한 세금과 마찬가지로 $\frac{1}{20}$로 경감하거나, 아니면 현재 가동중인 아메리카 광산의 대부분을 포기하는 것이 필요했을 수도 있었을 것이다. 그러나 아마도 은 수요의 점진적인 증대, 다시 말해 아메리카 은광산의 생산물을 위한 시장의 점진적인 확대가 이러한 일이 일어나는 것을 방지하고, 유럽시장에서 은가치를 유지해 왔을 뿐만 아니라 나아가 은가치를 지난 세기 중엽보다 조금 상승시키기까지 했던 것이다.

24. 은 광산의 생산물을 위한 시장이 확대되었다.

아메리카 대륙의 최초의 발견 이래, 아메리카 은광산의 생산물을 위한 시장은 갈수록 점점 더 확대되었다.

25. (1)유럽에서의 시장 확대

우선 첫째로, 유럽시장이 점차 확대되었다. 아메리카의 발견 이래 유럽의 대부분은 상당히 발전했다. 영국, 네덜란드, 프랑스, 그리고 독일, 심지어 스웨덴, 덴마크와 러시아조차도 농업과 공업 양 방면에서 상당히 발전했다. 이탈리아도 퇴보한 것 같지는 않다. 이탈리아의 몰락은 페루 정복보다 먼저 일어났다. 페루 정복의 시기 이래 이탈리아는 오히려 조금이나마 회복세에 들어섰던 것으로 보인다. 스페인과 포르투갈은 사실상 퇴보한 것으로 생각된다. 그러나 포르투갈은 유럽의 매우 작은 부분에 지나지 않으며, 스페인의 쇠퇴도 아마 일반적으로 상상하는 것만큼 대단한 것은 아닐 것이다. 16세기 초에 스페인은 프랑스에 비해 대단히 가난한 나라였다. 프랑스는 그때 이래 많은 진보가 있었다. 이 시기에 양국을 자주 여행했던 황제 샤를(Charles) 5세가, 프랑스에는 모든 것이 풍요로운데 스페인에는 모든 것이 부족하다고 말한 것은 잘 알려진 논평이다. 유럽의 증대하는 농업·공업 생산물은 필연적으로 그것을 유통시키기 위한 은화량의 점진적인 증대를 요구하게 되었음에 틀림없다. 그리고 부유한 개인의 수가 증대된 것도 은식기·기타 은제 장식품 수량의 증대를 필요로 했음에 틀림없다.

26. (2)아메리카 자체의 시장 확대

둘째, 아메리카 대륙은 그 자체가 자신의 은광산에서 나는 생산물을 위한 새로운 시장이었다. 그리고 농업·공업 인구의 증가가 유럽에서 가장 번창하는 나라들의 그것보다 훨씬 더 급속했으므로 은의 수요 또한 더욱더 급속하게 증가했다. 영국 식민지들도 모두 새로운 시장이며, 부분적으로는 은화를 위해, 또한 부분적으로는 은식기를 위해, 종래에는 수요가 전혀 없었던 아메리카 대륙 전체가 지속적인 은공급의 증대를 요구하고 있다. 스페인·포르투갈의 식민지의 대부분도 역시 마찬가지로 새로운 시장이다. 뉴그라나다(New Granada), 유카탄(Yucatan), 파라과이, 그리고 브라질에는 유럽인들에 의해 발견되기 이전에는 수공업도 농업도 가지지 못한 야만족들이 살고 있었다. 지금은 수공업과 농업이 상당한 정도로 이 나라들에 도입되었다. 비록 새로운 시장으로 간주되기는 힘들지만 멕시코와 페루조차도 이전에 비해 분명히 훨씬 더 확장된 시장이다. 이 나라들이 옛날에 얼마나 훌륭한 상태였는가에 관한 놀라운 이야기들이 발표되었지만, 어느 정도의 판단력을 가지고 이 나라들의 최초의 발견·정복의 역사를 읽는 사람이라면, 누구나 그들 나라의 주민들이 수공업·농업·상업에서 오늘날 우크라이나의 타타르족보다 더 무지했다는 것을 분명히 알 수 있을 것이다. 이 두 나라 중 더욱 문명화된 민족이었던 페루인들조차도, 비록 금은을 장식품으로 사용했지만, 어떠한 종류의 주화도 가지고 있지 않았다. 그들의 모든 상업은 물물교환에 의해 수행되었으며, 따라서 그들 사이에는 분업이라는 것은 거의 없었다. 땅을 경작하는 사람들은 자신의 집을 스스로 짓고, 자신이 가정에서 사용할 가구를 만들어야 했으며, 자신의 옷·신발·농기구를 만들어야 했다. 그나마 소수 존재했던 장인들은 모두 군주·귀족·승려들에 의해 부양되었다고 하는데, 아마도 그들의 하인이거나 노예였을 것이다.

멕시코와 페루의 옛날의 수공업은 단 하나의 제품도 유럽에 제공한 적이 없다. 스페인의 주둔 군대는 500명을 넘은 적이 거의 없었으며, 종종 그 반수에도 미치지 못했음에도 불구하고, 거의 모든 곳에서 생활필수품을 조달하는 데 엄청난 곤란을 겪었다. 그들은 당시 인구가 매우 조밀하고 잘 경작되어 있다고 알려진 나라들에서조차 가는 곳마다 기근을 만났다고 하는데, 이러한 사실은 인구 조밀과 높은 경작 수준에 대한 이야기가 대부분 터무니없는 것이라는 사실을 보여주기에 충분한 것이다. 스페인 식민지들은 영국 식민지들에 비해 농업·개량·인구의 측면에서 여러모로 불리한 제도에 의해 억압당하고 있다. 그럼에도 불구하고 스페인 식민지들은 이 모든 면에서 유럽의 어느 나라보다 더 신속하게 진보하고 있는 것처럼 보인다. 모든 새로운 식민지에 공통적인 환경은, 즉 비옥한 토양, 양호한 기후, 싸고 풍부한 토지는, 정부 내의 많은 결함들을 보상할 만큼 큰 이점을 가지고 있는 것 같다. 1713년에 페루를 방문했던 프레지어(Frezier)는 리마에 25,000~28,000명의 주민이 거주하고 있었다고 술회한다. 1740년에서 1746년 사이에 같은 나라에 체재했던 울로아(Ulloa)는 리마의 주민이 50,000명 이상이었다고 술회한다. 칠레와 페루에 있는 여타의 주요 도시들의 인구에 관한 이 두 사람의 계산에도 역시 같은 정도의 차이가 나고 있다. 이 양자 모두가 훌륭한 정보라는 것을 의심할 이유는 별로 없다고 생각되므로, 이것은 영국 식민지의 인구증가에 거의 뒤떨어지지 않는 인구증가가 있었다는 것을 시사해 주는 것이라고 볼 수 있다. 그러므로 아메리카는 자기 자신의 은광산의 생산물을 위한 새로운 시장이며, 이 시장에서의 은 수요는 유럽에 있는 가장 번영하는 나라의 그것보다 훨씬 더 급속히 증가하고 있음에 틀림없다.

27. (3)동인도 각지에서의 시장의 확대

셋째로, 동인도(East Indies)〔스미스는 인도·인도차이나·말레이군도뿐만 아니라 중국까지도 포함시키고 있다〕는 아메리카 은광산의 생산물을 위한 또 하나의 시장인데, 이 시장은 위의 광산들이 처음 발견되었을 당시부터 점점 더 많은 양의 은을 계속적으로 흡수하고 있다. 그때 이래 멕시코의 아카풀코(Acapulco) 선박을 통해 이루어지는 아메리카와 동인도 사이의 직접 무역은 계속적으로 증대했으며, 유럽을 경유하는 간접적인 교역은 훨씬 더 빠른 속도로 증대하고 있다. 16세기에는 포르투갈인이 유럽에서 유일하게 인도와 정규적인 무역을 해온 국민이었다. 16세기의 마지막 몇 해 동안 네덜란드인들이 이 독점을 잠식하기 시작했고, 불과 몇 년 안에 포르투갈인을 인도의 주요 거점으로부터 축출해버렸다. 지난 세기의 대부분을 통해 이 두 국민이 동인도무역의 가장 큰 부분을 나누어 차지했다. 네덜란드의 무역은 포르투갈의 무역이 감소하는 것보다 훨씬 큰 비율로 계속해서 증가했다. 영국인과 프랑스인은 지난 세기에 인도와 약간의 무역을 했지만, 무역이 크게 증가한 것은 금세기에 들어와서다. 스웨덴인과 덴마크인의 동인도무역은 금세기에 와서 시작되었다. 지금은 모스크바인들까지도 시베리아와 타타르를 거쳐 북경에 이르는 육로를 횡단하는 일종의 대상(caravan)들을 통해 중국과 정기적으로 무역하고 있다. 이 모든 나라들의 동인도무역은, 최근 전쟁에 의해 거의 절멸되어 버린 프랑스의 동인도무역을 제외하고는, 거의 지속적으로 증대했다. 유럽에서 동인도산 재화의 소비는 매우 크게 증가하여 그 재화들을 거래하는 직업을 점진적으로 확대시켜 주고 있는 것 같다. 예컨대, 차(tea)는 지난 세기 중엽 이전에만 하더라도 유럽에서는 거의 사용되지 않던 약재였다. 그런데 현재 영국 동인도회사에 의해 국내소비용으로 매년 수입되는 차의 가치는 150만 파운드를 상회하며, 이것도 모자라서 많은 양이 네덜란드의 여러 항구들과 스웨덴의 예테보리(Gottenburg), 그리고 프랑스 동인도회사가 성업중이던 동안에는 프랑스의 해안으로부터 끊임없이 밀수되고 있다. 중국의 도자기, 몰루카(Moluccas) 제도의 향료, 벵골의 피륙, 그리고 기타 셀 수 없이 많은 물품들의 소비도 거의 같은 비율로 증대했다. 따라서 동인도무역에 취항하고 있는 유럽 선박의 총톤수는, 지난 세기의 어느 순간에도, 최근에 행한 선박 감축 이전의 영국 동인도회사의 선박 톤수보다 훨씬 크지는 않았을 것이다.

28. 동인도에서의 금은의 가치는 유럽에서 그러나 동인도에서는, 특히 중

보다 더 높았으며, 아직도 그러하다.

국과 인도에서는, 유럽인들이 이 나라들과 처음 무역을 시작할 즈음에도, 귀금속의 가치가 유럽에서보다 매우 높았으며, 지금도 여전히 그렇다. 일반적으로 한 해에 이모작(二毛作), 경우에 따라서는 삼모작을 하며, 그 각각의 수확량이 밀의 통상적인 수확량보다 더 많은 쌀생산국에서는 동일 면적의 어떤 밀생산국보다 식량이 훨씬 더 풍부할 것임에 틀림없다. 따라서 이 나라들의 인구 또한 훨씬 더 조밀하다. 또한 부자는 자신이 소비할 수 있는 양을 훨씬 초과하는 식량을 가지고 있기 때문에 타인의 노동을 훨씬 더 많이 살 수 있는 구매수단을 가지고 있다. 따라서 어떤 기록을 보더라도, 중국·인도 귀족은 유럽의 가장 부유한 사람보다 가신(家臣) 수가 더 많았으며 더 호사스러웠다. 또한 그들이 자유롭게 처분할 수 있는 잉여식량이 매우 크기 때문에, 그들은 자연이 매우 소량밖에 제공하지 않는 모든 진기하고 희소한 생산물—예컨대 부자들 사이에서 경쟁의 대상이 되는 귀금속과 보석—의 대가로 훨씬 더 많은 양의 식량을 지불할 수 있었다. 그러므로 비록 인도 시장에 공급하는 광산들이 유럽 시장에 공급하는 광산만큼 풍부했다고 하더라도, 그 생산물이 유럽보다는 인도에서 훨씬 더 많은 양의 식량과 교환될 것은 당연했다. 그러나 인도 시장에 귀금속을 공급했던 광산들은 유럽 시장에 귀금속을 공급했던 광산들에 비해 훨씬 덜 풍부했으며, 보석의 경우에는 훨씬 더 풍부했다. 따라서 귀금속은 당연히 유럽에서보다 인도에서 더 많은 양의 보석과 훨씬 더 많은 양의 식량과 교환되었을 것이다. 모든 사치품 중 최고인 다이아몬드의 화폐가격은 인도에서는 유럽에 비해 다소 낮았을 것이며, 모든 필수품 중 최고인 식량의 화폐가격은 유럽에 비해 훨씬 낮았을 것이다. 그러나 노동의 실질가격, 즉 노동자에게 주어지는 생활필수품의 실제량은, 이미 살펴보았듯이, 동인도의 양대 시장인 중국·인도 모두에서 유럽 대부분의 지역보다 낮다. 즉, 노동자의 임금은 더 적은 양의 식량을 구매할 것이며, 또한 식량의 화폐가격이 유럽에 비해 훨씬 낮으므로, 노동의 화폐가격은 이중의 원인, 즉 구매할 수 있는 식량이 소량이라는 점과 식량가격이 낮다는 점 때문에 유럽에 비해 훨씬 낮다. 그러나 기술과 근면이 동등한 나라들에서는 제조품의 화폐가격은 노동의 화폐가격에 비례할 것인데, 제조기술과 근면이라는 면에서 볼 때 중국과 인도는 유럽의 모든 나라보다 뒤떨어지긴 했으나 크게 뒤떨어지지는 않은 것 같으므로, 대부분의 제조품의 화폐가격은 유럽 어느 곳에서보다 중국과 인도에서 당연히 훨씬 낮을 것이다. 더욱이 유럽 대부분에 걸쳐 육상 운송비용은 제조품의 진실가격과 명목가격 모두를 상당히 인상시키고 있다. 우선 원료를 가져오고, 그 다음 완제품을 시장에 내보내는 데 많은 노동이 소요되고, 따라서 많은 돈이 든다. 중국과 인도에서는 내륙수운이 광범하고도 다양하게 발전하여 이러한 노동, 따라서 이러한 돈의 상당한 부분이 절약되고 있으며, 이러한 측면이 이들 나라의 제조품의 진실가격과 명목가격 모두를 더욱 떨어뜨리는 작용을 한다. 이상의 모든 이유 때문에 귀금속을 유럽에서 인도로 가져가는 것이 언제나 큰 이익이 되었고, 지금도 여전히 그러하다. 인도에서 귀금속보다 상대적으로 더 값나가는 상품은 거의 없다. 다시 말해, 유럽에서 소요되는 노동·상품의 양에 비해 인도에서 구매·지배할 수 있는 노동·상품의 양이 귀금속의 경우보다 더 큰 상품은 거의 없다. 더욱이 인도에 은을 가지고 가는 것이 금을 가지고 가는 것보다 훨씬 더 이익이 된다. 왜냐하면, 중국과 인도의 대부분의 시장에서 순은과 순금의 교환비율은 겨우 10 대 1이거나 많아야 12 대 1인 반면, 유럽에서의 교환비율은 14 대 1 내지 15 대 1이기 때문이다. 중국과 인도의 대부분의 시장에서 10~12온스의 은으로 1온스의 금을 살 수 있는 반면, 유럽에서는 1온스의 금은 14~15온스의 은을 요구한다. 따라서 인도로 가는 유럽 상선의 화물 가운데 은이 가장 값진 물품 중의 하나이다. 마닐라로 가는 아카풀코의 선박에서도 은은 가장 값진 품목이다. 이러한 방식으로 신대륙의 은은 유럽과 아시아 사이에 상업이 행해지게끔 하는 중요한 상품의 하나가 된 것이다. 그리고 이와 같은 세계의 원격지들이 서로서로 연결되는 것도 상당한 정도로 바로 이 은 때문이라고 말할 수 있다.

29. 은의 공급은 식기와 주화의 증가뿐만 아니라 그것의 훼손과 소모의 증가도 고려해야 한다.

이처럼 대단히 광대한 시장의 수요를 충족시키기 위해서는, 매년 광산에서 생산되는 은의 양이 모든 번영하는 나라들이 요구하는 주화·은식기의 계속적인 증대를 뒷받침하기에 충분해야 할 뿐만 아니라, 은이 사용되고 있는 나라들에서 발생하는 은의 지속적인 소비·소모를 보충하기에 충분해야 한다.

30. 훼손은 상당한 규모이다.

주화로 사용되는 귀금속은 마모에 의해, 식기로 사용되는 귀금속은 마모 및 세척에 의해 끊임없이 소모되는 부분이 상당히 크다. 그 용도가 광범한 귀금속은 끊임없는 소비 때문에 해마다 대량의 공급을 필요로 한다. 몇몇 특정 제조업의 귀금속 소비는 총량으로서는 아마도 이러한 점진적인 소모보다 크지는 않겠지만, 훨씬 더 신속하기 때문에 훨씬 더 두드러지게 눈에 띈다. 버밍엄의 제조업만 해도 은박을 입히거나 도금에 사용되어 다시는 원래의 금속 형상으로 재생될 수 없는 금은의 양이 해마다 5만 파운드 스털링을 상회한다고 한다. 이러한 사실로부터 우리는, 세계 각지에서 버밍엄과 같은 종류의 제조업이나 레이스·자수·금은을 사용한 물품·책의 금박장정·가구 등에 해마다 얼마나 많은 양의 금은이 소비될 것인가를 유추해 볼 수 있다. 또한 해마다 육로 또는 해로를 통해 다른 장소로 운송되는 도중 잃어버리는 양도 상당할 것임에 틀림없다. 그 외에도 아시아의 대부분에서는 보물을 땅 속에 숨겨두는 것이 거의 보편적인 습관이므로, 숨긴 사람이 죽음으로써 그 사실 자체도 함께 사장되어 버리기 일쑤이기 때문에, 그렇게 해서 잃어버리게 되는 양 또한 상당할 것이다.

31. 카디스와 리스본으로 수입되는

가장 믿을 만한 기록에 따르면, 카디스

금은이 6백만 파운드나 된다. (Cadiz)와 리스본으로 수입되는 금은의 양은, 등록된 것뿐만 아니라 밀수된 것까지 포함해서, 대략 한 해에 6백만 파운드 스털링에 이른다.

32. 메겐즈의 설명과, 메겐즈(Meggens)의 설명에 따르면,* 1748년 초부터 1753년 말(두 해를 포함해서)까지의 6년 동안 스페인에 매년 수입된 귀금속의 양과 1747년 초부터 1753년 말(두 해를 포함해서)까지의 7년 동안 포르투갈에 매년 수입된 귀금속의 양은 은이 1,101,107파운드의 무게, 그리고 금이 49,940파운드의 무게에 달했다. 이렇게 수입된 은은 트로이 저울로 파운드당 62실링으로 환산하면 3,413,431파운드 10실링에 달한다. 또한 금은 트로이 저울로 파운드당 44기니 반으로 환산하면 2,333,446파운드 14실링에 달한다. 이 양자를 합치면 5,746,878파운드 4실링에 달한다. 따라서 그는 수입 등록된 것에 대한 기록이 정확하다는 것을 보증하고 있다. 그는 이러한 금은이 어떤 곳으로부터 각각 얼마씩 들어왔는지를 등록 장부에 의거해 소상히 제시하고 있다. 뿐만 아니라, 그는 밀수되었을 것으로 추정되는 각 금속의 양도 고려하고 있다. 이 현명한 상인의 풍부한 경험은 그의 의견에 상당한 무게를 실어주고 있다.

33. 레이날(Raynal)의 말과, 능변가이자 때로 사리에 밝기도 한, 『동서인도 식민지에서의 유럽인의 정착에 관한 철학적 정치적 역사』의 저자(G.T.F. Raynal)에 의하면, 1754년 초부터 1764년 말(두 해를 포함하여)까지 11년 동안 매년 스페인에 수입 등록된 금은의 양은, 10레알(real)을 1피아스터(piastre)로 환산할 때, 13,984,185$\frac{3}{5}$피아스터에 달했다고 한다. 그러나 그는 밀수되었을 것을 고려하면 연간 총수입량

* N. Meggens, *Universal Merchant*, 런던, 1753년, 후기, pp.15~16. 이 후기는 책이 발행된 뒤 3년이 지난 1756년까지 인쇄되지 않았으며, 이 책은 제2판을 가지고 있지 않다. 따라서 이 후기를 가진 책은 없다. 이 후기는 책에 있는 몇 개의 착오를 수정하고 있다.

은 1천 7백만 피아스터에 달했을지도 모른다고 추정하고 있다. 피아스터 당 4파운드 9실링으로 환산하면, 이것은 382만 5천 파운드와 같다. 그는 또한 이러한 금은이 어떤 곳으로부터 각각 얼마씩 들어왔는가를 등록장부에 의거해 소상히 제시하고 있을 뿐만 아니라, 만약 우리가 브라질로부터 리스본으로 매년 수입된 금의 양을 포르투갈 왕에게 지불되는 세금액(그 세율은 표준금속의 $\frac{1}{5}$이었던 것 같다)에 의거하여 판단한다면, 그 가치가 8백만 크루자도(cruzado), 즉 4,500만 프랑스 리브르(French livre)로서 200만 파운드 스털링에 상당하는 것으로 평가될 수 있다는 것을 가르쳐준다. 그러나 그는 밀수되었을 양을 고려한다면 이 금액에다가 $\frac{1}{8}$, 즉 25만 파운드 스털링을 추가할 수 있을 것이며, 따라서 총수입액은 225만 파운드 스털링에 달할 것이라고 말하고 있다. 따라서 이 기록에 의하면, 스페인과 포르투갈에 매년 수입되는 귀금속의 양은 약 607만 5천 파운드 스털링에 달한다.

34. 그밖의 저자들에 의하여도 확인되었다.

비록 필사본이긴 하지만 출처가 매우 분명한 몇몇 다른 기록들도 이 연평균 수입액을, 때로는 조금 많게 보거나 적게 보는 경우도 있지만, 약 600만 파운드 스털링으로 본다는 점에서 일치하고 있다는 것을 나는 확인했다.

35. 이것은 매년 공급되는 것의 전부는 아니고 그 대부분이다.

카디스와 리스본에 매년 수입되는 귀금속의 양은 사실 아메리카 광산의 연간 총생산량과 일치하지 않는다. 그 일부는 매년 아카풀코의 선박들에 의해 마닐라로 보내지며, 일부는 스페인 식민지가 다른 유럽 나라의 식민지들과 행하는 밀무역에 사용되고, 또 다른 일부는 분명히 그 나라에 남는다. 또한 아메리카 광산들이 세계에서 유일한 금은 광산인 것은 결코 아니다. 그러나 이들은 단연 세계에서 가장 풍부한 광산이다. 알려져 있는 다른 모든 광산의 생산량은 주지하다시피 이 광산들에 비하면 대단찮은 것이다. 그리고 이 광산들의 생산량의 대부분이 매년 카디스와 리스본으로 수입되는 것도 마찬가지로 주지의 사실이다. 그러나 연간 5만 파운드 스털링인 버밍엄의 소비만 해도 연간 600만 파운드 스털링인 이 수입의 $\frac{1}{120}$에 해당한다. 그러므로 세계 각국의 금은의 연간 총소비는 아마도 연간 총생산과 거의 맞먹을 것이다. 번창하는 나라의 증대하는 수요를 충족시킬 만한 것이 겨우 남아 있었거나, 아니면 그 수요를 충족시키지 못하여 유럽시장에서 이들 금속의 가격이 약간 상승했을지도 모른다.

36. 놋쇠와 철의 양이 증가해도, 우리는 그 가치가 하락하리라고 기대하지는 않는다. 그렇다면 금은에 관해서는 왜 다른가?

해마다 광산에서 시장으로 내보내지는 놋쇠와 철의 양은 금은의 양과는 비교될 수 없을 만큼 많다. 그러나 우리는 이러한 이유 때문에 놋쇠와 철이 수요를 초과하여 점차 값이 싸질 것이라고 생각하지는 않는다. 그런데 하물며 귀금속이 그렇게 되리라고 생각할 이유가 어디 있겠는가? 실제로 조(粗)금속들(coarse metals)은 귀금속보다 훨씬 단단하므로 마모되기 쉬운 용도에 사용되고, 또한 가치가 적기 때문에 보존에 신경을 덜 쓴다. 그러나 귀금속은 반드시 조(粗)금속보다 더 오래가지 않으며, 마찬가지로 매우 다양하게 분실되거나 마모되거나 소모되기 쉽다.

37. 금속 특히 금은은 내구성이 있기 때문에 해마다의 가치 변동이 적다.

모든 금속가격은 비록 천천히 그리고 점진적으로 변화한다 하더라도, 해마다 변하는 폭은 토지의 천연생산물 중 어느 것보다 덜한 편이다. 그리고 귀금속 가격은 조(粗)금속가격보다 돌발적인 변동을 덜 겪는 편이다. 금속의 내구성이야말로 가격의 이와 같은 비상한 안정성의 기초이다. 지난 해에 시장에 출하되었던 곡물은 올해 말 이전에는 모두 또는 거의 모두 소비될 것이다. 그러나 2백 년 또는 3백 년 전에 채굴된 철의 일부는 여전히 사용되고 있을 것이며, 아마도

2천 년 또는 3천 년 전에 채굴된 금의 일부 또한 여전히 사용되고 있을 것이다. 매년 세계의 소비를 충족시켜야만 하는 곡물은 그 해의 생산량에 거의 비례할 것이다. 그러나 서로 다른 두 해에 사용되는 철의 양 사이의 비율은 그 두 해의 철광생산량의 우연한 차이에 의해 거의 영향받지 않는다. 그리고 두 해의 금의 양 사이의 비율은 더욱 그러하다. 그러므로 금속광산의 생산량이 매년 밀밭의 생산량보다 더욱 크게 변한다 하더라도, 이러한 변동이 금속상품의 가격에 미치는 영향과 곡물상품의 가격에 미치는 영향은 동일하지 않다.

2. 금은 가치 사이의 비율 변화

1. 아메리카 광산의 발견 이후 은은 금에 비해 그 가격이 하락했다.

아메리카에서 금광이 발견되기 전에는 순은에 대한 순금의 가치는 유럽의 각 조폐국에서 1 대 10과 1 대 12의 비율 사이에서 정해졌다. 즉, 1온스의 순금은 10~12온스의 순은의 가치가 있는 것으로 평가되었다. 지난 세기 중엽에는 그것은 1 대 14와 1 대 15의 비율 사이에서 정해졌다. 즉, 1온스의 순금이 14~15온스의 순은의 가치가 있는 것으로 평가되었다. 금의 명목가치가 상승한 것이다. 다시 말해서, 금을 구매할 때 지불해야 하는 은의 양이 증대했다. 이 두 금속은 진실가치의 면에서는 하락했다. 즉, 그것으로 구매할 수 있는 노동량이 감소했다. 그러나 은이 금보다 더 많이 하락했다. 아메리카의 금광과 은광 모두 그때까지 알려졌던 어떤 광산보다 풍부했지만, 은광이 금광에 비해 훨씬 더 풍부했던 것 같다.

2. 은의 가치는 동인도에서 비교적 더 높다.

해마다 유럽으로부터 인도로 운반되어 오는 거대한 양의 은은 영국인 정착지 중 일부에서 금에 대한 은의 가치를 점차로 하락시켰다. 캘커타의 조폐국에서는 유럽에서와 마찬가지로 1온스의 순금은 15온스의 은의 가치를 가진 것으로 평가된다. 이것은 아마도 벵골시장에서 금이 갖는 가치에 비해 조폐국이 금을 지나치게 높게 평가한 것 같다. 중국에서 금 대 은의 비율은 여전히 1 대 10 내지 1 대 12로 유지되고 있다. 일본에서는 그것이 1 대 8이라고 한다.

3. 메겐즈는 가격의 비율은 수량의 비율과 동일해야 한다고 생각했던 것 같다.

메겐즈(N. Meggens)의 기록에 의하면, 해마다 유럽으로 수입되는 금량과 은량의 비율은 거의 1 대 22다. 즉, 1온스의 금이 수입될 때 22온스를 조금 넘는 은이 수입되고 있었던 것이다. 그는 해마다 동인도로 보내지는 많은 양의 은이 유럽에 남아 있는 은의 양을 감축시켜 그 가치비율이 1 대 14 내지 1 대 15에 이르도록 한다고 추정한다. 그는 이들 가치 사이의 비율이 이들의 양적인 비율과 반드시 동일해야 하며, 따라서 만약 이러한 은의 대량수출이 없다면 그 비율은 1 대 22가 될 것이라고 생각한 것 같다.

4. 그러나 이 생각은 잘못이다.

그러나 두 상품의 가치 사이의 보통의 비율은 보통 시장에 나와 있는 두 상품의 양 사이의 비율과 반드시 동일하지는 않다. 10기니로 추정되는 소 한 마리의 가격은 3실링 6펜스로 평가되는 양 한 마리 가격의 약 60배이다. 그러나 이로부터 시장에는 보통 소 한 마리당 60마리의 양이 있다고 추론하는 것은 어리석은 일이다. 그리고 1온스의 금이 보통 14~15온스의 은을 구매하기 때문에, 시장에는 보통 1온스의 금마다 오로지 14~15온스의 은이 존재한다고 추론하는 것도 마찬가지로 어리석다.

5. 어떤 값싼 상품의 총량은 어떤 값비싼 상품의 총량보다도 보통 더 많은 가치가 있는데, 금은의 경우도 그러하다.

보통 시장에 나와 있는 은의 양(量)과 금의 양 사이의 비율은 금의 가치와 은의 가치 사이의 비율보다 훨씬 클 것이다. 시장에 출하되는 값싼 상품은 총량에서 비싼 상품보다 많을 뿐만 아니라 총액에서도 더 크다. 매년 시장에 출하되는 빵은 식용육보다 총량에서 많을 뿐만 아니라 총액도 더 크다. 식용육은 가금(poultry)에 대해, 그리고 가금은 야생조에 대해 마찬가지의 관계에 있다. 비싼 상품보다는 값싼 상품이 구매자가 더욱 많기 때문에 더 많은 양이 처분될 뿐만 아니라 더 큰 금액이 처분되는 것이다. 그러므로 값싼 상품과 비싼 상품의 총량 사이의 비율은 비싼 상품과 값싼 상품의 가치 사이의 비율보다 훨씬 더 크다. 귀금속을 서로 비교한다면, 은은 값싼 상품이고 금은 비싼 상품이다. 그러므로 우리는 당연히 시장에 금량보다 은량이 더 많을 뿐만 아니라 금의 총가치보다 은의 총가치가 더 클 것이라고 기대할 수 있다. 어떤 사람에게 자신의 은식기와 금식기를 비교해 보게 하면, 아마도 그는 양뿐만 아니라 가치의 측면에서도 은식기쪽이 금식기쪽보다 훨씬 많다는 것을 발견할 것이다. 더욱이 은식기를 많이 가지고 있으면서도 금식기를 전혀 가지고 있지 않은 사람도 많다. 또한 금을 가지고 있다고 하더라도 그것은 일반적으로 시계 케이스·담배갑·자질구레한 장신구에 국한되어, 그것을 전부 다 합친다 해도 큰 값어치가 나가는 경우는 거의 없다. 영국의 주화에서는 금화 가치의 총액이 크게 우세하지만, 다른 나라의 주화들도 모두 그러한 것은 아니다. 어떤 나라의 주화에서는 두 금속의 가치 총액이 거의 같다. 잉글랜드에 합병〔1707년〕되기 이전의 스코틀랜드의 주화를 보면, 조폐국의 기록에 나타난 바와 같이, 금화가 은화보다 많다고 해도 그 정도는 매우 미미한 것이었다. 많은 나라의 주화에서 은화가 금화보다 많다. 프랑스에서는 큰 금액은 보통 은으로 지불되며, 주머니에 넣고 다니기 위해 필요한 양 이상의 금화를 구하기 힘들다. 모든 나라에서 은식기의 총가치가 금식기의 총가치를 상회한다는 사실은 단지 몇몇 나라에서만 은화보다 금화가 더 많다는 사실을 상쇄하고도 남음이 있다.

6. 금은 은보다 가능한 최저 가격에 더 접근해 있다.

어떤 의미에서는, 은은 언제나 금보다 훨씬 쌌으며, 아마 앞으로도 언제나 그럴 것이지만,

다른 의미에서는 스페인 시장의 현재 상태에서는 아마도 금이 은보다 다소 싸다고 말할 수도 있을 것이다. 어떤 상품을 비싸다 싸다고 말할 수 있는 것은, 그것의 통상가격의 절대적인 대소에 따르기도 하지만, 그 가격이 상당 기간 그 상품을 시장에 출하할 수 있는 최저가격을 상회하는가 여부에 따를 수도 있다. 이 최저가격이란 그 상품을 시장에 출하하기 위해 투자하지 않으면 안 되는 자본을 적정이윤과 함께 보상하는 가격이다. 이것은 지주에게는 아무것도 제공할 수 없는 가격이다. 즉, 지대는 결코 이 가격을 구성하는 요소로 포함될 수 없으며, 그 가격 전액이 임금·이윤으로 분할되는 가격이다. 그런데 스페인 시장의 현재 상태에서는 금이 확실히 은보다 좀더 이 최저가격에 가깝다. 금에 대한 스페인 왕의 조세는 표준금의 $\frac{1}{20}$ 인 반면, 은에 대한 조세는 $\frac{1}{10}$에 이른다. 이미 살펴보았듯이, 이 조세는 사실상 스페인령 아메리카에 있는 금은광의 총지대이다. 그리고 금에 대한 조세는 은에 대한 조세에 비해 납부상태가 더 불량하다. 또한 금광 채굴업자의 이윤은, 그들이 큰 부자가 되는 경우가 훨씬 드물기 때문에, 일반적으로 은광 채굴업자의 이윤보다 훨씬 더 적음에 틀림없다. 따라서 스페인의 금가격은, 그것이 상대적으로 적은 지대·이윤을 제공할 뿐이라는 사실로 미루어 볼 때, 스페인 시장에서는 은가격보다 최저가격에 좀더 가까움에 틀림없다. 모든 비용을 계산하면 금의 총량은 스페인 시장에서 은의 총량만큼 유리한 조건으로 처분되기 힘든 것 같다. 그런데 브라질의 금에 대한 포르투갈 왕의 조세는 멕시코·페루의 은에 대한 스페인 왕의 예전 조세와 같다. 즉, 표준금의 $\frac{1}{5}$ 이다. 그러므로 유럽의 보통시장에서 아메리카 금의 총량이 아메리카 은의 총량보다 최저가격에 더 가까운지는 불확실하다.

7. 다이아몬드는 최저가격에 더 접근하고 있다.

다이아몬드와 기타 보석의 가격은 아마도 금가격보다도 훨씬 더 최저가격에 가까울 것이다.

8. 스페인령 아메리카에서는 은에 대한 조세를 좀더 내릴 필요가 있을 것이다.

은에 대한 조세는, 가장 적절한 과세 대상의 하나인 사치품에 부과될 뿐만 아니라 매우 중요한 세입을 제공하기 때문에, 지불능력이 있다고 판단되는 한 결코 조금도 경감되지 않을 것임에 틀림없다. 그러나 1736년에 은에 대한 조세를 $\frac{1}{5}$에서 $\frac{1}{10}$로 경감하는 것이 불가피했던 것과 같은 지불능력의 소진이 발생한다면, 금에 대한 조세를 $\frac{1}{20}$로 인하하지 않으면 안 되었던 것과 마찬가지로, 은에 대한 조세를 더욱 경감하지 않으면 안 될 상황을 낳을지도 모른다. 스페인령 아메리카의 은광들의 경우, 다른 모든 광산과 마찬가지로 갈수록 점점 더 깊은 곳까지 파고 들어가 작업을 수행해야 하고, 따라서 물을 퍼올리고 그 깊이까지 신선한 공기를 공급해야 하는 사정 때문에 점차 작업비용이 많이 들게 되었다는 사실은, 이 광산들의 상태를 조사해 본 사람이라면 누구나 다 인정하는 바이다.

9. 은의 생산비 증가는 그 가격의 상승 또는 그것에 대한 조세의 인하, 또는 이 두 가지 가운데 어느 한 가지를 초래하지 않을 수 없다.

이러한 원인들은 은을 점차 희소하게 하는 것과 동일하므로 (왜냐하면, 어떤 상품의 일정량을 수집하기가 점차 곤란해지고 더 많은 비용이 들게 된다면 그 상품이 점차 희소해진다고 말할 수 있을 것이므로), 조만간 다음 세 가지 사태 중 하나를 초래할 수밖에 없다. 첫째 비용의 증대가 이에 비례하는 가격상승에 의해 보상되거나, 둘째 이에 비례하는 은에 대한 조세의 경감에 의해 보상되거나, 또는 셋째 이 두 가지 방법 중 부분적으로는 가격상승에 의해, 부분적으로는 조세 경감에 의해 보상되지 않으면 안 될 것이다. 이 세 번째 결과가 가장 가능성이 크다. 금에 대한 조세가 크게 경감되었음에도 불구하고 금가격이 은가격에 비해 상승한 것과 마찬가지로, 은에 대한 조세가 같은 정도로 경감된다고 하더라도 은의 가격은 노동이나 상품들의 가격에 비해 상승할 수 있다.

10. 과거에 있었던 조세의 경감은 경감이 없었을 경우에 비해 은 가치를 적어도 10% 하락시켰다.

그러나 이러한 일련의 조세 경감은, 비록 그것이 유럽시장에서 은가치의 상승을 전적으로 저지할 수는 없겠지만, 다소나마 그 상승을 지체시킬 것에 틀림없다. 왜냐하면, 이러한 조세 경감의 결과 이전에는 조세를 감당할 수 없어 가동되지 못하던 많은 광산들이 가동될 것이며, 따라서 연간 시장에 출하되는 은의 양이 약간 더 많아질 것이고, 일정량의 은의 가치는 약간 더 낮아질 것임에 틀림없기 때문이다. 1736년의 조세 경감의 결과 유럽시장에서 은의 가치는, 비록 오늘날에는 그 경감조치 이전보다 더 낮지는 않지만, 스페인 왕이 이전의 세율을 계속 강요했다고 가정할 경우에 비해 적어도 10%는 낮아졌을 것이다.

11. 금세기에 들어와 은의 가치가 조금 오른 것 같다.

이상에서 제시된 사실들과 논의는 나로 하여금 이러한 조세경감에도 불구하고 은 가치가 금세기 동안 유럽시장에서 다소 상승하기 시작했다는 사실을 믿도록, 아니 좀더 적절하게 표현하자면, 추측하도록 만든다. 이렇게 말하는 이유는, 내가 이 문제에 관해 가질 수 있는 최상의 견해도 확신의 수준에 도달할 수 없기 때문이다. 실제로 약간의 상승이 일어났다고 추정된다고 하더라도 지금까지는 아직 미미한 정도일 것이고, 따라서 상승했다고 말한다고 하더라도 많은 사람들에게는 이러한 사태가 실제로 일어났기 때문인지 아니면 그 반대의 사태가 일어나지 않았기 때문인지, 다시 말해 유럽시장에서 은가치가 계속해서 떨어지지 않았기 때문인지, 매우 불확실해 보일 것이다.

12. 연간 소비는 결국 연간 수입과 같지 않으면 안 된다.

그러나 금은의 연간 수입(輸入)이 얼마라고 추정되더라도, 이들 금속의 연간 소비가 연간 수입과 같아지는 기간이 나타나게 마련이라는 사실에 주의해야 한다. 이 금속들의 소비는 수입량이 증대함에 따라 증대하거나, 수입량의 증대보다 더 큰 비율로 증대하고 있음에 틀림없다. 이들 금속량이 증대하면 그 가치는 감소한다. 이들 금속은 더 많이 소비되고 취급하는 데 덜 조심하게 되며, 그 결과 이들 금속량의 증가보다 소비가 더 큰 비율로 증가하는 것이다. 그러므로 만약 수입(輸入)이 지속적으로 증가하지 않는다면, 일정한 기간 이후에는 이 금속들의 연간 소비는 그 연간 수입과 같아지게 될 것에 틀림없다. 그런데 오늘날 수입의 지속적 증가는 이루어지지 않고 있는 듯하다.

13. 그후 소비는 수입의 변화에 적응할 것이다.

연간 소비가 연간 수입(輸入)과 같아지는 과정에서, 만약 연간 수입이 점차 감소한다면 연간 소비는 얼마 동안은 연간 수입을 초과하게 될 것이다. 이들 금속량은 눈에 띄지 않을 정도로 차츰 감소할 것이며, 이들 금속의 가치는 눈에 띄지 않을 정도로 차츰 증가할 것인데, 그리하여 연간 수입이 다시 일정한 규모를 유지하고 연간 소비가 점차 연간 수입이 유지할 수 있는 정도에 적응하게 될 것이다.

3. 은의 가격이 계속 하락하지 않을까 의심하는 이유

1. 어떤 종류의 천연생산물의 가격이 등귀하고 있기 때문에 금은의 가치가 하락하고 있다고 생각한다.

유럽에서 부(富)가 증가하고 있다는 사실과, 귀금속의 수량이 부의 증가와 함께 자연히 증가하면 귀금속의 가치가 하락한다는 통념 때문에, 아마도 많은 사람들은 유럽시장에서 귀금속의 가치가 계속 하락하리라고 믿을지도 모른다. 더욱이 토지의 천연생산물(the rude produce) 중 많은 부분의 가격이 점차 상승한다는 사실로 인해 사람들은 이 견해를 더욱 확고하게 믿을 것이다.

2. 금속 수량의 증가가 반드시 그들의 가치를 감소시키는 것은

내가 이미 보여주려고 노력했듯이, 한 나라에서 부의 증가에 따른 귀금속량의 증

아니라는 것은 이미 설명했다.

가는 귀금속의 가치를 감소시키는 경향이 없다. 모든 종류의 사치품과 진기품들이 부유한 나라에 몰리는 것과 마찬가지 이유로 금은도 자연히 부유한 나라로 몰린다. 그 이유는, 금은이 가난한 나라보다 더욱 싸기 때문이 아니라 더욱 비싸기 때문이고, 금은에 대해 비싼 대가가 지불되기 때문이다. 금은이 몰리는 것은 가격이 높기 때문이고, 가격이 높지 않게 된다면 금은은 더이상 그곳으로 몰리지 않을 것이다.

3. 그리고 가축 등의 가격 등귀는 이 것들의 실제가격의 상승 때문이고 은가치의 하락 때문은 아니다.

내가 이미 지적한 것처럼, 곡물이나 오로지 인간의 근로에 의해 산출되는 야채류들을 제외한다면, 다른 모든 종류의 천연생산물들, 즉 모든 종류의 가축·가금·사냥감, 땅속의 유용한 화석류와 광물 등은 사회가 부(富)와 개량 측면에서 진보함에 따라 자연히 더욱 비싸진다. 따라서 이러한 상품들이 이전과 비교해서 더 많은 은과 교환된다고 하더라도, 이 사실로부터 곧 은이 실제로 싸졌다거나 구매할 수 있는 노동의 양이 이전에 비해 적어졌다는 결론이 나오는 것은 아니다. 오히려 그러한 상품들이 실제로 비싸졌거나 이전과 비교해서 더욱 많은 양의 노동을 구매할 것이라는 결론이 나오게 된다. 사회가 진보함에 따라 상승하는 것은 그 상품들의 명목가격만이 아니라 진실가격이다. 그 상품들의 명목가격의 상승은 은 가치가 하락한 결과가 아니라 그 상품들의 진실가격이 상승한 결과인 것이다.

4. 사회의 진보가 세 가지 종류의 천연생산물의 진실가격에 미치는 영향

1. 세 종류의 천연생산물의 가격은 사회의 진보에 따라 상승한다.

천연생산물은 세 가지 종류로 분류될 수 있다. 첫번째 종류는 인간의 노동으로는 더 이상 증가시킬 수 없는 것들로 구성된다. 두번째 종류는 인간의 노동으로 수요에 비례하여 증가시킬 수 있는 종류이다. 세번째 종류는 인간 노동의 효과가 제한되어 있거나 불확실한 것들이다. 부가 증가하고 사회가 진보함에 따라 첫번째 종류의 진실가격은 터무니없는 정도로까지 상승할 수 있을 것이며, 따라서 상승에 어떤 한계도 없어 보인다. 그러나 두번째 종류의 진실가격은 비록 크게 상승할 수 있다 할지라도 그 상승에는 일정한 한도가 있으므로, 그 한도를 넘어 장기간 유지될 수는 없다. 세번째 종류의 진실가격은, 비록 그 자연적 경향은 사회의 진보에 따라 상승하는 것이지만, 진보의 정도가 같을 때는, 이런 종류의 천연생산물을 증가시키려는 인간노동의 노력이 각종 우연한 사건에 의해 얼마나 성공할 수 있는가에 따라 하락할 수도, 동일할 수도, 다소 상승할 수도 있다.

1) 첫 번째 종류

1. 인간의 노동에 의해 증가시킬 수 없는 천연생산물, 예컨대 야생동물

사회가 진보하면서 그 가격이 상승하는 첫번째 종류의 천연생산물은 인간의 노동으로는 더 이상 증식시킬 수 없는 것들이다. 이 생산물들은 자연에 의해 일정한 양만큼만 생산되고, 부패하기 쉬운 속성을 가지고 있으므로 여러 계절의 생산물을 모아둘 수가 없다. 그 예로서는 대부분의 희귀한 새와 물고기, 다양한 종류의 사냥감, 대부분의 야생조, 특히 모든 철새들, 그 밖에 많은 것들이 있다. 부(富)가 증가하고 그에 따라 사치가 증가할 때, 이러한 것들에 대한 수요는 증가할 것인데, 인간의 노동은 수요가 증가하기 이전에 생산했던 것보다 더 많은 양을 공급할 수 없다. 따라서 이러한 상품의 양은 불변이거나 거의 불변인 반면, 이들을 구매하려는 경쟁은 끊임없이 증가함으로써 이들의 가격은 한없이 상승할 수 있고, 어떤 일정한 한도의 제한도 받을 것 같지 않다. 멧도요새(Woodcock)가 유행하여 한 마리에 20기니로 팔린다

고 할 때, 인간이 아무리 노동을 투하하더라도 시장에 나오는 이 새의 수는 현재의 수보다 크게 증가할 수 없을 것이다. 가장 번영했던 시기에 로마인이 희귀한 새와 물고기에 대해 지불했던 높은 가격은 이런 방식으로 쉽게 설명될 것이다. 이런 높은 가격은 당시 은 가치가 낮았기 때문이 아니라 인간 노동에 의해 마음대로 증식시킬 수 없었던 드물고 진기한 것의 가치가 높았기 때문이었다. 로마에서 은의 진실가치는 공화국의 몰락 전후의 얼마 동안은 현재의 유럽보다 높았다. 3세스테르티우스(sestertius)는 영국 화폐로 약 6펜스에 해당하는데, 이는 로마공화국이 시실리의 $\frac{1}{10}$세(稅)인 밀 1모디우스(modius), 즉 1 페크(peck: $\frac{1}{4}$부셸)에 대해 지불한 가격이었다. 그러나 이 가격은 평균 시장가격보다 낮았던 것 같은데, 이러한 낮은 가격으로 밀을 내주어야 하는 의무는 시실리 농민에 대한 조세로서 간주되었다. 따라서 로마인들이 밀의 $\frac{1}{10}$세에 해당하는 양보다 더 많은 양을 주문하는 경우, 그 초과분에 대해서는 1페크당 4세스테르티우스, 즉 8펜스의 가격을 지불해야 한다는 부가조항이 있었다. 그러므로 아마 이 가격이 당시의 온당하고 합리적인 평균 계약가격으로 간주되고 있었던 것 같다. 이것은 쿼터당 약 21실링과 같은 가격이다. 최근의 흉작 이전에 잉글랜드산 밀의 보통 계약가격은 쿼터당 28실링이었는데, 그 품질은 시실리의 것보다 못하여 유럽시장에서는 다소 낮은 가격에 판매되었다. 따라서 당시의 은가치는 현재의 것과 비교해 4 대 3 정도였다. 다시 말해, 당시의 은 3온스는 현재의 은 4온스가 구매할 수 있는 것과 동일한 노동·상품의 양을 구매했던 것이다. 따라서 우리가 플리니(Pliny)의 저서에서 세이우스(Seius)가 아그리피나(Agrippina) 여왕에 대한 선물로서 한 마리의 흰 나이팅게일을 6천 세스테르티우스, 즉 현재의 화폐로 약 50파운드에 샀다는 것을 읽을 때, 그리고 아시니우스 셀러(Asinius Celer)가 한 마리의 금붕어(surmullet)를 8천 세스테르티우스, 즉 현재의 화폐로 약 66파운드 13실링 4펜스에 구매했다는 것을 읽을 때, 우리가 이런 터무니없는 가격에 대해 아무리 놀란다 하더라도, 영국화폐로 표현된 이 가격들은 진실가격보다 약 $\frac{1}{3}$ 정도 낮을 가능성이 있다. 그것들의 진실가격, 즉 그것들과 교환되었던 노동·생활자료의 양은 현재 우리에게 표시되는 그것들의 명목가격보다 약 $\frac{1}{3}$ 정도 더 많았던 것이다. 따라서 세이우스가 한 마리의 나이팅게일 값으로 지불했던 것은 현재 66파운드 13실링 4펜스로 구매할 수 있는 것과 같은 노동·생활자료의 양에 대한 지배권이었으며, 아시니우스 셀러가 한 마리의 금붕어 값으로 지불했던 것은 88파운드 17실링 9$\frac{1}{3}$ 펜스로 구매할 수 있는 것과 같은 생활자료의 양에 대한 지배권이었다. 이 새들이 이와 같이 터무니없는 높은 가격을 유지했던 것은, 은이 많아서가 아니라, 로마인들의 사용에 필요한 것을 초과하는 처분 가능한 노동·생활자료들이 풍부했기 때문이다. 그들이 처분할 수 있었던 은의 양은 그들이 처분할 수 있었던 것과 같은 양의 노동과 생활자료가 현재 획득할 수 있을 은의 양보다 훨씬 적었다.

2) 두 번째 종류

1. 마음대로 증가시킬 수 있는 천연생산물. 이를테면 가축 · 가금 등

사회가 진보함에 따라 가격이 상승하는 천연생산물의 두 번째 종류는 수요가 증가함에 따라 인간의 노동으로 증가시킬 수 있는 것들이다. 이 종류에 속하는 것은, 경작되지 않은 나라에서는 자연에 의해 풍부하게 생산되므로 가치가 매우 작거나 전혀 없고 경작이 진행됨에 따라 이익이 더 많이 나는 다른 생산물로 대체될 운명에 있는 유용한 동식물이다. 사회가 진보하는 장기간에 걸쳐 이런 종류의 수량은 끊임없이 감소해 가는 반면에, 그 수요는 끊임없이 증가해 간다. 따라서 그들의 진실가치, 즉 그들이 구매·지배할 수 있는 노동의 양은 점차로 증가한다. 그리하여 드디어는, 가장 비옥하고 가장 경작이 잘 된 토지에서 인간노동이 생산할 수 있는 다른 생산물과 같은 정도로 수익성이 높

게끔 가격이 상승하게 된다. 가격이 그만큼 상승하면 더 이상 상승할 수 없게 된다. 더 이상 상승한다면 더 많은 토지·노동이 곧 그 수량을 증대시키기 위해 투입될 것이기 때문이다.

2. 곡물생산지를 가축을 위한 사료생산지로 전환시키는 것이 유리하게 되면, 가축의 가격은 그 이상 올라갈 수 없다.

예를 들어 소(cattle)의 가격이 상승하여 사료를 생산하기 위해 토지를 경작하는 것이 인간의 식량을 생산하기 위해 토지를 경작하는 것과 같은 정도로 유리하게 되면, 소의 가격은 더 이상 올라가지 않을 것이다. 만약 더 이상 올라가면 많은 곡물 생산지가 목장으로 전환될 것이기 때문이다. 곡물의 경작이 확장되면 야생의 목초지가 줄어들어 노동이나 경작 없이 자연에 의해 공급받는 식용육의 양이 줄게 되고, 반면에 이러한 식용육과 교환될 곡물, 또는 같은 말이지만 곡물가격을 가지고 있는 사람들의 수가 증가함으로써 식용육의 수요는 증가한다. 따라서 식용육의 가격, 따라서 소 가격은 점차 상승해서 마침내 가장 비옥하고 가장 잘 경작된 토지로 소에게 먹일 사료를 생산하는 것이 곡물을 생산하는 것과 같은 정도로 유리하게 된다. 그러나 경작이 소의 가격을 이런 정도로 상승시킬 만큼 확장되는 것은 사회의 진보가 상당한 수준에 도달했을 때일 것이다. 따라서 한 나라가 발전하는 한, 식용육의 가격은 이 수준에 이르기까지 계속 상승할 것이다. 아마도 유럽에서는 식용육의 가격이 아직 이 정도에 도달하지 못한 곳도 있을 것이다. 합병 이전의 스코틀랜드의 일부가 그러했다. 만약 스코틀랜드 소의 판로가 항상 스코틀랜드 시장에만 한정되어 있었다면, 이 지방에서는 소의 사육에만 사용될 수 있는 토지가 다른 목적에 사용될 수 있는 토지에 비해 너무나 많기 때문에 소 가격은 소의 사육에 토지를 사용하는 것이 유리하게 될 정도로 상승하지는 못했을 것이다. 이미 고찰한 바와 같이, 잉글랜드의 런던 근방에서는 지난 세기 초엽에 이 수준에 도달한 것으로 보인다. 그러나 대부분의 내륙지방에서 이런 수준에 도달한 것은 훨씬 이

후에나 가능했을 것이며, 아마 어떤 곳에서는 아직 이런 가격수준에 도달하지 못했을지도 모른다. 이러한 두 번째 종류의 천연생산물에 속하는 다종다양한 상품 중에서, 사회가 진보하는 동안 이러한 가격수준에 가장 먼저 도달한 것은 소였을 것이다.

3. 토지가 완전히 경작되기 위해서는, 가축의 가격이 이 수준까지 도달하지 않으면 안 된다.

사실상 소의 가격이 이런 수준에 도달하기까지는, 최고도의 경작이 가능한 토지마저도 그 대부분이 완전히 경작된다는 것은 거의 불가능하다. 도시로부터 인분(manure)을 운반해 올 수 없을 정도로 너무 멀리 떨어져 있는 모든 농장, 즉 모든 광대한 나라의 거의 대부분의 농장에서는 잘 경작된 토지 면적이 농장 스스로 산출하는 비료량에 비례함에 틀림없다. 그리고 다시 후자는 농장에서 기르는 소의 수에 비례할 것이다. 토지는, 소를 지상에 방목하거나 또는 소를 축사에서 사육하여 그 똥을 축사에서 그 땅으로 운반함으로써 비옥하게 된다. 그러나 만일 소 가격이 경작지의 지대·이윤 모두를 보상할 만큼 충분하지 않다면, 농민은 소를 토지 위에 방목할 수 없을 것이며, 또한 소를 축사에서 기를 수도 없을 것이다. 소를 축사에서 사육할 수 있는 것은 오직 개량된 경작지의 생산물로 기를 때에만 가능하다. 왜냐하면, 황폐하고 경작되지 않은 토지로부터 희소하고 분산된 목초들을 베어서 모은다는 것은 너무 많은 노동을 요구하고 비용도 너무 많이 들기 때문이다. 따라서 소를 방목하는 경우 소 가격이 개량된 경작지의 생산물을 보상할 정도로 충분하지 못하다면, 상당히 많은 추가적 노동을 들여 수집해서 축사에 있는 소들에게 운반해야 하는 생산물〔목초〕을 보상하기에는 더욱 불충분할 것이다. 그러므로 이러한 상황에서는 경작을 위해 필요한 것보다 더 많은 소를 축사에서 이윤을 남기면서 사육할 수는 없다. 그러나 이 정도의 소로써는 경작할 수 있는 모든 토지를 양호한 상태로 계속 유지하기에 충분한 비료를 공급할 수 없다. 그들이 제공할 수 있는 비료로는 소유지 전체에 공급하기에 불충분하기 때문에, 이 비료는 당연히 가장 유리하거나 가장 사용하기 편리한 토지, 가장 비옥한 토지 또는 아마 농장 근처의 토지에 사용될 것이다. 따라서 이 부분은 계속 양호한 상태를 유지하게 되며, 경작에 적합한 상태를 유지한다. 반면에, 대부분의 나머지 토지는 황폐한 그대로 버려져서 몇 마리의 반 야사상태의 소를 키우기에 충분할 정도의 빈약한 목초 외에는 거의 아무것도 생산하지 못하게 된다. 더구나 그런 농장에서는 토지가 완전히 경작되기 위해 필요한 것에 비하면 소는 대단히 부족하지만, 현실의 수확물에 비하면 소가 과잉일 경우가 종종 있다. 황무지의 일부는 6~7년 정도 이렇게 비참하게 방목된 뒤에 경작될 것이다. 이때 그 토지에서는 나쁜 귀리 또는 조잡한 곡류를 빈약하게 수확할 수 있을 것이며, 그리고 그 뒤에는 지력(地力)이 완전히 소진되어 또다시 이전과 마찬가지로 휴경지로서 방목된다. 그리고 다른 부분이 경작되고, 또 동일한 과정을 거쳐 지력이 소진되고 휴경지로서 방목된다. 합병 이전에 스코틀랜드 저지대(Lowlands) 전체에 걸쳐서 이러한 것이 일반적인 경영방식이었다. 계속 잘 시비(施肥)되고 좋은 상태를 유지하고 있는 토지는 전체 농장의 약 $\frac{1}{3}$이나 $\frac{1}{4}$을 초과하지 못했으며, 약 $\frac{1}{5}$이나 $\frac{1}{6}$에 미치지 못하는 경우도 있었다. 그 나머지는 전혀 시비되지 않은 채, 차례대로 경작된 뒤에는 지력이 소진되는 과정이 정기적으로 진행되었다. 이러한 경영방식하에서는, 훌륭하게 경작될 수 있는 스코틀랜드의 토지들조차도 그것이 생산할 수 있는 것에 비해 생산량이 훨씬 적다는 것은 명백하다. 그러나 이런 방식이 아무리 비효율적이라고 해도, 합병 이전에는 소 가격이 낮았기 때문에 불가피했다. 만약 소 가격의 큰 상승에도 불구하고 상당한 토지에서 이런 경영방식이 유지되고 있다면, 그것은 많은 지방에서는 무지와 구습(舊習) 때문이지만, 대부분의 지방에서는 더 좋은 방식의 즉각적이고 신속한 도입을 어렵게 하는 장애물들이 있기 때문이다. 첫째로는 차지인들의 빈곤이다. 즉, 그들은 토지를 완전히 경작하기에 충분한 소 떼를 구입할 여유를 갖지 못했다는 것이다. 왜냐하면, 더 많은 소를 사육하는 것을 유리하게 만든 소가격의 상승은 동시에 차지인들이 소를 사는 것을 더 어렵게 하였기 때문이다. 둘째로는, 충분한 소 떼를 획득할 수 있었다 하더라도, 소 떼를 적절히 사육할 수 있게끔 토지를 정비할 시간적 여유가 없었기 때문이다. 소 떼의 증가와 토지 개량은 동시에 진행되어야 하는 두 가지 일이다. 어떤 곳에서도 그 중 하나가 다른 하나를 훨씬 뛰어넘어 진행될 수 없다. 소 떼가 증가하지 않고서는 토지 개량은 거의 있을 수 없지만, 또한 토지의 괄목할 만한 개량의 결과가 아니고서는 소 떼의 괄목할 만한 증가 역시 있을 수 없다. 왜냐하면, 토지가 개량되지 않고서는 증가한 소 떼를 먹일 수 없기 때문이다. 더 좋은 경영방식의 도입에 대한 이와 같은 자연적 장애물은 장기간의 절약과 근로에 의거하지 않고서는 제거될 수 없다. 점차로 소멸한 구 경영방식이 저지대의 모든 곳에서 완전히 사라지기까지는 아마도 반 세기 또는 한 세기 이상이 소요되었음에 틀림없다. 그런데 스코틀랜드가 잉글랜드와 합병함으로써 얻은 모든 상업적 이익 가운데 가장 큰 이익은 아마도 소 가격의 상승일 것이다. 그것은 모든 고원지대의 토지 가치를 상승시켰을 뿐 아니라 저지대의 개량의 가장 주요한 원인이었다.

4. 그러므로 식민지의 경작상태는 보잘것 없다.

새로운 모든 식민지에서는, 수년 동안 소를 사육하는 것 외에는 다른 목적에 사용될 수 없는 많은 황무지로 인해 소가 곧 매우 풍부하게 되고, 소 가격은 매우 낮다. 아메리카의 유럽식민지에서는 모든 소와 말이 원래는 유럽에서 왔지만, 거기에서 곧 몇 배로 불어났고, 그리하여 그 가치가 너무 낮았으므로, 말 소유주들은 말이 숲 사이로 멋대로 돌아다녀도 그대로 방치하고 그것을 찾으려고도 하지 않았다. 경작지의 산출물로 소를 사육하는 것이 이익이 되기까지는 최초의 정착 후 많은 시간이 필요했을 것이다. 따라서 비료의 부족, 경작에 투하되는 자본과 경작될 토지 사이의 불

비례 등과 같은 동일한 원인 때문에, 스코틀랜드의 많은 곳에서 여전히 행해지고 있는 것과 다르지 않은 농업경영 방식이 그곳에서 채택되었다. 스웨덴 여행자 칼름(Kalm)은 1749년에 본 바 있는 북아메리카의 영국식민지 몇 군데의 농업경영에 대해 설명할 때, 그곳에서 영국인의 특징, 즉 농업의 모든 분야에서 잘 숙련되어 있다는 점을 발견하는 것이 매우 곤란하다는 사실을 지적하고 있다. 그들은 곡물 생산지를 위해 비료를 만드는 일이 거의 없고, 한 곳에서 여러 번 계속 수확해서 지력이 떨어지면 다른 새 땅을 개간해 경작하고, 그곳의 지력이 떨어지면 또다시 새로운 제3의 땅으로 옮아간다. 그들의 가축들은 숲이나 미경지에 방목되었는데 거의 반 아사상태였다. 왜냐하면, 매년 거의 모든 풀들을 꽃이 피기 전 또는 씨가 떨어지기 전, 즉 이른 봄에 먹어치워 절멸상태에 이르게 하기 때문이다.* 북아메리카의 그곳에서 매년 자라는 여러 가지 풀들은 최상의 천연풀이었을 것이다. 유럽인이 처음으로 그곳에 정착했을 당시, 그 풀들은 매우 무성하여 3~4피트의 높이에 달했다. 한 마리의 젖소조차 유지할 수 없다고 그가 쓰고 있는 토지 면적이 옛날에는 네 마리의 젖소를 유지할 수 있었을 뿐만 아니라, 한 마리의 젖소가 지금의 젖소보다 네 배나 많은 우유를 생산했을 것이라고 그는 확신하고 있다. 그의 의견에 의하면, 소는 그곳에서 한 세대에서 다음 세대로 바뀔 때마다 크게 퇴화했는데, 그 이유는 목장에 풀이 부족하기 때문이었다. 소는 30~40년 전 스코틀랜드 전지역에 일반적이었던 발육불량의 품종과 매우 유사한 것이 되었다. 하지만 스코틀랜드의 품종은 지금까지는 저지대의 대부분에서 많이 개량되었는데, 이것은 품종의 교체(비록 몇몇 지방에서는 이 방법을 채택하였지만)에 의해서가 아니라, 소에게 충분한 사료를 주는 방법에 의해 달성되었던 것이다.

5. 소는 제2 종류의 천연생산물 가운데 그러므로 소에게 풀을 먹이기 위해

* P.Kalm, *Travels into North America*, translated by J. R. Foster, 워링턴, 1770년, 제1권, pp.343~4.

서 경작을 확보하는 데 필요한 가격 수준에 도달한 최초의 것이다.

토지를 경작하는 것이 이익이 될 정도로 소의 가격이 오른 것은 사회진보의 진전 과정에서 나중에 나타나지만, 그럼에도 불구하고 천연생산물의 두번째 종류에 속하는 모든 것 중 최초로 이와 같은 높은 가격을 얻게 된 것은 아마도 소였을 것이다. 소가 이러한 높은 가격을 얻지 않았다면 토지개량은 유럽의 많은 지방에서 도달한 정도의 완성도에 접근할 수 없었다고 생각되기 때문이다.

6. 사슴고기의 가격 상승은 최후에 이루어졌다.

이런 높은 가격에 이른 천연생산물 중에서 소가 그 최초의 것이라면, 아마도 사슴고기는 최후의 것일 것이다. 오늘날 영국의 사슴고기 가격은 아무리 높다고 하더라도 사슴 사육장의 경영비용을 보상할 만큼 높지 않다는 것은 사슴 사육에 경험이 있는 사람이면 누구나 다 알고 있다. 만약 그렇지 않다면 사슴 사육은, 고대 로마인들 사이에서 투르디(Turdi)라고 불리는 조그만 새가 일상적 사육품목이 된 것과 같이, 우리들 사이에서도 벌써 그렇게 되었을 것이다. 투르디가 가장 유리한 사육품목이었다는 것은 바로(Varro)와 콜루멜라(Columella)가 확언한 적이 있다. 프랑스 몇몇 지방에서는 여윈 상태로 날아오는 철새인 오르토란(Ortolans)을 사육하는 것도 매우 유리하다고 한다. 사슴고기가 계속 유행하고 영국의 부와 사치가 과거 한때 그랬던 것처럼 계속 증가한다면, 그것의 가격은 분명히 지금의 가격을 상회할 것이다.

7. 그밖의 것들은 양자의 중간에 있는 셈이다.

사회가 진보하는 과정에서 쇠고기와 같은 생필품 가격이 최고점에 달하는 시기와, 사슴고기와 같은 사치품 가격이 최고점에 달하는 시기 사이에는 긴 시간 차이가 있다. 이 시간 차이 안에서 각종 천연생산물은 각각의 사정에 따라 더 빠르게 또는 더 느리게 점차 각자의 최고가격에 도달하게 된다.

8. 가금의 경우도 그러하다. 모든 농장에서 곡물창고와 축사로부터 나오는 폐기물로 어느 정도의 가금〔家禽: 닭·오리·거위 등〕을 키울 수 있다. 이 가금은, 다른 때 같으면 버릴 것으로써 사육되기 때문에, 폐기물 이용에 불과하다. 농부가 그것을 키우는 데는 거의 비용이 안 들기 때문에 매우 싸게 팔 수 있다. 여기서 농부가 취득하는 것은 거의 그대로 순이익이 되며, 따라서 가격이 아무리 떨어지더라도 농부는 그만큼의 수량을 키우게 된다. 경작상태가 좋지 않은 지방, 즉 인구가 적은 지방에서는 비용을 들이지 않고 사육할 수 있는 가금의 수량이 수요를 충분히 충족시키고도 남는 경우가 많다. 따라서 이런 상태에서는 가금이 식용육이나 그밖의 동물성 음식과 같은 정도로 싸다. 농부가 비용을 들이지 않고 산출할 수 있는 가금의 양은 그 경지에서 키우는 식용육의 양보다 항상 더 적다. 부와 사치가 증가할 때는 희소한 것이 흔한 것보다 항상 더 선호된다. 따라서 개량과 경작의 결과 부와 사치가 증가함에 따라 가금의 가격은 점차 등귀해 식용육의 가격을 상회하고, 결국에는 가금을 기르기 위해 토지를 경작하는 것이 유리하게 될 정도로 높아진다. 가금의 가격이 일단 이 수준에 이르면 더 이상 상승할 수 없다. 만일 그 이상으로 올라간다면, 더 많은 토지가 가금을 사육하는 것으로 전용된다. 프랑스의 몇몇 지방에서는 가금의 사육은 농촌경제의 주요 항목으로 간주되고, 농가는 이를 위해 대량의 옥수수와 메밀을 경작할 정도로 수익성이 있다. 그곳에서는 중농(中農) 정도라면 때때로 가금 4백 마리를 기르고 있다. 영국에서는 가금의 사육은 아직 일반적으로는 그만큼 중요한 일이라고 생각되지 않는 모양이다. 하지만 영국에서는 가금을 프랑스로부터 대량으로 수입하고 있기 때문에 프랑스보다 분명히 비싸다. 사회의 진보 과정에서 특정 동물성 음식이 최고의 가격수준에 달하는 시기는 그것을 생산하기 위해 토지를 경작하는 것이 보편적으로 행해지기 직전의 시기일 것이다. 사육을 위한 토지 경작이 보편적으로 행해지기 전, 잠시 동

안은 희소성에 의해 가격이 등귀한다. 그것이 보편적으로 행해진 뒤에는 새로운 사육방법이 도입되어 농부는 동일한 규모의 토지에서 그 동물성 음식을 대량으로 생산할 수 있다. 양이 많아지기 때문에 이전보다 싸게 팔아야 할 뿐 아니라, 또 그러한 개량의 결과 싸게 팔 수 있게 된다. 만약 그가 싸게 팔 수 없다면, 지속적으로 그만큼의 생산이 유지되지 못할 것이기 때문이다. 클로버·무·당근·양배추 등의 도입이 런던시장의 식용육의 보통가격을 지난 세기 초보다 약간 떨어뜨리는 데 기여했던 것은 이러한 과정을 통한 것이었다.

9. 돼지의 경우

오물 가운데서 먹이를 찾고, 다른 유용한 동물들이 싫어하는 여러 종류의 음식을 게걸스럽게 먹어대는 돼지는 원래 가금과 같이 폐기물 이용법의 하나로서 사육되었다. 매우 적은 비용으로, 또는 전혀 비용을 들이지 않고 기를 수 있는 이런 동물의 수가 수요를 충족하고도 남을 때, 이 종류의 고기는 다른 종류의 고기보다 싸게 시장에 공급된다. 그러나 수요가 점증하고 수량이 모자라게 되면, 즉 다른 종류의 가축과 마찬가지로 돼지를 비육(肥育: fattening)하기 위한 사료를 생산하는 것이 필요하게 되면, 그 가격은 필연적으로 등귀하고, 그 지방의 자연 및 농업의 상태에서 돼지사육이 다른 가축사육보다 비용이 많이 드는가 적게 드는가에 따라 돼지고기의 가격은 다른 고기의 가격보다 높아지거나 낮아지거나 한다. 뷔퐁(Buffon)에 의하면, 프랑스에서는 돼지고기 가격은 쇠고기 가격과 거의 차이가 없다. 오늘날 영국의 대부분의 지역에서는 전자가 후자보다 다소 높다.

10. 소토지 점유자 수의 감소는 돼지·가금의 가격등귀를 초래했다.

돼지와 가금의 가격이 폭등한 것은 영국에서는 날품팔이 농부(cottagers)와 기타 소토지(小土地)점유자의 수가 감소했기 때문이라고 말하는 사람들도 종종 있다. 그들의 수가 감소한 것은 유럽의 모든 지역에서 개량과 경작의 개선이 이루어지기 직전에 발생한 일이며, 동시에 돼지·가금의 가격등귀를 좀더 일찍, 좀더 빠르게 했다. 가정에서도 종종 고양이와 개 한 마리 정도는 비용을 들이지 않고 키울 수 있는 것처럼, 가장 가난한 소토지 점유자조차도 매우 적은 비용으로 보통 몇 마리의 가금·돼지를 사육할 수 있다. 그들 자신의 식탁 부스러기·우유·버터 등 음식찌꺼기는 동물의 먹이의 일부가 되며, 필요한 나머지 먹이는 동물들이 사람에게 손해를 끼지지 않고 근처 밭에서 구한다. 따라서 소토지 점유자 수가 감소함으로써 적은 비용으로 또는 전혀 비용을 들이지 않고 생산되는 이와 같은 종류의 식료품량은 크게 감소했고, 그리하여 가격이 더 일찍 상승했음에 틀림없다. 그러나 사회가 진보함에 따라 조만간 그 가격은 오를 수 있는 최고한도까지 오른다. 이 최고가격은 동물에게 사료를 공급하는 토지를 경작하는 노동과 기타 경작 비용을, 다른 경작지 대부분에서 보상되는 그 만큼 보상할 수 있을 수준이다.

11. 우유·버터 및 치즈의 경우도 그러하다.

낙농업은 돼지·가금을 사육하는 것처럼 원래 폐기물 이용법으로서 행해진 것이다. 농장에서 반드시 사육해야 하는 소로부터 새끼를 키우고도 남을 만큼의, 또는 농부 가족이 먹고도 남을 만큼의 우유가 나온다. 그리고 소는 어떤 특정 계절에 우유를 가장 많이 생산한다. 모든 천연생산물 중 아마도 우유는 가장 상하기 쉬운 음식일 것이다. 따뜻한 계절에는 생산량은 가장 많으나 24시간도 못가서 상할 것이다. 따라서 농부는 일부 우유를 신선한 버터로 만들어 일주일 정도 보관하고, 일부는 소금을 첨가한 버터를 만들어 일년 정도 보관한다. 또한 대부분의 우유를 치즈로 만들어 몇 년 동안 보관한다. 이러한 것의 일부는 농부의 자가소비에 사용된다. 나머지는 받을 수 있는 최고가격을 받기 위해 시장에 내보낸다. 가격이 너무 싸서 가족이 먹고 남는 부분을 시장에 내놓지 않는 경우는 거의 없다. 만약 가격이 그만큼 싸다면 그들은 낙농을 매우 불결한 방법으로 하며, 낙농을 위해 특별한 방·시설을 갖출 필요가 없다고 생각할 것이다. 그리하여 자기 자신의 부엌의 연기·오물·불결함 속에서 그 작업을 수행할 것이다. 30~40년 전 스코틀랜드 농부의 낙농장은 거의 그랬고, 현재도 그들 중 일부는 여전히 그렇다. 그러나 식용육의 가격을 상승시키는 것과 같은 원인, 즉 수요가 증가하는 것과, 사회의 진보의 결과 적은 비용으로 또는 전혀 비용을 들이지 않고 기를 수 있는 가축 수의 감소로 인해, 낙농품 가격은 소의 사육비용 및 고기가격과 함께 상승한다. 가격상승으로 인해 더 많은 노동과, 주의와, 청결이 가능해진다. 농부는 낙농에 대해 전보다 더 많은 주의를 기울이게 되고, 낙농품의 품질을 점차 개선해 간다. 가격은 점점 올라 드디어 낙농만을 위해 가장 비옥하고 가장 잘 경작된 토지를 소를 사육하는 데 사용할 만한 정도까지 오른다. 가격이 이 지점까지 오르고 나면 더이상 오를 수 없다. 만약 더 오른다면, 좀더 많은 토지가 이 목적에 전용될 것이기 때문이다. 좋은 토지가 낙농업에 일반적으로 많이 사용되고 있는 잉글랜드의 대부분 지방에서는 이 가격까지 오른 것으로 생각된다. 스코틀랜드의 경우는 몇몇 대도시 부근을 제외하면 낙농품 가격은 아직 이 수준에 도달하지 못한 것으로 보인다. 보통의 농부가 낙농을 목적으로 소의 사료를 만들기 위해 양질의 토지를 많이 사용하는 일은 거의 없기 때문이다. 낙농품의 가격이 근래 수년간 폭등했지만, 아직 좋은 토지를 많이 사용할 수 있을 정도로 높은 것은 아니다. 사실 잉글랜드의 낙농품과 비교하면 스코틀랜드의 그것은 품질이 떨어지고 그만큼 가격도 싸다. 그렇지만 품질이 낮은 것은 가격을 싸게 만드는 원인이 아니라 가격이 싸기 때문에 그렇게 된 것이다. 비록 품질이 좋아져도 시장에 공급되는 낙농품의 대부분은 현재의 상황에서는 더 높은 가격에 팔릴 수 없다고 생각된다. 또 지금의 가격은 더 좋은 품질을 만드는 데 필요한 토지·노동의 비용을 보상하지 못할 것이다. 잉글랜드 대부분의 지역에서조차도, 가격이 스코틀랜드보다 높음에도 불구하고, 토지를 농업의 양대 목적인 곡물생산과 소 사육을 위해 사용하는 것보다 낙농업을 위해 사용하는 것이 더 유리하다고 생각되지는 않는다. 따라서 스코틀랜드 대부분에서 낙농업은 잉글랜드 정도로도 유리하지 못하다.

12. 가격의 상승은 양호한 경작을 위해 필요한 것이므로, 나쁘게 보아서는 안 된다.

인간의 노동이 토지에서 산출해 내는 각종 생산물의 가격이 토지의 완전한 개량·경작을 위해 지출된 비용을 보상할 정도로 충분히 상승하지 않는 한, 어떤 나라의 토지도 완전히 경작되고 개량될 수 없다는 것은 명백하다. 이 비용을 보상하기 위해서는 우선 각종 생산물의 가격이 양질의 곡물생산지 지대를 보상하기에 충분해야 한다. 왜냐하면, 곡물생산지 지대가 대부분의 다른 경작지 지대를 규정하기 때문이다. 그리고 둘째로, 그 가격이 농업자의 노동과 비용을 양질의 곡물생산지에서 일반적으로 지불되는 수준으로 보상하기에 충분해야 한다. 다른 말로 하면, 그가 투하한 자본을 정상이윤을 붙여 보상할 수 있어야 한다. 따라서 각종 생산물 가격이 이처럼 상승해야만 그 생산물의 생산을 위해 토지를 개량·경작할 수 있다는 것은 명백하다. 모든 개량의 목적은 이익을 얻는 데 있고, 필연적으로 손실을 발생시키는 어떤 것도 개량이라고 할 수 없다. 가격이 비용을 보상할 수도 없는 그런 생산물을 위한 토지 개량은 반드시 손실을 야기한다. 만약 농촌의 완전한 개량·경작이 최대의 공공이익이라면(사실 그렇지만), 모든 종류의 천연생산물의 가격상승을 공공의 재난으로 간주해서는 안 되며, 최대의 공공이익의 필연적인 징조이자 동반자로 간주해야 한다.

13. 가격상승은 은의 가치 하락에 기인한 것이 아니라 생산물의 진실가격의 상승 때문이다.

또한 모든 종류의 천연생산물의 명목가격 또는 화폐가격의 상승은 은의 가치가 하락한 결과가 아니라, 그 천연생산물들의 진실가격이 상승한 결과였다. 그들은 이전보다 더 많은 양의 은의 가치를 가지게 되었을 뿐 아니라, 이전보다 더 많은 양의 노동·생활자료의 가치를 가지게 된 것이다. 생산물들을 시장에 내보내는 데 더 많은 노동과 생활자료가 지출되기 때문에, 그것이 시장에서 더 많은 노동·생활자료의 양을 대표하는 것이다.

3) 세 번째 종류

1. 인류 노동의 효과가 제한되거나 불확실한 천연생산물

사회가 진보함에 따라 가격이 자연히 상승하는 천연생산물의 마지막 세번째 종류는 그 수량을 증가시키려는 인간 노동의 효과가 제한되어 있거나 불확실한 것들이다. 따라서 이런 종류의 생산물들의 진실가격은 사회가 진보함에 따라 자연스럽게 상승하는 경향을 가지지만, 각종 우연한 사건들이 생산량을 증가시키려는 인간의 노동으로 하여금 때로는 큰 성공을, 때로는 작은 성공을 거두게 하기 때문에, 실제의 가격은 때로는 심지어 떨어지기도 하고, 때로는 매우 상이한 개량의 시기 중에서도 불변으로 유지되기도 하고, 때로는 동일한 시기에서도 다소 상승하기도 한다.

2. 예컨대 양모와 생가죽은 다른 생산물의 부산물이다.

천연생산물 중 어떤 것은 그 속성상 다른 종류의 부산물(副産物)인 경우가 있다. 그리하여 한 나라에서 산출할 수 있는 이러한 종류의 양(量)은 반드시 다른 종류의 양에 의해 제한된다. 예를 들어, 한 나라에서 산출되는 양모·생가죽의 양은 반드시 그 나라에서 사육되는 가축의 수에 의해 제한되며, 또한 후자는 그 나라의 진보 상태와 농업의 성격에 의해 필연적으로 규정된다.

3. 부산물의 가격은 식용육 가격의 영향을 받는다.

사회가 진보함에 따라 식용육의 가격을 점차 상승시키는 원인이 양모·생가죽의 가격에 동일한 영향을 미쳐서 이들의 가격을 거의 동일한 비율로 상승시킨다고 생각할 수도 있다. 만약 진보의 최초 시기에 양모·생가죽 시장이 식용육 시장과 같이 협소한 영역 내에 제한되었다면

그럴 수도 있었을 것이다. 그러나 보통 각각의 시장범위는 매우 다르다.

4. 그러나 식용육 시장은 그 시장이 생산국으로 국한되지만,

식용육 시장은 거의 모든 곳에서 그것을 생산하는 나라로 국한된다. 사실상 아일랜드와 영국령 아메리카의 일부 지역은 소금에 절인 식료품으로 상당한 양을 교역하고 있지만, 상업세계에서 이러한 무역을 하고 있는 나라, 즉 자국산 식용육의 상당 부분을 다른 나라에 수출하고 있는 나라는 이들뿐이라고 생각된다.

5. 양모와 생가죽 시장은 초기에도 식용육 시장보다 더 컸다.

이와는 반대로, 양모·생가죽 시장은 진보의 최초 시기에도 그 시장이 생산국으로 국한되는 경우는 매우 드물었다. 양모는 전혀 아무런 손질 없이, 그리고 생가죽은 매우 적은 손질만으로도 먼 나라에 쉽게 운송될 수 있다. 그리고 그것들은 다수 제조업의 원료이기 때문에, 비록 그것을 생산하는 나라의 산업이 그것의 수요를 창출하지 못하더라도, 다른 나라의 산업이 그것들에 대한 수요를 창출할 수도 있다.

6. 인구가 희소한 나라에서는 양모와 생가죽의 가치가 고기에 비해 더 높다.

경작이 잘 되어 있지 않고 따라서 인구가 희소한 나라에서는, 양 한 마리의 전체 가격에서 양모와 생가죽 가격이 차지하는 비율이, 진보와 인구 증가가 한층 진행되어 고기에 대한 수요가 더 큰 나라보다, 언제나 더 크다. 흄(Hume)은 말하기를, 색슨 시대에는 한 마리 분의 양털은 양 한 마리의 전체 가치의 $\frac{2}{5}$로 평가되었는데, 이것은 현재의 비율보다 훨씬 더 큰 것이라고 했다. 내가 들은 확실한 정보에 의하면, 스페인의 어떤 지방에서는 양모와 기름만을 위해 양을 도살하는 일이 흔히 있다고 한다. 그 몸통은 땅에 버려서 썩도록 방치하거나 짐승과 새가 그것을 먹게 내버려두는 경우가 흔하다고 한다. 만일 이런 것이 스페인에서조차 이따금 일어난다면, 칠레·부에노스아이레스·스페인령 아메리카의 많은 지방에서는 거의 끊임없이 일어난다고 봐

야 할 것이다. 그곳에서는 가죽과 기름만을 위해 뿔달린 소가 거의 항상 도살당하고 있다. 이런 것은 히스파뇰라〔지금의 아이티와 도미니카〕에서도, 이 섬에 해적이 출몰하고 있었던 동안과 프랑스 농장(현재에는 이 섬의 서부 해안 전체에 거의 퍼져 있다)의 정착·개량·인구증가로 인해 스페인인의 가축 가치가 다소 상승하기 이전까지는 거의 끊임없이 일어나곤 했는데, 스페인인들은 아직도 그곳의 동부 해안뿐만 아니라 내륙지방 및 산지의 전부를 소유하고 있다.

7. 사회가 진보하면 양모·생가축의 가격도, 고기 가격의 상승에는 못 미치더라도, 반드시 상승한다.

사회가 진보하고 인구가 증가하면 가축 한 마리의 전체 가격은 반드시 상승하겠지만, 이러한 상승에 의해 더 영향을 받기 쉬운 것은 양모·생가축의 가격이 아니라 고기의 가격이다. 고기 시장은 미개상태의 사회에서는 항상 그 생산국에 국한되어 있으므로 그 나라의 진보와 인구에 비례하여 반드시 확장된다. 그러나 양모·생가축의 시장은 미개국의 경우에도 종종 상업세계 전체로 확대되어 있어 고기시장과 같은 비율로 확장되는 경우는 매우 드물다. 상업세계 전체의 상태가 어떤 특정국의 진보에 의해 크게 영향을 받는 경우는 거의 없으며, 양모·생가축 시장은 진보 후에도 이전과 동일하거나 거의 동일할 수도 있다. 그렇지만 이러한 양모·생가축 시장은 사물의 자연적인 진행에 따라 다소 확장될 것이다. 특히 이러한 상품을 원료로 사용하는 제조업이 그 나라에서 번창하기라도 한다면, 비록 그 시장이 크게 확대될 수는 없을지라도, 시장과 생산지의 거리는 훨씬 더 가까워지게 될 것이다. 그리고 이러한 원료의 가격은 적어도 그것을 먼 나라에 운송하는 데 보통 소요되는 경비만큼은 등귀할 것이다. 따라서 그 가격은 고기가격과 동일한 비율로 상승하지 않을지는 모르지만, 어느 정도는 자연히 상승하며, 하락할 수 없다는 것은 확실하다.

8. 그러나 잉글랜드에서는 1339년

그러나 잉글랜드에서는 모직업이 매우

이래 양모 가격이 하락했다.

발달했음에도 불구하고 그 양모 가격은 에드워드 3세 이래 상당히 하락했다. 믿을 만한 기록에 의하면,* 이 왕이 지배하는 동안(14세기의 중엽, 즉 1339년경) 잉글랜드산 양모 1토드(tod), 즉 28파운드 무게의 온당하고 합리적인 가격은 당시의 화폐로 적어도 10실링이었다고 하는데, 이 가격은, 1온스에 20펜스의 비율로 환산하면, 타워 저울로 은 6온스를 함유하며, 현재의 화폐로서는 약 30실링에 해당한다. 오늘날에는 1토드에 21실링 정도가 질 좋은 잉글랜드산 양모의 온당한 가격이라고 알려져 있다. 따라서 에드워드 3세 시대의 양모의 화폐가격과 현재의 화폐가격은 10 대 7이었던 것이다. 그러나 진실가격으로 말하면, 전자의 우월성이 더욱 크다. 밀 1쿼터에 6실링 8펜스였던 당시, 10실링은 밀 12부셸의 가격이었다. 밀 1쿼터에 28실링인 현재, 21실링은 겨우 밀 6부셸의 가격이다. 따라서 옛날과 오늘날의 진실가격 사이의 비율은 12 대 6, 즉 2 대 1이다. 옛날에 1토드의 양모는 현재 1토드의 양모가 구매할 수 있는 생활자료의 두 배를 구매했던 것이다. 따라서 만일 두 시기에 노동의 실질적 보수가 동일하다면, 과거의 1토드의 양모는 현재의 두 배의 노동량을 구매할 수 있는 셈이 된다.

9. 이것은 인위적인 규제의 결과이다.

양모의 진실가치와 명목가치에서의 이러한 하락은 결코 사물의 자연스런 발전 추세의 결과라고 볼 수는 없다. 그것은 폭력과 정책의 결과였다. 첫째 잉글랜드의 양모 수출을 절대적으로 금지한 결과이며, 둘째 스페인으로부터 그것을 무관세로 수입하는 것을 허가한 결과이며, 셋째 아일랜드에서 잉글랜드 이외의 다른 어떤 나라로도 양모를 수출하는 것을 금지한 결과이다. 이런 규제의 결과, 잉글랜드산 양모 시장은 잉글랜드의 진보의 결과 다소 확장되기는커녕 오히려 국내시장으로 국한되었고, 더욱이 국

---

* John Smith, *Chronicon Rusticum Commerciale; or Memoirs of Wool*, etc., 런던, 1747년.

내시장에서는 다른 몇몇 나라의 양모가 이것과 경쟁하도록 허용되었으며, 또한 아일랜드산 양모는 잉글랜드산 양모와 경쟁하도록 강제되었던 것이다. 그런데 아일랜드의 모직업은 법률과 공정거래에 의해 최대한도로 억제되고 있었으므로, 아일랜드인은 자국 양모의 극히 일부만을 국내에서 가공할 수 있었으며, 따라서 그 대부분을 그들에게 허용된 유일한 시장인 영국으로 보내지 않을 수 없었다.

10. 생가죽의 진실가격은 지금이 15세기보다 조금 더 낮다.

나는 생가죽의 옛날 가격에 관해 믿을 만한 기록을 찾을 수 없었다. 양모는 보통 국왕에 대한 일종의 세금으로서 지불되었다. 그래서 그 세금에 대한 가치 평가는 적어도 어느 정도까지는 보통 가격이 어떤 것이었는지를 확증해 주고 있다. 그런데 생가죽에 관해서는 사정이 달랐던 것 같다. 그러나 플리트우드(Fleetwood)는 옥스포드의 버세스터(Burcester)의 수도원 부원장과 그 회원 사이에 작성된 1425년의 어떤 계산서를 기초로 생가죽 가격을 우리에게 제시하고 있다. 즉, 황소 다섯 마리의 가죽이 12실링이고, 암소 다섯 마리의 가죽은 7실링 3펜스, 두 살배기 양의 가죽 36장이 9실링, 송아지 가죽 16장이 2실링이라는 것이다. 1425년의 12실링은 현재의 화폐로서는 24실링과 같은 양의 은을 함유하고 있었다. 그러므로 황소 한 마리의 가죽은, 이런 계산에 의하면, 현재의 화폐 4.8실링이 함유하고 있는 것과 동일한 은량으로 평가되고 있었다. 그 명목가격은 현재보다 훨씬 낮았다. 그러나 밀 1쿼터에 6실링 8펜스였으므로, 12실링은 그 당시에는 밀 14.8부셸을 구매할 수 있었을 것이다. 그리고 이만큼의 밀은 현재로는 1부셸당 3실링 6펜스이므로 51실링 4펜스에 달한다. 그러므로 당시의 황소 한 마리의 가죽은 현재로는 10실링 3펜스로 구매할 수 있는 만큼의 밀을 구매했던 것이다. 그것의 진실가격은 현재의 화폐 10실링 3펜스와 같은 것이었다. 옛날의 가축은 겨울 내내 반 아사상태에 있었으므로 그 크기가 아주 대형이라고는 생각되지 않는다.

무게가 4스톤〔1스톤은 16파운드〕인 황소가죽 한 장은 현재에도 그리 나쁜 것으로 간주되지 않고 있으므로, 당시에는 아마 매우 좋은 것으로 평가되었을 것이다. 그러나 내가 현재(1773년 2월) 보통가격인 것으로 알고 있는 1스톤당 반 크라운〔1크라운 = 5실링〕이라는 시세를 고려한다면, 그러한 가죽 한 장은 현재에는 10실링인 셈이다. 그러므로 비록 그 명목가격은 지금이 과거보다 더 높다고 하더라도 그 진실가격, 즉 그것이 구매·지배할 수 있는 생활자료의 실제의 양은 지금이 오히려 다소 낮다. 암소 가죽의 가격은, 위의 계산서에 따르면, 황소 가죽의 가격과 거의 비슷하다. 양 가죽의 가격은 이보다 훨씬 더 높다. 양 가죽은 아마 양모가 붙어 있는 채로 팔리고 있었을 것이다. 송아지 가죽의 가격은 이와 반대로 아주 낮다. 소 가격이 아주 낮은 나라에서는, 소의 수를 유지할 목적으로 사육되지 않는 송아지는 일반적으로 아주 어릴 때 도살된다. 20~30년 전의 스코틀랜드에서도 그랬다. 그렇게 하는 이유는 모유를 절약하기 위해서인데, 왜냐하면, 송아지 가격이 너무 낮아 우유가격을 보상하지 못하기 때문이다. 따라서 송아지 가죽은 별로 수익성이 높지 못했다.

11. 그러나 그 평균가격은 금세기에 좀 더 높을 것이다. 그리고 생가죽은 양모처럼 운송이 용이하지 않다.

현재의 생가죽 가격은 수 년 전보다 훨씬 더 낮다. 이것은 물개 가죽에 대한 세금을 철폐한 것, 그리고 1767년에 아일랜드와 식민지농장으로부터 생가죽의 무관세 수입이 기한부로 허용된 것에 기인한다. 금세기 전체를 평균해 보면, 그 진실가격은 아마 옛날보다 약간 더 높을 것이다. 생가죽은 특성상 양모처럼 먼 시장에 운송되기에 적합하지 않다. 그것을 보존하는 데 따르는 손실이 양모보다 더 크다. 소금에 절인 가죽은 신선한 것보다 못한 것으로 간주되고, 따라서 더 싼 값으로 팔린다. 이러한 사정 때문에, 생가죽을 가공하지 않고 수출해야만 하는 나라에서 생산되는 생가죽 가격은 떨어지고, 생가죽을 가공하는 나라에서 생산되는 생가죽 가격은 상대적으로 상승하는 경향이 필연적으로 나타날 것이다. 따라서 미개국에서는 생가죽 가격이 떨어지고, 진보되고 제조업이 발달한 나라에서는 그 가격이 상승하는 경향도 틀림없이 다소 있을 것이다. 그리하여 생가죽의 옛날 가격은 낮고 오늘날의 가격은 높은 경향도 있을 것이다. 뿐만 아니라, 국가의 안전이 자기네의 특정 제조업의 번영에 의존하고 있다는 것을 나라의 현명한 인사들에게 납득시키는 점에 있어서도, 제혁업자들은 직물업자만큼 성공적이지 못했다. 따라서 제혁업자들은 직물업자보다 훨씬 대우를 못받았다. 생가죽의 수출은 금지되었고, 혐오스런 것으로 선포되었다. 그러나 외국으로부터의 수입에는 관세가 부과되었다. 이 관세는 아일랜드와 식민지농장으로부터의 수입에 대해서는 (5년간이라는 기한부로) 철폐되기는 했지만, 아일랜드가 그 잉여 생가죽, 즉 국내에서 가공하지 않는 생가죽의 판매를 영국 시장에만 국한했던 것은 아니었다. 고급이 아닌 보통의 소가죽이, 식민지 농장에서 모국 이외의 다른 어떤 나라에도 수출할 수 없는 열거품목(enumerated commodities)에 포함된 것은 최근 몇 년간의 일이었다. 또한 아일랜드의 무역이 영국의 제조업을 지원하기 위해 억압된 적도 지금까지는 없었다.

12. 진보된 나라에서는 양모와 생가죽의 가격을 인하시키는 규정들이 식용육의 가격을 인상시킨다.

양모와 생가죽의 가격을 그것의 자연적 수준 이하로 인하시키는 규제는 진보되고 경작이 발달한 나라에서 식용육의 가격을 인상시키는 경향을 가지고 있다. 개량된 경작지에서 사육되는 크고 작은 가축의 가격은 그 토지로부터 지주와 차지농이 합리적으로 기대하는 수준의 지대·이윤을 지불하기에 충분해야 한다. 만약 그렇지 못하면, 그들은 가축 사육을 즉각 중지할 것이다. 따라서 가축가격 중에서 양모와 생가죽에 의해 지불되지 않는 부분은 고기에 의해 지불되어야만 한다. 전자의 가격이 낮으면 낮을수록 후자의 가격은 상승해야만 한다. 지주와 차지농에게는, 일단 가축 가격이 지대·이윤을 지불하기만 하면,

그 가격이 가축의 어떤 구성부분으로 분할되는가는 전혀 상관이 없다. 그러므로 진보되고 경작이 잘 된 나라에서는 지주와 차지농의 이익은 그러한 규제에 의해 크게 영향을 받지 않는다— 소비자로서의 그들의 이익은 식료품의 가격상승에 의해 영향을 받을지 모르지만. 그러나 토지의 많은 부분이 오직 가축을 사육하는 목적으로만 사용되고, 양모와 생가죽이 가축의 가치 중 중요한 부분을 차지하는 진보되지 못하고 미경작된 나라에서는 사정이 완전히 다르다. 이 경우 지주와 차지농의 이익은 그런 규제에 의해 매우 큰 영향을 받을 것이며, 오히려 소비자로서의 그들의 이익은 거의 영향을 받지 않을 것이다. 양모와 생가죽의 가격 하락은 고기 가격을 상승시키지 못할 것이다. 왜냐하면, 그 나라 대부분의 토지가 가축을 사육하는 것 외에는 다른 목적에 사용되지 않고 있으므로, 동일한 수가 여전히 계속 사육될 것이고 동일한 양의 식용육이 여전히 시장에 나올 것이기 때문이다. 고기에 대한 수요는 이전보다 크지 않을 것이다. 따라서 고기 가격은 이전과 동일할 것이다. 가축의 전체 가격은 떨어질 것이고, 이와 함께 가축을 주로 생산하는 모든 토지, 말하자면 그 나라의 대부분 토지의 지대·이윤 모두가 하락할 것이다. 양모 수출의 계속적인 금지— 이를 보통 에드워드 3세의 탓으로 돌리고 있는데, 이것은 잘못된 생각이다— 는 그 당시의 상황에서는 생각할 수 있는 최악의 파괴적 규제였다. 그것은 잉글랜드 대부분의 토지의 현실적인 가치를 하락시켰을 뿐 아니라, 작은 가축 중 가장 중요한 종류(양)의 가격을 하락시킴으로써 잉글랜드의 그 뒤의 진보를 크게 지연시켰던 것이다.

13. 잉글랜드와의 합병은 스코틀랜드의 양모 가격을 하락시켰고 식용육의 가격을 상승시켰다.

잉글랜드와 합병한 결과, 스코틀랜드의 양모 가격은 급격히 하락했다. 왜냐하면, 이 합병에 의해 스코틀랜드 양모가 유럽의 대규모 시장에서 배제되고 영국이라는 협소한 시장으로 국한되었기 때문이다. 만일 고기 가격의 상승이 양모 가격의 하락을 완전히 보상하지 않았더라면, 주로 양을 사육했던 스코틀랜드 남부지방 대부분의 토지 가치는 합병에 의해 매우 큰 영향을 받았을 것이다.

14. 양모와 생가죽을 증가시키려는 인간 노동의 효율성은 한계도 있고 불확실하다.

양모와 생가죽이 본국에서 사육되는 소나 양의 수에 의존하는 한, 그것의 수량을 증가시키려는 인간 노동의 효율성은 한계가 있고, 그것이 외국에서 사육되는 소나 양의 수에 의존하는 한, 인간 노동의 효율성은 불확실하다. 후자의 경우, 양모와 생가죽의 증가는 외국산 소나 양의 수에 의존하기보다는 외국에서 가공·제조하지 않는 수량에 의존했으며, 그들이 양모·생가죽의 수출에 가하는 제한 여부에 의존하고 있었다. 이러한 상황은 국내노동과는 전혀 무관하기 때문에, 필연적으로 인간노동의 효율성이 다소간 불확실하게 된다. 이러한 종류의 천연생산물을 증가시키려는 인간 노동의 효율성은 제한적일 뿐만 아니라 불확실하다.

15. 어류도 마찬가지인데, 사회의 진보에 따라 그 가격은 자연히 상승한다.

다른 종류의 매우 중요한 천연생산물, 즉 시장에 나타나는 어류의 양을 증가시키는 데도 비슷한 제한과 불확실성이 나타난다. 어류의 증식은 그 나라의 지리적 위치에 의해, 그 나라의 여러 지방이 바다와 가까운가 멀리 떨어져 있는가에 의해, 그 나라의 호수·하천의 수에 의해, 그리고 바다·강·호수가 어류를 풍부히 가지고 있는지의 여부에 의해 제한된다. 인구가 증가할수록, 그 나라의 토지·노동의 연간생산물이 증가하면 할수록, 어류의 구매자들은 많아진다. 그리고 그러한 구매자들은 어류를 구매할 수 있는 수단인 다수의 각종 상품, 또는 그 가격을 보유하고 있을 것이다. 그러나 협소하고 제한된 시장에 공급할 때 필요했던 것보다 더 큰 비율로 노동을 투입하지 않는다면, 확장된 큰 시장에 대한 공급은 일반적으로 불가능할 것이다. 이전에 연(年) 1천 톤의 어류를 필요로 했던 시장이 이제 연 1만 톤의 어류를 필요로 한다면, 이전에 그것을 공급하기에 충분했던 노동량의 10배 이상을 고용하지 않고서는 이 1만 톤의 어류를 공급할 수 없다. 더 먼 곳에서 어류를 잡아야 할 것이며, 더 많은 선박이 투입되고, 더 비싼 각종 기계들이 사용되어야 할 것이다. 따라서 이 상품의 진실가격은 사회의 진보 과정에서 자연히 상승할 것이다. 내가 알기로는, 이것은 대체로 모든 나라에서 발생했다.

16. 어획량과 사회의 진보상태와의 관계는 불확실하다.

어느 특정일의 어획량이 얼마가 될지는 아주 불확실한 일이지만, 만약 한 나라의 지리적 조건을 고려한다면, 일정한 생산량을 시장에 가져오는 노동의 일반적 효율성은, 1년 또는 몇 년 단위로 보면, 충분히 확실하다고 생각되고 실제로도 그렇다. 하지만 이러한 노동의 효율성은 한 나라의 부와 산업의 상태보다는 그 나라의 지리적 조건에 더 많이 의존하기 때문에, 노동의 효율성은 상이한 나라에서 매우 상이한 진보의 시기에 완전히 똑같을 수도 있고, 동일한 시기에도 매우 다를 수도 있다. 이것과 사회의 진보상태와의 관계는 불확실하다. 내가 여기서 말하려는 것은 이런 종류의 불확실성에 관한 것이다.

17. 광물생산의 증가에서 노동의 효율성은 제한이 없으나 불확실하다.

땅 속에서 채굴하는 다양한 광물과 금속, 특히 귀금속의 양을 증가시킴에 있어 노동의 효율성은 제한되어 있는 것이 아니라 완전히 불확실한 것처럼 보인다.

18. 한 나라의 귀금속의 수량은 그 구매력과 광산의 풍부함에 의존한다.

한 나라에 존재하는 귀금속의 양(量)은 그 나라 광산의 풍부함·빈약함과 같은 지질적 조건에 의해서는 전혀 제한받지 않는다. 귀금속은 광산이 없는 나라에서도 흔히 풍부하게 있다. 각국의 귀금속량은 두 가지 상황에 의존하는 것 같다. 첫째, 그 나라의 구매력, 산업상태, 토지·노동의 연간생산물이다. 이것에 의해 그 나라는 다소간의 노동과 생활수단을 사용하여 그 나라의 광산에서 금은을 파내든가 다른 나라의 광산에서 금은을 구매할 수 있기 때문이다. 둘째, 어떤 특정 시기에 상업세계에 귀금속을 공급하는 광산의 풍부함 또는 빈약함이다. 광산으로부터 가장 멀리 떨어진 나라들에서도 귀금속량은 이 풍부함 또는 빈약함에 의해 다소 영향을 받지 않을 수 없다. 왜냐하면, 귀금속은 부피는 작지만 가치가 높으므로 운송하기 쉽고 비용이 싸게 먹히기 때문이다. 중국과 인도에서 귀금속의 양은 아메리카 광산의 풍부함에 의해 다소 영향을 받았다.

19. 그것이 구매력에 의존하는 경우, 그 진실가격은 사회의 진보에 따라 상승한다.

한 나라에서의 귀금속의 양이 위의 두 상황 중 전자(구매력)에 의존하는 한, 귀금속의 진실가격은 다른 사치품의 진실가격과 마찬가지로 그 나라의 부와 진보에 따라 상승할 것이며, 그 나라의 빈곤과 정체에 따라 하락할 것이다. 남아 도는 노동·생활수단을 많이 가진 나라들은 이를 적게 가진 나라보다 노동과 생활수단을 더 많이 들여 귀금속의 일정량을 구매할 수 있기 때문이다.

20. 그것이 후자에 의존하는 경우, 그 진실가격은 광산의 풍부함·빈약함에 따라 변동한다.

한 나라에서의 귀금속의 양이 위의 두 상황 중 후자(상업세계에 귀금속을 공급하는 광산의 풍부함 또는 빈약함)에 의존하는 한, 귀금속의 진실가격, 즉 귀금속으로 구매하거나 교환할 수 있는 노동·생활수단의 현실적인 양은 분명히 그 광산의 풍부함에 비례해서 다소 하락할 것이며, 빈약함에 비례해서 다소 상승할 것이다.

21. 그것은 노동 상황과는 관계가 없다.

하지만 특정한 시기에 상업세계에 귀금속을 공급하는 광산이 풍부하거나 빈약하다는 것은 특정국의 노동 상황과는 아무런 관계가 없다는 것은 명백하다. 심지어 그것은 세계 전체의 노동과도 그다지 필연적인 관계가 없다. 물론 기술과 상업이 지구의 더욱 넓은 부분으로 점점 확산됨에 따라, 새로운 광산의 탐사는 더 넓은 영역을 대상으로 하기 때문에, 좁은 영역에 국한되어 있을 때보다 성공확률이 더 높을 것이다. 그러나 기존 광산이 점차 소진되어 가는 상황에서 새로운 광산의 발견은 매우 불확실하며, 어떤 종류의 인간 기술과 노동도 이의 발견을 보장할 수 없다. 이에 관한 모든 지표들은 확실하지 않으며, 새 광산의 현실적인 발견과 성공적인 경영만이 새 광산이 과연 경제성이 있다는 것을, 심지어는 광산이 사실상 존재한다는 것을 확인할 수 있다. 이런 탐사에서 인간 노동이 성공할지의 여부는 아무도 모른다. 1~2세기가 경과하는 동안 이미 알고 있던 것보다 더 풍부한 새 광산이 발견될 가능성도 있고, 또한 가장 풍부하다고 알려지고 있는 광산이 아메리카의 광산들을 발견하기 전의 광산보다 더 빈약한 것으로 판명될 가능성도 똑같은 정도로 있다. 위의 두 사건 중 어떤 경우가 발생하는가는 세계의 진정한 부와 번영에, 그리고 토지·노동의 연간생산물의 진실가치에 하등의 중요성도 없다. 그것의 명목가치, 즉 이 연간생산물을 표현하고 대표할 수 있는 금은의 수량은 틀림없이 매우 다를 것이다. 그러나 그것의 진실가치, 즉 연간생산물이 구매·지배할 수 있는 노동의 현실적인 양(量)은 정확히 같을 것이다. 어떤 경우에는 1실링은 현재의 1페니가 대표하는 노동밖에 대표하지 않을지도 모르며, 다른 경우에는 1페니가 현재의 1실링이 대표하는 노동을 대표할 수도 있다. 그러나 전자의 경우 그의 주머니에 1실링을 가진 사람이 현재 1페니를 가지고 있는 사람보다 전혀 더 부유한 것은 아니다. 또 후자의 경우 1페니를 가진 사람은 현재 1실링을 가진 사람과 같은 정도로 부자일 수도 있다. 금은으로 만든 식기가 풍부하고 싸다는 것은 세계가 전자의 사건으로부터 끌어낼 수 있는 유일한 이익이며, 그러한 사치품이 비싸고 희귀하다는 것은 세계가 후자의 사건으로부터 입을 수 있는 유일한 불편에 불과하다.

5. 은 가치의 변동에 관한 이야기의 결론

1. 귀금속의 가치가 높다는 사실이 그 나라가 부유하거나 빈곤하다는 증거가 될 수 없다.

옛날에 여러 물건들의 화폐가격을 수집한 저술가의 대부분은 곡물·일반상품의 낮은 화폐가격, 바꾸어 말하면 높은 금은의 가치를 금은이 희소하다는 증거로 보았을 뿐만 아니라, 그 당시의 나라가 빈곤하고 문명스럽지 못하다는 증거로 보았다. 이 견해는, 나라가 부유한 것은 금은이 풍부하기 때문이며, 나라가 가난한 것은 금은이 부족하기 때문이라는 경제학설, 즉 내가 이 책의 제4편에서 자세히 설명하고 검토할 경제학설과 관계가 있다. 따라서 여기서는 귀금속의 가치가 높다는 것은 그 당시 특정한 나라의 빈곤 또는 야만의 증거가 결코 될 수 없다는 것만을 서술해 두기로 한다. 귀금속의 가치가 높은 것은 그 당시 상업세계에 귀금속을 공급한 여러 광산이 빈약했다는 증거일 뿐이다. 가난한 나라는 부유한 나라보다 많은 금은을 구매할 수 없는 것처럼, 부유한 나라보다 금은에 대하여 더 비싸게 지불할 여유도 없다. 따라서 금은의 가치는 부유한 나라보다도 빈곤한 나라에서 더 낮은 것 같다. 유럽의 어느 곳보다 훨씬 부유한 나라인 중국에서 귀금속의 가치는 유럽의 어느 곳보다 훨씬 높다. 그렇지만 유럽의 부(富)는 아메리카의 여러 광산이 발견된 이래 현저히 증가했지만, 금은의 가치는 점차 감소했다. 이러한 금은 가치의 감소는 유럽의 진정한 부, 즉 토지·노동의 연간생산물의 증가에 의한 것이 아니라 이전에 알려진 어느 광산보다 풍부한 여러 광산이 우연히 발견된 결과였다. 유럽에서 금은의 양의 증가와 농공업의 발달은 거의 동시에 일어났지만, 이들은 매우 다른 원인에서 발생한 것이며, 서로 관련이 없는 두 가지 사건이었다. 즉, 전자는 순전히 우연하게 일어난 것으로, 그것에는 하등의 통찰력과 정책도 관여하지 않았고, 또 사실 관여할 수도 없었다. 그러나 농공업의 발달은 봉건제도의 붕괴로부터, 그리고 또 노동이 요구하는 유일한 격려, 즉 노동의 결과를 노동이 향유할 수 있게 보장하는 모종의 너그러운 보장책을 노동에게 제공하는 정부의 확립으로부터 시작된 것이다. 지금도 여전히 봉건제도가 행해지고 있는 폴란드는 오늘날에도 아메리카의 발견 전과 다름없이 가난하다. 그렇지만 폴란드에서도 곡물의 화폐가격은 상승했으며, 귀금속의 진실가치는 유럽의 다른 나라와 같이 하락했다. 따라서 귀금속의 양은 이 나라에서도 다른 나라와 마찬가지로 증가했으며, 동시에 토지·노동의 연간생산물에 대한 비율에서도 다른 나라와 거의 비슷하게 증가했음에 틀림없다. 그러나 귀금속의 이러한 양적 증가는 그 나라의 연간생산물을 증가시키지 못했고, 제조업과 농업을 진보시키지도 못했으며, 또 그 나라 주민의 생활상태를 개선하지도 못한 것처럼 보인다. 광산을 가지고 있는 스페인과 포르투갈은 아마도 폴란드 다음으로 유럽에서 가장 가난한 나라들일 것이다. 하지만 귀금속의 가치는 유럽의 어느 나라보다도 이 두 나라가 더욱 낮음에 틀림없다. 왜냐하면, 이 두 나라의 귀금속은, 운임과 보험료뿐만 아니라 귀금속의 수출이 금지되어 있거나 과세 대상이기 때문에 밀수 비용까지 첨가되어 유럽의 다른 나라들로 반출되고 있기 때문이다. 그러므로 두 나라의 귀금속의 양은 토지·노동의 연간생산물에 비해 유럽의 다른 어떤 나라보다 큰 것이 틀림없다. 하지만 두 나라는 대부분의 유럽보다 가난하다. 두 나라에서 봉건제도는 폐지되었지만, 이에 뒤이어 훨씬 더 좋은 제도가 생겨나지 못했다.

2. 귀금속의 가치의 고저(高低)가 한 나라의 부와 빈곤의 증거는 아니다.

그러므로 금은의 가치가 낮다는 것은 한 나라의 부(富)와 번영의 증거가 되지 않으며, 또한 금은의 가치가 높다는 것, 즉 상품 일반의 화폐가치, 특히 곡물의 화폐가치가 낮다는 것은 한 나라의 빈곤과 야만의 증거가 되지 않는다.

3. 그러나 가축 · 가금, 수렵물 등의 가격이 저렴하다는 것은 빈곤 · 야만의 증거이다.

그러나 상품 일반의 화폐가치, 특히 곡물의 화폐가치가 낮다는 것은 그 당시의 빈곤·야만의 증거는 아니지만, 어떤 특정 상품, 예를 들면 가축·가금·모든 종류의 수렵물 등의 화폐가치가 곡물의 화폐가치에 비해 싸다는 것은 빈곤의 가장 결정적인 증거이다. 그것은, 첫째로 곡물량에 비해 그것들이 풍부하다는 것, 따라서 곡물이 차지하는 토지에 비해 그것들이 차지하는 토지가 매우 광대하다는 것을 명료하게 나타내며, 둘째로 곡물 경작지의 가치에 비해 그것들이 차지하는 토지의 가치가 낮다는 것, 따라서 그 나라 토지의 대부분이 아직 경작되지 않고 개량되지 않은 상태로 있다는 것을 보여준다. 그것은 또한 그 나라의 자본·인구의 영토에 대한 비율이 문명국에서의 비율과 동일하지 않다는 것, 따라서 그 당시의 그 나라의 사회상태는 아직 유치한 상태에 머물러 있다는 것을 보여준다. 그러므로 상품 일반, 특히 곡물이 높거나 낮은 화폐가격을 가졌다는 사실로부터 우리는 그 나라가 부유하거나 가난하다는 것을 유추할 수 있는 것이 아니라, 그 당시 상업세계에 금은을 공급한 여러 광산이 풍부하거나 빈약했다는 사실을 유추할 수 있을 뿐이다. 그러나 어떤 종류의 상품의 화폐가격이 다른 종류의 화폐가격에 비해 높거나 낮은 것으로부터 거의 정확하게 다음과 같은 사실을 유추할 수 있다. 즉, 그 나라가 부유한지 가난한지, 토지의 대부분이 이미 개량되었는지 아닌지, 그 나라가 다소 미개한 상태에 있는지 다소 개화한 상태에 있는지를 유추할 수 있다.

4. 은 가치의 하락으로 인한 물가상승은 모든 상품에 동등한 영향을 미치지만, 곡물가격의 상승은 모든 각종 식료품 가격에 동등한 영향을 미치지 않는다.

은 가치의 하락으로부터 생긴 상품의 화폐가격 상승은 모든 상품 종류에 동일하며, 은이 그 이전 가치의 $\frac{1}{3}$, $\frac{1}{4}$, $\frac{1}{5}$을 상실함에 따라, 상품들의 가격을 $\frac{1}{3}$, $\frac{1}{4}$, $\frac{1}{5}$ 만큼 보편적으로 상승시킨다. 그러나 지금까지 매우 많이 토론된 주제였던 식료품의 가격 상승은 모든 종류의 식료품이 동등하게 상승했다는 것을 의미하지는 않는다. 금세기의 과정을 평균해 보면, 곡물 가격의 상승을 은 가치의 하락으로써 설명하는 사람들조차 곡물 가격이 다른 어떤 종류의 식료품 가격보다 훨씬 작게 상승했다는 점을 인정하고 있다. 따라서 다른 종류의 식료품의 가격 상승이 은 가치의 하락에만 기인한 것으로는 볼 수 없다. 따라서 뭔가 다른 원인이 고려되지 않으면 안 되며, 이때 앞에서 지적한 여러 원인들은 특정한 종류의 식료품 가격이 은 가치의 하락에 의존하지 않으면서 곡물 가격에 비해 상승한 것을 충분히 설명할 것이다.

5. 곡물 가격은 1701~1764년에 1637~1700년에 비해 다소 더 낮았다.

곡물 그 자체의 가격에 관해 말한다면, 그 가격은 금세기 최초의 64년 동안, 그리고 최근의 특별히 나빴던 계절 이전에는, 전(前) 세기 최후의 64년간보다 얼마간 낮았다. 이 사실은 윈저 시장의 기록에 의해서뿐만 아니라 스코틀랜드의 각 지방의 공정곡가(公定穀價)에 의해서도, 더욱이 메상스(Messance)와 뒤프레 드 생 모르(Dupré de St. Maur)가 엄청난 열정으로써 성실하게 모은 프랑스 여러 시장의 기록에 의해서도 증명된다. 이 증거는 확인이 매우 곤란한 이러한 문제에 대해 우리가 기대하는 것 이상으로 완전하다.

6. 최근에 가격이 오른 것은 기후가 나빴기 때문이다.

최근 10~12년간 곡물 가격이 높았던 것은, 은 가치의 저하를 가정하지 않더라도 기후불순에 의해 충분히 설명된다.

7. 은 가치의 하락과 곡물가격 사이에는 직접적인 관련이 없다.

그러므로 은가치가 계속 떨어진다는 견해는, 곡물 가격 또는 다른 식료품가격에 대한 주도면밀한 관찰에 근거한 것은 아닌 것 같다.

8. 식료품 가격의 상승과 은 가치

앞에서의 설명에 따른다고 해도, 동일한

의 하락을 구별하는 것이 전혀 쓸모없는 것은 아니다.

양의 은은 현재에는 전(前) 세기의 어떤 시기에 살 수 있었던 식료품의 양보다 훨씬 적은 양밖에 살 수 없을 것이며, 이러한 변동이 식료품의 가치상승에 기인하는지, 은의 가치하락에 기인하는지를 확정하는 것은 쓸데없는 구별에 불과하고, 일정한 양의 은을 가지고 시장에 가는 사람, 또는 정액의 화폐수입을 가진 사람에게는 그런 구별은 전혀 소용이 없다고 말할 수도 있다. 나는 이것을 구별함으로써 더 싸게 구매할 수 있게 된다고 말하려는 것은 아니다. 그러나 이러한 구별이 전혀 쓸모 없지는 않을 것이다.

9. 이것은 한 나라의 번영상태를 쉽게 증명해 준다.

이 구별은 한 나라의 번영상태를 쉽게 확인할 수 있는 하나의 증거를 제시하기 때문에, 사람들에게 얼마간의 도움이 될 것이다. 어떤 종류의 식료품의 가격 상승이 오로지 은가치의 하락 때문이라면, 아메리카 광산의 풍부함이라는 상황 외에는 그 원인이 더이상 추측되지 않는다. 이런 상황에도 불구하고 한 나라의 진정한 부, 즉 토지·노동의 연간 생산물은 폴란드와 포르투갈의 경우처럼 점차 감소하거나, 아니면 유럽의 대부분의 나라처럼 점차 증가할 수 있다. 그러나 만일 이러한 몇몇 식료품 가격의 상승이 그것을 생산하는 토지의 진실가치의 상승과 그것의 증가된 비옥도에 기인한다면, 또는 증가된 개량과 양호한 경작의 결과로 토지가 곡물생산에 더욱 적합하게 된 것에 기인한다면, 몇몇 식료품의 가격 상승은 한 나라의 번영과 진보상태를 가장 명확하게 나타내는 상황에 기인하는 것이다. 모든 대국에서 토지는 국부(國富) 중 가장 크고, 가장 중요하고, 가장 내구력이 있는 것이다. 따라서 이 부(富) 가운데 가장 큰, 가장 중요한, 가장 내구력이 있는 부분의 가치가 증가한다는 결정적 증거를 가지는 것은 정부에게 틀림없이 다소간의 도움이 될 것이며, 적어도 약간의 만족을 줄 수 있을 것이다.

10. 이 구별은 한 나라의 저급 노동자의 임금을 정할 때 도움이 된다. 가난한 사람들은 곡물 이외의 천연생산물 가격의 자연적 상승보다도 일부 제조품 가격의 인위적 인상에 의해 더 큰 곤란을 받는다.

또 이 구별은 정부가 하급 노동자의 금전상의 보수를 정하는 데 어느 정도 도움을 줄 것이다. 어떤 종류의 식료품의 가격상승이 은가치의 하락에 기인한 것이라면, 그들의 금전상의 보수는, 만약 이전에 지나치게 높게 지불되지 않았다면, 은가치의 하락 정도에 비례해 당연히 증가해야만 한다. 만약 더 주지 않는다면 그들의 실질보수는 그만큼 명확히 감소하게 된다. 그러나 이러한 가격상승이 식료품을 생산하는 토지의 비옥도 증대에 기인하는 토지 가치의 증가에 원인이 있다면, 어떤 비율로 그 보수를 올려줘야 하는지, 또는 도대체 보수를 올려줘야 하는지 아니면 올려주지 말아야 하는지를 판단하는 것은 무척 어려운 문제가 된다. 토지의 개량과 경작 확장은 곡물가격에 비해 각종 동물성 식품의 가격을 필연적으로 다소 상승시키며, 모든 종류의 식물성 식품의 가격을 필연적으로 하락시킨다고 나는 생각한다. 동물성 식품의 가격이 상승하는 것은, 그것을 생산하는 토지의 대부분이 곡물생산에 적합하게 된 결과 동물성 식품의 가격이 지주·차지농에게 곡물경작지 수준의 지대·이윤을 지불할 수 있어야만 하기 때문이다. 식물성 식품의 가격이 하락하는 것은 토지의 비옥도가 증가함으로써 식물성 식품이 많아지기 때문이다. 더욱이 농업개량에 의해 곡물을 생산하는 데 드는 것보다 더 적은 토지·노동을 필요로 하는 많은 새로운 식물성 식품이 도입되기 때문이다. 그것은 곡물보다 훨씬 싸게 시장에 나온다. 그러한 예는 감자와 옥수수인데, 그것들은 유럽의 농업·상업·해운의 커다란 발전으로부터 거둬들인 두 개의 가장 중요한 개량품일 것이다. 이밖에도 무·당근·배추 등 수많은 종류의 식물성 식품들은 미개한 상태의 농업에서는 정원에서 호미를 사용하여 재배되던 것이 더 개선된 상태에서는 보통의 밭에서 쟁기를 사용하여 재배되었다. 따라서 개량이 진전됨에 따라 동물성 식품의 진실가격이 필연적으로 상승한다면, 식물성 식품의 진실가격은 필연적으로 하락한다. 그리하여 전자의 가격 상승이 후자의 하락에 의해 얼마만큼 상쇄되는가를 판단하는 것은 굉장히 어려운 문제이다. 식용육의 진실가격이 일단 어느 정도의 수준(돼지고기를 제외한 각종 고기의 진실가격에 관해 말한다면, 이미 1세기 전에 잉글랜드의 대부분 지역에서 도달했던 수준)에 도달한 때에는, 다른 종류의 동물성 식품에 발생할 수 있는 그 이후의 가격 상승은 하층계급의 생활상태에 크게 영향을 미칠 수 없다. 잉글랜드의 대부분 지역에서 빈민의 생활은 가금·어류·야생조류·사슴고기의 가격 상승에 의해 어렵게 된다기보다는 오히려 감자의 가격 하락에 의해 좀더 쉬워진다.

11. 빈민들은 곡물 이외의 식료품 가격 상승보다 약간의 제조품의 가격상승으로 더 고통받는다.

현재와 같은 흉년에는 곡물가격이 높은 것은 확실히 빈민을 어렵게 만든다. 그러나 보통 정도의 풍년이어서 곡물이 보통 또는 평균가격을 유지할 때에는, 다른 종류의 천연생산물의 가격상승은 빈민에게 큰 영향을 주지 않는다. 그들은 아마도 약간의 제조품, 예컨대 소금·비누·피혁·양초·식초·맥주 등의 가격에 대한 과세로 말미암은 인위적인 가격인상 때문에 더욱 고통받을 것이다.

6. 사회의 진보가 제조품의 진실가격에 미치는 결과

1. 그러나 진보의 자연스런 효과는 공산품의 가격을 저하시킨다.

그러나 진보의 자연스런 영향은 거의 모든 제조품의 진실가격을 점차 저하시킨다. 제조노동의 진실가격이 제조품가격에서 차지하는 비율은 모든 품목에 걸쳐 예외없이 떨어질 것이다. 더 좋은 기계, 더욱 높은 숙련도, 더욱 적절한 분업과 작업분배로 인해—이들은 모두 진보의 자연스러운 효과이다—특정한 작업량을 수행하는 데 필요한 노동량은 점점 작아진다. 그리하여 사회가 번영상태에 있음으로 인해 노동의 진실가격이 크게 오른다고 하더라도, 그것은 상품생산에 필요한 노동량이 더 크게 감소함으로써 상쇄되며, 따라서 상품가격에서 차지하는 노동가격은 저하한다.

2. 소수의 제조품들 중에는 원료가격의 상승이 작업수행의 개량으로 생긴 이점을 상쇄시킨다.

작업수행에 개량이 도입됨으로써 생긴 모든 이점(利點)을 원료의 진실가격의 필연적인 상승이 상쇄시킴으로써 진실가격이 상승하는 제조품이 몇몇 있다. 목수·가구공의 제품 그리고 조잡한 가구의 경우, 토지개량으로 초래된 목재의 진실가격의 필연적인 상승은 최상의 기계, 최상의 숙련도, 그리고 가장 적절한 분업으로부터 얻을 수 있는 모든 이점들을 상쇄시키고도 남을 것이다.

3. 그러나 기타 경우에는 가격이 폭락한다.

그러나 사용되는 원료의 진실가격이 전혀 상승하지 않거나 조금 상승하는 경우, 제조품의 진실가격은 폭락한다.

4. 1600년 이래, 조(粗)금속으로 만들어진 제조품의 가격하락이 현저했다.

금세기와 전 세기에 걸쳐, 가격의 이러한 하락은 조(粗)금속(coarse metal)을 원료로 한 여러 제조품에서 매우 현저했다. 전 세기 중엽에 20파운드 스털링이나 했던 것보다 더 작동이 잘 되는 시계가 오늘날에는 20실링 정도밖에 하지 않는다. 칼 제조업과 자물쇠 제조업의 제품에서, 조(粗)금속으로 만든 모든 종류의 장난감에서, 그리고 버밍엄제와 셰필드제로 보통 알려진 모든 상품에서, 비록 시계 제품에 비할 바는 못되지만, 동일한 기간에 가격의 커다란 하락이 발생했다. 이것은 유럽 각지의 노동자를 놀라게 하기에 충분한 것이었으며, 그들은 많은 경우 영국의 2~3배의 가격으로도 영국 제조품과 동일한 품질의 상품을 생산하지 못한다는 것을 시인하고 있다. 조(粗)금속을 원료로 하는 제조업만큼 분업이 심화될 수 있고 사용하는 기계에 각종 개량을 첨가할 수 있는 제조업은 없을 것이다.

5. 동일 시기에 의복의 가격은 크게 하락하지 않았다.

같은 기간에, 모직업에서의 가격하락은 그만큼 현저하지는 않았다. 반대로 고급 모직물가격은 최근 25~30년 사이에 품질에 비해 소폭 상승했다고 확신한다. 이것은 전적으로 스페인산 양모인 원료의 가격이 상승했기 때문이다. 그렇지만 잉글랜드산 양모로 생산되는 요크셔 모직물의 가격은 금세기 동안 품질에 비해 현저하게 떨어졌다고 한다. 그러나 품질이라는 것은 매우 논란의 여지가 있는 것이므로, 내가 보기에 이런 종류의 모든 정보는 다소 불확실한 것 같다. 모직업에서 분업은 1세기 전이나 지금이나 별로 달라진 것이 없고, 사용하는 기계도 그러하다. 하지만, 고급 모직물 및 요크셔 모직물에서는 분업·기계의 측면에서 다소 개량이 있었을 것이며, 모직물의 가격을 약간 저하시켰을 것이다.

6. 그러나 15세기 이래 큰 폭의 하락이 있었다.

그러나 우리가 이 제조품의 현재 가격을 훨씬 이전의 시기, 즉 노동이 현재보다 훨씬 덜 분화되어 있었고 사용된 기계가 훨씬 덜 완전했던 15세기 말경의 가격과 비교한다면, 가격하락은 훨씬 분명하고 부정할 수 없을 정도로 두드러질 것이다.

7. 옛날에는 사치제한법 때문에 모직물 제품이 더 비싸게 팔렸다.

1487년, 즉 헨리 7세 제4년에 제정된 법률에서는 다음과 같이 규정했다. "최고급의 분홍빛 또는 다른 색깔로 염색된 모직물 1야드를 16실링 이상으로 소매하는 사람은 그 누구를 막론하고, 판매한 모직물 1야드당 40실링의 벌금을 부과할 수 있다." 따라서, 당시의 16실링은 현재의 화폐로 대략 24실링과 동일한 은량을 함유하고 있었으므로, 그 당시로는 최상의 모직물 1야드에 대한 불합리한 가격이라고 볼 수는 없다. 왜냐하면, 이 법률은 일종의 사치제한법이므로, 아마 이러한 모직물은 다소 더 비싸게 팔렸을 것이기 때문이다. 현재로는 1야드에 1기니〔21실링〕가 가장 높은 가격으로 간주된다. 따라서 비록 모직물의 품질이 동일하다고 간주하더라도—그러나 현재의 모직물 품질이 훨씬 더 고급일 것이다—최상의 모직물의 화폐가격은 15세기 말 이래 현저하게 하락한 것으로 보인다. 하지만 그 진실가격은 더욱 하락했다. 그 당시와 그후 오랫동안, 6실링 8펜스는 밀 1쿼터의 평균가격으로 간주되었다. 따라서 16실링은 밀 2쿼터 3부셸의 가격에 해당한다. 지금의 밀 1쿼터가 28실링이라고 본다면, 고급모직물 1야드의 진실가격은 당시에는 적어도 현재 화폐로 3파운드 6실링 6펜스에 상응한다고 볼 수 있다. 따라서 당시에 1야드를 구매한 사람은 오늘날 3파운드 6실링 6펜스로 살 수 있는 것과 동일한 양의 노동·생활수단에 대한 지배력을 포기한 것임에 틀림없다.

8. 조잡한 제품의 가격하락은 고급제품보다 적었다.

조잡한 제품의 진실가격의 하락이 비록 상당했다고는 하나 고급제품의 그것만큼 큰 것은 아니었다.

9. 조잡한 제품의 가격은 1463년에 비해 거의 절반으로 떨어졌다.

1463년, 즉 에드워드 4세 제3년에 제정된 법률에서는, "농업에 종사하는 일꾼, 보통 노동자, 도시 시민 또는 성 외곽에 거주하는 장인의 노동자는 1야드당 2실링 이상의 모직물을 입거나 복장에 사용하는 것을 금한다"고 규정하고 있다. 에드워드 4세 제3년에 2실링은 현재 화폐로 4실링과 거의 동일한 양의 은을 함유했다. 그러나 오늘날 1야드당 4실링으로 판매되는 요크셔 모직물은 그 당시 가장 가난한 노동자층의 의복용으로 제조된 것보다 훨씬 고급일 것이다. 따라서 품질을 고려해 본다면, 그들의 의복의 화폐가격조차도 지금이 그 당시보다 약간 쌀 것이며, 진실가격은 훨씬 싸진 것이 확실하다. 밀 1부셸은 당시의 가격으로 10펜스가 이른바 적당하고 합리적인 가격으로 인정되었다. 따라서 2실링은 당시로는 밀 2부셸 2페크(peck)였는데, 이것을 1부셸당 3실링 6펜스라는 현재가격으로 환산하면, 8실링 9펜스의 가치가 있는 셈이다. 이 모직물 1야드를 얻기 위해 가난한 노동자는 현재의 8실링 9펜스가 구매할 수 있는 것과 동일한 양의 생활수단에 대한 구매력을 포기했음에 틀림없다. 이 법률도 역시 빈민의 사치·낭비를 억제하는 사치제한법이다. 따라서 그들의 의복은 보통 이보다 훨씬 비쌌을 것이다.

10. 스타킹의 가격은 1463년 이래 크게 하락했다.

위와 동일한 계층의 사람들은 또한 동일한 법률에 의해 당시 한 켤레의 가격이 현재 화폐로 28펜스에 해당하는 14펜스를 넘는 긴 양말을 신는 것이 금지되었다. 그러나 14펜스는 당시에는 밀 1부셸 2페크 정도의 가격이었는데, 현재 이만큼의 밀은 1부셸당 3실링 6펜스라는 점을 고려하면, 5실링 3펜스일 것이다. 우리는 이와 같은 가격이 오늘날의 관점에서 보면 최하류의 가난한 노동자층의 스타킹 가격으로서는 지나치게 비싼 것이라고 생각할지도 모른다. 하지만 당시에 그들은 이와 같은 가격과 동일한 것을 틀림없이 지불했던 것이다.

11. 당시 스타킹은 보통의 천으로 만들었다.

에드워드 4세 시대에는 스타킹을 짜는 기술은 아마 유럽의 어느 곳에서도 개발되지 못했다. 당시 긴 양말은 보통의 천으로 만들었는데, 이것이 그 상품이 비싼 원인 중의 하나였던 것으로 보인다. 잉글랜드에서 스타킹을 신은 최초의 사람은 엘리자베스 여왕이었다. 여왕은 그것을 스페인 대사로부터 선물받았다.

12. 모직업에 사용된 기계가 크게 개량되었다.

조잡한 것이든 고급의 것이든, 모직업에 사용된 기계는 당시에는 오늘날보다 훨씬 불완전했다. 이 기계에는 세 가지의 중요한 개량이 가해졌는데, 그 외에도 아마 그 수와 중요도를 측정하기 곤란한 조그만 개량들은 무척 많았을 것이다. 세 가지의 중요한 개량이란 다음과 같은 것이다. 첫째, 방차(spindle-wheel)를 실감는 대(rock)와 방추(spindle)로 교체했는데, 이것은 동일한 양의 노동으로 두 배 이상의 작업을 할 수 있게 했다. 둘째, 몇 가지 매우 독창적인 기계를 사용하여 소모사(worsted)와 방모사(woolen)를 감는 일, 또는 날실(warp)과 씨실(woof)을 베틀에 걸기 전에 적당히 간추리는 일을 아주 편리하고 간단하게 했다. 이 작업은 이들 기계가 발명되기 전에는 매우 지루하고 귀찮은 작업이었을 것이다. 셋째, 옷감을 촘촘히 짜기 위해 종전과 같이 물 속에 넣어 밟는 대신, 축융기(縮絨機: fulling mill)를 사용했다는 것이다. 16세기 초엽에는 어떤 종류의 풍차·수차도 잉글랜드에 도입되지 않았으며, 내가 아는 바로는, 알프스산 이북의 유럽 어느 곳에도 도입되지 않았다. 풍차와 수차는 이탈리아에서는 그보다 조금 전에 도입되었다.

13. 이것이 가격이 하락한 원인을 설명해 준다.

이런 사정들을 고려한다면, 아마 조잡한 모직물과 고급모직물 모두의 진실가격이 옛날에는 지금보다 왜 그렇게 비쌌는가가 조금은 설명될 것이다. 그 당시는 이들 상품을 시장에 내놓는 데 지금보다 더 많은 노동이 필요했다. 따라서 그것이 시장에 나왔을 때는 더 많은 양의 노동을 구매하고 더 많은 노동과 교환되었던 것이다.

14. 조잡한 제조업은 가내공업 형태로 수행되었다. 그러나 고급 제품은 플랑드르 지방에서 제조하고 관세를 물었다.

옛날 잉글랜드에서 조잡한 제조업은 기술과 각종 제조업이 유치했던 여러 나라에서 그랬던 것과 같은 방식으로 수행되었을 것이다. 그것은 가내공업이었을 것인데, 여기서는 거의 모든 가족이 총동원되어 작업의 각 부분을 시간이 날 때마다 돕는다. 그러나 이 작업은 그들이 달리 할 일이 없을 때에 하는 것이고, 그들 중 누구도 생활비의 대부분을 그 작업으로부터 벌지 않았다. 앞에서 고찰한 바와 같이, 이런 방식으로 생산된 제품은 노동자의 생존의 주된 또는 유일한 원천을 이루는 제품보다 훨씬 싸게 시장에 등장한다. 한편,

고급제품은 당시에 잉글랜드에서 만들지 않고 부유한 상업국인 플랑드르(Flanders) 지방에서만 만들었다. 그리하여 고급제품은 아마 지금과 같은 방식으로, 즉 자신의 생활수단의 전부 또는 주된 부분을 그것에 의해 버는 사람들에 의해 생산되었다. 더욱이 그것은 외국제품이므로 국왕에게 약간의 세금, 적어도 종량세(從量稅)인 톤세 또는 종가세(從價稅)인 파운드세라는 옛날의 관세를 납부하지 않으면 안 되었다. 하지만 이 세금은 아주 높지는 않았던 것 같다. 당시 유럽에서는 고율의 관세를 부과해 외국제품의 수입을 억제하는 정책을 취하지 않고 오히려 여러 상인들로 하여금, 부자들이 원하고 있으나 그 나라의 산업이 부자들에게 제공할 수 없는, 여러 편의품·사치품을 가능한 한 낮은 가격으로 공급할 수 있게 하기 위해 외국제품의 수입을 장려하는 정책을 취했다.

15. 조잡한 제품이 고급제품에 비해 가격이 크게 저렴했다.

이러한 사정을 고려한다면, 옛날 조잡한 제품의 진실가격이 고급제품의 진실가격과 비교할 때, 현재보다 훨씬 낮았던 이유를 어느 정도 알 수 있다.

제 4절 본장의 결론

1. 사회 상태의 진보는 지대를 인상시킨다.

나는 다음과 같은 사실을 지적함으로써 지금까지의 긴 장을 마무리지으려 한다. 즉, 사회 상태의 진보는 어느 것이나 직접적으로든 간접적으로든 토지의 진실지대를 인상시키고, 지주의 진정한 부(富), 즉 타인의 노동과 타인의 노동생산물에 대한 그의 구매력을 증가시키는 경향이 있다.

2. 개량 및 경작의 확대는 직접

토지의 개량 및 경작 확장은 지대를 직접적

적으로 지대를 인상시킨다.

으로 상승시키는 경향이 있다. 토지생산물 중 지주가 갖는 부분은 생산량의 증가와 함께 필연적으로 증가하기 때문이다.

3. 가축 등의 가격상승도 마찬가지다.

토지의 천연생산물 중 어떤 부분의 진실가격의 등귀는 최초에는 토지 개량과 경작 확장의 결과이고, 뒤에는 그것을 더욱 촉진시키는 원인이 된다. 이 가격상승은, 예컨대 가축의 가격상승과 마찬가지로, 토지지대를 직접적으로 그리고 더욱 큰 비율로 상승시키는 경향을 띤다. 지주 몫의 진실가치, 즉 타인노동에 대한 진정한 지배력은 생산물의 진실가치와 함께 높아질 뿐 아니라 그의 몫이 생산물 전체에서 차지하는 비율도 생산물의 진실가치와 함께 높아진다. 이러한 생산물은 진실가격이 상승한 뒤에도 그것을 생산하는 데 이전보다 더 많은 노동을 필요로 하지 않는다. 이리하여 생산물의 더 작은 비율로도 이 노동을 고용하는 자본을 보통의 이윤과 함께 보상하는 것이 충분할 것이다. 따라서 생산물의 큰 비율이 지주에게 귀속하게 된다.

4. 제조품의 가격을 저하시키는 개량은 지대를 간접적으로 인상시킨다.

노동생산력의 증가는 제조품의 진실가격을 직접적으로 인하시키는 경향을 띠며, 토지의 진실지대를 간접적으로 인상시키는 경향을 띤다. 지주는 자신의 천연생산물 중 자신이 소비하고 남은 부분, 또는 같은 이야기지만, 남은 부분의 가격을 제조품과 교환한다. 제조품의 진실가격을 인하시키는 것은 어느 것이나 천연생산물의 진실가격을 인상시킨다. 따라서 동일한 양의 천연생산물은 더 많은 양의 제조품과 동등하게 되며, 지주는 자기가 필요한 편의품·장식품·사치품의 더 많은 양을 살 수 있게 된다.

5. 고용되는 유용노동량의 증가 또한 이와 같다.

사회의 진정한 부의 증가, 한 사회에서 고용되는 유용노동량의 증가는 모두 토지의 진실지대를 간접적으로 인상시키는 경향을 띤다. 이러한 유용노동의 일정한 부분은 자연히 토지로 향한다. 더 많은 사람·가축이 토지 경작에 투입된다. 그리고 생산물은 생산에 투하된 자본의 증가와 함께 증가하며, 지대는 이 생산물의 증가와 함께 증가한다.

6. 상반되는 상황은 지대를 인하시킨다.

다른 한편, 이것과 반대되는 여러 상황, 즉 경작·개량의 태만, 토지의 천연생산물 중 어떤 부분의 진실가격의 하락, 제조 기술·근면의 쇠퇴에 의한 제조품의 진실가격의 상승, 사회의 진정한 부의 감소 등은 모두 토지의 진실지대를 하락시키고, 지주의 진정한 부를 감소시키며, 지주가 타인의 노동·노동생산물을 구매하는 힘을 감소시키는 경향을 띤다.

7. 세 부분의 생산물과 세 종류의 기본적 사회계급

한 나라의 토지·노동의 연간생산물 전체, 또는 같은 이야기지만 연간생산물의 총가격은, 이미 고찰한 바와 같이, 세 부분, 즉 토지 지대·노동 임금·자본 이윤으로 나누어진다. 그리고 이것은 상이한 세 계급, 즉 지대로 먹고 사는 사람들, 임금으로 먹고 사는 사람들, 이윤으로 먹고 사는 사람들의 수입을 구성한다. 이 세 계급은 모든 문명사회를 기본적으로 구성하는 3대 계급이다. 그리고 다른 모든 계급의 수입은 궁극적으로는 바로 이 세 계급의 수입으로부터 파생된다.

8. 지주계급의 이익은 사회 일반의 이익과 불가분의 관계에 있다.

3대 계급 중에서 제1계급〔지주계급〕의 이익은, 지금까지 서술된 부분에서 나타났듯이, 그 사회의 일반적인 이익(general interest)과 밀접하고도 불가분하게 연결되어 있다. 지주계급의 이익을 증진시키거나 저해하는 것은 모두 필연적으로 사회의 일반적 이익을 증진시키거나 저해한다. 국가가 상업에 관한 어떤 규제(즉, 정책)를 논의할 경우, 토지소유자는, 적어도 만약 자기 자신의 이해관계에 관해 적절한 지식을 갖고 있다면, 자신이 속한 계급의 이익을 증진시키기 위해 노력하는 과정에서 국가의 정책을 결코 잘못된 방향으로 이끌 수 없다. 그런데 실제로는 그들은 아주 종종 적절한 지식을 가지지 않는 경우가 많다. 세 계급 중에서 그들은 스스로 노동도 하지 않고, 조심도 하지 않고, 마치 저절로 굴러들어오는 것처럼 자기의 의도·계획과는 무관하게 자신의 수입을 얻고 있는 유일한 계급이다. 그들의 상황은 편안하고 안전하기 때문에 자연히 나태하게 되며, 따라서 그들은 어떤 국가정책의 결과를 예견·이해하는 데 필요한 통찰력을 가질 수 없을 뿐 아니라 사용할 수 없게 된다.

9. 노동자의 이익도 이와 같다. 임금으로 살아가는 제2계급의 이익도 역시 제1계급의 이익과 같이 사회의 이익과 밀접하게 연관되어 있다. 노동자의 임금은 이미 서술한 바와 같이 노동수요가 지속적으로 상승할 때, 즉 고용되는 양이 매년 현저히 증가할 때 가장 높다. 사회의 진정한 부(富)가 정체될 때에는 노동자의 임금도 가족을 겨우 부양할 수 있는 수준 또는 노동자의 종족을 겨우 유지할 수 있는 수준으로 인하된다. 사회가 쇠퇴할 때에는 노동자의 임금은 그 이하로 내려간다. 사회가 번영하는 시기에는 노동자계급에 비해 토지 소유자계급이 더 큰 이익을 얻으며, 사회가 쇠퇴하는 시기에는 노동자보다 더 고통받는 계급은 없을 것이다. 노동자의 이익이 사회의 이익과 밀접히 연관되어 있음에도 불구하고, 그들은 사회의 이익을 파악할 수도 없고, 자신의 이익과 사회의 이익 사이의 관계를 인식할 수도 없다. 노동자의 생활상태는 그것에 필요한 견문을 넓힐 여유를 주지 않는다. 더욱이 그의 교육·관습은, 그가 비록 충분한 정보를 가진다고 하더라도, 그것을 바르게 판단할 수 없게 한다. 그 까닭에 정부의 정책적 논의에서 노동자의 목소리는, 다만 노동자의 이러저러한 불평이 그의 고용주에 의해, 노동자의 목적을 위해서가 아니라 고용주 스스로의 목적을 위해, 고무·선동·지지되는 특별한 경우를 제외하고는, 거의 경청되지 않으며 별로 존중되지도 않는다.

10. 이윤으로 살아가는 사람들의 이익은 사회 일반의 이익과 반드시 일치하지는 않는다.

고용주들로 구성된 제3계급은 이윤으로 살아가는 사람들의 계급이다. 한 사회의 유용노동의 대부분을 움직이는 것은 이윤획득을 위해 사용되는 자본이다. 자본 투자자의 의도·계획이 노동의 가장 중요한 모든 작업을 결정·지휘한다. 모든 의도·계획이 지향하는 궁극적 목적은 이윤이다. 이윤율은 지대·임금과 같이 사회의 성쇠와 함께 등락하는 것은 아니다. 이와는 반대로, 이윤율은 부유한 나라에서는 자연히 낮고, 빈곤한 나라에서는 높으며, 가장 빠르게 망해가는 나라에서는 이윤율이 언제나 가장 높다.10) 그러므로 이 제3계급의 이익과 사회의 일반적 이익 사이의 관련은 다른 두 계급의 경우와는 다르다. 제3계급 중 보통 최대의 자본을 투하하며, 그들의 부(富)로 인해 정부로부터 가장 큰 배려를 받는 층은 상인과 공장주 두 계급 사람들이다. 또한 그들은 일생 동안 여러 가지 계획·목표에 몰두하고 있으므로 대부분의 대지주보다 예리한 이해력을 갖는 경우가 많다. 하지만 그들은 사회의 이익보다도 자신의 특수한 사업상의 이익을 더 많이 고려하므로, 그들의 판단은 가장 공평한 경우에도(그들의 판단이 모든 경우에 공평한 것은 아니다) 사회의 이익보다는 자기 계급의 이익을 더욱 고려하고 있다. 그들이 대지주보다 나은 점은, 그들이 공공의 이익에 더 밝다는 점이 아니라, 자기 자신의 이익에 대해 지주보다 더 밝다는 데 있다. 자신들의 이익에 관한 아주 뛰어난 바로 이 지식에 의거하여, 그들은 종종 지주의 관대함에 호소함으로써, (지주의 이익이 아니라) 자신들의 이익이 곧 공공의 이익이라는 매우 단순하지만 진지한 신념에서, 지주로 하여금 지주 자신의 이익과 공공의 이익

10) 마르크스는 다음과 같이 생각한다. 이윤이 모두 재투자된다고 가정하면 이윤율은 자본증가율과 같다. 따라서 이윤율이 높으면 자본확대율이 높고 생산과 고용이 증가할 것이다. 이와는 반대로 이윤율이 낮으면 생산과 고용이 감소해 경기가 침체에 빠질 것이다. 스미스는 빈곤하여 고리대에 의존하고 있는 소농경제에서 이자율이 매우 높은 사실을 생각하고 있는 것 같다.

모두를 포기하도록 설득했던 것이다. 하지만 어떤 특수한 상업·제조업 분야에서 상인과 제조업자의 이익은 항상 몇몇 측면에서는 공공의 이익과 다르고, 심지어는 상반되기도 한다. 시장을 확대하고 경쟁을 제한하는 것은 항상 상인과 제조업자의 이익이 된다. 시장을 확대하는 것은 종종 공공의 이익에 합당할 수 있지만, 경쟁을 제한하는 것은 항상 공공의 이익과 충돌한다. 왜냐하면, 경쟁을 제한하면 상인과 제조업자는 자기 자신의 이익을 위해 동료시민들에게 불합리한 세금〔예: 상품의 가격인상〕을 부과할 수 있으며, 이에 따라 상인과 제조업자의 이윤은 자연적인 수준 이상으로 증가하기 때문이다. 따라서 이러한 계급이 제안하는 어떤 새로운 상업적 법률·규제들에 대해서는 항상 큰 경계심을 가지고 주목해야 하며, 그것들을 매우 진지하고 주의 깊게 오랫동안 신중하게 검토한 뒤에 채택해야 한다. 왜냐하면, 그것은 그들의 이익이 결코 정확히 공공의 이익과 일치하지 않는 계급, 그리고 사회를 기만하고 심지어 억압하는 것이 그들의 이익이 되며, 따라서 수많은 기회에 사회를 기만하고 억압한 적이 있는 계급으로부터 나온 제안이기 때문이다.

<부표> 밀 가격

<윈저시장에서의 최상급 밀가격 (1쿼터=9부셸)>

연 도	1쿼터의 가격			각종 가격들의 평균			현재 화폐로 환산한 평균가격		
단 위	£	s	d	£	s	d	£	s	d
1202	–	12	–				1	16	–
	–	12	–						
1205	–	13	4	–	13	5	2	–	3
	–	15	–						
1223	–	12	–				1	16	–
1237	–	3	4				–	10	–
1243	–	2	–				–	6	–
1244	–	2	–				–	6	–
1246	–	16	–				2	8	–
1247	–	13	4				2	–	–
1257	1	4	–				3	12	–
	1	–	–						
1258	–	15	–	–	17	–	2	11	–
	–	16	–						
1270	4	16	–	5	12	–	16	16	–
	6	8	–						
1286	–	2	8	–	9	4	1	8	–
	–	16	–						
						합 계	35	9	3
						평균가격	2	19	$1\frac{1}{4}$
1287	–	3	4				–	10	–
	–	–	8						
	–	1	–						
	–	1	4						
1288	–	1	6	–	2	$7\frac{1}{4}$	–	9	$\frac{3}{4}$
	–	1	8						
	–	2	–						
	–	3	4						
	–	9	4						
	–	12	–						
1289	–	6	–	–	10	$1\frac{2}{4}$	1	10	$4\frac{3}{5}$
	–	2	–						
	–	10	8						
	1	–	–						
1290	–	16	–				2	8	–
1294	–	16	–				2	8	–
1302	–	4	–				–	12	–
1309	–	7	2				1	1	6
1315	1	–	–				3	–	–
	1	–	–						
1316	1	10	–	1	10	6	4	11	6
	1	12	–						
	2	–	–						
	2	4	–						

연 도	1쿼터의 가격			각종 가격들의 평균			현재 화폐로 환산한 평균가격		
단 위	£	s	d	£	s	d	£	s	d
	–	14	–						
1317	2	13	4	1	19	7	5	18	6
	4	–	–						
	–	6	8						
1336	–	2	–				–	6	–
1338	–	3	4				–	10	–
						합 계	23	4	$11\frac{1}{4}$
						평균가격	1	18	8
1339	–	9	–				1	7	–
1349	–	2	–				–	5	2
1359	1	6	8				3	2	2
1361	–	2	–				–	4	8
1363	–	15	–				1	15	–
	1	–	–						
1369	1	4	–	1	2	–	2	9	4
1379	–	4	–				–	9	4
1387	–	2	–				–	4	8
	–	13	4						
1390	–	14	–	–	14	8	1	13	7
	–	16	8						
1401	–	16	–				1	17	4
	–	4	$4\frac{3}{4}$						
1407	–	3	4	–	3	$10\frac{1}{2}$	–	8	11
1416	–	16	–				1	12	–
						합 계	15	9	4
						평균가격	1	5	$9\frac{1}{3}$
1423	–	8	–				–	16	–
1425	–	4	–				–	8	–
1434	1	6	8				2	13	4
1435	–	5	4				–	10	8
	1	–	–						
1439	1	6	8	1	3	4	2	6	8
1440	1	4	–				2	8	–
	–	4	4						
1444	–	4	–	–	4	2	–	8	4
1445	–	4	6					9	–
1447	–	8	–					16	–
1448	–	6	8					13	4
1449	–	5	–					10	–
1451	–	8	–					16	–
						합 계	12	15	4
						평균가격	1	1	$3\frac{1}{2}$
1453	–	5	4				–	10	8
1455	–	1	2				–	2	4
1457	–	7	8				–	15	4
1459	–	5	–				–	10	–

연 도	1쿼터의 가격			각종 가격들의 평균			현재 화폐로 환산한 평균가격		
단 위	£	s	d	£	s	d	£	s	d
1460	–	8	–				–	16	–
1463	– –	2 1	– 8	–	1	10	–	3	8
1464	–	6	8				–	10	–
1486	1	4	–				1	17	–
1491	–	14	8				1	2	–
1494	–	4	–				–	6	–
1495	–	3	4				–	5	–
1497	1	–	–				1	11	–
						합 계	8	9	–
						평균가격	–	14	1
1499	–	4	–				–	6	–
1504	–	5	8				–	8	6
1521	1	–	–				1	10	–
1551	–	8	–				–	2	–
1553	–	8	–				–	8	–
1554	–	8	–				–	8	–
1555	–	8	–				–	8	–
1556	–	8	–				–	8	–
1557	– – – 2	4 5 8 13	– – – 4	–	17	7	–	17	$8\frac{1}{2}$
1558	–	8	–				–	8	–
1559	–	8	–				–	8	–
1560	–	8	–				–	8	–
						합 계	6	0	$2\frac{1}{2}$
						평균가격	1	10	$\frac{5}{12}$
1561	–	8	–				–	8	–
1562	–	8	–				–	8	–
1574	2 1	16 4	– –	2	–	–	2	–	–
1587	3	4	–				3	4	–
1594	2	16	–				2	16	–
1595	2	13	4				2	13	–
1596	4	–	–				4	–	–
1597	5 4	4 –	– –	4	12	–	4	12	–
1598	2	16	8				2	16	8
1599	1	19	2				1	19	2
1600	1	17	8				1	17	8
1601	1	14	10				1	14	10
						합 계	28	9	4
						평균가격	2	7	$5\frac{1}{3}$

<3월 25일 가격과 9월 29일 가격의 평균> (이튼대학 기록)

단위	£	s	d
1595	2	0	0
1596	2	8	0
1597	3	9	6
1598	2	16	8
1599	1	19	2
1600	1	17	8
1601	1	14	10
1602	1	9	4
1603	1	15	4
1604	1	10	8
1605	1	15	10
1606	1	13	0
1607	1	16	8
1608	2	16	8
1609	2	10	0
1610	1	15	10
1611	1	18	8
1612	2	2	4
1613	2	8	8
1614	2	1	$8\frac{1}{2}$
1615	1	18	8
1616	2	0	4
1617	2	8	8
1618	2	6	8
1619	1	15	4
1620	1	10	4
	26) 54	0	$6\frac{1}{2}$
평균	2	1	$6\frac{9}{13}$
1621	1	10	4
1622	2	18	8
1623	2	12	0
1624	2	8	0
1625	2	12	0
1626	2	9	4
1627	1	16	0
1628	1	8	0

단위	£	s	d
1629	2	2	0
1630	2	15	8
1631	3	8	0
1632	2	13	4
1633	2	18	0
1634	2	16	0
1635	2	16	0
1636	2	16	8
	16) 40	0	0
평균	2	10	0
1637	2	13	0
1638	2	17	4
1639	2	4	10
1640	2	4	8
1641	2	8	0
1642 1643 1644 1645	기록없음. 1646년의 숫자는 플리트우드(Fleetwood)로부터.		
1646	2	8	0
1647	3	13	8
1648	4	5	0
1649	4	0	0
1650	3	16	8
1651	3	13	4
1652	2	9	6
1653	1	15	6
1654	1	6	0
1655	1	13	4
1656	2	3	0
1657	2	6	8
1658	3	5	0
1659	3	6	0
1660	2	16	6
1661	3	10	0
1662	3	14	0

단위	£	s	d
1663	2	17	0
1664	2	0	6
1665	2	9	4
1666	1	16	0
1667	1	16	0
1668	2	0	0
1669	2	4	4
1670	2	1	8
1671	2	2	0
1672	2	1	0
1673	2	6	8
1674	3	8	8
1675	3	4	8
1676	1	18	0
1677	2	2	0
1678	2	19	0
1679	3	0	0
1680	2	5	0
1681	2	6	8
1682	2	4	0
1683	2	0	0
1684	2	4	0
1685	2	6	8
1686	1	14	0
1687	1	5	2
1688	2	6	0
1689	1	10	0
1690	1	14	8
1691	1	14	0
1692	2	6	8
1693	3	7	8
1694	3	4	0
1695	2	13	0
1696	3	11	0
1697	3	0	0
1698	3	8	4
1699	3	4	0
1700	2	0	0

단위	£	s	d
	60) 153	1	8
평균	2	11	$\frac{1}{3}$
1701	1	17	8
1702	1	9	6
1703	1	16	0
1704	2	6	6
1705	1	10	0
1706	1	6	0
1707	1	8	6
1708	2	1	6
1709	3	18	6
1710	3	18	0
1711	2	14	0
1712	2	6	4
1713	2	11	0
1714	2	10	4
1715	2	3	0
1716	2	8	0
1717	2	5	8
1718	1	18	10
1719	1	15	0
1720	1	17	0
1721	1	17	6
1722	1	16	0
1723	1	14	8
1724	1	17	0
1725	2	8	6
1726	2	6	0
1727	2	2	0
1728	2	14	6
1729	2	6	10
1730	1	16	6
1731	1	12	10
1732	1	6	8
1733	1	8	4
1734	1	18	10
1735	2	3	0

단위	£	s	d
1736	2	0	4
1737	1	18	0
1738	1	15	6
1739	1	18	6
1740	2	10	8
1741	2	6	8
1742	1	14	0
1743	1	4	10
1744	1	4	10
1745	1	7	6
1746	1	19	0
1747	1	14	10
1748	1	17	0
1749	1	17	0
1750	1	12	6
1751	1	18	6
1752	2	1	10
1753	2	4	8
1754	1	14	8
1755	1	13	10
1756	2	5	3
1757	3	0	0
1758	2	10	0
1759	1	19	10
1760	1	16	6
1761	1	10	3
1762	1	19	0
1763	2	0	9
1764	2	6	9
	64) 129	13	6
평균	2	0	$6\frac{9}{32}$

제 2 편

자본의 성질 · 축적 · 사용

“대부분 상품의 가격은 세 부분으로, 즉 상품을 생산하여 시장에 내놓는 데 사용된 노동에 대한 임금, 자본에 대한 이윤, 토지에 대한 지대로 분해된다. 물론 약간의 상품가격은 두 부분, 즉 노동에 대한 임금과 자본에 대한 이윤만으로 구성되며, 또한 극히 소수의 상품가격은 노동에 대한 임금만으로 구성되기도 하지만, 모든 상품가격은 필연적으로 위의 세 부분 중 이 부분, 또는 저 부분, 또는 전부로 분해된다.”

-제 2편 제 2장(p.348)-

“일반적으로, 어떤 사업이 사회를 이롭게 한다면, 그 사업에서 경쟁이 더 자유롭고 일반적일수록 사회를 더욱더 이롭게 할 것이다.”

-제 2편 제 2장(p.403)-

“노동에는 그것이 가해지는 대상의 가치를 증가시키는 노동이 있고, 그런 효과를 갖지 않는 노동이 있다. 전자는 가치를 생산하므로 생산적(productive labour)노동이라 할 수 있고, 후자는 비생산적노동이라 할 수 있다. 제조공의 노동은 일반적으로 그의 작업 대상인 원료의 가치에다 자기 자신의 유지비의 가치와 고용주의 이윤의 가치를 부가한다. 반대로 하인의 노동은 아무런 가치도 부가하지 않는다.”

-제 2편 제 3장(p.404)-

서 론

1. 원시사회 상태에서는 재고를 필요로 하지 않는다.

분업이 존재하지 않고 교환이 거의 이루어지지 않으며, 각자가 모든 물건을 스스로 조달해야 하는 원시사회 상태에서는, 사회의 과업을 수행하기 위해서 어떤 재고[1] (在庫: stock)도 미리 축적하거나 저축해 둘 필요가 없다. 각자는 자기 자신의 노력으로 수시로 발생하는 자기 자신의 수요를 충족시키려고 애쓴다. 배가 고프면 숲에 가서 사냥을 한다. 옷이 떨어지면 자기가 잡은 가장 큰 동물의 가죽으로 옷을 만든다. 집이 허물어지기 시작하면 각자는 집 근처의 나무와 띠를 모아 가능한 한 훌륭하게 수선한다.

2. 분업이 재고를 필수적인 것으로 만든다.

그러나 일단 분업이 완전히 채용되고 나면 자기 자신의 노동

1) 재고(在庫)의 원문 stock을, 스미스는 제1편에서는 자본(capital)의 뜻으로 사용하였다. 그러나 제2편에 와서는 그 의미를 확대하여 stock에 capital(자본)을 포함시킬 뿐 아니라 다른 물건들까지 포함시키고 있다. 그래서 여기서는 이것을 '재고'로 번역하였다 —역자.

생산물은 수시로 발생하는 각자의 수요 중 매우 작은 부분만을 충족시킬 수 있을 뿐이다. 수요의 대부분은 타인의 노동생산물에 의해 충족되는데, 그것을 자기 자신의 노동생산물, 또는 같은 이야기지만, 노동생산물의 가격과의 교환으로 구매한다. 하지만 자신의 노동생산물이 이미 완성되어 판매되기 전에는 그것을 구매할 수 없다. 따라서 이렇게 될 때까지 자기를 먹여 살리고 자기에게 작업의 원료·도구를 공급하기에 충분한 양의 온갖 재화의 재고가 어디엔가는 비축(備蓄)되어 있어야 한다. 방직공은 자기의 직물을 완성해서 판매할 때까지 자기를 먹여 살리고 자기에게 작업의 원료·도구를 공급할 충분한 재고가 자기의 수중이나 다른 사람의 수중에 미리 축적되어 있지 않다면, 자기 자신의 특수한 작업에 전적으로 몰두할 수 없다. 이러한 축적은 그가 장기간 이러한 특수한 일에 몰두하기 이전에 진행되어야 한다는 것은 분명하다.[2)]

3. 재고의 축적과 분업은 동시에 진행된다.

사물의 본성상, 재고의 축적은 분업에 앞서 이루어져야 하며, 따라서 재고가 미리 더 많이 축적되면 될수록 그것에 비례해서 분업은 더욱 세분된다. 동일한 수의 사람들이 일하는 데 필요한 원료의 수량은 분업이 세분될수록 더욱 더 증가한다. 각 노동자의 조작이 점점 더 단순하게 됨에 따라 그 조작을 용이하게 하고 간단하게 하기 위해 다양한 종류의 새로운 기계가 발명된다. 분업이 진전됨에 따라, 동일한 수의 노동자를 항상 고용하기 위해서는 미개한 상태에서 필요한 것과 동일한 양의 식량과, 그것보다 더 많은 양의 원료·도구가 미리 축적되어 있어야 한다.

---

2) 이 '이전의 축적'(previous accumulation)은 마르크스의 '시초축적'(primitive accumulation)으로 전개된다. 자본주의적 축적에서는 자본이 임금노동자의 잉여노동을 착취하여 확대재생산을 계속하고 있는데, 이러한 자본주의적 축적을 최초로 가능하게 했던 역사적 사건[즉, 무산대중이 대규모로 탄생하고 부가 일부 사람들의 수중에 집적 · 집중된 과정] 이 바로 시초축적이다. 『자본론』 제1권 제8편(이른바 시초축적)을 참조하라 —역자.

그러나 각 사업분야에서 노동자의 수는 분업의 진전에 따라 증가하게 된다. 또는 노동자의 수가 증가하기 때문에 그들 사이의 분업이 더욱 세분된다고도 말할 수 있다.

4. 재고의 축적은 동량의 노동이 더 많은 생산을 하게 한다.

노동생산력의 커다란 개선을 이루기 위해서는 미리 재고가 축적되어 있을 필요가 있기 때문에, 재고의 축적은 자연히 이러한 개선을 가져온다. 노동자의 고용에 재고를 사용하는 사람은 당연히 가능한 한 많은 생산량을 얻을 수 있게끔 재고를 사용하려고 한다. 따라서 그는 자기의 노동자들을 가장 적절히 배치하려 하고, 그들에게 그가 발명할 수 있거나 구입할 수 있는 가장 좋은 기계를 공급하려고 노력한다. 이렇게 할 수 있는 그의 능력은 일반적으로 그의 재고량, 또는 그가 고용할 수 있는 사람의 수에 비례한다. 그러므로 어느 나라에서나 노동량은 노동을 고용하는 재고의 증가와 함께 증가할 뿐 아니라, 재고 증가의 결과 동일한 노동량은 훨씬 더 많은 생산량을 생산할 수 있게 된다.

5. 이것이 재고 증가의 일반적인 영향이다.

이것이 일반적으로 재고 증가가 노동·노동생산력에 미치는 영향이다.

6. 본편은 재고의 성질, 그 축적의 효과 및 여러 가지 용도를 취급하고 있다.

이 편에서 나는 재고의 성질, 재고가 축적되어 상이한 자본들(capitals)로 되는 것의 효과, 그리고 각종 자본의 상이한 용도들의 효과를 설명하려 한다. 이 편은 다섯 개의 장으로 나누어진다. 제1장에서는 개인의 재고나 사회의 재고가 어떤 상이한 부분 또는 부문으로 나누어지는가를 보여주려고 한다. 제2장에서는 사회의 총재고의 특수한 부문으로 간주되는 화폐의 성질과 그 작용을 설명하려고 한다. 축적되어 자본으로 되는 재고는 그것을 소유하는 사람에 의해 사용될 수도 있고 다른 사람에게 대부될 수도 있다. 제3장과 제4장에서는 재고가 이러한 두 가지 상황에서 작용하는 방식을 검토한다. 마지막으로 제

5장에서는 자본(capital)의 상이한 용도가 직접적으로 국민의 노동량과 토지 · 노동의 연간생산량에 미치는 영향을 다룬다.

제1장
재고의 분할

1. 사람들은 소액의 재고로써 수입을 얻으려고 생각하지는 않는다.

어떤 사람이 가지고 있는 재고(stock)가 자기 자신을 며칠 또는 몇 주 유지하는데 충분할 뿐이라면, 그는 그 재고로부터 어떤 수입을 얻어내려고 생각하지 않는다. 그는 가능한 한 그것을 절약해서 소비하고, 그것을 모두 소비하기 전에 그것을 채워넣을 뭔가를 얻기 위해 스스로 노동한다. 이 경우 그의 수입은 오로지 그의 노동으로부터만 나온다. 이것이 모든 나라에서 대부분의 노동빈민(the labouring poor)이 처해 있는 상태이다.

2. 직접 소비에 충당될 것보다 더 많은 재고를 가지고 있을 때, 그는 그 나머지 재고로부터 수입을 얻으려고 노력한다.

그러나 그가 가지고 있는 재고가 몇 달 또는 몇 년 유지하는데 충분하다면, 그는 당연히 그것의 많은 부분으로부터 수입을 얻어내려고 노력한다. 즉, 그 수입이 들어오기 시작할 때까지 먹고 살 수 있는 일부 재고만을 직접적인 소비분으로 남겨둘 뿐이다. 그러므로 그의 재고 전체는 두 부분으로 나누어진다. 그에게 수입을 가져다 주리라 기대되는 부분을 자본(capital)이라 한다. 나머지는 그에게 직접적인 소비를 제공하는 부분이다. 그런데 후자의 구성분은, 첫째 그의 재고 전체 중 애당초 소비를 목적으로 비축되었던 부분, 둘째 그 원천이 무엇이든 점차로 들어오는 그의 수입, 셋째 위의 둘 중의 어느 하나에 의해 이전에 구입되었으나 아직 완전히 소비되지 않은 물건들, 예컨대 옷 · 가구 등등이다. 인간이 직접적 소비를 위해 보통 예비해 두는 재고는 위의 세 가지 중 어느 하나 또는 모두로 구성되어 있다.

3. 자본의 사용 방법에는 두 가지가 있다.

자본을 사용해서 수입이나 이윤을 얻는 방식에는 두 가지가 있다.

4. 유동자본

첫째, 자본은 재화를 생산 · 제조하는 데, 또는 재화를 구입해서 다시 판매하여 이윤을 얻는 데 사용된다. 이런 방식으로 사용되는 자본은, 사용자의 수중에 그대로 남아 있거나 또는 같은 형태를 띠고 있는 한, 수입이나 이윤을 낳지 않는다. 상인의 화물은 돈을 받고 팔리기 전에는 어떤 수입이나 이윤도 낳지 않으며, 상인의 화폐도 화물과 다시 교환되기 전에는 아무것도 낳지 않는다. 그의 자본은 끊임없이 한 형태로 그를 떠나 다른 형태로 그에게 돌아오며, 이러한 유통(circulation), 또는 계속적인 교환을 통해서만 자본은 그에게 이윤을 가져다 줄 수 있다. 그러므로 이러한 자본은 아주 적절하게도 유동자본(circulating capital)이라 부를 수 있다.

5. 고정자본

둘째, 자본은 토지의 개량에 사용되거나, 유용한 기계 · 생산도구의 구매에 사용되거나, 소유주를 바꾸지 않고 또는 더이상 유통하지 않고 수입이나 이윤을 가져다 주는 물건들에 사용될 수 있다. 그러므로 이러한 자본은 매우 적절하게도 고정자본(fixed capital)이라 부를 수 있다.

6. 업종에 따라 고정자본 및 유동자본의 비율은 다르다.

업종에 따라 사용되는 고정자본과 유동자본의 비율은 매우 다르다.

7. 상인의 자본은 모두 유동자본이다.

예를 들어 상인의 자본은 모두가 유

동자본이다. 그는 기계·생산도구를 사용할 필요가 없다—그의 가게·창고가 그러한 것에 해당하는 것으로 간주되지 않는 한.

8. 수공업자와 제조업자의 자본의 일부는 고정자본이다.

그러나 수공업자나 제조업자의 자본은 그 일부가 생산도구의 형태로 고정되어야 한다. 이 부분은 어떤 업종에서는 매우 작고 어떤 업종에서는 매우 크다. 재봉사에게는 바늘 꾸러미 외에는 어떤 생산도구도 필요가 없다. 구두제조업자의 생산도구는 그 수가 매우 적지만 좀더 비싸다. 방직공의 생산도구는 구두제조업자의 그것보다 훨씬 더 비싸다. 그러나 수공업자의 자본 중 대부분은 그들의 노동자에 대한 임금이나 원료에 대한 가격으로 유통되고 생산물의 가격에 의해 이윤과 함께 회수된다.

9. 제철공장 등의 제조업은 거대한 고정자본을 필요로 한다.

다른 사업에는 훨씬 더 큰 고정자본이 요구된다. 예를 들어, 대규모 제철공장에서는 철광석을 녹이기 위한 용광로, 단조공정(鍛造工程), 분괴공정(分塊工程) 등은 엄청난 지출 없이는 세울 수 없는 생산도구들이다. 탄광이나 각종 광산에서 물을 끌어 올리거나 다른 목적을 위해 필요한 기계들은 종종 훨씬 더 비싸다.

10. 농업자본은 고정자본과 유동자본으로 분할된다.

농업자의 자본 중 농업용구에 투하되는 부분은 고정자본이고, 노동자의 임금이나 생활유지에 사용되는 자본은 유동자본이다. 그는 전자를 보유함으로써 이윤을 획득하고, 후자를 지출함으로써 이윤을 획득한다. 역축(役畜: labouring cattle)의 가격 또는 가치는 경작용구의 가격과 마찬가지로 고정자본이다. 역축의 유지비는 노동자의 유지비와 마찬가지로 유동자본이다. 농업자는 역축을 보유함으로써 이윤을 획득하며, 역축의 유지비를 지출함으로써 이윤을 획득한다. 일을 시키기 위해서가 아니라 팔기 위해서 구매·사육하는 가축의 가격·사육비는 유동자본이다. 농업자는 가축의 가격·사육비를 지출함으로써 이윤을 획득한다. 일을 시키거나 팔기 위해서가 아니라 털·우유·그것들의 새끼로써 이윤을 얻기 위해서 구매되는 한 떼의 양과 한 무리의 젖소는 고정자본이다. 이윤은 그들을 보유함으로써 획득된다. 그것들의 사육비는 유동자본이다. 이윤은 사육비를 지출함으로써 획득된다. 그리고 이윤은 털·우유·그 새끼들의 가격이라는 형태로, 사육비에 대한 이윤과 가축 전체의 가격에 대한 이윤이 함께 회수된다. 씨앗의 가치 전체도 역시 적절하게도 고정자본이다. 씨앗은 토지와 창고 사이를 왕복하지만 결코 소유주를 바꾸지 않으며, 따라서 유통한다고 말할 수 없다. 농업자는 씨앗의 판매에 의해서가 아니라 증식에 의해 이윤을 획득한다.[1)]

11. 사회의 총재고도 마찬가지로 세 부분으로 분할된다.

어떤 나라나 사회의 총재고는 모든 주민 또는 구성원들의 재고를 합한 양이고, 따라서 자연스럽게 위와 마찬가지로 세 부분으로 나누어지는데, 그 각각은 상이한 기능 또는 임무를 갖고 있다.

12. 직접적인 소비를 위해 보유되는 부분

첫째는, 직접적인 소비를 위해 보유되는 부분으로, 이것의 특징은 아무런 수입이나 이윤도 낳을 수 없다는 것이다. 이 부분은 소비자들에 의해 구매되었으나 아직 완전히 소비되지 않은 식료품·의류·가구 등의 재고로 구성되어 있다. 한 나라에서 어느 시점에 존재하는 주거용 가옥의 재고 전체는 이 첫번째 부분의 하나이다. 주택에 지출된 재고는, 만일 주

---

1) 스미스는 자본이 이윤을 낳을 때 소유주를 바꾸는가 아닌가에 따라 유동자본과 고정자본으로 구분하고 있다. 그러나 마르크스의 견해는 전혀 다르다. 산업자본은 순환과정에서 화폐자본·생산자본·상품자본의 형태를 띠는데, 유동자본과 고정자본의 구분은 오직 생산자본에만 적용된다. 그리고 원료·노동력의 구입에 사용되는 자본은 한 번의 생산과정에서 생산된 상품의 판매에 의해 모두 회수될 수 있기 때문에 유동자본이고, 기계·건물의 구입에 사용되는 자본은 몇 차례의 생산과정을 거쳐 점차로 회수되기 때문에 고정자본이다. 『자본론』 제2권 제10장(고정자본과 유동자본에 관한 학설. 중농주의자들과 애덤 스미스)을 참조하라 —역자.

택이 소유자의 주거용이라면, 그 순간부터 자본의 기능을 상실하고 아무런 수입이나 이윤도 낳지 않는다. 주거용 가옥 그 자체는 거주자의 수입에 전혀 기여하지 못한다. 의류·가구가 그에게 유용한 것처럼 주택도 틀림없이 그에게 유용하지만, 그것은 지출의 일부이지 수입의 일부는 아니다. 만일 임차료를 지불하고 주택을 빌린다면, 주택 그 자체는 아무것도 생산하지 않기 때문에 임차인은 노동·자본·토지로부터 얻는 다른 수입에서 임차료를 지불해야 한다. 그러므로 주택이 그 소유자에게는 수입을 제공하고 따라서 그에게 자본으로 기능할지라도, 사회 전체에 대해서는 아무런 수입도 제공하지 않으며, 자본으로도 기능하지 않고, 따라서 주민 전체의 수입은 그것에 의해 조금도 증가하지 않는다. 의류·가구도 같은 방식으로 특정인에게 때로는 수입을 제공함으로써 자본으로 기능한다. 가장무도회(masquerade)가 보편화되어 있는 나라에서는 가장무도회용 야회복을 대여하는 것은 하나의 사업이다. 가구상은 때때로 한 달 또는 일 년 단위로 가구를 빌려준다. 장의사는 장례용 용구를 하루 또는 한 주 단위로 임대한다. 많은 사람들은 가구가 비치된 집(furnished house)을 임대함으로써 집의 사용에 대해서뿐만 아니라 가구의 사용에 대해서도 임대료를 받는다. 그러나 이러한 것들로부터의 수입은 언제나 궁극적으로는 수입의 다른 원천으로부터 나온다. 개인의 것이든 사회의 것이든, 직접적 소비를 위한 모든 재고 중 주택에 지출된 부분이 가장 천천히 소비된다. 의류는 몇 년 사용할 수 있고, 가구는 반 세기 또는 한 세기를 가지만, 잘 건축되어 적절하게 관리되는 주택은 몇 세기 갈 수 있다. 비록 총 소비기간은 훨씬 길지만 주택 역시 의류나 가구와 마찬가지로, 실제로는 직접적 소비를 위한 재고이다.

13. 고정자본에는 다음과 같은 네 가지가 포함된다.

한 사회의 총재고가 분할되는 세 부분 중 두 번째는 고정자본이다. 이것의 특성은 유통하지 않고, 즉 소유주를 바꾸지 않고, 수입이나 이윤을 낳는다는 점이다. 그것은 주로 다음의 네 종류로 구성된다.

14. 유용한 기계

첫째는, 노동을 쉽게 하거나 단축시키는 모든 유용한 기계 · 생산도구이다.

15. 유리한 건축물

둘째는, 임대료를 받고 임대하는 건물의 소유자에게 뿐만 아니라 건물을 점유하고 임차료를 지불하는 임차인에게도 수입 획득의 수단이 되는 모든 건물이다. 예를 들면 점포 · 창고 · 공장 · 농장 · 이것들에 부수하는 모든 필요한 건물 · 외양간 · 곡물창고 등은 단순한 주택과는 매우 다르다. 이것들은 일종의 생산도구들이다.

16. 토지의 개량

셋째는, 토지의 각종 개량이다. 토지의 개간 · 배수 · 구획화 · 시비(施肥)를 위해서, 그리고 토지를 경작 · 재배에 가장 적절한 상태로 만들기 위해서 수익성 있게 투하된 재고이다. 개량된 농장은, 노동을 쉽게 하거나 단축시키며, 그리하여 동일한 유동자본이 그것의 사용자에게 훨씬 큰 수입을 가져다 줄 수 있는 유용한 기계와 동일시될 수 있다. 개량된 농장은 어떤 기계보다 유리할 뿐만 아니라 내구성도 길며, 또한 토지 경작에 투하된 농업자의 자본에게 가장 큰 수익을 주며 아무런 수리도 필요로 하지 않는다.

17. 유용한 재능의 습득

넷째는, 모든 주민이나 사회 구성원들이 습득한 유용한 재능들이다. 이러한 재능의 획득에는 교육 · 학습 · 견습 기간에 습득자의 생계 유지를 위해 비용이 드는데, 이들 비용은 말하자면 그 사람 속에서 고정되어 실현되는 자본이다. 이러한 재능은 그 사람의 재산의 일부가 될 뿐만 아니라 그가 속하는 사회의 재산이 된다. 노동자들의 향상된 숙련은, 일정한 비용이 들지만, 노동을 쉽게 하거나 단축시킴으로써 이윤과 함께 비용을 보상하는 기계 · 작업도구와 동일시해도 좋다.

18. 유동자본에는 다음의 것들이 포함된다.

사회의 총재고가 자연히 분할되는 세 부분 중 마지막 세번째는 유동자본이다. 이것의 특징은 유통하여 소유주를 바꿈으로써 수입을 가져다 준다는 것이다. 이것도 다음의 네 종류로 구성된다.

19. 화폐

첫째는 화폐인데, 이것에 의해 다른 나머지 세 종류가 유통되고 적절한 소비자에게 분배된다.

20. 판매자가 보유하고 있는 식료품

둘째는 정육점·목축업자·농업자·곡물상인·양조업자 등이 보유하고 있는 식료품의 재고인데, 그들은 이것의 판매에 의해 이윤을 얻는다.

21. 의복·가구 및 건축물의 원료

셋째는 원료인데, 천연상태에 있거나 다소 가공된 상태로 의류·가구·건물을 만드는 원료로서 재배자·생산자·포목상·목재상·목수·가구장이·벽돌제조업자 등의 수중에 남아 있는 것이다.

22. 상인 또는 제조업자의 수중에 있는 완제품 등

넷째는 이미 완성된 제조품으로, 아직 상인·제조업자의 수중에 있고 진정한 소비자에게 처분·분배되지 않은 것이다. 예를 들면, 우리가 대장간·가구상·금세공업자·보석상·도자기상 등의 가게에서 종종 발견하는 완제품들이다. 유동자본은 이처럼 각 거래자의 수중에 있는 모든 종류의 식료품·원료·완제품, 그리고 최종적으로 사용하고 소비할 사람들에게 그것들을 유통시키고 분배하는 데 필요한 화폐로 구성된다.

23. 유동자본의 세 부분은 규칙적으로 그것에서 빠져나온다.

이 네 종류 중 식료품·원료·완제품은 매년 또는 장기간 혹은 단기간에 규칙적으로 유동자본으로부터 빠져나와 고정자본이 되거나 직접적 소비를 위한 재고가 된다.

24. 모든 고정자본은 유동자본에서 나오며, 그것에 의해 유지되고 있다.

모든 고정자본은 원천적으로 유동자본으로부터 나오며, 계속적으로 유동자본에 의해 공급되어야 한다. 모든 기계·생산도구는 원래 유동자본에서 비롯되는데,

유동자본은 기계 · 생산도구를 만드는 원료를 제공하고 그것을 만드는 사람들의 생계를 유지한다. 기계 · 생산도구는 또한 자신을 항상 수선 · 유지하기 위해 유동자본을 요구한다.

25. 유동자본 없이는 수입을 낼 수 없다.

고정자본은 유동자본에 의하지 않고서는 어떠한 수입도 낳지 못한다. 가장 유용한 기계 · 생산도구는 그것이 가공할 원료를 가져다 주는 유동자본 없이는, 그리고 그것을 사용할 노동자들의 생계를 유지시켜 줄 유동자본 없이는, 아무것도 만들어 내지 못한다. 토지는 아무리 개량되더라도 토지를 경작하고 생산물을 수확하는 노동자들의 생계를 유지해 주는 유동자본 없이는 아무런 수입도 낳지 못한다.

26. 고정자본과 유동자본의 목적은 다른 부분의 재고를 유지하고 증가시키는 데 있다.

직접적 소비를 위한 재고를 유지하고 증가시키는 것은 고정자본과 유동자본 모두의 유일한 목표이자 목적이다.[2] 국민에게 의식주를 공급하는 것은 바로 이 재고이다. 국민이 부유한가 가난한가는 이 두 종류의 자본이 직접적 소비를 위한 재고에 공급할 수 있는 것이 풍부한가 않은가에 달려 있다.

27. 유동자본은 토지 · 광산 · 어업의 생산물에 의해 유지된다.

유동자본이 유통과정에서 빠져나와 사회의 총자본의 다른 두 부문(고정자본과 직접적 소비)으로 투입되는 부분이 너무나 크기 때문에, 유동자본은 지속적인 공급을 필요로 하며, 이것 없이는 유동자본은 곧 없어져 버릴 것이다. 이러한 공급은 주로 세 가지 원천, 즉 토지 · 광산 · 어장(漁場)의 생산물로부터 조달된다. 이들은 식료품과 원료를 지속적으로 공급하는데, 이것의 일부는 나중에 완제품으로

2) 마르크스에 의하면, 자본은 자신의 가치를 증식시키려는 단 하나의 충동을 가질 따름이며, 따라서 흡혈귀처럼 임금노동자의 살아 있는 노동을 흡수함으로써 활기를 띤다. 『자본론』 제1권 제10장(노동일)을 보라 ―역자.

가공되고, 일부는 유동자본으로부터 계속 빠져나와 식료품·원료·완제품을 보충한다. 또한 광산은 유동자본 중 화폐를 이루는 부분을 유지하고 증가시키는 데 필요한 것을 공급한다. 정상적인 과정에서는 이 부분(화폐)은, 다른 세 부분(식료품·원료·완제품)과는 달리, 사회의 총자본의 다른 두 부문(고정자본과 직접적 소비)에 투입되기 위해 반드시 유동자본으로부터 빠져나오는 것은 아니다. 하지만 다른 부분과 마찬가지로 마모되고 결국은 닳아 없어지기 때문에, 그리고 때로는 분실되거나 해외로 유출되기 때문에, 소량일지라도 지속적인 공급을 필요로 한다.

28. 이들을 경영하기 위해서도 고정자본과 유동자본이 필요하다.

토지·광산·어장의 경영에는 고정자본과 유동자본 모두가 필요하다. 그리고 그들의 생산물은 그들의 자본뿐만 아니라 사회의 모든 자본까지도 이윤과 함께 보충한다. 농업자는 해마다 제조업자가 전년에 소비한 식료품과 사용한 원료를 보충해 준다. 그리고 제조업자는 농업자가 같은 시기에 사용하고 소비한 제조품을 보충해 준다. 이것은 두 종류의 사람들 사이에서 해마다 일어나는 실제의 교환이다. 농업자의 천연생산물과 제조업자의 제조품이 직접 서로 물물교환되는 일은 드물다. 왜냐하면, 농업자는 자신의 곡물·가축·아마·양모를 구입하는 바로 그 사람한테서 자신이 필요로 하는 의류·가구·생산도구를 구입하는 일은 드물기 때문이다. 그는 천연생산물을 팔아 화폐로 바꾸고, 화폐로 그가 필요로 하는 제조품을 어디에서나 구매할 수 있다. 토지는 심지어 어장·광산을 경영하는 자본을 적어도 부분적으로 보충하기도 한다. 물 속에서 건져올리는 물고기도 사실상 토지의 생산물이며, 땅 밑으로부터 채굴하는 광물도 사실상 지구 표면의 생산물이기 때문이다.

29. 그것들의 풍부한 정도가 같을 때는 생산량과 사용되는 자본은 비례한다.

토지·광산·어장의 자연적 비옥도가 같을 때, 그들의 생산물은 투하된 자본량과 그것이 적절히 사용된 정도에 비례한다. 사용된 자본의 양이 같고, 같은 정도로 적절히 사용된다면, 생산량은 자연적 비옥도에 비례한다.

30. 비교적 안전한 나라에서는 모든 재고는 세 가지 용도 가운데 어느 한 가지에 사용된다.

비교적 안전한 모든 나라에서는, 상식을 가진 사람이라면 당장의 즐거움이나 미래의 이윤을 획득하기 위해서 자기가 지배할 수 있는 모든 재고를 이용하려고 노력할 것이다. 만일 당장의 즐거움을 위해 사용한다면, 그 재고는 직접적 소비를 위한 재고이고, 장래의 이윤을 획득하기 위해 사용한다면, 그것을 보유하거나 그것을 지출함으로써 이윤을 얻을 수 있다. 보유하는 경우는 고정자본이고, 지출하는 경우는 유동자본이다. 비교적 안전한 나라에서 그가 지배하는 모든 재고를, 자기 자신의 것이든 다른 사람으로부터 빌려온 것이든, 이 세 가지 방식 중의 어느 하나로 이용하지 않는 사람은 완전히 미친 사람임에 틀림없다.

31. 그러나 폭력이 횡행하는 나라에서는 많은 재고가 매장 또는 은폐된다.

사람들이 항상 권세를 가진 자들의 포학을 두려워하는 불행한 나라에서는, 사람들은 자신의 재고의 대부분을 땅속에 묻어 두거나 감추어 두는데, 그것은 그들이 항상 직면하고 있다고 생각하는 어떤 종류의 재난을 당하는 경우 재고를 가지고 안전한 곳으로 도망가려고 항상 자기 가까이 두기 위해서다. 이러한 관습은 터키 · 인도, 생각컨대 대부분의 아시아 나라에서 일반적이라고 한다. 봉건정부의 횡포 하에서 우리 선조들 사이에서도 이것은 일반적이었던 것 같다. 그 당시 매장물(埋藏物)은 유럽에서 거대 군주의 무시할 수 없는 수입의 일부로 간주되었다. 매장물은 땅 속에 감춰져 있다가 발견되지만 누구도 그것에 대한 권리를 증명할 수 없는 보물이다. 당시 매장물은 매우 중요한 물건으로, 항상 군주의 것으로 간주되었다. 매장물에 대한 권리가 군주의 특허장에 명기된 조항에 의해 발견자 · 토지소유자에게 양도되지 않는 한, 그들의 것으로 간주되지 않았다. 비록 납 · 구리 · 주석 · 석탄의 광맥은 덜 중요해서 토지의 포괄 양도에 포함되었지만, 매장물은 금은광과 동일하게 취급되었는데, 금은광은 특허장의 특별조항 없이는 토지의 포괄 양도에 포함되지 않는 것으로 생각되었다.

제2장

사회의 총재고의 특수한 부문으로 간주되는 화폐, 또는 국민자본의 유지비

1. 가격은 임금, 이윤, 지대 세 부분으로 분할된다.

제1편에서 이미 밝힌 바와 같이, 대부분 상품의 가격은 세 부분으로, 즉 상품을 생산하여 시장에 내놓는 데 사용된 노동에 대한 임금, 자본에 대한 이윤, 토지에 대한 지대로 분해된다. 물론 약간의 상품가격은 두 부분, 즉 노동에 대한 임금과 자본에 대한 이윤만으로 구성되며, 또한 극히 소수의 상품가격은 노동에 대한 임금만으로 구성되기도 하지만, 모든 상품가격은 필연적으로 위의 세 부분 중 이 부분, 또는 저 부분, 또는 전부로 분해된다. 왜냐하면, 가격 중 지대로도 임금으로도 들어가지 않는 부분은 모두 반드시 누군가의 이윤이 되기 때문이다.

2. 그리고 연간 생산물의 총액도 같은 세 부분으로 분할된다.

이미 밝힌 바와 같이, 분리해서 볼 때, 각 개별 상품의 사정도 이러하고, 합쳐서 볼 때, 한 나라의 토지·노동의 연간생산물 전체를 구성하는 모든 상품의 사정도 이러하다. 연간생산물의 가격 또는 교환가치 전체는 세 부분으로 분해되어 그 나라의 각 주민들 사이에 노동임금·자본이윤·토지지대로 분배된다.

3. 그러나 우리는 총수입과 순수입을 구별할 수 있다.

그러나 각 나라의 토지·노동의 연간생산물의 가치 전체가 각 주민에게 분배되어 그들의 수입을 이룰지라도, 사유지의 지대에서 총(總)지대와 순(純)지대가 구분되는 것처럼, 모든 주민들의 수입도 이처럼 구분할 수 있을 것이다.

4. 총지대는 농업자에 의하여 지불된 전액이며, 순지대는 지주가 자유로 처분하도록 남겨진 것이다.

사유지에 대한 총지대는 차지농업자가 지불하는 모든 것을 포괄한다. 순지대는 지주가 유지비·수선비·기타 모든 비용을 공제한 뒤 마음대로 사용할 수 있는 부분이다. 즉, 그의 소유지를 손상시키지 않고 그가 직접적 소비를 위한 재고로 편입할 수 있는 부분이며, 탁자·마차·집의 장식품·가구·사적인 향락·오락을 위해 소비할 수 있는 부분이다. 지주의 진정한 부(富)는 총지대가 아닌 순지대에 비례한다.

5. 총수입은 연간 총생산물을 말하며, 순수입은 고정자본과 유동자본의 유지비를 공제하고 난 뒤에 자유처분할 수 있도록 남겨진 부분이다.

한 나라의 모든 주민의 총수입은 그들의 토지·노동의 연간생산물 전체를 포함한다. 순수입은 고정자본과 유동자본의 유지비를 공제한 다음 그들에게 남는 부분이다. 즉, 자본을 잠식하지 않고 그들이 직접적 소비를 위한 재고로 편입할 수 있는 부분이며, 생활수단·편의품·향락품 등에 지출할 수 있는 부분이다. 그들의 진정한 부(富) 역시 총수입이 아닌 순수입에 비례한다.

6. 고정자본의 유지비 전체는 제외되어야 한다.

고정자본의 총유지비는 사회의 순수입에서 분명히 제외되어야 한다. 유용한 기계·생산도구·수익성 있는 건물 등을 유지하는 데 필요한 원료나 이러한 원료를 적절한 형태로 가공하는 데 필요한 노동의 생산물 역시 순수입의 일부가 될 수 없다. 그렇지만 이 노동의 가격〔임금)은 순수입의 일부가 될 수 있다. 왜냐하면, 여기에 고용된 노동자는 그 임금의 모든 가치를 직접적 소비를 위한 재고에 지출할 수 있기 때문이다. 그러나 다른 종류의 노동에서는 노동가격과 노동생산물 모두가 직접적 소비를 위한 재고로 들어가는데, 노동가격은 노동자의 직접적 소비를 위한 재고로 되고, 노동생산물은 다른 사람들의 직접적 소비를 위한 재고로 된다. 후자의 생활수단·편의품·향락품은 이들 노동자의 노동에 의해 증가된다.[1)]

7. 고정자본의 유일한 목적은 노동의 생산력을 증진시키는 것이고, 그것이 단순화되는 것은 유리하다.

고정자본의 목적은 노동생산력을 증가시켜 같은 수의 노동자들로 하여금 훨씬 많은 작업량을 수행하도록 하는 것이다. 모든 필요한 건물·울타리·배수로·통로 등이 완비되어 있는 농장에서는 같은 수의 노동자와 역축은, 토지의 면적·비옥도는 같으나 설비가 뒤지는 다른 농장보다 훨씬 많은 생산물을 생산한다. 제조업에서도 기계에 의해 보조되는 같은 수의 노동자는 불완전한 생산도구를 갖춘 공장보다 훨씬 더 많은 생산량을 만들어낸다. 모든 종류의 고정자본에 적절히 지출되는 비용은 언제나 많은 이윤을 낳으며, 이러한 개량에 드는 비용보다 훨씬 큰 가치만큼 연간생산물을 증가시킨다. 그러나 이러한 개량비 역시 연간생산물의 일정 부분을 요구한다. 즉, 그 사회의 의식주, 곧 생필품·편의품을 증가시키기 위해 직접적으로 사용될 수 있었을 일정량의 원료와 일정한 수의 노동자의 노동이, 매우 유익하지만 위의 용도와는 다른 용도로 전환되는 것이다. 같은 수의 노동자들로 하여금 이전보다 더욱

---

1) 스미스는 연간생산물의 실물구성과 가격구성을 혼동하고 있다. 마르크스의 단순재생산 분석에 따르면, 연간생산물은 실물측면에서는 생산재와 소비재로 구성되며, 생산재는 전년에 소비된 원료와 기계 · 건물의 마멸분을 보충하고, 소비재는 주민들 사이에 분배되어 소비된다. 또한 연간생산물은 가격 측면에서는 기계 · 건물의 감가상각비 · 원료비 · 임금 · 이윤 · 지대로 구성되는데, 소비재를 구입할 수 있는 순수입은 임금 · 이윤 · 지대뿐이다.『자본론』제2권 제20장(단순재생산)을 참조하라 —역자.

싸고 단순한 기계를 가지고 더 큰 작업량을 수행할 수 있도록 해주는 기계공업의 발전이 항상 사회에 유익한 것으로 간주되는 이유는 바로 이 때문이다. 이전에 더욱 복잡하고 값비싼 기계를 유지하는 데 사용되었던 원료·노동의 일정량이 이제는 작업량을 증가시키는 것에 사용될 수 있고, 그 기계 또는 다른 기계의 유용성은 오직 여기에 있다. 기계를 유지하기 위해 일 년에 1,000파운드를 지출하는 대공장의 경영자는, 만일 이 비용을 500파운드로 줄일 수 있다면, 나머지 500파운드는 당연히 추가적인 노동자에 의해 가공될 추가적인 원료의 구입에 사용할 것이다. 그러므로 그 기계가 수행하게 되는 작업량은 자연히 증가하고, 그와 동시에 사회가 그 작업으로부터 얻어 내는 모든 이익과 편의도 증가한다.

8. 고정자본의 유지비는 소유지의 수리 · 유지비와 같은 것이다.

한 나라에서의 고정자본의 유지비는 사유지에서의 수리·유지비에 적절히 비유될 수 있다. 수리비는 사유지의 생산물, 따라서 지주의 총지대와 순지대를 유지하는 데 종종 필요하다. 그러나 적절한 감독에 의해 수리비가 생산물의 어떤 감소도 동반하지 않고 절감된다면, 적어도 총지대는 종전과 같을 것이고 순지대는 반드시 증가한다.

9. 유동자본의 뒤의 3항의 유지비는 순수입에서 제외되어서는 안 된다.

고정자본의 총유지비가 사회의 순수입에 들어가지 않는다고 하더라도, 유동자본의 유지비는 그렇지 않다. 유동자본을 구성하는 네 가지 부분들, 즉 화폐·식료품·원료·완제품 중 뒤의 세 가지는 이미 고찰한 바와 같이 규칙적으로 유동자본으로부터 빠져나와 사회의 고정자본에 편입되거나 직접적 소비를 위한 재고로 들어간다. 이러한 소비가능한 재화 중 고정자본의 유지에 사용되지 않는 부분은 전부 소비용 재고로 되어 사회의 순수입의 일부가 된다. 따라서 유동자본의 세 구성부분을 유지하는 데는 고정자본의 유지를 위해 필요한 것을 제외하고는 사회의 순수입으로부터 연간생산물의 어떤 부분도 빼내지 않는다.

10. 사회의 유동자본은 이 점에서 개인의 유동자본과 다르다.

사회의 유동자본은 이 점에서 개인의 유동자본과 다르다. 개인의 유동자본은 전혀 그의 순수입을 이루지 않으며, 그의 순수입은 오직 이윤만으로 이루어져 있다. 모든 개인의 유동자본은 그가 속하는 사회의 유동자본의 일부이지만, 그것은 자기의 순수입의 일부를 결코 구성하지 못한다. 왜냐하면, 상인의 상점에 있는 모든 재화는 결코 자기 자신의 직접적 소비를 위한 재고로는 될 수 없고 다른 사람들의 직접적 소비를 위한 재고로 될 수 있을 뿐이기 때문이다. 다른 사람들은 다른 원천에서 얻은 수입에 의해, 상인의 자본이나 그들 자신의 자본을 조금도 감소시키지 않고, 그 재화들의 가치를 이윤과 함께 상인에게 규칙적으로 보상해 준다.

11. 화폐의 유지비만은 공제되어야 한다.

따라서 화폐는 사회의 유동자본 중 그 유지비가 사회의 순수입을 감소시킬 수 있는 유일한 부분이다.

12. 화폐는 고정자본과 비슷하다. 그 이유는,

고정자본과 화폐로 구성된 유동자본 부분은, 사회의 수입에 영향을 미치는 한, 서로 매우 유사하다.

13. 화폐 재고의 유지비는 총수입의 일부분이지만 순수입의 일부분은 아니다.

첫째, 기계 · 생산도구 등은 설치하고 유지하는 데 비용을 필요로 하며, 이 비용은 사회의 총수입의 일부를 이룰지라도 순수입에는 들어가지 않는다. 마찬가지로, 한 나라에서 유통되는 화폐량도 모으고 유지하는 데 비용을 필요로 하며, 이 비용도 사회의 총수입의 일부이지만 순수입에는 들어가지 않는다. [금은과 같은] 매우 값비싼 원료 및 매우 정교한 노동의 일정량이 개인의 생필품 · 편의품 · 향락품 등 직접적 소비를 위한 재고를 증가시키는 데 사용되지 않고 위대하지만 값비싼 상업수단(화폐)을 유지하는 데 사용되고 있다. 그렇지만 화폐에 의해 사회의 모든 개인은 생필품·편의품·향락품을 적절한 비율로 규칙적으로 분배받게 된다.

14. 화폐 자체는 순수입의 일부분을 형성하지 않는다.

둘째, 개인이나 사회의 고정자본을 구성하는 기계·생산도구 등은 총수입이나 순수입의 일부를 이루지 않는다. 마찬가지로 화폐는 사회의 수입 전체를 규칙적으로 모든 사회 구성원에게 분배하지만 그 자체는 수입의 일부가 아니다. 유통의 거대한 바퀴인 화폐는 그것에 의해 유통되는 재화와는 다르다. 사회의 수입은 재화들로 구성되어 있고 그들을 유통시키는 바퀴로 구성되어 있는 것은 아니다. 어떤 사회의 총수입이나 순수입을 계산하는 데 있어 우리는 항상 화폐와 재화의 연간 유통 총량으로부터 화폐의 총가치를 공제해야 한다. 왜냐하면, 단 한 개의 파싱(farthing: $\frac{1}{4}$페니) 주화도 총수입이나 순수입을 전혀 구성하지 않기 때문이다.

15. 용어가 애매하기 때문에 그렇게 보일 뿐이다.

이 명제가 의심스럽거나 역설적이게 보이는 이유는 단지 언어의 애매성 때문이다. 적절하게 설명되거나 이해된다면 이것은 거의 자명하다.

16. 화폐액은 종종 화폐 그 자체를 나타내는 동시에 구매할 수 있는 재화를 나타내기도 한다.

우리가 어떤 특정 화폐액에 대해 말할 때, 우리는 때로는 이 금액을 구성하는 금속 조각만을 의미하는 경우도 있고, 때로는 이 금액과 교환될 수 있는 상품, 또는 이 금액의 소유가 가져다 주는 구매력을 막연하게 가리키는 경우도 있다. 따라서 우리가 잉글랜드에서 유통하는 화폐는 1,800만 파운드 스털링이라고 말할 때, 우리는, 어떤 저자가 잉글랜드에서 유통되리라고 계산했거나 추측한 금속 조각의 양을 의미할 뿐이다. 그러나 어떤 사람이 일 년에 50 또는 100파운드를 번다고 할 때, 우리는 그에게 매년 지불되는 금속 조각을 말할 뿐만 아니라 그가 매년 구매하거나 소비할 수 있는 재화의 가치를 말한다. 즉, 우리는 그의 생활수준이 어떤가, 그가 즐길 수 있는 생필품 · 편의품의 양과 질은 어느 정도인가를 확인하려고 한다.

17. 이들 둘을 함께 가산해서는 안 된다.

일정한 화폐액이 그것을 이루고 있는 금속 조각의 양을 표현할 뿐만 아니라 그 금액과 교환될 수 있는 재화를 가리킨다고 한다면, 그 금액이 표시하는 부(富) 또는 수입(收入)은 화폐 그 자체보다 오히려 화폐가 구매할 수 있는 것과 동등하다.

18. 어떤 사람이 한 주에 1기니를 번다면, 그는 1기니의 가치가 있는 생활자료 등을 향유할 수 있다.

그러므로 만일 특정인의 한 주간의 보수가 1기니(guinea)라면, 그는 일주일 동안 그것으로 일정량의 생필품 · 편의품 · 향락품을 구매할 수 있다. 이 양이 크냐 작으냐에 따라 그의 진정한 부(富), 그의 실질적인 주간 수입도 크거나 작다. 그의 주간 수입은 확실히 1기니와 1기니로 구매할 수 있는 것을 합한 것은 아니며, 두 가지 동일한 가치 중 오직 하나와 동등하며, 그리고 더 정확하게는 전자보다는 후자, 즉 1기니보다는 1기니가 구매할 수 있는 것과 동등하다.

19. 그 사람의 실질수입은 그 생활자료 등을 말한다.

만일 그 사람의 보수가 금화가 아니라 매주 1기니의 지폐로 지불된다면, 그의 수입은 지폐조각이 아니라 지폐로 얻을 수 있는 것임은 분명하다. 1기니 지폐는 주변의 모든 상인들에게 생필품 · 편의품의 일정량을 청구할 수 있는 어음으로 간주될 수 있다. 1기니 지폐를 지불받는 사람의 수입은 정확히 말하면 〔지폐가 대표하는〕 금 조각에 있는 것이 아니라 이 지폐로 얻을 수 있는 물건이나 이것과 교환할 수 있는 물건에 있다. 만일 이 지폐가 아무것과도 교환되지 않는다면, 그것은 부도난 어음과 마찬가지로 쓸모 없는 종이조각처럼 무가치하다.

20. 이같은 사실은 한 나라의 모든 주민에 관해서도 마찬가지다.

한 나라의 모든 주민들의 주간 또는 연간 수입이 화폐로 지불된다고 할지라도, 그들의 진정한 부(富), 그들 모두의 실질적인 주간 또는 연간 수입은 그들이 이 화폐로 구매할 수 있는 소비재의 양에 비례하여 크거나 작다. 그들 모두의 수입 전체는 화폐와 소비재를 합한 것과 같은 것이 아니라 이 둘 중 하나이고, 전자보다는 오히려 후자이다.

21. 한 사람의 수입은 그 사람의 구매력이나 소비능력에 달려 있다.

그러므로 우리는 종종 한 사람의 수입을 매년 그에게 지불되는 금속 조각에 의해 표현하지만, 이것은 그 금속 조각의 금액이 그의 구매력의 크기, 즉 그가 매년 소비할 수 있는 재화의 가치를 결정하기 때문이다. 우리는 여전히 그의 수입이 구매력 또는 소비능력에 있는 것이지 그 구매력을 표시하는 금속 조각에 있는 것은 아니라고 본다.

22. 한 개인에게 해마다 지불되는 주화의 양은 그의 수입과 같다. 그러나 어떤 사회에서 주화의 총액이 그 사회의 수입총액과 같은 것은 아니다.

이러한 사실은 한 개인에 대해서도 매우 자명하지만, 한 사회에 대해서는 더욱 자명하다. 개인에게 매년 지불되는 금속 조각의 금액은 종종 그의 수입과 정확히 일치하고, 따라서 수입의 가치에 대한 가장 간단하고 정확한 표현이다. 그러나 한 사회에서 유통되는 금속 조각의 금액은 모든 사회 구성원의 수입과 동일할 수 없다. 오늘 어떤 사람에게 양로연금(養老年金)으로 지불되는 동일한 기니 금화가 내일은 다른 사람에게, 그 다음 날은 또다른 제3자에게 지불될 수 있으므로, 한 나라에서 매년 유통되는 금속 조각의 금액은 주민들에게 매년 지불되는 화폐보수 총액보다 항상 적은 가치임이 틀림없다. 그러나 그것의 구매력, 즉 차례차례 지불받기 때문에 그 화폐급여 전체로서 차례차례 구매할 수 있는 재화들은 그 화폐보수 총액과 정확히 같다. 보수를 받는 각 사람의 수입도 마찬가지다. 그러므로 모든 사회 구성원의 수입은, 수입총액의 가치보다 훨씬 작은 금액인 금속조각에 있는 것이 아니라 구매력, 즉 금속 조각이 손에서 손으로 유통됨에 따라 차례차례 구입할 수 있는 재화들에 있는 것이다.[2)]

23. 그러므로 화폐는 사회의 수입의 어떤 부분도 이루고 있지 않다.

따라서 유통의 거대한 바퀴이자 중요한 상업수단인 화폐는 다른 모든 생산도구와 마찬가지로, 그 사회의 자본의 일부이고 매우 중요한 일부이지만, 그 사회의 수입의 일부는 되지 못한다. 화폐를 이루고 있는 금속조각이 매년의 유통과정 속에서 모든 사람에게 자기의 정당한 수입을 분배하지만 그들의 수입의 일부가 되는 것은 아니다.

24. 화폐 재고의 유지비를 절약하는 것은 모두 일종의 개선이다.

마지막으로 셋째, 고정자본을 이루는 기계·생산도구 등은 유동자본 중 화폐로 구성되는 부분과 다음과 같은 점에서 유사하다. 즉, 기계의 설치·유지비를 노동생산력을 감소시키지 않고 절약하는 것은 사회의 순수입을 증가시키는데, 유동자본 중 화폐로 구성되는 부분을 모으고 유지하는 비용의 절약도 꼭 마찬가지이다.

25. 고정자본의 유지비 절약은 사회의 순수입을 증가시킨다.

고정자본 유지비의 절약이 어떻게 사회의 순수입을 증가시키는가는 매우 명백하고, 부분적으로는 이미 설명되었다. 사업경영자의 자본 전체는 반드시 고정자본과 유동자본으로 나누어진다. 그의 총자본이 불변인 한, 전자가 작아지면 후자는 반드시 커진다. 원료와 노동임금을 공급하고 노동을 가동시키는 것은 유동자본이다. 따라서 고정자본의 유지비 절약은, 노동생산력을 감소시키지 않는다면, 노동을

---

2) 연간생산물을 유통시키는 데 필요한 화폐액은 연간생산물의 가격총액을 화폐조각의 연간 회전수로 나누면 된다. 『자본론』 제1권 제3장 제2절(유통수단)을 참조하라 ―역자.

가동시킬 자금을 증가시키고, 결과적으로 한 사회의 토지·노동의 연간생산물, 즉 진정한 수입을 증가시킨다.

26. 지폐로 금화를 대체하는 것은 하나의 개선이다.

금화나 은화를 지폐(paper money)로 대체하는 것은 매우 비싼 상업수단을 훨씬 값싼 그리고 때로는 마찬가지로 편리한 상업수단으로 대체하는 것이다. 유통은 새로운 수레바퀴에 의해 이루어지게 되는데, 그것은 이전보다 제조·유지비가 적게 든다. 그러나 이것이 어떤 방식으로 수행되는지, 그리고 어떤 방식으로 사회의 총수입이나 순수입을 증가시키게 되는지는 불분명하므로 더 설명할 필요가 있다.

27. 은행권은 가장 좋은 지폐이다.

지폐에는 몇 가지 종류가 있다. 그러나 은행이나 은행가가 발행하는 은행권(bank-note)이 잘 알려져 있고 또 이 목적에 가장 적합한 종류로 보인다.

28. 약속어음은 화폐와 동일한 유통성을 갖는다.

어느 특정국의 사람들이 특정 은행가의 재산·성실·신중함을 매우 신뢰하여, 그가 발행한 약속어음에 대해 그는 언제나 지불할 준비가 되어 있다고 믿는다고 하자. 이러한 약속어음은, 금화나 은화를 언제라도 이것과의 교환으로 얻을 수 있다는 믿음에서, 금화나 은화와 동일한 유통성을 갖게 된다.

29. 어떤 은행가가 10만 파운드 스털링을 어음으로 대출하면서 수중에는 2만 파운드 스털링의 금은화밖에 보유하고 있지 않다면, 8만 파운드의 금은화가 유통계에서 절약되는 셈이다.

어느 한 은행가가 자기 고객들에게 10만 파운드 스털링에 달하는 약속어음을 대부한다고 하자. 이 약속어음은 화폐의 역할을 할 수 있으므로, 그의 채무자들은 같은 금액의 화폐를 대부받았을 때와 마찬가지의 이자를 지불한다. 이 이자는 은행가의 이득의 원천이다. 이 어음의 일부는 끊임없이 지불을 요구하여 그에게 돌아오지만, 다른 일부는 몇 달간, 또는 몇 년간 유통된다. 그러므로 그는 10만 파운드 스털링에 달하는 어음을 유통시키고 있으나, 때때로 발생하는 지불 요구에 대비하기 위해서는 2만 파운드 스털링의 금화나 은화만으로도 충분할 것이다. 따라서 이러한 방식의 작용에 의해 2만 파운드 스털링의 금화 · 은화는 10만 파운드 스털링이 담당해야 할 모든 기능을 담당하고 있다. 10만 파운드 스털링의 약속어음으로 10만 파운드 스털링의 금화·은화가 수행하는 것과 동일한 교환이 행해지며, 동일한 양의 소비재가 유통되고, 정당한 소비자에게 분배될 수 있다. 따라서 8만 파운드 스털링의 금화나 은화는 이러한 방식으로 그 나라의 유통에서 절약될 수 있다. 그리고 다른 수많은 은행·은행가에 의해 같은 종류의 다른 조작이 동시에 행해진다면, 유통 전체는 이전의 $\frac{1}{5}$에 해당하는 금화나 은화만으로도 수행될 수 있을 것이다.

30. 그리고 만일 많은 은행가들이 이처럼 한다면, 이전에 유통되고 있던 금은화의 $\frac{4}{5}$가 외국으로 보내질 수 있을 것이다.

예를 들어 어떤 특정국에서 특정 시기에 화폐총액이 100만 파운드 스털링에 이르고, 이 금액은 그 나라의 토지·노동의 연간생산물을 유통시키기에 충분하다고 가정해 보자. 또한 그 후에 각종 은행과 은행가가 100만 파운드 스털링의 약속어음을 발행하고 때때로의 지불요구에 대해 20만 파운드 스털링의 금은화를 금고에 준비해 둔다고 가정하자. 그러면 80만 파운드 스털링의 금은과 100만 파운드 스털링의 은행권, 즉 지폐와 금속화폐를 합해 180만 파운드 스털링이 유통하게 된다. 그러나 그 나라의 토지·노동의 연간생산물이 유통되어 그 적절한 소비자에게 분배되기 위해서는 오직 100만 파운드 스털링이 필요하며, 은행의 이러한 조작에 의해 연간생산물이 즉시 증가하는 것도 아니다. 그러므로 100만 파운드 스털링은 이후에도 유통을 위해 충분하다. 매매되는 재화가 이전과 똑같으므로 그들의 매매에는 동일한 화폐량으로 충분하다. 이러한 표현을 써도 좋다면, 유통의 수로(channel)는 이전과 정확히 동일하다. 100만 파운드는 그 수로를 메우는 데 충분하다고 여겨진다. 따라서 그 금액을 넘어 부어 넣어진 것은 그 안에서 흘러다닐 수 없고 넘치게 마련이다. 180만 파운드가 그 안에 들어간 것이다. 따라서 80만 파운드는 그 나라의 유통에 사용될 수 있는 것을 초과하기 때문에 넘치게 마련이다. 그러나 이 화폐는 그 나라에서는 사용될 수 없지만 매우 귀중하므로 가만히 놀릴 수는 없다. 국내에서 찾을 수 없는 유리한 사용처를 찾기 위해 해외로 보내질 것이다. 그러나 지폐는 해외로 나갈 수 없다. 왜냐하면, 지폐를 발행한 은행이나 법에 의해 지폐의 지불이 보증되는 나라로부터 멀리 떨어진 곳에서는 지폐는 일상적 지불에서 받아들여지지 않기 때문이다. 그러므로 80만 파운드 스털링에 달하는 금은이 해외로 나갈 것이고, 국내의 유통수로는 이전에 그것을 채우고 있던 100만 파운드의 금속 대신 100만 파운드의 지폐로 채워질 것이다.

31. 그리고 재화와 교환된다.

그러나 이렇게 많은 양의 금은이 해외로 나간다고 해서 그것이 공짜로 나간다거나 금은의 소유자가 외국에 선물한다고 생각해서는 안 된다. 금은의 소유자는 이 화폐를 각종 외국의 재화와 교환하여 자기 나라나 제3국의 소비를 위해 공급한다.

32. 또는 다른 나라의 소비를 충족시키기 위해 교환되기도 하는데, 이 경우의 이윤은 자국의 순수입의 추가분이 되는 것이다.

만일 금은의 소유자들이 금은을 사용하여 어떤 외국에서 상품을 구매하고 그것으로 다른 외국의 소비를 충족시킨다면, 즉 이른바 중개무역을 수행한다면, 그들이 얻는 이윤은 자기 나라의 순수입을 증가시킬 것이다. 이 이윤은 새로운 사업을 위한 새로운 자금과 같다. 국내의 사업은 이제 지폐에 의해 수행되고, 금은은 이 새로운 중개무역을 위한 자금으로 전환된다.

33. 또는 사치품과 노동자들을 고용하고 유지하는 재료 · 도구 및 식료품의 국내소비를 충족하기 위해 교환된다.

만일 그들이 국내소비를 위해 외국재화를 구매하는 데 금은을 사용한다면, 그들은 첫째 아무것도 생산하지 않는 게으른 사람들에 의해 소비될 외제 포도주 · 외제 비단 등을 구입하거나, 둘째 원료 · 도구 · 식료품을 추가적으로 구입하여 자기들의 연간소비액을 이윤과 함께 재생산하는 노동자들을 추가적으로 고용 · 유지할 것이다.

34. 만일 그것이 사치품을 충족시키기 위해 사용되면, 낭비와 소비가 증가한다.

첫째 방식으로 사용된다면, 낭비를 촉진시키고 지출과 소비를 증가시키면서 생산을 증가시키지 않거나, 그러한 지출을 충당하기 위한 어떤 항구적인 재원을 마련하지 않기 때문에, 모든 면에서 사회에 해롭다.

35. 만일 그것이 원료 등을 공급하기 위해 사용된다면, 소비의 유지를 위한 항구적인 기금이 마련된다.

둘째 방식으로 사용된다면, 근면을 촉진시킨다. 비록 사회의 소비를 증가시키지만 그것은 그 소비를 유지하기 위한 항구적인 재원을 제공한다. 왜냐하면, 소비하는 사람들은 그들의 연간소비액을 이윤과 함께 재생산하기 때문이다. 사회의 총수입, 즉 토지 · 노동의 연간생산물은 노동자들의 노동이 그들이 취급하는 원료에다 부가한 가치만큼 증가하며, 사회의 순수입은 이 가치 중 그들의 도구 · 장비를 유지하는 데 필요한 것을 공제한 뒤 남는 부분만큼 증가한다.[3]

36. 외국에 보내지는 금은화의 대부분은 원료 등을 구입한다.

은행의 영업활동(operations)에 의해 해외로 나가 국내 소비용 외국 재화를 구입하는 데 사용되는 금은의 대부분이 두 번째 종류의 재화를 구입하는 데 사용된다는 것과 또 그래야 한다는 것은 확실할 뿐만 아니라 불가피하게 보인다. 어떤 특정한 사람들은 그들의 수

3) 이러한 관점은 마르크스가 말하는 노동의 이중적 역할과 연결된다. 노동은 구체적 유용노동이라는 속성에서 생산수단의 가치를 생산물로 이전시켜 보존하며, 추상적 인간노동이라는 속성에서 생산수단의 가치에 새로운 가치(노동력의 가치와 잉여가치)를 첨가한다. 『자본론』 제1권 제8장(불변자본과 가변자본)을 참조하라—역자.

입이 전혀 증가하지 않는데도 지출을 상당히 증가시킬 수 있지만, 어떤 계급이나 계층의 사람들 모두가 그렇게 할 수는 없다. 일반적인 검약의 원칙(the principles of common prudence)이 모든 개인의 행동을 지배하는 것은 아니지만, 각 계급이나 계층의 대다수 사람들의 행동에는 영향을 미치기 때문이다. 그러나 게으른 사람들을 하나의 계급이나 계층으로 볼 때, 그들의 수입은 이러한 은행 조작에 의해 조금도 증가될 수 없다. 따라서 비록 그들 중 소수의 사람들의 지출은 증가할 수 있거나 실제로 증가하지만, 그들의 총지출은 은행의 영업활동에 의해 크게 증가될 수는 없다. 게으른 사람들의 외국재화에 대한 수요는 이전과 같거나 거의 같기 때문에, 은행의 영업활동에 의해 해외로 보내져 국내소비용 외국재화를 구입하는 데 사용되는 화폐의 매우 작은 부분만이 그들이 사용할 외국 재화를 구매하는 데 사용된다. 더 큰 부분은 자연히 나태한 사람들을 유지하는 데 쓰이지 않고 근면한 사람들을 고용하는 데 사용될 것이다.

37. 유동자본이 고용할 수 있는 노동의 양은 식료품·원료 및 완제품에 의해 결정되고 결코 화폐의 양에 의하여 결정되는 것은 아니다.

한 사회의 유동자본이 고용할 수 있는 노동량을 계산할 때, 우리는 유동자본 중 식료품·원료·완제품으로 구성되는 부분만을 고려해야 할 것이다. 다른 부분, 즉 화폐로 구성되며 위의 세 가지를 유통시키는 데만 사용되는 부분은 항상 제외되어야 한다. 일을 시키기 위해서는 세 가지가 필요하다. 즉, 가공되는 원료, 이용되는 도구, 작업이 완성되도록 하는 임금·보수가 그것이다. 화폐는 가공되는 원료도 아니고 이용되는 도구도 아니다. 노동자의 임금은 대개 화폐로 지급되지만, 그의 실질수입은 다른 사람의 수입과 마찬가지로 화폐가 아니라 화폐의 가치에 있다. 즉, 금속 조각이 아니라 금속 조각으로 구매할 수 있는 것에 있다.

38. 자본이 고용할 수 있는 노동의 량은 곧 노동자의 수와 같다.

어떤 자본이 고용할 수 있는 노동량은, 그것이 공급할 수 있는 원료·도구·그리고 작업의 성질에 어울리는 생활유지비를 대어 주고 고용할 수 있는 노동자의 수와 같다. 화폐는 원료 · 생산도구를 구매하는 데뿐만 아니라 노동자들의 생활을 유지하는 데도 필요하다. 그러나 총자본이 고용할 수 있는 노동량은 화폐 및 화폐로 구매하는 원료 · 도구 · 생활수단 두 가지를 합한 것과 같지 않고, 두 가지 중 어느 하나, 더욱이 전자보다는 후자와 같다.

39. 금은화 대신에 지폐를 대용하면 그만큼 금은화는 감소하고 그 대신 원료 · 도구 및 생활자료가 증가된다.

지폐가 금화 · 은화를 대체한다면, 총유동자본이 공급할 수 있는 원료 · 도구 · 생필품의 양은 종전에 이것들을 구매하는 데 사용되었던 금은의 가치만큼 증가할 것이다. 거대한 유통과 분배의 수레바퀴(금은화)의 전체 가치는, 그것에 의해 유통되고 분배되던 재화에 추가된다. 이 조작은 어떤 큰 사업경영자의 활동과 어느 정도 유사하다. 왜냐하면, 그는 기계공학상의 진보에 힘입어 낡은 기계를 버리고 낡은 기계의 가격과 새로운 기계의 가격 사이의 차액을 유동자본, 즉 노동자에게 원료 · 임금을 공급하는 기금에 추가하기 때문이다.

40. 화폐의 양은 전체 생산물에 대해서는 작은 비율을 차지하나, 노동의 유지 부분에 대해서는 큰 비율을 차지한다.

한 나라에서 유통되는 화폐가 그것에 의해 유통되는 연간생산물의 총가치와 어떤 비율을 이루는지는 결정할 수 없다. 여러 저자들에 의해 그것은 $\frac{1}{5}$, $\frac{1}{10}$, $\frac{1}{20}$, $\frac{1}{30}$이라고 계산되었다. 그러나 연간생산물의 총가치에 대한 유통화폐의 비율이 아무리 작다고 하더라도, 연간생산물 중 노동자의 고용에 사용되는 부분은 단지 일부분, 흔히 매우 작은 일부분에 불과하므로, 이 부분에 대한 유통화폐의 비율은 항상 매우 크다. 그러므로 지폐의 대용(代用)에 의해 유통에 필요한 금은이 이전의 $\frac{1}{5}$로 되어 나머지 $\frac{4}{5}$의 대부분이 노동자의 고용을 위한 기금에 추가된다면, 지폐의 대용은 고용량, 따라서 토지 · 노동의 연간생산물의 가치를 크게 증가시킬 것이다.

41. 이런 종류의 은행업무는 스코틀랜드에서 실행되어 놀라운 효과를 거두었다.

최근 25~30년 동안 스코틀랜드에서는 대부분의 대도시에서, 심지어 소도시에서조차도, 새로운 은행을 세움으로써 이러한 종류의 업무가 수행되었다. 그 효과는 위에서 언급한 그대로였다. 사업은 거의 모두 이러한 여러 은행의 지폐에 의해 이루어지고 있고, 이 지폐로 모든 구매와 지불이 일상적으로 행해지고 있다. 은화는 20실링 은행권의 잔돈으로서 등장하는 경우가 아니면 거의 볼 수 없고, 금화는 더욱 그러하다. 물론 이 모든 은행들의 행동이 나무랄 데 없는 것은 아니었고, 따라서 그것을 규제할 의회 법률이 필요했지만, 그럼에도 불구하고 스코틀랜드는 은행업에 의해 분명히 많은 이득을 보았다.

내가 들은 바에 의하면, 글래스고에서는 은행이 처음 생긴 이래 15년 동안 상거래 규모가 두 배로 늘어났고, 에든버러에 두 개의 공공은행이 생긴 이래 스코틀랜드의 상거래 규모는 4배 이상 늘어났는데, 한 은행은 1695년 의회 법률에 의해 설립된 스코틀랜드은행(The Bank of Scotland)이고, 다른 하나는 국왕의 특허장에 의해 1727년에 설립된 왕립은행(The Royal Bank)이다. 실제로 이렇게 짧은 기간에 스코틀랜드의 일반 상거래가, 특히 글래스고 시의 상거래가 그렇게 큰 비율로 증가했는지 어떤지는 나로서는 알 수가 없다. 만일 양자가 정말로 그러한 비율로 증가했다면, 그것은 은행의 설립이라는 단 한 가지 이유로 설명되기에는 그 효과가 너무나 크다. 그러나 스코틀랜드의 상거래와 산업은 이 기간 매우 엄청나게 발달했으며, 그리고 은행이 그 발달에 상당히 기여했다는 것은 의심할 수 없다.

42. 잉글랜드와의 합병 당시에는 금은화가 적어도 1백만 파운드 스털링은 되었는데, 현재는 50만 파운드 스털링도 되지 않는다.

1707년 잉글랜드와의 합병 이전에 스코틀랜드에서 유통하고 있었고 합병 직후 재주조되기 위해 스코틀랜드은행으로 회수된 은화의 가치는 411,117파운드 10실링 9펜스에 달했다. 금화에 대해서는 알 수 없지만, 스코틀랜드 조폐국의 오래된 보고서에 의하면, 연간 주조된 금화의 가치는 은화를 다소 초과한 것처럼 보인다.* 다시 돌려받을 수 있을지 의심해 은화를 스코틀랜드은행으로 가져가지 않은 사람들이 그 당시 많이 있었고, 게다가 회수되지 않은 잉글랜드 주화도 있었다. 따라서 합병 전에 스코틀랜드에서 유통되고 있었던 금은화의 총가치는 100만 파운드 스털링 이하로 평가될 수는 없을 것이다. 이것이 그 나라의 유통화폐 총액의 거의 전부였던 것 같다. 왜냐하면, 아무 경쟁자도 없었던 스코틀랜드은행권의 유통액은 상당한 크기였지만 전체의 매우 작은 부분이었던 것처럼 보이기 때문이다. 오늘날 스코틀랜드의 유통화폐 총액은 200만 파운드 스털링 이하로 평가될 수 없으나, 그 중에서 금은화는 겨우 50만 파운드 스털링에 불과하다. 이 기간 스코틀랜드의 금화·은화의 유통액이 그렇게 감소했지만, 진정한 부와 번영은 전혀 영향을 받지 않은 것 같다. 오히려 스코틀랜드의 농업·제조업·상업은 발달하고 토지·노동의 연간생산물은 분명히 증가했다.

43. 은행권은 보통 어음의 할인에 의하여 발행된다.

대부분의 은행·은행가들이 자기의 약속어음(은행권)을 발행하는 것은 주로 환어음의 할인, 즉 만기 이전의 환어음을 담보로 화폐를 선대(先貸: advance)하는 것에 의해서이다. 그들은 얼마를 선대하든 환어음의 만기까지에 해당하는 법정 이자를 항상 공제한다. 만기가 되어 환어음이 지불되면, 은행은 선대한 가치를 이자라는 순수한 이윤과 함께 회수한다. 은행가는 환어음을 할인받는 상인에게 금은화가 아니라 자기 자신의 약속어음을 선대한다. 이때 그는 자기 자신의 약속어음 중 유통영역에 보통 남아 있으리라고 경험상 알고 있는 약속어음의 총액만큼 더 큰

---

* James Anderson, *Selectus diplomatum et numismatum Scotiae thesaurus* (T. Ruddiman 편집, 에든버러, 1777)에 있는 Ruddiman의 서문을 보라.

금액을 할인할 수 있다는 이점을 가진다. 그러므로 그는 그만큼 더 큰 금액에 대한 이자수익을 올릴 수 있다.

44. 스코틀랜드은행은 현금계정이라는 제도를 발명하였다.

스코틀랜드의 상업은 오늘날도 그다지 큰 규모는 아니지만, 앞에서 말한 두 은행이 처음 설립되었을 당시에는 더욱 미미했다. 이 은행들이 만약 환어음의 할인으로만 업무를 한정했다면 그들의 영업은 매우 작았을 것이다. 그런데 그들은 약속어음을 발행하는 다른 방법을 개발했다. 이른바 현금계정(cash accounts)〔우리 나라의 당좌대월과 비슷함〕을 개설하는 것인데, 이것은 신용이 확실하고 담보가치가 있는 토지를 가진 두 사람의 보증인을 세운 사람에게 일정한 금액(예컨대 2,000~3,000파운드)까지 신용대출을 해주는 것으로서, 이 주어진 신용한도 안에서 대부받는 사람은 은행이 요구할 때에는 언제나 법정 이자와 함께 그 금액을 상환해야 한다. 확신하건대, 이러한 종류의 신용은 세계 어느 곳에서나 은행과 은행가에 의해 일상적으로 제공되는 것이다. 그러나 스코틀랜드 은행들의 상환조건이 쉽다는 것은, 내가 아는 한, 그들에게 독특한 것이었으며, 주로 이 때문에 은행의 거래가 크게 증가했고, 그 나라가 그것으로부터 큰 이익을 얻었던 것이다.

45. 이러한 제도는 은행으로 하여금 은행권 발행을 용이하게 한다.

어느 은행으로부터 이러한 신용을 얻어 예컨대 1,000파운드를 빌린 사람은 이 금액을 조금씩, 한번에 20~30파운드씩 상환할 수 있는데, 은행은 이러한 때때로의 소액상환에 대해서도 총액에 대한 이자 중에서 상환된 액수에 해당하는 이자를 공제해 주며, 이리하여 대부 총액이 상환되어 간다. 따라서 모든 상인과 사업가는 이러한 현금계정을 갖는 것이 편리하다는 것을 알게 되고, 모든 지불에서 은행권을 기꺼이 받음으로써, 그리고 그들이 영향력을 행사할 수 있는 사람들에게도 그렇게 하도록 권고함으로써, 은행의 사업을 촉진시킨다. 은행은 고객이 대부를 요구하면 일반적으로 자신의 약속어음(은행권)으로 대부한다. 이 은행권을 상인은 제조업자에게 상품의 대가로 지불하고, 제조업자는 농업자에게 원료·식량의 대가로, 농업자는 지주에게 지대로, 지주는 상인에게 상인이 공급하는 편의품·사치품의 대가로, 그리고 상인은 자기 현금계정의 부족한 잔고를 채우기 위해서, 또는 은행에서 빌린 돈을 상환하기 위해서 은행에게 다시 되돌려준다. 이리하여 그 나라의 거의 모든 화폐거래는 은행권에 의해 이루어진다. 따라서 이들 은행의 거래는 커진다.

46. 또한 각 상인들로 하여금 이전보다 더 큰 장사를 할 수 있게 한다.

이 현금계정에 의해 상인은 이전보다 더 큰 거래를 무리 없이 수행할 수 있다. 만일 두 명의 상인이 한 사람은 런던에, 다른 한 사람은 에든버러에 있고, 그들이 같은 분야의 상업에 동일한 자본액을 투하하고 있다면, 에든버러의 상인은 무리 없이 런던의 상인보다 더 큰 거래를 할 수 있고 더 많은 사람을 고용할 수 있다. 런던의 상인은, 외상으로 매입한 상품들에 대해 계속 돌아오는 결제 요구에 응하기 위해 항상 상당한 금액의 화폐를 자기 자신의 금고나 그에게 아무런 이자도 주지 않는 은행가의 금고에 보유해야 한다. 이 금액이 보통 500파운드라고 가정해 보자. 그의 창고에 있는 상품의 가치는 이 때문에 반드시 500파운드만큼 줄어들 것이다. 그가 보통 총자본, 또는 총자본의 가치에 해당하는 상품을 일 년에 한 번 회전시킨다고 가정해 보자. 그는 이렇게 큰 돈을 사용하지 않고 보유하고 있어야 하므로, 그렇게 할 필요가 없는 경우보다 매년 판매하는 상품은 500파운드만큼 적을 것이다. 그의 연간이윤은 500파운드어치의 상품을 팔아서 얻을 수 있었을 이윤만큼 적어지고, 그의 상품을 시장에 내다팔기 위해 고용되는 사람의 수는 500파운드의 자본이 고용할 수 있었을 사람만큼 적다. 다른 한편, 에든버러의 상인은 그러한 때때로의 결제 요구에 대비하기 위해 어떤 화폐도 그런 상태로 보유하지 않는다. 결제 요구를 실제로 받는 경우, 그는 그것을 은행의 현금계정으로부터 충당하고, 그 빌린 돈을 상품을 수시로 팔아서 받은 화폐·지폐로 분할 상환해 간다. 그러므로 그는 같은 금액의 자본으로도 무리 없이 런던의 상인보다 더 많은 양의 상품을 창고에 항상 보유할 수 있다. 이리하여 더 큰 이윤을 얻을 수 있고, 그의 상품을 시장에 내다팔기 위해 준비하는 더 많은 수의 노동자들에게 안정된 일자리를 제공할 수 있다. 따라서 그 나라가 은행업으로부터 얻는 이득도 크다.

47. 스코틀랜드의 은행들도 당연히 환어음을 할인할 수 있다.

환어음의 용이한 할인은 잉글랜드 상인들에게 스코틀랜드 상인의 현금계정에 상응하는 편의를 제공한다고 생각할 수도 있다. 그러나 명심해야 할 것은, 스코틀랜드 상인도 잉글랜드 상인만큼 쉽게 환어음을 할인받을 수 있다는 점이다. 또한 그들은 그밖에도 현금계정의 추가적 편의까지 누리고 있는 것이다.

48. 지폐의 총액은 이것이 없을 경우 필요한 금은화의 가치 총액을 초과할 수는 없다.

한 나라에서 쉽게 유통할 수 있는 모든 종류의 지폐 총액은 그것이 대신하고 있는, 또는 (상업이 이전과 같다면) 지폐가 없을 때 유통하고 있던, 금은화의 가치를 초과할 수 없다. 예를 들어 20실링 은행권이 스코틀랜드에서 유통하고 있는 가장 작은 금액의 지폐라면, 그 나라에서 쉽게 유통할 수 있는 지폐의 전부는, 그 나라 안에서 일상적으로 거래되는 20실링 내지 그 이상의 가치의 연간교환을 행하는 데 필요할 금은화의 총액을 초과할 수 없다. 일정 시점에 유통되는 지폐가 이 총액을 초과한다면, 그 초과분은 해외로 나갈 수도 없고 국내의 유통에도 이용될 수 없으므로, 금은화와 교환되기 위해 즉각 은행으로 돌아오지 않을 수 없다. 많은 사람들이 국내에서 거래하는 데 필요한 것 이상의 지폐를 갖고 있다는 것을 즉시 깨닫지만, 그것을 해외로 보낼 수 없으므로, 은행에 대해 곧 태환(兌換)을 요구할 것이다. 이 과잉지폐가 금은화로 태환된다면 사람들은 그 금은을 해외로 내보냄으로써 쉽게 사용처를 발견할 수 있을 것이다. 그러나 지폐의 형태로 남아 있는 한 아무런 사용처도 발견할 수 없을 것이다. 따라서 은행에 대해 이 과잉지폐의 태환 요구가 즉시 쇄도(殺到: run)할 것이고, 은행이 그 태환 요구에 응하는 데 어떤 곤란이 있거나 고의로 지연시키는 태도를 보인다면, 훨씬 많은 금액의 태환 요구가 쇄도할 것이다. 왜냐하면, 은행의 그런 태도가 조성한 불안이 필연적으로 태환요청 쇄도를 가속화시키기 때문이다.

49. 은행 특유의 경비는 은행권을 상환하는 데 필요한 화폐를 유지하고, 보충하기 위한 경비이다.

모든 사업에 공통되는 경비, 즉 점포임차료, 사용인 · 직원 · 회계원의 임금 등 이외에, 은행에만 고유한 경비는 주로 두 항목으로 구성된다. 첫째, 은행권 소유자의 때때로의 태환요구에 응하기 위해 항상 금고에 거액의 화폐를 보관해야 하기 때문에 생기는 비용이다. 이 화폐에 대한 이자를 은행은 얻지 못한다. 둘째, 그러한 때때로의 태환요구에 응함에 따라 금고가 비는 즉시 다시 금고를 채워야 하기 때문에 생기는 비용이다.

50. 지폐의 발행이 과다한 은행은 이 제1의 경비가 증가한다.

은행이 그 나라의 유통에 필요한 것보다 많은 지폐를 발행하고 그 초과분이 끊임없이 태환을 요구하며 자신에게 돌아오고 있는 경우, 은행은 금고 속에 항상 보유하는 금은량을 그 초과분에 비례할 뿐만 아니라 훨씬 더 큰 비율로 증가시켜야 한다. 왜냐하면, 그들의 은행권은 초과분에 비례하는 것보다 훨씬 빨리 은행으로 몰려오기 때문이다. 그러므로 이러한 은행들의 경우 첫 번째 비용항목은 무리한 업무확장에 비례할 뿐만 아니라 훨씬 더 큰 비율로 증가할 수밖에 없을 것이다.

51. 그리고 제2의 경비도 크게 증가할 것이다.

그 영업이 비교적 합리적인 범위 안에 한정되어 있는 은행에 비해서, 이러한 은행의 금고는 더욱 가득 채워져 있어야 하지만, 그럼에도 불구하고 더욱 빨리 비게 되며, 그것을 다시 채우기 위해서는 더 큰 규모의 경비지출과 더 지속적이고 중단 없는 경비지출을 필요로 한다. 이런 은행의 금고로부터 끊임없이 대량으로 인출되는 주화(금은화) 역시 그 나라의 유통에 사용될 수 없다. 그 주화는 국내의 유통에 사용될 수 있는 분량을 초과하는 지폐를 대체하는 것으로, 따라서 국내 유통에 사용될 수 없다. 그러나 주화는 하는 일 없이 가만 둘 수 없기 때문에, 국내에서 발견할 수 없는 유리한 투자처를 찾아 어떤 형태로든 해외로 보내지게 된다. 그리고 금은화의 이러한 지속적인 해외 유출 때문에 은행은 매우 신속하게 비는 금고를 다시 채우기 위한 새로운 금은화를 발견하는 데 더 큰 어려움에 직면하며, 따라서 은행의 비용은 필연적으로 더욱 증가한다. 그러므로 이러한 은행은 무리한 사업확장에 비례하여 비용의 두 번째 항목을 첫 번째보다 더 증가시킬 수밖에 없다.

52. 하나의 예로써 설명할 수 있다.

다음과 같은 상황을 가정해 보자. 어떤 한 은행이 발행한 지폐 총액은 4만 파운드인데, 이것은 국내의 유통이 쉽게 흡수해서 사용할 수 있는 것이며, 이 은행은 수시로 발생하는 태환 요구에 응하기 위해 금고에 항상 1만 파운드의 금은화를 보관해야 한다. 만일 이 은행이 4만 4천 파운드를 유통시키려 한다면, 유통이 쉽게 흡수·사용할 수 있는 것을 초과하는 4천 파운드는 발행되자마자 은행으로 되돌아올 것이다. 그러므로 수시로 발생하는 태환 요구에 응하기 위해 이 은행은 1만 파운드가 아니라 1만 4천 파운드의 금은화를 금고에 항상 보관하고 있어야 한다. 유통에 필요한 양을 초과하는 4천 파운드는 이자수입을 얻지 못할 뿐 아니라, 4천 파운드의 금은화를 계속적으로 모으기 위한 경비 전체도 손해를 보게 된다. 왜냐하면 이들 금은화는 금고로 들어오자마자 끊임없이 빠져나가 버리기 때문이다.

53. 은행이 이러한 사실을 이해하지 못했을 때도 있었다.

각 은행이 모두 자신의 이익을 잘 이해하고 그것에 주의를 기울였다면, 유통에는 결코 지폐과잉 현상이 없었을 것이다. 그러나 모든 은행은 항상 자기의 이익을 충분히 이해하고 그것에 주의를 기울였다고 말할 수는 없으며, 따라서 유통에서는 지폐가 종종 과잉이 되었다.

54. 예를 들면 잉글랜드 은행이 그러했다.

지나치게 많은 양의 지폐를 발행하면 그 초과분은 금은화와 교환되기 위해 끊임없이 은행으로 환류(還流: return)하기 때문에, 잉글랜드은행(Bank of England)은 몇 년 동안 일 년에 80~100만 파운드, 또는 평균 85만 파운드 스털링의 금화를 주조해야만 했다. 이렇게 거대한 양의 금화를 주조하기 위해 잉글랜드은행은, 금화가 몇 년 안에 닳고 훼손되므로, 금괴를 종종 온스당 4파운드라는 높은 가격에 사야만 했고, 그 뒤 곧 이 금괴를 3파운드 17실링 10$\frac{1}{2}$펜스의 주화로 발행함으로써 금화 주조에 대해 2.5~3%의 손해를 보았다. 비록 잉글랜드은행은 주조료(seignorage)를 지불하지 않고 정부가 이 주조 경비를 대신 부담했지만, 정부의 이와 같은 관대함도 은행의 손실을 막아주지 못했다.

55. 스코틀랜드의 은행도 그러했다.

스코틀랜드 은행들도 지폐의 과잉발행 때문에 금화를 수집하기 위한 대리인을 런던에 고용해야만 했는데, 그 비용은 1.5~2% 이하로 내려간 적이 거의 없었다. 이 금화는 보험에 들어 마차로 운송되었는데, 여기에는 추가로 0.75%, 또는 100파운드 당 15실링의 비용이 들었다. 대리인들은 은행의 금고가 비자마자 항상 채워넣을 수는 없었다. 이 경우 은행들의 자금원(resource)은 런던에 있는 그들의 거래은행 앞으로 그들이 필요로 하는 금액만큼의 환어음을 발행하는 것이었다. 뒤에 그 거래은행이 이 금액의 상환을 [이자와 수수료와 함께] 청구해 그들 앞으로 환어음을 발행한다면, 이 은행들 가운데 일부는 은행권의 과잉발행에 의한 곤란 때문에 런던의 같은 거래은행 또는 다른 거래은행 앞으로 두 번째 환어음을 발행하는 방식으로 그 채무를 결제할 수밖에 없었다. 이리하여 동일한 금액, 또는 동일한 금액의 환어음들이 2~3회 이상 런던과 스코틀랜드 사이를 여행하게 된다. 채무은행은 항상 누적된 부채총액에 대해 이자와 수수료를 지불한다. 무모한 짓을 한 적이 없는 스코틀랜드의 은행들까지도 때로는 이러한 터무니없이 비싼 수단을 이용해야 했다.

56. 해외로 유출되거나 녹여지는 금화는 항상 최신의, 가장 무거운, 최량의 주화들이었다.

잉글랜드은행이나 스코틀랜드 은행들이 지폐 중 그 나라의 유통에서 사용될 수 있는 것을 초과하는 부분을 회수하기 위해 지불한 금화는, 마찬가지로 유통에서 사용될 수 있는 양을 초과하므로, 때로는 주화의 형태로, 때로는 녹여서 금괴의 형태로 해외로 보내지고, 때로는 녹여서 잉글랜드은행에 온스당 4파운드라는 높은 가격으로 팔렸다. 전체 주화 중 최신의, 가장 무거운, 최량의 주화만이 신중하게 선택되어 해외로 수출되거나 녹여졌다. 왜냐하면, 국내에 그리고 주화의 형태로 남아 있는 한, 무거운 것이라고 해서 가벼운 것보다 더 가치가 있었던 것은 아니었기 때문이다. 그러나 해외에서는, 또는 국내에서 금괴로 녹였을 때는, 그것은 더욱 가치가 있게 된다. 잉글랜드은행은 놀랍게도 다음과 같은 사실을 발견했다. 즉, 매년 많은 주화를 주조함에도 불구하고 주화의 부족은 매년 동일하다는 것, 그리고 많은 양의 양질의 새로운 주화가 매년 발행됨에도 불구하고 주화의 품위는 매년 개선되기는 커녕 점점 나빠지고 있다는 것이었다. 매년 잉글랜드은행은 전년에 주조했던 것과 거의 같은 양의 금을 주조할 필요를 느꼈고, 금괴의 가격이 계속 상승함으로써, 그리고 주화가 계속 마모되고 훼손됨으로써, 매년의 이 엄청난 화폐주조 비용은 해마다 점점 더 커져갔다. 지적해 두어야 할 것은, 잉글랜드은행이 자기의 금고에 주화를 공급하게 되면 어쩔 수 없이 간접적으로 영국 전체에 주화를 공급하게 된다는 것이다. 왜냐하면, 주화는 항상 각종 방식으로 잉글랜드은행의 금고로부터 영국 전체로 흘러들어가기 때문이다. 그러므로 스코틀랜드와 잉글랜드의 은행들의 과잉 지폐발행을 지탱하기 위해 얼마의 주화가 필요하든, 그리고 이러한 과잉발행이 영국의 필요 주화량에 얼마의 부족을 야기하든, 잉글랜드은행은 그것을 공급해야만 했다. 스코틀랜드 은행들 역시 그들의 무모함과 부주의에 대해 매우 비싼 대가를 지불했다. 그러나 잉글랜드은행은 그 자신의 무모함에 대해서뿐만 아니라 거의 모든 스코틀랜드 은행들의 훨씬 더 큰 무모함에 대해서도 매우 비싼 대가를 지불했다.

57. 과잉유통은 과잉거래 때문에 야기되었다.

영국의 두 지역의 과감한 사업가들의 거래규모 과다(over-trading)가 지폐 과잉유통의 근본 원인이었다.

58. 은행은 상인들이 보유하고 있어야 할 현금준비액을 초과하여 대부할 수 없다.

은행이 자기의 은행권으로 상인·사업가에게 무리 없이 대부할 수 있는 규모는 후자가 운영하는 총자본도 아니고 심지어 그 중 상당히 큰 부분도 아니다. 단지 총자본 중 수시로 일어나는 지불요구에 응하기 위해 상인·사업가가 화폐로 준비하고 있어야만 하는 부분이다. 은행이 대부하는 지폐가 이 금액을 결코 초과하지 않는다면, 그 지폐는, 지폐가 없을 때 그 나라에서 반드시 유통할 금은화의 가치를 결코 초과할 수 없으며, 따라서 국내의 유통이 쉽게 흡수해서 사용할 수 있는 수량을 결코 초과할 수 없다.

59. 진정한 환어음만 할인될 때 이 한도는 준수된다.

은행이 상인에게 진정한 채권자가 진정한 채무자 앞으로 발행한 진성(real) 환어음을 할인해 주는 경우, 이것은 만기가 되자마자 채무자에 의해 상환되므로, 은행이 상인에게 선대하는 것은, 상인이 할인을 받지 못한다면 때때로의 지불요구에 응하기 위해 자기 스스로 현금준비를 하고 있어야 하는 현금준비액의 일부분에 불과하다. 만기가 되어 어음이 지불되면 은행은 대부한 가치와 함께 이자를 받는다. 은행의 거래가 이와 같은 고객에 한정되는 한, 은행금고는 저수지와 같아서, 냇물이 끊임없이 흘러나가더라도 다른 물이 끊임없이 흘러들어오는데, 그 양은 흘러나가는 양과 완전히 같으므로, 더이상 신경쓰거나 주의하지 않더라도 저수지는 항상 일정하게 또는 거의 일정하게 가득 차 있다. 이와 같은 은행금고를 채우는 일에는 거의 또는 전혀 비용이 들지 않는다.

60. 이 목적을 달성하기 위해서는 현금 계정을 주의깊게 지켜보아야 한다.

거래 규모를 과도하게 키우지 않는 상인도, 심지어 할인한 어음이 없는 경우에 조차, 일정액의 현금을 종종 필요로 한다. 이 경우 은행은 그 상인의 어음을 할인해주는 외에, 스코틀랜드 은행처럼 관대한 조건으로 현금계정을 개설하여 그 금액을 대부하고, 때때로의 상품판매에서 얻는 화폐로 분할상환하게 한다면, 은행은 상인에게 자본의 일정 부분을 사용하지 않고 때때로의 지불요구에 대비한 현금으로 보관해 둘 필요를 완전히 없애 준다. 그러한 지불요구가 실제로 발생한다면 상인은 현금계정으로 충분히 대응할 수 있다. 그러나 은행은 이러한 고객들과 거래함에 있어서 단기간, 예를 들어 4, 5, 6개월 또는 8개월에 그들로부터 회수하는 금액이 그들에게 선대하는 금액과 일치하는가 않는가를 매우 주의 깊게 살펴보아야 한다. 만일 이러한 단기간에 고객들로부터의 회수액이 대부액과 완전히 똑같다면, 은행은 그 고객들과는 안전하게 거래를 계속할 수 있을 것이다. 이 경우, 금고로부터 끊임없이 흘러나가는 대부액이 매우 크더라도 끊임없이 흘러들어오는 회수액이 적어도 같은 크기이므로, 따라서 더이상 염려하거나 주의하지 않더라도 금고는 똑같이, 또는 거의 똑같이 항상 가득차 있다. 그리고 금고를 다시 채우는 추가비용은 거의 들지 않는다. 반대로, 만약 어떤 다른 고객들로부터의 회수액이 그들에게 선대한 것보다 많이 부족하다면, 은행은 그러한 고객들과, 적어도 이런 식으로 거래를 계속한다면, 안전하게 거래를 계속할 수 없다. 이 경우 금고로부터 끊임없이 흘러나가는 금액은 끊임없이 흘러들어오는 금액보다 훨씬 크고, 따라서 계속적으로 큰 경비를 들여 다시 채우지 않는 한, 금고는 머지 않아 고갈될 것이 틀림없다.

61. 스코틀랜드의 은행들은 오랫동안 이를 실행하여 빈번하고 정기적인 거래를 요구하였다.

따라서 스코틀랜드 은행들은 오랫동안 고객들에게 빈번하고 정기적인 상환을 매우 신중하게 요구했고, 은행과 이른바 빈번하고 정기적인 거래를 하지 않는 사람과는, 그의 재산과 신용이 어떠하든, 거래하려고 하지 않았다. 이러한 주의로 인해 금고를 다시 채우는 추가적 경비를 거의 완전히 절약했을 뿐만 아니라 다음의 두 가지 이익을 크게 보았다.

62. 그들의 채무자들의 상황을 판단할 수 있다.

첫째, 이러한 주의에 의해 은행은 자기의 장부가 제공해 주는 증거 이외의 다른 것을 살펴볼 필요 없이, 채무자들의 번성·쇠퇴에 관해 믿을 만한 판단을 할 수 있게 되었다. 사람들은 자기들의 상황이 번성하는가 쇠퇴하는가에 따라 대개의 경우 상환을 정기적으로 또는 부정기적으로 하기 때문이다. 6~12명의 채무자에게 돈을 빌려준 개인은 자기 스스로 또는 대리인을 통해, 각 채무자의 행동·상황을 계속 주의깊게 관찰하고 조사한다. 그러나 은행은 약 500명의 각기 다른 사람에게 화폐를 빌려주고 온갖 다른 사업에 계속 몰두하기 때문에, 은행 장부가 제공해 주는 것 이상으로는 채무자 대부분의 행동·상황에 대해 어떤 정기적인 정보를 가질 수 없다. 모든 고객들에게 빈번하고 정기적인 상환을 요구함으로써 스코틀랜드 은행들은 이러한 정보를 얻게 된다.

63. 지폐의 과다 발행을 피할 수 있다.

둘째, 이러한 주의에 의해 은행은 국내의 유통이 쉽게 흡수·사용할 수 있는 지폐를 초과하여 발행할 위험성으로부터 자신을 보호했다. 어느 정도의 기간에 걸쳐 특정 고객의 상환이 대체로 은행이 그에게 선대한 것과 완전히 일치한다는 사실을 관찰한다면, 은행은 그에게 선대한 지폐가, 선대가 없었을 경우 그가 수시로의 지불요구에 응하기 위해 보관했을 금은화의 수량을, 초과하지 않는다고 확신해도 좋다. 따라서 은행이 고객을 통해 유통시켰던 지폐는, 지폐가 없었다면 그 나라에서 유통되었을 금은화의 수량을, 어떤 경우에도 초과하지 않는다고 확신해도 좋다. 고객의 채무상환이 자주, 규칙적으로, 적절한 금액으로 이루어지고 있다는 사실은, 은행의 대부액이 고객의 자본 중, 그가 대부받지 않았더라면 수시로의 지불요구에 응하기 위해, 즉 자기의 나머지 자본을 끊임없이 사용하기 위해, 현금으로 보관하고 있었어야 할 일부를 어떤 경우에도 초과하지 않는다는 사실을 증명해 준다. 상인의 자본 중 상당한 기간 끊임없이 화폐의 형태로, 지폐 또는 주화의 형태로, 그에게 들어가고 또 그로부터 같은 형태로 끊임없이 나오는 것은 바로 이 부분이다. 만일 은행의 대부가 보통 그의 자본의 이 부분을 초과한다면, 어느 정도의 기간에는 그의 일반적인 상환액은 은행의 일반적인 대부액과 같게 될 수 없을 것이다. 그리하여 고객의 사업을 통해 끊임없이 은행 금고로 흘러 들어오는 물의 양은 끊임없이 거기로부터 흘러나가는 물의 양과 같을 수 없을 것이다. 은행이 대부하는 지폐의 수량이 그러한 대부가 없었다면 고객 스스로 수시로의 지불요구에 응하기 위해 보유했어야 할 금은화의 수량을 초과한다면 (상업규모가 동일하다고 가정하면), 그것은 지폐가 없었을 때 국내에서 유통되었을 금은화의 총량을 곧 초과하게 된다. 그 결과 그 대부액은 국내의 유통이 쉽게 흡수·사용할 수 있는 수량을 초과하게 되고, 이 지폐의 초과액은 금은화와 태환되기 위해 은행으로 즉각 환류된다. 이 두 번째 이익은, 첫 번째 이익과 똑같이 진실된 것이기는 하지만, 스코틀랜드의 각 은행들에 의해 첫번째 이익처럼 잘 이해되고 있지 않았다.

64. 은행의 대부는 적당한 부분적으로는 환어음 할인의 편리함에 의해,

기간의 것이어야 한다.

부분적으로는 현금계정 이용의 편리함에 의해, 어느 나라의 신용있는 상인들이 자본의 일부를 사용하지 않은 채 수시로의 지불요구에 응하기 위해 현금으로 보유하고 있어야 할 필요성이 없어졌을 때, 그들은 은행·은행가로부터 합리적으로 기대할 수 있는 지원은 다 받은 셈이다. 은행·은행가들이 만약 더 이상 지원한다면 자기들의 이익과 안전을 위태롭게 할 것이다. 은행이 고객에게 고객의 유동자본의 전부 또는 대부분을 대부해 주는 것은 은행 자신의 이익과 일치하지 않는다. 왜냐하면, 그 유동자본이 끊임없이 고객으로부터 화폐 형태로 회수되고 고객에게 화폐 형태로 나간다고 할지라도, 그것이 전부 회수되는 시점과 전부 대부되는 시점 사이에 시간상 큰 차이가 있고, 고객의 상환액은 은행에게 편리한 적당한 기간 안에는 은행의 대부액과 동일할 수 없기 때문이다. 은행이 고객에게 고객의 고정자본의 대부분을 대부할 수는 더욱 없다. 고정자본은 예를 들면 다음과 같다. 제철업자가 제철소와 용광로, 공장과 창고, 노동자의 기숙사 등을 세우는 데 사용하는 자본, 광산경영주가 갱을 파고, 배수를 위한 펌프를 세우고, 길과 갱로를 만드는 데 사용하는 자본, 토지를 개량하려는 사람이 황폐하고 경작되지 않은 토지를 개간하고, 배수하고, 구획짓고, 비료를 주고 쟁기질하며, 축사·곡물창고 등 필요한 모든 부속물을 갖춘 농가를 짓는 데 사용하는 자본 등을 말한다. 고정자본의 회수는 대부분의 경우 유동자본의 회수보다 훨씬 느리다. 이러한 자본은 대단히 신중하고 사려깊게 지출된 경우조차도 수년 뒤에야 비로소 기업가에게 회수되는데, 이 기간은 너무 길어서 은행에게는 매우 불편하다. 말할 필요도 없이 상인·기업가들은 그들 사업의 상당한 부분을 빌린 돈으로 수행하려고 한다. 그러나 그들의 채권자에게 공평하려면, 이 경우 그들의 자기자본은 채권자의 자본을 보증할 수 있을 정도로 충분해야 한다. 즉, 비록 사업의 성공이 사업가의 기대에 훨씬 못 미치더라도 채권자들에게는 어떤 손해도 주지 않을 정도로 자기자본이 충분해야 한다. 이처럼 자기자본이 충분한 경우에도, 차용한 후 몇 년 뒤에야 상환할 돈은 은행으로부터 빌려서는 안 되고, 다음과 같은 개인들로부터, 즉 자기자본을 스스로 사용하는 수고를 하지 않고 이자로 살아가려고 하며, 따라서 몇 년간 자본을 운용하려는 신용좋은 사람에게 자본을 빌려주는 개인들로부터 차용증서나 저당을 잡히고 빌려야 한다. 은행은 인지세나 차용증서와 저당을 작성하는 변호사의 비용을 요구하지 않고 돈을 빌려주며, 또한 스코틀랜드은행들의 관대한 조건에 따라 상환받기 때문에, 은행은 사실상 상인과 기업가들에게는 매우 편리한 대부자일 것이다. 그러나 그러한 상인과 기업가들은 은행의 입장에서는 틀림없이 가장 불편한 채무자일 것이다.

65. 25여년 전에 이미 스코틀랜드에서는 지폐가 적당한 액에 달했다. 그러나 상인들은 이에 만족하지 않고, 어떤 사람들은 어음의 차환발행 및 재발행이라는 수단에 의지했다.

스코틀랜드은행들에 의해 발행된 지폐가 국내 유통에서 쉽게 흡수·사용될 수 있는 금액과 완전히 일치하게 되거나 또는 약간 초과하게 된 것은 이미 25년 이상이 되었다. 그러므로 이 은행들은 이미 오래 전에 스코틀랜드의 상인이나 기업가들에게 자기들의 이익을 해치지 않으면서 할 수 있는 모든 지원을 다해 준 셈이다. 은행들은 그 이상을 지원하기도 했다. 은행들은 약간 과잉거래도 했고, 그들은 은행업과 같은 특수한 사업에서는 극히 작은 과잉거래에도 동반하게 마련인 손실 또는 적어도 이윤의 감소를 보았다. 은행·은행가로부터 이렇게 많은 지원을 받은 상인·기업가들은 더 많은 지원을 받고자 했다. 그들은 은행이 몇 묶음의 종이에 대한 비용을 제외하고는 아무런 비용도 들이지 않고 얼마든지 신용을 확대할 수 있을 것이라고 생각했던 것 같다. 그들은 은행 이사회의 편협한 식견과 소심함을 불평했고, 은행들이 이 나라의 사업이 확장되는 비율로 신용을 확대하지 않는다고 비난했다. 그들이 말하는 사업확장이란, 그들 자신의 자본 또는 차용증서 · 저당을 통해 개인으로부터 빌린 자본을 가지고 할 수 있는 범위 이상으로 그들의 사업계획을 확장시키는 것을 의미했던 것은 물론이다. 그들은 은행이란 부족분을 보충해 주고 그들의 사업에 필요한 모든 자본을 은행의 명예를 걸고 공급해 주어야 한다고 생각했던 것 같다. 그러나 은행은 견해를 달리하고 있었고, 은행이 신용의 확대를 거부하자 몇몇 상인들은 일시적으로 자신들의 목적을 달성할 한 가지 방법을 생각해 냈는데, 그것은, 비록 많은 비용이 들기는 했지만, 은행이 신용을 최대한으로 확대하는 것만큼 효과적이었다. 그 방법이란 다름이 아니라 이미 잘 알려진 것처럼 어음의 차환발행(借換發行) · 재발행이었다. 이 차환발행은 파산 위기에 직면한 불행한 상인이 때때로 의지했던 것이다. 이러한 방법으로 자금을 조달하는 관행은 잉글랜드에서는 오랫동안 알려져 있었고, 상업의 높은 이윤으로 인해 과잉거래의 유혹이 생겼던 최근의 전쟁기간에는 상당한 정도로 행해졌다고 한다. 이 관행이 잉글랜드에서 스코틀랜드로 옮아왔는데, 여기에서는 상업 · 자본의 규모가 매우 작았으므로, 그것은 잉글랜드보다 훨씬 더 큰 비율로 이루어지게 되었다.

66. 이에 대하여 이하에서 설명하기로 한다.

어음의 차환발행 · 재발행은 사업을 하는 모든 사람들에게 너무나 잘 알려져 있어서 설명할 필요도 없을 것 같다. 그러나 이 책은 사업을 하지 않는 사람들이 읽을 수도 있으며, 또한 이러한 수단이 은행업에 미치는 영향은 사업가들조차 일반적으로 잘 이해하고 있지 않으므로, 나는 가능한 한 분명하게 이를 설명하고자 한다.

67. 환어음은 이상한 법률적 특권을 가지고 있다.

유럽의 미개한 법률이 상인들의 계약이행을 강제하지 않았을 때 확립된 상인들의 상거래 관습이 지난 두 세기 동안 유럽의 모든 국가들의 법률에 채택되었는데, 이런 상거래 관습은 환어음에 대하여 특권을 부여했다. 즉, 환어음으로 돈을 빌리기가 다른 어떤 차용수단을 이용하는 경우보다 쉬웠다. 특히 환어음의 지불기한이 발행일로부터 2~3개월 정도의 짧은 기간의 것일 경우에는 더욱 그러했다. 만일 환어음이 만기가 도래되어 어음이 제시되자마자 인수인이 지불하지 않는다면, 그는 그 순간부터 파산하게 된다. 환어음은 지불거절증서와 함께 발행인에게 되돌아가며, 발행인이 즉시 지불하지 않는다면 그 역시 파산하게 된다. 만일 그 어음이 최종적으로 인수인에게 지불을 요구하는 사람, 즉 소지인에게 오기 이전에 다른 여러 사람의 손을 거쳐 왔고, 그들은 차례차례 서로에게 그 금액만큼을 화폐로든 재화로든 선대했고, 그들 각자가 자기 차례에 그 금액만큼을 지불받았음을 표시하기 위해서 배서(背書), 즉 어음의 뒷면에 서명을 했다면, 각 배서인은 자신의 차례에 어음 소지인에 대해 그 금액을 책임져야 한다. 만일 그가 지불하지 못한다면, 그 역시 그 순간부터 파산하게 되는 것이다. 환어음의 발행인·인수인·배서인 모두가 신용이 불확실한 사람들일지라도, 기간이 짧다는 것은 어음 소지인에게 어느 정도 안전감을 준다. 왜냐하면, 그들 모두가 파산할 가능성이 있더라도, 그들 모두가 그렇게 짧은 시간 안에 파산한다는 것은 우연에 속하는 일이기 때문이다. 이것은 한 지친 나그네가 혼잣말로, 이 집은 기울어져 있어서 오래가지 못할 것이라고 하면서도, 이 집이 오늘 밤에 무너진다면 그것은 우연일 테니 나는 감히 오늘 밤 이 안에서 자고 가겠다고 말하는 것과 같다.

68. 그러므로 두 사람이, 한 사람은 런던에서 또 한 사람은 에든버러에서 서로 환어음을 발행한다.

에든버러에 있는 상인 A가 런던에 있는 상인 B 앞으로 만기가 2개월인 환어음을 발행한다고 가정하자. 그런데 사실 런던의 B는 에든버러의 A에게 빚진 게 전혀 없다. 그러나 B는 상환기간 이전에 그 역시 에든버러의 A 앞으로 다른 환어음, 즉 동일한 금액과 함께 이자·수수료를 포함하는 어음을 2개월 만기로 재발행한다는 조건으로 A의 환어음을 인수하는 데 동의한다. 따라서 B는 첫 번째 2개월의 만기 이전에 에든버러의 A 앞으로 환어음을 재발행하고, 에든버러의 A는 두 번째 2개월의 만기 이전에 런던의 B 앞으로 또다른 환어음을 발행하며, 세 번째 2개월의 만기 이전에 런던의 B는 에든버러의 A 앞으로 또 다른 환어음을 재발행한다. 이러한 행위는 때때로 몇 달이 아니라 몇 년 동안 계속되었고, 결국 환어음은 이전의 환어음들에 대한 누적된 이자·수수료와 함께 항상 에든버러의 A에게 되돌아간다. 이자는 연간 5%였고, 수수료는 한 번 발행에 최소한 0.5%이상이었다. 일 년에 6회 이상 반복되므로, A가 이러한 방법으로 조달한 자금이 얼마든 간에 일 년에 8% (이자율 5%와 수수료 3%) 의 대가를 당연히 치루어야 한다. 때로는 그 이상이 들기도 하는데, 그것은 수수료가 갑자기 오를 때나 이전 환어음들의 이자·수수료에 대해 복리를 지불해야만 하는 경우에 그랬다. 이러한 방법을 융통(融通)에 의한 자금조달이라고 불렀다.

69. 많은 돈이 이런 비싼 방법으로 조달되었다.

대부분의 사업계획에서 자본에 대한 보통이윤이 6% 내지 8%인 나라에서, 사업수입이 그 사업의 수행을 위해 돈을 빌리는 데 든 엄청난 경비를 보상할 뿐만 아니라 사업가에게 초과이윤을 제공할 수 있는 것은 매우 운이 좋은 투기사업(speculation)임에 틀림없다. 그러나 많은 대규모 사업들이 이렇게 엄청난 경비를 들여 조달한 자금 이외에는 아무런 자금도 없이 시작되고 몇 년간 행해졌다. 사업가는 물론 그의 황금빛 꿈 속에서 큰 이윤을 얻으리라는 환상을 가지고 있었다. 그러나 사업이 끝나거나 더이상 사업을 계속할 수 없게 되었을 때, 큰 이윤을 발견하는 행운을 얻은 사람은 드물었다.*

---

* 위에서 묘사한 방법은 모험가들이 융통에 의해 자금을 조달한 방법 중에서 가장 일반적이거나 가장 값비싼 방법은 결코 아니었다. 에든버러의 A는 런던의 B에게 첫 번째의 환어음을 지불하기 위해 만기일 며칠 전에 런던의 B 앞으로 3개월 만기의 두 번째 환어음을 발행하여 에든버러에서 할인한다. 그리고 그 할인액으로 지불지가 런던인 일

70. 런던 앞으로 발행한 환어음은 에든버러에서 할인되고, 에든버러 앞으로 발행한 환어음은 런던에서 할인되었을 것이며, 그 각각은 항상 다른 또 하나의 환어음으로써 대체되었다.

에든버러의 A가 런던의 B 앞으로 발행한 환어음들을 A는 정규적으로 만기가 되기 두 달 전에 에든버러의 은행·은행가들로부터 할인받는다. 그리고 런던의 B가 에든버러의 A 앞으로 재발행한 환어음들을 B는 정규적으로 잉글랜드은행이나 런던의 다른 은행들로부터 할인받는다. 이러한 융통어음에 선대된 모든 자금은 에든버러에서는 스코틀랜드 은행들의 지폐로 선대된 것이고, 런던에서는 잉글랜드은행에 의해 할인된다면 잉글랜드은행권으로 선대된 것이다. 지폐가 선대된 환어음들이 만기가 되자마자 차례로 모두 상환된다고 하더라도, 첫 번째 어음에 실제로 선대된 가치는 그것을 선대했던 은행으로 결코 환류하지 않았다. 왜냐하면, 각 환어음이 만기가 되기

람불어음을 구매하여 런던의 B에게 우송한다. 최근의 전쟁 말기에 에든버러와 런던 사이의 환거래가 3%나 에든버러에 불리했으므로〔왜냐하면, 스코틀랜드 은행권의 태환성이 불확실했기 때문이다〕, A는 일람불어음의 매입으로 이 차이만큼 손해를 보았을 것이다. 그런데 이러한 거래가 일년에 적어도 네 번 반복되고 한 번에 $\frac{1}{2}$%의 수수료도 지불해야 하므로, A는 일 년에 적어도 14%〔환차손 12%와 수수료 2%〕의 비용을 지불했을 것이다.

때로는 다음과 같은 방법을 채택하기도 했다. 즉, A는 B에게 첫 번째의 환어음을 지불하기 위해 만기일 며칠 전에 런던의 B가 아니라 C 앞으로 2개월 만기의 두 번째 환어음을 발행한다. 이 환어음의 수취인은 B이기 때문에 C가 인수하자마자 B는 이 환어음을 런던의 은행가로부터 할인받는다. A는 C에게 지불하기 위해 만기일 며칠 전에 B나 D·E 앞으로 2개월 만기의 세 번째 환어음을 발행한다. 이 환어음의 수취인은 C이기 때문에 C는 이 환어음이 인수되자마자 런던의 은행가로부터 할인받는다. 이러한 조작은 일 년에 적어도 여섯 번 반복되고 한 번에 적어도 $\frac{1}{2}$%의 수수료도 지불해야 하며 또한 법정이자율이 5%였으므로, A는 이러한 자금조달 방법에 의해 8%〔이자율 5%와 수수료 3%〕 이상의 비용을 지불했을 것이다. 그러나 이 방법은 에든버러와 런던 사이의 환거래를 회피함으로써 앞의 예보다 덜 비싸다. 그렇지만 이러한 방법을 채택할 수 있기 위해서는 둘 이상의 런던 소재 상사(商社)와 신용관계를 맺고 있어야 하는데, 모험가들이 이렇게 되기는 쉽지 않다.

전에, 곧 상환되어야 할 환어음보다 더 큰 금액의 다른 환어음이 항상 다시 발행되었고, 이 다른 환어음의 할인은 곧 만기가 될 환어음의 상환을 위해 필요했기 때문이다. 따라서 이 상환은 사실상 가공의 것이었다. 이러한 융통어음에 의해 일단 은행금고로부터 유출된 화폐는, 일단 유출되고 나면, 실제로 금고로 들어가는 어떤 화폐에 의해서도 보충되지 않았다.

71. 이처럼 은행이 대부한 금액은 상술한 한도를 초과하고 있었으나, 처음에는 그것을 알아차리지 못했다.

융통어음에 의거해 발행된 지폐금액은, 많은 경우, 농업·상업·제조업의 대규모의 광범한 계획사업의 수행을 위해 필요한 자금 전체에 달했으며, 따라서 지폐가 없었을 경우 사업가가 수시로의 지불요구에 응하기 위해 현금으로 보유하고 있어야 했을 자금 부분을 훨씬 초과했다. 그러므로 이 지폐금액의 대부분은, 만약 지폐가 없었더라면 그 나라에 유통되었을 금은화의 가치를 초과했다. 따라서 그것은 국내 유통이 쉽게 흡수해서 사용할 수 있는 금액을 초과한 것이고, 그 때문에 금은과 태환하기 위해 즉각 은행으로 환류했는데, 은행은 이에 대처하기 위해 금은을 모으는 데 모든 노력을 다했다. 이 자본은 사업가들이 극히 교묘하게 은행으로부터 빼낸 것이었는데, 은행은 이것을 알지 못하고 있었거나 이것을 승인한 적이 없었을 뿐 아니라, 아마도 얼마동안은 자기가 정말로 자본을 선대했다는 사실 자체도 거의 의식하지 못하고 있었다.

72. 은행이 그것을 발견하고 난 뒤에는 할인을 까다롭게 했는데, 이 사실이 사업가들을 놀라게 하고 분노케 했다.

피차 간에 서로 끊임없이 발행하고 재발행하는 두 사람이 같은 은행에서 환어음을 할인받는다면, 은행은 그들이 무엇을 하고 있는지 금방 알아차릴 수 있을 것이며, 은행은 그들이 자기자본이 아니라 은행이 그들에게 선대한 자본으로 거래하고 있다는 사실을 분명히 간파할 것이다. 그러나 그들이 환어음을 때로는 이 은행에서, 때로는 저 은행에서 할인받을 경우 그러한 발견은 쉽지 않으며, 또한 동일한 두 사람이 피차 간에 계속 발행·재발행하는 것이 아니라, 다수의 사업가들 사이에서 돌아가면서 이루어지는 경우, 그러한 발견은 쉽지 않다. 사업가들은 이러한 방법으로 자금을 모으는 데 서로를 도와주는 것이 자기들에게 이익이 된다고 생각한다. 따라서 진정한 환어음과 가공의(fictitious) 환어음을 구별하는 것, 즉 진정한 채권자가 진정한 채무자에 대해 발행한 환어음과, 환어음을 할인해 준 은행 외에는 진정한 채권자도 없고 또 그 화폐를 이용하는 사업가 외에는 진정한 채무자도 없는 환어음을 구별하는 것을, 어렵게 하는 것이 자기들에게 이익이 된다고 생각한다. 은행이 이것을 발견한다고 하더라도, 어떤 때는 너무 늦게 발견하는 경우가 있다. 즉, 은행이 이미 사업가들에게 너무나 큰 금액의 환어음을 할인해 주었기 때문에 더이상의 할인을 거절함으로써 그들 모두를 파산시킨다면 자신도 망할 것이라는 사실을 깨닫게 된다. 그러므로 은행의 이익·안전을 위해서는 이렇게 매우 위험한 상황에서도 당분간 할인을 계속하면서 점차로 빠져나오는 것이 필요하다고 느끼게 된다. 이런 이유로 은행은 사업가들로 하여금 점차적으로 다른 은행을 찾아가 할인하거나 다른 방법으로 자금을 조달하도록 강요하기 위해 할인을 나날이 어렵게 만드는데, 이것은 은행이 위험에서 가능한 한 빨리 빠져나오기 위해서이다. 잉글랜드은행과 런던의 주요 은행들, 그리고 비교적 신중한 스코틀랜드 은행들은 일정한 시간이 지난 후에, 그리고 그들 전부가 이미 지나치게 멀리 나아갔을 때, 환어음의 할인을 어렵게 하기 시작했는데, 이 때문에 사업가들은 놀라게 되었을 뿐만 아니라 매우 분노하게 되었다. 사업가 자신들의 곤경은, 의심의 여지 없이, 은행측의 이런 신중하고도 필요한 유보적 태도에 의해 직접적으로 조성된 것인데도, 그들은 자기들의 곤경을 나라의 곤경이라 불렀으며, 그리고 나라의 곤경은 전적으로 은행의 무지·소심함·좋지 못한 행동에서 비롯된 것이며, 나라를 아름답게 하고 발전시키고 부유하게 하려는 사람들의 용감하고 진취적인 사업을 은행이 충분히, 너그럽게 도와주지 않는다고 비난했다. 그들은, 은행에게는 자기들이 원하는 대로의 금액을 원하는 대로의 장기간 빌려 주어야 할 책임이 있다고 생각했던 것 같았다. 그러나 은행측으로선, 이미 지나치게 많이 빌려간 사람들에게 이런 방식으로 더 이상 신용을 제공하기를 거부함으로써 자기 자신의 신용을 유지하고 나라의 공공신용을 유지할 수 있는 유일한 방법을 택한 것이다.

73. 그후 에어뱅크(Ayr Bank)가 설립되어 극히 관대하게 대부했으나 얼마 되지 않아 곤경에 빠졌으며, 2년 안에 폐점하지 않을 수 없었다.

이런 불평의 소리가 시끄럽고 어려운 상황에서 스코틀랜드에 새로운 은행〔에어뱅크(Ayr Bank)〕이 하나 세워졌다. 그 은행의 공개적인 목표는 나라의 곤경을 해결한다는 것이었다. 의도는 너그러웠지만 행위는 신중하지 못했고, 해결하고자 하는 곤경의 성질·원인을 제대로 이해하지 못했다. 이 은행은 현금계정의 설정이나 환어음의 할인에서 이전의 어떤 은행보다 관대했다. 환어음의 할인에 관해서 본다면, 진정한 환어음과 융통어음을 전혀 구별하지 않은 것 같았으며, 양자를 모두 동등하게 할인해 주었던 것 같다. 일정한 담보만 있다면, 토지개량과 같이 수익의 회수가 매우 느리고 오래 걸리는 개발사업에 사용되는 모든 자본까지도 선대한다는 것이 이 은행이 공언한 원칙이었다. 그러한 개발을 촉진시키는 것이 은행이 설립된 공개적인 목적 중 주된 것이라고 말하기조차 했다. 현금계정의 설정과 환어음의 할인에서의 관대함 때문에 그 은행은 많은 양의 은행권을 발행했음에 틀림없다. 그러나 그 은행권의 대부분은 국내 유통에서 쉽게 흡수·사용될 수 있는 양을 초과하는 것이어서 발행되자마자 금은과 태환되기 위해 은행으로 환류했다. 금고는 제대로 채워진 적이 없었다. 두 차례의 공모(公募)에 의해 이 은행에 약속된 자본은 16만 파운드에 달했는데 단지 80%만이 불입되었다. 그리고 이 금액도 몇 차례의 분할지불로 불입되어야만 했다. 대부분의 주주들은 첫 번째 분할분을 납입했을 때 은행에 현금계정을 개설했다. 그리고 주주를 다른 모든 사람들과 똑같이 관대하게 대접해야 한다고 생각한 은행이사회는 그들 대부분에게 현금계정에 의거해 차후 분할분의 납입에 필요한 자금을 차입하도록 허락했다. 그러므로 이러한 납입은 금방 은행의 한 금고에서 꺼내온 것으로써 다른 금고를 채우는 것이었다. 이 은행의 금고가 원래 가득 채워져 있었더라도, 지폐의 과잉발행은 런던 앞 환어음을 발행하는 파멸적 방법, 즉 만기가 되면 런던 앞으로 다른 환어음을 발행하여 이자·수수료 등과 함께 환어음을 지불하는 방법 외에는 다른 어떤 임시적인 방편에 의해 금고를 보충할 수가 없었을 것이다. 그런데 이 은행의 금고는 처음부터 제대로 채워져 있지 않았기 때문에, 영업을 시작한 지 몇 달도 못 가서 그러한 방법에 의존하게 되었다고 한다. 은행 주주들의 부동산은 몇 백만 파운드의 가치에 달했고, 은행의 최초의 증서·계약서에 서명함으로써 그 부동산은 은행의 모든 채무에 대한 담보로 되었다. 이 거대한 담보가 은행에 부여한 신뢰도 때문에, 이 은행은 지나치게 관대한 대출에도 불구하고 2년 이상이나 영업을 계속할 수 있었다. 영업을 중단해야만 하게 되었을 때, 유통중인 은행권은 20만 파운드 가량 되었다. 발행하자마자 은행으로 환류하는 은행권들의 유통을 지원하기 위해, 그 은행은 런던 앞으로 끊임없이 환어음을 발행했고, 이 환어음의 숫자와 금액은 끊임없이 증가하여 영업을 중단했을 때는 60만 파운드 이상에 이르렀다. 따라서 이 은행은 2년 사이에 80만 파운드를 5%에 대부했던 것이다. 은행이 은행권으로 유통시킨 20만 파운드에 대한 5%의 이자는 아마도 경상비를 제외하고는 순수한 이익이라고 간주할지도 모른다. 그러나 런던 앞으로 끊임없이 어음을 발행한 60만 파운드에 대해서는 이자·수수료로 8% 이상을 지불하고 있었고, 따라서 총거래액의 $\frac{3}{4}$ 이상에 해당하는 금액에 대해 3% 이상을 손해보고 있었던 것이다.

74. 이 은행의 행위와 실패는 사업가들과

이 은행의 영업은 그것을 계획하

나라의 재난을 증대시켰지만, 스코틀랜드의 다른 은행들을 구제하였다.

고 지휘했던 특정인들이 기대한 것과는 정반대의 효과를 낳은 것처럼 보인다. 그들은 당시 이 나라의 각 지역에서 수행되고 있었던, 그들이 생각하기에는, 용감하고 진취적인 사업을 지원하고자 했던 것 같고, 동시에 모든 은행업무를 자신에게 끌어옴으로써 스코틀랜드의 모든 다른 은행들, 특히 환어음 할인에서의 조심성으로 어느 정도 공격을 받았던 에든버러의 은행들을 대체하고자 했던 것 같다. 이 은행은 물론 일시적으로는 사업가들에게 도움을 주었고, 그들로 하여금 자신의 사업을 그러한 도움이 없었을 경우보다 약 2년 가량 더 길게 수행할 수 있게 해주었다. 그러나 이 은행은 그들을 더욱 큰 빚더미 위에 올라앉게 했으며, 그들이 파산하게 되었을 때 그들 자신과 그들의 채권자에게 더욱 큰 타격을 가했다. 그러므로 이 은행의 영업은 사업가들이 자신이나 나라에 가져다 준 곤경을 완화시키기는커녕 사실상 더욱 악화시켰다. 그들 중 대다수가 실제보다 2년 먼저 영업을 중단할 수밖에 없었다면 그들 자신 · 그들의 채권자 · 나라 전체에 훨씬 좋았을 것이다. 그러나 이 은행이 사업가들에게 제공했던 일시적인 도움은 스코틀랜드의 다른 은행들에게는 실질적이고도 영원한 도움이었음이 판명되었다. 다른 은행들이 할인하기를 주저한 융통어음을 거래하는 사람들은 이 새로운 은행에 의지했고, 그곳에서 그들은 환대를 받았다. 따라서 다른 은행들은 그 치명적인 악순환으로부터 쉽게 빠져나올 수 있었는데, 그렇지 않았더라면 상당한 손해나 일정한 명예훼손 없이는 그 곤경에서 빠져나올 수 없었을 것이다.

75. 장기적으로 보면 설립의도와는 정반대 결과를 낳았다.

그러므로, 장기적으로 보면, 이 은행의 영업은 자신들이 해결하겠다고 표방한 이 나라의 진정한 곤경을 증가시켰으며, 그 자리를 빼앗고자 했던 경쟁자들을 아주 엄청난 곤경에서 구해 주었다.

76. 다른 하나의 계획은 차입자가 제공하는 담보를 기초로 자금을 조달하려는 것이었는데, 이것은 손해를 보는 업무였다.

이 은행이 처음 세워졌을 당시 몇몇 사람들의 견해는, 이 은행의 금고가 아무리 빨리 비더라도 은행이 지폐를 선대해 준 사람들의 담보를 기초로 자금을 모으면 금고는 쉽게 채워질 것이라는 것이었다. 이러한 모금 방법은 시간이 너무 걸려 적합하지 않다는 것, 그리고 애당초 부실하게 채워지고 매우 신속하게 비는 금고는, 런던 앞 환어음을 발행한 뒤 만기가 되면 런던의 다른 은행 앞으로 환어음을 발행함으로써 누적된 이자·수수료와 함께 그것을 지불하는 파멸적인 방법 외에는, 다른 어떤 임시방편에 의해서도 다시 채워질 수 없다는 것을, 이 은행은 경험을 통해 곧 인식하게 되었다고 나는 생각한다. 그러나 은행이 이런 방법에 의해 원하는 만큼 신속하게 돈을 모았다 하더라도, 이러한 조작을 할 때마다 이윤을 얻는 대신 손해를 보았다. 그리하여 결국에는, 비록 환어음의 발행·재발행이라는 좀더 큰 비용이 드는 조작에 의거할 때만큼 일찍 파산하지는 않았을지라도, 은행은 상업회사로서는 파산할 수밖에 없었다. 은행은 지폐의 이자에서는 아무런 이익도 얻지 못했다. 왜냐하면, 그 지폐는 그 나라의 유통이 쉽게 흡수·사용할 수 있는 것을 초과했기 때문에 발행되자마자 금은과 태환되기 위해 은행으로 환류했고, 그리하여 태환을 위해 끊임없이 금은화를 빌려야만 했기 때문이다. 이와 같이 돈을 빌리고, 돈을 빌려줄 사람을 찾기 위해 대리인을 고용하고, 돈을 빌려줄 사람들과 협상하고, 적절한 차용증서·양도증서를 발행하는 등의 모든 경비는 은행의 부담이었고, 손익계산상으로는 분명한 손실이었다. 이러한 방식으로 금고를 보충하려는 계획은 마치 물이 흘러나가기만 하고 들어오지는 않는 저수지를 소유한 사람이 그 저수지를 항상 똑같이 채우기 위해 약간의 사람들을 고용해서 몇 마일 떨어진 우물에서 양동이로 물을 길어다 저수지를 채우려고 하는 것에 비유될 수 있다.

77. 비록 그것이 유리하다 하더라도

이러한 조작이 가능할 뿐만 아니라

나라에 대해서는 손해일 것이다.

상업회사로서의 은행에게 유리하다고 하더라도, 나라는 그로부터 아무런 이득도 얻을 수 없었을 것이고, 오히려 매우 큰 손해를 감수해야 했을 것이다. 이러한 조작은 대부해 줄 돈을 조금도 증가시킬 수 없다. 그것은 이 은행을 나라 전체를 위한 대출사무소로 만들 수 있었을 것이다. 돈을 빌리려고 하는 사람은, 은행에 돈을 빌려준 사적 개인들에게 신청하는 대신 이 은행에 신청했을 것이다. 그러나 은행이사들이 잘 알지도 못하는 500명에게 돈을 빌려주는 은행은, 잘 아는 사람들에게, 그리고 진실하고 검소한 행동으로 인해 신용할 만하다고 생각되는 사람들에게 돈을 빌려주는 개인보다, 채무자의 선택에서 더 현명할 수는 없다. 내가 이미 그 행동에 관해 설명한 바 있는 은행 채무자들은 대부분 융통어음을 발행·재발행하는 공상적인 사업가들일 것이고, 그들은 과분한 사업, 즉 그들에게 주어진 모든 지원에도 불구하고 결코 완수할 수 없거나, 완수하더라도 실제로 들인 비용을 보상할 수 없고, 그 사업에 고용된 노동량을 유지할 재원을 제공하지 않는 그러한 사업에 돈을 사용할 것이다. 반면, 사적 개인의 진실하고 검소한 채무자들은 빌린 돈을 자신의 자본에 맞는 건전한 사업에 사용하며, 대규모라든가 엄청난 규모라는 점에서는 덜할지라도, 더 건실하고 유리한 사업, 지출된 것을 큰 이윤과 함께 보상하는 사업, 사업에 고용된 것보다 훨씬 많은 노동량을 유지할 재원을 제공하는 사업에 사용할 것이다. 그러므로 은행의 이러한 조작은 성공하더라도 나라의 자본을 조금도 증가시키지 않은 채, 나라의 자본의 많은 부분을 건실하고 유리한 사업으로부터 무모하고 불리한 사업으로 이전시킬 뿐이었을 것이다.

78. 존 로(John Law)의 계획은 뒤베르네와 뒤토에 의해 충분히 설명되었다.

스코틀랜드의 산업은 투자할 자금이 없어 침체상태에 있다는 것이 저 유명한 존 로(John Law) 선생의 견해였다. 그는 이 나라 전국토의 가치에 이르기까지 지폐를 발행할 수 있는 특수한 종류의 은행을 설립함으로써 이러한 자금부족을 해결할 것을 제안했다. 그가 처음 이 안을 제안했을 때, 스코틀랜드 의회는 그것을 채택하는 것이 적절하지 못하다고 생각했다. 뒤에 그것은 당시 프랑스의 섭정이었던 오를레앙(Orleans) 공작에 의해 약간 변경된 채로 채택되었다. 지폐를 거의 무한하게 증발할 수 있다는 생각은 이른바 미시시피 계획(Mississippi Scheme)의 현실적 토대였는데, 그 계획은 은행업과 증권매매업에서 미증유의 무모한 계획이었다. 이 계획의 다양한 조작들은 뒤베르네(Du Verney)에 의해 「뒤토(Du Tot)의 상업과 금융에 관한 정치적 고찰에 대한 검토」에서 충분히, 체계적이고도 분명하게 설명되었기 때문에, 나는 여기서 더이상 설명하지 않을 것이다. 그 계획이 의거했던 원칙은 존 로 선생 자신에 의해 화폐·상업에 관한 논문 속에서 설명되고 있는데, 이 논문은 그가 처음 그의 계획을 제안했을 당시 스코틀랜드에서 간행되었다. 이 저작 및 동일한 원리에 입각한 다른 저작들 속에서 나타나고 있는 화려한, 그러나 공상적인, 생각은 아직도 많은 사람들에게 계속 인상적으로 남아 있고, 아마도 부분적으로는 최근 스코틀랜드와 다른 나라에서 불평받고 있는 은행업 과잉에 기여했다.

79. 잉글랜드은행은 1694년에 창설되었다.

잉글랜드은행(Bank of England)은 유럽에서 가장 큰 발권은행(發券銀行)이다. 이 은행은 의회의 법률에 따라 1694년 7월 27일자 특허장에 의해 법인으로 설립되었다. 이 은행은 당시 정부에게 120만 파운드를 대부하고 매년 10만 파운드, 즉 8%의 이자로 9만 6천 파운드와 취급 수수료로 4천 파운드를 받았다. 혁명〔명예혁명〕에 의해 세워진 신정부의 신용이 매우 낮았기 때문에 그렇게 높은 이자로 돈을 빌려야만 했던 것으로 우리는 믿고 있다.

80. 1697년에 증자가 있었다.

1697년 잉글랜드은행은 1,001,171파운드 10실링의 증자(engraftment)를 허락받았고, 그리하여 자본 총액은 2,201,171파운드 10실링에 달했다. 이 증자는 공신력을 유지하기 위한 것이었다고 한다. 왜냐하면, 1696년에 정부채무증서(tallies)는 40%, 50%, 60%로 할인되고 있었고, 은행권은 20%로 할인되고 있었기 때문이다. 이 당시 은화의 대규모 재주조가 진행되고 있었으므로, 이 기간 잉글랜드은행은 은행권의 태환을 중단하는 게 좋다고 생각했는데, 이것이 필연적으로 은행권에 대한 신용을 악화시켰다.

81. 1708년의 증자

앤 여왕 7년〔1708년〕의 법률 제7호에 따라 잉글랜드은행은 다시 국고에 40만 파운드를 대부하여 지불함으로써 대부 총액이 160만 파운드가 되었는데, 이에 대해 종전과 마찬가지로 매년 9만 6천 파운드의 이자와 4천 파운드의 취급수수료를 받았다. 이처럼 1708년에는 정부가 당시의 일반적인 법정 시장이자율이었던 6%〔96,000 ÷ 1,600,000〕로 돈을 빌릴 수 있었던 것으로 보아, 정부의 신뢰도는 개인의 신뢰도만큼 좋았다. 같은 법률에 따라 이 은행은 6%의 이자로 1,775,027파운드 17실링 $10\frac{1}{2}$펜스에 달하는 재무부증권(exchequer bills)을 정부 대신 상환했고, 동시에 자본을 두 배로 하기 위해 신주의 공모를 허락받았다. 따라서 1708년 잉글랜드은행의 자본은 4,402,343파운드에 달했고, 정부에 대한 대출금은 3,375,027파운드 17실링 $10\frac{1}{2}$펜스이었다.

82. 1709년과 1710년의 증자

1709년 15%의 주금납입(株金納入) 요구(call)에 의해 656,024파운드 1실링 9펜스의 자본금이 불입되고, 1710년에는 또다시 10%의 주금납입 요구에 의해 501,448파운드 12실링 11펜스가 불입되어 모두 잉글랜드은행의 자본금으로 되었다. 이 두 차례의 주금납입 요구의 결과로 은행의 자본금은 5,559,995파운드 14실링 8펜스에 이르렀다.

83. 그리고 1717년과 그후에도 각각 증자가 있다.

조지 1세 3년〔1716년〕의 법률 제8호에 의해 잉글랜드은행은 2백만 파운드의 재무부증권을 상환하여 정부에 인도했다. 따라서 정부에게 모두 5,375,027파운드 17실링 10펜스를 대부해준 셈이 되었다. 조지 1세 8년(1721년)의 법률 제21호에 따라 잉글랜드은행은 남해 회사(South Sea Company)로부터 4백만 파운드에 달하는 주식을 매입했고, 1722년에는 이 매입을 위해 신주를 공모한 결과 잉글랜드은행의 자본금은 340만 파운드 증가했다. 따라서 이 당시 잉글랜드은행은 정부에 9,375,027파운드 17실링 $10\frac{1}{2}$펜스를 대부한 셈이었으나, 잉글랜드은행의 자본금은 8,959,995파운드 14실링 8펜스에 불과했다. 이 때문에 은행이 이자를 받으면서 정부에 대부한 금액이 은행의 자본금, 즉 은행이 주주에게 배당을 지불해야 하는 자본금을 처음으로 초과하기 시작했다. 또는 다른 말로 표현하면, 배당할 필요가 없는 자본[무배자본]이 배당금을 지불해야 할 자본[유배자본]을 상회하기 시작했다. 은행은 그 이후 계속 무배자본(無配資本: undivided capital)을 가졌다. 1746년 잉글랜드은행은 다른 이유로 인해 정부에 11,686,800파운드를 대부했고, 은행의 유배자본(有配資本: divided capital)은 또다른 불입요구와 신규 증자에 의해 1,078만 파운드로 증가되었다. 두 가지 금액은 그 이후 계속 동일했다. 조지 3세 4년(1764년)의 법률 제25호에 의해 은행은 특허장 갱신을 위해 이자지불이나 원금상환의 필요가 없는 11만 파운드를 정부에 지불하는 데 동의했다. 그러므로 이 금액은 두 가지의 어느 금액도 증가시키지 않았다.

84. 이 은행이 정부로부터 받았던 이자율은 8%에서 3%로 줄었으나, 은행의 배당은 최근 5.5%였다.

잉글랜드은행이 지불한 배당금은 정부에 대부한 돈에 대해 각 시기에 받았던 이자율의 변화에 따라, 그리고 그 밖의 사정에 따라 변화했다. 이자율은 8%에서 3%로까지 점차로 낮아졌다. 지난 몇 년 동안 은행배당은 5.5%였다.

85. 이 은행은 국가의 큰 엔진으로 활동하고 있다.

잉글랜드은행의 안정성은 영국 정부의 안정성과 같다. 이 은행이 정부에 대부한 모든 금액을 잃은 뒤에야 이 은행의 채권자도 손실을 보게 될 것이기 때문이다.

영국의 다른 어떤 은행도 의회의 법률에 의해 설립되거나 6명 이상의 주주로 구성될 수 없다. 잉글랜드은행은 보통의 은행으로서 행동할 뿐 아니라 국가의 큰 엔진으로서 작용한다. 잉글랜드은행은 정부의 채권자들이 받을 연금〔매년 받는 이자를 가리킨다〕의 대부분을 출납하고, 재무부증권을 유통시키고, 종종 몇 년이 지나도 완납되지 않는 토지세 · 맥아세의 매년의 금액을 미리 정부에 대부한다. 이러한 활동을 하는 중 정부에 대한 의무로 인해 때때로 은행 이사회의 잘못이 아님에도 불구하고 지폐를 과잉유통시켜야만 했다. 잉글랜드은행은 상업어음을 할인하며, 몇몇 경우에는 영국만이 아닌 함부르크와 네덜란드의 주요 상사(商社)의 신용까지 뒷받침해 주었다. 1763년의 어느 경우에는 이러한 목적으로 일주일 사이에 160만 파운드를, 그것도 대부분을 금 덩어리로 대부해 주었다고 한다. 그러나 나는 이 금액의 크기나 그 기간의 짧음을 강조하려고 하는 것이 아니다. 어떤 경우에는 이 커다란 은행이 6펜스를 지불할 필요가 있기도 했다.

86. 은행업의 활동은 사장된 재고를 생산적 자본으로 바꾸지만 상공업을 어느 정도 불안전한 것으로 만든다.

은행의 가장 현명한 활동이 한 나라의 산업을 증가시킬 수 있는 것은, 은행이 그 나라의 자본을 증가시키기 때문이 아니라, 그 자본의 대부분을 은행이 없었을 때보다 더욱 활동적이고 생산적이게 하기 때문이다. 어떤 상인이 자기의 자본 중 때때로의 지불요구에 응하기 위해 현금으로 보유해야 하는 부분은 그만큼 죽은 자본인 셈이고, 그러한 상태로 남아 있는 한 그 자신에게나 나라에 아무것도 만들어 주지 않는다. 은행의 현명한 활동들은 그로 하여금 이 죽은 자본을 활동적이고 생산적인 자본으로, 즉 노동대상인 원료와 노동수단인 도구, 노동목표인 식량 · 생필품으로, 그리고 그 자신과 나라에 무엇인가를 만들어 주는 자본으로 전환시킬 수 있게 해 준다. 한 나라에서 토지 · 노동의 생산물을 매년 유통시키고 적절한 소비자들에게 분배해 주는 금은화는, 상인의 준비금과 마찬가지로, 죽은 자본이다. 금은화는 나라를 위해 아무것도 생산하지는 않지만 매우 귀중한 그 나라 자본의 일부이다. 은행의 현명한 활동들은 이 금은화의 대부분을 지폐로 대체함으로써 이 죽은 자본의 대부분을 활동적이고 생산적인 자본으로, 즉 나라를 위해 무엇인가를 만들어주는 자본으로 바꿀 수 있게 해 준다. 한 나라에서 유통되는 금은화는 적절하게도 고속도로에 비유할 수 있다. 고속도로는 그 나라의 모든 목초·곡물을 유통시키고 시장에 날라다 주지만, 그 자신은 두 가지의 어느 한 품목도 생산하지 못한다. 은행의 현명한 활동들은, 다소 파격적인 비유를 하자면, 공중(空中)에 일종의 차도(車道)를 건설함으로써 그 나라로 하여금 고속도로의 대부분을 훌륭한 목초지·곡물재배지로 전환시킬 수 있게 해주며, 그리하여 토지·노동의 연간생산물을 크게 증가시킬 수 있게 해준다. 그러나 명심해야 할 것은, 그 나라의 상업과 산업이 다소 증대된다고 하더라도, 지폐라는 다이달로스(Daedalos: 고대 희랍의 건축가이자 조각가로 크레테 국왕을 위해 미궁(迷宮)을 만들었다. 교묘한 솜씨를 지닌 명장(名匠)의 대명사로 쓰임.)의 날개에 매달려 있을 때는 금은화라는 탄탄대로를 걸을 때만큼 안전할 수는 없다는 점이다. 왜냐하면, 상공업은 지폐 관리자의 미숙함 때문에 부닥치는 사고 이외에도 지폐 관리자의 신중함과 숙련으로도 막을 수 없는 몇 가지 위험에 노출되어 있기 때문이다.

87. 유통의 대부분이 지폐로써 채워지지 않도록 경계해야 한다.

예를 들어 전쟁에 져서 적들이 수도를 점령하여 지폐의 신뢰도를 유지해온 귀금속을 소유하게 된 경우, 유통의 대부분이 금은에 의해 행해진 나라보다는 모든 유통이 지폐에 의해 행해진 나라가 더욱 큰 혼란에 빠지게 된다. 일상적인 상업수단이 가치를 잃게 되므로 물물교환이나 신용에 의하지 않고는 아무런 교환도 일어나지 않는다. 모든 세금이 대개 지폐로 납부되었기 때문에, 그 나라의 왕은 자신의 군대에게 급료를 지불할 수단이나 자신의 병기고에 무기를 공급할 수단도 가지지 못할 것이다. 그리고 그 나라의 상태는 유통의 대부분이 금은화로 행해진 경우보다 훨씬 더 회복하기 어려울 것이다. 왕이 영토를 항상 쉽게 방어할 수 있는 상태로 유지하고자 한다면, 지폐발행 은행을 파산시키는 지폐의 지나친 증발을 막아야 할 뿐만 아니라, 지폐가 그 나라 화폐유통의 대부분을 차지하는 것도 막아야 한다.

88. 유통은 상인들 사이의 그것과 상인과 소비자들 사이의 그것으로 나누어질 수 있다.

한 나라의 유통은 두 개의 상이한 부분, 즉 상인들 사이의 유통과, 상인과 소비자 사이의 유통으로 나누어질 수 있다. 지폐든 금속화폐든, 동일한 화폐가 어떤 때는 이쪽에서 어떤 때는 다른 쪽에서 사용되긴 하지만, 양쪽의 유통이 동시에 진행되므로 각각은 일정한 화폐량을 어떤 종류로든 필요로 한다. 상인들 사이에서 유통하는 재화의 가치는 상인과 소비자 사이에서 유통하는 재화의 가치를 결코 초과할 수 없다. 왜냐하면, 상인에 의해 구매되는 것은 모두 결국에는 소비자에게 판매되기 때문이다. 상인들 사이의 거래는 도매로 이루어지므로 일반적으로 각 거래마다 큰 금액의 화폐를 필요로 한다. 반대로 상인과 소비자 사이의 거래는 일반적으로 소매로 이루어지므로 작은 금액의 화폐를 필요로 하며, 1실링이나 반(half) 페니로도 충분한 경우가 있다. 그러나 작은 금액은 큰 금액보다 훨씬 빨리 유통한다. 실링은 기니보다 더 자주 주인을 바꾸고, 반 페니는 실링보다 더 자주 주인을 바꾼다. 그러므로 모든 소비자들의 연간 구매액이 그 가치상으로는 적어도 모든 상인들의 구매액과 같지만, 소비자들은 일반적으로 훨씬 적은 양의 화폐로 거래할 수 있다. 상인의 경우보다 소비자의 경우 같은 화폐조각이 더 빨리 회전하여 더 자주 구매수단으로 기능하기 때문이다.

89. 소액 은행권의 발행을 금지함으써 지폐의 유통을 상인들간의 유통으로 국한시킬 수 있다.

지폐의 사용은 상인들 사이의 유통으로 한정시키거나 또는 상인과 소비자들 사이의 대부분의 유통에까지 확대시킬 수도 있다. 런던에서처럼 10파운드 이하의 은행권이 유통되지 않는 곳에서는, 지폐는 상인들 사이의 유통에만 국한된다. 10파운드짜리 은행권이 소비자의 수중에 들어가면 그는 일반적으로 5실링짜리 물건을 구매하게 되는 첫 번째 가게에서 교환할 수밖에 없게 되고, 따라서 소비자가 그 화폐의 $\frac{1}{40}$도 소비하기 전에 그 화폐는 상인의 수중으로 회수된다. 스코틀랜드에서처럼 은행권이 20실링〔1파운드〕 정도의 작은 금액으로 발행되는 곳에서는 지폐는 상인과 소비자 사이의 유통의 상당한 부분에까지 사용된다. 10실링이나 5실링짜리 은행권의 유통을 중지시킨 의회 법령이 있기 전까지 은행권은 그러한 유통의 상당부분을 채우고 있었다. 북아메리카의 통화에서 지폐는 일반적으로 1실링과 같은 소액으로 발행되었고, 상인과 소비자 사이의 유통의 거의 전부를 채우고 있었다. 요크셔의 지폐의 경우 6펜스 정도의 소액도 발행되었다.

90. 이러한 은행권의 발행은 부유하지 못한 사람들도 은행가가 되도록 한다.

이러한 소액은행권의 발행이 허락되고 일반적으로 실행되는 곳에서는, 초라한 사람들까지 은행가가 될 수 있고, 또 그렇게 되도록 고무된다. 자신의 5파운드짜리 약속어음, 또는 20실링짜리 약속어음이 모두에게 거절당하는 사람도, 약속어음을 6펜스 정도의 소액으로 발행하면 누구나 거리낌없이 받을 것이다. 그러나 이러한 초라한 은행가들은 파산하기 쉽고, 그리하여 그들의 지폐(paper currencies)를 가진 가난한 사람들에게 많은 불편을 주고 때로는 매우 큰 재난을 불러일으킨다.

91. 5파운드 이하의 은행권은 발행되어서는 안 된다.

영국의 어디에서나 5파운드 이하의 은행권은 발행되지 않는 것이 좋다. 그렇게 된다면, 10파운드 이하의 은행권이 발행되지 않는 런던에서 오늘날 그러하듯이, 영국의 모든 곳에서 지폐는 상인들 사이의 거래에만 한정될 것이다. 왜냐하면, 런던의 흥청거리는 분위기 속에서도 10파운드는 상당히 큰 금액으로 생각되어 한꺼번에 쓸 수 없는 것처럼, 대부분의 다른 곳에서는 5파운드가 10파운드의 구매력의 반이지만 이와 같이 간주되고 있기 때문이다.

92. 이것은 많은 금은화의 유통을 확보할 것이다.

런던에서와 같이 지폐가 상인들 사이의 유통에만 한정되는 곳에서는 항상 많은 금은화가 존재한다. 스코틀랜드나 그보다 더한 북미에서와 같이 상인과 소비자 사이의 유통의 상당한 부분에까지 지폐가 쓰이는 곳에서는, 지폐는 그 나라에서 금은을 거의 완전히 쫓아낸다. 따라서 국내 상업의 거의 모든 일상적 거래들이 지폐로 행해진다. 10실링·5실링짜리 은행권의 폐지는 스코틀랜드에서 금은화의 희소함을 다소 완화시켜 주었다. 만약 20실링짜리 은행권을 폐지한다면 더욱더 완화시켜 줄 것이다. 아메리카에서는 몇 가지 지폐의 폐지 이래 금은화가 더욱 풍부하게 되었다고 하는데, 지폐의 발행 이전에는 금은화가 더욱 풍부했다고 한다.

93. 그리고 은행이 상인에게 충분한 원조를 주는 것을 방해하지도 않을 것이다.

지폐가 상인들 사이의 유통에만 한정되어 있더라도, 은행·은행가들은 지폐가 거의 모든 유통을 채우고 있을 때와 거의 같은 지원을 상업과 산업에 줄 수 있을 것이다. 상인이 수시로의 지불요구에 응하기 위해 보유하고 있어야 하는 현금은 그 자신과 그가 물건을 구입하는 다른 상인 사이의 유통을 위한 것이다. 그는 그 자신과 소비자, 즉 그로부터 현금을 가져 가지 않고 오히려 그에게 현금을 가져다 주는 소비자 사이의 유통을 위해서는 현금을 갖고 있을 필요가 없다. 따라서 상인들 사이의 유통에만 사용될 수 있는 큰 금액 이외에는, 지폐의 발행이 허용되지 않더라도, 은행·은행가들은 부분적으로는 진성어음의 할인에 의해, 부분적으로는 현금계정을 통한 대부에 의해, 많은 수의 상인들이 수시로의 지불요구에 응하기 위해 그들 자본의 큰 부분을 사용하지 않고 현금으로 보유해야 할 필요성을 여전히 덜어줄 수 있을 것이다. 은행·은행가는 모든 종류의 상인들에게 적절히 공급할 수 있는 최고의 지원을 여전히 베풀 수 있을 것이다.

94. 소액권을 금지하는 법률은 사회 안전에 필요한 자연적 자유의 침해였다.

사적 개인들이 큰 액수이든 작은 액수이든 은행가의 약속어음을 기꺼이 받으려 할 때 그들에게 그것을 받지 못하게 하는 것, 또는 모든 주변 사람들이 기꺼이 은행가의 약속어음을 받으려 할 때 은행가로 하여금 은행권을 발행하지 못하게 하는 것은, 자연적 자유(natural liberty)의 분명한 침해인데, 법률의 본래 임무는 그것을 침해하지 않고 지원하는 것이다. 그와 같은 규제는 틀림없이 어떤 점에서는 자연적 자유의 침해로 간주될 수 있지만, 사회 전체의 안전을 위협하는 몇몇 개인의 자연적 자유의 행사는, 가장 자유로운 정부이든 가장 전제적인 정부이든, 모든 정부의 법률에 의해 제한되고 있으며 또 제한되어야만 한다. 불길이 번지는 것을 막기 위해 방화벽을 쌓게 하는 법률은 자연적 자유의 침해지만, 여기에서 제안하는 은행업의 규제와 정확히 동일한 종류의 침해이다.

95. 즉시 태환되는 지폐는 금은화와 동등하다.

신용이 확실한 사람에 의해 발행되어 요구시에 아무런 조건 없이 지불될 수 있고, 제시되자마자 항상 즉시 지불되는 은행권으로 구성되는 지폐는, 금은화와 언제라도 태환될 수 있기 때문에 금은화와 동일한 가치를 가진다. 이러한 지폐로 구매·판매하는 것은 당연히 금은화를 사용하는 경우와 마찬가지로 싸게 구매·판매한다.

96. 이것이 물가를 올리지는 않는다.

지폐의 증가는 전체 통화량을 증가시킴으로써 전체 통화의 가치를 감소시키고, 필연적으로 상품의 화폐가격을 등귀시킨다고 말한다. 그러나 통화에서 제외된 금은화의 양은 통화에 추가된 지폐량과 항상 동일하므로, 지폐는 반드시 전체 통화량을 증가시키지는 않는다. 스코틀랜드에서는 1759년에 10실링, 5실링짜리 은행권이 유통되어 지금보다 더 많은 지폐가 있었지만, 지난 세기〔17세기〕 초부터 오늘날에 이르기까지 식료품가격은 1759년보다 결코 싼 적이 없었다. 스코틀랜드의 식료품가격과 잉글랜드의 식료품가격 사이의 비율은 스코틀랜드에서 은행업이 크게 확장된 지금이나 그 이전이나 마찬가지이다. 잉글랜드에는 다량의 지폐가 존재하고 프랑스에는 거의 없지만, 두 나라의 곡물가격은 대체로 동일하다. 1751년과, 흄이 그의 「정치논문집」을 펴낸 1752년, 그리고 스코틀랜드에서 지폐의 대규모 증발(增發) 직후에는 식량가격이 눈에 띄게 상승했는데, 그것은 아마도 지폐의 증가 때문이 아니라 계절상의 악조건 때문이었을 것이다.

97. 즉시 태환될 수 없는 지폐는 금은화의 가치 이하로 떨어질 수 있다.

지폐가 다음과 같은 종류의 약속어음, 즉 그것의 즉시 지불이 발행자의 선의 또는 어음 소지인이 감당할 수 없는 조건에 의존하는 약속어음, 또는 몇 년이 지난 뒤에야 비로소 그것의 지불을 요구할 수 있고 그동안 아무런 이자도 붙지 않는 약속어음 등이라면, 금은화와 동일한 가치를 가지지 못한다. 그와 같은 지폐는, 즉시 지불을 요구하기가 얼마나 어렵고 불확실한가에 따라서, 또는 지불을 요구할 수 있게 되는 시점이 얼마나 먼가에 따라서, 금은화의 가치보다 크게 또는 적게 하락할 것이다.

98. 이를테면 스코틀랜드에서는 선택조항이 유행되었을 때 이러한 사태가 일어났다.

몇 년 전 스코틀랜드의 여러 은행들은 이른바 선택조항(Optional Clause)이라는 것을 그들의 은행권에 끼워넣었는데, 이것에 따르면, 은행은 은행권이 제시되자마자 그 소지인에게 지불할 수도 있고, 또는 은행 이사회의 선택에 따라 은행권이 제시된 지 6개월 뒤에 6개월 동안의 법정이자와 함께 지급할 수도 있다는 것이다. 몇 은행의 이사회는 이 선택조항을 때때로 이용했고, 다량의 은행권을 금은화로 태환하려는 사람들에게 일부의 태환에 만족하지 않는다면 이 선택조항을 이용하겠다고 위협했다. 이러한 은행들의 약속어음이 그 당시에는 스코틀랜드 통화의 대부분을 이루고 있었고, 지불의 불확실성은 필연적으로 그것을 금은화의 가치 이하로 저하시켰다. 이러한 남용(주로 1762, 1763, 1764년에 일어났다)이 계속되는 동안, 런던과 칼라일〔Carlisle: 잉글랜드에 있는 작은 도시〕 간에는 환거래가 액면가로 이루어졌던 반면, 런던과 덤프리스〔Dumfreis: 스코틀랜드에 있는 작은 도시〕 간에는, 덤프리스가 칼라일에서 30마일밖에 안 떨어졌음에도 불구하고, 때로는 덤프리스에 대해 4%나 불리했다. 칼라일에서는 약속어음이 금은화로 지불되었지만, 덤프리스에서는 스코틀랜드 은행권으로 지불되었는데, 그 은행권을 금은화로 태환할 수 있는가가 불확실했으므로 은행권의 가치가 주화의 가치보다 4% 하락했던 것이다. 10실링, 5실링짜리 은행권을 금지했던 동일한 의회의 법률이 이 선택조항도 금지시켰고, 따라서 런던과 스코틀랜드 사이의 환시세는 그것의 자연율, 즉 상업과 송금의 상황이 결정하는 수준으로 회복되었다.

99. 요크셔의 통화는, 소액을 기니로 갚을 수 있었을 때도 이러한 사태가 일어났다.

요크셔의 지폐에서 6펜스와 같은 소액권의 태환에는 때때로 그 지폐의 소유자가 1기니에 해당하는 지폐를 발행자에게 가져와야 한다는 조건이 붙어 있었다. 이 조건은 그 지폐의 소유자로서는 이행하기 매우 어렵다고 느끼게 되었고, 따라서 이 지폐의 가치를 금은화의 가치 이하로 저하시켰다. 따라서 의회의 법률은 그러한 모든 조항들이 위법임을 선포했고, 스코틀랜드에서와 마찬가지로 20실링 미만의 모든 지참인불 약속어음(promissory notes payable to the bearer)을 폐지했다.

100. 북아메리카의 지폐는 정부지폐였는데, 그것은 장기간이 지난 뒤에 지불받을 수 있었으므로 통화의 가치를 크게 저하시켰다.

북아메리카의 지폐는 일람불은행권이 아니라 발행 뒤 몇 년이 지나기 전에는 지불받을 수 없는 정부지폐였다. 식민지정부는 이 지폐의 소지인에게 아무런 이자도 지불하지 않으면서도 그것이 발행 액면 그대로 통용되는 법화임을 선언했고, 실제로 그렇게 취급했다. 그러나 식민지정부의 지불보장이 완벽하다 하더라도, 예를 들어 이자율이 6%인 나라에서 15년 이후에 지불될 100만 파운드는 40만 파운드의 현금 이상의 가치는 없다. 따라서 현금으로 대부받은 100만 파운드의 채무에 대한 완전한 상환으로 정부지폐 100만 파운드를 인수하도록 강요하는 것은 자유로운 나라임을 자처하는 어떤 나라의 정부도 시도하지 않았던 난폭하고 불공정한 행위였다. 정직하고 솔직한 더글러스 박사가 우리에게 확인해준 바와 같이, 이것은 원래 사기적인(fraudulent) 채무자가 채권자를 속이는 방법이었다는 분명한 흔적을 갖고 있다. 실제로 펜실베니아 정부는 1722년 최초의 지폐발행에서 상품을 식민지 지폐를 받고 판매할 때와 금은화를 받고 판매할 때 상품가격상 어떤 차이를 두는 사람은 모두 처벌한다고 규정함으로써 지폐가 금은화와 같은 가치를 가지도록 하려고 했다. 이것은 지폐와 금은화를 동일한 가치로 규정하는 것과 마찬가지로 폭압적인 조치였으나 효과는 없었다. 실정법은 1실링을 1기니〔21실링짜리 금화〕에 대한 법화로 만들 수 있다. 왜냐하면, 법은 법정으로 하여금 그렇게 지불한 채무자의 채무를 면제시킬 수 있기 때문이다. 그러나 어떠한 실정법도 상품을 판매하는 사람에게, 그리고 그가 원하는 바에 따라 팔 수도 안 팔 수도 있는 사람에게, 상품 1기니의 대가로 1실링을 받아들이도록 강요할 수는 없다. 이러한 종류의 모든 규제에도 불구하고, 영국과의 교환과정에서는 100파운드 스털링이 어떤 식민지에서는 130파운드, 다른 식민지에서는 1,100파운드라는 큰 금액의 지폐에 대한 등가물로 간주되는 모습을 볼 수 있다. 가치상의 이러한 차이는 각 식민지에서 발행한 지폐량, 지폐의 상환기간, 상환의 확실성에서의 차이에서 비롯된다.

101. 그러므로 금지하는 것이 공정했다.

따라서 식민지에서 앞으로 발행될 어떤 지폐도 지불을 위한 법화가 될 수 없다고 선언한 영국 의회의 법률은, 식민지에서는 부당하게도 불평하고 있지만, 매우 공정한 것이었다.

102. 펜실베니아는 지폐발행에 절제가 있었으며, 그 통화가 실질적인 평

펜실베니아는 지폐발행에서 다른 어떤 식민지보다 항상 신중했다.

가 이하로 떨어진 적은 없다.

따라서 그 지폐는 첫 발행 이전의 금은화의 가치 이하로 결코 내려간 적이 없다. 첫 발행 이전에 그 식민지는 주화의 액면금액을 높였고, 의회 법률에 의해 영국 화폐 5실링이 거기에서는 6실링 3펜스로, 그리고 뒤에는 6실링 8펜스로 통용되도록 명했다. 따라서 금은화가 통화였을 때조차도 1파운드짜리 식민지 통화는 1파운드 스털링의 가치보다 30% 이상 밑돌았는데, 통화가 지폐로 바뀌었을 때에도 이것 이하로는 거의 내려가지 않았다. 주화의 액면금액을 높인 이유는 동일한 양의 금속이 모국에서보다 식민지에서 큰 금액으로 통용되게 함으로써 금은화의 수출을 방지한다는 것이었다. 그러나 모국으로부터 온 모든 재화의 가격은, 주화의 액면가격을 올리자 정확히 그것에 비례해 상승했고, 그리하여 식민지의 금은화는 이전만큼 빨리 유출됨이 판명되었다.

103. 식민지 지폐는 납세에 쓸 수 있었으므로 얼마간 그 가치가 유지되었다.

각 식민지의 지폐는 발행된 액면 그대로 지방세의 납부에 사용되었으므로, 이것은 그 지폐로 하여금, 최종 상환기간이 얼마나 남았느냐에 따라서, 추가적 가치를 가지도록 하였다. 지폐를 납세용으로 사용함으로써 얻는 추가적 가치의 크기는, 발행된 지폐가 그것을 발행한 식민지의 납세용으로 사용될 수 있는 양을 얼마나 초과하는가에 따라 결정되었다. 어느 식민지에서나 전자가 후자를 크게 초과했다.

104. 어떤 조세는 특정 지폐로써 지불되지 않으면 안 된다는 규정은, 비록 그 지폐가 불환지폐였더라도, 그 지폐에 어떤 일정한 가치를 부여했을 것이다.

세금의 일정한 비율은 반드시 어떤 종류의 지폐로 지불해야 한다고 법제화한 군주는, 비록 그것의 최종 상환기간은 군주의 의지에 전적으로 달려 있다고 하더라도, 그 지폐에 일정한 가치를 부여할 수 있을 것이다. 이 지폐를 발행하는 은행이 발행량을 납세용으로 사용될 수 있는 정도 이하로 항상 유지한다면, 지폐에 대한 수요가 크기 때문에 지폐는 프리미엄을 가질 수 있게 된다. 즉, 그 지폐는 자기가 대신하고 있는 금은화의 양보다 높게 시장에서 팔릴 것이다. 어떤 사람들은 암스테르담 은행의 이른바 지폐 프리미엄(Agio), 또는 주화에 대한 은행권의 우월성을 위와 같은 방식으로 설명한다—비록 이 은행화폐는 소유자의 마음대로 은행으로부터 인출될 수 없었지만. 외국환어음의 대부분은 은행화폐로, 즉 은행 장부상의 이전에 의해 지불되어야 하며, 은행 이사회는 은행화폐의 총량을 이러한 용도에 사용되는 금액 이하로 항상 유지하려 한다고 사람들은 생각한다. 그리하여 은행화폐는 프리미엄을 받고 팔리고, 그 나라 금은화의 동일한 명목금액보다 4~5% 이상의 프리미엄을 받는다고 한다. 그러나 암스테르담 은행에 대한 이러한 설명은, 뒤에서 밝혀지겠지만, 매우 터무니없는 것이다.

105. 주화의 가치보다 낮은 지폐의 가치가 금은화의 가치를 저하시키지는 않는다.

지폐가 금은화의 가치 이하로 하락하더라도, 그것에 의해 금은화의 가치가 하락하는 것도 아니며, 동일한 양의 금은화가 더 적은 양의 재화와 교환되는 것도 아니다. 금은화의 가치와 다른 상품의 가치 사이의 비율은 어떤 경우에든 그 나라에서 유통되는 특정한 지폐의 양과 질에 의존하는 것이 아니라, 특정한 시점에서 상업세계라는 대규모의 시장에 금은을 공급하는 광산의 풍요함 · 빈곤함에 의존하는 것이다. 그 비율은 일정량의 금은을 시장으로 가져가는 데 필요한 노동량과, 일정량의 다른 상품을 시장으로 가져가는 데 필요한 노동량 사이의 비율에 의존한다.

106. 은행업에 필요한 유일한 제한은 소액 은행권의 발행금지와 모든 은행권을 요구시 즉시 상환하도록 요구하는 것뿐이다.

만일 은행가들에게 일정한 금액 이하의 유통은행권을, 즉 지참인에게 제시 때 즉시 지불하는 어음을, 발행하지 못하게 금지한다면, 그리고 제시되자마자 은행권에 대하여 즉각적이고 무조건적으로 지불하도록 강요한다면, 그들의 영업은 공공의 안녕질서를 유지하면서 다른 모든 점에서 완전한 자유를 누릴 수 있을 것이다. 잉글랜드와 스코틀랜드에서 최근 은행수가 크게 증가하여 많은 사람들을 놀라게 했지만, 사회의 안전성은 감소되지 않고 증가되었다. 은행의 수가 증가하게 되면 각각의 은행은 자기의 행동에 더욱 주의하게 되고, 은행권을 현금에 대한 적정 비율 이상으로 확대하지 않음으로써 수많은 은행들의 경쟁에 의해 항상 야기될 수 있는 예금인출소동(runs)으로부터 스스로를 보호한다. 은행의 수가 증가하게 되면 특정 은행의 거래는 좁은 한계 내에 국한되고, 유통하는 은행권은 소량으로 된다. 유통 전체가 많은 수의 부분으로 분할됨으로써, 사물의 진행상 언젠가는 일어나게 마련인 어느 한 은행의 파산이 국민에게 미치는 영향은 그만큼 줄어든다. 또한 이러한 자유경쟁은 모든 은행가들로 하여금 고객을 다른 은행에 빼앗기지 않으려고 고객들과 거래하는 데 더 관대하게 만든다. 일반적으로, 어떤 사업이 사회를 이롭게 한다면, 그 사업에서 경쟁이 더 자유롭고 일반적일수록 사회를 더욱더 이롭게 할 것이다.

제3장
자본축적, 또는 생산적 노동과 비생산적 노동

1. 노동에는 생산적 노동과 비생산적 노동 두 가지가 있다.

노동에는 그것이 가해지는 대상의 가치를 증가시키는 노동이 있고, 그런 효과를 갖지 않는 노동이 있다. 전자는 가치를 생산하므로 생산적 노동(productive labour)이라 할 수 있고, 후자는 비생산적 노동이라 할 수 있다.* 제조공의 노동은 일반적으로 그의 작업 대상인 원료의 가치에다 자기 자신의 유지비의 가치와 고용주의 이윤의 가치를 부가한다. 반대로 하인의 노동은 아무런 가치도 부가하지 않는다. 비록 제조공의 임금은 고용주로부터 선대되지만, 임금의 가치는 일반적으로 그의 노동이 가해진 대상의 증대된 가치의 형태로 이윤과 함께 회수되기 때문에, 사실 고용주는 아무런 비용도 들이지 않는 것이다. 그러나 하인의 유지비는 결코 회수되지 않는다. 다수의 제조공을 고용하는 사람은 부자가 되지만, 다수의 하인을 유지하는 사람은 가난해진다. 그러나 하인의 노동도 가치를 지니며, 제조공의 노동과 마찬가지로 보수를 받

---

* 박학다식한 몇몇 프랑스 저자들은 이 용어들을 다른 의미로 사용했다. 제4편 제9장에서 나는 그렇게 사용하는 것이 적절하지 않음을 밝힐 것이다.

을 자격이 있다. 그러나 제조공의 노동은 어떤 특정 대상이나 판매 가능한 상품에 고정되어 체현되고, 그 상품은 노동이 끝난 뒤 적어도 얼마 동안은 존속한다. 그 상품은 말하자면 필요한 어떤 다른 경우에 사용되기 위해 저장되고 비축되어 있는 일정량의 노동이다. 그 노동의 대상, 또는 마찬가지지만 그것의 가치는, 나중에 필요하다면 최초에 그것을 생산했던 것과 같은 양의 노동을 부릴 수 있다. 반대로 하인의 노동은 어떤 특정 대상이나 판매가능한 상품에 고정되거나 체현되지 않는다. 그의 서비스는 일반적으로 수행되는 바로 그 순간 사라지며, 나중에 동일한 양의 서비스를 획득할 수 있는 어떤 흔적이나 가치를 남기는 경우가 드물다.[1)]

2. 하인의 노동 이외에도 많은 종류의 비생산적 노동이 있다.

사회에서 가장 존경받는 어떤 계층의 노동은, 하인의 노동과 마찬가지로, 어떤 가치도 생산하지 않고, 그의 노동이 끝난 뒤에도 존속하는, 또는 나중에 같은 양의 노동을 구입할 수 있게 하는, 어떤 영구적인 노동대상이나 판매 가능한 상품에 자기 자신을 고정시키거나 체현하지 못한다. 예를 들어 군주와 그 밑에서 봉사하는 문관·무관·육해군은 모두 비생산적 노동자들이다. 그들은 국민의 공복이고, 다른 사람들의 노동의 연간생산물의 일부로 유지된다. 그들의 서비스가 아무리 고귀하고, 아무리 유용하고, 아무리 필요하다고 할지라도, 나중에 같은 양의 서비스를 획득할 수 있는 어떤 물건도 생산하지 않는다. 그들의 일년 노동의 효과인 국가의 보위·안전과 국방은 다음해의 보위·안전과 국방을 구매하지 못할 것이다. 가장 근엄하고 가장 중요한 약간의 직업, 예컨대 성직자·변호사·의사·모든 종류의 문필가 등, 그리고 가장 하찮은 일

---

1) 마르크스에 의하면, 자본주의에서 생산적 노동은 사용가치(재화든 서비스든)를 생산할 뿐만 아니라 자본가를 위해 직접적으로 잉여가치를 생산해야 한다. 왜냐하면, 자본주의적 생산과정에는 가치증식과정이 노동과정을 지배하고 있기 때문이다. 『자본론』 제1권 제16장(절대적 및 상대적 잉여가치)을 보라 —역자.

부 직업, 예컨대 배우 · 광대 · 음악가 · 오페라 가수 · 오페라 무용수 등도 위와 같은 종류에 속한다. 이들 중 가장 저급한 사람의 노동도 일정한 가치를 가지는데, 그것은 다른 모든 종류의 노동을 지배하는 것과 동일한 원칙의 지배를 받는다. 이들 중 가장 고귀하고 유용한 사람의 노동도 나중에 동일한 양의 노동을 구입하거나 획득할 수 있는 물건을 생산하지 않는다. 배우의 대사 낭독, 연설가의 도도한 웅변, 음악가의 노래와 연주 등등, 그들의 작업은 생산되는 바로 그 순간 사라져 버린다.

3. 생산적인 노동을 유지하기 위해 사용되는 생산물의 비율이 다음 해의 생산을 결정한다.

생산적 노동자와 비생산적 노동자 모두, 그리고 전혀 노동하지 않는 사람까지도 모두 똑같이 한 나라의 토지 · 노동의 연간생산물에 의해 유지된다. 이 생산물은 그 수량이 아무리 많더라도 결국 일정한 한계가 있게 마련이다. 그러므로 어느 해에 비생산적 노동자의 유지에 사용되는 부분이 큰가 작은가에 따라 생산적 노동자를 유지하기 위해 사용되는 부분이 작거나 크게 되고, 따라서 다음해의 생산물은 더 작거나 크게 될 것이다. 토지의 자연발생적 생산물을 제외한다면, 연간 총생산물은 생산적 노동의 결과이기 때문이다.

4. 생산물의 일부분은 자본을 보충하고 일부분은 이윤 및 지대를 구성한다.

한 나라의 토지 · 노동의 연간총생산물은 궁극적으로는 의심의 여지없이 그 주민의 소비에 제공되고, 그들에게 수입〔소득과 동일한 의미〕을 획득시켜 주는 것임에 틀림없지만, 그것이 최초에 토지로부터 또는 생산적 노동자의 손으로부터 나올 때에는 자연스럽게 두 부분으로 나누어진다. 흔히 최대인 부분은 우선 자본을 보충하기 위한, 즉 자본으로부터 빼내어진 식료품 · 원료 · 완제품을 보충하기 위한 것이다. 다른 한 부분은 자본의 소유자에 대한 수입, 즉 그의 자본에 대한 이윤과, 또는 다른 사람의 수입, 즉 그의 토지에 대한 지대를 구성한다. 따라서 토지의 생산물 중 한 부분은 차지농업자의 자본을 보충하고, 다른 한 부분은 차지농업자의 이윤과 지주의 지대를 지불한다. 그리하여 자본에 대한 이윤과 토지에 대한 지대로서 자본가와 지주 양자의 수입을 구성한다. 큰 공장의 생산물도 마찬가지 방식으로 두 부분으로 나누어지는데, 언제나 최대인 부분은 그 공장경영자의 자본을 보충하고, 다른 한 부분은 그의 이윤을 지불함으로써 이 자본 소유자의 수입을 구성한다.

5. 자본을 보충하는 부분은 생산적 노동자만을 부양한다.

한 나라의 토지와 노동의 연간생산물 중 자본을 보충하는 부분은 생산적 노동자가 아닌 사람을 부양하는 데 곧바로 사용되는 법이 없다. 그것은 다만 생산적 노동자의 임금만을 지불한다.[2] 이윤이나 지대로써 수입(收入)을 구성하는 데 곧바로 사용되는 부분은 생산적 노동자와 비생산적 노동자를 구분함이 없이 부양할 것이다.

6. 자본을 보충하는 부분은 생산적 노동자의 고용에만 사용된다.

어떤 사람이 자기 재고(在庫: stock)의 얼마만큼을 자본으로 사용하든, 그는 항상 그것이 이윤과 함께 되돌아올 것이라고 기대한다. 따라서 그는 그것을 다만 생산적 노동자를 유지하는 데만 사용하며, 그것은 그에게 자본으로서의 기능을 수행한 뒤에 생산적 노동자들의 수입을 이룬다. 재고의 일부를 비생산적 노동자의 유지에 사용하는 경우, 그 부분은 그 순간부터 그의 자본에서 빠져나가 직접적 소비를 위해 유보된 재고에 들어간다.

2) 이러한 논의는 마르크스와 다르다. 자본가는 생산을 조직하기 위해 생산수단(노동대상과 노동수단)과 노동력을 구입해야 하는데, 생산수단의 구입비가 불변자본이고 노동력의 구입비가 가변자본이다. 노동자는 노동력을 지출해 가변자본의 가치와 잉여가치를 창조하기 때문에 연간생산물의 가치는 불변자본과 가변자본 및 잉여가치를 합한 것과 같다. 이 잉여가치가 이윤·이자·지대의 형태를 띠고 나타난다. 따라서 연간 생산물 중 자본을 보충하는 부분은 생산적 노동의 임금을 지불할 뿐만 아니라 생산수단의 가치를 보상해야 한다. 『자본론』 제1권 제24장 제2절(확대된 규모에서의 재생산에 관한 경제학상의 잘못된 이해)을 보라—역자.

7. 비생산적 노동자와 노동을 전혀 하지 않는 사람들은 수입에 의해 유지되고 있다.

비생산적 노동자와 전혀 노동을 하지 않는 사람들은 모두 수입으로 유지되는 사람들이다. 그 수입은, 첫째로는 연간생산물 중 토지에 대한 지대나 자본에 대한 이윤으로 처음부터 어떤 특정인의 수입을 이루도록 예정되어 있는 부분이고, 둘째로는 연간생산물 중 원래는 자본의 보충과 생산적 노동자의 유지에만 사용되도록 예정된 부분이었지만, 각각의 수중에 들어간 이후, 필요 생계비를 초과하는 부분 중에서 생산적 노동자와 비생산적 노동자를 구분하지 않고 유지하는 데 사용되는 부분이다. 따라서 대지주나 부유한 상인들뿐만 아니라 보통의 노동자도, 만일 그의 임금이 높다면, 하인을 부릴 수 있다. 또는 보통의 노동자도 때때로 연극이나 인형극을 보러 감으로써 비생산적 노동자들을 유지하는 데 기여한다. 또는 그가 세금을 냄으로써 더 고귀하고 유용하지만 사실은 마찬가지로 비생산적인 사람들을 유지하는 것을 돕고 있다. 그러나 연간생산물 중 애초에 자본을 보충하기로 예정되어 있는 부분은, 그것으로 고용할 수 있는 생산적 노동의 전량, 또는 그것이 종전과 동일한 방식으로 고용할 수 있는 생산적 노동의 전량을 가동시킬 때까지는, 비생산적 노동을 유지하는 데 사용되지 않는다. 왜냐하면, 노동자는 노동을 해서 임금을 획득해야만 그 임금의 일부를 비생산적 노동자에게 지출할 수 있기 때문이다. 그 일부는 일반적으로 매우 작다. 그것은 그의 여분의 수입인데, 생산적 노동자가 여분의 수입을 많이 가지는 경우는 거의 없다. 그러나 그들은 일반적으로 약간의 여분의 수입을 가지고 있으며, 세금을 내는 경우, 그들의 수가 많기 때문에, 각자의 납부액이 적은 것을 어느 정도 보상한다. 그러므로 토지에 대한 지대와 자본에 대한 이윤은 어디에서나 비생산적 노동자들이 그들의 생활비를 얻는 주요 원천이다. 이 두 종류의 수입은 그 소유자들이 통상 가장 여유롭게 지출하는 부분이다. 지대와 이윤은 생산적 노동자와 비생산적 노동자를 구분하지 않고 유지하지만, 후자를 다소 편애하는 듯하다. 대영주의 지출은 대개 근면한 사람보다는 게으른 사람들을 먹여 살린다. 부유한 상인은, 그의 자본으로는 근면한 사람만을 부양하지만, 그의 지출, 즉 수입의 사용에 의해 대영주와 마찬가지로 게으른 사람들을 먹여 살린다.

8. 그러므로 생산적 노동자의 비율은 이윤 및 지대와 자본을 보충하는 생산물 간의 비율에 의존한다.

그러므로 생산적 노동자와 비생산적 노동자 사이의 비율은 어느 나라에서나 연간생산물 중에서 토지나 생산적 노동자들의 손에서 나오자마자 자본을 보충하는 데 사용되도록 예정된 부분과, 수입, 즉 지대나 이윤을 이루도록 예정된 부분 사이의 비율에 의존한다. 이 비율은 부유한 나라와 가난한 나라에서 매우 다르다.

9. 옛날에는 농업생산물 가운데 지대가 차지하는 부분이 현재보다 훨씬 컸다.

오늘날 유럽의 부유한 나라들에서는 토지생산물의 매우 큰 부분이, 종종 가장 큰 부분이, 부유한 독립적인 차지농업자의 자본을 보충하는 데 사용되고, 나머지가 그의 이윤과 지주의 지대로 향한다. 그러나 옛날 봉건국가가 지배하던 시기에는 생산물의 매우 작은 부분으로도 경작에 사용된 자본을 보충하는 데 충분하였다. 자본은 대개 경작되지 않은 토지의 자연발생적인 생산물에 의해 양육되는 몇 마리의 볼품없는 가축들로 이루어져 있어 자연발생적인 생산물의 일부로 간주되었다. 이 자본도 일반적으로 영주의 소유였고, 영주에 의해 토지점유자에게 선대되었다. 나머지 모든 생산물도 토지에 대한 지대 또는 보잘것없는 자본에 대한 이윤으로서 당연히 영주의 소유였다. 토지점유자는 일반적으로 농노였고, 그의 신체와 재산도 모두 영주의 재산이었다. 농노가 아닌 사람들은 임의해약 차지인(tenants at will)이었고, 그들이 지불한 지대는 종종 명목상으로는 면역지대(免役地代: quit-rent)에 불과했지만, 실제로는 토지의 전체 생산물에 달했다. 그들의 영주는 평상시에는 그들의 노동을, 전쟁시에는 그들의 병역(兵役)을, 마음대로 지배할 수 있었다. 그들은 비록 영주의 집에서 멀리 떨어져 살았으나, 그의 집에서 살던 가신들(retainers)처럼, 그에게 마찬가지 정도로 의존하고 있었다. 그러나 토지의 전체 생산물은 의문의 여지없이 그에게 속했으며, 그는 토지에 의해 유지되는 모든 사람들의 노동과 서비스를 마음대로 처분할 수 있었다. 오늘날 유럽에서는 지주의 몫이 총토지생산물의 $\frac{1}{3}$을 초과하는 경우는 거의 없고, 때로는 $\frac{1}{4}$도 넘지 않는다. 그러나 고대 이래, 토지가 개량된 지역의 지대는 3~4배로 늘어났으므로, 이 연간생산물의 $\frac{1}{3}$ 또는 $\frac{1}{4}$은 이전의 전체 지대의 3~4배나 되는 듯하다. 개량의 진전과 함께 지대는 면적에 비해 증가하지만, 토지생산물에 비해서는 감소한다.

10. 옛날에는 제조업 생산물 가운데서 이윤이 차지하는 몫이 현재보다 훨씬 컸다.

오늘날 유럽의 풍요한 나라들에서는 대규모 자본이 상업과 제조업에 사용되고 있다. 예전에는 빈약한 상업과 극소수의 조잡한 제조업밖에 없었으므로 요구되는 자본도 매우 작았다. 그러나 이들은 매우 큰 이윤을 낳았음에 틀림없다. 왜냐하면, 이자율이 10% 이하인 곳은 아무데도 없었고, 이윤은 이 높은 이자를 충당하기에 충분했음에 틀림없기 때문이다. 오늘날 유럽의 발달한 지역에서는 이자율이 6% 이상인 곳은 없으며, 가장 발달한 몇몇 지역에서는 4%, 3%, 2.5% 정도로 낮다. 비록 주민의 수입 중에서 자본이윤이 차지하는 비중은 빈국보다 부국이 훨씬 크지만, 그것은 자본이 많기 때문이고, 자본에 대한 이윤의 비율은 일반적으로 훨씬 낮다.

11. 자본을 회수하기 위해 필요한 생산물의 비율은 옛날보다 현재가 더 크다.

그러므로 연간생산물 중 토지나 생산적 노동자의 손에서 나오자마자 자본을 보충하도록 예정된 부분은 가난한 나라보다 부유한 나라에서 훨씬 더 클 뿐 아니라, 직접적으로 수입, 즉 지대나 이윤을 구성하도록 예정된 부분보다 훨씬 큰 비율을 차지한다. 생산적 노동을 유지하도록 예정된 재원(funds)은 빈국보다 부국에서 더욱 많을 뿐 아니라, 생산적 노동과 비생산적 노동 모두를 유지하는 데 사용되지만 일반적으로 후자를 더 편애하는 재원에 비해서 훨씬 더 큰 비율을 차지한다.

12. 두 종류의 재원들 사이의 비율은 그 나라의 주민이 근면한지 게으른지를 결정한다.

이러한 상이한 재원들 사이의 비율은 필연적으로 주민들의 일반적인 성격이 근면한지 게으른지를 결정한다. 우리는 우리의 선조들보다 더욱 근면하다. 왜냐하면, 오늘날 근면한 사람들을 유지하기 위한 재원이 게으른 사람들을 부양하기 위한 재원에 비해 2~3세기 전보다 훨씬 큰 비율이기 때문이다. 우리의 선조들은 근면을 자극할 만한 것이 부족해서 게을렀다. '공짜로 일하는 것보다는 거저 노는 것이 낫다'(It is better to play for nothing, than to work for nothing)는 속담이 있다. 많은 영국 도시나 대부분의 네덜란드 도시에서처럼 하층 사람들이 주로 자본의 사용에 의거해 생계를 유지하고 있는 상공업 도시에서는, 주민들은 일반적으로 근면·성실하고 번영하고 있다. 로마·베르사이유·콩피에뉴·퐁텐블로처럼, 항상 또는 일시적으로 궁전의 소재지로 되어 그것에 의해 주로 유지되는 도시, 그리고 하층 사람들이 주로 수입의 지출에 의해 생계를 유지하고 있는 도시에서는, 주민들은 대개 게으르고 무절제하며 가난하다. 루앙과 보르도를 제외한다면, 프랑스의 고등법원 소재지 어느 도시도 상업·공업이 거의 존재하지 않으며, 하층 사람들은 주로 법원관리들이나 이들에게 청원하러 오는 사람들의 지출에 의해 생계를 유지하고 있으며, 일반적으로 게으르고 가난하다. 루앙과 보르도의 대규모 상업은 이 도시들의 위치에 따른 효과인 것처럼 보인다. 루앙은 파리라는 대도시의 소비를 위해 외국이나 프랑스의 해안지방으로부터 수송되는 거의 모든 상품의 집산지이다. 보르도는 세계에서 가장 풍부한 포도주 생산지이며, 가론강과 이곳으로 흘러들어오는 하천들의 뚝에서 재배된 포도주의 집산지로서, 수출에 가장 적합하고 외국인의 기호에 가장 알맞는 포도주를 생산하는 것처럼 보인다. 이러한 유리한 위치는 자본에게 대규모 사용처를 제공하기 때문에 대자본을 끌어들인다. 그리고 이러한 자본의 사용은 이 두 도시의 근면의 원인이다. 프랑스의 고등법원 소재지인 다른 도시들에서 사용되는 자본은 그들 자체의 소비를 충족시키는 데 필요한 자본, 즉 그 도시에서 사용될 수 있는 최소량의 자본에 불과한 것 같다. 파리 · 마드리드 · 빈(Vienna)도 마찬가지다. 이 세 도시 중 파리가 가장 근면하다. 그러나 파리 자체는 파리에 세워진 모든 공장들의 주요 시장이고, 파리 자체의 소비가 그곳에서 수행되는 모든 사업의 주요 목적이다. 궁정이 항상 소재하고, 동시에 상업도시, 즉 자기 자신의 소비를 위해서뿐만 아니라 다른 도시나 다른 나라의 소비를 위해 교역하는 도시로 간주될 수 있는 도시는, 유럽에서는 아마 런던 · 리스본 · 코펜하겐뿐일 것이다. 이들 세 도시는 위치가 매우 유리하여 자연히 원격지의 소비를 위한 상품의 집산지로 되었다. 대량의 수입(收入)이 지출되고 있는 도시에서, 그 도시 자체의 소비 충족 이외의 다른 목적을 위해 자본을 유리하게 사용하기는, 하층 사람들이 자본의 사용에 의해 살아가는 길 외에 달리 살아갈 길이 없는 도시에서보다, 더욱 힘들 것이다. 수입의 지출에 의지해 살아가는 대다수 사람들의 게으름은 자본의 사용에 의해 유지되는 사람들의 근면을 해치고, 다른 곳에 비해 자본의 사용을 불리하게 한다. 합병 이전 에든버러에서는 상업 · 공업이 거의 없었다. 스코틀랜드 의회가 그곳에서 소집되지 않게 되어 더이상 스코틀랜드의 주요 귀족 · 신사들의 필수적인 거주지로 되지 않았을 때, 에든버러는 어느 정도 상업 · 공업도시로 바뀌었다. 그러나 그곳은 여전히 스코틀랜드의 주요 법원의 소재지이고 관세청 · 국세청 등의 소재지이다. 따라서 상당량의 수입이 그 안에서 계속 지출된다. 상업 · 공업 방면에서는 그곳은 글래스고보다 훨씬 열등한데, 글래스고의 주민들은 주로 자본의 사용에 의해 유지된다. 큰 촌락의 주민들은 제조업에서 상당한 진보를 이룬 뒤에도 대부호가 그들의 주변에 거주하면 게으르고 가난해지는 것을 가끔 볼 수 있다.

13. 한 나라의 자본의 증감은 그 나라의 연간 생산물을 증감시킨다.

따라서 자본과 수입의 비율(즉, 연간생산물 중 자본의 보충에 사용되는 부분과 이윤·지대로 향하는 부분 사이의 비율)은 어디에서나 근면과 나태의 비율을 결정하는 것 같다. 자본이 지배적인 곳에서는 근면이 우세하고, 수입이 지배적인 곳에서는 나태가 우세하다. 그러므로 자본의 증가와 감소에 따라 현실적인 노동량, 생산적 노동자의 수, 토지·노동의 연간생산물의 교환가치, 모든 주민들의 진정한 부와 수입이 증가하거나 감소하는 경향이 있다.

14. 자본은 절약 또는 저축에 의해 증가한다.

자본은 절약(parsimony)에 의해 증가하고, 낭비와 잘못된 행동에 의해 감소한다.

15. 한 사회의 자본 역시 동일한 방식으로 증가된다.

사람은 수입에서 절약한 것을 자본에 추가하고, 그것을 자기 스스로 생산적 노동자를 더 많이 고용하는 데 사용하거나 다른 사람에게 이자, 즉 이윤의 일정한 몫을 받고 빌려주어 같은 방식으로 사용하게 한다. 한 개인의 자본은 오로지 그의 연간 수입·이득 중에서 그가 절약하는 것에 의해 증가될 수 있듯이, 한 사회를 구성하는 모든 개인들의 자본과 동등한 사회의 자본도 다만 동일한 방식으로 증가될 수 있다.

16. 자본을 증가시키는 직접적 원인은 근면이 아니라 절약이다.

근면이 아니라 절약이 자본을 증가시키는 직접적인 원인이다. 사실 근면은 절약에 의해 축적되는 대상을 제공한다. 그러나 근면으로 무엇을 획득하든 간에 절약을 통해 저축하지 않으면 자본은 더 커질 수 없다.

17. 절약은 생산적 노동자의 수를 증가시키고, 연간생산물의 교환가치를

절약은 생산적 노동자의 유지를 위해 사용되기로 예정된 재원을 증가

증가시키고, 고용량을 증가시킨다.

시킴으로써, 자기의 노동이 가해지는 대상의 가치를 증가시키는 생산적 노동자의 수를 증가시키는 경향이 있다. 따라서 절약은 한 나라의 토지 · 노동의 연간생산물의 교환가치를 증가시키는 경향이 있다. 절약은 더 많은 노동량을 고용하여 일하게 하고, 더 많은 노동량은 연간생산물에 더 많은 가치를 부여한다.

18. 저축된 것은 생산적인 노동자에 의해 소비된다.

매년 저축되는 것은 매년 지출되는 것과 마찬가지로 규칙적으로, 그리고 거의 동시에, 소비된다. 그러나 그것은 다른 부류의 사람들에 의해 소비된다. 부자의 수입 중 매년 지출되는 부분은 대개 게으른 손님들이나 하인에 의해 소비되는데, 그들은 소비의 대가로 아무것도 남기지 않는다. 부자가 매년 저축하는 부분은 이윤을 위해 자본으로 직접 투하되므로, 다른 부류의 사람들, 즉 노동자 · 제조공 · 기술공 등에 의해 동일한 방식으로 거의 동시에 소비되지만, 그들은 그들의 연간소비액을 이윤과 함께 재생산한다. 부자가 수입을 화폐로 받는다고 가정하자. 그가 수입 전체를 지출해 버린다면, 그 수입 전체가 구매할 수 있는 의식주는 전자의 사람들(게으른 손님들 · 하인들)에게 분배될 것이다. 수입의 일부를 저축한다면, 그 부분은 그 자신이나 다른 사람에 의해 이윤을 얻기 위해 직접 자본으로 사용되므로, 그것에 의해 구매되는 의식주는 당연히 후자의 사람들(노동자 · 제조공 · 기술공)에게 돌아갈 것이다. 소비는 동일하나 소비자는 다르다.

19. 절약은 생산적 노동자의 고용을 위한 영구적인 재원을 마련한다.

절약하는 사람은 매년 저축하는 것으로써 그 해나 그 다음해에 더 많은 수의 생산적 노동자를 고용할 수 있을 뿐만 아니라, 구빈원의 설립자처럼, 장래에도 동일한 수를 고용할 수 있는 영구적인 기금을 설립한다. 이 기금의 영구적인 할당과 사용처는 실정법·신탁권·영구 양도〔deed of mortmain: 부동산을 종교단체 등에 기부할 때 영구히 다른 데로 양도할 수 없게 한 양도형식〕에 의해 반드시 확보되는 것은 아니다. 그러나 그것은 매우 강력한 행동원리, 즉 그것의 일정한 몫을 소유하게 되는 모든 개인의 분명하고도 명백한 이기심에 의해 항상 확보된다. 그 기금의 일부라도 그 뒤 생산적 노동자가 아닌 사람을 부양하는 데 사용될 수 없다. 왜냐하면, 그것을 본래의 목적에서 벗어나게 사용한 사람은 분명한 손실을 입을 것이기 때문이다.

20. 낭비자는 이러한 기금을 다른 용도에 전용한다.

낭비자는 그 기금을 다음과 같은 방식으로 전용한다. 그의 지출을 수입 규모에 한정시키지 않음으로써 자신의 자본을 잠식한다. 경건한 재단의 수입을 세속적인 목적에 악용하는 사람처럼, 그는 선조들이 근검절약하여 근면한 사람들을 유지하는 데 쓰도록 헌납한 기금을 가지고 나태한 사람들의 임금을 지불하고 있다. 생산적 노동자의 고용을 위한 기금을 감소시킴으로써, 그는 〔그것이 가해지는 대상에 가치를 부가하는〕 노동의 양을 필연적으로 감소시키고, 따라서 온 나라의 토지·노동의 연간생산물의 가치를 감소시키며, 주민들의 진정한 부와 수입을 감소시킨다. 일부 사람들의 낭비(prodigality)가 다른 사람들의 검소(frugality)에 의해 상쇄되지 않는다면, 낭비자의 행위는 근면한 사람이 먹을 빵으로 게으른 사람들을 먹여 살림으로써 자신을 가난하게 할 뿐만 아니라 자기 나라까지도 궁핍하게 하는 경향이 있다.

21. 그가 국산품을 소비하든 외제품을 소비하든 간에 아무런 차이가 없다.

낭비자의 지출이 모두 국산품에 한정되고 전혀 외제품에 지출되지 않는다고 하더라도, 그것이 사회의 생산적 기금에 미치는 효과는 동일하다. 왜냐하면, 매년 생산적 노동자를 유지해야 할 식료품·의복의 일정량이 비생산적 노동자를 유지하는 데 여전히 사용될 것이기 때문이다. 따라서 그 나라의 토지·노동의 연간생산물의 가치는 매년 조금씩 감소할 것이다.

22. 만일 그가 낭비하지 않았다면, 국내에는 꼭 그만큼 많은 화폐와 생산적 노동자에 의해 생산된 재화가 있었을 것이다.

사실, 이러한 지출은 외제품에 지출되지 않았고, 따라서 금은화의 수출을 유발시키지 않으므로, 이전과 동일한 화폐량이 그 나라 안에 남아 있을 것이라고 주장할 수도 있다. 그러나 비생산적 노동자에 의해 소비된 식료품 · 의류의 양이 생산적 노동자에게 분배되었다면, 후자는 그들의 소비액 전체를 이윤과 함께 재생산했을 것이다. 이 경우 동일한 양의 화폐가 그 나라 안에 남아 있을 뿐만 아니라 동일한 가치의 소비재가 재생산되었을 것이다. 하나가 아닌 두 개의 가치가 있게 될 것이다.

23. 뿐만 아니라, 연간 생산물이 감소되면 화폐는 해외로 유출될 것이다.

뿐만 아니라, 연간 생산물의 가치가 감소하는 나라에서는 동일한 화폐랑이 오랫동안 유지될 수 없다. 화폐의 유일한 용도는 소비재를 유통시키는 것이다. 화폐에 의해 식료품 · 원료 · 완제품이 매매되며, 적절한 소비자에게 분배된다. 따라서 매년 한 나라에서 사용될 수 있는 화폐량은 그 나라 안에서 매년 유통되는 소비재의 가치에 의해 결정된다. 이 소비재는 그 나라 자체의 토지 · 노동의 직접적인 연간 생산물이거나, 이러한 생산물의 일부로 〔해외로부터〕 구매된 것들일 수밖에 없다. 따라서 소비재의 가치는 연간 생산물의 가치가 감소됨에 따라 감소할 수밖에 없으며, 그리고 그와 함께 그것들을 유통시키는 데 사용되는 화폐량도 감소하게 된다. 그러나 이러한 생산물의 해마다의 감소에 의해 해마다 국내유통에서 빠져나가는 화폐는 유휴상태에 있도록 방치되지는 않을 것이다. 화폐소유자로서는 화폐가 사용되고 있는 것이 이익이 된다. 그러나 그 화폐는 국내에서 사용처를 찾지 못하므로, 모든 법률 · 금지조치에도 불구하고, 해외로 보내져서 국내에서 다소 유용한 소비재를 구매하는 데 사용될 것이다. 화폐의 해마다의 유출은 이러한 방식으로 얼마 동안 그 나라의 연간소비가 국내의 연간생산량을 초과하도록 할 것이다. 번영기에 연간생산물에서 저축되어 금은을 구매하는 데 사용된 부분은 침체기에 소비를 당분간 유지시키는 데 기여할 것이다. 이 경우 금은화의 유출은 이러한 쇠퇴의 결과이지 원인은 아니며, 당분간은 이러한 쇠퇴의 불행을 완화시킬 것이다.

24. 그 반면에 연간 생산물이 증가하면 화폐는 국내로 유입될 것이다.

반대로, 한 나라의 연간생산물의 가치가 증가함에 따라 화폐량도 자연히 증가하게 된다. 그 사회에서 연간 유통되는 소비품의 가치가 더욱 커지면 그것을 유통시키는 데 필요한 화폐량도 더 많아져야 한다. 따라서 증대된 생산물의 일부분은 추가적인 금은량을, 어디에서 구매하든, 구매하는 데 사용된다. 이 경우 귀금속의 증가는 그 나라의 번영의 결과이지 원인이 아니다. 금은은 이와 같은 방법으로 어디에서나 구매된다. 금은을 광산으로부터 시장에 가져오는 데 자신들의 노동·자본을 사용하는 모든 사람들의 의식주, 즉 수입과 유지비가 영국뿐만 아니라 페루에서도 금은에 지불하는 가격이다. 이러한 가격을 지불할 수 있는 나라는 머지 않아 그 나라가 필요로 하는 양의 귀금속을 가지게 될 것이며, 어떤 나라도 자기가 필요로 하지 않는 금은을 장구한 기간 보유하고 있지는 않을 것이다.

25. 그러므로 비록 한 나라의 실질적 부가 화폐라 하더라도, 낭비자는 역시 공공사회의 적이다.

그러므로 우리가 한 나라의 진실한 부와 수입이 무엇이라고 상상하든 간에, 즉 보통의 이성이 가리키듯이 그 나라의 토지·노동의 연간 생산물의 가치라고 상상하든, 또는 세속적인 편견이 가정하듯이 국내에서 유통되고 있는 귀금속의 수량이라고 상상하든 간에, 양자의 견해 모두에서 낭비자는 모두 공공의 적으로, 그리고 검소한 사람은 모두 공공의 은인으로 나타난다.

26. 자본의 잘못된 사용은 낭비와

잘못된 행동의 효과는 종종 낭비의 효

동일한 효과를 갖는다.

과와 동일하다. 농업 · 광업 · 어업 · 상업 · 제조업에서의 무분별하고 성공적이지 못한 모든 사업은 생산적 노동의 유지를 위한 기금을 감소시키는 경향이 있다. 이러한 사업에서는 자본이 오로지 생산적 노동자들에 의해 소비된다고 하더라도, 그 자본을 사용하는 방법이 부적절하기 때문에, 그들은 그들이 소비한 전체 가치를 재생산해 내지 못하고, 따라서 항상 사회의 본래의 생산적 기금을 어느 정도 감소시킬 수밖에 없다.

27. 절약과 신중이 우위를 차지한다.

사실, 큰 나라의 상태가 개인들의 낭비와 잘못된 행동에 의해 크게 영향받는 경우는 거의 없다. 일부 사람의 낭비와 무절제는 다른 사람들의 검소와 올바른 행동에 의해 언제나 상쇄되고도 남기 때문이다.

28. 낭비는 우리들의 생활상태를 더 좋게 하려는 욕망보다는 일시적이고 돌발적인 것이다.

낭비에 관해 말하자면, 소비를 촉진하는 행동원리는 현재의 즐거움을 추구하려는 욕구이다. 그것은 비록 때로는 강렬하여 자제하기 어렵지만, 일반적으로는 다만 일시적이고 돌발적인 것이다. 그러나 저축을 촉진하는 행동원리는 우리의 상태를 더 좋게 하려는 욕망이고, 일반적으로는 조용하고 열정적이지 않지만 태아 적부터 가지고 있는 것이고, 무덤에 묻힐 때까지 우리 곁을 떠나지 않는다. 태어나서 죽을 때까지의 기간 전체를 통해 사람이 어떤 변경이나 개선을 희망하지 않을 정도로 자기의 처지에 완전히 만족하는 순간은 아마 한 번도 없을 것이다. 재산의 증식은 대부분의 사람들에게는 자신의 처지를 개선하려는 수단이다. 그것은 가장 통속적이고 가장 분명한 수단이다. 그리고 그들의 재산을 증식시키는 가장 확실한 방법은 그들이 획득하는 것의 일부분을 항상 그리고 해마다, 또는 어떤 특별한 경우에, 저축하고 축적하는 일이다. 그러므로 낭비의 행동원리가 특정 시기의 거의 모든 사람들에게 그리고 거의 모든 시기의 특정인들에게 우세할지라도, 대부분의 사람들에게는, 전생애를 평균해 보면, 절약의 행동원리가 우세하며, 더구나 아주 대단히 우세하다.

29. 무분별한 기업은 수적으로 보아 사려깊은 기업에 비해 적은 편이다.

잘못된 행동에 대해 말하자면, 신중하고 성공적인 사업의 수는 어디에서나 무분별하고 실패하는 사업의 수보다 훨씬 크다. 잦은 파산에 대한 불평에도 불구하고, 이러한 재난에 빠진 사람들은 상업이나 기타 사업에 종사하는 전체 숫자의 극히 일부에 불과하며, 아마 $\frac{1}{1,000}$도 안 될 것이다. 파산은 아마도 죄 없는 사람에게 닥칠 수 있는 가장 치욕스러운 최대의 재난일 것이다. 따라서 대부분의 사람들은 그것을 피하기 위해 충분히 주의를 한다. 물론 그것을 피하지 못하는 사람들도 있지만, 그것은 마치 교수대(gallows)를 피하지 못하는 사람들이 있는 것과 마찬가지이다.

30. 공적인 낭비와 무분별은 사적인 것보다 더 두려운 것이다.

큰 나라들은 개인의 낭비와 잘못된 행동에 의해서는 결코 가난해지지 않지만, 때때로 정부의 낭비와 잘못된 행위에 의해 가난해지는 경우는 있다. 대부분의 나라에서 정부세입의 전부 또는 거의 전부는 다음과 같은 비생산적인 일에 종사하는 사람들을 유지하는 데 사용된다. 예컨대 다수의 화려한 궁전이나 큰 교회에 있는 사람들, 평화시에는 아무것도 생산하지 않고 전시에도 자신들의 유지비를 보상할 아무것도 획득할 수 없는 육군과 해군, 이러한 사람들은 스스로는 아무것도 생산하지 않으므로 타인 노동의 생산물에 의해 유지된다. 그러므로 이들이 불필요한 수에 이를 정도로 증가한다면, 이들은 어떤 해에는 생산물의 대부분을 소비해 버리고, 그 다음해에 그것을 재생산할 생산적 노동자들의 유지에 필요한 것을 남기지 않을 것이다. 따라서 그 다음해의 생산물은 그 전해보다 적을 것이고, 이러한 상태가 계속된다면, 세 번째 해의 생산물은 두 번째 해보다 더욱 적을 것이다. 생산적인 사람들의 수입 중 남은 일부에 의해 유지되어야 할 비생산적인 사람들이 그들 총수입의 너무나 큰 부분을 소비해 버리고, 그리하여 너무나 많은 사람들로 하여금 자기들의 자본, 즉 생산적 노동을 유지할 기금을 잠식하지 않을 수 없게 하기 때문에, 개인들이 아무리 절약하고 성실하게 행동하더라도 이 난폭하고 강요된 자본잠식〔정부측의 낭비〕에 의해 발생하는 생산물의 낭비 · 감소를 보상할 수 없을 것이다.

31. 그러나 공적 낭비는 사적 절약과 성실에 의해 보상된다.

그러나 경험상으로 보면, 개인들의 절약과 성실한 행동은 대부분의 경우 개인들의 사적 낭비와 잘못된 행위뿐만 아니라 정부의 공적 낭비를 보상하기에 충분하다. 자신의 처지를 개선하려는 모든 사람들의 공통되고 꾸준한 중단없는 노력, 즉 개인의 풍요뿐만 아니라 사회 · 국민의 풍요가 원천적으로 유래하는 이 행동원리는 때때로 매우 강력한 것이어서, 정부의 낭비와 행정의 큰 오류에도 불구하고, 개선을 향한 사물의 자연적 진행을 유지하는 데 충분하다. 이것은 동물 생명의 알려지지 않은 원리가 질병뿐만 아니라 의사들의 엉터리 처방에도 불구하고 종종 신체에 건강과 활력을 회복시켜 주는 것과 마찬가지이다.

32. 한 나라의 생산물을 증가시키기 위해서는 자본의 증가가 필요하다. 그러므로 만일 생산물이 증가했으면 자본도 증가했다고 확신해도 좋다. 평화시에는 거의 모든 나라가 이러하다.

한 나라의 토지 · 노동의 연간 생산물의 가치를 증대시키려면 오직 생산적 노동자의 수를 늘이거나 이전에 고용된 노동자들의 생산력을 증가시키는 방법밖에 없다. 일국의 생산적 노동자의 수는 자본의 증가, 즉 그들을 유지하기 위한 재원의 증가에 의해서만 증가할 수 있다는 점은 분명하다. 동일한 수의 노동자들의 생산력은 노동을 쉽게 하고 단축해 주는 기계 · 도구들의 추가 · 개선이나 더욱 적절한 분업 · 작업배치의 결과로서만 증가될 수 있다. 두 경우 모두 자본은 거의 항상 추가로 더 필요하다. 어떤 사업이든 경영자가 노동자들에게 더 좋은 기계를 제공해 주거나 노동자들 사이에 작업을 더 적절하게 분배할 수 있는 것은 오직 이 추가되는 자본을 통해서이다. 수행해야 할 작업이 많은 부분으로 이루어져 있다면, 각 노동자로 하여금 항상 하나의 부분에 전념하게 하기 위해서는 여러 부분에 때때로 종사시키는 경우보다 훨씬 많은 자본이 필요하다. 그러므로 우리가 상이한 두 시기의 나라 상태를 비교할 때, 토지·노동의 연간 생산물이 전기보다 후기에 훨씬 크고 토지도 잘 경작되어 있으며 제조업도 훨씬 많고 더욱 번창하고 상업도 더 확장되고 있다는 것을 알게 된다면, 우리는 다음과 같이 확신할 수 있다. 즉, 그 나라의 자본은 이 두 시기 사이에 증가했음에 틀림없고, 일부 사람들의 성실한 행동에 의해 증가된 자본이 다른 사람들의 사적인 잘못이나 정부의 공적인 낭비에 의해 감소된 자본보다 더욱 컸음에 틀림없다는 것이다. 그러나 이것은 조용하고 평화로운 시기에는 거의 모든 나라에서 그러했고, 매우 신중하고 절약하는 정부를 가지지 않았던 나라에서도 그러했다는 것을 알게 될 것이다. 자본의 증대에 대해 올바른 판단을 내리기 위해서는 약간 떨어진 두 시기의 나라 상태를 비교해 보아야 한다. 진보는 때때로 너무나 점진적이어서 가까운 두 시기에는 거의 인식할 수 없을 뿐 아니라, 비록 그 나라가 일반적으로 크게 번영하고 있다고 할지라도, 가끔 일어나는 현상인 특정 산업부문이나 특정 지역의 쇠퇴로 인해, 나라 전체의 부와 산업이 쇠퇴하고 있다는 의심이 가끔 일어나게 된다.

33. 이를테면 1660년부터 1770년까지의 잉글랜드가 그러했다.

예를 들어 현재 잉글랜드의 토지·노동의 연간 생산물은 약 1세기여 전인 찰스 2세의 왕정복고〔1669년〕 때보다 훨씬 크게 증가했다. 오늘날에는 이를 의심하는 사람이 거의 없을 것으로 나는 믿고 있는데, 이 기간 중 5년이 멀다 하고 나라의 부가 급속히 감소하고 있으며, 인구는 줄고 있고, 농업은 등한시되며, 제조업은 쇠퇴하고, 상업은 이루어지지 않고 있다는 것을 증명하려는 책이나 팜플릿이 출판되지 않은 적이 없었고, 그 글들은 대중들로부터 어느 정도의 권위도 인정받고 있었다. 이러한 출판물들은 거짓과 돈벌이 욕심에서 나온 비열한 산물인 정략적인 팜플릿들이 아니었다. 이들 중 다수는 매우 정직하고 총명한 사람들, 즉 그들이 확신하지 않는 것은 쓰지 않고 오직 확신하기 때문에 글을 쓰는 사람들이 쓴 것이었다.

34. 1558년부터 1660년까지도 그러했다.

왕정복고시 잉글랜드의 토지·노동의 연간 생산물은 그보다 약 100년 전인 엘리자베스 즉위시(1558년)의 그것보다 분명히 훨씬 많았다. 이 기간에 잉글랜드는 그보다 1세기 전인 요크가(家)와 랭카스터가(家)의 분쟁 말기보다 훨씬 더 진보했다고 믿을 만한 충분한 이유가 있다. 그 분쟁의 말기에조차도 노르만 정복기보다 나은 상태였고, 노르만 정복기에도 색슨 7왕국의 혼란기보다 나은 상태였다. 또한 색슨 7왕국의 시기에도 주민들이 거의 북아메리카의 야만인과 같은 상태였던 줄리어스 시저의 침략시기보다는 확실히 더 나은 상태였다.

35. 그 시대에는 공적 · 사적 낭비가 대단히 많았고, 그밖에도 많은 무질서와 재난이 일어났다.

그러나 그 각 기간마다 많은 사적·공적 낭비, 경비가 많이 들고 불필요한 전쟁들, 비생산적인 사람을 유지하기 위하여 생산적 노동자를 유지하기 위한 연간 생산물을 전용하는 것 등이 있었다. 또한 때로는 내란의 혼란 속에서 자본의 절대적 낭비·파괴도 있었으며, 그리하여 부(富)의 자연적 축적을 지체시켰을 뿐 아니라, 그 기간의 말에는 나라가 그 기간의 초기보다 더욱 빈곤하게 되었다. 그리하여 왕정복고 이후의 가장 행복하고 가장 다행했던 기간에도 나라의 빈곤화·완전파멸이 예상될 수 있었던 혼란·불운이 수없이 일어났다. 런던의 화재·흑사병, 네덜란드와의 두 차례 전쟁, 혁명의 무질서, 아일랜드에서의 전쟁, 1688·1702·1742·1756년의 네 차례에 걸친 프랑스와의 값비싼 전쟁, 그리고 1715 · 1745년 두 차례의 반란. 프랑스와의 네 차례 전쟁에서 국가는 매년의 특별 전쟁경비 이외에 1억 4,500만 파운드 이상의 빚을 졌고, 이리하여 전쟁비용 전체는 2억 파운드에 달했다. 혁명 이래로 토지 · 노동의 연간 생산물의 상당부분이 몇 차례에 걸쳐 대규모 비생산적 노동자를 부양하는 데 사용되었다. 만일 그러한 전쟁들이 그렇게 많은 자본을 전쟁 목적에 사용하지 않았더라면, 상당 부분은 당연히 생산적 노동자들을 유지하는 데 사용되었을 것이며, 그들의 노동은 그들의 총소비액을 이윤과 함께 보상해 주었을 것이다. 그것에 의해 토지 · 노동의 연간 생산물의 가치는 매년 상당히 증가했을 것이고, 매년의 증가분은 그 다음해에는 더욱 커졌을 것이다. 더 많은 집들이 세워지고, 더 많은 토지가 개량되고, 이전에 개량된 토지는 더 잘 경작되고, 더 많은 제조업이 설립되고, 이전에 설립되었던 것들은 더욱 확장되었을 것이다. 그리하여 이 나라의 진정한 부(富)와 수입이 지금 얼마나 크게 되었을지는 상상조차 하기 힘들 것이다.

36. 그러나 사적인 절약과 신중이 이런 사정을 조용히 상쇄해 왔다.

비록 정부의 낭비가 부(富)와 진보를 향한 잉글랜드의 자연적 진행을 분명히 지체시켰지만, 그러나 그것을 멈추게 할 수는 없었다. 토지 · 노동의 연간생산물은 왕정복고시나 혁명시보다 오늘날 틀림없이 더 크다. 그러므로 매년 토지를 경작하고 노동을 유지하는 데 사용되는 자본 역시 훨씬 더 크다. 정부의 모든 가렴주구에도 불구하고 이 자본은 개인의 절약과 신중한 행동에 의해, 그리고 자신의 처지를 개선하려는 보편적이고도 지속적이고 중단없는 노력에 의해, 조용히 점진적으로 축적되어 왔다. 법률의 보호와 자유의 허가 하에서 각자에게 가장 유리한 방법으로 최선을 다하는 이러한 노력이 이전의 거의 모든 시기에도 풍요 · 개량을 향한 잉글랜드의 진보를 유지해 왔던 것이며 앞으로도 계속 그러할 것이라고 우리는 희망한다. 그러나 영국은 이제까지 매우 절약하는 정부를 한 번도 가져보지 못했으며, 절약이 국민의 특성이었던 적도 없었다. 그래서 왕이나 대신들은 사치금지법이나 외국사치품 수입금지에 의해 개인의 경제행위를 감독하거나 개인의 지출을 제한하려고 했는데, 이야말로 가장 건방지고 철면피한 행위였다. 왜냐하면, 그들 자신이 언제나 예외 없이 사회의 최대 낭비자였기 때문이다. 그들로 하여금 자신들의 지출이나 제대로 관리하게 하고 개인들의 지출은 개인들에게 맡겨도 좋을 것이다. 만일 그들 자신의 낭비가 국가를 파멸시키지 않는다면, 백성의 낭비는 결코 국가를 파멸시키지 않을 것이다.

37. 각종 상이한 지출을 구분할 수 있다.

절약이 사회의 자본을 증가시키고 낭비가 그것을 감소시키듯이, 지출과 수입이 같아서 자본을 축적하지도 잠식하지도 않는 사람의 행동은 사회의 자본을 증가시키지도 감소시키지도 않는다. 그러나 어떤 방식의 지출은 다른 방식들보다 나라의 부를 증가시키는 데 더욱 기여하는 것 같이 보인다.

38. 내구상품에 지출하는 개인은 부패하기 쉬운 상품에 지출하는 개인보다 더 부유해질 것이다.

개인의 수입은 곧 소비되어 버리는 것, 즉 한 날의 지출이 다음 날의 지출을 줄여주지도 못하고 대체해 주지도 못하는 것에 지출될 수 있다. 또는 내구적이어서 축적될 수 있는 물건, 즉 그 날의 지출이 다음 날의 지출을 줄여 주거나 대체해 주고, 그리고 다음 날의 지출효과를 높여주는 것에 지출될 수 있다. 예를 들어 재산가는 자신의 수입을 값비싸고 사치스런 탁자를 사고 많은 하인들을 유지하고 많은 개·말들을 기르는 데 지출할 수 있다. 또는 검소한 식탁과 소수의 하인에 만족하고 수입의 대부분을 집이나 시골별장을 장식하는 데, 그리고 실용적이거나 장식적인 건물과 가구, 서적·조각·그림을 수집하는 데 지출할 수도 있다. 또는 이보다 더 하찮은 것들인 보석류·장난감, 여러 종류의 교묘한 자질구레한 장신구에 지출할 수도 있다. 또한 가장 하찮은 것들, 즉 몇 년 전 죽은 군주의 총애하는 신하처럼, 옷장을 훌륭한 옷들로 채우는 데 지출할 수도 있다.

수입이 같은 두 사람이 서로 다른 방식으로 지출한다면, 주로 내구재에 지출하는 사람의 장엄함은 계속 증가할 것이고, 매일의 지출은 그 다음날의 지출효과를 보조하고 높이는 데 이바지할 것이다. 반대로 곧 소비되어 없어지는 물건에 지출하는 다른 한 사람의 장엄함은 한 기간이 끝날 때도 처음보다 결코 커지지 않을 것이다. 또한 그 기간이 끝날 때 전자의 사람이 둘 가운데 더 부자가 되어 있을 것이다. 그는 몇 종류의 재화들의 재고를 가지고 있을 것이고, 그 재고들은, 비록 거기에 들인 비용의 가치만큼은 되지 않을지라도, 항상 얼마간의 가치를 가질 것이다. 후자의 경우에는 아무런 지출 흔적이나 자취도 남지 않고, 10년 또는 20년간의 낭비의 효과는 마치 아무것도 없었던 듯이 완전히 사라져버릴 것이다.

39. 한 나라 국민에 대해서도 마찬가지다.

전자의 지출방식이 후자의 지출방식보다 한 개인의 부에 대해 더 유리하듯이 한 나라 국민에 대해서도 마찬가지다. 부자들의 집·가구·의복 등은 머지않아 하층민이나 중산층에게 유용하게 된다. 하층민이나 중산층은 부유층이 그러한 것들에 싫증내게 되었을 때 그것들을 구입할 수 있으며, 이러한 지출방식이 부자들에게 보편적으로 되었을 때, 모든 사람들의 일반적 생활은 점점 개선된다. 오랫동안 부유했던 나라에서 하층민이 완벽하게 훌륭한 주택·가구를 소유하고 있는 것을 종종 볼 수 있다. 그러나 그 주택들은 그들을 위해 세워진 것이 아니고, 가구들도 그들을 위해 만들어진 것이 아니다. 이전에는 세이모(Seymour) 가(家)의 저택이었던 것이 지금은 바스(Bath) 거리의 여인숙이다. 영국 제임스 1세의 결혼침대는 여왕이 그와 결혼할 때 국왕에게 주는 데 적합한 선물로 덴마크에서 가져왔던 것인데, 몇 년 전에는 던펌린(Dunfermline)에 있는 맥주집의 장식품이 되었다. 오랫동안 정체되어 있었거나 다소 쇠퇴하고 있는 옛 도시들에서는 오늘날의 거주자들을 위해 지어진 것처럼 보이는 집은 한 채도 찾아볼 수 없다. 이런 집으로 들어가 보면, 오래 되기는 했지만 여전히 사용할 수 있는 매우 훌륭한 가구들을 종종 볼 수 있는데, 그것들은 그 집에서 살고 있는 사람들을 위해 만들어졌을 리가 없는 것들이다. 화려한 궁전 · 장엄한 별장 · 서적 · 조각 · 그림 · 골동품 등의 거대한 수집은 그 근방뿐 아니라 나라 전체에 대해 장식이자 자랑이 된다. 베르사이유 궁전은 프랑스의 장식이자 자랑이며, 스토우(Stowe)와 윌턴(Wilton)은 잉글랜드의 장식이자 자랑이다. 이탈리아는 이러한 기념물들 때문에 일종의 존경을 받고 있는데, 그 기념물들을 만들었던 부(富)가 쇠퇴하고 그것들을 고안했던 천재들이, 옛날과 같은 일자리를 가질 수 없었기 때문에, 다 사라졌음에도 불구하고 그러하다.

40. 내구재에 대한 지출은 쉽게 중단될 수 있다.

내구재에 지출되는 경비는 축적뿐만 아니라 절약에도 유리하다. 만일 어떤 사람이 어떤 때에 내구재에 지나치게 지출했다고 하더라도 그는 남들의 비난을 받지 않고 쉽게 고칠 수 있다. 그러나 하인의 수를 대폭 줄이거나 식탁의 음식차림을 매우 호화로운 것에서 매우 검소한 것으로 바꾸는 일, 호화로운 마차를 만들어 놓고는 타지 않는 것은 주변 사람들의 이목을 피할 길 없는 변화이며, 이전의 나쁜 행동을 인정하는 것처럼 보이게 하는 변화이다. 그러므로 한때 이러한 종류의 지출에 빠져들 만큼 불행했던 사람들은, 파멸 · 파산으로 어쩔 수 없는 지경에 이르기 전에는, 그런 버릇을 고칠 만한 용기를 내지 못한다. 그러나 만일 어떤 사람이 어떤 때에 건물 · 가구 · 서적 · 그림 등에 큰 지출을 했지만, 그가 지금 이런 행동을 고친다고 해서 그를 경솔하다고 비난할 수는 없다. 이런 물건들은 이전의 지출에 의해 다음 번 지출이 불필요하게 되는 것으로서, 어떤 사람이 지출을 중지하더라도, 그것은 그가 재산을 다 써버려서가 아니라 그의 기호를 만족시켰기 때문에 그렇게 한 것처럼 보인다.

41. 그리고 훨씬 많은 사람들에게 유지비를 제공한다.

또한 내구재에 대한 지출은 매우 낭비적인 연회 개최에 대한 지출보다 일반적으로 더 많은 사람들에게 유지비를 제공할 수 있다. 큰 연회 때 때때로 차려지는 200~300파운드 무게의 음식 가운데서 아마도 절반은 쓰레기통에 버려질 것이며, 항상 낭비와 남용이 있게 마련이다. 그러나 만일 이러한 여흥에 지출되는 돈이 석공·목수·실내장식가·기계공 등에게 일자리를 주는 데 사용된다면, 같은 값어치의 음식물들이 훨씬 많은 사람들에게 분배될 것이고, 그들은 그 음식물을 몇 펜스씩 구매하므로 단 1온스도 버리지 않을 것이다. 더구나 후자의 경우에는 이러한 지출이 생산적 노동자를 유지하지만, 전자의 경우에는 비생산적인 사람들을 유지하며, 따라서 후자는 그 나라의 토지·노동의 연간 생산물의 교환가치를 증가시키지만, 전자는 증가시키지 않는다.

42. 그러나 그것이 더 관대한 정신을 나타내는 것은 아니다.

그러나 이상의 나의 모든 설명들로부터, 내구재에 대한 지출은 곧 소비되어 없어지는 것에 대한 지출보다 항상 더 너그럽고 후한 정신을 나타낸다는 것으로 이해되어서는 안 될 것이다. 어떤 재산가가 자기의 수입을 주로 연회비용으로 지출한다면, 그는 자기 수입의 대부분을 친구나 동료들과 나누는 것이 된다. 그러나 그가 내구재를 사는 데 사용한다면, 그는 종종 수입 전체를 자신만을 위해 사용하고 대가 없이는 아무에게도 나누어 주지 않을 것이다. 그러므로 후자와 같은 지출이 특히 사소한 물건들, 즉 옷이나 가구의 작은 장식물·보석·하찮은 물건·싸구려 장식물 등에 지출된다면, 그것은 종종 하찮을 뿐 아니라 천박하고 이기적인 품성을 나타내는 것이 된다. 내가 말하고자 하는 것은, 어떤 종류의 지출은 항상 가치 있는 상품을 어느 정도 축적시키고, 개인의 절약에 유리하며, 따라서 사회의 자본을 증대시키며, 비생산적 노동자보다 생산적 노동자를 유지하므로, 다른 종류의 지출보다 국부의

성장에 더 많이 기여한다는 것이다.[3]

3) 스미스는 자본축적을 수입의 지출절약(즉, 저축)에 의한 자본증대와 이것에 의한 생산적 노동자의 고용증대로 파악하고 있다. 그러나 마르크스에 의하면, 자본축적은 잉여가치를 자본으로 전환시켜 확대재생산을 달성하는 것이고, 이 자본축적 과정은 노동자계급에게는 해고 · 실업 · 고용불안 · 착취율 상승 · 자기소외 등을 야기하는 과정을 내포하며, 자본가계급에게는 이윤율의 저하경향 · 상승경향, 공황과 경기순환 등을 야기하는 과정을 내포한다. 『자본론』 제1권 제25장(자본주의적 축적의 일반법칙)과 제3권 제3편(이윤율의 저하경향의 법칙)을 보라 ―역자.

제4장
이자 받고 대부되는 자본

1. 이자를 받고 대부되는 재고는, 대부자에게는 자본이지만 차용자에게는 자본일 수도 있고 아닐 수도 있다.

이자를 받고 대부되는 재고(stock)는 대부자에게는 항상 자본으로 간주된다. 만기가 되면 그것이 자기에게 회수될 것이고, 만기 이전에는 차용자가 재고의 사용에 대한 연간임대료를 자기에게 지불하리라고 대부자는 기대한다. 차용자는 그 재고를 자본으로 사용할 수도 있고, 직접적 소비를 위한 재고로도 사용할 수 있다. 만일 그것을 자본으로 사용한다면, 그는 그것을 생산적 노동자들을 고용하는 데 사용하고, 그 노동자들은 그 가치를 이윤과 함께 재생산한다. 이 경우 그는 자본을 반환할 수 있고, 다른 수입 원천을 처분하거나 잠식하지 않고서도 이자를 지불할 수 있다. 만일 그가 직접적 소비를 위한 재고로 사용한다면, 그는 낭비자로서 역할하는 것이며, 근면한 사람들을 유지하기로 되어 있던 것을 게으른 사람들을 유지하는 데 써버린다. 이 경우 그는 수입의 다른 원천, 예컨대 소유지나 토지에 대한 지대를 처분하거나 잠식하지 않고서는 자본도 반환할 수 없고, 이자도 지불하지 못한다.

2. 돈을 빌리는 사람은 일반적

이자를 받고 대부되는 재고는 물론 때로는

으로 자본으로 사용한다.

두 가지 용도 모두로 사용되기도 하지만, 후자의 용도보다는 전자의 용도로 사용되는 경우가 더 많다. 써버리기 위해 차입하는 사람은 곧 파산할 것이며, 그에게 돈을 빌려준 사람은 자신의 바보같은 짓을 후회할 것이다. 따라서, 야비한 고리대(usury) 문제를 논외로 하면, 그러한 목적으로 돈을 빌리거나 빌려주는 일은 양편 모두의 이익에 해로운 것이다. 물론 사람들이 그러한 목적으로 돈을 차입하거나 대부하는 일이 일어나지만, 모든 사람은 각기 자신의 이익을 고려한다는 점에서 볼 때, 이러한 일은 우리가 상상하는 것만큼 그렇게 자주 일어나지는 않을 것이다. 보통의 신중함을 가진 어떤 부자에게 두 종류의 사람 중 누구에게 자기 재고의 대부분을 빌려주었는지, 즉 장차 그것을 유리한 용도에 사용할 것이라고 생각되는 사람에게 빌려주었는지 아니면 무익하게 써버릴 사람에게 빌려주었는지 물어본다면, 그는 그런 질문을 하는 당신을 비웃을 것이다. 그러므로 차용자들 중에도, 비록 절약 잘하기로 세상에 이름난 사람은 아니더라도, 절약하고 근면한 사람들의 수는 낭비하고 게으른 사람들의 수를 훨씬 능가한다.

3. 토지를 저당잡히고 차입하는 시골의 지주들은 예외이다.

재고를 유익한 용도에 사용할 것으로 기대되지 않으면서도 재고를 대부받을 수 있는 유일한 사람은 토지를 저당잡히고 차입하는 시골의 대지주들이다. 그들조차도 차입하여 소비해 버리는 경우는 거의 없다. 그들이 빌리는 것은 보통 빌리기 이전에 이미 소비되었다고 말할 수 있을 것이다. 왜냐하면, 그들은 대개 상점주인이나 상인들이 외상으로 자기에게 선대(先貸: advance) 해 준 많은 상품들을 이미 소비했으므로, 빚을 갚기 위해서는 이자를 주고서라도 빌려야 했기 때문이다. 농촌 대지주들이 차입한 자본으로 상점주인 · 상인은 자기들의 자본을 보충하는데, 농촌 대지주들은 자기 소유지의 지대로 이런 자본을 보충할 수가 없었던 것이다. 그것은 앞으로 소비하기 위해 차입되는 것이 아니라 이전에 소비해버린 자본을 보충하기 위해 차입되는 것이다.

4. 대부는 화폐로 이루어지지만, 차용자가 필요로 하고 또 획득하는 것은 재화이다.

거의 모든 경우 이자받는 대부는, 지폐로든 금은화로든, 화폐로 이루어진다. 그러나 차입자가 진정으로 원하는 것, 그리고 대부자가 진정으로 차입자에게 공급하는 것은 화폐가 아니라 화폐의 가치, 또는 화폐로 구매할 수 있는 재화이다. 만일 차입자가 원하는 것이 직접적 소비를 위한 재고라면, 이 재고로 될 수 있는 것은 이들 재화들뿐이다. 만일 그가 일손을 고용하기 위한 자본으로 사용하기 위해 차입한다면, 그 일손에게 작업을 수행하는 데 필요한 공구·원료·생필품을 공급하는 것은 오직 이들 재화들이다. 말하자면, 대부자는 대부를 통해 그 나라의 토지·노동의 연간 생산물의 일정한 부분에 대한 자신의 권리를 차입자에게 양도하여 차입자가 원하는 대로 사용하도록 하는 것이다.

5. 그러므로 대부될 수 있는 자본의 양은 그 소유자 자신이 사용하지 않는 자본부분의 생산물 가치에 의하여 결정된다. 이것은 실제로 사용되는 화폐보다 훨씬 많을 것이다.

따라서 한 나라에서 이자를 받고 대부되는 재고량, 또는 보통 말하는 화폐량은, 그 나라에서 각종 대부의 수단으로 이용되는 화폐〔지폐이든 주화이든〕의 가치에 의해 결정되는 것이 아니라, 연간 생산물 중 다음과 같은 부분의 가치에 의해 결정된다. 즉, 땅이나 생산적 노동자의 손에서 나오자마자 자본을 보충하기로 예정되어 있으나, 그 자본의 소유자가 그것을 스스로 사용하는 번거로움을 감수하기 싫어하는 자본 부분의 가치에 의해 결정된다. 이러한 자본은 대개 화폐로 대부되고 회수되므로, 그것은 이른바 화폐소유의 권익(monied interest)을 구성하고 있다. 화폐소유의 권익은 토지소유의 권익과 구분될 뿐 아니라 상업과 제조업의 권익과도 구분된다. 상업·제조업에서는 소유자 자신이 자기 자본을 사용하기 때문이다. 그러나 화폐소유의 권익에서조차도, 화폐는 자본소유자가 스스로 사용하고 싶어하지 않는 자본을 다른 사람의 수중으로 옮겨주는 양도증서에 불과하다. 이러한 자본은 그것을 이전시키기 위한 도구로 사용되는 화폐량에 비해 얼마든지 클 수 있다. 왜냐하면, 동일한 화폐조각이 다수의 상이한 구매에 계속 사용되듯이, 다수의 상이한 대부에도 계속 사용될 수 있기 때문이다. 예를 들어 A가 W에게 1,000파운드를 빌려주고, W는 이것으로 B로부터 1,000파운드의 재화를 구매한다고 하자. B는 화폐를 지니고 있을 필요가 없어서 그 화폐조각을 X에게 빌려주고, X는 이것으로 즉시 C로부터 1,000파운드 어치의 다른 재화를 구입한다. C는 같은 방식으로 그리고 같은 이유로 그것을 Y에게 빌려주면, Y는 다시 D의 재화를 그 화폐로 구입한다. 이와 같은 방식으로 동일한 화폐조각〔주화든 지폐든〕이 며칠 사이에 세 개의 각기 다른 대부와 세 개의 각기 다른 구매의 수단으로 사용될 수 있으며, 그 각각은 가치상으로는 이 화폐조각의 금액과 같다. 돈을 가진 세 사람 A, B, C가 세 명의 차입자 W, X, Y에게 양도하는 것은 구매할 수 있는 능력이다. 이 구매력에 대부의 가치 · 용도가 있는 것이다. 세 명의 화폐 소유자가 대부한 자본은 그것으로 구매할 수 있는 재화의 가치와 같고, 이러한 구매에 사용된 화폐의 가치의 세 배이다. 그러나 이러한 대부는 완벽하게 상환이 보증되고 있다. 왜냐하면, 각기 다른 채무자들에 의해 구매된 재화는 적당한 시기가 되면 동일한 가치〔주화든 지폐든〕를 이윤과 함께 회수하도록 사용되기 때문이다. 동일한 화폐조각이 이와 같이 자기 가치의 세 배 또는 30배나 되는 대부의 수단으로 이용될 수 있으므로, 상환의 수단으로도 잇따라 사용될 수 있다.

6. 화폐는 원금 또는 이자로서 실제로 양도되는 것과는 전혀 다르다.

이런 방식으로 이자를 받고 대부되는 자본은 대부자가 차입자에게 연간 생산물의 일정한 부분을 다음과 같은 조건으로 양도하는 것으로 볼 수 있다. 즉, 차입자는 그것을 양도받는 대가로 대부가 지속되는 동안 매년 작은 부분을 대부자에게 양도하고(이를 이자라 부른다), 그 기간의 말에 가서 그가 처음 빌렸던 것과 같은 크기를 양도한다(이를 상환이라 부른다)는 조건하에서이다. 일반적으로 화폐는 〔주화든 지폐든〕 이자에 대해서나 원금에 대해서나 양도증서의 구실을 하지만, 화폐 자체는 화폐에 의해 양도되는 것과는 전혀 다른 것이다.

7. 이자를 받고 대부되는 자본은 자본의 양이 증가함에 따라 자연히 증가한다.

한 나라에서 연간생산물 중 땅이나 생산적 노동자의 손에서 나오자마자 자본을 보충하는 데 사용되도록 예정된 부분의 비율이 증가함에 따라 이른바 화폐소유의 권익(monied interest)도 그와 함께 자연히 증가한다. 자본 소유자들이 수입을 얻기를 원하면서도 스스로 사용하지 않는 특수한 자본은 자본의 일반적 증가와 함께 증가한다. 또는 다른 말로 표현하면, 자본이 증가하면서 이자(利子)를 받고 대부되는 자본량은 점차 더욱 커진다.

8. 이자는 대부된 재고의 양이 증가함에 따라 하락한다. 왜냐하면, 새로운 자본의 유리한 용도를 발견하기가 더욱 곤란해짐에 따라 이윤이 감소하기 때문이다.

이자를 받고 대부되는 자본의 양이 증가함에 따라 이자, 즉 그 자본의 사용에 대한 대가로 지불되어야 하는 가격은 반드시 줄어드는데, 이것은 재화의 양이 증가하면 시장가격은 보통 하락한다는 일반적인 이유에서뿐만 아니라, 이 특별한 경우 특유의 다른 이유 때문이기도 하다. 한 나라에서 자본이 증가하면 그것을 사용해서 얻을 수 있는 이윤은 필연적으로 감소한다. 국내에서 새로운 자본을 사용하는 유리한 방법을 발견하기가 갈수록 더 어려워진다. 그 결과, 상이한 자본들 사이에 경쟁이 생겨나서, 한 자본의 소유자는 다른 자본의 소유자가 차지하고 있는 사용처를 손에 넣으려고 한다. 그러나 대부분의 경우, 더욱 합리적인 조건으로 거래하는 방법 이외에는 다른 자본의 소유자를 밀어낼 수 없다. 그는 자기가 거래하는 상품을 다소 싸게 팔아야 할 뿐 아니라 때로는 팔 물건을 확보하기 위해서 그것을 비싼 값에 구매해야 한다. 왜냐하면, 생산적 노동에 대한 수요는 그들을 유지하는 데 사용되도록 예정된 기금이 증가함에 따라 날이 갈수록 더욱 커지기 때문이다. 노동자들은 쉽게 일자리를 찾게 되지만 자본의 소유자들은 노동자를 고용하기가 어려워진다. 자본가들 사이의 경쟁은 노동임금을 올리고, 자본이윤을 감소시킨다. 그러나 자본의 사용에 의해 얻을 수 있는 이윤이 이와 같이, 말하자면, 양쪽에서 감소할 때, 자본의 사용에 대한 대가로 지불할 수 있는 가격, 즉 이자율은 이윤과 함께 필연적으로 감소한다.[1)]

9. 서인도제도의 발견으로 이자율이 하락했다는 견해는 흄의 반박을 받았다.

로크(John Locke), 로(J. Law), 몽테스키외(Montesquieu)는 다른 많은 저자들과 마찬가지로 스페인령 서인도제도의 발견에 따른 금은의 양적 증가가 대부분의 유럽에서 이자율이 낮아진 진정한 이유라고 생각했던 것 같다. 그들에 따르면, 이들 금속은 가치가 작아졌기 때문에 그것의 특정한 분량을 사용하는 것도 가치가 작아지게 되고, 따라서 그것에 대해 지불되는 가격도 떨어지게 된다. 언뜻 보기에는 그럴듯해 보이는 이와 같은 생각은 흄(David Hume)에 의해 충분히 반박된 바 있으므로, 더 이상 언급할 필요가 없을 것이다. 그러나 다음과 같은 매우 간단하고도 쉬운 설명은 이들이 잘못 생각하도록 만들었던 오류를 더 분명히 밝힐 수 있을 것이다.

10. 현재 100파운드로 구매하는 것을 과거에는 50파운드로써 구매했다면, 현재 10파운드로 구매하는 것을 과거에는 5파운드로 구매했을 것이 틀림없다.

스페인령 서인도제도가 발견되기 전 유럽의 대부분에서 일반적인 이자율은 10%였던 것 같다. 그

---

1) 이것이 스미스가 말하는 이윤율의 저하경향이다. 마르크스의 경우에는, 자본은 상대적 잉여가치를 생산하기 위해 노동생산성을 향상시키려는 경향을 가지며, 이것은 자본의 기술적 구성과 유기적 구성을 고도화시킴으로써 이윤율을 저하시키는 경향을 가진다. 『자본론』 제3권 제3편(이윤율의 저하경향의 법칙)을 참조하라. 또한 이자율의 운동은 반드시 이윤율의 운동과 동일하지는 않다. 예를 들면 공황기에는 이윤율이 급격히 저하하지만 이자율은 최고수준에 도달한다. 『자본론』 제3권 제22장(이윤의 분할. 이자율. '자연적' 이자율)을 보라 —역자.

이후 각 나라에서 6%, 5%, 4%, 3%까지 떨어졌다. 모든 나라에서 은의 가치가 이자율과 정확히 같은 비율로 떨어졌다고 가정해 보자. 또한 예를 들어 이자율이 10%에서 5%로 떨어진 어떤 나라에서 동일한 양의 은으로 지금은 이전의 반에 해당하는 재화만을 구매할 수 있다고 가정해 보자. 생각컨대, 이러한 가정은 모든 곳에서 사실에 부합하지는 않겠지만, 우리가 검토해 보려는 견해에는 가장 적합할 것이다. 또한 이러한 가정하에서조차 은의 가치 저하는 이자율을 조금이라도 저하시키는 경향을 가질 수 없다. 만일 이러한 나라에서 지금의 100파운드가 이전의 50파운드에 불과하다면, 지금의 10파운드는 이전의 5파운드에 불과할 것이다. 자본의 가치를 저하시킨 원인이 무엇이든 바로 그것이 이자의 가치를 같은 비율로 떨어뜨렸을 것이다. 자본의 가치와 이자의 가치 사이의 비율은, 이자율이 전혀 변하지 않았다면, 변하지 않았을 것이다. 이와 반대로, 이자율이 변한다면 두 가지 가치 사이의 비율은 필연적으로 변할 것이다. 만일 현재의 100파운드가 이전의 50파운드에 불과하다면, 현재의 5파운드는 이전의 2파운드 10실링에 불과할 것이다. 그러므로 이자율이 과거의 10%에서 5%로 떨어진다면, 우리는 과거의 가치의 $\frac{1}{2}$에 해당하는 자본의 사용에 대해서 과거에 지불하던 이자가치의 $\frac{1}{4}$에 상당하는 이자를 지불하는 셈이 된다.

11. 은의 수량 증가는 그 가치를 저하시킬 수 있을 따름이다. 명목임금은 더 커질 것이지만 실질임금은 동일할 것이다. 이윤율은 명목적으로도 실질적으로도 동일할 것이다.

은에 의해 유통되는 상품의 양은 그대로인 채 은의 양이 증가한다면, 은의 가치가 저하하는 것 이외에는 다른 아무런 영향도 없다. 모든 종류의 재화의 명목가치는 더 커지겠지만, 그것들의 진실가치는 이전과 정확히 같을 것이다. 그것들은 더 많은 은의 양과 교환될 것이지만, 그것들이 지배하는 노동의 양, 즉 그것들이 유지하고 고용하는 사람들의 숫자는 똑같을 것이다. 동일한 자본량을 한 사람에게서 다른 사람으로 옮기는 데 필요한 은 조각이 더 많이 필요하게 되더라도 그 나라의 자본은 불변이다. 양도증서는 장황한 변호사의 양도증서처럼 더욱 번거로워질 테지만, 양도되는 물건은 이전과 똑같을 것이고, 같은 효과를 낳을 것이다. 생산적 노동자를 유지하는 재원이 같다면, 노동에 대한 수요도 동일할 것이다. 그러므로 노동의 가격 또는 임금은 명목상으로는 커지지만 실질적으로는 불변이다. 즉, 그들은 더 많은 양의 은 조각을 지불받지만 같은 양의 재화를 구매할 수 있을 뿐이다. 자본이윤〔이윤율〕은 명목적으로나 실질적으로나 동일할 것이다. 노동임금은 대개 노동자에게 지불되는 은의 양에 의해 계산된다. 따라서 그 양이 증가한다면 노동자의 임금은, 이전에 비해 결코 커지지 않았을지라도, 증가한 것처럼 보인다. 그러나 자본이윤은 이윤이 지불되는 은 조각의 양에 의해 계산되지 않고 이런 은 조각과 총투하자본 사이의 비율〔이윤율〕에 의해 계산된다. 그리하여 어떤 특정국에서, 보통의 노동임금은 일주일에 5실링이라고 하고, 자본의 보통 이윤은 10%라는 식으로 말한다. 그러나 그 나라의 총자본은 이전과 같으므로, 총자본을 구성하는 상이한 개별 자본들 사이의 경쟁도 마찬가지로 여전할 것이다. 그들은 이전과 똑같은 유리함과 불리함을 지닌 채 거래한다. 그러므로 자본과 이윤 사이의 비율은 불변이고, 따라서 화폐에 대한 일반적 이자율도 불변이다. 왜냐하면, 화폐 사용에 대해 일반적으로 주어지는 것은 화폐를 사용해서 일반적으로 얻을 수 있는 것에 의해 규제되기 때문이다.

12. 해마다 유통되는 재화의 증가는 이윤을 저하시키고, 따라서 이자를 저하시킨다.

그와 반대로, 그 나라에서 매년 유통되는 상품량의 증가는, 그 상품을 유통시키는 화폐량이 불변이라면, 화폐의 가치를 증가시킬 뿐만 아니라 기타 다른 많은 결과를 초래한다. 그 나라의 자본은 명목상으로는 불변이지만 실질적으로는 증가할 것이다. 그것은 여전히 동일한 양의 화폐에 의해 표현되지만 더 많은 양의 노동을 지배할 것이다. 그것이 유지하고 고용하는 생산적 노동량은 증가할 것이고, 따라서 생산적 노동에 대한 수요도 증가할 것이다. 수요가 증가하면 당연히 생산적 노동의 임금이 올라가지만 떨어지는 것처럼 보일 수도 있다. 왜냐하면, 그들은 더 적은 양의 화폐를 받기 때문이다. 그러나 그 적은 양의 화폐는 이전에 더 많은 양의 화폐가 구매했던 것보다 더 많은 양의 재화를 구매할 수 있을 것이다. 자본이윤은 실질적으로나 겉으로 보기에나 모두 감소할 것이다. 그 나라의 총자본이 증가하면서 사회의 상이한 자본들 간의 경쟁은 격화된다. 각각의 자본 소유자들은 그들 각각의 자본으로 고용하는 노동자들이 생산하는 것 중 더 작은 비율에 만족해야만 한다. 비록 화폐의 가치, 즉 특정 금액으로 구입할 수 있는 재화량이 크게 증가했더라도, 화폐에 대한 이자는 자본이윤과 항상 보조를 맞추므로 마찬가지로 감소할 것이다.

13. 이자의 수취 금지는 부당하며, 오히려 고리대의 해악을 증진시킨다.

어떤 나라에서는 화폐에 대한 이자가 법으로 금지되어 있다. 그러나 어떤 곳에서든 화폐를 사용해서 무엇인가를 얻을 수 있으므로, 화폐의 사용에 대해 무엇인가를 지불해야 한다. 이러한 규제는 고리대의 해악을 방지하는 것이 아니라 오히려 증대시킨다는 것이 경험상 밝혀졌다. 왜냐하면, 채무자는 화폐의 사용에 대해서뿐만 아니라 채권자가 화폐의 사용에 대한 대가를 받기로 함으로써 감수하게 되는 위험에 대해서도 대가를 지불해야 하기 때문이다. 즉, 채무자는 채권자가 고리대 때문에 처벌받는 것을 보험(保險)해 주어야 하기 때문이다.

14. 최고이자율이 정해져 있는 곳에서는 이것은 확실한 담보가 있는 시장이자율보다 약간 높아야 할 것이다.

이자가 허용되고 있는 나라에서는 고리대에 의한 수탈을 방지하기 위하여 처벌받지 않고 받을 수 있는 최고이자율을 일반적으로 법으로 정해 놓고 있다. 이 이자율은 언제나 최저 시장가격, 즉 가장 확실한 담보를 제공할 수 있는 사람이 화폐의 사용에 대해 지불하는 이자율보다 다소 높다. 만일 법정 이자율이 최저 시장이자율보다 낮게 정해져 있다면, 그 효과는 이자를 완전히 금지하는 것과 거의 다를 바가 없을 것이다. 채권자는 자기의 화폐를 그것의 사용이 가져오는 가치 이하로는 빌려주지 않을 것이며, 채무자는 채권자가 이러한 사용의 완전한 가치를 받음으로써 부담하게 되는 위험에 대해 대가를 지불해야만 하기 때문이다. 만일 법정 최고이자율이 정확히 최저 시장이자율과 같다면, 그것은 그 나라의 법을 존중하는 모든 정직한 사람들과 최선의 담보를 제공할 수 없는 모든 사람들의 신용 이용을 중단시킬 것이고, 그리하여 그들을 엄청난 고리대에 의존하지 않을 수 없게 한다. 영국과 같은 나라에서도 화폐는 정부에 대해서는 3%에, 좋은 담보를 가진 민간에 대해서는 4~4.5%에 대부되는데, 법정이자율인 5%는 아마 어떤 이자율보다 적절할 것이다.

15. 그러나 지나치게 높아서는 안 된다. 그렇지 않으면 대부분의 대부자본이 낭비자와 투기자의 수중으로 들어간다.

주의해야 할 것은, 법정 이자율(legal rate)이 최저 시장이자율보다 약간 높아야지 그것보다 훨씬 높아서는 안 된다는 점이다. 예를 들어 영국의 법정 이자율이 8~10%로 높게 정해진다면, 대부되는 화폐의 대부분은 낭비자와 투기사업가에게 대부될 것이고, 오직 그들만이 이러한 높은 이자율을 지불하려고 할 것이다. 성실한 사람들은 화폐의 사용에 대해, 그들이 화폐를 사용해서 획득할 수 있는 것의 일부보다 더 많이는 지불하려고 하지 않을 것이므로, 감히 그 경쟁에 뛰어들지 않을 것이다. 그리하여 그 나라 자본의 대부분은 그것을 가장 수익성 있고 유리하게 사용할 것 같은 사람들로부터 빠져나와 그것을 가장 낭비하고 파괴해 버리기 쉬운 사람들의 손으로 넘어간다. 이와 반대로, 법정 이자율이 최저시장이자율보다 조금밖에 높지 않은 곳에서는 낭비자나 투기사업가보다는 성실한 사람들이 차입자로서 더 선호된다. 화폐를 빌려주는 사람은 위험을 무릅쓰고 전자에게 빌려줄 때와 같은 이자를 후자로부터 받을 수 있고, 화폐는 후자의 수중에 있을 때가 전자의 수중에 있을 때보다 훨씬 안전하다. 그러므로 그 나라의 자본의 대부분은 그것을 가장 유리하게 사용할 것 같은 사람들의 손으로 넘어간다.

16. 어떤 법률도 이자율을 시장이자율 이하로 떨어뜨릴 수는 없다.

어떠한 법률도 보통이자율을 법률이 제정된 당시의 최저 시장이자율 이하로 떨어뜨릴 수 없다. 1766년 프랑스 왕이 이자율을 5%에서 4%로 떨어뜨리려고 칙령을 발표했으나, 화폐는 몇 가지 방식으로 법망을 피해 계속 5%로 대부되었다.

17. 토지의 시장가격은 지대와 이자율 수준에 의존한다.

주의해야 할 것은, 일반적인 토지의 시장가격은 어디에서나 일반적 시장이자율에 의존한다는 점이다. 어떤 사람이 직접 자본을 사용하는 수고를 덜면서 자본으로부터 수입을 얻기 바란다면, 그는 그것으로 토지를 살 것인가, 아니면 이자를 받고 그것을 빌려줄 것인가를 심사숙고하게 된다. 토지의 더 나은 안정성과 더불어, 어느 곳에서든 토지 소유에 딸려 있게 마련인 다른 이점들 때문에, 그는 이자를 받고 화폐를 빌려 주어서 얻는 것보다 토지로부터 나오는 더 적은 소득에 만족하게 된다. 그러한 이점들은 수입의 일정한 차이를 보상하기에 충분하지만, 단지 일정한 차이만을 보상한다. 만일 토지 지대가 화폐이자보다 크게 모자라면 아무도 토지를 사지 않을 것이고, 따라서 토지의 보통가격은 곧 떨어질 것이다. 반대로, 토지의 이점이 그 차이를 보상하고도 남는다면 모두 다 토지를 사려고 할 것이고, 따라서 보통의 토지가격은 곧 올라갈 것이다. 이자가 10%일 때 토지는 일반적으로 10~12년간의 수입(지대)에 상당하는 가격으로 팔린다. 이자가 6%, 5%, 4%까지 떨어진다면 토지가격은 20, 25, 30년간의 수입에 상당하는 가격으로 상승한다. 프랑스의 시장이자율은 잉글랜드보다 높다. 따라서 토지의 일반적 가격은 더 낮다. 잉글랜드에서 토지는 30년간의 수입에 상당하는 가격으로 팔리지만, 프랑스에서는 20년간의 수입에 상당하는 가격으로 팔린다.

제5장
자본의 각종 용도

1. 동일한 양의 자본이 가동시키는 노동의 양과 연간생산물에 부가하는 가치는 자본의 사용방식에 따라 다르다.

모든 자본은 생산적 노동의 유지에만 쓰여질 것으로 예정되어 있지만, 동일한 양의 자본이 가동시킬 수 있는 생산적 노동의 양은 자본의 다양한 사용방식에 따라 매우 다르다. 이와 마찬가지로, 자본의 사용방식에 따라 그 나라의 토지·노동의 연간 생산물에 부가하는 가치도 달라진다.

2. 자본에는 네 가지 서로 다른 사용방법이 있다.

자본은 네 가지 방법으로 사용될 수 있다. 첫째, 그 사회의 해마다의 사용·소비를 위해 요구되는 천연생산물(rude produce)을 획득하는 데 사용될 수 있다. 둘째, 그 천연생산물을 직접적인 사용·소비를 위해 가공하고 제조하는 데 사용될 수 있다. 셋째, 천연생산물 또는 제조품을 그것이 풍부한 지역으로부터 부족한 지역으로 운송하는 데 사용될 수 있다. 넷째, 위의 상품들 각각을 그것을 필요로 하는 사람들의 그때그때의 수요에 맞게 작은 묶음으로 나누는 데 사용될 수 있다. 첫째 방식으로 사용되는 것은 토지·광산·어업의 개량·개발을 행하는 모든 사람들의 자본이고, 둘째 방식으로 사용되는 것은 제조업자의 자본이며, 셋째 방식으로 사용되는 것은 도매상의 자본이고, 넷째 방식으로 사용되는 것은 소매상의 자본이다. 자본이 이상의 네 가지 방식 중 어느 하나에 속하지 않는 다른 방식으로 사용되는 경우를 상상하기는 쉽지 않다.

3. 네 가지 방식 모두 다 필요하다. 자본을 사용하는 각각의 방식은 나머지 세 가지의 존재 및 확대에, 또는 사회의 일반적인 편의를 위해 반드시 필요하다.

4. (1)천연생산물의 조달 자본이 천연생산물을 어느 정도 풍부히 공급하는 데 사용되지 않는다면 어떠한 종류의 제조업이나 상업도 존재할 수 없다.

5. (2)제조업 자본이 천연생산물 중에서 사용·소비에 적합하게 되기까지 많은 가공이 필요한 부분의 가공에 사용되지 않는다면, 그러한 부분에 대한 수요가 있을 수 없으므로, 생산되지도 않을 것이다. 또는 그것이 자연발생적으로 생산되었다면 아무런 교환가치를 갖지 않을 것이며, 따라서 사회의 부(富)에 아무것도 추가하지 않을 것이다.

6. (3)운 송 자본이 천연생산물·제조품을 그것이 풍부한 지역으로부터 부족한 지역으로 운송하는 데 사용되지 않는다면, 천연생산물도 제조품도 인근지역의 소비에 필요한 양 이상으로는 생산되지 않을 것이다. 도매상의 자본은 한 지역의 잉여생산물을 다른 지역의 잉여생산물과 교환하고, 그럼으로써 두 지역 주민들의 근면을 고무시키고 향유(享有)를 증가시킨다.

7. (4)분 배 자본이 천연생산물·제조품의 일정한 양을 그것을 원하는 사람들의 그때그때의 수요에 맞게 작은 묶음으로 나누는 데 사용되지 않는다면, 모든 사람은 당장 필요로 하는 것보다 많은 양을 구매해야 할 것이다. 예컨대, 정육점이 없다면 모든 사람은 한 번에 소 한 마리나 양 한 마리 전부를 사야만 할 것이다. 이러한 일은 일반적으로 부

자들에게도 불편한 일이며, 가난한 사람들에게는 더욱 불편하다. 가난한 수공업자가 한 달이나 여섯 달분의 식량을 한꺼번에 구매하지 않으면 안 된다면, 그는 자기에게 수입을 낳아줄 자본으로서 작업도구나 상점의 가구에 사용할 예정이던 재고의 대부분을 자기에게 아무런 수입도 낳아주지 않을 직접적인 소비를 위한 재고로 돌려 놓아야 할 것이다. 이러한 사람들에게는 생활물자를 매일매일 또는 그가 원하는 매시간마다 살 수 있게 되는 것보다 더 편리한 일은 없다. 그리하여 그는 거의 모든 재고를 자본으로 사용할 수 있게 된다. 그는 그렇게 해서 자기가 하는 작업이 더 큰 가치를 가질 수 있게 되고, 이러한 방식으로 그가 얻는 이윤은, 소매상의 이윤이 상품에 부과한 추가적인 가격을 보상하고도 남는다. 상점주·소매상에 반대하는 정치평론가들의 편견은 전혀 근거가 없다. 그들의 수가 아무리 증가한다고 하더라도 그들이 서로를 해칠지는 모르지만 사회를 해칠 만큼 증가할 수는 결코 없으므로, 그들에게 과세하거나 그들의 숫자를 제한할 필요는 없다. 예컨대, 어느 도시에서 판매될 수 있는 식품량은 그 도시와 인근의 수요에 의해 한정되어 있다. 따라서 식료품 거래에 사용될 수 있는 자본은 그 양을 구매하기에 충분한 규모를 초과할 수 없다. 이 자본이 두 사람의 식품상 사이에 나누어진다면, 그들의 경쟁이 양자로 하여금, 자본이 한 사람의 손에 있을 때보다 싸게 팔도록 할 것이다. 그리고 자본이 스무 사람에게 나누어진다면, 그들의 경쟁은 그만큼 더 커질 것이고, 가격을 올리기 위해 그들이 담합할 기회는 그만큼 적어질 것이다. 그들의 경쟁이 그들 중 누군가를 파산시킬 수도 있다. 그러나 이러한 사태를 고려하는 것은 관련 당사자들의 일이며, 따라서 그들에게 맡겨 두어도 안전하다. 어쨌든 소비자나 생산자에게 해가 될 수는 없다. 반대로, 그것은 모든 상업이 한두 사람에게 독점되어 있는 경우보다 소매상으로 하여금 더 싸게 팔고 비싸게 사도록 만드는 경향이 있다. 그들 중에는 아마 힘없는 고객을 꾀어 필요 없는 것을 사도록 만드는 소매상도 있을 것이다.

그러나 이러한 폐해는 대중의 주의를 끌기에는 중요성이 너무 낮고, 그들의 수를 제한한다고 해서 반드시 근절되는 것도 아니다. 가장 피상적인 예를 들자면, 서민들 사이에서 술주정이 일반화되는 것은 술집이 많기 때문이 아니라, 다른 원인에서 발생하는 술주정 기질로 인해 많은 술집이 번창하게 되는 것이다.

8. 이러한 자본의 사용자 자신은 생산적 노동자이다.

자본을 위의 네 가지 중 어느 한 가지 방식으로 사용하는 사람들은 생산적 노동자들이다. 그들의 노동은, 적절히 사용된다면, 노동이 가해지는 대상 또는 팔려는 상품에 고정되고 체현되며, 적어도 자신들의 유지비와 소비하는 물건의 가치를 그 상품의 가격에 부가한다. 농업자 · 제조업자 · 도매상 · 소매상의 이윤은 모두 상품의 가격에서, 즉 앞의 두 사람의 경우는 생산한 상품의 가격에서, 뒤의 두 사람의 경우는 매매하는 상품의 가격에서 나오는 것이다. 그러나 이들 네 가지 상이한 방식에 사용된 동일 규모의 자본이 직접적으로 가동시키는 생산적 노동량은 서로 크게 다르며, 따라서 그 사회의 토지 · 노동의 연간생산물의 가치를 증가시키는 비율도 서로 크게 다르다.

9. 소매상의 자본은 자기 자신만을 고용할 뿐이다.

소매상의 자본은 그가 상품을 구입하는 도매상의 자본을 이윤과 함께 보상하고, 그럼으로써 도매상의 사업을 계속할 수 있게 한다. 소매상의 자본이 직접 고용하는 유일한 생산적 노동자는 소매상 자신이다. 그의 투자가 사회의 토지 · 노동의 연간생산물에 부가하는 가치는 그의 이윤뿐이다.

10. 도매상의 자본은 선원과 운송인을 고용한다.

도매상의 자본은 그가 취급하는 천연생산물 · 제조품을 구입해 오는 농업자 · 제조업자의 자본을 이윤과 함께 보상하고, 그럼으로써 그들로 하여금 각각의 사업을 계속할 수 있게 한다. 그가 사회의 생산적 노동을 유지하고 연간 생산물의 가치를 증가시키는 데 간접적으로 기여하는 것은 주로 이러한 서비스에 의해서이다. 그의 자본은 또한 그의 재화를 한 지역에서 다른 지역으로 수송하는 선원·운송인을 고용하고 그 재화의 가격을 그 자신의 이윤과 그들의 임금의 가치만큼 증가시킨다. 이것이 그 자본이 직접 가동시키는 모든 생산적 노동이며, 연간 생산물에 직접적으로 부가하는 가치 전체이다. 이 두 측면에서 도매상 자본의 활동은 소매상 자본의 활동보다 훨씬 우월하다.

11. 제조업자의 자본은 노동자를 고용한다.

제조업자의 자본의 일부는 고정자본으로서 생산도구에 투하되어, 자기에게 그 생산도구를 판매하는 다른 수공업자의 자본을 이윤과 함께 보상한다. 유동자본의 일부는 원료를 구입하는 데 사용되어 자기에게 원료를 판매하는 농업자·광부의 자본을 이윤과 함께 보상한다. 그러나 대부분의 유동자본은 그가 고용하는 여러 노동자들 사이에 매년 또는 더 짧은 기간에 분배된다. 제조업자의 자본은 원료의 가치를, 그들의 임금만큼, 그리고 사업에 투하된 임금·원료·생산도구 등 총자본에 대한 제조업자의 이윤만큼, 증가시킨다. 그러므로 그것은 도매상의 손에 있는 동일한 양의 자본이 하는 것보다 훨씬 많은 양의 생산적 노동을 직접 가동시키며 훨씬 큰 가치를 사회의 토지·노동의 연간 생산물에 부가한다.

12. 농업자의 자본은 머슴과 가축을 고용하고, 연간생산물에 다른 자본보다 훨씬 더 많은 가치를 부가한다.

같은 양의 자본으로 농업자의 자본보다 더 많은 양의 생산적 노동을 가동시키는 것은 없다. 그의 일꾼뿐만 아니라 역축도 생산적 노동자이다. 농업에서는 자연도 인간과 더불어 노동한다. 자연의 노동은 비용이 전혀 들지 않지만, 그것의 생산물은 가장 비싼 일꾼의 생산물처럼 가치를 갖는다.[1] 농업의 가장 중

1) 마르크스에 의하면, 역축(役畜)의 구입에 지출한 자본은 기계의 구입에 지출한 자본과 마찬가지로 불변자본이며, 일꾼은 역축을 부림으로써 역축의 가치를 생산물로 이전

요한 기능은 자연의 비옥도를 증가시키는 것이 아니라, 그러한 일도 하기는 하지만, 자연을 인간에게 가장 이익이 되는 작물의 생산에 이용하는 것이라고 생각된다. 찔레와 가시덤불로 뒤덮인 들판도 훌륭하게 경작된 포도밭·곡물 생산지와 같은 정도로 많은 야채를 생산할 때가 종종 있다. 재배와 경작은 자연의 활발한 생산력을 촉진시키기보다는 종종 규제한다. 인간들의 노동이 다 끝난 뒤 많은 일은 자연의 노동으로 남는다. 따라서 농업에 사용되는 노동자·역축은 제조업에 고용된 노동자와 마찬가지로 그들 자신의 소비, 또는 그들을 고용하는 자본에 해당하는 가치를 소유자의 이윤과 함께 재생산할 뿐만 아니라, 그보다 더 큰 가치를 재생산한다. 왜냐하면, 그들은 농업자의 자본과 이윤 이외에 지주의 지대를 규칙적으로 재생산하기 때문이다. 이 지대는 지주가 농업자에게 대부한 자연력의 생산물로 간주될 수 있다. 지대는 토지의 힘, 또는 다른 말로 하면 토지의 자연적 또는 인공적 비옥도에 따라 커지거나 작아진다. 지대는 인간의 노동으로 간주될 수 있는 모든 것을 공제하거나 보상한 뒤에 남은 자연의 노동이다. 그것은 총생산물의 $\frac{1}{4}$ 보다 작은 경우는 거의 없고, 종종 $\frac{1}{3}$도 넘는다. 제조업에 고용된 동일한 양의 생산적 노동은 결코 그렇게 많이 재생산할 수 없다. 거기에서는 자연은 아무 일도 하지 않고 인간이 모든 것을 한다. 따라서 재생산은 언제나 그것을 행하는 인간들의 힘에 비례한다. 그러므로 농업에 사용된 자본은 제조업에 사용된 동일 규모의 자본보다 많은 양의 생산적 노동을 가동시킬 뿐만 아니라, 그것이 고용하는 생산적 노동량에 비해 훨씬 큰 가치를 그 나라의 토지·노동의 연간 생산물, 즉 주민의 진정한 부(富)와 수입에 부가한다. 자본이 사용되는

시킨다. 또한 자연은 노동하지 않으며 가치를 창조하지 않는다. 다만 비옥한 토지를 경작하는 차지농업자의 생산물이 최열등지 생산물의 생산가격(사회적 생산가격)으로 시장에서 팔리기 때문에 우등지의 차지농업자는 초과이윤을 얻게 되고, 이 초과이윤이 우등지 소유자에게 지대로 지불될 뿐이다 —역자.

모든 방법 중에서 농업에 대한 투자가 사회에 가장 유리한 방식이다.[2)]

13. 농업과 소매업에 사용된 자본은 국내에 남아 있게 마련이다.

어느 사회에서나 농업과 소매업에 사용된 자본은 언제나 그 사회 안에 머물러 있을 수밖에 없다. 그 자본의 사용은 농장, 소매상의 가게 등처럼 특정 지점에 거의 제한되어 있다. 약간의 예외가 있긴 하지만, 이들은 일반적으로 그 사회의 거주자이다.

14. 도매상인의 자본은 어디에 있어도 좋다.

반대로, 도매상의 자본은 어느 한 곳에 고정되어 있을 필요는 없고, 싸게 사고 비싸게 팔 수 있는 곳을 찾아 여기저기 떠돌아다닐 수 있다.

15. 제조업자의 자본은 그 제조업의 소재지에 있지 않으면 안 되지만, 장소가 반드시 정해져 있는 것은 아니다.

제조업자의 자본은 반드시 제조업이 운영되는 곳에 자리잡아야 한다. 그러나 그것이 반드시 어디라고 확정되어 있는 것은 아니다. 그곳은 원료의 생산지나 완성된 제조품의 소비처로부터 아주 멀리 떨어져 있을 수도 있다. 리옹은 제조품의 원료를 제공하는 장소와 그것을 소비하는 장소로부터 매우 멀리 떨어져 있다. 시실리의 상류층은 그 나라에서 생산하는 원료로써 다른 나라에서 만들어진 비단옷을 입는다. 스페인의 양모의 일부는 영국에서 가공되고, 그 옷감의 일부는 뒤에 다시 스페인으로 돌아온다.

16. 수출업자는 그 나라의 국민이든 아니든 차이가 없다.

한 사회의 잉여생산물을 수출하는 자본의 소유자가 본국의 도매상인지 외국의 도매상인지는 전혀 중요하지 않다. 그가 외국인이라면 생산적 노동자의 수는 그가 본국인일 경우보다 단 한 사람 적을

---

2) 마르크스는 그렇게 생각하지 않는다. 첫째, 농업·공업·상업 부문은 자본의 이동에 따라 평균이윤율을 성립시킬 것이기 때문이다. 둘째, 지대는 농업노동자의 잉여노동에서 나오는 것이며, 잉여노동 이외의 원천(예: 자연의 노동)에서 나오는 것은 아니기 때문이다. 『자본론』 제3권 제6편(초과이윤의 지대로의 전환)을 참조하라 —역자.

것이다. 그리고 그들의 연간생산물은 그 한 사람의 이윤만큼만 작을 것이다. 그가 고용하는 선원·운송인은 우리 나라 사람 또는 자기 나라 사람 또는 제3국인일 것인데, 이것은 그가 본국인일 경우에도 그렇다. 외국인의 자본은 우리의 잉여생산물을 우리 나라에서 수요가 있는 다른 물건과 교환함으로써 본국인의 자본과 동일하게 잉여생산물에 가치를 부여한다. 외국인의 자본은 본국인의 자본과 마찬가지로 그 잉여생산물을 생산한 사람의 자본을 효과적으로 보상하고 그로 하여금 사업을 계속할 수 있게 한다. 도매상의 자본이 그가 속해 있는 사회의 생산적 노동의 유지와 연간생산물의 가치 증가에 기여하는 것은 이러한 서비스를 통해서이다.

17. 제조업자의 자본은 국내에 있을 경우에는 비교적 많은 자국의 노동을 가동시킬 것이다. 그러나 그것이 외국에 있을 경우에도 역시 유용하다.

더욱 중요한 점은, 제조업자의 자본은 국내에 머물러 있어야 한다는 것이다. 그럼으로써 그 자본은 필연적으로 더 많은 양의 생산적 노동을 가동시키며, 따라서 사회의 토지·노동의 연간생산물에 더 큰 가치를 부가한다. 그러나 그 자본이 국내에 머물러 있지 않더라도 그 나라에 매우 유용할 수 있다. 발트 해안으로부터 매년 수입되는 아마·대마를 가공하는 영국 제조업자의 자본은 그것들을 생산하는 나라에 매우 유용하다. 그 원료들은 그 나라들의 잉여생산물의 일부인데, 그것들이 거기에서 수요되는 물건과 교환되지 않는다면 아무런 가치를 갖지 못하여 곧 생산이 중단될 수도 있다. 원료를 수출하는 상인은 원료를 생산하는 사람들의 자본을 보상하고, 그리하여 그들로 하여금 생산을 계속할 수 있게 한다. 그리고 영국의 제조업자는 그들 상인의 자본을 보상한다.

18. 어떤 나라들은 경작·제조 및 운송을 위한 충분한 자본을 갖고 있지 못할 때가 종종 있다.

개인의 경우와 같이 어떤 나라도, 자기 나라의 모든 토지를 개량·경작하고, 모든 천연생산물을 직접적으로 사용·소비할 수 있도록 제조·가공하고, 천연생산물과 제조품의 잉여분을 멀리 있는 시장에 수송하여 그곳에서 국내에 수요되는 물건과 교환하는 데 충분한 양의 자본을 갖지 못하는 경우가 종종 있다. 영국의 많은 지방주민들은 그들의 토지를 개량·경작하는 데 충분한 자본을 가지고 있지 못하다. 스코틀랜드 남부 지역의 양모는 대부분 매우 열악한 도로로 멀리 운반된 뒤 요크셔에서 가공된다. 왜냐하면, 스코틀랜드에서는 그것을 가공하는 데 필요한 자본이 부족하기 때문이다. 영국에는 많은 소공업 도시가 있는데, 그 주민들은 그들 산업의 생산물을 그것에 대한 수요·소비가 있는 멀리 떨어진 시장으로 운반하는 데 충분한 양의 자본을 가지고 있지 못하다. 그들 중에도 상인이 있기는 하겠지만, 그들은 더 큰 상업도시에 거주하는 더 부유한 상인의 대리인에 불과하다.

19. 이런 경우에는 농업에 사용되는 자본이 많으면 많을수록 연간생산물도 더 많아질 것이다.

한 나라의 자본이 불충분해서 이들 세 가지 목적을 모두 달성하지 못할 경우, 자본의 더 큰 몫이 농업에 사용되는 것에 비례하여 자본이 그 나라 안에서 가동시키는 생산적 노동량은 더욱 커지며, 자본의 사용이 사회의 토지·노동의 연간생산물에 부가하는 가치도 더욱 커진다. 농업 다음으로는 제조업에 사용된 자본이 가장 많은 생산적 노동량을 가동시키며 연간생산물에 가장 큰 가치를 부가한다. 상업에 사용된 자본은 셋 중에서 가장 작은 효과를 갖는다.

20. 자본이 이런 세 가지 목적 모두에 충분하도록 만드는 가장 빠른 방법은 가장 유리한 용도에서부터 사용하기 시작하는 것이다.

사실, 세 가지 목적 모두를 위해 충분한 자본을 가지고 있지 못한 나라는 자연이 허용하는 수준의 풍요의 정도에 아직 도달하지 못한 것이다. 그러나 세 가지 모두를 달성하려고 조급하게 불충분한 자본으로 시도하는 것은 확실히 그 사회가 충분한 자본을 획득하는 가장 빠른 길은 아닌데, 이것은 한 개인의 경우에도 그렇다. 한 나라의 모든 개인들의 자본은 한 개인의 자본과 같이 한계를 가지고 있으며, 특정 목적만을 달성할 수 있다.

한 나라의 모든 개인의 자본이 증가될 수 있는 것은, 한 개인의 자본과 같은 방법으로, 그들의 수입에서 절약한 것을 계속해서 축적하고 자본에 첨가해 가는 것이다. 따라서 자본이 그 나라의 모든 개인에게 최대의 수입을 제공하는 방식으로 사용될 때 가장 빨리 증가할 것이다. 왜냐하면, 그들이 최대의 저축을 할 수 있기 때문이다. 그러나 그 나라의 모든 개인의 수입은 토지 · 노동의 연간 생산물의 가치에 반드시 비례한다.

21. 아메리카의 식민지가 진보하게 된 주요 원인은 그들이 이렇게 했기 때문이다.

우리의 아메리카 식민지가 그렇게 빨리 부강할 수 있었던 주요 원인은 바로 그들의 총자본이 지금까지 농업에 투자되었다는 점에 있다. 그들은 농업의 발전에 반드시 동반되는 가내공업, 즉 각 가정에서 부녀자 · 아동이 담당하는 조잡한 가내공업을 제외하면 어떠한 제조업도 가지고 있지 않다. 아메리카의 수출무역 · 연해무역의 대부분은 영국에 거주하는 상인들의 자본에 의해 운영되고 있다. 어떤 지방, 특히 버지니아 · 메릴랜드에서는 재화가 소매되는 상점도 많은 수가 영국에 거주하는 상인의 것이다. 이것은 그 사회의 거주자가 아닌 사람의 자본에 의해 운영되는 소매업의 몇 안 되는 예들의 하나이다. 아메리카인들이 단합하거나 또는 어떤 종류의 폭력에 의해 유럽 제조품의 수입을 중단시키고 유사한 재화를 생산할 수 있는 그들 자신의 국민에게 독점권을 줌으로써 그들 자본의 상당한 부분을 제조업으로 돌린다면, 그들은 연간생산물의 가치 증가를 가속화시키는 것이 아니라 지체시킬 것이며, 부강을 향한 그 나라의 전진을 촉진시키는 것이 아니라 방해할 것이다. 그들이 동일한 방식으로 모든 수출무역을 독점한다면 더욱 그러할 것이다.

22. 대국이라 할지라도 이상에서 말한 모든 용도를 위한 충분한 자본을 획득할 수 있었던 나라는 거의 없다.

만약 우리가 중국 · 고대 이집트 · 고대 인도의 부(富)와 경작에 관한 기이한 보도들을 그대로 믿지 않는다면, 인류의 번영 과정은 어떤 대국도 이러한 세 가지 용도에 충분한 자본을 획득할 수 있을 정도로 그처럼 오랫동안 계속된 일은 없었던 것 같다. 세계에서 가장 부유했던 위의 세 나라들도 주로 농업·제조업에서의 우수성으로 명성을 얻었던 것 같다. 그들은 외국무역에서는 뛰어나지 못했던 것으로 보인다. 고대 이집트인들은 바다에 대한 미신적인 반감(反感)을 가지고 있었다. 이와 비슷한 종류의 미신은 오늘날 인도인들 사이에서 유행하고 있다. 중국인들도 외국무역에서는 뛰어나지 못했다. 이들 세 나라의 대부분의 잉여생산물은 항상 외국인들에 의해 수출되었고, 그들은 그 잉여생산물과의 교환으로 세 나라에서 수요가 있음을 알아낸 다른 물건들을, 흔히 금이나 은을, 주었던 것 같다.

23. 여러 가지 종류의 도매업은 상이한 양의 생산적 노동을 사용하고, 연간 생산물에 부가하는 가치의 양도 상이하다.

자본의 규모가 동일하더라도 그것이 농업·제조업·도매업에 사용되는 비율이 상이함에 따라 상이한 양의 생산적 노동을 가동시키고, 토지·노동의 연간 생산물에 부가하는 가치도 상이할 것이다. 이 차이는 또한 그 자본의 일부가 사용되는 도매업의 종류가 상이함에 따라서도 매우 크다.

24. 상업에는 국내상업, 대외무역 및 중개무역 세 종류가 있다.

모든 도매업, 즉 도매로 팔기 위해 도매로 사는 것은 세 종류로 분류될 수 있다. 국내상업, 국내소비를 위한 대외무역(대외 소비무역 foreign trade of consumption)과 중개무역이 그것이다. 국내상업은 한 나라의 산업생산물을 그 나라의 한 지역에서 구매해 다른 지역에서 파는 데 종사한다. 그것은 내지(內地: inland) 상업과 연안상업을 포괄한다. 대외 소비무역은 국내소비를 위해 외국재화를 구매하는 데 종사한다. 중개무역은 외국들 사이의 무역을 취급하고, 어떤 한 외국의 잉여생산물을 다른 외국으로 운송하는 데 종사한다.

25. 그 나라의 다른 지방에서 팔기

그 나라의 산업생산물을 한 지역에서

위해 어떤 한 지방에서 구매하는 데 사용되는 자본은 두 가지 국내자본을 보충한다.

구매해 다른 지역에 판매하는 데 사용되는 자본은 매번 운용될 때마다 일반적으로 그 나라의 농업과 제조업에서 사용되고 있는 두 가지 별개의 자본을 보충하고, 그럼으로써 그들로 하여금 생산적 노동을 계속 유지할 수 있게 한다. 스코틀랜드의 제조품을 런던으로 보내고 잉글랜드의 곡물 · 제조품을 에든버러로 가져오는 자본은 필연적으로 이러한 거래를 통해 영국의 농업 · 제조업에 사용된 영국의 두 종류의 자본〔스코틀랜드 자본과 잉글랜드 자본〕을 보충한다.

26. 수입에 사용되는 자본은 하나의 국내자본과 하나의 외국자본을 보충한다.

국내소비를 위한 외국 재화의 구매에 사용된 자본은, 국내 산업의 생산물과의 교환으로 외국 재화를 구매하는 경우, 두 개의 별개의 자본을 보상하지만, 그 중 하나만이 국내산업을 유지하는 데 사용된 자본이다. 영국 재화를 포르투갈로 보내고 포르투갈 재화를 영국으로 가져오는 자본은 두 개의 자본을 보상하지만, 하나는 영국 자본이고 다른 하나는 포르투갈 자본이다. 그러므로 대외 소비무역의 자금회전이 국내상업의 그것만큼 빠르다고 할지라도, 거기에 사용된 자본은 그 나라의 산업 · 생산적 노동에 반만큼의 자극밖에 주지 못한다.

27. 외국무역의 대금회수는 국내상업의 그것만큼 빠르지 않다.

그러나 대외 소비무역의 자본회수는 국내상업의 그것만큼 빠른 경우는 거의 없다. 국내상업의 자본회수는 일반적으로 그 해가 끝나기 전에 실현되며, 때때로 일 년에 서너 번 실현된다. 대외 소비무역의 자본회수는 그 해가 끝나기 전에 실현되는 경우가 거의 없으며, 때때로 이삼 년이 지날 때까지 실현되지 않는다. 그러므로 국내상업에 사용된 자본은 때때로 외국무역에 사용된 자본이 하나의 거래를 끝낼 때까지 12회 회전한다. 즉, 12회 내보내고 회수한다. 따라서 자본량이 같다면, 전자는 그 나라의 산업에 대해 후자보다 24배나 많은 장려 · 지원을 제공할 것이다.

28. 우회적인 대외 소비무역은 직접적인 대외 소비무역과 동일한 효과를 갖는다.

국내에서 소비될 외국 재화는 때때로 국내산업의 생산물에 의해서가 아니라 다른 외국의 재화에 의해 구매될 수 있다. 그러나 후자는 국내산업의 생산물로 직접 구매했거나 그것에 의해 구매된 다른 물건으로 구매했음에 틀림없을 것이다. 왜냐하면, 전쟁·정복의 경우를 제외하면, 외국 재화는 직접적으로든 아니면 두세 번의 우회적인 거래를 거쳐서든 국내에서 생산된 물건과의 교환에 의하지 않고는 획득할 수 없기 때문이다. 그러므로 이와 같은 우회적인 대외 소비무역에 사용된 자본의 효과는 모든 면에서 직접적인 대외 소비무역에 사용된 자본의 그것과 같다. 다른 점이라면, 두세 번의 외국무역에 의존하기 때문에, 최종적인 자본회수가 더 오래 걸리기 쉽다는 것이다. 영국의 제품으로 구매한 버지니아 담배로써 리가〔라트비아의 수도〕의 아마·대마를 구매한다면, 상인은 동일한 양의 영국 제품을 다시 구매하는 데 자본을 사용하기 전에, 두 개의 별개의 외국무역의 자본회수를 기다려야 한다. 버지니아 담배를 영국 제품으로써가 아니라 영국 제품으로 구매한 자메이카 설탕·럼주로써 구매하였다면, 그는 세 개의 외국무역의 자본회수를 기다려야 할 것이다. 이 두 개 또는 세 개의 별개의 외국무역이 둘 또는 세 명의 다른 상인에 의해 수행된다면, 그리고 둘째 상인은 첫째 상인이 수입한 재화를 구매하고, 셋째 상인은 그것을 되팔기 위해 둘째 상인이 수입한 재화를 구매한다면, 각각의 상인은 실제로 자기의 자본회수를 더 빨리 이룰 수 있을 것이다. 그러나 무역에 사용된 총자본의 최종적 회수는 마찬가지로 느릴 것이다. 이러한 우회적인 무역에 사용된 총자본이 한 상인의 것이든 세 상인의 것이든, 그것은 각각의 상인에게는 영향이 있겠지만 그 나라에 대해서는 아무런 차이도 없다. 이 두 경우 일정한 가치의 영국 제품과 일정한 가치의 아마·대마를 교환하는 데는 영국 제품과 아마·대마를 직접 교환하기 위해 필요한 것보다 3배가 많은 자본량이 필요할 것이다. 그러므로 이러한 우회적인 대외 소비무역에 사용된 총자본은, 일반적으로 동일한 종류의 더 직접적인 무역에 사용된 동일량의 자본보다, 그 나라의 생산적 노동에 대해 더 작은 장려·지원을 제공할 것이다.

29. 금은을 매개로 하여 이루어지는 외국무역은 다른 방법으로 이루어지는 것과 결코 다르지 않다.

국내 소비를 위한 외국 재화를 구매하기 위해 사용되는 외국상품이 무엇이든지 간에, 그것은 무역의 본성에 아무런 근본적인 변화를 야기할 수 없으며, 또한 그 무역이 당사국의 생산적 노동에 부여하는 장려·지원에도 아무런 근본적인 변화를 야기할 수 없다. 예컨대 브라질의 금이나 페루의 은으로 외국 소비재를 구매한다면, 이 금은은 버지니아의 담배처럼 우리나라 산업의 생산물이나 그것으로 구매한 물건으로 구매되었음에 틀림없을 것이다. 그러므로 생산적 노동에 관한 한, 금은으로 수행되는 대외 소비무역은 우회적인 대외 소비무역과 마찬가지의 유리함과 불편함을 공유하며, 생산적 노동을 유지하는 데 직접적으로 사용된 자본을 마찬가지의 속도로 회수한다. 그러나 전자는 다른 우회적인 대외 무역에 비해 하나의 유리한 점을 가지고 있는 것 같다. 즉, 귀금속을 한 지역에서 다른 지역으로 운송하는 데는 부피가 작고 가치가 크기 때문에 동일한 가치의 다른 외국 재화보다 비용이 적게 든다는 점이다. 운임은 더 싸고 보험료는 더 크지 않다. 게다가 운송에 의해 손상될 위험이 귀금속보다 더 적은 재화는 없다. 따라서 동일한 양의 외국 재화는 다른 외국 재화의 매개에 의한 경우보다 금은의 매개에 의한 경우 더 적은 양의 국산품으로 구매할 수 있는 경우가 자주 있다. 이러한 종류의 무역이 귀금속의 계속적인 수출에 의해 그 당사국을 빈곤하게 만들 것인가 어떨 것인가에 대해서는 이후에〔제4편에서〕 충분히 자세하게 검토할 기회를 가질 것이다.

30. 중개무역에 사용되는 자본은 두 개의 외국자본을 보상한다. 그것은 본국의 선박 및 선원을 고용할 수도 있지만 반드시 그렇다고는 할 수 없다. 그리고 수입무역 또는 해안무역에 사용되는 같은 양의 자본은 중개무역에 사용되는 것과 같은 수의 선박과 선원을 사용할 수도 있다.

한 나라의 자본 중 중개무역(仲介貿易)에 사용된 부분은 자기 나라의 생산적 노동을 유지하는 것에서 빠져나와 외국의 생산적 노동을 유지하는 데 사용된다. 그것은 한 거래에서 두 개의 별개의 자본을 보상하지만, 그들 중 어느 것도 자기 나라에 속하지 않는다. 폴란드 곡물을 포르투갈로 운반하고 포르투갈의 과일·포도주를 폴란드로 가져가는 네덜란드 상인의 자본은 이러한 거래에 의해 두 개의 자본을 보상하지만, 그들 중 어느 것도 네덜란드의 생산적 노동을 유지하는 데 사용된 것은 아니다. 그들 중 하나는 폴란드의 생산적 노동을, 다른 하나는 포르투갈의 생산적 노동을 유지하는 데 사용된 것이다. 이윤만이 규칙적으로 네덜란드로 돌아가며, 중개무역이 자기 나라의 토지·노동의 연간생산물에 부가하는 것은 이 이윤뿐이다. 어떤 특정국의 중개무역이 그 나라의 선박·선원으로 운영된다면, 중개무역에 사용된 자본 중 운임을 지불하는 부분은 그 나라의 일정한 수의 생산적 노동자들 사이에 분배되고 그들을 가동시킨다. 중개무역을 대량으로 실시하고 있는 거의 모든 나라는 사실상 이러한 방법으로 운영해 왔다. 중개무역(carrying trade)이란 용어 자체도 그 나라 사람들이 다른 나라의 운송인이 된다는 사실에서 그 이름을 얻었을 것이다. 그러나 그렇게 되어야 하는 것이 중개무역의 본성에서 필수적인 것은 아니다. 예를 들어 네덜란드 상인이 자본을 사용하여 폴란드와 포르투갈 사이의 무역을 중개하는 경우, 한 나라의 잉여생산물을 다른 나라로 네덜란드 화물선이 아니라 영국 화물선으로 운송할 수도 있다. 몇몇 경우에 그는 실제로 그렇게 한다. 이 때문에 국방과 안전보장을 선원·선박의 수에 의존하고 있는 영국과 같은 나라에 중개무역이 특별히 유리하다고 생각되었다. 그러나 같은 액수의 자본이 대외 소비무역에 투자되든 연안항로선에 의해 수행되는 국내상업에 투자되든, 중개무역에서 사용하는 경우와 같은 수의 선원·선박을 사용할 수 있다. 한 자본이 사용할 수 있는 선원·선박의 수는 상업의 성질에 의존하는 것이 아니라 부분적으로는 재화의 가치에 비교한 재화의 부피에, 그리고 부분적으로는 운송거리에 의존하는데, 주로 의존하는 것은 전자이다. 예컨대 뉴캐슬에서 런던까지의 석탄수송은 잉글랜드의 모든 중개무역보다 많은 선박을 사용하고 있지만 항구는 그리 멀지 않다. 그러므로 어떤 나라의 자본 중에서 자연적으로 중개무역으로 향해 가는 것보다 더 많은 몫의 자본을 특별한 장려책에 의해 강제적으로 향하게 하는 것이 언제나 그 나라의 선박 수를 증가시킨다고 말할 수는 없다.

31. 그러므로 국내상업에 사용되는 자본은 외국무역에 사용되는 자본보다 더 많은 생산적 노동을 유지한다. 후자는 또 중개무역에 사용되는 자본보다 더 많은 생산적 노동을 유지한다. 따라서 경제정책은 자본을 외국무역 또는 중개무역으로 향하도록 유인해서는 안 된다.

그러므로 한 나라의 국내상업에 사용된 자본은 일반적으로 대외 소비무역에 사용된 동일한 양의 자본보다 많은 양의 생산적 노동을 유지·장려하며, 연간생산물의 가치를 더 크게 증가시킨다. 그리고 이 대외 소비무역에 사용된 자본은 위의 두 측면에서 중개무역에 사용된 같은 액수의 자본보다 훨씬 큰 이점을 가지고 있다. 한 나라의 부(富)와 〔세력이 부에 의존하는 한〕 세력은 언제나 연간 생산물의 가치, 즉 모든 조세의 궁극적인 원천에 비례하며, 한 나라의 경제정책의 큰 목적은 그 나라의 부와 세력을 증가시키는 것이다. 그러므로 국내상업보다 대외 소비무역에 우선권을 주거나 그것을 장려해서도 안 되고, 이 양자보다 중개무역을 장려해서도 안 된다. 그리고 대외 소비무역이나 중개무역으로 자연히 흘러가는 것보다 더 큰 규모의 자본을 경제정책에 의해 그곳으로 흘러가도록 강제하거나 유인해서도 안 된다.

32. 자연적으로 그렇게 될 때는

그러나 이러한 다양한 산업이 아무런 강

어느 것이든 유리하다.

제나 폭력 없이 사물의 진행에 따라 자연적으로 도입될 때는, 유리할 뿐만 아니라 필요하고 불가피하다.

33. 특정 산업부문의 생산물의 잉여는 해외로 수출되어야 한다.

특정 산업분야의 생산물이 그 나라의 수요량을 초과할 때, 그 잉여는 외국에 보내져 국내에서 수요되는 물건과 교환되어야 한다. 이러한 수출이 없다면 그 나라의 일부 생산적 노동은 정지되어야 할 것이며, 연간 생산물의 가치는 감소될 것이다. 영국의 토지·노동은 일반적으로 국내시장에서 수요되는 것보다 많은 곡물·모직물·금속제품을 생산한다. 그러므로 이것의 잉여분은 외국으로 수출되어 국내에서 수요되는 물건과 교환되어야 한다. 이 잉여가 그것을 생산하는 데 든 노동·비용을 보상하기에 충분한 가치를 획득할 수 있는 것은 오직 이러한 수출에 의해서다. 해안지방과 운항 가능한 강 주변이 위치상 산업에 유리한 것은, 이러한 잉여를 수출하고 그곳에서 수요가 많은 다른 생산물과 교환하는 것이 그곳에서는 쉽기 때문일 따름이다.

34. 교환에 의해 획득된 외국재화는 때로는 재수출되지 않으면 안 된다.

국내산업의 잉여생산물로 구매된 외국재화가 국내시장의 수요를 초과할 때, 그 잉여부분은 다시 외국으로 수출되어 국내에서 더욱 크게 수요되는 물건과 교환되어야 한다. 연간 약 96,000통(hogshead)의 담배가 버지니아와 메릴랜드에서 영국 산업의 잉여생산물의 일부로 구매된다. 그러나 영국의 수요를 위해서는 아마 14,000통 이상 필요하지 않을 것이다. 그러므로 나머지 82,000통이 외국으로 수출되어 국내에서 더 크게 수요되는 물건과 교환될 수 없다면, 그것의 수입은 즉각 중지될 것이며, 그와 함께 현재 매년 이 82,000통을 구입하는 데 사용되는 재화를 생산하는 데 고용되어 있는 영국 주민들의 생산적 노동도 중지될 것이다. 왜냐하면, 이 재화는 영국의 토지·노동의 생산물의 일부지만, 국내에 시장이 없고 외국시장도 박탈당했으므로, 생산이 정지되지 않을 수 없기 때문이다. 그러므로 가장 우회적인 대외 소비무역도 어떤 경우에는 그 나라의 생산적 노동과 연간생산물 가치를 유지하는 데 가장 직접적인 대외 소비무역만큼이나 필요한 것일 수도 있다.

35. 다른 용도가 포화상태일 때, 잉여의 자본은 중개무역으로 흘러들어간다. 그리고 이것은 거대한 국부의 원인이라기보다 오히려 그 결과이다.

한 나라의 자본량이 너무 많이 증가하여 더 이상 그 나라의 소비를 충족시키고 생산적 노동을 유지하는 데 모두 사용될 수 없을 때, 그 잉여분은 중개무역으로 자연스럽게 흘러들어가 다른 나라에 대해 동일한 역할을 하는 데 사용된다. 중개무역은 엄청난 국부의 자연적인 결과이며 상징이지, 그것의 자연적인 원인인 것 같지는 않다. 특별한 장려책으로 그것을 자극하려고 했던 정치가는 결과와 상징을 그 원인으로 잘못 알았던 것 같다.

네덜란드는 국토 면적과 주민 수에 비하면 지금까지 유럽에서 가장 부유한 나라이고, 따라서 유럽의 중개무역에서 가장 큰 비중을 차지하고 있다. 잉글랜드는 아마 두번째로 부유한 나라일 것이고, 마찬가지로 중개무역에서 상당히 큰 비중을 차지하고 있는 것으로 추정된다. 그러나 잉글랜드의 중개무역으로 보통 간주되는 것은 우회적인 대외 소비무역에 지나지 않는다는 것이 자주 발견된다. 그것은 대부분 동인도 · 서인도 · 아메리카의 재화를 다른 유럽시장으로 운송하는 무역이다. 그들 재화는 일반적으로 영국 산업의 생산물로 직접적으로 구매되거나 아니면 그 생산물로 구매된 다른 물건으로 구매되고, 이 무역의 최종적인 이익은 일반적으로 영국에서 사용되거나 소모된다. 영국 화물선으로 지중해의 여러 항구 사이에서 행해지는 무역과, 인도의 여러 항구 사이에서 영국 상인들에 의해 행해지는 비슷한 종류의 무역이 아마도 진정으로 영국의 중개무역이라 부를 수 있는 것의 주된 분야일 것이다.

36. 중개무역에서 사용될 수 있는 자본의 양이 최대이다.

국내상업의 규모와 거기에 사용될 수 있는 자본의 양은 각자의 생산물을 서로 교환할 필요가 있는 국내 각 지역의 잉여생산물의 가치에 의해 반드시 제한된다. 대외 소비무역에 사용될 수 있는 자본의 양은 그 나라 전체의 잉여생산물의 가치와 그것으로 구매될 수 있는 것의 가치에 의해 제한된다. 중개무역에 사용될 수 있는 자본의 양은 세계 모든 나라의 잉여생산물의 가치에 의해 제한된다. 그러므로 가능한 중개무역의 규모는 다른 두 부문에 비해 무한하며, 최대의 자본을 흡수할 수 있다.

37. 농업은 그것이 흡수할 수 있는 모든 자본을 흡수할 만큼 충분한 이윤을 낳지 않는다. 그 이유는 다음 두 편에서 설명될 것이다.

자신의 개인적 이윤에 대한 고려가 자본의 소유자로 하여금 자본을 농업에 사용할 것인가, 제조업이나 도매업의 특정 분야나 소매업에 사용할 것인가를 결정하게 하는 유일한 동기이다. 자본이 이런저런 방식으로 사용됨에 따라 그것이 가동시킬 수 있는 생산적 노동량이 상이해진다는 생각은 결코 그들의 머리속에 들어 있지 않다. 그러므로 농업이 모든 투자 중 가장 유리하고, 농업경영과 토지개량이 거대한 재산을 얻을 수 있는 가장 빠른 길인 나라에서는, 개인의 자본은 자연히 사회 전체에 가장 유익한 방식으로 사용될 것이다. 그러나 농업의 이윤은 유럽 어디에서나 다른 투자의 이윤보다 높지는 않은 것 같다. 사실 유럽의 모든 곳에서 사업가들은 이 몇 년 사이에 토지의 경작·개량에 의해 얻을 수 있는 이윤에 대해 그럴듯하게 설명함으로써 대중을 즐겁게 했다. 그러나 그들의 계산을 특별히 검토해 보지 않더라도 계산의 결과가 거짓이라는 것은 주위를 그냥 한 번 둘러보기만 해도 알 수 있다. 우리는 매일 매우 거대한 재산이 종종 아주 작은 자본으로, 때로는 아무 자본 없이, 한 세대 안에 무역과 제조업에 의해 획득된 것을 본다. 그와 동일한 시간에 농업에서 그와 같은 자본으로 그와 같은 재산을 획득한 예는 금세기 동안 유럽에서 한 건도 발생하지 않았다. 유럽의 모든 대국에는 많은 좋은 토지가 경작되지 않은 채로 있고, 경작된 토지의 대부분도 가능한 최대한도로 개량되고 있지 않다. 그러므로 거의 모든 지역에서 농업은 지금까지 투자된 것보다 훨씬 많은 자본을 흡수할 수 있다. 그런데 어찌하여 유럽의 정책은 농촌에서 운영되는 사업에 비해 도시에서 운영되는 사업을 그렇게 우대했으며, 그리하여 개인들은 이웃에 있는 가장 비옥한 토지의 개량 · 경작보다 아시아와 아메리카의 원거리 중개무역에 자신의 자본을 사용하는 것이 이익이 된다고 생각하게 되었는지를 이하의 두 편에서 자세히 설명하고자 한다.

제 3 편

각국의 상이한 국부증진 과정

"사물의 자연적 진행과정에 따르면, 모든 성장하고 있는 사회의 더 많은 자본은 우선은 농업으로 향하고, 다음으로 제조업으로, 마지막으로 외국무역으로 향한다. 이러한 사물의 순서는 매우 자연스럽기 때문에, 영토를 가지고 있는 모든 사회에서는 어느 정도 언제나 관찰된다고 나는 믿는다."

-제 3편 제 1장(p.468)-

"법률이라는 것은 종종 그것을 만들어내고 합리화할 수 있었던 상황들이 사라진 뒤에도 오랫동안 효력을 발휘한다. 장자상속권은 아직도 존중되고 있으며, 모든 제도들 중에서 그것이 가문의 영예를 유지하는 데 가장 적합한 제도이기 때문에 앞으로도 수세기 동안 지속될 것 같다. 다른 모든 측면에서는 한 사람을 부자로 만들기 위해 나머지 모든 자녀를 거지로 만드는 이 제도보다 더 가족 전체의 진정한 이익에 반대되는 것은 있을 수 없다."

-제 3편 제 2장(p.471)-

"상인은 반드시 어떤 특정국의 시민일 필요는 없다고 하는 말도 있는데, 맞는 말이다. 어느 지역에서 자기의 사업을 운영하는가는 대체로 그들에게는 상관이 없다. 매우 사소한 기분 나쁜 일이 있어도 그는 한 나라에서 다른 나라로 그의 자본 및 그것이 유지하는 산업을 옮겨버린다. 그의 자본의 어떤 부분이 건물이나 영구적인 토지개량에 투자되어 한 나라의 지표(地表)에 퍼질 때까지는 그 나라에 속한다고 말할 수 없다."

-제 3편 제 4장(p.513)-

제1장
국부증진의 자연적인 진행과정

1. 대규모 상업은 도시와 시골 사이에서 이루어지는 것이며, 이는 명백히 양자에게 다같이 유리하다.

모든 문명사회의 대상업은 도시 주민과 농촌 주민 사이에서 이루어지는 상업이다. 그것은 직접적으로, 또는 화폐를 통해, 또는 화폐를 대표하는 지폐를 매개로, 천연생산물을 제조품과 교환하는 것이다. 농촌은 도시에 생활자료와 제조업 원료를 공급한다. 도시는 농촌 주민에게 제조품의 일부를 되돌려줌으로써 이 공급에 보답한다. 물질의 재생산이 존재하지도 않고 존재할 수도 없는 도시는 모든 부와 생활자료를 시골로부터 얻는다고 정당하게 말할 수 있다. 그러나 그렇기 때문에 도시의 이득은 시골의 손실이라고 생각해서는 안 된다. 양자의 이득은 상호적이고 호혜적이며, 다른 모든 경우와 마찬가지로, 이 경우에도 분업은 세분된 여러 가지 직업에 종사하는 상이한 사람들에게 이익이 된다. 시골 주민은 자기들이 손수 제조품을 마련하려고 할 때보다 더 적은 양의 노동에 의한 생산물로 더 많은 양의 제조품을 도시에서 구입할 수 있다. 도시는 시골의 잉여생산물, 또는 경작자의 생활자료를 초과하는 부분에 대한 시장을 제공한다. 그리고 시골 주민들이 그들의 잉여생산물을 자기들이 필요로 하는 다른 물건과 교환하는 곳도 도시다. 도시 주민의 수와 수입이 클수록 도시가 시골 주민에게 제공하는 시장은 더욱 커진다. 시장이 더 클수록 많은 사람들에게 더욱 더 유리하다. 도시로부터 1마일 이내에서 자라는 곡물과 20마일 떨어진 곳에서 온 곡물이 도시에서는 동일한 가격으로 팔린다. 그러나 후자의 가격은 일반적으로 그것을 경작하여 시장에 가져오는 비용을 지불해야 할 뿐만 아니라 농업자에게 농업의 보통이윤을 제공해야 한다. 그러므로 도시 인근에 있는 시골의 지주·경작자는 그들의 판매가격에서 더 먼 지역으로부터 가져온 유사한 생산물의 운송비 전체를 절약하고, 또한 그들이 도시에서 구입한 것의 가격에서 이 운송비 전체를 절약함으로써, 농업의 보통이윤을 초과하여 얻게 된다. 어느 큰 도시의 인근에 있는 토지의 경작과, 거기에서 상당히 떨어져 있는 토지의 경작을 비교해 보면, 시골이 도시와의 상업에 의해 얼마나 많은 이득을 보고 있는지를 쉽게 알 수 있을 것이다. 지금까지 선전되어 왔던 무역수지(balance of trade)에 대한 모든 불합리한 이론들 중에도, 시골이 도시와의 상업에 의해 손해를 본다거나 도시가 자신을 유지하는 시골과 교역함으로써 손해를 본다는 주장은 없었다.

2. 도시가 그의 생활자료를 얻는 시골로부터 때로는 멀리 떨어져 있을 수도 있지만, 시골의 경작은 도시의 발전에 선행되지 않으면 안 된다.

사물의 본성상 생필품은 편의품·사치품에 우선하는 것과 같이, 전자를 생산하는 산업은 후자를 생산하는 산업에 반드시 우선해야 한다. 그러므로 생필품을 공급하는 농촌의 경작·개량은 편의와 사치의 수단을 제공할 뿐인 도시의 성장에 반드시 우선하지 않으면 안 된다. 도시의 생필품을 구성하는 것은 시골의 잉여생산물, 즉 경작자의 생필품을 넘는 부분뿐이며, 따라서 이 잉여생산물의 증가에 의해서만 도시는 발달할 수 있다. 사실 도시는 모든 생필품을 반드시 인근의 시골이나 국내에서 조달하는 것은 아니며 매우 먼 나라로부터 가져올 수도 있다. 이러한 사정은 일반적인 법칙에 대한 예외는 아니라 하더라도, 시대와 국민이 다름에 따라 국부증진 과정에 상당한 차이를 만들어 냈다.

3. 사물의 이러한 질서는 농업에 대한 인간의 자연적 편애에 의하여 조장된다.

이러한 질서는, 모든 나라에서 그런 것은 아니지만, 일반적으로 필요에 의해 조성된다. 어느 나라에서나 인류의 천성은 이러한 질서를 촉진한다. 만약 인간의 이러한 자연적 성향이 인간이 만든 제도에 의해 방해받지 않았다면, 어디에서나 도시의 발전은 주변 지역의 개량·경작이 유지할 수 있는 한도를 초과하지는 못했을 것이다. 즉, 적어도 모든 주변 지역이 완전하게 경작되고 개량될 때까지는 도시가 성장하지 못했을 것이다. 동일한, 또는 거의 동일한 이윤이라면, 대부분의 사람들은 자신의 자본을 제조업이나 대외무역보다는 토지의 개량·경작에 사용할 것이다. 자신의 자본을 토지에 사용하는 사람은 그 자본을 자신의 감시·통제하에 둘 수 있고, 그의 재산은 무역업자의 그것보다 여러 가지 사고를 당할 위험이 적다. 왜냐하면, 무역업자는 자기의 재산을 흔히 풍파에 맡겨야 할 뿐만 아니라, 그들의 성격·사정을 완전히 알 수가 없는 먼 나라의 사람들에게 신용을 줌으로써 인간의 어리석음·부정과 같은 더 불확실한 요소에 맡기지 않을 수 없기 때문이다. 반대로, 토지 개량에 고정되어 있는 지주의 자본은 인간사(人間事)가 허용할 수 있는 최대의 안전성을 가진 것처럼 보인다. 게다가 시골의 아름다움, 시골생활의 즐거움, 시골생활이 약속하는 마음의 평온, 인간들이 만든 법률의 불공정함이 그것에 간섭하지 않는 한 시골이 제공하는 독립감, 이러한 모든 것은 모든 사람들을 다소간 끌어들이는 매력을 가지고 있다. 땅을 경작하는 것이 인간의 원초적 운명이었으므로, 인간 역사의 모든 단계에서 인간은 이 원시적 직업에 대해 일종의 편애(predilection)를 가지고 있는 듯하다.

4. 경작자는 수공업자의 도움을 필요로 하고, 수공업자들은 경작자와 함께 정

사실 수공업자의 도움 없이는 토지경작은 큰 불편과 끊임없는 중

주하여 마을을 이룬다. 그리고 그들의 직업은 마을의 개량과 함께 증가한다.

단을 겪을 수밖에 없다. 대장장이·목수·수레바퀴 제조인·쟁기 제조인·석공·벽돌공·무두장이·구두수선공·양복장이의 서비스는 농민들이 자주 필요로 하는 것들이다. 또한 이러한 수공업자들은 때때로 서로의 도움을 필요로 한다. 그들의 거주지는 농민들의 거주지와 달리 특정 지점에 반드시 묶여 있지 않기 때문에, 그들은 서로의 인근에 자연적으로 정착하며, 이리하여 소도시나 마을을 형성한다. 정육점·주점·빵집 등이, 위의 수공업자들의 그때그때의 필요를 충족시키는 데 필요하고 유용한 다른 많은 수공업자·소매상과 함께, 거기에 모여 도시를 더욱 발전시키기 시작한다. 도시와 시골의 주민들은 서로서로에게 봉사한다. 도시는 상설시장이며, 시골 주민들은 이곳에 들러 그들의 천연생산물을 제조품과 교환한다. 도시 주민들에게 작업원료와 생활자료를 공급하는 것은 이 상업이다. 도시 주민이 시골 주민들에게 판매하는 완성품의 양은 필연적으로 도시 주민이 구입하는 원료와 식료품의 양을 규제한다. 그러므로 도시 주민의 일거리와 생활자료는 완성품에 대한 시골의 수요증가에 비례해서만 증가할 수 있다. 그리고 이 수요는 토지개량·경작확대에 비례해서만 증가할 수 있다. 그러므로 인간이 만든 제도가 사물의 자연적 경로를 방해하지 않는다면, 도시의 부의 증가와 도시의 성장은 어느 사회에서나 국토·농촌의 개량·경작의 결과이며 그것에 비례한다.

5. 북아메리카의 식민지에서는 충분한 재고를 획득한 수공업자는 원격지에 판매하는 제조업자가 되는 대신에 농장주가 된다.

미경작된 토지를 아직은 쉬운 조건으로 얻을 수 있는 우리의 북아메리카 식민지에서는 원거리 상업을 위한 제조업이 어느 도시에서도 아직 형성되어 있지 않다. 어떤 수공업자가 인근 지역에 공급하는 자신의 사업을 운영하는 데 필요한 것 이상의 자본을 획득한다면, 북아메리카에서는 그것으로 원거리 상업을 위한 제조업을 설립하려고 하지 않고 그것을 미경작지의 구매·개량에 사용한다. 그는 수공업자로부터 재배자로 변신하며, 그 나라에서는 수공업자에게 높은 임금과 풍부한 생활자료를 제공하고 있음에도 불구하고 그는 다른 사람을 위해 일하지 않고 자기 자신을 위해 일한다. 그가 느끼기에, 수공업자는 고객의 하인이고, 고객으로부터 자기의 생활자료를 끌어낸다. 그러나 자신의 토지를 경작하고 자신의 필요 생활자료를 자기 가족의 노동으로부터 끌어내는 재배자는 진정한 주인이며 세상에서 가장 완전한 독립자라고 생각하는 것이다.

6. 미경지가 쉽게 조달될 수 없는 나라에서는, 그러한 수공업자는 원격지 판매를 위한 제조업자가 된다.

반대로 미경지가 없거나 쉬운 조건으로 토지를 획득할 수 없는 나라에서는, 자기 본래 직업에 사용할 수 있는 것보다 더 많은 자본을 획득한 모든 수공업자는 원거리 판매를 위해 제조하려고 한다. 대장장이는 철공장을 세우고, 직공은 아마포·모직물 공장을 설립한다. 시간이 지남에 따라 여러 종류의 제조업이 점차 세분되어 매우 다양한 방식으로 진보하고 정교화된다. 이것은 쉽게 이해될 수 있으므로 더 이상 설명할 필요가 없다.

7. 제조업은 자연히 외국상업보다 더 선호된다.

자본의 사용처를 찾는 데 있어 제조업은, 동일한 또는 거의 동일한 이윤을 낳는다면, 외국무역보다 자연히 선호된다. 이것은 농업이 제조업보다 자연히 선호되는 것과 같은 이유 때문이다. 지주·농업자의 자본이 제조업자의 자본보다 안전한 것처럼, 제조업자의 자본은 언제나 그의 감시·통제하에 있기 때문에 외국무역상의 자본보다 안전하다. 사실 한 사회의 어느 시대에나 천연생산물·제조품의 잉여부분, 즉 국내수요가 없는 부분은 국내에서 필요한 물건과 교환되기 위해 외국으로 보내져야 한다. 그러나 이 잉여생산물을 해외로 운송하는 자본이 외국자본인가 국내자본인가는 중요하지 않다. 그 사회가 아직 모든 토지를 경작하고 모든 천연생산물을 완전하게 제조하는 데 충분할 만큼의 자본을 획득하지 못하고 있다면, 이 천연생산물을 외국자본에 의해 수출하는 것이 상당한 이익이 된다. 왜냐하면, 그 사회의 총자본은 더 유용한 목적에 사용될 수 있기 때문이다. 고대 이집트·중국·인도의 부(富)는, 한 나라의 수출무역의 대부분이 외국인에 의해 운영된다고 하더라도 고도의 풍요를 달성할 수 있다는 것을 충분히 증명해 주고 있다. 북아메리카와 서인도의 식민지는, 그들 자신의 자본 이외의 외국자본이 그들의 잉여생산물의 수출에 투자되지 않았다면 이처럼 급속히 진보할 수 없었을 것이다.

8. 그러므로 사물의 자연적 진행과정은 우선은 농업이고, 그 다음이 제조업이며, 마지막이 외국 상업이다.

그러므로 사물의 자연적 진행과정에 따르면, 모든 성장하고 있는 사회의 더 많은 자본은 우선은 농업으로 향하고, 다음으로 제조업으로, 마지막으로 외국무역으로 향한다. 이러한 사물의 순서는 매우 자연스럽기 때문에, 영토를 가지고 있는 모든 사회에서는 어느 정도 언제나 관찰된다고 나는 믿는다. 그들 토지의 약간은 대도시가 설립되기 전에 경작되었음에 틀림없고, 외국무역에 종사하는 것을 생각하기 전에 제조업에 속하는 어떤 조잡한 산업이 도시에서 운영되었음에 틀림없다.

9. 그러나 이 순서는 많은 점에서 전도되었다.

이러한 사물의 자연적 순서(natural order of things)는 모든 사회에서 어느 정도 일어났음에 틀림없지만, 유럽의 모든 근대국가에서는 이 순서가 많은 측면에서 완전히 전도되었다. 우선 약간의 외국무역을 하는 도시가 좀더 정교한 제조업이나 원거리 판매에 적합한 제조업을 도입했으며, 그 다음으로 제조업과 외국무역이 농업에서의 주요한 개량을 야기했다. 최초에 그들을 다스렸던 통치(government)의 성질로부터 유래되어 그 통치가 크게 바뀐 뒤에도 여전히 남아 있던 풍습과 관습이 이러한 부자연스럽고 퇴보적인 순서를 이들 나라에 강요한 것이다.

제2장

로마제국 멸망 후 농업이 유럽의 구체제에 의해 받았던 억압

1. 로마제국의 몰락 후 서유럽의 모든 토지는 주로 대지주들에 의해 독점되었다.

게르만 민족과 스키타이 민족이 로마제국의 서부지역을 침략했을 때, 이러한 대변혁에 따른 혼란은 수세기 동안 계속되었다. 고대의 주민들에게 야만인들이 행사한 약탈·폭력은 도시와 농촌 사이의 상업을 방해했다. 도시는 방기되었고, 시골은 경작되지 않은 채로 남았으며, 로마제국 아래에서는 상당한 정도의 풍요를 향유했던 유럽의 서부지역은 최악의 빈곤과 야만상태에 빠졌다. 이런 혼란이 계속되는 동안 야만족의 족장·지도자들은 그들 나라의 대부분의 토지를 자기의 것으로 획득하거나 빼앗았다. 토지의 대부분은 경작되지 않았다. 그러나 경작되었건 경작되지 않았건 간에, 소유자가 없는 토지는 없었다. 토지는 모두 점유되었고, 많은 부분은 소수의 대지주에 의해 독점되었다.

2. 장자상속제와 한정상속제는 토지의 분할을 방해하였다.

미경지의 이러한 최초의 독점은 큰 해악이긴 했지만 일시적인 해악으로 끝날 수도 있었을 것이다. 미경지는 상속이나 양도에 의해 분할되어 작은 부분으로 나누어질 수도 있었다. 장자상속법(長子相續法: law of primogeniture)은 그것이 상속에 의해 분할되는 것을 방해했으며, 한정상속제(限定相續制: entail)〔상속인을 한정하는 제도〕의 도입은 양도에 의해 그것이 작은 부분으로 나누어지는 것을 방해했다.

3. 장자상속제가 도입된 것은 모든 대지주가 일종의 소군주였기 때문이다.

토지가 동산(動産)과 같이 생활·향락의 수단으로만 간주될 때는, 상속에 대한 자연법은 토지가 가족의 모든 자녀들 사이에 분할될 것을 요구한다. 그들 모두의 생활·향락이 아버지에게는 똑같이 중요한 것으로 생각되기 때문이다. 상속의 자연법은 로마인들 사이에서 생겨났는데, 그들은 우리가 동산의 분배에서 하는 것처럼 토지의 상속에서 남녀노소의 차별을 두지 않았다. 그러나 토지가 생존수단만이 아니라 힘과 보호의 수단으로 간주될 때는, 토지를 분할하지 않고 한 사람에게 물려주는 것이 낫다고 생각되었다. 그러한 무질서한 시대에는 모든 대지주는 일종의 소군주였다. 그의 차지인(借地人)은 그의 신하였다. 그는 평화시에는 그들의 재판관이었고, 어떤 면에서는 그들의 입법자였다. 그리고 전시에는 그들의 지도자였다. 그는 자신의 기분에 따라 종종 그의 인근 지역에 대해, 때로는 그의 국왕에 대항해 전쟁을 일으켰다. 소유지의 안전보장, 즉 그것의 소유자가 거기에 살고 있는 사람들에게 제공하는 보호는 소유지의 크기에 의존했다. 그것을 분할하는 것은 안전보장을 파멸시키는 것이었고, 각 부분을 이웃이 침입해 삼키도록 내놓는 것이었다. 그러므로 장자상속법은 즉각적으로 나타난 것이 아니라 시간이 지남에 따라 토지재산의 상속에 나타나게 되었다. 이것은 왕위의 상속이 최초에는 그렇지 않았지만 일반적으로 장자상속으로 된 것과 같은 이유 때문이었다. 군주국(monarchy)의 힘, 따라서 안전보장이 분할에 의해 약화되지 않도록 하기 위해서는, 자녀들 중에서 오직 하나에게만 왕위를 물려주어야 한다. 그들 중 누구에게 우선권이 주어질 것인가는 어떤 일반적인 규칙에 근거해 결정되어야 한다. 그리고 이 규칙은 개인적인 장점과 같은 의심스런 특징들에 의거해서는 안 되고, 논란의 여지가 없는 분명하고 명백한 차이에 근거해야 한다. 한 가족의 자녀들 사이에는 성과 나이만큼 논란의 여지가 없는 차이가 있을 수 없다. 남성이 보편적으로 여성보다 선호되었고, 다른 모든 것이 같을 때는 연장자(年長者)가 어디에서나 연소자를 대신했다. 장자상속권과 직계상속(lineal succession)이라 불리는 것의 기원은 이러한 것이었다.

4. 가문의 영예라고 하는 프라이드를 유지한다는 점을 제외하면, 현재 이는 불합리한 제도이다.

법률이라는 것은 종종 그것을 만들어 내고 합리화할 수 있었던 상황들이 사라진 뒤에도 오랫동안 효력을 발휘한다. 유럽의 현상태에서는 1에이커의 토지소유자는 10만 에이커의 소유자만큼 그 소유권이 완전하게 보장되고 있다. 그러나 장자상속권은 아직도 존중되고 있으며, 모든 제도들 중에서 그것이 가문의 영예를 유지하는 데 가장 적합한 제도이기 때문에 앞으로도 수세기 동안 지속될 것 같다. 다른 모든 측면에서는 한 사람을 부자로 만들기 위해 나머지 모든 자녀를 거지로 만드는 이 제도보다 더 가족 전체의 진정한 이익에 반대되는 것은 있을 수 없다.

5. 한정상속제도의 기원도 같다.

한정상속제는 장자상속법의 자연적 귀결이다. 그것은 특정 직계상속을 유지하기 위해 도입되었는데, 그것에 대한 최초의 발상을 장자상속법이 제공했다. 그리고 증여·유증(遺贈: devise)·양도에 의해, 또는 후계자의 어리석음·불행에 의해, 최초 소유지의 어떤 부분이라도 정해진 혈통으로부터 벗어나는 것을 방지하기 위해 도입되었다. 한정상속제는 로마인들에게는 전혀 알려져 있지 않았다. 프랑스의 몇몇 법학자들은 현대의 제도를 고대의 언어·형식으로 적당히 포장할 수 있다고 생각하였지만, 로마인들의 대체상속(substitution)이나 신탁유증(fideicommissum)은 한정상속과 유사점이 없다.

6. 이들은 현재의 관점에서는 불합리하다. 대토지가 일종의 공후국(公侯國: principality)이었을 때는 한정상속제는 불합리하지 않았을지도 모른다. 어떤 군주국의 이른바 기본법처럼, 그것은 종종 수천 명의 사람들의 안전이 한 사람의 변덕·낭비에 의해 위험에 처하게 되는 것을 방지할 수도 있었다. 그러나 오늘날의 유럽과 같이 대토지뿐만 아니라 작은 토지도 그 안전보장이 법률에 의해 보증되고 있을 때는 한정상속제처럼 불합리한 것은 없다. 그것은 모든 가정(假定)들 중에서 가장 불합리한 가정에 근거하고 있다. 즉, 모든 후속하는 세대는 토지와 토지소유에 수반하는 모든 것에 대해 동등한 권리를 가지고 있지 않다는 가정, 그리고 현세대의 소유권은 약 500년 전에 죽은 사람들의 기호에 따라 제한되어야 하고 조정되어야 한다는 가정이 그것이다. 그러나 한정상속제는 유럽 대부분의 지역에서 아직도 존중되고 있으며, 특히 귀족출신이라는 것이 문무 관직을 향유하기 위한 필수조건인 나라들에서 그러하다. 한정상속제는 그들 나라의 고위직·명예직에 대한 귀족들의 배타적인 권리를 유지하는 데 필요하다고 생각되고 있다. 질서 그 자체가 그들에게 다른 동료시민들보다 부당한 이득을 주었기 때문에, 가난이 그 질서를 웃음거리로 만들지 못하도록 그들은 또다른 특권을 보유하는 것이 합리적이라고 생각하고 있다. 사실 잉글랜드의 관습법은 재산의 영구성을 혐오한다고 사람들은 말하고 있으며, 따라서 한정상속은 유럽의 다른 군주국에서보다 억제되고 있다. 물론 잉글랜드에서도 그것이 전혀 없는 것은 아니다. 스코틀랜드에서는 토지 전체의 $\frac{1}{5}$ 이상, 또는 $\frac{1}{3}$ 이상이 현재 엄격한 한정상속제 하에 있다고 추정된다.

7. 대지주가 대개량가인 경우는 별로 없다. 대규모의 미경지가 이러한 식으로 특수 가문에 의해 독점되었을 뿐만 아니라, 그것이 다시 분할될 가능성이 영원히 배제되었다. 그러

나 대지주가 대개량가인 경우는 거의 없다. 이러한 야만적인 제도를 발생시킨 혼란기에는 대지주는 자기의 영역을 방어하거나 인근 지역으로 자기의 지배권·권위를 확장하는 데 전적으로 몰두하기 때문에, 토지의 경작·개량에 주의를 기울일 여가가 없다. 법과 질서가 확립되어 그에게 이러한 여가가 제공될 때, 그는 종종 그것을 하고자 하는 성향을 결여하고 있고 그것에 요구되는 능력을 거의 대부분 결여하고 있다. 그의 가족과 일신상에 들어가는 경비가 그의 수입과 같거나 초과하면, 이런 일은 자주 있는 일인데, 그는 토지의 경작·개량에 사용할 자본이 없다. 그가 절약가라면, 그는 일반적으로 그의 연간 저축을 구(舊)소유지의 개량보다는 새로운 토지의 구입에 사용하는 것이 더 이익이 된다고 생각한다. 이윤이 남도록 토지를 개량하는 것에는, 다른 모든 상업상의 사업과 같이, 소액의 절약·이득에 대해서도 세심한 주의가 요구된다. 그러나 태어날 때부터 큰 재산을 가지고 있는 사람은 천성적으로 검소하다고 해도 그러한 능력이 없다. 그런 사람은 자연적으로, 그가 거의 필요로 하지 않는 이윤이 아니라 그의 기호를 만족시키는 장식품에 주의를 기울이게 된다. 의상·마차·가옥·가구의 우아함은 그가 어릴 때부터 관심을 갖고 신경써 온 대상이다. 이러한 습관이 자연스럽게 형성시킨 마음의 성향은 그가 토지개량을 생각할 때도 그를 따라다닌다. 즉, 그는 토지개량이 끝난 뒤의 토지가치의 10배나 되는 경비를 들여서 자기 저택 주위에 있는 400~500에이커를 장식하려고 하며, 그가 자기 소유지 전체를 이런 방식으로 장식한다면, 비록 그가 이밖의 다른 취미는 갖고 있지 않다고 하더라도, 아마 그 $\frac{1}{10}$을 장식하기도 전에 파산하게 된다는 것을 알고 있다. 잉글랜드와 스코틀랜드에는 중세의 무정부상태 이후로 계속해서 동일한 가문의 손에 있는 약간의 대토지가 아직도 남아 있다. 그들 소유지의 현재 상태와 인근 소지주들의 토지를 비교해 보면, 그러한 광대한 소유가 개량에 얼마나 불리한지 금방 납득할 수 있을 것이다.

8. 토지의 점유자들은 토지에 매인 농노였으며, 재산을 획득할 수 없었기 때문에 개량을 할 수 없었다.

그러한 대지주들로부터 개량을 기대할 수 없다면, 그들 아래에서 토지를 점유하고 있는 사람들로부터는 개량을 더욱 기대할 수 없다. 유럽의 구체제에서는 토지 점유자는 모두 임의해약 차지인(tenants at will)이었다. 그들은 모두 또는 거의 모두가 농노들이었다. 그러나 그들의 노예상태는 고대 그리스·로마 또는 현재의 서인도 식민지의 그것보다 양호했다. 그들은 그들의 주인에게 속해 있기보다는 더욱 직접적으로 토지에 속해 있었던 것으로 생각된다. 그러므로 그들은 토지와 함께 팔릴 수는 있어도 따로따로 팔릴 수는 없었다. 그들은 주인의 동의가 있으면 결혼할 수 있었다. 주인은 나중에 남편과 부인을 서로 다른 사람에게 팔아 부부관계를 해소시킬 수는 없었다. 만약 주인이 그들 중 누군가를 불구자로 만들거나 살해하면, 그는 비록 적은 액수이기는 해도 벌금을 물어야 했다. 그러나 그들은 재산을 획득할 수는 없었다. 그들이 획득한 것은 모두 주인의 것이었고, 주인은 그것을 그들로부터 마음대로 빼앗을 수 있었다. 이러한 농노에 의해 어떠한 경작·개량이 이루어지더라도 그것은 모두 주인에 의해 이루어진 것이 되었다. 그것은 주인의 비용에 의해 이루어졌다. 씨앗·가축·영농도구는 모두 주인의 것이었다. 그것은 그의 이익을 위한 것이었다. 이러한 농노는 매일매일의 생활자료 외에는 아무것도 획득할 수 없었다. 그러므로 이 경우에는 지주가 스스로 자기의 토지를 점유하고 자기의 노예를 써서 경작했다고 말할 수 있다. 이런 종류의 노예제도는 러시아·폴란드·헝가리·보헤미아·모라비아(Moravia) 그리고 독일의 기타 지역에 아직도 남아 있다. 오직 유럽의 서부지역과 남서부 지역에서만 점차로 완전히 폐지되었다.

9. 노예노동은 모든 노동 가운데서 가장 비싼 것이다.

큰 개량이 대지주로부터는 기대할 수 없다면, 그들이 노예를 노동자로 고용할 때는 전혀 기대할 수 없다. 모든 시대와 모든 민족의 경험은, 노예에 의한 작업이, 외관상 그들의 생활비만 드는 것처럼 보이지만, 결국 가장 비싸다는 것을 증명한다고 나는 믿는다. 아무런 재산도 획득할 수 없는 사람은 가능한 한 많이 먹고 가능한 한 적게 노동하는 것 외에는 관심을 가지지 않는다. 자기의 생활자료를 구매하기에 충분한 양을 넘어서 그가 일을 하도록 하려면, 그 자신의 어떤 이익에 의해서가 아니라, 오직 폭력에 의해서만 가능해진다. 고대 이탈리아에서 곡물경작이 노예에 의한 경영으로 바뀌었을 때 곡물경작이 얼마나 퇴보하고 주인에게 얼마나 큰 손해를 주었는지는 플리니(Pliny)와 콜루멜라(Columella)에 의해 논술되었다. 아리스토텔레스 시대의 고대 그리스에서도 상황은 이보다 낫지 않았다. 플라톤의 법률론에 묘사된 이상국(理想國)에 대해 말하면서, 아리스토텔레스는 5,000명의 무위도식자(이 숫자는 이상국의 방어를 위해 필요하다고 추정된 군인의 숫자이다)를 아내·하인과 함께 유지하기 위해서는 바빌론의 평원과 같은 끝없이 넓고 비옥한 영토가 필요하다고 말했다.

10. 오늘날 사탕과 담배는 노예경작으로 가능하나, 곡물은 불가능하다.

인간의 자존심은 권세 부리기를 좋아하며, 아랫사람을 설득하기 위해 겸손하게 행동하지 않을 수 없을 때 최대의 굴욕감을 느낀다. 그러므로 법률이 허용하고 일의 성질이 허용하는 곳에서는 어디서나 인간은 일반적으로 자유인의 봉사보다 노예의 봉사를 선호한다. 설탕·담배의 경작은 노예경작에 따르는 비용을 지불할 수 있다. 그러나 현재의 곡물경작은 그렇지 못한 것으로 보인다. 주요 생산물이 곡물인 영국 식민지에서는 작업의 대부분이 자유인에 의해 이루어진다. 펜실베니아에서 흑인노예들을 해방시킨 최근의 퀘이커 교도의 결정을 보고 우리는 흑인노예의 수가 그리 많지 않다는 것을 알 수 있다. 흑인노예들이 그들 재산의 상당한 부분을 차지했다면 그러한 결정은 결코 동의를 얻을 수 없었을 것이다. 이와 반대로, 우리의 설탕식민지에서는 모든 작업이 노예에 의해 행해지며, 우리의 담배식민지에서는 작업의 대부분이 그러하다. 우리의 서인도 식민지에 있는 설탕농장의 이윤은 일반적으로 유럽이나 아메리카에 알려져 있는 다른 어떤 경작의 이윤보다 크다. 그리고 담배농장의 이윤은 설탕농장의 이윤보다는 못하지만 곡물농장의 이윤보다는 낫다. 이것은 이미 관찰된 바이다. 설탕농장과 담배농장 모두 노예경작에 따르는 비용을 지불할 여유가 있지만, 설탕은 담배보다 더욱 여유가 있다. 따라서 우리의 설탕식민지는 담배식민지보다 백인에 비해 흑인의 수가 훨씬 더 많다.

11. 노예를 계승한 것은 반타작 소작인이다.

고대 노예의 뒤를 점차로 이은 것은 현재 프랑스에서 분익농(分益農 : metayers)이라는 이름으로 알려진 반타작 소작농민이었다. 그들은 라틴어로는 콜로니 파르티아리(Coloni Partiari)라고 불린다. 이 말은 영국에서는 너무나 오랫동안 사용되지 않았기 때문에 현재 그것에 해당하는 영어가 무엇인지 나는 모른다. 지주는 그들에게 씨앗·가축·영농도구, 즉 간단히 말해 토지경작에 필요한 모든 자본을 제공한다. 생산물은 자본을 유지하기 위해 필요하다고 판단된 것을 제쳐 두고 난 뒤에는 지주와 소작농 사이에 균등하게 분배된다. 그 자본은 소작농이 농장을 떠나거나 농장에서 쫓겨날 때 지주에게 반환된다.

12. 그들은 재산을 획득할 수 있다는 점에서 노예와 대단히 다르다.

이러한 소작농이 점유한 토지는, 노예가 점유한 토지와 같이, 지주의 경비로 경작된다. 그러나 그들 사이에는 하나의 본질적인 차이가 있다. 이러한 소작농은 자유인이기 때문에 재산을 획득할 수 있고, 토지생산물의 일정한 몫을 가지므로, 총생산물을 증가시켜 자기의 몫을 크게 하는 것에 대해 명백한 관심을 가지고 있다. 반대로 노예는 생활자료 외에는 어떤 재산도 획득할 수 없기 때문에, 자기의 생활자료를 넘는 토지생산물을 가능한 한 작게 함으로써 자기의 편안함을 도모한다. 유럽 대부분의 지방에서 농노제가 점차 소멸한 것은 부분적으로는 위에서 말한 이점 때문이었고, 부분적으로는 항상 대영주를 시기하는 국왕이 농노들을 고무하여 대영주의 권위를 침식시켜, 마침내 이러한 농노제를 불편하게 느끼도록 했기 때문이다. 이렇게 중요한 혁명(농노제의 폐지)이 언제 일어났고 어떻게 일어났는지는 근대 역사에서 가장 애매한 점 중의 하나이다. 로마교회는 농노해방에 자신들이 큰 공헌을 했다고 주장했고, 일찍이 12세기에 이미 알렉산더 3세가 일반적인 노예해방을 명하는 교서를 선포했다는 것도 확실하다. 그러나 그것은 신도들에게 엄격한 복종을 요구하는 법률이라기보다 경건한 권고였던 것으로 보인다. 농노제도는 그 뒤에도 수세기 동안 거의 보편적으로 계속되었고, 지주와 군주의 위에서 언급된 이익이 공동으로 작용함으로써 점차적으로 폐지되기에 이르렀다. 농노(villain)는 해방되었고 동시에 토지를 점유하는 것이 허용되었으나, 자신의 자본을 가지고 있지 못했기 때문에, 지주가 그에게 대여해준 수단에 의하지 않고는 토지를 경작할 수 없었다. 이리하여 프랑스인들이 '메타야'(Metayer)라고 부르는 분익농이 생겨났음에 틀림없다.

13. 그러나 그들도 재고를 사용해서 개량하는 데 아무런 흥미를 가질 수 없었다.

그러나 이 경작자들에게도 그들이 생산물 중 자기 몫으로부터 저축한 적은 재고의 일부를 토지의 더 이상의 개량을 위해 사용하는 것이 이익이 될 수 없었다. 왜냐하면, 지주는 한 푼도 들이지 않고 생산된 모든 것의 절반을 가져가기 때문이었다. 십일조(tithe)는 생산물의 $\frac{1}{10}$에 불과하지만 개량에는 큰 장애가 되고 있다. 그러므로 생산물의 반에 달하는 조세는 개량을 아주 효과적으로 저지했음에 틀림없다. 지주가 제공한 자본으로 토지로부터 가능한 한 많이 생산하는 것은 분익농에게 이익이 될 수도 있다. 그러나 그 자신의 재고를 지주의 재고와 혼합하는 것은 그에게 전혀 이익이 될 수 없었다. 전국의 $\frac{5}{6}$가 아직도 이런 경작자에 의해 점유되고 있다고 말해지는 프랑스에서는 지주는 그들의 분익농이 기회가 있을 때마다 주인의 가축을 농경보다는 운반에 사용한다고 불평하고 있다. 왜냐하면, 후자의 경우에는 모든 이익을 자기의 것으로 할 수 있는데, 전자의 경우에는 그것을 지주와 나눠야 하기 때문이다. 이런 종류의 분익농은 스코틀랜드의 약간의 지역에는 아직도 존속하고 있다. 그들은 지주로부터 종자와 농구를 빌려쓰는 스틸보우 소작농(Steel-bow tenants)이라고 불린다. 대귀족인 길버트(Gilbert)와 블랙스톤(Blackstone)이 진정한 농민이라기보다는 지주의 토지관리인(bailiff)이라고 부른 잉글랜드의 옛날 차지인은 아마 이와 동일한 종류였을 것이다.

14. 분익농의 뒤를 이은 것은 진정한 농민으로서, 그들은 차지권을 가지고 있을 때는 개량이 자기들에게 유리함을 알았다. 그러나 차지권은 오랫동안 안전하지는 않았다. 잉글랜드에서 연액 40실링의 종신 차지권을 가진 사람의 선거권 획득은 농민의 지위를 안전하게 하는 데 공헌했다.

이러한 소작제도의 뒤를 이은 것은, 아주 느린 속도이긴 하지만, 자신의 자본으로 토지를 경작하고 지주에게 일정한 지대를 지불하는 진정한 농민들이었다. 이러한 농민들이 수년 기간의 차지계약을 맺었을 때, 그들은 자기 재고의 일부를 토지의 더 이상의 개량에 투자하는 것이 자기에게 이익이 된다고 생각할 수 있다. 왜냐하면, 그들은 차지계약이 만료되기 전에 많은 이윤과 함께 자기 자본을 회수할 것으로 기대할 수 있기 때문이다. 그러나 이러한 농민들의 점유권조차도 오랫동안 매우 불안정했으며, 유럽의 많은 지역에서는 아직도 그러하다. 차지기간이 만료되기 전에 새 토지 매수인은 합법적으로 차지농의 차지권을 빼앗을 수 있었다. 잉글랜드에서는 허구적인 부동산점유 회수소송(action of common recovery: 토지 매수인이 토지 점유자에 대하여 제기하는 점유 회수 소송)에 의해서도 차지농들은 쫓겨났다. 그들이 지주의 폭력에 의해 불법적으로 쫓겨났을 경우에도 그들을 구제하는 소송은 매우 불완전했다. 그것은 그들에게 토지점유권을 반드시 회복시켜 주는 것은 아니었으며, 실제의 손실분에 미치지 못하는 손해배

상만을 해 주었다. 유럽의 여러 나라 중에서 자영농민(yeomanry)이 언제나 가장 존경받았던 나라인 잉글랜드에서조차 부동산점유회복 소송(action of ejection: 불법적인 점유방해에 대해 토지의 점유회복을 요구하는 소송)이 개발된 것은 헨리 7세 제14년경에 와서였다. 이 제도에 의해 차지인은 손해액뿐만 아니라 차지권도 회복했으며, 그의 소송은 한 번의 순회재판에서의 불확실한 결정에 의해 반드시 종결되는 것은 아니었다. 이 소송은 매우 효과적인 구제책 이라는 것이 밝혀졌으므로, 현재의 관행에서는 지주가 토지점유의 회수를 위해 소송을 걸 때 지주로서의 그에게 보장된 소송, 즉 writ of right〔봉토권에 의거해 부동산의 점유회수를 요구하는 소송의 영장〕이나 writ of entry〔침입을 이유로 부동산의 점유회수를 요구하는 소송의 영장〕를 사용하지 않고 그의 차지인의 이름으로 부동산점유 회복영장으로 소송을 건다. 그러므로 잉글랜드에서는 차지인의 안전보장은 소유자의 안전보장과 동등하다. 이 외에 잉글랜드에서는 1년에 40실링을 지불하는 종신차지권은 자유토지보유권(free-hold)으로, 차지인은 국회의원 선거에서 투표권을 가졌다. 대부분의 자영농민(yeomanry)이 이러한 종류의 자유토지보유권을 가지고 있었으므로 그들은 정치적으로 중요한 지위를 갖게 되었고, 따라서 그들은 지주들의 존중을 받았다. 차지인이 차지계약을 맺지도 않은 토지를 개량하면서 자기의 지주가 그렇게 중요한 개량을 빼앗아가지 않을 것이라고 믿는 예는 유럽에서는 잉글랜드를 제외한 다른 곳에는 없을 것이다. 자영농에게 이렇게 유리한 법률·관습은 아마도 그들이 자랑하는 모든 무역정책보다도 잉글랜드의 현재의 영광에 기여한 바가 클 것이다.

15. 스코틀랜드의 법률은 그렇게 유리한 것이 못 된다.

매우 긴 차지권을, 어떤 상속인도 침해하지 못하도록 보장해 주는 법률은, 내가 아는 한, 영국에 독특한 것이다. 그것은 일찍이 1449년 제임스 2세의 법률에 의해 스코틀랜드에 도입되었다. 그러나 그것이 갖는 유익한 영향은 한정상속제에 의해 크게 저지되었다. 한정상속의 상속인은 일반적으로 장기임대계약을 맺지 못하도록, 흔히 1년을 초과할 수 없도록 되어 있었기 때문이다. 최근의 의회 법률은 이러한 측면에서 그러한 제약들을 약간 풀어주었지만 아직도 매우 엄격한 편이다. 게다가 스코틀랜드에서는 차지권을 가지고 있더라도 국회의원 선거에서 투표권이 없기 때문에, 자영농은 잉글랜드만큼 지주들로부터 존중을 받지 못하고 있다.

16. 유럽의 그밖의 지방에서는 농민들은 이만큼 안전하지 못하다.

유럽의 다른 지역에서는 토지의 상속인·구매자로부터 차지인을 보호하는 것이 유리하다고 밝혀진 뒤에도 차지권을 보장하는 기간은 여전히 매우 짧은 기간으로 제한되어 있었다. 예컨대 프랑스에서는 차지계약의 시작으로부터 9년으로 제한되어 있었다. 최근에 27년으로 확대되었으니, 차지인으로 하여금 매우 중요한 개량을 할 수 있도록 고무하기에는 여전히 너무 짧은 기간이다. 토지소유자는 과거에는 유럽의 모든 지역에서 입법자이기도 했다. 그러므로 토지 관련 법률은 모두 소유자의 이익을 위해 입안되었다. 즉, 토지소유자는 자기의 조상 누군가가 허용한 어떤 차지계약도 그로 하여금 토지의 가치 전체를 향유하는 것을 오랫동안 방해해선 안 된다고 생각했다. 탐욕과 불의는 언제나 근시안적이며, 따라서 그들은 이 규정이 개량을 얼마나 방해하며, 그리하여 결국 자기의 이익을 얼마나 해치는가를 예상하지 못했다.

17. 관습적인 노역은 농민을 괴롭혔다.

농민들은 지대를 지불하는 것 이외에도 예전에는 지주에게 수많은 서비스를 제공하는 것으로 되어 있었으나, 이것들은 차지계약에 명기되거나 엄밀한 규칙에 의해 통제되는 경우는 거의 없었으며, 장원이나 영지의 필요에 따라 부과되었다. 그러므로 이러한 서비스는 거의 전적으로 자의적이었으며, 차지인을 많은 성가신 일에 종사시켰다. 스코틀랜드에서는 차지계약에 엄밀하게 규정되어 있지 않은 많은 서비스가 폐지됨으로써 몇 년 안에 그 나라의 차지농민의 상태가 크게 개선되었다.

18. 도로건설과 식량 징발에 관한 강제노동도 그러했다.

자영농에 부과된 공공서비스는 사적인 서비스만큼이나 자의적이었다. 공로(公路)를 건설하고 유지하는 것은, 강제의 정도에는 차이가 있지만, 모든 지역에서 아직도 남아 있는 강제부역인데, 이것만이 공공서비스의 전부가 아니었다. 국왕의 군대나 그의 일가 또는 어떤 종류의 고관이 그 나라의 어느 지역이라도 지나갈 때면, 자영농은 그들에게 말·수레·식량을 징발관(purveyor)이 정한 가격으로 제공하지 않으면 안 되었다. 내가 믿는 바로는, 징발제도의 강제가 완전히 폐지된 곳은 유럽의 군주국 중에서는 영국이 유일하다. 프랑스와 독일에서는 그것이 아직도 존재하고 있다.

19. 군주에게 바치는 세금도 그러했다.

자영농이 납부해야 하는 공적 조세는 공공서비스만큼이나 불규칙적이고 억압적이었다. 옛날의 지주들은 그들의 군주에게 어떤 종류의 헌금이라도 바치는 것을 매우 싫어했지만, 군주가 그들의 차지인에게 과세하는 것은 허용했으며, 이러한 행위가 결국 지주 자신의 수입에 얼마나 큰 영향을 끼칠 것인지를 충분히 알지 못했다. 프랑스에 아직 존재하고 있는 따이유(taille)는 옛날의 과세제도의 예를 제공하고 있다. 그것은 농민의 추정이익에 부과되는 세금인데, 이 추정이익은 농장에 있는 자본에 의해 측정된다. 따라서 가능한 한 자본을 적게 가지고 있는 것처럼 보이는 것, 가능한 한 경작을 적게 하고 나아가서는 토지개량에 전혀 투자하지 않는 것이 농민에게 이익이었다. 프랑스 농민의 손에 자본이 축적되더라도 따이유 때문에 그것은 토지에 투자될 수 없었다. 더구나 이 조세는 그것을 물어야 하는 모든 사람들을 불명예스러운 사람으로 간주했으며, 그들을 지주·시민의 지위 이하로 격하시켰다. 그리고 다른 사람의 토지를 빌리는 사람은 누구나 그 조세를 부담해야 했다. 지주는 물론 자본을 가지고 있는 어떤 시민이라도 이러한 굴욕을 감수하지는 않을 것이다. 그러므로 이 조세는 토지에서 축적된 자본이 토지개량에 투자되는 것을 방해할 뿐만 아니라 다른 모든 자본을 거기에서 몰아낸다. 이전에 영국에서 흔히 있었던 $\frac{1}{10}$세나 $\frac{1}{15}$세는, 그것이 토지에 영향을 미치는 점에서는, 따이유와 같은 성질의 조세였던 것으로 생각된다.

20. 최선의 법률에서까지도 농민은 개량을 하기엔 불리하다. 그러나 지주 다음으로 대농민은 중요한 개량가이다.

이러한 모든 저해요인이 있는 한 토지 점유자로부터 어떤 개량을 기대하기는 힘든 일이다. 이들은 법률이 보장하는 모든 자유와 안전을 누리고 있더라도 언제나 매우 불리한 조건하에서 개량을 하게 된다. 지주와 차지농업자를 비교하면, 이것은 마치 자기 자신의 돈을 가지고 사업하는 상인과 빌린 돈으로 사업하는 상인을 비교하는 것과 같다. 양자의 자본은 함께 증가할 수 있지만, 경영이 똑같이 훌륭한 경우에는 전자의 자본이 후자의 자본보다 빨리 증가할 것이다. 왜냐하면, 후자의 경우 이윤 중 큰 부분이 차입금의 이자로 지불되어야 하기 때문이다. 마찬가지로, 차지농에 의해 경작되는 토지는, 경영이 똑같이 훌륭한 경우에도, 지주에 의해 경작되는 토지보다 느리게 개량될 것이다. 왜냐하면, 전자의 경우 생산물 중 토지개량에 투자되었을 부분이 지대로 지불되기 때문이다. 게다가 차지농의 지위는 사물의 본성상 지주의 지위보다 열등하다. 유럽 대부분의 지역에서 자영농은 상인·직공의 좀 나은 부류보다도 열등한 사람들로 간주되고 있고, 유럽의 모든 지역에서 대상인·공장주보다 열등한 것으로 간주되고 있다. 그러므로 상당한 자본을 가진 사람이 우월한 지위를 버리고 더 열등한 지위를 선택한다는 것은 거의 있을 수 없는 일이다. 그러므로 유럽의 현재 상태에서조차 어떠한 자본도 다른 용도로부터 농경을 위해 토지개량으로 향할 것 같지 않다. 다른 어느 나라보다 영국에서는 그런 경우가 많지만, 영국에서조차 경작에 사용되는 대자본은 일반적으로 모든 산업 중에서 자본이 가장 천천히 획득되는 분야인 농경에 의해 획득된 것이다. 그러나 소토지 소유자 다음으로는 부유한 대규모 차지농업자가 어느 나라에서나 가장 주요한 개량자다. 이러한 차지농들은 유럽의 어느 군주국보다 잉글랜드에 많다. 네덜란드공화국·스위스의 베른공화국의 차지농들은 잉글랜드의 차지농들보다 열등하지 않다고 한다.

21. 곡물수출의 일반적 금지 및 농업생산물의 국내상업에 대한 억제는 농업을 더욱더 저해하는 요인들이었다.

이 모든 것들보다도 유럽의 옛날 정책은 토지의 개량·경작—소유자에 의해 이루어지든, 차지농에 의해 이루어지든—에 불리했다. 첫째, 특별한 허가 없이는 곡물 수출을 일반적으로 금지했기 때문이다. 이것은 매우 보편적인 규제였던 것 같다. 둘째, 곡물뿐만 아니라 거의 모든 농업생산물의 국내상업을 제한했기 때문이다. 이것은 독점자·투기자·매점매석인을 규제하는 불합리한 법률과 정기시장·상설시장에 대한 특권들에 의해 이루어졌다. 곡물의 수출금지가, 외국 곡물의 수입에 주어진 장려책과 함께, 어떻게 자연적으로는 유럽에서 가장 비옥한 나라였고, 당시에는 세계에서 가장 강력한 제국이 위치하고 있었던, 고대 이탈리아의 경작을 방해했는지는 이미 보았다. 수출에 대한 일반적 금지에 더해 농산물의 국내상업에 가해진 그러한 제한이 덜 비옥하고 더 불리한 위치에 있는 나라의 경작을 얼마나 저해했는지는 쉽게 상상할 수 있을 것이다.

제3장 로마제국 멸망 후 크고 작은 도시의 발흥과 발전

1. 도시인들의 처지는 처음에는 시골 사람들보다 더 좋지 않았다.

로마제국 몰락 후 도시와 소읍의 주민들이 농촌주민들보다 더 나은 대우를 받은 것은 아니었다. 그들은 사실 그리스·이탈리아의 고대 공화국의 최초의 주민들과는 다른 계층으로 이루어져 있었다. 후자는 주로 공공토지를 분할하고 있었던 토지소유자들로 이루어져 있었는데, 그들은 공동방어를 위해 그들의 집을 다른 사람들과 인접해서 건설하고 담으로 둘러싸는 것이 편리하다는 것을 발견했던 것이다. 그런데 로마제국 몰락 후에는 반대로 토지소유자는 일반적으로 그들 소유지에 세워진 요새화된 성에서 그들 자신의 차지인·하인들과 함께 살았던 것으로 보인다. 도시에는 주로 상인·직공들이 살았는데, 그 당시 그들은 노예상태와 같거나 거의 노예상태에 가까웠던 것 같다. 유럽의 몇몇 주요 도시의 주민들에게 고대의 특허장에 의해 허용된 특권들을 보면 이러한 허용조치가 있기 전에 그들의 상태가 어떠했는지 충분히 알 수 있다. 특권의 내용은, 그들이 영주의 동의 없이 자신의 딸을 결혼시킬 수 있다는 것, 그들이 죽었을 때 영주가 아니라 자신의 자녀들이 재산을 상속한다는 것, 그들은 자신의 재산을 유언에 의해 처분할 수 있다는 것이었다. 이러한 것들이 특권으로서 허용된 사람들은 이러한 허용조치가 있기 전에는 시골의 토지점유자와 똑같은 또는 거의 같은 노예상태에 있었음에 틀림없다.

2. 그들은 거의 노예와 같은 상태에 있었다.

사실 도시 주민들은 현재의 행상인과 같이 한 정기시장(fair)에서 다른 정기시장으로, 한 장소에서 다른 장소로 자신의 재화를 가지고 떠도는 매우 가난하고 비천한 사람들이었던 것 같다. 그 당시 유럽의 모든 나라에서는 현재 아시아의 타타르 정부에서와 같은 방식으로 세금이 부과되었다. 즉, 여행자들이 어떤 장원(manor)을 통과할 때, 그들이 어떤 다리를 건너갈 때, 그들이 정기시장의 한 장소에서 다른 장소로 그들의 재화를 운반할 때, 그들이 시장에서 물건을 팔기 위해 매점이나 노점을 설치할 때, 그들의 신체와 재화에 과세했다. 이러한 각종 세금은 영국에서는 통행세·교량세·화물적치세(荷物積置稅: lastage)·노점세라는 이름으로 알려졌다. 때로는 국왕이, 때로는 대영주가, 자기의 영지에 살고 있는 개별 상인에게 이러한 세금의 납부를 전부 면제해 주었다. 국왕이나 대영주는 경우에 따라서는 그렇게 할 권한이 있다고 여겨졌다. 이런 상인은 다른 면에서는 노예상태, 또는 거의 노예상태와 다름없는 상태에 있었지만, 바로 위와 같은 이유 때문에 자유상인이라고 불렸다. 그들은 보통 그것에 대한 보답으로 그들의 보호자에게 일종의 인두세(人頭稅: poll-tax)를 매년 지불했다. 그 당시에는 상당한 보답 없이는 보호는 거의 허용되지 않았으며, 이 세금은 아마 그들의 보호자가 그들에게 다른 세금을 면제해 줌으로써 입게 되는 손실에 대한 보상으로 간주되었을 것이다. 처음에는 인두세와 위에서 말한 세금 면제가 전적으로 개인적인 것이었으며, 특별한 사람에게만 그가 살아 있는 동안이나 그의 보호자가 좋아하는 동안 적용되었던 것 같다. 잉글랜드의 몇몇 도시의 토지대장에 근거해 발표된 매우 불완전한 기록에서도 특별한 시민이 국왕에게 또는 다른 대영주에게 이러한 보호의 대가로 지불하는 세금에 대한 언급이 자주 있다. 때로는 이러한 세금의 총액만을 언급하는 경우도 있다.*

3. 그들은 자기네 도시의 징세 청부권을 얻게 됨으로써 시골사람들보다 훨씬 일찍이 자유를 얻게 되었다.

그러나 도시 주민들의 상태가 처음에 아무리 비천했다고 하더라도, 그들은 시골의 토지 점유자들보다는 훨씬 일찍 자유와 독립을 획득했던 것은 확실한 것 같다. 왕의 세입 중 특정 도시에서 그러한 인두세로부터 나오는 부분은 보통은 수년 동안 도시의 행정장관에게, 때로는 다른 사람에게, 일정한 대금을 받고 청부(請負: farm)되었다. 시민들 자신이 자주 그들의 도시에서 생기는 이런 종류의 징세(徵稅)를 청부받을 만큼 충분한 신용을 얻었는데, 그것은 그들이 공동으로 또는 몇몇이 청부금 전체를 책임질 수 있게 되었기 때문이다. 이러한 방식으로 징세청부를 허용하는 것은, 내가 믿기로는, 유럽 모든 나라의 국왕들의 일상생활에 아주 적합한 것이었다. 왜냐하면, 군주들은 흔히 모든 장원을 차지인들에게 빌려주었기 때문이다. 물론 차지인들이 공동으로 또는 몇몇이 지대 전체를 책임질 수 있게 되었기 때문에 그렇게 한 것이지만, 그 대신 차지인들은 자신들의 방식으로 지대를 징수하고 그들 자신의 토지관리인의 손을 통해 왕의 금고에 납부하도록 허락받았으며, 이리하여 왕의 관리의 횡포로부터 완전히 벗어나게 되었다. 당시에 이런 상황은 가장 중요한 것이라고 생각되었다.

4. 이 징세 청부권은 처음에는 몇 년의 기한부였으나 그후에 영구적인 것이 되었다.

처음에는 도시의 징세청부제도는 다른 징세청부인(farmer)에게 그랬던 것처럼 오직 몇 년 기간으로만 시민에게 허락되었던 것 같다. 그러나 시간이 지남에 따라 일정한 청부금을 받고 청부권을 시민에

* R. Brady, *An Historical Treatise of Cities and Burghs or Boroughs* (London, 1711)를 참조하라.

게 영구히 허락하는 것이 관행으로 되었는데, 이 청부금은 그 뒤 전혀 증가하지 않았다. 이리하여 청부금의 납부가 영구적인 것으로 되었고, 그것에 대한 대가인 세금의 면제도 자연히 영구적인 것이 되었다. 따라서 이러한 면제는 개인적인 것이 아니게 되었고, 이후에는 개인으로서의 개인에 속한다기보다는 특별한 도시의 시민으로서의 개인에게 속한 것으로 간주될 수 있었다. 이러한 이유 때문에 그 도시는 자유시(free-burgh)라고 불리게 되었고, 그 도시의 시민들 또한 같은 이유로 자유시민 또는 자유상인이라 불렸다.

5. 그리고 그들은 징세청부권을 획득함과 동시에 자유에 어울리는 다른 여러 가지 특권들을 획득하였다.

징세청부권의 허용과 함께 시민들은 그들의 딸을 출가시킬 수 있고, 그들의 자녀가 상속할 수 있고, 그들의 재산을 유언에 의해 처분할 수 있다는 위에서 언급한 중요한 특권들이 도시 주민들에게 전반적으로 부여되었다. 이전에 이러한 특권들이 개인인 특정 시민에게 상업의 자유와 함께 일반적으로 허용되었는지 어떤지에 대해서는 나는 알지 못한다. 나는 이것에 대한 직접적인 증거를 댈 수는 없지만, 그랬으리라고 생각한다. 그러나 그것은 어찌되었건, 농노상태·노예상태의 주요한 속성들이 그들로부터 제거되었기 때문에, 적어도 그들은 자유라는 말의 현재적 의미에서 진정으로 자유롭게 되었다.

6. 자치권도 획득하였다.

이것이 전부가 아니었다. 동시에 그들은 일반적으로 공동체(commonality) 또는 자치단체(corporation)를 조직했으며, 그리하여 그들 자신의 행정장관과 시의회를 가질 수 있고, 자치를 위한 조례를 제정할 수 있으며, 방어를 위한 방벽을 건설하고, 모든 주민들을 일종의 군사적 훈련에 편입시켜 경계근무를 시킬 수 있는 특권을 가지고 있었다. 경계근무란 말하자면 과거에 이해되고 있던 것과 같이 밤낮으로 모든 공격·기습에 대비해 감시·방어하는 것이었다. 잉글랜드에서는 시민들은 일반적으로 촌락·주(州: county)의 재판소에 고발당하지 않았고, 형사사건을 제외하면 그들 사이에서 발생하는 모든 소송은 자신의 행정장관(magistrate)의 결정에 맡겨졌다. 다른 나라에서는 더 광범한 사법권이 도시의 행정장관에게 자주 허용되었다.*

7. 군주들이 증세의 전망을 버리고 독립된 공화국을 창설하였다는 것은 이상하게 생각된다.

징세를 청부받은 도시에 대해서는 시민들에게 납세를 강제할 수 있는 일종의 강제적인 사법권을 허용하는 것이 아마도 필요했을 것이다. 이러한 혼란된 시기에 도시로 하여금 이런 종류의 재판을 다른 법정에 의뢰하는 것은 매우 불편했을 것이다. 그러나 유럽 모든 나라의 군주들이 이러한 식으로 자기의 수입 중 경비를 들이거나 주의를 하지 않더라도 사물의 자연적인 진행에 의해 가장 확실히 증가할 수 있는 항목을 일정한 청부금[그 뒤 결코 증액되지 않았다]과 교환했다는 것, 그리고 또한 그들이 이러한 식으로 자발적으로 그들 영토의 심장부에 일종의 독립적인 공화국을 세웠다는 것은 매우 기이하게 생각된다.

8. 도시는 영주에 대항하는 군주의 자연적 동맹자였다.

이것을 이해하기 위해서는 그 당시 유럽의 어떤 나라의 군주도 자기의 전체 국토 안에서 자기의 신민(臣民: subjects) 중 약한 부분을 대영주의 압박으로부터 보호할 수 없었다는 사실을 기억해야 한다. 법률이 보호해 줄 수도 없고 스스로 방어할 수도 없는 사람들은 대영주의 보호에 의탁해 그의 노예·농노가 되거나, 또는 공동방위를 위해 상호방위동맹에 가입해야 했다. 도시 주민들은 하나의 개인으로 볼 때는 스스로를 방어할 힘이 전혀 없었다. 그러나 이웃과의 상호방위동맹에 가입함으로써 그들은 누구도 격파하지 못할 저항을 할 수가 있었다. 영주들은 시민들을 멸시했다. 영주들은 시민들이 자신들과는 다른 계층의 사람들일

* 다음을 참조하라. T. Madox, *Firma Burgi*, 런던, 1726년; Pfeffel von Kriegelstein, *Nouvel Abré gé chronologique de l'histoire et du droit publique d'Allemagne*, 파리, 1766년.

뿐만 아니라 해방된 노예들의 무리라고 간주했고, 자신들과는 거의 다른 종족이라고 간주했다. 시민들의 부는 영주들의 시기와 분노를 일으키지 않는 법이 없었고, 영주들은 기회 있을 때마다 무자비하고 용서 없이 그것을 약탈했다. 자연히 시민들은 영주를 증오하고 두려워했다. 군주도 역시 영주들을 증오하고 두려워했다. 그러나 군주는 시민들을 경멸할 수는 있어도 증오하거나 두려워할 아무런 이유가 없었다. 상호이익이 일치했으므로 시민들은 영주에 대항해 군주를 지지했고, 군주는 영주에 대항해 시민을 지지하게 되었다. 시민들은 군주의 적(敵)의 적(敵)이었고, 군주는 적으로부터 시민들을 가능한 한 안전하게 보호하는 것이 자기에게 이익이 되었다. 시민들에게 그들 자신의 행정장관을 허용하고, 자치를 위한 조례를 만들고, 방어를 위한 방벽을 건설하고, 일종의 군사훈련에 주민들을 편입시킬 특권을 부여함으로써, 군주는 그들이 영주들로부터 안전을 지키고 독립할 수 있는 모든 수단을 주었다. 이런 종류의 질서정연한 통치가 확립되지 않았다면, 즉 주민들로 하여금 특정 계획·방침에 따르도록 강제할 수 있는 어떤 당국이 없었다면, 어떤 자발적인 상호방위동맹도 그들에게 영원한 안전을 보장하지 못했을 것이며, 그들이 군주에게 상당한 지원을 제공하는 것도 가능하지 못했을 것이다. 그들에게 도시의 징세청부권을 영구히 주어버림으로써, 군주는 자기의 친구로, 또는 이렇게 말해도 좋다면, 자기의 동맹자로 삼기를 원했던 사람들로부터, 군주가 나중에 도시의 징세청부금을 인상하거나 그것을 다른 징세 청부자에게 줌으로써 그들을 억압할지도 모른다는 경계와 의심의 모든 근거를 제거했다.

9. 영주와 가장 반목이 심했던 군주들은 도시에 대해서는 가장 관대했다.

따라서 영주들과 가장 나쁜 관계 속에서 살고 있던 군주는 이런 종류의 특허권을 도시에 허용하는 데 있어 가장 관대했던 것 같다. 예컨대 영국의 존 왕(재위: 1199~1216년)은 도시에 대한 가장 관대한 후원자였던 것 같다.* 프랑스의 필립 1세는 그의 영주들에 대한 모든 권위를 상실했다. 다니엘 신부에 의하면, 그의 치세 말기에, 이후에 뚱뚱보 루이스라는 이름으로 알려진 그의 아들 루이스는, 대영주의 폭력을 제한할 가장 적당한 수단에 대해 왕실 소유지의 주교(主敎: bishop)들과 상의했다. 그들의 충고는 두 가지였다. 하나는 왕실 소유지의 대도시마다 행정장관과 시의회를 세움으로써 새로운 질서의 사법권을 설치하라는 것이었다. 다른 하나는 그들의 행정장관의 지휘하에 그 도시의 주민들로 새로운 군대를 창설함으로써 적당한 때에 왕을 돕도록 하라는 것이었다. 프랑스의 역사 연구가에 따르면, 프랑스에서 도시의 행정장관과 시의회라는 제도가 시작된 것은 이 시기부터다. 독일의 대부분의 자유도시가 최초로 특권을 획득하고 그 유명한 한자동맹(Hanseatic League)이 최초로 강대하게 된 것은 바로 수아비아가(家: House of Suabia) 군주들의 불운했던 치세 동안이었다.**

10. 도시 시민군의 역량은 이탈리아와 스위스에서 그러했던 것처럼 종종 부근의 영주들보다 더 컸다.

그 당시 도시 군대는 시골 군대보다 열등하지 않았다. 그리고 도시 군대는 갑작스런 사건을 당하면 더 쉽게 소집될 수 있었기 때문에 인근 영주와의 싸움에서 우세한 경우가 많았다. 이탈리아나 스위스와 같은 나라에서는, 도시가 정치의 중심지로부터 멀리 떨어져 있고 시골이 자연적으로 강했기 때문에, 또는 다른 이유 때문에, 군주는 모든 권위를 상실하게 되었으므로, 도시가 일반적으로 독립공화국이 되어 인근의 모든 귀족들을 정복했다. 그리고 귀족들로 하여금 시골에 있는 그들의 성을 허물고 다른 평화로운 주민들과 함께 도시에서 살도록 강요했다. 이것이 스위스의 여러 도시와 베른(Berne)공화국의 짤막한 역사이다. 그 역사가 상당히 다른 베네치아(Venice)를 제외한다면, 이것은 12세기 말로부터 16세기 초까지 수없이 명멸했던 이탈리아공화국들

* Madox의 앞의 책을 참조하라.

** Pfeffel의 앞의 책을 참조하라.

의 역사이기도 하다.

11. 프랑스와 잉글랜드에서는 그 도시 자체의 동의 없이는 도시에 과세할 수 없었다.

프랑스나 잉글랜드와 같은 나라에서는 군주의 권위가 종종 매우 낮기는 해도 완전히 파괴되지는 않았으므로, 도시가 완전히 독립할 기회가 없었다. 그러나 도시들은 이미 상당한 크기로 성장했기 때문에, 군주는 일정한 징세청부금 이외에는 그들의 동의 없이 세금을 부과할 수 없었다. 그러므로 도시는 왕국의 여러 신분들로 구성되는 총회(the general assembly of the states of the kingdom)에 대표자를 보내도록 요청받았고, 그곳에서 성직자와 영주들과 함께 긴급한 경우에 왕에게 특별한 원조를 제공했다. 일반적으로 도시의 대표자들은 왕의 권력에 더 우호적이었기 때문에, 때때로 그 총회에서 대영주의 권위에 대한 대항세력으로서 왕에 의해 이용되기도 했다. 이리하여 유럽의 모든 대군주국의 의회(the states general)에 도시의 대표자가 참석하게 되었던 것이다.

12. 도시의 안전이 더 증대된 결과 도시에는 시골보다 일찍 산업이 융성하고 자본도 축적되었다.

이런 방식으로 질서와 훌륭한 정치, 그리고 개인의 자유와 안전이 도시에서 확립되었을 때, 시골의 토지 점유자는 온갖 종류의 폭력에 시달리고 있었다. 이러한 무방비상태의 사람들은 자연히 필요한 생활자료를 얻는 것에 만족하였다. 왜냐하면, 그 이상 획득하는 것은 압제자의 더욱 심한 횡포를 유발시킬 뿐이기 때문이었다. 반대로 자신의 노력의 과실을 안전하게 향유할 수 있을 때, 그들은 자연히 전력을 다해 자신의 생활상태를 개선하려고 하며, 생활필수품만이 아니라 편의품·사치품을 획득하려고 노력한다. 그러므로 필요한 생활자료 이상을 목적으로 하는 산업은, 시골에서 토지 점유자들에 의해 행해지기 훨씬 전에 도시에서 성립되었다. 농노제의 고역에 의해 억압받고 있던 가난한 경작자의 손에 어떤 자본이라도 축적되기만 하면, 그는 자연히 모든 주의를 기울여 그것을 주인한테는 숨기려고 했다. 그러지 않으면 주인의 수중으로 들어가버리고 말기 때문이다. 그리고는 도시로 도망칠 수 있는 온갖 기회를 찾았다. 당시의 법률은 도시 주민들에게 매우 관대했고 시골 주민들에 대한 영주의 권위를 감소시키려고 열망하고 있었으므로, 만약 그가 영주의 추적으로부터 1년간만 자신을 숨길 수 있다면 그는 영원히 자유롭게 되었다. 그러므로 시골 주민들 중 부지런한 사람들의 수중에 축적된 자본은 모두 자연히 도시에서 피난처를 구했다. 도시는 자본을 획득한 사람들에게 안전을 제공하는 유일한 성역이었던 것이다.

13. 해안과 운항 가능한 하천의 연안에 있는 도시는 그 이웃의 시골에 의존하지 않는다.

도시 주민들은 언제나 궁극적으로 자신의 생활자료와 산업의 모든 원료·수단을 시골로부터 얻어야 한다는 것은 사실이다. 그러나 해안이나 운항 가능한 강의 연안에 위치한 도시의 주민들은 그것을 반드시 인근 시골로부터 얻을 필요는 없었다. 그들은 훨씬 넓은 활동범위를 가지고 있었으며, 따라서 자신의 산업의 제조품과 교환하거나 또는 먼 나라 사이의 중개무역에 종사하여 한 나라의 생산물을 다른 나라의 생산물과 교환함으로써, 세계에서 가장 멀리 떨어져 있는 구석으로부터도 그것을 얻을 수 있었다. 이러한 식으로 어떤 도시는 인근 시골뿐만 아니라 자기와 거래하는 모든 나라가 빈곤·비참 속에 있을 때에도 큰 부와 영광을 얻을 수가 있었다. 왜냐하면, 각각의 나라는 개별적으로 보면 도시의 생활자료·일거리의 작은 부분만을 제공하지만, 모든 나라 전체로서는 도시에 많은 생활자료·일거리를 제공할 수 있었기 때문이다. 그러나 그 당시의 좁은 상업권 안에도 풍요롭고 부지런한 나라가 몇몇 있었다. 존속하고 있었던 동안의 그리스제국과, 압바스(Abbasid) 왕조 치하의 사라센제국이 그러하다. 터키인에 의해 정복되기까지의 이집트, 바바리(Barbary) 해안〔아프리카의 북쪽 해안〕의 일부 지역, 그리고 무어인들의 통치하에 있었던 스페인 지방도 역시 그러했다.

14. 이탈리아의 도시가 최초로 부유해졌

유럽에서 상업에 의해 상당한 정

던 것은 중앙에 위치하였기 때문이며, 십자군의 은혜를 입었기 때문이다.

도의 풍요에 도달한 곳은 이탈리아 도시들이 처음인 것 같다. 이탈리아는 당시에는 세계의 개화되고 문명화된 지역의 중심부에 놓여 있었다. 십자군(cruzade)은 많은 재고를 낭비하고 주민을 파멸시킴으로써 유럽 대부분 지역의 진보를 지체시켰음에 틀림없지만, 이탈리아 여러 도시의 진보에는 매우 유리한 것이었다. 성지를 정복하기 위해 모든 지역으로부터 행진해 온 대군대는 베네치아·제노바·피사의 해운업에 특별한 자극을 주었는데, 때로는 대군대를 그곳으로 수송해야 했고 언제나 그들에게 식량을 공급해야 했기 때문이다. 이들 도시는 말하자면 그 군대의 병참부였다. 유럽의 민족들에게 닥친 가장 파괴적인 광란(frenzy)이 이들 공화국에게는 풍요의 원천이 되었던 것이다.

15. 도시는 더 부유한 나라들로부터 제조품과 사치품을 수입하고 그 대가로 천연생산물을 지불하였다.

상업도시의 주민들은 더 부유한 나라의 개량된 제조품과 값비싼 사치품을 수입함으로써 대지주의 허영심을 만족시켰다. 대지주들은 그 물건들을 자기 토지의 대량의 천연생산물(rude produce)로 열심히 사들였다. 따라서 그 당시 유럽 대부분의 상업은 주로 자신의 천연생산물을 더 문명화된 민족의 제조품과 교환하는 것이었다. 잉글랜드의 양모는 프랑스의 포도주와 플랑드르의 훌륭한 모직물과 교환되었는데, 이것은 오늘날 폴란드의 곡물이 프랑스의 포도주·브랜디 그리고 프랑스·이탈리아의 견직물·벨벳과 교환되는 것과 마찬가지이다.

16. 그러한 제조품에 대한 수요가 상당히 커졌으므로 그들의 제조업이 도시에 확립되었다.

더욱 정교하고 개량된 제조품에 대한 기호가 이런 식으로 외국무역에 의해 그러한 것이 전혀 제조되지 않았던 나라에 도입되었다. 그러나 이러한 기호가 일반화되어 상당한 수요를 유발하게 되었을 때, 상인들은 운송비를 절약하기 위해 자연히 자신의 나라에 동일한 종류의 제조업을 설립하려고 노력했다. 이리하여 로마제국 몰락 후 유럽의 서부지방에서 원거리 판매를 위한 제조업이 처음으로 설립되었던 것으로 보인다.

17. 모든 나라는 약간의 제조업을 가지고 있다.

지적해 두어야 할 것은, 어떤 큰 나라도 국내에서 운영되는 어떤 종류의 제조업 없이는 존재하지 않았고 존재할 수도 없었다는 점이다. 어떤 나라가 제조업을 가지고 있지 않다고 이야기할 때, 그것은 언제나 더 정교하고 개량된 제조업 또는 원거리 판매에 적합한 제조업이 없었다는 뜻으로 이해해야 한다. 모든 대국에서 대부분 인민들의 의복·가구는 국내산업의 생산물이다. 이러한 사태는 제조업이 많다는 부유한 나라보다는 그것이 전혀 없다는 가난한 나라에서 훨씬 더 보편적이다. 최하층 인민들의 의복·가구에서 외국생산물의 비율이 부유한 나라에서 더 높다는 것을 일반적으로 발견할 것이다.

18. 원거리 판매를 목적으로 하는 제조업은 두 가지 방식으로 도입되었다.

원거리 판매에 적합한 제조업은 두 가지 상이한 방식으로 각국에 도입되었던 것으로 보인다.

19. 첫째는, 외국의 제조업을 모방하기 위해 도입되었다.

때로는 특정 상인과 사업가의 자본이 위에서 언급한 방식으로 무모하게 투입되어 동일한 종류의 외국 제조업을 모방하여 설립되었다. 그러므로 이러한 제조업은 외국무역의 산물인데, 예컨대 13세기 루카(Lucca: 이탈리아 서부의 도시)에서 번영한 면직물·벨벳·능라 등의 옛날 제조업은 이러한 종류의 것이었던 것 같다. 이 제조업들은 마키아벨리의 영웅들 중의 하나인 카스트루치오 카스트라카니(Castruccio Castracani)의

* V. Sandi, *Principj di Storia Civile della Republica de Venezia*, 베네치아, 1755년, Part 2, Vol.1, pp.247, 256.

폭정에 의해 거기로부터 추방되었다. 1310년에는 900 가족들이 루카에서 추방되었고, 그들 중 31 가족들은 베네치아로 옮겨가서 거기에 견직물 제조업을 도입할 것을 제안했다.* 그들의 제안은 수용되었고, 많은 특권이 그들에게 주어졌으며, 그들은 300명의 노동자로 그 제조업을 시작했다. 옛날 플랑드르 지방에서 번창했고 엘리자베스 여왕 통치의 초기에 잉글랜드에 도입되었던 고급 모직물 제조업도 그러했던 것 같다. 현재 리옹과 스피탈필즈(Spitalfields: 런던에 있는 시장의 하나)의 견직물 제조업도 그러하다. 이러한 방식으로 도입된 제조업은 일반적으로 외국의 원료를 사용하면서 외국의 제조업을 모방했다. 베네치아의 제조업이 최초로 설립되었을 때, 원료는 모두 시실리와 레반트에서 도입된 것이었다. 그것보다 오래된 루카의 제조업도 외국의 원료를 사용했다. 뽕나무 재배와 누에 치기는 16세기 이전의 이탈리아 북부 지역에서는 보편적이지 않았던 것 같다. 샤를(Charles) 9세의 통치 시기에 와서야 이러한 기술이 프랑스에 도입되었다. 플랑드르의 제조업은 스페인과 잉글랜드의 양모를 주로 사용했다. 스페인의 양모는 잉글랜드 최초의 모직물 제조업의 원료였던 게 아니라 최초로 원거리 판매에 적합한 잉글랜드 모직물 제조업의 원료였다. 현재 리옹의 제조업 원료 중 $\frac{1}{2}$ 이상은 외국의 견사이다. 그것이 처음 설립되었을 때, 그것의 전부 또는 거의 전부가 그러했다. 스피탈필즈의 제조업 원료는 모두 잉글랜드의 생산물이 아닌 것 같다. 이러한 제조업은 일반적으로 몇몇 개인의 계획·설계에 의해 도입되므로, 제조업의 소재지는 그들의 이익·판단 또는 환상에 따라 때로는 해안 도시에, 때로는 내지 도시에 설립되었다.

20. 어떤 때는 그것은 조잡한 가내제조업에서 성장했다.

다른 경우에는 원거리 판매를 위한 제조업은, 가장 가난하고 미개한 나라에서도 언제나 운영되지 않을 수 없는 가내공업·조잡한 제조업이 점차 정교하게 됨으로써 저절로 성장한다. 이러한 제조업은 일반적으로 그 나라가 생산하는 원료를 사용한다. 그리고 그것은 종종 해안으로부터, 때로는 모든 수상운송으로부터 아주 멀지는 않더라도 상당한 거리에 있는 내륙지방에서 우선 정교하게 개량된 것 같다. 자연적으로 비옥하고 쉽게 경작되는 내륙지방은 경작자를 부양하기에 필요한 양 이상의 많은 잉여식량을 생산한다. 그러나 육상운송비와 하천운송의 불편 때문에 이 잉여를 외국으로 보내는 것은 어렵다. 그러므로 이러한 풍부함이 식량을 값싸게 만들고 많은 노동자들로 하여금 인근에 정착하도록 고무한다. 이들은 거기에서 일하면 다른 지역에서보다 많은 필수품·편의품을 획득할 수 있다는 것을 알게 된다. 그들은 토지가 생산하는 제조업원료를 가공하고, 그 완제품을, 또는 같은 말이지만 그것의 가격을, 더 많은 원료·식량과 교환한다. 그들은 천연생산물의 잉여분을 강변이나 멀리 있는 시장으로 운반하는 비용을 절약함으로써 그것에 새로운 가치를 부여하며, 그들은 이 잉여분과의 교환으로 경작자들에게 더 유용하고 그들이 마음에 들어하는 것들을 제공하는데, 그것도 경작자들이 이전에 획득했던 것보다 유리한 조건으로 제공한다. 경작자는 자신의 잉여생산물에 대해 더 유리한 가격을 받고 필요한 편의품을 더 싸게 구입할 수 있게 된다. 이리하여 경작자들은 토지를 더욱 개량하고 더 잘 경작함으로써 잉여생산물을 증가시키도록 고무되고 또 증가시킬 수 있게 된다. 토지의 비옥함이 제조업을 낳았듯이, 제조업의 발전이 토지에 반작용하여 토지의 비옥도를 더욱 높인다. 제조업은 우선 인근지역에 공급하고, 나중에 제품이 개량되고 정교하게 됨에 따라 더 먼 시장에 공급한다. 왜냐하면, 천연생산물이나 조잡한 제조품은 큰 육상수송비를 감당하기가 어렵지만, 정교하게 개량된 제조품은 그것을 쉽게 감당할 수 있기 때문이다. 그것은 조그만 부피로도 흔히 많은 양의 천연생산물의 가격과 같게 된다. 예컨대 무게가 80파운드밖에 되지 않는 한 필의 고급모직물은 그 안에 80파운드 무게의 양모의 가격뿐만 아니라 각종 노동자와 직접적인 고용주의 생활자료인 수천 파운드 무게의 곡물의 가격까지 포함하고 있다. 원래의 모습으로는 해외로 운송되기 어려운 곡물은 이러한 식으로 완성된 제조품의 형태로 수출되며, 멀리 떨어져 있는 세계의 구석까지 쉽게 보내질 수 있다. 리즈(Leeds)·핼리팩스(Halifax)·셰필드(Sheffield)·버밍엄·울버햄프턴(Wolverhampton)의 제조업은 이러한 방식으로 자연적으로 성장해 왔으므로, 흡사 저절로 생겨난 것처럼 보였다. 이러한 제조업은 농업의 산물이다. 근대 유럽의 역사에서는 이러한 제조업의 확장·개량은 외국무역의 산물인 제조업보다 일반적으로 뒤늦게 일어났다. 잉글랜드는 스페인 양모로 만든 고급 모직물 제조업으로 유명한데, 그 제조업은 위에서 언급한 지역에서 지금 번성하고 있는 제조업이 외국판매에 적합하게 되기 1세기도 더 먼저 생겨났다. 지금 번성하고 있는 각종 제조업의 확장·개량은 농업의 확장·개량의 결과로서만 생겨날 수 있었다. 그리고 농업의 확장·개량은 외국무역 및 그것에 의해 직접 도입된 제조업의 최후의, 최대의 결과인데, 이 점에 대하여 지금부터 설명하려고 한다.

제4장
도시의 상업은 농촌의 개량에 어떻게 공헌했는가?

1. 도시의 발흥이 시골에 유리했다. 그 이유는

상업·제조업 도시의 증가와 부(富)는 그들이 속해 있는 지방의 개량·경작에 세 가지 상이한 방식으로 공헌했다.

2. (1)도시는 시골의 생산물에 시장을 제공하기 때문이다.

첫째, 시골의 천연생산물에 대해 크고 편리한 시장을 제공함으로써 시골의 경작과 더 이상의 개량에 자극을 주었다. 이러한 이점은 도시들이 위치하고 있는 지방에만 국한된 것이 아니었고, 그들이 거래하는 모든 곳에 다소간 확대되었다. 도시는 시골에 천연 또는 가공생산물의 일정 부분에 대한 시장을 제공함으로써 그들의 근면·개량에 자극을 주었다. 그러나 도시 인근의 시골은 인접하고 있다는 조건 때문에 필연적으로 도시 시장으로부터 가장 큰 이득을 얻었다. 인근 지방의 천연생산물은 수송비가 더 적게 들기 때문에, 상인은 재배자에게 더욱 좋은 가격을 지불하면서도 소비자들에게는 먼 시골로부터의 천연생산물만큼 싸게 공급할 수 있었다.

3. (2)상인들이 시골에서 토지를 사서

둘째, 도시 주민들에 의해 획득된 부

그것을 개량했기 때문이다.

는 팔려고 내놓은 토지 구입에 사용되었는데, 그 대부분이 미경작지였다. 상인들은 흔히 시골의 대지주가 되기를 열망하며, 대지주가 되면 일반적으로 가장 훌륭한 개량가가 된다. 상인은 자기의 돈을 이익이 남는 사업에 사용하는 데 익숙해 있고, 반면에 시골의 대지주들은 그것을 주로 소비해 버리는 데 익숙해 있다. 전자는 자기의 돈이 자기를 떠나 이윤과 함께 다시 돌아오는 것을 종종 보지만, 후자는 돈을 일단 내놓기만 하면 그것을 다시 보리라고 기대하는 법이 거의 없다. 이러한 상이한 습관이 자연히 모든 종류의 사업에서 그들의 기질·성향에 영향을 미친다. 상인은 보통 대담한 사업가이지만, 시골의 대지주는 소심한 사업가이다. 전자는 비용에 비례하여 토지가치를 증가시킬 수 있다는 전망이 있으면 자기 토지의 개량에 한꺼번에 많은 자본을 투자하는 것을 두려워하지 않지만, 후자는 비록 자본을 가지고 있더라도, 항상 가지고 있는 것은 아니지만, 이러한 식으로 그것을 사용하는 모험을 좀처럼 하지 않는다. 시골의 대지주가 토지개량을 한다면, 그것은 흔히 자본에 의한 것이 아니라 그의 연간수입에서 저축할 수 있는 것에 의해서다. 아직 개량되지 않은 지방의 상업도시에서 살아본 사람은 누구나 흔히 보통 시골 대지주의 활동보다는 상인의 활동이 이러한 방식으로 얼마나 활기찬지를 틀림없이 관찰했을 것이다. 게다가 상업이 자연적으로 상인에게 형성시켜 주는 질서·절약·주의의 습관은 그로 하여금 어떤 개량사업도 이익이 남도록 성공적으로 실행하기에 더 적합하게 만들어 준다.

4. (3)질서와 훌륭한 정치가 도입되었기 때문이다.

셋째, 그리고 마지막으로, 상업과 제조업은 시골주민들 사이에 질서와 훌륭한 정치 그리고 개인의 자유와 안전을 점차로 도입하는데, 그들은 이전에는 인근 주민들과의 끊임없는 전쟁 상태에서, 그리고 영주들에 대한 노예적인 종속상태에서 살았다. 이 점은 지금까지 거의 관찰되지 않은 바이지만 상업과 제조업의 효과 중 가장 중요한 것이다. 내가 알고 있는 한, 흄(Hume)은 그것을 주목한 유일한 저자이다.

5. 외국무역과 정교한 제조업이 도입되기 전 대지주들은 가신의 무리로 둘러싸여 있었다.

외국무역을 하지 않거나 더 정교한 제조업을 가지고 있지 않은 나라에서는 대지주는, 자기의 토지생산물 중 생활자료를 초과하는 것의 대부분과 교환할 수 있는 것이 아무것도 없었기 때문에, 잉여생산물 전부를 국내에서 시골풍의 향응에 소비해 버린다. 이 잉여생산물이 백 명이나 천 명의 사람을 부양하기에 충분하다면, 그는 이것을 백 명이나 천 명의 사람을 부양하는 데 밖에는 사용할 수가 없다. 그러므로 그는 항상 수많은 가신(家臣: retainer)들에 둘러싸여 있었는데, 가신들은 자신들을 부양해 주는 것에 대한 대가로 지불할 것이 아무것도 없으면서 전적으로 그의 하사물에 의해 살아가기 때문에, 군인들이 자기들을 먹여 살리는 군주에게 복종해야 하듯이, 그에게 복종해야 한다. 그러므로 유럽에서 상업과 제조업이 확장되기 이전에는, 군주로부터 가장 작은 귀족에 이르기까지, 부자·귀족들의 향응제공(hospitality)이라는 것은 우리가 현재 쉽게 상상할 수 있는 정도를 훨씬 넘어선다. 웨스트민스터 홀(Westminster Hall)은 윌리엄 루퍼스(William Rufus)의 식당이었는데, 그의 친구들을 위해서는 그리 넓은 것이 아닐 수도 있었을 것이다. 토마스 베케트(Thomas Becket)가, 자리를 잡지 못한 기사·종자(從者)들이 식사를 위해 마루에 앉을 때 그들의 깨끗한 옷을 버리지 않도록 하기 위해서 계절마다 깨끗한 건초나 골풀을 마루에 깔았다는 사실은, 그의 호사 중 하나라고 생각되었다. 워릭(Warwick)의 대백작은 매일 자기의 각지의 장원에서 3천 명의 사람들에게 향응을 베풀었다고 한다. 여기에서 그 숫자는 과장된 것일 수도 있지만, 이러한 과장을 허용할 만큼 매우 많았음에는 틀림없다. 몇 년 전까지만 해도 스코틀랜드 고원지대의 여러 지역에서는 이와 비슷한 향응들이 벌어졌었다. 상업과 제조업이 거의 없는 모든 나라에서는 이러한 일들은 매우 흔했던 일인 것 같다. 포콕(Pococke) 박사에 의하면, 한 아라비아 족장은 어느 도시에 자신의 가축을 팔러 와서 모든 행인들을, 심지어는 보통의 거지들까지, 초대해서 거리에서 함께 앉아 식사를 했다고 한다.

6. 임의해약 차지인도 가신들과 마찬가지로 종속적이었다.

토지 점유자는 모든 방면에서 대지주에게 그의 가신들과 마찬가지로 종속되어 있었다. 이러한 예속상태에 있지 않은 토지 점유자들은 임의해약 차지인들이었는데, 그들은 토지가 그들에게 제공하는 생활자료와는 아무런 관련도 없는 매우 적은 지대를 지불했다. 1크라운 또는 반 크라운, 한 마리의 양 또는 새끼양이 수년 전 스코틀랜드 고원지대에서 한 가족을 부양할 수 있는 토지에 대한 보통 지대였다. 어떤 지역에서는 지금도 그러한데, 그곳에서는 화폐가 다른 어느 지역에서보다 많은 상품을 구매할 수 있을 것이다. 대소유지의 잉여생산물이 그 소유지에서 소비되어야 하는 농촌에서는, 그 일부가 그의 집에서 멀리 떨어져 있는 곳에서 소비되는 것이, 만약 그것을 소비하는 사람들이 그의 가신이나 하인들처럼 그에게 종속되어 있다면, 대지주에게 더 편리할 때가 많다. 그는 많은 손님과 대가족으로 말미암아 겪게 되는 성가신 일을 덜 수 있기 때문이다. 부역면제지대 정도의 지대를 지불하면서 그의 가족을 부양하기에 충분한 토지를 점유하고 있는 임의해약 차지인도 지주에게 그의 가신이나 하인과 마찬가지로 종속되어 있으며, 거의 유보조건 없이 그에게 복종해야 한다. 지주는 자신의 가신·하인을 자기 집에서 먹여살리듯이 자기의 차지인을 각자의 집에서 먹고 살게 하기 때문이다. 양자의 생활수단은 그의 하사품에서 나오며, 그것의 지속 여부는 그의 선의에 달려 있다.

7. 고대 귀족들의 권력은 이것에 기초를 두고 있었다.

이러한 상황에서 대지주가 필연적으로 가지게 되는 차지인·하인에 대한 권위에 의거해 옛날의 귀족의 권력이 성립했다.

그는 자신의 소유지에 살고 있는 모든 사람들에 대해 평화시에는 재판관이었고, 전쟁시에는 지도자였다. 그는 자기의 영지 안에서 질서를 유지하고 법률을 집행할 수 있었는데, 그 이유는 그가 모든 주민의 힘을 모아 어느 한 사람의 불법에 대항할 수 있었기 때문이다. 다른 어떤 사람도 이것을 행할 권위를 갖지 못했다. 특히 군주는 그것을 가지지 못했다. 옛날에는 군주는 자기의 영토에 있는 최대의 지주에 지나지 않았고, 다른 대지주들은 공동의 적에 대한 공동방위를 위해 그에게 일정한 존경을 베풀었을 뿐이었다. 모든 주민들이 무장하고 있고 서로 협조하는 데 익숙해 있는 대지주의 영지 안에서 군주가 자신의 권위에 의해 일정한 지불을 강요했다면, 군주는 아마 내전을 진압하는 데 드는 만큼의 노력을 들여야 했을 것이다. 그러므로 군주는 그 나라의 대부분을 통해 사법권을 그것을 집행할 수 있는 사람들에게 위임하지 않을 수 없었고, 지방민병(country militia)의 지휘권을 민병이 복종하는 사람에게 맡기지 않을 수 없었다.

8. 그것은 봉건법 이전의 것으로, 봉건법과는 관계가 없다.

이러한 지역적인 사법권이 봉건법(feudal law)에 기원을 두고 있다고 생각하는 것은 잘못이다. 민사와 형사의 최고재판권뿐 아니라 군대 모집권·화폐 주조권·인민을 통치할 세칙의 제정권도 유럽에서는 봉건법이 알려지기 수세기 전에 이미 대지주들에 의해 세습적으로 보유되고 있었다. 잉글랜드의 색슨 영주의 권위와 사법권은 노르만 정복 이전에도 그 뒤의 노르만 영주의 그것만큼 강대했던 것으로 보인다. 그러나 봉건법은 노르만 정복 이후 비로소 잉글랜드의 관습법이 되었으리라 생각된다. 프랑스에서 가장 광범한 권위와 사법권이 그 나라에 봉건법이 도입되기 훨씬 전에 대영주들에 의해 세습적으로 보유되고 있었다는 것은 의심의 여지가 없는 사실이다. 이러한 권위와 사법권은 모두 방금 묘사한 재산·풍속의 상태로부터 필연적으로 나오는 것이었다. 프랑스나 잉글랜드의 옛날 군주제로 거슬러 올라갈 필요도 없이, 우리는 훨씬 이후의 시대에도 그러한 결과가 그러한 원인으로부터 항상 나온다는 증거를 발견할 수 있다. 30년도 안 되는 이전에 스코틀랜드 로카바(Lochabar)의 지주인 로칠의 카메론(Cameron)씨가, 스스로는 귀족 영주도 아니고 대차지인도 아니고 단지 아가일 공작(duke of Argyle)의 가신에 불과했던 그가, 정식 위임장도 없이, 치안판사의 신분도 아니면서, 자신의 주민들에 대해 최고 형사재판권을 행사했다. 그는 재판의 형식을 취하지 않았지만 매우 공정하게 그것을 행했다고 한다. 그 당시 그 지역의 상태가 공공의 치안을 유지하기 위해 그가 이러한 권위를 갖는 것을 필요하게 만들었을 수도 있는 일이다. 지대 수입이 일 년에 500파운드를 결코 넘지 않았던 그 지주는 1745년에 자신의 주민들 800명을 반란으로 끌어들였다.

9. 그들의 권력은 봉건법에 의해 축소되었다.

봉건법의 도입은 대지주 귀족(the great allodial lords)의 권위를 확대시키기는커녕 축소시키려는 시도로 간주될 수 있다. 그것은 왕으로부터 가장 작은 지주에 이르기까지 일련의 부역·병역을 동반하는 질서정연한 복종관계를 성립시켰다. 지주가 미성년자인 동안에는 그의 토지의 관리권과 함께 지대는 직접적인 상급자의 손에 들어갔고, 따라서 대지주가 미성년자일 때는 토지의 관리권과 지대는 왕의 손에 들어갔다. 왕은 자기의 피보호자의 부양·교육을 책임지고 있었고, 보호자로서의 자기의 권위에 의해 만약 피보호자의 신분에 어울리는 경우라면 그의 결혼을 주선할 권리를 가지고 있는 것으로 생각되었다. 그러나 이런 제도가 왕의 권위를 강화하고 대지주의 권위를 약화시키는 경향을 필연적으로 가지고 있었지만, 시골 주민들 사이에 질서와 훌륭한 통치를 확립할 정도는 되지 못했다. 왜냐하면, 그 제도는 불법이 발생하는 원천인 재산·풍속의 상태를 충분히 변경시킬 수 없었기 때문이다. 정부의 권력은 아직도 이전과 같이 위쪽〔왕〕은 너무 약했고 아래쪽〔대영주〕은 너무 강했으며, 아래쪽의 과도한 힘이 위쪽을 약화시키는 원인이었다. 봉건적 복종관계가 성립된 뒤에도 국왕은 이전과 마찬가지로 대영주의 폭력을 제한할 수 없었다. 대영주들은 아직도 자기의 재량에 따라 거의 계속적으로 서로간에, 그리고 종종 왕에게, 전쟁을 도발하고 있었다. 광대한 지역은 아직도 폭력·약탈·무질서의 무대였다.

10. 귀족의 권력은 외국상업에 의해 침식되었다.

그러나 봉건제도의 모든 강제력으로도 달성할 수 없었던 것이 외국무역·제조업의 조용하고 감지할 수 없는 작용에 의해 점차로 이루어졌다. 외국무역과 제조업은 대지주들에게 자기 토지의 총잉여생산물과 교환할 수 있는 물건, 그리고 차지인이나 하인들과 나누지 않고 스스로 소비할 수 있는 물건들을 제공했다. 모든 것을 자신을 위해서 하고 다른 사람을 위해서는 아무것도 하지 않는 것, 이것은 세계의 어느 시대에서나 인간 지배자들의 비열한 좌우명(maxim)이었던 것으로 보인다. 그러므로 대지주들이 지대의 총가치를 스스로 소비할 수 있는 방법을 발견하자마자 그들은 그것을 다른 사람들과 나눌 생각이 전혀 없어졌다. 그들은 다이아몬드 버클(buckles)이나 하찮고 쓸모없는 물건과의 교환으로 천 명의 일년 분 생활자료, 또는 같은 말이지만 그 생활자료의 가격을 주었고, 그것과 함께 그 생활자료가 자기들에게 부여하는 모든 권력을 포기했다. 버클은 자기 자신만의 것이었고 다른 사람은 그것을 나누어 가질 수 없었기 때문이다. 반면에, 과거의 지출방식에서는 그들은 적어도 천 사람과 나누어 가져야 할 것이었다. 이러한 차이는 어느 것을 선택하는가를 완전히 결정했다. 이리하여 그들은 모든 허영 중 가장 유치하고 천하고 지저분한 허영과의 교환으로 모든 권력·권위를 점차 상실해갔던 것이다.

11. 현재 1인의 부자는 전체로서는 옛날 귀족이 유지했던 것과 같은 수의 사람들을 부양하고 있으나, 각 사람들의 생활유지비 중의 작은 부분만 공헌할 따름이다.

외국무역도 없고 정교한 제조업도 없는 나라에서는, 연간 10,000파운드의 수입을 가지고 있는 사람은 그것을 1천 명의 가족을 부양하는 데 이외에는 사용할 수 없다. 그리하여 그 사람들은 모두 필연적으로 그의 지배하에 있게 된다. 유럽의 현상태에서는 연간 10,000파운드의 수입이 있는 사람은 직접적으로 20명을 부양하지도 않고, 지배할 가치도 없는 10명의 하인을 데리고 있지도 않으면서 자신의 모든 소득을 소비할 수 있으며 점차 그렇게 하고 있다. 그러나 간접적으로는 그는 아마도 과거의 지출방식으로 부양했을 만큼의 사람들 또는 그보다 더 많은 사람들을 부양하고 있을 것이다. 왜냐하면, 그가 자신의 총소득을 지출하는 귀중품은 매우 작지만 그것을 수집하고 가공하는 데 고용된 노동자 수는 반드시 매우 클 것이기 때문이다. 귀중품의 높은 가격은 일반적으로 노동자들의 임금과 모든 직접적인 고용주들의 이윤으로 이루어진다. 그 가격을 지불함으로써 그는 간접적으로 임금과 이윤을 지불하며, 그리하여 간접적으로 모든 노동자와 그들의 고용주들의 부양에 공헌한다. 그러나 그는 일반적으로 그들 각자의 연간 총생활비에 대해서는 매우 작은 부분만 공헌한다. 즉, 소수의 사람들에게는 $\frac{1}{10}$을, 그리고 많은 사람들에게는 $\frac{1}{100}$을 공헌하며, 어떤 사람들에게는 $\frac{1}{1000}$이나 $\frac{1}{10,000}$도 공헌하지 못한다. 그러므로 그가 그들 모두의 부양에 공헌한다고 하더라도 그들 모두는 일반적으로 그가 없어도 생존할 수 있기 때문에, 그로부터 어느 정도 독립해 있다.

12. 상인·수공업자들이 대지주들의 개인적 지출에 의존하는 정도는 크게 줄어들었다.

대지주들이 자신의 지대를 차지인·가신을 부양하기 위해 지출할 때는 자신의 차지인·가신을 전적으로 부양하는 것이다. 그러나 그들이 자신의 지대를 상인·수공업자를 부양하기 위해 지출할 경우에는, 전체적으로 보면 이전과 같은 수를 부양하거나, 또는 시골풍의 향응에 수반되는 낭비가 없어지기 때문에, 더 많은 수를 부양할지도 모른다. 그러나 각각의 대지주는 개별적으로는 이러한 다수의 상인·수공업자 개개인의 생존에 매우 작은 부분만 기여한다. 왜냐하면, 각각의 상인·수공업자는 자기의 생활수단을 한 사람이 아니라 백 명 또는 천 명의 상이한 고객으로부터 끌어내기 때문이다. 그러므로 상인·수공업자는 어떤 의미에서는 그들 모두에게 신세지고 있지만 그들 누구에게도 완전히 의존하고 있지는 않다.

13. 대지주들은 자신들의 새로운 경비를 마련하기 위해 자신들의 하인들과 불필요한 차지인을 해고했으며, 남은 차지인에게는 장기 차지계약을 맺어주었다.

대지주의 개인적인 지출이 이런 식으로 점차 늘어났기 때문에 하인들의 숫자는 점차로 감소하지 않을 수 없었고, 마지막에 가서는 모두가 해고될 수밖에 없었다. 동일한 이유로 그는 불필요한 차지인을 해고해야 했고, 차지인의 소작지는 확대되었다. 농촌의 인구감소라는 불평에도 불구하고, 토지 점유자의 수는 그 당시의 불완전한 경작·개량의 상태 하에서 토지의 경작에 필요한 숫자로 감소되었다. 불필요한 입을 제거함으로써, 그리고 차지인으로부터 완전한 지대를 짜냄으로써, 지주는 더 큰 잉여, 또는 같은 말이지만 더 큰 잉여의 가격을 획득할 수 있었다. 상인·제조업자는 대지주가 그 잉여를 자기 자신을 위해 지출하는 방법을 제공했다. 동일한 원인〔개인적 사치욕〕이 계속 작용하자, 그는 자신의 토지가 개량의 현 상태에서 제공할 수 있는 것 이상으로 지대를 인상하기를 갈망했다. 그의 차지인들은 다음과 같은 한 가지 조건하에서만 이에 동의했다. 즉, 그들이 토지의 더 이상의 개량에 투자한 모든 것을 이윤과 함께 회수할 수 있을 동안 토지를 점유할 수 있어야 한다는 조건이었다. 값비싼 허영 때문에 지주는 이 조건을 기꺼이 수용했으며, 여기에서 장기 차지계약이 생겨나게 되었다.

14. 이렇게 해서 차지인들을 독립시켰다.

토지의 가치를 완전히 지불하는 임의해약 차지인조차도 지주에게 완전히 종속된 것은 아니다. 차지인과 지주가 얻는 금전적 이득은 상호적이고 동등한 것이며, 이러한 차지인은 자신의 생명·재산을 지주에게 봉사하기 위해 내놓지는 않을 것이다. 그러나 만약 그가 장기간의 차지권을 가지고 있다면 그는 완전히 독립하게 된다. 그리고 지주는 차지계약에 명시적으로 쓰여 있거나 그 나라의 일반적이고 잘 알려진 법률에 의해 부과된 것 이상으로는 아무리 사소한 봉사라 할지라도 차지인으로부터 기대할 수 없게 된다.

15. 이리하여 대지주들은 대수롭지 않은 존재가 되어버렸다.

차지인은 이런 식으로 독립했고, 가신들은 이미 해고되었기 때문에, 대지주는 더이상 사법권의 질서정연한 집행에 간섭하거나 시골의 치안을 교란시킬 수 없었다. 대지주는, 에서(Esau)가 굶주림과 궁핍의 시기에 한 그릇의 죽을 얻기 위해 자기의 장자권을 〔야곱에게〕 판 것과는 달리, 풍족한 방종 속에서 인간이 진지하게 추구해야 할 것과는 어울리지 않는, 아이들의 장난감으로나 어울릴, 그런 장신구와 사사로운 물건을 위해 자기의 생득권(birth-right)을 팔았다. 그리하여 그는 도시의 시민이나 상인과 다름없게 되었다. 질서정연한 정치가 도시뿐만 아니라 시골에도 확립되었고, 도시에서와 마찬가지로 시골에서도 그것을 교란할 충분한 힘을 가진 사람은 아무도 없었다.

16. 상업국에는 오래된 가문이 드물다.

아마도 지금의 주제와는 관련이 없지만 언급해 두지 않을 수 없는 점이 하나 있다. 즉, 아버지로부터 아들에 이르는 연속적인 세대 동안 상당한 재산을 소유해 온 오래된 가문은 상업국에서는 매우 드물다는 사실이 그것이다. 반대로, 웨일스나 스코틀랜드 고원지대와 같이 상업이 거의 없는 지방에서는 그러한 가문은 매우 흔하다. 아라비아의 역사는 족보로 가득 차 있는 것처럼 보인다. 타타르 칸(khan)이 저술했고 유럽의 여러 언어로 번역된 역사서 하나가 있는데, 그것은 족보 이외에는 거의 아무것도 포함하고 있지 않다. 이러한 사실은, 그러한 나라에서는 오래된 가문이 매우 흔하다는 것을 증명해 준다. 부자가 자신의 수입을 될 수 있는 한 많은 사람을 부양하는 데 이외에는 소비할 방법이 없는 나라에서는, 그는 쉽게 파산할 수 없고, 그의 자비로움도 그가 부양할 수 있는 것보다 더 많은 수를 부양하려고 할 만큼 무모하지는 않은 것으로 보인다. 그러나 큰 소득을 자기 자신을 위해 지출할 수 있는 곳에서는 종종 그의 지출에는 한도가 없다. 왜냐하면, 그의 허영심이나 자기 자신에 대한 애착에는 한도가 없기 때문이다. 그러므로 상업국에서는 부(富)의 분산을 방지하려는 아주 엄격한 법률 규정이 있음에도 불구하고 부가 동일한 가문에 오랫동안 남아 있는 경우가 드물다. 반대로 소박한 민족의 경우에는, 어떠한 법적인 규제가 없어도 부가 종종 오랫동안 동일한 가문에 남아 있다. 타타르나 아랍인과 같은 유목민족들에게는, 그들의 재산이 쉽게 소비될 수 없기 때문에, 그런 성격의 법적 규정 자체가 성립될 수 없다.

17. 그리하여 하나의 변혁이 아무도 눈치 채지 못할 정도로 천천히 일어났다.

공공의 복리를 위해 매우 중요한 하나의 혁명이 이처럼 상이한 두 계층의 사람들〔상인과 수공업자〕에 의해 초래되었는데, 물론 그들은 공중에 봉사하고자 하는 의도는 조금도 없었다. 대지주의 유일한 동기는 유치한 허영심을 충족시키는 것이었다. 상인·수공업자들은 대지주보다 훨씬 현명했지만, 역시 자신의 이익을 좇아서만 행동했으며, 1페니를 얻을 수 있는 곳이면 어디든지 가서 1페니를 번다는 행상인의 행동원칙(pedlar principle of turning a penny wherever a penny was to be got)을 좇아서 행동했다. 그들 중 어느 누구도 대지주의 우매함과 상인·수공업자의 근면이 점차적으로 초래하고 있는 혁명을 인식하거나 예견하지 못했다.

18. 상업과 제조업은 시골의 개량의 원인이었다.

그러므로 유럽 대부분의 지역에서 도시의 상업·제조업은 시골의 개량·경작의 결과가 아니라 그 원인이었다.

19. 사물의 이러한 순서는 사물의 자연적 순서에 비하면 느리기도 하고 불확실

그러나 이러한 순서는 사물의 자연적인 진행 과정에 반대되므로

하기도 하다. 이는 북아메리카 식민지의 급속한 진보에 의해 알 수 있다.

필연적으로 느리고 불확실하다. 부를 상업과 제조업에 크게 의존하고 있는 유럽 나라들의 느린 진보와, 부가 전적으로 농업에 의거하고 있는 북아메리카 식민지의 빠른 진보를 비교해 보라. 유럽 대부분의 지역에서 주민의 수는 5백 년 이내에 두 배가 될 것으로 생각되지 않지만, 우리의 몇몇 북아메리카 식민지에서는 20~25년에 두 배가 되는 경우가 발견된다. 유럽에서는 장자상속법과 여러 종류의 영구소유권(perpetuities)이 대 소유지의 분할을 저지하고, 따라서 소 소유자의 증가를 방해하고 있다. 소 소유자는 자기의 작은 토지의 모든 부분을 잘 알고 있고, 재산, 특히 작은 재산이 자연적으로 불러일으키는 모든 애착을 가지고 그것을 돌보며, 그것을 경작하는 것에서뿐만 아니라 장식하는 데서도 기쁨을 얻기 때문에, 소 소유자는 개량가 중에서도 가장 근면하고 가장 현명하며 가장 성공적이다. 게다가 동일한 규제가 토지를 시장에 나오지 못하게 하므로, 팔려고 내놓은 토지보다는 사려고 하는 자본이 항상 많으며, 따라서 팔리는 것은 언제나 독점가격으로 팔린다. 토지로부터 얻는 지대는 구매자금의 이자를 결코 지불할 수 없으며, 이밖에도 수리비와 기타 우발적인 비용지출을 감당해야 하는데, 이것은 토지 구매자금의 이자 이외의 것이다. 유럽의 모든 곳에서 토지를 구입하는 것은 소자본의 가장 불리한 사용방법이다. 사실 높은 안정성을 얻기 위해 보통의 환경에 있는 사람은 사업에서 은퇴할 때 때때로 자신의 작은 자본을 토지에 사용하는 경우도 있을 것이다. 또한 자신의 수입을 다른 원천에서 얻고 있는 전문직업인도 흔히 역시 동일한 방식으로 그의 저축을 안전하게 하는 것을 좋아한다. 그러나 한 젊은이가 2,000~3,000파운드의 자본을 상업이나 다른 사업에 사용하지 않고 조그만 토지의 구입·경작에 사용한다면, 그는 사실 매우 행복하고 독립적으로 사는 것을 기대할 수 있을지 몰라도, 큰 재산·명성을 얻을 모든 희망을 영원히 버려야 할 것이다. 그가 자본을 다른 곳에 사용한다면, 다른 사람들과 마찬가지로, 그도 큰 재산·명성을 획득할 동일한 기회를 얻을 수 있을 것이다. 그러한 사람도, 지주가 될 희망을 가질 수는 없다고 하더라도, 흔히 차지농이 되고 싶어하지는 않는다. 그러므로 시장에 나오는 토지량이 적다는 것, 그리고 거기에 나온 토지가격이 높다는 것은 대량의 자본이 토지의 경작·개량에 사용되는 것을 방해한다. 만약 그렇지 않다면 대량의 자본이 그러한 방향으로 사용되었을 것이다. 반대로 북아메리카에서는 흔히 50~60파운드로도 농장을 시작하기에 충분하다고 한다. 미경지의 구입·개량은 거기에서는 소자본도 대자본과 마찬가지로 가장 유리한 사용방법이며, 그 나라에서 획득할 수 있는 모든 재산·명성에 이르는 가장 빠른 길이다. 사실 그러한 토지는 북아메리카에서는 거의 무료로, 또는 자연발생적인 생산물의 가치보다 훨씬 낮은 가격으로 얻을 수 있다. 이러한 일은 유럽이나 또는 모든 토지가 이미 오래 전에 사유재산이 되어 버린 나라에서는 불가능하다. 그러나 많은 자녀들을 남기고 소유자가 사망한 경우, 토지재산이 모든 자녀들 사이에 균등하게 분배된다면, 그 토지는 일반적으로 판매될 것이다. 많은 토지가 시장에 나올 것이므로 이제 더 이상 독점가격으로 팔리지 않을 것이다. 토지의 지대는 구매자금의 이자를 거의 지불할 수 있게 될 것이며, 소자본을 토지 구입에 사용하는 것은 다른 것에 사용하는 것과 마찬가지로 유리할 것이다.

20. 잉글랜드의 농업은 그것에 주어진 각종 장려책에도 불구하고 그 진보는 완만하다.

잉글랜드는 토양의 자연적 비옥도가 높고, 전국토의 면적에 비해 해안이 매우 넓고, 그리고 국토를 통과해 내륙의 깊숙한 지역까지 수상운송의 편의를 제공하는 운항가능한 강이 많기 때문에, 아마도 유럽의 어떤 대국만큼이나 외국무역·원거리 판매를 위한 제조업, 그리고 이것들이 유발하는 모든 토지개량에 자연적으로 적합한 곳일 것이다. 엘리자베스 시대(1558~1603년) 초기부터 잉글랜드의 입법부는 상업·제조업의 이익에 대해 특별한 주의를 기울여 왔고, 사실 유럽에서 한 나라의 법이 전체적으로 보아 이러한 종류의 산업에 잉글랜드보다 더 유리한 나라는, 네덜란드를 포함하더라도, 없다. 따라서 상업·제조업은 이 기간 계속 진보해 왔다. 시골의 경작·개량도 의심의 여지 없이 진보해 왔지만, 상업과 제조업의 빠른 발전을 천천히 먼발치에서 따라온 것 같다. 대부분의 시골은 엘리자베스 시대 이전에 이미 경작되고 있었음에 틀림없다. 그런데 많은 부분은 아직도 미경지로 남아 있고, 더 많은 지역의 경작은 가능한 수준보다 훨씬 열등하게 경작되고 있다. 그러나 잉글랜드의 법률은 상업의 보호에 의한 간접적인 수단에 의해서만이 아니라 여러 직접적인 장려책에 의해서도 농업을 장려한다. 기근의 시기를 제외하면, 곡물수출은 자유로울 뿐만 아니라 장려금에 의해 촉진된다. 어느 정도 풍작일 때는 외국 곡물의 수입에는 그것을 금지하는 것과 같은 높은 관세가 부과된다. 살아 있는 가축의 수입은, 아일랜드로부터 오는 것을 제외하고, 언제나 금지되어 있고, 아일랜드로부터의 수입이 허용된 것도 최근의 일일 뿐이다. 따라서 토지를 경작하는 사람들은 자국민에 대해 두 가지 가장 크고 중요한 토지생산물, 즉 빵과 정육(butcher's meat)에 대한 독점권을 가지고 있다. 이러한 고무책은, 내가 나중에 밝히려고 하는 바와 같이, 기본적으로는 전혀 환상적인 것일지라도, 적어도 농업을 장려하려는 입법부의 선한 의도를 충분히 보여주고 있다. 그러나 다른 무엇보다도 중요한 것은, 잉글랜드의 자영농은 법률이 보장할 수 있는 한 안전하고 독립적이며 존경받게 되었다는 사실이다. 장자상속권이 실행되고, $\frac{1}{10}$세를 지불하며, 비록 법률의 정신에는 위배되지만 영구소유권이 어떤 경우에는 허용되기도 하는 나라 중에서, 농업에 대하여 잉글랜드보다 더 많은 장려책을 베푸는 나라는 없다. 그럼에도 불구하고 경작상태는 위에서 말한 대로다. 만약 법률이 상업의 진보로부터 간접적으로 발생하는 것 외에 농업에 대한 직접적인 장려를 주지 않았더라면, 그리고 자영농을 유럽 다른 대부분의 나라에서와 같은 상태로 내버려 두었다면, 경작상태는 어떻게 되었을까? 이제 엘리자베스 시대 이래 200년 이상이 지났다. 이 기간은 인류 번영이 보통 계속할 수 있는 기간으로서는 매우 길다.

21. 프랑스의 진보는 더욱 완만하다.

프랑스는 잉글랜드가 상업국으로서 크게 알려지기 약 1세기 이전부터 외국무역의 상당한 몫을 차지하고 있었던 것으로 보인다. 프랑스 해군은 샤를 8세의 나폴리 원정 이전에는, 당시의 기준에 따르면, 상당한 수준이었다. 그러나 프랑스의 경작·개량은 전체적으로 잉글랜드의 경작·개량보다 열등하다. 또 그 나라의 법률은 농업에 잉글랜드와 동일한 직접적인 장려를 제공하지 않았다.

22. 스페인과 포르투갈의 진보는 더욱더 완만하다.

스페인과 포르투갈의 유럽 다른 지역에 대한 외국무역은, 주로 외국선박에 의해 이루어지고 있지만, 상당히 크다. 그들 식민지에 대한 무역은 그들 자신의 배로 이루어지며, 식민지의 면적도 매우 크고 부유하기 때문에 무역규모도 훨씬 크다. 그러나 외국무역은 두 나라 중 어느 나라에도 원거리 판매를 위한 상당한 정도의 제조업을 도입하지 않았고, 두 나라의 많은 부분이 아직도 미경작 상태로 남아 있다. 포르투갈의 외국무역은, 이탈리아를 제외하면, 유럽의 어떤 대국의 외국무역보다 그 역사가 오래되었다.

23. 이탈리아만은 외국무역과 수출을 위한 제조업에 의하여 철저하게 개량되었다.

이탈리아는 유럽의 대국들 중에서 외국무역과 원거리 판매를 위한 제조업에 의해 모든 지역이 경작되고 개량된 것처럼 보이는 유일한 나라이다. 샤를 8세의 침입 이전에 이탈리아는, 귀치아르딘(Guicciardin)에 따르면, 평탄하고 비옥한 지역뿐 아니라 산악지대와 불모지도 경작되고 있었다. 그 나라의 유리한 위치와 그 당시 존속하고 있던 많은 수의 독립국가는 아마도 이러한 일반적인 경작에 적지 않게 공헌했을 것이다. 근대역사가 중 가장 판단력이 옳고 현명한 역사가의 한 사람인 귀치아르딘의 이러한 일반적인 표현에도 불구하고, 그 당시의 이탈리아가 지금의 잉글랜드보다 더 잘 경작되지 않았다는 것은 있을 수 있는 일이다.

24. 상업과 제조업에 의하여 획득된 국민 자본은 그것이 토지의 개량이라는 형태로 체현될 때까지는 불확실한 재산이다.

그러나 상업·제조업에 의해 한 나라가 획득한 자본은, 그 일부라도 그 나라 토지의 경작·개량에 투자되어 체현되기 전에는, 대단히 불안정하고 불확실한 재산이다. 상인은 반드시 어떤 특정국의 시민일 필요는 없다고 하는 말도 있는데, 맞는 말이다. 어느 지역에서 자기의 사업을 운영하는가는 대체로 그들에게는 상관이 없다. 매우 사소한 기분 나쁜 일이 있어도 그는 한 나라에서 다른 나라로 그의 자본 및 그것이 유지하는 산업을 옮겨버린다. 그의 자본의 어떤 부분이 건물이나 영구적인 토지개량에 투자되어 한 나라의 지표(地表)에 퍼질 때까지는 그 나라에 속한다고 말할 수 없다. 대부분의 한자(Hansa) 도시가 소유하고 있었다고 말해지는 거대한 부의 흔적은 13~14세기의 모호한 역사서에서만 남아 있다. 그리고 그 몇몇 도시들이 어디에 위치하고 있었는지, 그들에게 주어진 라틴어 이름이 유럽의 어떤 도시에 해당하는 것인지조차 불확실하다. 15세기 말과 16세기 초의 이탈리아의 불행〔희망봉과 신대륙의 발견에 의해 무역 중심지가 이동한 것〕은 롬바르디(Lombardy)와 터스커니(Tuscany)의 도시들의 상업·제조업을 크게 감소시켰지만, 그들 지역은 아직도 유럽에서 가장 인구가 조밀하고 잘 경작된 지역에 속한다. 플랑드르의 내전과 그것에 뒤이은 스페인의 통치는 앤트워프(Antwerp)·겐트(Ghent)·부뤼즈(Bruges)의 거대한 상업을 몰락시켰다. 그러나 플랑드르는 아직도 유럽에서 가장 부유하고, 가장 잘 경작되어 있으며, 인구가 조밀한 지역에 속한다. 전쟁과 정치로 조성된 보통의 대변혁은 상업으로부터만 나오는 부의 원천을 쉽사리 고갈시켜버린다. 농업의 더 건실한 개량으로부터 나오는 부의 원천은 더 오래 지속되며, 로마제국의 몰락 전후 얼마 동안 유럽의 서부지방에서 일어났던 것과 같은 적대적이고 야만적인 민족에 의해 1~2세기 동안 지속된 약탈과 유린으로 인한 격변에 의하지 않고는, 파괴될 수 없다.

제 4 편

정치경제학의 학설체계

“정치경제학(political economy)은 정치가나 입법자의 과학의 한 분야로, 두 개의 목적을 가지고 있다. 첫째 국민들로 하여금 스스로 충분한 수입 또는 생활자료를 얻을 수 있도록 하는 것이고, 둘째 공공서비스를 공급하는 데 충분한 수입을 국가에 제공하는 것이다. 즉, 정치경제학은 국민과 국가 모두를 부유하게 하려는 것이다.”

–제 4편 서론(p.517)–

“사실 그는 공공의 이익(public interest)을 증진시키려고 의도하지도 않고, 공공의 이익을 그가 얼마나 촉진하는지도 모른다. 외국 노동보다 본국 노동의 유지를 선호하는 것은 오로지 자기 자신의 안전을 위해서고, 노동생산물이 최대의 가치를 갖도록 그 노동을 이끈 것은 오로지 자기 자신의 이익(gain)을 위해서다. 이 경우 그는, 다른 많은 경우에서처럼, 보이지 않는 손(invisible hand)에 이끌려서 그가 전혀 의도하지 않았던 목적을 달성하게 된다. 그가 의도하지 않았던 것이라고 해서 반드시 사회에 좋지 않은 것은 아니다. 그가 자기 자신의 이익을 추구함으로써 흔히, 그 자신이 진실로 사회의 이익을 증진시키려고 의도하는 경우보다, 더욱 효과적으로 그것을 증진시킨다. 나는 공공이익을 위해서 사업한다고 떠드는 사람들이 좋은 일을 많이 하는 것을 본 적이 없다.

–제 4편 제 2장(p. 552)–

서 론

1. 정치경제학의 제1의 목적은 국민에게 생활자료를 공급하는 데 있다.

정치경제학(political economy)은 정치가나 입법자의 과학의 한 분야로, 두 가지 목적을 가지고 있다. 첫째 국민들에게 풍부한 수입이나 생활자료를 제공하는 것, 좀더 정확히 말하면, 국민들로 하여금 스스로 충분한 수입 또는 생활자료를 얻을 수 있도록 하는 것이고, 둘째 공공서비스를 공급하는 데 충분한 수입을 국가에 제공하는 것이다. 즉, 정치경제학은 국민과 국가 모두를 부유하게 하려는 것이다.[1)]

2. 이 목적을 위해서 이루어진 두 가지의 상이한 체계를 설명할 것이다.

시대와 국민이 상이함에 따라 국부(國富) 증진과정도 상이하게 됨으로써, 국민을 부유하게 하는 방

1) 『자본론』의 연구대상은 자본주의적 생산방식과 그것에 대응하는 생산관계 · 교환관계이며, 『자본론』의 최종목적은 부르주아사회의 경제적 운동법칙을 발견하는 것이다. 또한 『자본론』이 하나의 계급을 대변한다면, 그것은 자본주의적 생산양식의 타도와 모든 계급의 최종적 철폐를 자기의 역사적 사명으로 삼고 있는 프롤레타리아를 대변한다고 볼 수 있다. 『자본론』 제1권의 서문을 참조하라 —역자.

법과 관련하여 두 개의 상이한 정치경제학 체계가 나타났다. 하나는 중상주의(重商主義)라 부를 수 있고, 다른 하나는 중농주의(重農主義)라고 부를 수 있다. 나는 가능한 한 양자를 충분히 그리고 정확하게 설명하고자 하는데, 먼저 중상주의로부터 시작할 것이다. 중상주의는 현대적인 학설 체계이며, 우리 나라와 우리 시대에서 매우 잘 알려져 있는 것이다.

제1장
상업주의 또는 중상주의의 원리

1. 일상 용어에서는 부(富)와 화폐가 동의어로 생각되고 있다.

부(富)가 화폐 또는 금은으로 구성되어 있다는 것은 일종의 통속적인 견해이다. 이 견해는 화폐의 두 가지 기능, 즉 교환의 매개수단(媒介手段)이자 가치의 척도(尺度)라는 이중의 기능으로부터 자연스럽게 나오는 것이다. 화폐는 교환의 매개수단이기 때문에, 우리가 화폐를 가지고 있으면, 다른 어떤 상품을 사용할 때보다 더 쉽게 우리가 필요로 하는 것을 획득할 수 있다. 우리가 언제나 보듯이, 큰 문제는 화폐를 획득하는 것이다. 일단 화폐만 가지고 있으면 그 이후의 구매에는 어떤 어려움도 없다. 화폐는 가치의 척도이기 때문에, 우리는 한 상품과 교환되는 화폐의 양으로 그 상품의 가치를 측정한다. 우리는 매우 많은 화폐를 가지고 있는 사람을 부자라고 말하고, 매우 적은 화폐를 가지고 있는 사람을 가난한 사람이라고 말한다. 절약하는 사람이나 부자가 되려고 열망하는 사람을 우리는 화폐를 사랑하는 사람이라고 말하고, 부주의하고 대범하거나 낭비하는 사람을 우리는 화폐에 무관심한 사람이라고 말한다. 부유하게 되려면 화폐를 가져야 한다. 간단히 말해서, 부와 화폐는 통상적인 용어에서는 모든 측면에서 동의어로 간주되고 있다.

2. 이와 마찬가지로 타타르인들은 부는 가축으로 이루어져 있다고 생각했다.

부자(富者)와 마찬가지로 부국(富國)도 화폐가 많은 나라로 생각되고 있다. 어느 나라에서나 금은을 축적하는 것이 그 나라가 부유해지는 가장 빠른 길이라고 생각되고 있다. 아메리카의 발견 후 얼마 동안 스페인인들이 어떤 미지의 해안에 도착했을 때, 그들이 첫 번째로 흔히 하는 질문은 인근에 금은(金銀)이 있는가 하는 것이었다. 그들이 입수한 정보에 근거하여, 그들은 그곳에 정착할 만한 가치가 있는가 또는 정복할 만한 가치가 있는가를 판단했다. 프랑스 왕의 대사(ambassador)로서 유명한 칭기즈 칸의 아들 중 하나에게 파견되었던 수도승 플라노 카르피노(Plano Carpino)에 의하면, 타타르인들은 자주 자기에게, 프랑스 왕국에는 양과 황소가 많이 있는가라고 물었다고 한다. 그들의 질문은 스페인인들의 질문과 같은 목적의 것이었다. 그들은 프랑스가 정복할 만한 가치가 있을 정도로 부유한지를 알고 싶었던 것이다. 다른 유목민족과 마찬가지로 타타르인들 사이에도 화폐의 사용은 일반적으로 알려져 있지 않았으므로, 가축이 교역의 매개수단이자 가치의 척도였다. 그러므로 스페인인들이 부(富)는 금은으로 구성되어 있다고 생각했듯이, 그들은 부가 가축으로 구성되어 있다고 생각했다. 이 둘 중에서 타타르인들의 견해가 아마도 진실에 훨씬 더 가까울 것이다.

3. 로크는 금은을 국민의 부 중에서 가장 실재하는 부분이라고 생각하였다.

로크(Locke)는 화폐와 다른 동산(動産) 간의 차이에 대해 언급하고 있다. 다른 모든 동산은 쉽사리 소모되는 성질을 가지고 있기 때문에, 그것으로 이루어진 부는 크게 믿을 만한 것이 못 되며, 어떤 해에 그것이 풍부하였던 국민도, 전혀 수출을 하지 않더라도, 단지 그들 자신의 낭비·사치만에 의해 다음 해에는 그것이 크게 부족할 수도 있다. 이와는 반대로 화폐는, 이 손 저 손으로 옮겨다니

긴 하지만, 그 나라 밖으로 나가지만 않는다면, 쉽게 낭비되거나 소모될 수 없기 때문에 믿을 만한 친구이다. 그러므로 그에 의견에 따르면, 금은은 한 나라의 동산 가운데 가장 견고하고 실재하는 부분이며, 따라서 이 금속을 증가시키는 것은 경제정책의 큰 목적이 되어야 한다고 생각했다.

4. 다른 사람들은 해외에서 해군과 육군을 유지하기 위해 많은 화폐를 가지고 있어야 한다고 말한다.

다른 사람들도, 만약 한 나라가 세계로부터 분리될 수 있다면, 그 나라 안에서 유통하는 화폐가 얼마나 많은가는 전혀 중요하지 않다는 것을 인정한다. 그 화폐에 의해 유통되는 소비재는 더 많거나 더 적은 화폐와 교환될 뿐이며, 그 나라의 진정한 부 또는 가난은 전적으로 소비재의 풍부함 또는 부족함에 의존한다는 것을 그들은 인정한다. 그러나 다른 나라들과 관계를 맺고 있는 나라에서는, 그리고 외국과 전쟁을 하지 않을 수 없고, 따라서 먼 나라에서 해군과 육군을 유지하지 않을 수 없는 나라에서는 사정이 완전히 다르다고 그들은 생각한다. 그들에게 지불하기 위해 외국에 화폐를 보내지 않으면 안 되는데, 어떤 나라도 본국에 많은 화폐를 가지고 있지 않으면 많은 화폐를 외국에 보낼 수 없다는 것이다. 그러므로 이러한 나라는 유사시에 외국과 전쟁을 수행할 수 있는 자금을 확보하기 위해서 평시에는 금은을 축적하도록 노력해야 한다.

5. 그래서 모든 유럽의 나라들은 금은을 축적하려고 시도했다. 처음에는 수출을 금지함으로써 그렇게 했다.

이러한 통속적인 견해에 따라 유럽의 모든 나라들은 금은을 축적하기 위한 가능한 모든 수단들을 강구했지만 별로 효과가 없었다. 유럽에 금은을 공급하는 주요 광산을 소유하고 있는 스페인과 포르투갈은 무거운 벌금에 의해 그것의 수출을 금지하거나 수출에 상당한 세금을 부과했다. 이와 비슷한 금지조치는 과거에는 대부분의 다른 유럽 나라들이 취한 정책의 일부였던 것으로 보인다. 이 금지조치는 우리가 그것을 발견하리라고 전혀 기대하지 못했던 스코틀랜드의 의회 법률에서도 발견된다. 이 법률은 왕국 밖으로 금은을 가져나가는 것을 무거운 벌금으로 금지하고 있다. 이와 비슷한 정책이 과거에는 프랑스와 잉글랜드에서도 시행되었다.

6. 그러나 상인들은 이것이 불편하다는 것을 알았다.

그 나라들이 상업국이 되었을 때, 상인들은 많은 경우 이 금지조치가 매우 불편하다는 것을 알게 되었다. 그들은 자기 나라로 수입하거나 다른 외국으로 운송하기를 원하는 외국의 재화를 구매하는 데 있어 흔히 다른 상품보다는 금은으로 구매하는 것이 유리했다. 그리하여 그들은 이 금지조치가 무역에 해가 된다고 항의했다.

7. 그들이 불평한 이유는, 수출이 반드시 나라의 재고를 감소시키는 것이라고 할 수는 없다는 것이었다.

첫째, 그들은 외국의 재화를 구매하기 위해 금은을 수출하는 것은 왕국의 금은의 양을 반드시 감소시키는 것은 아니며, 그와 반대로 종종 그 양을 증가시키기도 한다고 설명했다. 왜냐하면, 외국재화의 소비가 국내에서 증가하지 않는다면 그 재화는 외국으로 재수출될 것이고, 그곳에서 많은 이윤을 남기고 판매되어, 재화를 구매하기 위해 처음 수출된 것보다 많은 금은을 가져올 것이기 때문이다. 먼(Mun)은 외국무역의 이러한 작용을 농업의 파종과 수확에 비유하고 있다. "만약 우리가 파종 시기에 농부가 많은 양질의 곡식을 땅에 뿌리는 행동만 본다면, 우리는 그를 농부라기보다는 미치광이로 생각할 것이다. 그러나 우리가 그의 노력의 끝맺음인 수확을 고려할 때, 우리는 그의 행위의 가치와 풍부한 증수(增收)를 발견할 것이다."

8. 다만 무역차액에 주의함으로써 금은을 국내에 보유할 수 있다고 주장했다.

둘째, 금은은 가치에 비해 부피가 적어서 외국으로 쉽게 밀수출될 수 있으므로, 그러한 금지조치가 금은의 수출을 막을 수 없다고 그들은 설명했다. 금은의 수출은 이른바 무역수지(balance of trade)에 적당한 주의를 기울임으로써만 저지될 수 있다고 그들은 설명했다. 즉, 한 나라가 수입한 것보다 많은 가치를 수출하면 무역수지는 흑자가 되며, 그 흑자는 반드시 금은으로 결제받아 돌아올 것이기 때문에, 본국의 금은의 양은 증가한다는 것이다. 그러나 그 나라가 수출한 것보다 큰 가치를 수입하면 반대로 무역수지가 적자로 되며, 이 적자는 반드시 동일한 방식으로 결제되어 나갈 것이기 때문에, 국내의 금은의 양은 감소할 것이다. 이러한 경우 금은의 수출금지는 금은의 수출을 막을 수는 없고 단지 금은의 수출을 더 어렵게 함으로써 더 많은 비용이 들게 할 뿐이라고 그들은 설명했다. 이리하여 환율은 무역적자를 낸 나라에 수출금지가 없을 경우보다 더욱 불리하게 된다. 왜냐하면, 외국에서 발행한 환어음을 인수한 상인〔재화 수입상인〕은 그것을 할인한 은행가〔수출업자가 발행한 환어음을 매입한 은행가〕에게, 화폐를 외국에 내보내는 데 따르는 자연적인 위험·수고·비용뿐만 아니라, 그러한 금지조치로부터 발생하는 특별한 위험에 대해서도 지불해야 하기 때문이다. 환율이 불리할수록 무역수지는 그 나라에 더욱 불리해진다고 그들은 말한다. 왜냐하면, 그 나라의 화폐는 무역차액을 결제받는 나라의 화폐에 비해 반드시 가치가 떨어지기 때문이다. 만약 잉글랜드와 네덜란드 사이의 환율이 예컨대 5% 정도 잉글랜드에 불리하다면, 네덜란드에서 은 100온스에 상당하는 환어음을 잉글랜드에서 결제하기 위해서는 은 105온스가 필요할 것이다. 그러므로 잉글랜드의 은 105온스는 네덜란드의 은 100온스의 가치밖에 없고, 이것에 비례하는 양의 네덜란드 재화를 구매할 수 있을 뿐이다. 반대로 네덜란드의 은 100온스는 잉글랜드의 은 105온스의 가치를 가지므로, 이것에 비례하는 양의 잉글랜드 재화를 구매할 수 있을 것이다. 네덜란드로 팔리는 잉글랜드 재화는 환율의 차이만큼 싸게 팔릴 것이며, 잉글랜드로 팔리는 네덜란드 재화는 그 차이만큼 비싸게 팔릴 것이다. 전자는 이 차이에 상당하는 만큼의 적은 네덜란드 화폐를 잉글랜드로 가져올 것이고, 후자는 이 차이에 상당하는 만큼의 많은 잉글랜드 화폐를 네덜란드로 가져갈 것이다. 그러므로 무역수지는 필연적으로 잉글랜드에 더욱 불리해지고 금은의 더 큰 차액이 네덜란드로 수출되어야 할 것이다.

9. 이런 논거의 일부는 궤변이었다.

이러한 논거들은 부분적으로는 옳지만 부분적으로는 궤변이다. 그들이 무역을 위한 금은의 수출이 그 나라에 흔히 유리하다고 주장하는 한에서는 옳다. 또한 사람들이 금은을 수출하는 것이 유리하다고 생각할 때는 어떠한 금지조치도 그 수출을 막을 수 없다고 주장하는 한에서는 역시 옳다. 그러나 금은의 양을 유지·증가시키는 것은 다른 유용한 상품량을 유지·증가시키는 것보다 정부의 많은 주의를 요구한다고 가정하는 것은 궤변이다. 왜냐하면, 무역의 자유만 유지된다면 정부가 주의하지 않더라도 그것들의 적절한 양을 공급해 줄 것이기 때문이다. 또한 높은(불리한) 환율이 무역적자를 반드시 증가시킨다거나 더 많은 양의 금은의 수출을 야기한다고 주장하는 것도 아마 궤변일 것이다. 사실 그러한 높은 환율은 외국에 화폐를 지불해야 하는 상인에게는 매우 불리하다. 그들은 외국에서 발행된 환어음을 자기들에게 제시한 은행가에게 훨씬 비싸게 지불하기 때문이다. 그러나 금지조치로부터 발생하는 위험은 은행가에게는 어떤 추가적인 비용을 부담시킬 수는 있지만, 그 나라로부터 더 많은 화폐를 반드시 유출시키지는 않는다. 왜냐하면, 이 비용은 모두 일반적으로 그 나라로부터 화폐를 밀수출하기 위해서 국내에서 지불되므로, 그 환어음의 액면금액 이외에 추가로 단돈 6펜스의 화폐수출도 야기할 수 없기 때문이다. 높은 환율은 또한 자연히 상인으로 하여금 이러한 높은 환율로 지불하는 것을 될수록 줄이기 위해 그들의 수입·수출이 거의 균형을 맞추도록 노력하게 만든다. 게다가 높은 환율은 필연적으로 외국 재화의 가격을 높임으로써 그것의 소비량을 감소시키는 일종의 세금으로 작용할 것이다. 그러므로 높은 환율은 무역수지 적자를, 따라서 금은의 수출을, 증가시키는 것이 아니라 감소시키는 경향이 있을 것이다.

10. 그러나 그들은 의회와 추밀원을 설득시켰다. 잉글랜드와 프랑스에서는 외국의 주화와 금괴의 수출이 허가되었으며, 네덜란드에서는 자국 주화의 수출까지 허가되었다. 부는 외국무역에 의해 획득된다는 것이 공인된 명제처럼 되었다.

그러나 사실이 이러함에도 불구하고 위의 논거는 그것을 듣는 사람들을 설득시켰다. 상인들은 의회·추밀원(樞密院: council of princes)·귀족·시골의 대지주들에게 이런 논리로 설명했다. 즉, 무역을 이해하는 사람들이 스스로 그것을 전혀 모른다고 생각하는 사람들에게 설명했다. 외국무역이 나라를 부유하게 만든다는 것은 상인만이 아니라 귀족과 시골의 대지주들까지 경험으로 이미 알고 있었다. 그러나 어떻게, 어떤 방식으로 그런 효과가 발생하는지에 대해서는 그들은 모두 잘 모르고 있었다. 상인들은 외국무역이 어떤 방식으로 자신들을 부유하게 하는지를 완벽하게 알고 있었다. 그것을 아는 것이 그들의 본업이었다. 그러나 외국무역이 어떤 방식으로 나라를 부유하게 하는지를 아는 것은 전혀 그들의 본업이 아니었다. 이 문제는, 그들이 외국무역 관련 법률의 변경을 자기 나라에 호소할 필요가 있는 경우를 제외하고는, 전혀 그들의 고려사항이 아니었다. 이때 그들은 외국무역의 유리한 효과에 대해, 그리고 그 효과가 그 당시의 법률에 의해 어떻게 방해받고 있는지에 대해, 무언가를 말해야 할 필요가 있었다. 그것을 판단해야 하는 재판관들에게는, 외국무역이 그 나라에 화폐를 가져온다는 것과, 그런데 문제의 법률이 없을 경우 외국무역이 가져올 수 있는 양(量)의 화폐를, 그 문제의 법률이 있음으로써 가져오는 것이 방해받고 있다는 것이, 그것에 대한 가장 만족스러운 설명으로 보였다. 그러므로 위와 같은 논의는 원하던 결과를 얻었다. 금은의 수출금지 조치는 프랑스와 잉글랜드에서는 자기 나라의 주화에 한정되었다. 외국 주화와 금은 덩어리에 대해서는 자유로운 수출이 허가되었다. 네덜란드와 다른 몇몇 나라에서는, 이 자유는 자기 나라의 화폐로까지 확대되었다. 정부의 관심은 금은의 수출을 경계하는 것으로부터 금은의 증감을 일으키는 유일한 원인인

무역수지의 감시 쪽으로 전환되었다. 정부의 관심은 하나의 쓸모없는 걱정으로부터, 훨씬 더 복잡하고 훨씬 더 당혹스럽지만 마찬가지로 쓸모없는, 다른 하나의 걱정으로 옮겨졌다. 먼(Mun)의 『잉글랜드가 외국무역에서 얻는 부(England's Treasure in Foreign Trade)』(1664년) 라는 저서는 잉글랜드뿐만 아니라 다른 모든 상업국의 경제정책의 근본 격언이 되었다. 상업 중에서 가장 중요한 국내상업, 즉 동일한 크기의 자본이 가장 큰 소득을 제공하고 그 나라의 국민에게 가장 많은 일자리를 창출하는 국내상업은 단지 외국무역의 종속물로 생각되었다. 국내상업은 나라 안으로 화폐를 가져오지도 않고 밖으로 수출하지도 않는다고 말했다. 그러므로 국내상업의 번영 또는 쇠퇴가 외국무역의 상태에 간접적으로 영향을 미치지 않는 한, 국내상업에 의해 한 나라가 부유해지거나 가난하게 될 수는 없다고 말했다.

11. 정부의 어떤 주의 없이도 금은은 수입될 것이다.

광산이 전혀 없는 나라는, 포도밭이 없는 나라가 포도주를 들여오는 것과 같이, 금은을 외국에서 가져와야 한다. 그러나 정부가 어느 한 가지보다 다른 한 가지에 더 많은 관심을 기울일 필요는 없는 것 같다. 포도주를 살 돈을 가진 나라는 필요로 하는 포도주를 언제든지 얻을 수 있을 것이다. 또한 금은을 살 수단(예: 포도주)을 가진 나라는 결코 금은의 부족을 겪지 않을 것이다. 금은은 다른 모든 상품과 마찬가지로 일정한 가격으로 구입되며, 금은이 다른 모든 상품의 가격이듯이, 다른 모든 상품은 금은의 가격이다. 우리는 정부의 개입 없이 무역의 자유에 의해 우리가 필요로 하는 포도주를 언제나 공급받을 수 있다는 것을 완전히 안심하고 믿어도 된다. 또한 무역의 자유에 의해 우리는 우리 상품을 유통시키거나 다른 용도에 사용할 금은을 언제나 공급받을 수 있다는 것을 마찬가지로 안심하고 믿어도 된다.

12. 유효수요가 있을 때는 금은은 다른 어떤 상품보다 더 쉽게 수입될 수 있다.

인간의 근로에 의해 구매하거나 생산할 수 있는 상품의 수량은 어느 나라에서나 자연히 유효수요(有效需要: effectual demand), 즉 상품을 생산해서 시장으로 가져오게 하는 데 지불해야 하는 지대·임금·이윤의 전부를 기꺼이 지불하고자 하는 사람들의 수요에 따라 자신을 조절한다. 그러나 어떠한 상품도 금은보다 더 정확하게 또는 더 쉽게 자신을 이 유효수요에 따라 조절하는 것은 없다. 금은은 부피는 작으면서 가치는 크기 때문에, 다른 어떤 상품보다도 더 쉽게 한 장소에서 다른 장소로, 값싼 장소에서 비싼 장소로, 유효수요가 부족한 지역에서 유효수요가 과잉인 지역으로 운반될 수 있기 때문이다. 예컨대 잉글랜드에 추가적인 수량의 금에 대한 수요가 있다면, 한 척의 우편선이 리스본 또는 금을 얻을 수 있는 어느 곳으로부터 500만 기니 이상을 주조할 수 있는 금 50톤을 가져올 수 있을 것이다. 그러나 만약 동일한 가치의 곡물에 대한 유효수요가 있다면, 그것을 수입하기 위해서는, 1톤에 5기니라면, 100만 톤을 실을 수 있는 선박 또는 각각 1,000톤을 실을 수 있는 선박 1,000척이 필요할 것이다. 그런데 잉글랜드의 선박은 이것을 감당하기에 불충분하다.

13. 금은의 양이 그 수요를 초과할 때 그것의 수출을 저지하는 것은 불가능하며, 공급이 유효수요에 따르지 못할 때 그것의 수입을 저지하는 것도 마찬가지로 불가능할 것이다.

한 나라에 수입된 금은의 양이 유효수요를 초과할 때에는 정부의 어떤 감시도 그것의 수출을 막을 수 없다. 스페인과 포르투갈의 모든 무시무시한 법률들도 그들의 금은을 국내에 남아있도록 할 수 없다. 페루와 브라질로부터 계속 수입되는 금은이 이들 두 나라의 유효수요를 초과함으로써 금은 가격이 이웃 나라들의 가격 이하로 떨어진다. 반면에, 다른 어떤 나라에서 금은의 양이 유효수요에 미달함으로써 금은의 가격이 이웃 나라들의 가격 이상으로 상승한다면, 정부는 그것을 수입하기 위해 어떤 수고도 할 필요가 없을 것이다. 그리고 정부가 금은의 수입을 막으려 하더라도 성공하지 못할 것이다. 스파르타인들이 금은을 구입할 수단을 가지게 되었을 때, 라케다이몬(Lacedaemon)에 그것이 들어오는 것을 금지한 리쿠르구스(Lycurgus)법에 의한 모든 장벽도 금은에 의해 돌파되고 말았던 것이다. 무시무시한 모든 관세법에 의해서도 네덜란드 동인도회사와 예테보리(Göteborg; Gothenburgh) 동인도회사의 차 수입을 막을 수 없었다. 왜냐하면, 그것은 영국 동인도회사의 차보다 약간 쌌기 때문이다. 그러나 1파운드 무게의 차는 최고가격이 은 16실링인데, 1파운드 차의 부피는 16실링 은화의 부피의 100배이며, 만약 동일한 가격을 금으로 지불한다면, 차의 부피는 2,000배 이상이나 된다. 따라서 금은을 밀수하는 것보다 차를 밀수하기는 그만큼 더 어려운 것이다.

14. 운송이 용이하다는 것이 금은의 가격을 균일하게 만든다.

금은은 풍부한 지역에서 부족한 지역으로 쉽게 운송될 수 있기 때문에, 금은의 가격은 대부분의 다른 상품 가격처럼 계속해서 변동하지 않는다. 대부분의 다른 상품들은 그 부피 때문에 한 시장에서 과잉이거나 과소하더라도 장소를 옮기기가 어렵다. 그러나 이들 금속의 가격은 사실 변동하지 않는 것은 아니지만 그 변동은 일반적으로 느리며, 점차적이고, 균일하다. 예컨대 유럽에서는, 근거도 별로 없으면서, 지난 세기와 금세기 동안 스페인령 서인도로부터의 계속적인 수입 때문에 금은의 가격이 끊임없이 점차적으로 하락해 온 것으로 가정되고 있다. 그러나 다른 모든 상품의 화폐가격을 현저하게 한꺼번에 인상시키거나 인하시킬 정도로 금은의 가격을 갑자기 변동시키기 위해서는, 아메리카의 발견에 의해 유발된 것과 같은 상업상의 혁명이 요구된다.

15. 만일 금은이 부족하게 되면, 지폐로써 그것을 대신할 수 있을 것이다.

이런 모든 사정에도 불구하고 금은이 그것을 구입할 수단을 가지고 있는 나라에서 부족하다면, 다른 어떤 상품의 부족을 보충하는 것보다 더 간편하게 금은을 대체할 방법이 있다. 제조업의 원료가 부족하면 산업은 정지되어야 한다. 식량이 부족하면 국민은 굶어야 한다. 그러나 화폐가 부족하면, 많은 불편은 따르겠지만, 물물교환이 그것을 대신할 것이다. 신용으로 매매하거나, 상인들이 한 달에 한 번 또는 일 년에 한 번 상호간의 대차관계를 결제한다면, 불편을 덜 겪고 화폐의 부족을 보충할 수 있을 것이다. 잘 관리되는 지폐를 대신 사용하면, 아무런 불편이 없을 뿐만 아니라 어떤 경우에는 더 좋은 점도 있을 것이다. 그러므로 모든 측면에서 볼 때, 한 나라의 화폐량을 유지·증가시키기 위해서 정부가 개입하는 것은 전혀 불필요하다.

16. 화폐부족에 관한 불평은 흔히 있으나, 이것은 돈을 빌리기가 곤란하다는 것을 의미할 따름이다.

그러나 화폐가 부족하다는 불평보다 더 일반적인 불평도 없다. 화폐는, 포도주와 마찬가지로, 그것을 구입할 수단도 없고 그것을 빌릴 만한 신용도 없는 사람에게는 언제나 부족할 수밖에 없다. 구입할 수단이나 신용 중 어느 하나라도 가지고 있는 사람이라면 그가 필요로 하는 화폐나 포도주가 부족하지 않을 것이다. 그러나 이런 화폐 부족에 대한 불평은 반드시 낭비벽이 심한 방탕가에 한정되어 있는 것은 아니다. 그것은 때로는 상업도시 전체에, 그리고 인근 농촌에 이르기까지 일반적인 현상이다. 과잉거래(overtrading)가 그것의 일반적인 원인이다. 건실한 사람이라도 그의 사업이 자기의 자본과 불균형을 이루면, 그의 소비가 그의 소득과 불균형을 이룬 방탕가와 마찬가지로, 화폐를 구입할 수단이 없거나 그것을 빌릴 만한 신용을 갖지 못하게 된다. 그의 사업이 완성되기 전에 그의 자본이 바닥나고, 따라서 신용을 잃게 된다. 그는 돈을 빌리기 위해 각처로 뛰어다니지만, 사람들은 그에게 빌려줄 돈이 없다고 말한다. 화폐 부족에 대한 일반적인 불평조차도 통상적인 숫자의 금은화가 그 나라에 유통하고 있지 않다는 것을 반드시 증명하는 것은 아니다. 금은화 대신 줄 것이 아무것도 없는 사람들이 금은화를 필요로 하고 있다는 것을 증명할 뿐이다. 상업이윤이 평상시보다 클 때, 대소 상인들은 과잉거래라는 오류를 범하게 된다. 그들은 평상시보다 많은 화폐를 외국에 보내는 것은 아니지만, 평상시보다 많은 재화를 본국과 외국에서 구입하고, 그 재화를 원격지 시장에 보내면서 채무상환 요구가 오기 전에 자금이 회수되리라고 기대한다. 자금회수 전에 상환요구가 오면, 그들의 수중에는 화폐를 구매할 수 있는 재화나 차입금에 대한 확실한 담보물로 제공할 것이 아무것도 없다. 화폐가 부족하다는 일반적인 불평을 유발하는 것은 금은의 부족이 아니라 위와 같은 사람들이 화폐를 빌리는 데 겪는 어려움, 그리고 채권자가 상환받는 데 겪는 어려움이다.

17. 화폐는 단지 국민자본의 작은 부분을 이루고 있을 뿐이다.

부(富)는 화폐, 즉 금은으로 이루어지는 것이 아니라 화폐로 구매하는 것으로 이루어진다는 것, 그리고 화폐는 구매하는 데 사용될 수 있기 때문에 가치가 있다는 것을 진지하게 증명하려고 하는 것처럼 어리석은 짓은 없을 것이다. 화폐는 의심의 여지 없이 언제나 국민 자본(national capital)의 일부를 이룬다. 그러나 그것은 일반적으로 국민 자본의 작은 부분을 이룰 뿐이며, 언제나 가장 수익성이 없는 부분을 이룬다는 것은 이미 밝혔다〔제2편 제2장을 참조하라〕.

18. 화폐는 단순히 교역의 매개수단에 불과하기 때문에 재화를 판매하기보다는 구매하기가 더 쉽다.

상인들이 일반적으로 재화로 화폐를 구입하는 것보다 화폐로 재화를 구입하는 것이 더 쉽다고 생각하는 것은, 부가 본질적으로 재화로 구성되어 있지 않고 화폐로 구성되어 있기 때문이 아니라, 화폐는 이미 알려진 확립된 교환의 매개수단이므로 그것과 교환으로 모든 재화가 쉽게 획득되지만 모든 재화가 똑같이 쉽게 화폐와 교환될 수는 없기 때문이다.[1] 게다가 대부분의 재화는 화폐보다 손상되기 쉬우며, 따라서 재화를 가지고 있음으로 해서 더 큰 손해를 입는 경

1) 화폐는 상품세계의 일반적 등가물(general equivalent)이기 때문에 모든 상품을 무조건 구매할 수 있다. 그러나 상품이 판매되어 화폐로 전환되는 것은 온갖 조건들에 의존한다. 그리고 상품은 판매되지 않는다면 무용지물이다. 따라서 마르크스는 상품의 판매를 '결사적인 도약'(salto mortale)이라고 부른다. 『자본론』 제1권 제3장 제2절(유통수단)을 보라 —역자.

우가 빈번하다. 재화를 손에 가지고 있는 경우에는, 그 재화의 가격〔즉, 화폐〕을 금고 안에 가지고 있는 경우에 비해, 상인은 화폐 지불요구에 쉽게 응할 수 없다. 또한 무엇보다도 그의 이윤은 구매로부터보다는 판매로부터 직접 나온다는 점이다. 이상의 모든 이유 때문에 상인은 일반적으로 화폐를 재화로 교환하기보다는 재화를 화폐로 교환하기를 갈망한다. 한 상인의 경우에는 그의 창고에 많은 재화를 가지고 있으면서도 그것을 제때에 팔지 못함으로써 파산할 수도 있지만, 한 나라의 경우에는 이러한 사고를 당하지 않을 것이다. 한 상인의 총자본은 화폐를 구입하기 위한〔판매를 위한〕, 손상되기 쉬운 재화로 구성되어 있는 경우도 흔히 있다. 그러나 한 나라의 토지·노동의 연간 생산물 중 아주 작은 부분만이 이웃 나라로부터 금은을 구입하도록 되어 있다. 더 큰 부분은 그 나라에서 유통되고 소비된다. 외국으로 보내지는 잉여 중에서도 더 큰 부분은 일반적으로 외국의 다른 재화를 구매하기 위한 것이다. 그러므로, 금은을 구매하기로 예정되어 있던 재화로 금은을 교환할 수 없다고 하더라도 그 나라는 파산하지 않을 것이다. 사실 약간의 손해와 불편을 겪을 수도 있고 화폐를 대체하는 데 필요한 편법을 강요받을 수도 있을 것이다. 그러나 그 나라의 토지·노동의 연간 생산물은 평상시와 같거나 거의 같을 것이다. 왜냐하면, 같거나 거의 같은 소비가능한 자본이 연간 생산물을 유지하기 위해 사용될 것이기 때문이다. 화폐가 재화를 끌어내듯이 쉽게 재화가 반드시 화폐를 끌어내는 것은 아니지만, 장기적으로는 화폐가 재화를 끌어내는 것보다 더 필연적으로 재화가 화폐를 끌어낸다. 재화는 화폐를 구매하는 것 이외에도 다른 많은 용도에 쓰일 수 있지만, 화폐는 재화를 구매하는 것 이외에는 다른 어떤 용도로도 사용될 수 없다. 그러므로 화폐는 필연적으로 재화를 찾아 쫓아가지만, 재화는 반드시 또는 필연적으로 화폐를 찾아 쫓아가는 것은 아니다. 구매하는 사람은 반드시 다시 팔려고 하지는 않고, 종종 직접 사용하거나 소비하려고 한다. 반면에, 판매하는 사람은 반드시 다시 구매하려고 한다. 전자는 종종 자기 사업의 전체를 마친 것이지만, 후자는 자기 사업의 반도 마치지 못한 경우가 종종 있다. 사람이 화폐를 원하는 것은 화폐 그 자체를 원해서가 아니라 그것으로 구매할 수 있는 것을 위해서이다.[2)]

19. 어떤 상품의 내구성은 그것을 필요 이상으로 축적할 이유가 되지 않는다.

소비재는 머지 않아 손상되지만, 금은은 더 큰 내구성을 갖고 있으므로, 계속 수출되지만 않는다면, 수 세대 동안 축적되어 그 나라의 진정한 부를 믿을 수 없을 정도로 증가시킬 것이라고 말하는 사람들도 있다. 그리고 이러한 내구적인 상품을 손상되기 쉬운 상품과 교환하는 무역만큼 한 나라에 불리한 것은 없다고 주장한다. 그러나 우리는 잉글랜드의 금속제품과 프랑스의 포도주를 교환하는 무역이 잉글랜드에 불리하다고는 생각하지 않으며, 또한 금속제품은 매우 내구적인 상품이고, 계속 수출되지 않는다면 오랫동안 축적되어 이 나라의 주방도구를 믿을 수 없을 정도로 증가시킬 것이라고 생각하지 않는다. 주방도구의 수는 어느 나라에서나 필연적으로 그것의 용도에 의해 제한된다는 것, 보통 소비되는 식료품을 요리하기 위해 필요한 것보다 더 많은 주방도구를 가지고 있는 것은 불합리하다는 것, 그리고 식료품의 양이 증가하면 그 증가분의 일부는 주방도구의 구입에 사용되거나 주방도구를 만드는 추가적인 노동자의 부양에 사용됨으로써 주방도구의 수는 식료품의 증가와 함께 곧 증가하게 된다는 것은 쉽게 이해할 수 있다. 또한 다음의 것도 쉽게 이해할 수 있다. 즉, 금은의 양은 어느 나

2) 사실상 스미스는 단순상품유통과 자본유통을 구별하지 못하고 있을 뿐만 아니라 단순상품유통을 논의의 중심에 두고 있다. 구매를 위한 판매, 즉 C－M－C는 단순상품유통에 해당하는 것이고, 판매를 위한 구매, 즉 M－C－M′은 자본유통에 해당하는 것이다. 자본유통에서는 상품을 화폐로 전환시키지 못한다면 잉여가치를 실현할 수 없으며, 따라서 화폐는 자본으로 기능하지 못하게 된다. 『자본론』 제1권 제4장(자본의 일반공식)을 참조하라 ―역자.

라에서나 금은의 용도에 의해 제한된다는 것, 금은의 용도는 주화로서 상품을 유통시키는 데 있거나 금은 식기와 같은 가정용품이 된다는 데 있다. 주화의 양은 유통되어야 하는 상품량의 가치에 의해 규제되며, 상품 가치가 증가하면 상품 중 일부는 상품을 유통시키는 데 필요한 추가적인 주화량(금은량)을 구매하기 위해 즉각 외국으로 보내진다는 것, 금은 식기의 수량은 그런 종류의 화려함을 즐기는 가정의 수(數)와 부(富)에 의해 결정되며, 그러한 가정의 수와 부가 증가하면 이 증가된 부의 일부는 추가적인 금은 식기류를 구매하는 데 사용될 것이라는 것, 불필요한 금은을 국내에 도입하거나 붙들어 놓음으로써 그 나라의 부를 증가시키려고 하는 시도는 가정에 불필요한 주방도구를 보유케 함으로써 가정의 기쁨을 증가시키려는 시도만큼이나 어리석다는 것이다. 불필요한 주방도구를 구입하는 비용은 가정의 식료품의 양·질을 증가시키기는커녕 감소시킬 것이다. 마찬가지로, 불필요한 금은을 구매하는 비용은 어느 나라에서나 국민에게 의식주를 제공하고 국민을 고용하는 데 사용될 부를 필연적으로 감소시킬 수밖에 없다. 반드시 기억하고 있어야 할 것은, 금은이 주화의 형태를 취하건 식기의 형태를 취하건, 주방 기구가 도구인 것과 마찬가지로, 도구라는 사실이다. 금은에 의해 유통·처리·제조되는 소비재를 증가시키면, 즉 금은의 사용(use)을 증가시키면, 틀림없이 금은의 양(量)은 증가할 것이다. 그러나 특별한 수단에 의해 금은의 양을 증가시키려고 한다면 틀림없이 금은의 사용을 감소시킬 것이고, 결코 사용이 요구하는 것보다 클 수 없는 금은의 양을 감소시킬 것이다. 금은이 사용에 요구되는 양 이상으로 축적되면 그것의 수송은 매우 쉽고, 그것을 사용하지 않고 유휴 상태로 보유하는 데 따르는 손실이 매우 크기 때문에, 어떠한 법률로도 그것이 곧 나라 밖으로 반출되는 것을 막을 수 없을 것이다.

20. 원격지에서의 전쟁을 수행하기 위해 금은의 축적이 필요한 것은 아니다.

한 나라로 하여금 외국과 전쟁을 수행하고 먼 나라에 함대·군대를 유지할 수 있게 하기 위해서 반드시 금은을 축적해야 할 필요는 없다. 함대·군대는 금은이 아니라 소비재에 의해 유지된다. 국내 산업의 연간 생산물, 즉 그 나라의 토지·노동·소비가능한 자본으로부터 나오는 연간 수입(年間收入: annual revenue)에 의해 먼 나라에서 그러한 소비재를 구매할 수 있는 수단을 가진 국민은 거기에서 외국과의 전쟁을 수행할 수 있다.

21. 그 전비(戰費)는 금은, 제조품, 천연생산물의 수출에 의해 지불된다.

한 나라는 세 가지 방식으로 먼 나라에서 군대의 급료를 지불하고 식료품을 구매할 수 있다. 첫째, 축적된 금은 중 일부를 외국에 보내거나, 둘째, 제조업의 연간 생산물 중 일부를 외국에 보내거나, 마지막으로 연간 천연생산물 중 일부를 외국에 보내는 것이다.

22. 금은은 유통 중의 화폐·가정의 금은제품 및 국고에 축적된 화폐로 구성되어 있다.

한 나라에 축적되거나 저장되었다고 생각될 수 있는 금은은 세 부분으로 구분될 수 있을 것이다. 첫째 유통화폐, 둘째 가정의 금은제품, 마지막으로 다년간의 절약에 의해 집적되어 국고(國庫)에 저장되어 있는 화폐이다.

23. 유통중의 화폐에서는 거의 절약될 수가 없다.

한 나라의 유통화폐에서 많은 양을 절약하는 것은 거의 있을 수 없는 일이다. 왜냐하면, 거기에는 많은 여분이 있을 수 없기 때문이다. 한 나라 안에서 매년 구입·판매되는 재화의 가치는 그것을 유통시키고 정당한 소비자들에게 분배하기 위해서 일정한 양의 화폐를 필요로 하고, 그 이상의 화폐를 필요로 하지 않는다. 유통의 수로(水路: channel)는 그것을 채우기에 충분한 금액을 필연적으로 끌어들이며, 그 이상은 받아들이지 않는다. 그러나 외국과의 전쟁이 있는 경우 일반적으로 이 수로로부터 약간은 인출된다. 외국에서 부양되는 사람이 많아지기 때문에 국내에서 부양되는 사람은 적어진다. 더 적은 재화가 국내에서 유통되며, 따라서 그것을 유통시키기 위해 더 적은 양의 화폐가 필요하게 된다. 또한 이러한 경우 각종 거대한 양의 지폐가, 예컨대 잉글랜드의 재무부증권·해군채권·은행권 등과 같은 지폐가 일반적으로 발행되어 유통하는 금은화를 대신함으로써 더 많은 양의 금은을 외국으로 보낼 기회를 제공한다. 그러나 이 모든 것은, 큰 비용이 들고 수년간 계속되는 외국전쟁을 수행하는 데 빈약한 재원을 제공할 수 있을 뿐이다.

24. 가정용 금은 제품은 결코 많은 이익을 가져오지 못했다.

가정의 금은 식기류를 용해시키는 것은 어느 경우에나 매우 무의미한 일이라고 인정되고 있다. 지난 전쟁의 초기에 프랑스가 이 방법에 의해 끌어낸 이득은 주조에 따르는 손실을 보상하기에도 부족했다.

25. 화폐를 국고에 쌓아두는 방법은 이미 포기되었다.

국고에 축적해 둔 금은은 이전에는 더 크고 더 오래가는 재원을 제공했다. 현재는, 프러시아(Prussia) 국왕을 제외하면, 금은을 국고에 축적하는 것은 유럽 군주들의 정책이 아닌 것으로 보인다.

26. 금세기의 대외전쟁은 유통 중인 화폐로써 지불되지 않았음이 명백하다.

아마도 유사 이래 최대의 경비가 들었을 금세기의 전쟁들을 유지한 재원은 유통중의 화폐나 가정의 금은제품이나 국고에 쌓여 있던 금은의 수출에 의지한 것 같지는 않다. 최근의 프랑스와의 전쟁〔1763년 파리조약으로 종결된 7년전쟁. 이 전쟁의 승리로 영국은 프랑스로부터 캐나다를 할양받았음〕은 영국에 9천만 파운드 이상의 비용이 들었다. 이 금액에는 새로 발행한 국채 7천 5백만 파운드뿐만 아니라, 토지세 1파운드당 2실링의 부가세 및 매년의 감채기금(sinking fund)으로부터의 차입금이 포함되어 있다. 이 비용 중 $\frac{2}{3}$ 이상이 독일·포르투갈·아메리카·지중해의 여러 항구·동인도·서인도 등 먼 외국에서 지출되었다. 잉글랜드의 왕들은 축적된 금은을 가지고 있지 않았다. 또한 우리는 거대한 양의 금은 제품이 용해되었다는 소리를 들어본 적도 없다. 유통하고 있는 금은은 1천 8백만 파운드를 넘지 않는 것으로 생각되었다. 최근 금이 재주조된 이후로 이 금액은 금은화의 유통량을 크게 과소평가하는 것처럼 보인다. 그러므로 내가 기억하는 가장 과장된 계산에 따라 그것이 3천만 파운드에 달했다고 가정하자. 전쟁을 우리의 화폐로 치렀다면, 이 계산에 따르더라도 우리 화폐 총량이 6~7년 사이에 적어도 두 번 반출되고 회수되었음에 틀림없다. 이렇게 가정한다면, 정부가 화폐량을 유지하기 위해 감시하는 것이 얼마나 불필요한 일인가를 보여주는 결정적인 논거가 될 것이다. 왜냐하면, 위의 가정에 따르면, 아무도 모르는 사이에 이 나라의 모든 화폐가 그렇게 짧은 기간에 두 번 이곳을 떠났다가 다시 이곳으로 돌아왔을 것이기 때문이다. 그러나 유통의 수로가 이 기간의 어느 때에도 평상시보다 더 비어 있었던 것처럼 보이지는 않았다. 지불할 수단을 가진 사람들 중에는 화폐를 원하는 사람이 없었다. 외국무역의 이윤은 전쟁기간에 평상시보다 컸고 특히 전쟁 말기에 그러했다. 언제나 그러한 것처럼, 전쟁은 영국의 모든 항구에서 일반적인 과잉거래를 야기했으며, 과잉거래에 언제나 따르는 화폐부족에 대한 통상적인 불평을 야기했다. 화폐를 구입할 수단도 없고 그것을 빌릴 신용도 없는 많은 사람들이 화폐를 원했다. 그리고 채무자가 빌리는 데 어려웠기 때문에 채권자는 상환받는 데 어려움을 겪었다. 금은에 대해 지불할 가치를 가지고 있었던 사람들은 일반적으로 금은을 그것들의 가치대로 획득할 수 있었다.

27. 그것은 상품으로써 지불되었다.

그러므로 최근 전쟁의 엄청난 비용은, 주로 금은의 수출에 의해서가 아니라, 이런저런 종류의 잉글랜드 상품의 수출에 의해 지불되었음에 틀림없다. 정부나 정부 대행자가 상인들과 해외송금 계약을 체결할 때, 그 상인은 당연히 자기의 외국거래처 앞으로 환어음을 발행하면서 그에게 금은보다는 상품을 보냄으로써 결제하려고 노력할 것이다. 잉글랜드 상품이 그 나라에서 수요되지 않으면 그는 그것을 다른 나라로 보내서, 거기에서 송금할 나라 앞으로 발행한 환어음을 결제하려고 노력할 것이다. 상품수출은 시장상황에 잘 맞을 때는 언제나 상당한 이윤을 가져온다. 그러나 금은의 수출은 이윤을 가져오는 경우가 거의 없다. 금은이 외국상품을 구매하기 위해 외국으로 보내지는 경우, 상인의 이윤은 외국상품의 구매로부터가 아니라 수입한 상품의 판매에서 발생한다. 금은이 오직 부채를 상환하기 위해 외국으로 보내지는 경우, 그는 수입상품을 얻지 못하며, 따라서 이윤도 얻지 못한다. 그러므로 그는 당연히 창의력을 발휘해서 자신의 외국부채를 금은보다는 상품의 수출에 의해 상환하는 길을 발견하려고 한다. 따라서 『나라의 현재 상태』(1768년)라는 책을 쓴 저자는 지난 전쟁기간 대량의 잉글랜드 상품이 수출되었지만, 그 대신 아무런 수입품도 들어오지 않았던 사실을 기술하고 있다.

28. 나라와 나라 사이에서 유통되는 금은괴의 일부를 사용할 수 있었지만, 그것은 상품으로써 구매되었음에 틀림없다.

위에서 언급한 세 가지 종류의 금은 이외에, 모든 대 상업국에는 외국무역의 수행을 위해 번갈아 수입·수출되는 많은 양의 금은 덩어리가 있다. 각 상업국들 사이를 유통하는 이러한 금은 덩어리를, 각 나라에서 유통하는 각국의 주화와 마찬가지로, 대(大) 상업공화국의 화폐(마르크스가 말하는 세계화폐)라고 간주할 수 있다. 한 나라의 주화의 동향(動向)이 그 나라 영토 안에서 유통하는 상품들에 의해 결정되는 것과 마찬가지로, 대 상업공화국의 화폐의 동향은 각국 사이에 유통하는 상품들에 의해 결정된다. 또한 한 나라의 주화는 그 나라 안의 개인들 사이의 교환을 용이하게 하는데, 대 상업공화국의 화폐는 각국의 개인들 사이의 교환을 용이하게 한다. 이 대 상업공화국의 화폐 중 일부는 지난 전쟁을 수행하는 데 사용되었을지도 모르며, 아마도 사용되었을 것이다. 전면적인 전쟁시에는 평화시와는 다른 운동·방향이 화폐에 부여된다는 것, 그리고 화폐는 전쟁지역에서 더 많이 유통하며 그곳이나 인근국에서 여러 군대의 급료·식량을 구매하는 데 더 많이 사용된다는 것을 가정하는 것은 타당하다. 상업공화국의 이러한 화폐 중 어느 정도를 영국이 매년 이러한 방식으로 사용했건, 그것은 영국상품으로, 또는 그것으로 구매된 다른 것으로, 매년 구매되었음에 틀림없다. 이러한 사실 때문에 전쟁수행을 가능하게 한 궁극적인 재원은 상품, 즉 이 나라의 토지·노동의 연간생산물이라는 것을 또다시 알게 된다. 그렇게 거대한 매년의 경비는 엄청난 연간생산물에 의해 지불되었음에 틀림없다고 가정하는 것은 타당하다. 예컨대 1761년의 경비지출은 1천 9백만 파운드 이상이었다. 어떠한 축적에 의해서도 이렇게 엄청난 연간지출을 지탱하지 못했을 것이다. 가장 정확한 계산에 따르면, 매년 스페인과 포르투갈로 유입되는 모든 금은은 6백만 파운드 스털링을 초과하지 못했는데, 이 금액으로는 지난 전쟁의 4개월분 비용도 거의 지불하지 못했을 것이다.

29. 더 정교한 제조품이 이 목적을 위해서는 가장 편리한 상품이다.

먼 나라에서 군대의 급료를 지불하거나 군대의 식량을 구매하기 위해, 또는 그것을 구매하는 데 사용될 상업공화국의 화폐 중 일부를 얻기 위해, 먼 나라로 수송하는 데 가장 적합한 상품은 더 정교하고 더 발전된 제조품일 것이다. 이런 제품은 작은 부피로 큰 가치를 가지며, 따라서 작은 비용으로 먼 거리까지 수출될 수 있다. 자기 나라의 산업이 이러한 제조품의 잉여를 매년 대량으로 생산해서 외국에 수출하고 있는 나라는, 상당한 양의 금은을 수출하지 않더라도, 아니 수출할 만큼 많은 양의 금은이 없더라도, 외국과의 값비싼 전쟁을 다년간 치를 수 있다. 이러한 경우 그 제조품의 연간 잉여분 중 상당한 부분은 수출되어야 하지만, 자기 나라로는 어떤 것도 가져오지 않는다. 그러나 상인에게는 그렇지 않다. 왜냐하면, 정부는 군대의 급료를 지불하고 그들의 식량을 구매하는 데 쓰기 위해서, 상인이 〔수출대금을 받기 위해〕 외국 앞으로 발행한 환어음을 구매하기 때문이다. 그러나 연간 잉여분 중 일부는 여전히 계속 외국의 재화를 국내로 가져올 것이다. 전쟁 중에 제조업자들은 이중의 요구에 직면한다. 첫째 군대의 급여와 식량의 조달 때문에 외국 앞으로 발행된 환어음〔수출상이 외국 수입상 앞으로 발행하고 정부가 구매했음〕의 내용을 채우는 데 필요한 수출용 재화들을 제조해야 할 것과, 둘째 자기 나라에서 보통 소비되는 수입품의 구매를 위해 필요한 재화를 제조할 것을 요구받는다. 그러므로 가장 파괴적인 외국과의 전쟁 중에 제조업의 대부분은 종종 크게 번창할 수 있다. 그리고 반대로 평화가 도래할 때 쇠퇴할 수 있다. 자기 나라가 파멸하고 있는 동안 번창할 수 있고, 번영이 도래할 때 쇠퇴할 수도 있다. 지난 전쟁기간과 평화가 온 뒤 얼마 동안 영국의 각종 제조업 분야가 처했던 여러 가지 상태는 방금 말한 것에 대한 실례가 될 수 있을 것이다.

30. 천연생산물은 불편하다.

비용이 많이 들고 오래 계속되는 외국과의 어떤 전쟁도 토지의 천연생산물의 수출에 의해 잘 수행될 수는 없다. 군대의 급료를 지불하고 식량을 구매할 수 있는 양의 천연생산물을 외국에 보내는 것은 비용이 너무 클 것이다. 게다가 자기 나라 주민들의 생활자료를 공급하기에 충분한 양보다 훨씬 많은 천연생산물을 생산하는 나라는 거의 없다. 그러므로 천연생산물의 많은 양을 외국으로 보내는 것은 국민의 필요 생활자료 중 일부를 외국으로 보내는 것이 될 것이다. 제조품 수출의 경우는 다르다. 국내 제조업에 고용된 국민을 유지하는 부분은 국내에 남고 잉여분만이 수출된다. 흄(Hume)은 과거의 잉글랜드 왕이 장기간의 전쟁을 중단없이 수행할 수 없었다는 점을 자주 지적하고 있다. 그 당시 잉글랜드는 토지의 천연생산물이나 조잡한 약간의 제조품을 제외하고는, 외국에 있는 군대의 급료를 지불하고 식량을 구매할 수단을 아무것도 갖고 있지 않았다. 그런데 토지의 천연생산물도 국내소비로부터 대량으로 절약할 수 없었고, 조잡한 제조품은 천연생산물과 마찬가지로 수송비가 너무 비쌌다. 이처럼 전쟁의 수행이 불가능했던 이유는 화폐의 부족이 아니라 더 정교하고 더 발전된 제조품의 부재 때문이었다. 구매와 판매는 현재와 마찬가지로 당시 잉글랜드에서도 화폐에 의해 이루어졌다. 유통 화폐량은 그 당시 보통 거래되던 구매·판매의 수와 가치에 비례했을 것이며, 그것은 현재도 마찬가지다. 물론 당시에는, 지금처럼 금은화를 많이 대체하고 있는 지폐가 없었기 때문에, 그 비율이 더 컸을 것이다. 상업과 제조업이 거의 알려져 있지 않은 국민들 사이에서는 군주는 비상시에 국민들로부터 상당한 자금을 끌어낼 수 없다. 그 이유는 뒤에서〔제5편 제3장에서〕 설명될 것이다. 그러므로 그러한 나라에서는 군주는 긴급사태에 대비하는 유일한 재원으로서 일반적으로 금은을 축적하려고 한다. 이러한 필요성과는 별도로, 그는 그러한 상태에서는 축적에 필요한 절약정신을 자연히 가지게 된다. 그러한 소박한 상태에서 군주의 지출은, 궁전의 호화로움을 즐기는 허영심을 만족시키는 데 쓰이는 것이 아니라, 그의 차지인에게 은혜를 베풀거나 가신을 환대하는 데 사용된다. 그런데 시혜와 환대는 낭비를 야기하는 경우가 거의 없지만, 허영심은 거의 항상 그러하다. 그러므로 모든 타타르 족장은 금은을 가지고 있다. 우크라이나에 있는 코사크인들의 족장이자 샤를 12세의 유명한 동맹자였던 마제파(Mazepa)는 엄청난 금은을 가지고 있었다고 한다. 메로빙 왕조(Merovingian)의 프랑스 왕들도 금은을 가졌다. 그들이 자녀들 사이에 왕국을 분할할 때는 금은도 역시 분할했다. 색슨의 제후들과 노르만 정복 후의 최초의 왕들도 역시 금은을 축적했던 것으로 보인다. 누구라도 새로 왕위에 올라 최초로 하는 일은 왕위계승을 안전하게 하는 가장 필수적인 방책으로서 전 왕(the preceding king)의 금은을 장악하는 것이 일반적이었다. 발달한 상업국의 군주는 이와 같이 금은을 축적할 필요가 없다. 왜냐하면, 그들은 자기의 국민들로부터 비상시에 특별한 자금을 끌어낼 수 있기 때문이다. 그들은 금은을 축적하려는 성향도 없다. 그들은 자연적으로, 아니 아마도 필연적으로, 시대의 유행을 따랐고, 그들의 지출은 낭비적인 허영심의 지배를 받았는데, 이런 허영심은 그들의 영지 안에 있는 모든 대지주의 행동을 지배했다. 궁전의 무의미한 장식이 날마다 더 화려해지는데, 그 비용은 축적을 방해할 뿐만 아니라 더 필요한 지출에 예정된 기금을 종종 잠식한다. 데르실리다스(Dercyllidas)가 페르시아의 궁전에 대해 말한 것은 유럽 여러 군주들의 궁전에도 적용될 수 있다. 그는 거기에서 많은 화려함을 보았지만 힘은 보지 못했으며, 많은 하인들을 보았지만 군인들을 보지는 못했다고 말했다.

31. 외국무역의 주된 이익은 금은의 수입이 아니라 국내에서 수요가 없는 잉여생산물을 외국에 내보내고, 국내에 수요가 있는 외국물건을 가져오는 데 있다.

금은의 수입은 한 나라가 외국무역으로부터 끌어내는 주된 이득도 아니며, 유일한 이득은 더더욱 아니다. 외국무역이 행해지는 지역 사이에서는 어디에서건 국민들은 외국무역으로부터 두 가지 이득을 끌어낸다. 외국무역은 그들의 토지·노동의 생산물 중 그들 사이에서 수요가 없는 잉여분을 반출하고 그대신 수요가 있는 다른 것을 가져 온다. 외국무역은 그들에게 남는 것을, 그들의 욕구를 만족시키고 그들의 향락을 증가시키는 데 사용될 다른 것과 교환함으로써, 그 잉여분에 가치를 부여한다. 따라서 국내시장의 협소함도 어떤 기예(技藝: art)나 제조업의 각 분야에서 분업이 최고도로 진행되는 것을 방해하지 않는다. 그들의 노동생산물 중 국내소비를 초과하는 어떠한 부분에 대해서도 넓은 시장을 개방함으로써, 외국무역은 그들로 하여금 생산력을 발전시키게 하고, 연간생산물을 최고도로 증가시키게 하며, 그리하여 사회의 실질수입과 부를 증가시키게 한다. 외국무역은 이러한 위대하고 중요한 일을 여러 나라에서 계속적으로 행하고 있다. 그들은 모두 외국무역으로부터 큰 이득을 끌어낸다. 특히 상인이 거주하는 나라는, 그가 다른 어떤 나라보다도 자기 나라에 부족한 것을 수입하고 남는 것을 반출하는 데 종사하기 때문에, 일반적으로 가장 큰 이득을 끌어낸다. 광산을 전혀 갖고 있지 않은 나라에게 그 나라가 필요로 하는 금은을 가져다 주는 것은 의심의 여지없이 외국무역의 역할 중 일부분이다. 그러나 그것은 가장 중요성이 적은 부분이다. 오직 이 금은의 수입을 위해 외국무역을 행하는 나라는 금은을 1세기 동안 한 척의 배에도 가득 채울 수 없을 것이다.

32. 아메리카의 발견이 유럽에 유익했던 것은 금은의 가격을 저하시켰기 때문이 아니고, 신시장을 개방하여 노동의 생산력을 개선했기 때문이다.

아메리카의 발견이 유럽을 부유하게 한 것은 금은의 수입에 의한 것이 아니다. 아메리카 광산이 풍부했기 때문에 금은의 가격이 싸졌다. 지금 한 벌의 금은 식기는 15세기에 비해서 $\frac{1}{3}$의 곡물, 즉 $\frac{1}{3}$의 노동으로도 구입할 수 있다. 동일한 연간노동·상품의 지출로 지금 유럽은 매년 15세기에 비해 세 배나 많은 금은제 식기를 구매할 수 있다. 그러나 한 상품의 판매가격이 통상 가격의 $\frac{1}{3}$로 싸지면, 이전에 그것을 구매하던 사람은 이전 분량의 세 배를 구매할 수 있게 될 뿐만 아니라, 이전보다 10~20배나 많은 사람들이 그것을 구매할 수 있게 된다. 그리하여 현재의 유럽에는 아메리카 광산이 발견되지 않았을 때보다 세 배 이상이 아니라 20~30배 이상이나 많은 금은제 식기가 있을지도 모른다. 지금까지 유럽은 의심의 여지없이, 비록 매우 사소한 것임에 틀림없지만, 실질적인 편의(conveniency)를 얻었다. 그러나 금은의 가격이 싸졌기 때문에, 금은은 화폐의 용도로서는 이전보다 적당하지 않게 되었다. 동일한 구매를 위해 우리는 더 많은 양의 금은을 가지고 다녀야 하며, 이전에는 1그로트(groat: 4펜스인 은화)면 살 수 있었던 것을 사기 위해 이제는 1실링을 호주머니에 넣고 다녀야 한다. 이 불편함과 그 반대의 편의(便宜) 중 어느 것이 더 사소한 것인지를 말하기는 어렵다. 전자도 후자도 유럽의 상태에 아무런 본질적인 변화를 가져올 수는 없었을 것이다. 그렇지만 아메리카의 발견은 확실히 가장 본질적인 변화를 야기했다. 그것은 유럽의 모든 상품에 새롭고 무궁무진한 시장을 개방함으로써, 옛날 상업의 좁은 영역에서는 생산물의 큰 부분을 흡수할 시장의 부족 때문에 일어날 수 없었던 새로운 분업·기술개량을 야기했다. 노동생산력은 발전했고, 유럽의 모든 나라에서 생산물이 증가했으며, 그와 함께 주민들의 실질 수입과 부가 증가했다. 유럽의 거의 모든 상품들은 아메리카에서는 새로운 것이었고, 아메리카의 많은 상품은 유럽에 새로운 것이었다. 그러므로 이전에는 생각지도 못했던 새로운 종류의 교환이 일어나기 시작했는데, 그것은 구대륙에 확실히 유리했던 것과 마찬가지로 신대륙에도 유리하다는 것을 자연스럽게 말해 주고 있다. 그러나 유럽인들의 야만적인 행동으로 말미암아, 모두에게 유익해야 했을 그 사건〔아메리카의 발견〕이 몇몇 불운한 나라의 주민들에게는 파괴적이고 파멸적인 작용을 했다.

33. 만일 동인도 무역이 자유로웠다면, 동인도 항로의 발견은 훨씬 더 유리했을 것이다. 은을 동인도로 수출하는 것은 유해하지 않다.

아메리카의 발견과 거의 동시에 발견한, 희망봉(the cape of Good Hope)을 경유해 동인도로 가는 항로는 더 먼 거리에도 불구하고 아메리카의 발견보다 외국무역에 더 넓은 무대를 열었다. 아메리카에는 모든 면에서 야만인들보다 우월한 나라는 오직 페루와 멕시코 두 나라뿐이었는데, 그들은 발견되자마자 파괴되었다. 그 나머지 나라는 야만인들이었다. 그러나 중국·인도·일본의 제국들(empires)과 동인도의 여러 나라들은, 풍부한 금광·은광을 갖고 있지 않았다는 점만 제외하고, 기타 모든 방면에서 페루·멕시코보다 더 부유했고, 경작이 잘 되고 있었으며, 모든 기술과 제조업에서 더 선진화되어 있었다. 비록 우리가 페루나 멕시코의 옛날 상태에 관한 스페인 저자들의 전혀 믿을 만한 가치가 없는 과장된 묘사를 믿는다고 하더라도 그렇다. 부유하고 문명화된 국민들은 언제나 야만인·미개인들과의 거래에서보다는 자기 자신들 사이에서 더 큰 가치를 교환한다. 그러나 유럽은 지금까지 아메리카와의 무역에서보다 동인도와의 무역에서 훨씬 적은 이득을 끌어냈다. 포르투갈인들은 약 1세기 동안이나 동인도무역을 독점했다. 유럽의 다른 나라들은 그들을 통해서 간접적으로만 동인도에 재화를 수출하거나 동인도로부터 재화를 수입할 수 있었다. 네덜란드는 지난 세기〔17세기〕의 초에 동인도를 침략하기 시작했을 때 모든 동인도 무역을 하나의 독점회사에 위임했다. 영국인·프랑스인·스웨덴인·덴마크인도 모두 네덜란드의 예를 따랐고, 그래서 유럽의 어떠한 대국도 동인도와의 자유무역의 이득을 누려본 적이 없다. 아메리카와의 무역이 동인도와의 무역에 비해 왜 그처럼 유리했는지에 대하여 다른 이유를 제시할 필요는 없을 것이다. 아메리카 무역은 유럽 각국과 그들의 아메리카 식민지 사이에서 모든 국민들에게 개방되어 있었기 때문이다. 이들 동인도회사의 배타적 특권(exclusive privileges), 그들의 거대한 부, 그들이 각자의 정부로부터 획득한 큰 특혜·보호는 많은 사람들에게 그들에 대한 많은 질투심을 불러일으켰다. 그런 질투심은 흔히 동인도회사의 무역은 본국으로부터 매년 많은 양의 은을 수출하기 때문에 매우 해롭다고 말하는 것으로 표현되었다. 그러나 동인도회사와 관련된 당사자들은, 자신의 무역이 이러한 계속적인 은 수출로 사실 유럽 전체를 가난하게 할 수는 있지만 본국을 가난하게 하는 것은 아니라고 대답했다. 왜냐하면, 동인도로부터의 수입상품의 일부를' 다른 나라로 수출함으로써 그들이 반출한 것보다 더 많은 양의 금은을 해마다 본국으로 가져오기 때문이라는 것이었다. 이런 항의나 답변 모두는 내가 지금까지 검토한 세속적인 견해에 근거를 두고 있다. 그러므로 그것들에 대해 더이상 설명할 필요는 없다. 해마다 동인도로 은을 수출함으로써 은제 식기는 그렇지 않았을 경우보다 유럽에서 약간 비싸졌을 것이고, 은화는 아마 더 많은 양의 노동·상품을 구매할 수 있게 되었을 것이다. 두 효과 중 전자는 아주 작은 손실이고, 후자는 아주 작은 이득이다. 양자 모두 사회의 이목을 끌만큼 중요하지는 않다. 동인도와의 무역은 유럽상품에게 시장을 제공함으로써, 또는 거의 같은 말이지만, 이들 상품으로 구매되는 금은에게 시장을 제공함으로써, 유럽상품의 연간 생산과 유럽의 실질적 부와 소득을 반드시 증가시키는 경향이 있다. 동인도무역이 지금까지 그것을 조금밖에 증가시키지 못한 것은 아마 동인도무역에 대한 제한(restraints) 때문일 것이다.

34. 처음에는 토지·가옥 및 소비가능한 재화를 부에 포함시켰던 저술가들도 뒤에 가서는 종종 그것을 잊어버린다.

지루하게 될 위험이 있음에도 불구하고, 나는 부(富)가 화폐, 즉 금은으로 구성된다는 통속적인 견해를 충분히 검토할 필요가 있다고 생각했다. 내가 이미 설명했듯이, 화폐는 보통의 용어에서는 종종 부(富)를 의미한다. 이러한 애매함이 통속적인 견해를 우리에게 친밀한 것으로 만들었기 때문에, 그것의 불합리성을 확신하고 있는 사람들조차 자기 자신의 원칙을 잊어버리고, 논리를 전개하는 과정에서 그 통속적인 견해를 확실하고 부정할 수 없는 진리로 받아들이기 쉽다. 상업에 관한 가장 우수한 영국의 저자들 중 약간은, 처음에는 한 나라의 부는 금은으로 이루어질 뿐만 아니라 또한 그 나라의 토지·가옥·온갖 종류의 소비재로 이루어진다고 말하는 것으로 시작한다. 그러나 논의를 진행하는 과정에서 토지·가옥·소비재는 그들의 기억에서 빠져나가 버리고, 그들의 논증은 종종 모든 부(富)가 금은으로 구성되는 것으로 가정하고는, 그 금은을 증가시키는 것이 국민적 산업과 상업의 큰 목적이라고 주장한다.[3)]

3) 마르크스에 의하면, 금은은 화폐로서 모든 상품을 직접적으로 언제나 구매할 수 있기 때문에 물질적 부의 일반적 대표물이다. 따라서 모두가 금은을 축적하려고 한다. 그런데 자본가는 수전노처럼 금은을 유통으로부터 끌어냄으로써 축적하지는 않는다. 자본가는 금은으로 생산수단과 노동력을 구매해 상품을 생산하고 그 상품을 판매함으로써 금은을 증식시키는 것이다. 다시 말해, 자본가는 금은, 즉 화폐를 끊임없이 자본으로 사용함으로써 가치증식을 도모하며, 이 과정에서 생산확대·기술증진·고용증대

35. 부는 금은으로 이루어진다고 생각했기 때문에 정치경제학은 수입을 감소시키고 수출을 장려하도록 노력했다.

그러나 다음과 같은 두 가지 원칙, 즉 부(富)는 금은으로 구성된다는 원칙과, 그런 금속은 광산이 없는 나라에서는 오직 무역차액에 의해, 또는 수입하는 것보다 큰 가치를 수출함으로써 얻을 수 있다는 원칙이 확립되었기 때문에, 국내소비를 위한 외국재화의 수입을 가능한 한 줄이고 국내산업의 생산물의 수출을 가능한 한 증가시키는 것이 필연적으로 경제정책의 주된 목적으로 된 것이다. 그리하여 한 나라를 부유하게 하는 두 개의 큰 엔진은 수입에 대한 제한조치와 수출에 대한 장려책이었다.

36. 수입제한 조치의 두 종류

수입에 대한 제한조치에는 두 종류가 있었다.

37. 국내에서 생산될 수 있는 것의 수입

첫째, 국내소비용 외국재화가 국내에서 생산될 수 있는 것이라면, 그것이 어디에서 수입되건 제한하는 것이다.

38. 무역수지가 본국에 불리한 특정국으로부터의 수입

둘째, 어떤 나라와의 무역수지가 본국에 불리하다고 생각되는 특정국으로부터의 거의 모든 종류의 재화 수입을 제한하는 것이다.

39. 수입제한 방법

그러한 제한은 때로는 높은 관세로, 때로는 완전한 금지로 이루어졌다.

40. 수출장려 방법

수출은 때로는 세금환불(稅金還拂: drawback)에 의해, 때로는 장려금에 의해, 때로는 외국과의 유리한 통상조약에 의해, 때로는 먼 나라에 식민지를 건설함으로써 촉진되었다.

41. 세금 환불

세금환불은 두 가지 경우에 주어졌다. 국내 제조품

· 소득증대 등이 나타나게 된다. 『자본론』 제1권 제3장(화폐 또는 상품유통)을 참조하라 —역자.

이 어떤 세금 또는 소비세를 무는 경우, 그것이 수출될 때 전부 또는 일부가 종종 환불되었다. 그리고 관세를 무는 외국재화가 재수출되기 위해 수입되었을 때, 재수출시에 이 관세의 전부 또는 일부가 때때로 환불되었다.

42. 장려금 지급

장려금은 어떤 신흥 제조업이나 특별한 장려를 할 가치가 있다고 생각되는 산업에 대해 주어졌다.

43. 유리한 통상 조약

유리한 통상조약에 의해 본국의 재화·상인은 외국에서 다른 나라의 재화·상인이 누리는 것 이상의 특권을 누렸다.

44. 식민지 건설

먼 나라에 식민지를 건설함으로써 그것을 건설한 나라의 재화·상인에게는 특권만이 아니라 독점권도 자주 주어졌다.

45. 이러한 제한과 장려에 대해서는 이하의 각 장에서 고찰할 것이다.

위에서 언급한 두 종류의 수입제한과 네 가지의 수출장려책은 중상주의체계가 한 나라의 무역수지를 흑자로 전환시킴으로써 그 나라의 금은의 양(量)을 증가시키기 위해 제안하는 여섯 가지의 주요 수단을 구성한다. 나는 이들 각각을 다음의 장(章)들에서 다룰 것이다. 그러나 그것이 화폐를 본국으로 가져오는 경향이 있다는 주장에 대해서는 더이상 주의를 기울이지 않고, 그들 각각이 본국의 연간 노동생산물에 미치는 영향을 주로 고찰할 것이다. 연간생산물의 가치를 증가시키는가 감소시키는가에 따라 그것들은 분명히 본국의 진정한 부와 소득을 증가시키거나 감소시키는 경향이 있는 것이다.

제2장

국내에서 생산될 수 있는 재화를 외국에서 수입하는 것에 대한 제한

1. 고율의 관세와 수입금지가 특정 국내산업에 독점권을 부여하는 것은 대단히 흔한 일이다.

국내에서 생산할 수 있는 재화의 수입을 높은 관세나 절대적 금지에 의해 제한함으로써 이 재화를 생산하는 국내산업은 국내시장에서 다소간 독점권을 보장받는다. 외국으로부터 생축(生畜: live cattle)이나 염장식품(鹽藏食品: salt provision)의 수입금지는 영국의 목축업자에게 국내시장에서 식용육의 독점권을 보장해 주었다. 작황이 꽤 좋은 해에 곡물의 수입에 수입금지에 상당하는 높은 관세를 부과하는 것은 곡물 생산자에게 동일한 이득을 준다. 외국산 모직물의 수입금지는 모직물 제조업자에게 동일한 이득을 준다. 견직업은, 비록 전적으로 외국원료만 사용한다고 하더라도, 최근 동일한 이득을 누리게 되었다. 마직업(麻織業)은 아직은 이런 이득을 얻지 못했으나, 그것을 얻기 위해 열심히 노력하고 있다. 다른 많은 분야의 제조업자들도 동일한 방식으로 영국에서 국민에게 불리한 완전독점권 또는 완전에 가까운 독점권을 얻었다. 영국으로의 수입이 절대적으로 또는 일정한 조건하에 금지된 재화들은 그 종류가 관세법에 정통하지 못한 사람들이 상상하는 것보다 훨씬 많다.

2. 이러한 독점은 특정 산업을 장려하지만, 산업 일반을 증진시키지도 않으며 그것에 최선의 방향을 제시하지도 않는다.

국내시장의 이와 같은 독점권은 그런 권리를 누리는 특정 산업을 종종 크게 장려할 뿐만 아니라, 독점이 없었을 경우 그것으로 향했을 것보다 더 큰 노동·자본을 그 산업으로 향하게 한다는 사실은 의심의 여지가 없다. 그러나 그런 독점권이 사회의 총노동을 증가시키거나 그것을 가장 유리한 방향으로 이끄는 경향이 있는가는 결코 그렇게 분명하지 않다.

3. 고용되는 사람의 수는 사회자본의 일정 비율을 넘을 수 없다.

사회의 총노동은 그 사회의 자본이 고용할 수 있는 것을 초과할 수 없다. 어느 한 개인이 고용할 수 있는 노동자의 수가 그의 자본과 일정한 비율을 유지하는 것처럼, 한 큰 사회의 모든 구성원들이 계속 고용할 수 있는 노동자의 수는 반드시 그 사회의 총자본과 일정한 비율을 유지하며, 결코 그 비율을 넘어설 수 없다. 어떤 상업 법규도 한 사회의 자본이 유지할 수 있는 한도를 초과해서 그 사회의 노동량을 증대시킬 수는 없다. 그 법규는, 그것이 없었을 경우 사용되지 않았을 방향으로 자본의 일부가 사용되도록 할 수 있을 뿐이며, 이러한 인위적인 방향이 자본이 스스로 투입되었을 방향보다 사회에 더욱 유익할 것인가는 결코 확실하지 않다.

4. 그리고 각 개인의 이해관계가 그로 하여금 사회에 대해서도 가장 유리한 자본사용 방법을 찾게 한다.

각 개인은 그가 지배할 수 있는 자본이 가장 유리하게 사용될 수 있는 방법을 찾으려고 부단히 노력한다. 사실, 그가 고려하는 것은 자기 자신의 이익이지 사회의 이익은 아니다. 그러나 자기 자신의 이익을 추구하는 것이 자연스럽게, 또는 오히려 필연적으로, 그로 하여금 사회에 가장 유익한 사용방법을 채택하도록 한다.

5. (1)그는 자본을 가능한 한 자기 집에서 가까운 곳에서 사용하려고 한다.

첫째, 각 개인은, 만약 자본의 보통이윤 또는 보통이윤보다 아주 작지 않은 이윤을 얻을 수만 있다면, 가능한 한 자기 집에서 가까운 곳에서, 따라서 가능한 한 본국 노동의 유지를 위해, 자기의 자본을 사용하려고 노력한다.

6. 도매상들은 그들의 자본을 가능한 한 중개무역보다는 대외 소비무역에 투자하려고 한다.

따라서 이윤이 같거나 거의 같다면, 모든 도매상들은 자연히 국내소비를 위한 대외무역(대외 소비무역)보다는 국내상업에 종사하고 싶어하며, 중개무역보다는 대외 소비무역에 종사하고 싶어한다. 국내상업에서는 자기 자본이 대외 소비무역에서 흔히 그런 것처럼 그렇게 오랫동안 자기의 감시를 벗어나지는 않는다. 그는 자기의 일을 믿고 맡긴 사람의 성격·상황을 더욱 잘 알 수 있고, 그가 속았을 경우에도 구제를 청구해야 하는 법률을 더 잘 알고 있다. 중개무역에서는 상인의 자본은 말하자면 두 외국에 분할되어 있고, 자본의 일부라도 반드시 본국으로 들어오는 것은 아니며, 또한 그 자신의 직접적인 감시·지배하에 있는 것도 아니다. 암스테르담 상인이 쾨니히스베르크(Königsberg: 동프로이센의 수도)의 곡물을 리스본으로 수송하고, 리스본의 과일·포도주를 쾨니히스베르크로 수송하는 데 투자한 자본은 일반적으로 반은 쾨니히스베르크에, 나머지 반은 리스본에 있어야 한다. 그의 자본의 어떤 부분도 암스테르담으로 돌아올 필요가 없다. 이러한 상인의 자연스러운 거주지는 쾨니히스베르크나 리스본이어야 하며, 어떤 특수한 사정이 있을 때에만 그는 암스테르담에 살고 싶어할 것이다. 그러나 자신의 자본으로부터 멀리 떨어져 있는 데서 느끼는 불안감 때문에, 그는 리스본 시장으로 향하는 쾨니히스베르크 상품의 일부와 쾨니히스베르크 시장으로 향하는 리스본 상품의 일부를 암스테르담으로 가져오도록 한다. 이렇게 함으로써 그는 선적비와 하선비(下船費: charge of unloading)를 이중으로 부담해야 하고, 또한 마찬가지로 조세와 관세를 지불해야 하지만, 자기 자본의 일부를 자기 자신의 감시·지배하에 두기 위하여 그는 기꺼이 이런 추가 부담을 진다. 이런 방식으로 중개무역에서 상당한 비중을 차지하는 나라들은 항상 그들이 중개무역을 하는 모든 다양한 나라들의 상품을 위한 중앙시장(emporium) 또는 종합시장이 된다. 상인은 두 번째의 선적비와 하선비 부담을 절약하기 위해 다른 나라들의 상품을 가능한 한 많이 국내시장에서 판매하려고 애쓰며, 따라서 가능한 한 그의 중개무역을 대외 소비무역으로 전환시키려고 힘쓴다. 마찬가지 방식으로, 대외 소비무역에 종사하는 상인도, 그가 해외시장에 팔 재화를 수집할 때, 같거나 거의 같은 이윤이라면 가능한 한 국내에서 많이 팔기를 원할 것이다. 이처럼 그가 대외 소비무역을 국내상업으로 전환시킬 수 있게 되면, 그는 수출의 위험과 수고를 덜게 된다. 이러한 방식으로 본국이 중심이 되고 국민들의 자본은 그 주위를 계속 순환하고 항상 그것을 향하여 흘러가게 된다. 비록 특수한 이유 때문에 자본들이 때때로 이 중심으로부터 밀려나와 먼 곳에 투자되는 수도 있기는 하지만. 그런데 국내상업에 투하된 자본은, 이미 본 바와 같이, 대외 소비무역에 사용된 동액의 자본보다 더욱 큰 양의 국내노동을 필연적으로 가동시키고, 본국의 더욱 많은 주민에게 수입·취업의 기회를 제공한다. 그리고 대외 소비무역에 사용된 자본은 중개무역에 사용된 동액의 자본보다 더욱 유리하다. 따라서 이윤이 같거나 거의 같다면, 각 개인은 자연히 그의 자본이 본국의 노동을 최대로 유지할 수 있고, 자기 나라의 최대 다수의 사람들에게 수입·취업의 기회를 줄 수 있는 방식으로 그의 자본을 사용하는 경향이 있다.

7. (2)그는 가능한 한 최대의 가치를 생산하려고 노력한다.

둘째, 본국 노동의 유지에 자기의 자본을 사용하는 각 개인은 반드시 그 생산물이 가능한 한 최대의 가치를 갖도록 노동을 인도하려고 애쓴다.

8. 그는 자기의 자본을 그 생산물이 최대의 가치를 가지는 노동에 사

노동생산물은 노동의 대상과 사용된 재료에 노동이 첨가된 것이다. 이 생산

용하려고 한다.

물 가치의 대소에 비례해서 고용주의 이윤이 크거나 작을 것이다. 그러나 어떤 사람이 자신의 자본을 사용해서 노동을 유지하는 것은 이윤을 얻기 위해서다. 따라서 그는 자기의 자본을, 그 생산물이 가장 큰 가치를 가질 수 있게 하는 노동, 즉 그 생산물이 가장 큰 양의 화폐나 다른 재화와 교환될 수 있게 하는 노동에 사용하려고 힘쓸 것이다.

9. 누구나 자신의 이익을 위해 일하지만, '보이지 않는 손'에 이끌려 의도하지 않았던 목적을 달성한다.

그러나 한 사회의 연간수입(revenue)은 그 사회의 노동의 연간 총생산물의 교환가치와 정확히 같다. 또는 오히려 그것의 교환가치와 정확히 동일한 것이다.[1] 따라서 각 개인이 최선을 다해 자기 자본을 본국 노동의 유지에 사용하고 노동생산물이 최대의 가치를 갖도록 노동을 이끈다면, 각 개인은 필연적으로 사회의 연간수입이 가능한 한 최대의 가치를 갖도록 노력하는 것이 된다. 사실 그는, 일반적으로 말해서, 공공의 이익(public interest)을 증진시키려고 의도하지도 않고, 공공의 이익을 그가 얼마나 촉진하는지도 모른다. 외국 노동보다 본국 노동의 유지를 선호하는 것은 오로지 자기 자신의 안전(security)을 위해서고, 노동생산물이 최대의 가치를 갖도록 그 노동을 이끈 것은 오로지 자기 자신의 이익(gain)을 위해서다. 이 경우 그는, 다른 많은 경우에서처럼, 보이지 않는 손(an invisible hand)에 이끌려서 그가 전혀 의도하지 않았던 목적을 달성하게 된다. 그가 의도하지 않았던 것이라고 해서 반드시 사회에 좋지 않은 것은 아니다. 그가 자기 자신의 이익을 추구함으로써 흔히, 그 자신이 진실로 사회의 이익을 증진시키려고 의도하는 경

---

1) 생산물의 가치는 생산수단의 가치와 노동력의 가치 및 잉여가치의 합과 같다. 따라서 임금 · 이윤 · 지대 등 수입〔또는 소득〕의 합계는 생산물의 가치보다 작다. 마르크스는 스미스가 상품의 교환가치를 노동력의 가치와 잉여가치로 분해하는 것을 '스미스의 도그마'(Smith's dogma)라 부르면서 비판하고 있다. 『자본론』 제2권 제3편(사회적 총자본의 재생산과 유통) 제19장 제2절(애덤 스미스)을 참조하라 —역자'

우보다, 더욱 효과적으로 그것을 증진시킨다. 나는 공공이익을 위해 사업한다고 떠드는 사람들이 좋은 일을 많이 하는 것을 본 적이 없다. 사실 상인들 사이에 이러한 허풍은 일반적인 것도 아니며, 그런 허풍을 떨지 않게 하는 데는 몇 마디 말이면 충분하다.

10. 그는 정치가보다 훨씬 더 잘 판단할 수 있다.

자기의 자본을 국내산업의 어느 분야에 투자하면 좋은지, 그리고 어느 산업분야의 생산물이 가장 큰 가치를 가지는지에 대해, 각 개인은 자신의 현지 상황에 근거해서 어떠한 정치가나 입법자보다 훨씬 더 잘 판단할 수 있다는 것은 명백하다. 민간인들에게 그들의 자본을 어떻게 사용하라고 지시하려는 정치가는 스스로 불필요한 수고를 할 뿐만 아니라, 어떤 한 개인에게 안심하고 위임할 수 없으며 어떤 위원회나 참의원(參議院: senate)에게도 안심하고 위임할 수 없는 권력을, 또한 자신만이 이와 같은 권력을 행사하기에 가장 적합하다고 생각하는 우둔하고 황당한 사람의 수중에 있을 때 가장 위험해지는 그런 권력을, 자신이 멋대로 휘두르려는 것이다.

11. 고율의 관세와 금지는 사람들로 하여금 외국으로부터 더 싸게 구매할 수 있는 것을 국내에서 생산하기 위해 자본을 사용하게 만든다.

국내의 특정한 수공업·제조업 제품에 대해 국내시장의 독점권을 부여하는 것은 어느 정도 각 개인에게 그들의 자본을 어떻게 사용해야 하는가를 지시하는 것으로, 거의 모든 경우, 쓸모 없거나 유해한 규제임에 틀림없다. 만약 국산품이 외래품만큼 싸게 공급될 수 있다면 이러한 규제는 명백히 쓸모 없다. 만약 그렇지 않다면, 이러한 규정은 일반적으로 유해하다. 현명한 가장(家長)의 좌우명은, 구입하는 것보다 만드는 것이 더욱 비싸다면 집안에서 만들려고 하지 않는다는 것이다. 재봉사는 자신의 구두를 만들려 하지 않고 제화공에게서 산다. 제화공은 자신의 의복을 만들려 하지 않고 재봉사를 이용한다. 농업자는 구두나 의복 어느 것도 만들려 하지 않고 다양한 수공업자를 이용한다. 그들 모두는 자기의 모든 노동을 자기가 이웃보다 잘한다고 생각하는 부문에 사용하고, 자기 생산물의 일부로써, 또는 같은 이야기지만 그것의 가격의 일부로써, 자기가 필요로 하는 것을 구입하는 것이 이익이라는 것을 발견한다.

12. 더 싸게 구매할 수 있는 것을 직접 만드는 것은 나라에 대해서나 개인에 대해서나 어리석은 짓이다.

모든 개별 가구에 대해서 현명한 행동이 대국에 대해서는 어리석은 행동이 될 수는 없다. 만약 외국이 우리가 스스로 제조할 때보다 더욱 값싸게 상품을 공급할 수 있다면, 우리가 비교우위를 가진 국산품의 일부로 그것을 사는 것이 유리하다. 이렇게 하더라도, 한 나라의 총노동은 그것을 고용하는 자본과 일정한 비례관계에 있기 때문에, 위에서 설명한 각종 수공업자들의 노동이 감소하지 않는 것과 마찬가지로 한 나라의 총노동도 감소하지는 않을 것이고, 다만 가장 유리하게 이용될 수 있는 방도를 찾게 될 것이다. 직접 제조하는 것보다 더 싸게 구매할 수 있는 상품으로 한 나라의 총노동이 향한다면, 총노동이 가장 유리한 방식으로 사용되는 것은 분명히 아니다. 그것이 분명히 더욱 가치가 있는 상품을 생산하는 것으로부터 벗어날 때, 연간 생산물의 가치는 분명히 다소 감소할 것이다. 가정(假定)에 의하면, 그 상품은 국내에서 생산하는 것보다 외국으로부터 구입하는 것이 쌌다. 따라서 그 상품은, 동등한 자본에 의해 고용된 노동이 그 자연적 과정을 따르도록 방임되었더라면 국내에서 생산했을 상품들의 오직 일부, 또는 같은 말이지만 그 상품들의 가격의 일부만 가지고도, 구입될 수 있었을 것이다. 결국 한 나라의 노동은 더욱 유리하게 사용될 수 있는 곳으로부터 덜 유리한 곳으로 전환되고, 그것의 연간 생산물의 교환가치는 입법자의 의도대로 증가하지 않고 규제에 의해 필연적으로 감소하게 될 것임에 틀림없다.

13. 이러한 규제에 의하여 때로는 어떤 제조업은 그렇게 하지 않았을 경우

사실 이러한 규제에 의해 특정제조업이 그런 규제가 없었을 경우에

보다 더 빨리 확립되는 수도 있지만, 그렇게 하는 것은 자본의 축적을 더 완만하게 할 것이다.

비해 더 빨리 확립될 수도 있고, 일정한 시간이 지난 뒤에는 외국과 같이 싸거나 더 싸게 국내에서 생산될 수도 있다. 그러나 사회의 노동이, 비록 이처럼 그런 규제가 없었을 경우에 비해 더욱 빨리 특정분야로 유리하게 전환된다고 하더라도, 사회의 노동이나 사회의 수입 총액이 이와 같은 규제에 의해 증대될 것이라고 말할 수는 결코 없다. 왜냐하면, 사회의 노동은 자본이 증가하는 비율에 따라 증가할 수 있을 뿐인데, 자본은 수입 중에서 점차 절약되어 저축되는 것에 비례해서만 증가할 수 있기 때문이다. 그런데 이와 같은 규제의 직접적인 효과는 그 사회의 수입을 감소시키는 것이고, 그리고 수입을 감소시키는 것이, 자본과 노동이 자연적인 용도를 찾도록 방임되었을 때 자연발생적으로 증가하는 것보다 더 빨리, 사회자본을 증가시킬 수는 분명히 없을 것이다.

14. 그 나라가 그러한 제조업을 전혀 확립하지 않았더라도, 그 부(富)는 항상 마찬가지일 것이다.

이러한 규제가 없음으로써 사회가 문제의 제조업을 가질 수 없다고 하더라도, 그 사회는 그 때문에 어느 한 기간 내에 필연적으로 더 가난하게 되는 것은 아니다. 사회 발전의 어느 한 시기에 사회의 모든 자본과 노동은, 비록 다른 대상에 대해서이긴 하지만, 당시에 가장 유리한 방식으로 사용되었을 것이다. 각 시기마다 그 사회의 수입은 그 사회의 자본이 제공할 수 있는 최대의 수입이며, 자본과 소득은 모두 가능한 최고의 속도로 증가했을 것이다.

15. 어떤 나라가 거대한 자연적인 이점을 거역하면서까지 노력해야 한다고 제의하는 사람은 아무도 없겠지만, 자연적인 것이든 노력으로 획득된 것이든 간에, 아무리 작은 이점이라도 그것을 거역하면서까지 노력한다는 것은 불합리하다.

특정 상품의 생산에서 다른 나라가 누리고 있는 자연적 이점이 한 나라에 비해 너무나도 크다면, 그 상품과 경쟁하는 것이 헛수고라는 것은 세상 사람들 모두가 인정하고 있는 바이다. 유리온실·온상·온벽을 설치함으로써 스코틀랜드에서도 매우 좋은 포도를 재배할 수 있고, 외국에서 수입하는 비용의 30배를 들이면 같은 품질의 훌륭한 포도주도 만들 수 있다. 스코틀랜드에서 클라레(claret)〔보르도산 붉은 포도주〕·부르고뉴(burgundy)〔부르고뉴산 붉은 포도주〕의 생산을 장려하기 위해서 외국산 포도주의 수입을 전면 금지시키는 것이 과연 합리적인 법인가? 수요되는 같은 양의 상품을 얻기 위해서 외국으로부터 살 때 필요한 것보다 30배나 많은 자국의 자본·노동을 들여서 그것을 국내에서 생산하려는 것이 명백히 얼빠진 짓이라면, $\frac{1}{30}$ 또는 심지어 $\frac{1}{300}$ 정도 더 많은 자본·노동을 들여서 그것을 국내에서 생산하려는 것 역시 앞에서처럼 뚜렷하지는 않아도 얼빠진 짓이란 점에서는 완전히 똑같다. 한 나라가 다른 나라에 대해 누리는 우위(advantage)가 천부적인 것이건 후천적으로 획득된 것이건, 그것은 여기서 중요하지 않다. 한 나라가 이러한 우위를 가지고 다른 나라가 그것을 가지지 못하는 한, 후자는 스스로 생산하기보다 전자로부터 구입하는 것이 항상 더 유리하다. 한 수공업자가 다른 업종에 종사하는 이웃에 대해 갖는 우위가 후천적으로 획득된 것일 때도, 양자는 자기의 업종에 속하지 않는 물건을 직접 만들어 가지려 하기보다 서로 상대방의 것을 사서 가지는 것이 유리하다는 것을 발견한다.

16. 상인과 제조업자는 고율의 관세와 금지에 의해 가장 많은 이익을 획득한다.

상인과 제조업자는 국내 시장의 이런 독점권의 최대의 수혜자들이다. 외국의 생축·염장 식품에 대한 수입금지와 외국곡물에 대한 높은 관세—작황이 괜찮은 경우에는 수입금지 조치와 같은 효과가 있다—등의 규제조치로 영국의 목축업자·농업자가 받은 혜택은, 동일한 종류의 다른 규제조치로 상인·제조업자들이 받은 혜택보다 훨씬 적었다. 제조품, 특히 매우 정교한 제조품은 곡물·생축보다 더욱 쉽게 한 나라에서 다른 나라로 운송된다. 따라서 외국무역이 주로 하는 일도 제조품을 사서 운반하는 것이다. 제조품의 경우 아주 작은 우위가 외국인으로 하여금 국내시장에서조차 우리 나라의 수공업자보다 더 싸게 팔 수 있게 한다. 그러나 토지의 천연생산물의 경우, 외국인이 그것을 국내시장에서 그렇게 팔기 위해서는 아주 큰 우위를 가져야 한다. 만약 외국 제조품의 자유로운 수입이 허용된다면, 일부 국내제조업은 아마도 고전하게 될 것이고, 일부는 완전히 파산할 것이며, 따라서 현재 제조업에 사용되고 있는 자본·노동의 상당한 부분은 다른 사업을 모색하지 않으면 안 될 것이다. 그러나 토지의 천연생산물의 경우에는 완전히 자유로운 수입이 허용되더라도 한 나라의 농업에 그와 같은 영향을 미칠 수는 없다.

17. 외국 생축의 자유로운 수입이 영국의 목축업자에게 큰 영향을 미치지 못한다.

예를 들어 외국 생축(生畜)의 수입이 매우 자유롭게 되더라도, 아주 적은 숫자만이 수입될 수 있을 것이며, 따라서 영국의 목축업은 거의 영향을 받지 않을 것이다. 살아 있는 가축은 육상수송비보다 해상수송비가 더 큰 유일한 상품일 것이다. 육로로 갈 때는 그들은 스스로 시장에 걸어간다. 해로(海路)로 갈 때는 가축뿐 아니라 사료와 물까지 같이 운반해야 하기 때문에 비용과 불편이 적지 않다. 사실 아일랜드와 잉글랜드 사이의 바다가 좁기 때문에, 아일랜드의 가축은 비교적 쉽게 수입될 수 있다. 최근 기간을 한정해서 허용된 아일랜드 가축의 자유로운 수입을 영구적으로 허용하더라도, 영국 목축업자의 이익에는 심각한 영향을 미치지 않을 것이다. 아일랜드 해(海) 인근의 영국 지역들은 모두 목축지대이다. 따라서 아일랜드의 생축이 이 지역들의 수요를 위해 수입될 수는 없고, 그곳의 광대한 지역을 지나서 적당한 시장에 도달해야 하는데, 그러려면 적지 않은 비용과 불편을 감수해야 한다. 살이 찐 가축은 멀리까지 몰고 갈 수 없다. 따라서 야윈 가축만이 수입되는데, 야윈 가축의 수입은 가축의 사육·비육(肥育: fattening)을 주로 하는 지역의 이익에 영향을 미치지 못하고—야윈 가축의 구입가격을 낮추어 주기 때문에 오히려 유리하다—, 가축의 번식을 주로 하는 지역의 이익에만 영향을 미치게 된다. 수입이 허가된 이후 수입된 아일랜드의 가축 수가 적었다는 사실과, 야윈 가축들이 계속 좋은 가격으로 팔리고 있다는 것은 아일랜드 가축의 수입자유화가 영국의 가축 번식을 주로 하는 지역들에도 크게 영향을 미치지 않았다는 것을 증명하는 듯하다. 사실은, 아일랜드의 서민 대중들은 가축의 수출을 가끔 격렬히 반대했다고 한다. 그러나 만약 수출업자들이 그 사업을 계속하는 데서 큰 이익을 보았다면, 법도 그들의 편이었으므로, 그들은 그러한 대중들의 반대를 손쉽게 진압할 수 있었을 것이다.

18. 그것은 험한 산지의 이익을 희생시킴으로써 개간된 평원지방의 이익이 된다.

이 밖에도, 번식을 주로 하는 지역은 일반적으로 미개간된 지역인 반면, 사육·비육을 주로 하는 지역은 매우 잘 개량되어 있다. 야윈 가축의 높은 가격은 미경지의 가치를 높임으로써 장려금과 같이 개량에 불리한 역할을 한다. 토지가 전체적으로 고도로 개량된 지역에게는, 야윈 가축을 수입하는 편이 가축을 번식시키는 것보다 더욱 유리할 것이다. 따라서, 네덜란드는 현재 이 원칙을 잘 따르고 있다고 한다. 스코틀랜드·웨일스·노섬벌랜드(Northumberland)의 산들은 사실 잘 개량될 수 없는 지역이므로, 천연적으로 영국의 가축 번식 지역이 되도록 운명지워진 것 같다. 외국 가축의 수입자유화가 이러한 번식 지역들에 미치는 영향은, 그들이 영국의 기타 지역의 인구 증가·진보를 이용해서 부당이득을 취하지 못하도록 막고, 자기들의 가축가격을 지나치게 높게 인상시키지 못하게 막고, 그리하여 국내의 더 잘 개량되고 경작된 지역 전체에 대해 사실상의 세금을 부과하는 것을 막는 것밖에 없을 것이다.

19. 염장 식품의 자유로운 수입 역시 목축업자에게는 별로 영향을 미치지 않을 것이다.

염장 식품, 즉 소금에 절인 식품의 자유로운 수입 역시 생축, 즉 살아 있는 가축의 경우와 마찬가지로, 영국의 목축업자의 이익에 거의 영향을 미치지 못할 것이다. 염장 식품은 부피가 매우 큰 상품일 뿐만 아니라, 신선한 고기와 비교해서 질은 떨어지고, 많은 노동과 비용이 들기 때문에 가격은 높은 상품이다. 따라서 수입 염장 식품은 본국의 염장 식품과는 경쟁이 될 수 있을지 몰라도 신선한 고기와는 경쟁이 되지 않는다. 그것은 먼 바다로 항해하는 배의 식료품이나 그와 유사한 용도에는 사용될 수 있으나, 일반인들의 식료품의 주요 부분이 될 수는 없다. 수입이 자유화된 이래, 아일랜드로부터 수입된 염장 식품이 소량이라는 것은 우리의 목축업자가 그것에 대해 걱정할 필요가 없다는 것을 증명한다. 또한 그것으로 인해 정육점의 고기 가격이 두드러질 정도의 영향을 받는 것 같지도 않다.

20. 외국곡물의 수입자유화가 영국 농업자에 미친 영향은 곡물수출 장려금의 그것보다 작다.

심지어 외국곡물의 수입자유화가 영국 농업자의 이익에 미친 영향도 별로 크지 않다. 곡물은 정육점 고기보다 부피가 훨씬 큰 상품이다. 1파운드 무게의 밀은 1페니이고, 정육점 고기 1파운드는 4펜스이다. 대흉작기에도 외국곡물의 수입량이 적었다는 사실은, 우리 나라의 농업자가 곡물의 가장 자유로운 수입에 대해 전혀 두려워하지 않아도 된다는 것을 믿게 해 준다. 곡물무역에 정통한 한 저자에 의하면, 곡물의 연간 평균수입량은 모두 합쳐 23,728쿼터에 불과한데, 이것은 연간소비량의 $\frac{1}{571}$을 초과하지 않는다. 그러나 곡물에 대한 수출장려금은, 풍년에는 장려금이 없다면 현실의 경작상태에서 이루어졌을 것보다 더욱 많이 수출하게 만들고, 흉년에는 더욱 많이 수입하게 만든다. 수출장려금 때문에, 풍년이 든 해의 잉여분이 이월되었다가 흉년이 든 해의 부족분을 보전하지 못하게 되고, 그리하여 평균수출량이 늘어나는 것과 마찬가지로 평균수입량도 늘어난다. 만약 장려금이 없다면, 매년 평균해서 계산할 때, 현재보다 적은 양이 수출될 것이고 따라서 적은 양이 수입될 것은 명백하다. 영국과 외국 사이에서 곡물무역을 하는 상인은 장사 규모가 줄어 크게 손해를 볼 수 있으나, 농촌의 대지주나 농업자는 거의 손해를 보지 않을 것이다. 따라서 장려금의 갱신·지속을 가장 열망하는 사람들은 농촌의 대지주·차지농이라기보다는 곡물상인이다.

21. 시골의 지주와 농업자들은 상인과 제조업자들보다 독점의 정신에 덜 물들어 있다.

국민들 중에서 농촌의 대지주·차지농이 비열한 독점욕에 가장 적게 물들어 있는데, 이것은 그들의 크나큰 명예이다. 대제조업의 경영자는 동종 산업의 공장이 20마일 거리 안에 세워지면 놀라게 된다. 아베빌르(Abbeville)의 네덜란드 양모업자는 그 도시의 30마일 이내에 동종 산업의 공장설립을 허가해 주지 말 것을 요구했다. 반대로, 차지농과 대지주는 일반적으로 이웃 농장·소유지의 경작·개량을 반대하기보다는 그것을 촉진시키려고 한다. 그들은 대부분의 제조업자들이 가지고 있는 그런 비법(secrets)을 가지고 있지 않으며, 일반적으로 이웃과 교류하기를 좋아하고, 유리한 것으로 판명된 새로운 기술을 가능한 한 널리 전파시키려고 한다. 늙은 카토(Cato)는 다음과 같이 말한다. "농업은 사람들로부터 가장 존경받는 직업이며, 이 직업에 종사하는 사람은 생활이 가장 안정되어 있고, 남들의 질투를 가장 적게 받으며, 불평불만이 가장 적다"라고. 대지주와 농업자는 전국 각지에 흩어져 살기 때문에 상인·제조업자들처럼 쉽게 단결할 수도 없다. 상인·제조업자들은 도시에 모여 있고, 그들 사이에 성행하는 배타적인 동업조합 정신에 습관이 되어 있기 때문에, 그들 각자의 도시 주민들에 대해서 일반적으로 가지고 있는 배타적 특권을 모든 국민들에 대해서도 획득하려고 노력한다. 따라서 그들은 외국상품의 수입에 대한 각종 제한을 최초로 생각해낸 사람들로 보이며, 그러한 제한은 그들에게 국내시장에 대한 독점권을 보장해주는 것이다. 영국의 대지주·차지농이 자기들의 천성적인 관대함을 잊어버리고 곡물·식용육을 국민들에게 공급하는 배타적인 특권을 요구하게 된 것은 아마도 상인이나 제조업자를 모방한 것이고, 자기들을 억압하려 하는 그런 사람들과 동등하게 되려고 했기 때문이다. 대지주·차지농은 아마도, 자유무역이 자기들의 이익에 미치는 영향이 자기들이 모방하려는 사람들의 이익에 미치는 영향보다 훨씬 적다는 것을, 고려할 시간이 없었던 것 같다.

22. 외국의 곡물과 가축의 수입 금지는 인구를 억제한다.

외국의 곡물·가축의 수입을 법률로 영구히 금지하는 것은, 사실상 입법을 통해 한 나라의 인구와 노동은 언제나 그 나라 토지의 천연생산물이 유지할 수 있는 한도를 초과해서는 안 된다고 규정하는 것이다.

23. 다만 두 가지 예외가 있다.

그러나 국내산업의 진흥을 위해 외국 산업에 부담을 주는 것이 유리한 경우가 두 가지 있는 것 같다.

24. (1)해운업과 같이 특정 산업이 국방상 필요할 경우, 그러한 산업은 항해조례에 의해 적절히 장려되고 있다.

첫번째는, 특정 산업이 국방을 위해 필요한 경우이다. 예를 들어 영국의 국방은 선원·선박의 수에 크게 의존하고 있다. 그러므로 외국 선박에 대해 때로는 절대적으로 금지하는 방법으로, 때로는 무거운 세금을 부담시키는 방법으로, 항해조례(the act of navigation)〔1651년 제정〕가 영국의 선원·선박에게 영국 해운업의 독점권을 주려고 한 것은 지극히 정당하다. 이 법의 주요 규정들은 다음과 같다.

25. 선주·선장·선원의 $\frac{3}{4}$이 영국인일 것.

첫째, 선주·선장·선원의 $\frac{3}{4}$이 영국인이 아닌 선박은 영국령 식민지·정착지와 무역을 할 수 없고, 영국의 연안무역에 종사할 수 없다. 이 규정을 어기면 선박과 화물은 몰수당한다.

26. 상품 생산국의 선박으로 그 선주·선장·선원의 $\frac{3}{4}$이 그 나라 사람일 것.

둘째, 여러 종류의 부피가 큰 수입품은 위에서 말한 선박에 의하거나, 그 상품생산국의 선박으로서 선주·선장·선원의 $\frac{3}{4}$이 그 나라 사람인 선박에 의해서만 영국으로 들어올 수 있으며, 후자의 선박으로 수입되는 경우 수입품은 두 배의 외국인 관세를 물어야 한다. 다른 국적선(國籍船)에 의한 수입의 경우 선박과 화물은 몰수된다. 이 법이 시행되었을 때 네덜란드인들은, 지금도 그렇지만, 유럽 최대의 운송국이었는데, 이 규정에 의해 영국에 대한 화물운송, 즉 다른 유럽나라의 화물을 우리나라로 수입하는 것으로부터 완전히 배제되었다.

27. 상품생산국으로부터 직접 수입할 것.

셋째, 극히 다양한 종류의 부피가 큰 수입품은, 비록 영국의 선박을 이용하더라도, 그것의 생산국으로부터가 아니면 어떤 나라로부터도 수입이 금지되며, 이것을 위반할 경우 선박과 화물은 몰수된다. 이 규정 역시 네덜란드인을 염두에 둔 듯하다. 네덜란드는, 지금도 그렇지만 그 때에도, 모든 유럽 상품들의 최대 중심시장이었는데, 이 규정으로 말미암아 영국선박은 네덜란드에서 다른 유럽 나라의 재화를 선적하는 것이 금지되었다.

28. 영국 배로 포획되지 않은 어류의 수입에는 무거운 관세가 부과되었다.

넷째, 영국 선박에 의해 포획되어 영국 선박 위에서 가공되지 않은 모든 종류의 소금에 절인 어류, 고래의 지느러미와 뼈와 기름과 지방이 영국으로 수입될 경우, 두 배의 외국인 관세가 부과된다. 네덜란드인들은, 지금도 주요한 어업국이지만, 그 당시에는 외국에 어류를 공급하려고 시도한 유일한 어업국이었다. 이 규정으로 인하여 그들이 영국에 공급할 때는 극히 무거운 부담을 지게 되었다.

29. 이 법령이 제정된 것은 반감 때문이었지만 현명한 법률이다.

항해조례(act of navigation)가 만들어졌을 때 잉글랜드와 네덜란드는 실제 전쟁상태는 아니었으나 양국간에 매우 격렬한 적대감이 존재했다. 이 적대감은 이 법을 제정한 장기의회(Long Parliament: 1640~60년)의 치하에서부터 시작되었고, 그 뒤 곧 크롬웰과 찰스 2세의 치세 중에 네덜란드와의 전쟁으로 폭발하게 되었다. 이 유명한 조례의 일부 규정이 국민적 적대감으로부터 나왔다는 것은 있을 수 있는 일이다. 그러나 그것들은 가장 사려깊은 지혜로 만들어진 것처럼 현명하다. 그 특정 시기에 국민적 적대감은 가장 사려깊은 지혜를 가진 사람이 추천했던 것과 똑같은 목적, 즉 영국의 안전을 위협하는 유일한 해상국인 네덜란드의 해군력을 감축시키는 것에 모아졌던 것이다.

30. 그것은 외국 상업에는 불리한 것이다.

항해조례는 외국무역이나 그것을 통해 생길 수 있는 부(富)의 증진에 유리한 것은 아니다.

외국과의 상업적 관련을 가진 국민의 이익은, 다른 사람과 거래하는 상인과 마찬가지로, 가능한 한 싸게 사고 비싸게 파는 것이다. 그러나 가장 싸게 살 수 있는 것은 완전한 자유무역을 통해 모든 나라들로 하여금 그들이 생산한 재화를 자기 나라로 가져오도록 장려할 때이며, 마찬가지 이유로, 가장 비싸게 팔 수 있는 것은 자기 나라의 시장이 가장 많은 구매자들로 붐빌 때이다. 사실 항해조례는 영국산업의 생산물을 수출하기 위해 들어오는 외국선박에 대해서는 어떠한 부담도 부과하지 않는다. 심지어 모든 수출입 상품에 대해 부과되어 온 이전의 외국인 관세도 몇몇 후속조례에 의해 대부분의 수출상품에 대해서는 면제되었다. 그러나 외국인들이 수입금지나 높은 관세 때문에 영국에 판매할 수 없게 되면, 그들은 영국에서 구매할 수도 없다. 왜냐하면, 화물을 싣지 않고 빈 배로 영국에 오는 경우, 그들은 자기들 나라에서 영국까지 오는 운임을 손해볼 것이기 때문이다. 이처럼 우리는 외국인 판매자의 수를 줄임으로써 필연적으로 외국인 구매자의 수를 줄이게 되며, 자유무역이 더 완전할 경우에 비해 외국상품을 더 비싸게 살 뿐만 아니라 우리의 상품을 더 싸게 팔게 될 것이다. 그러나 국방이 풍요보다 훨씬 더 중요하기 때문에, 항해조례는 아마도 영국의 모든 무역규제 중에서 가장 현명한 규제일 것이다.

31. (2)국내제조업 생산물에 대한 유사한 조세가 존재할 경우에도 그러하다.

국내산업을 진흥시키기 위해 외국산업에 부담을 주는 것이 일반적으로 유리한 두 번째의 경우는, 국내산업의 생산물에 대해 국내에서 세금이 부과되고 있을 때이다. 이 경우 외국의 동종 상품에 대해 동일한 세금이 부과되어야 하는 것은 합리적이다. 이것은 국내산업에게 국내시장의 독점권을 주는 것도 아니며, 특정 산업분야로 일국의 자본·노동의 더 큰 부분을, 당연히 거기로 가게 될 것보다 더 큰 부분을, 전환시키는 것도 아니다. 그 세금은 자연히 거기로 가게 될 자본·노동의 일부가 더 부자연스러운 방향으로 가는 것을 저지할 뿐이고, 국내외 산업간의 경쟁을 가능한 한 그 이전 상태로 돌리려는 것뿐이다. 영국에서는 국내산업의 생산물에 이같은 세금이 부과되고 있을 때, 국내 상인·제조업자들이 외국상품이 국내에서 더 싸게 팔릴 것이라고 불평하는 것을 막기 위해서, 동종의 외국상품의 수입에 대하여 동시에 중과세하는 것이 일반적이다.

32. 어떤 사람들은 이 원리는 국내에서의 생활필수품에 대한 과세와 평형시키기 위해 수입에 대한 일반적 과세를 정당화하는 것이라고 한다.

무역의 자유에 대한 이러한 두 번째 제한은, 어떤 경우에는, 국내에서 과세되는 상품과 경쟁할 특정 외국상품에만 국한할 것이 아니라 더 확대되어야 한다고 어떤 사람들은 주장한다. 그들의 주장에 의하면, 일국에서 생활필수품이 과세되었을 때, 외국에서 수입되는 유사한 생활필수품뿐만 아니라 국내산업의 생산물과 경쟁이 가능한 모든 종류의 외국상품에도 과세하는 것이 합당하다. 왜냐하면, 생필품에 대한 과세로 인해 생계비는 반드시 등귀할 것이며, 노동가격〔임금〕은 노동자의 생계비와 함께 항상 올라갈 것이기 때문이다. 이리하여 직접적으로 과세되는 것은 아니지만 국내에서 생산되는 모든 상품은 이와 같은 과세에 의해 등귀한다. 왜냐하면, 그 상품을 생산하는 노동이 등귀하기 때문이다. 따라서 그들에 따르면, 생필품에 대한 과세는 실제로 국내의 모든 상품에 과세하는 것과 같다. 그러므로 외국산업과 국내산업을 같은 기반에 두기 위해서는, 국내상품과 경쟁하게 될 외국상품에 대해서도 국내상품의 가격등귀 폭만큼의 관세를 부과하는 것이 필요하다고 그들은 생각한다.

33. 그러나 거기에는 차이가 있다.

영국의 경우 비누·소금·가죽·양초 등과 같은 생활필수품에 세금을 부과하는 것이 노동가격을 등귀시키고, 따라서 다른 모든 상품가격을 등귀시키는지에 대해서는 조세를 다루는 부분〔제5편 제2장 제2절 4의 2〕에서 고찰하겠다. 그러나 이와 같은 조세가 이러한 효과를 가진다고 하더라도(이것은 의심의 여지 없는 사실이다), 노동가격이 등귀함에 따라 모든 상품가격이 일반적으로 오르는 것은, 특정상품에 세금이 직접적으로 부과되어 그 가격을 올리는 경우와는, 다음의 두 가지 측면에서 다르다.

34. (1)생활필수품에 대한 과세의 영향은 정확하게 알 수 없다.

첫째, 특정 상품에 대한 직접적인 과세에 의해 그 상품가격이 얼마만큼 등귀하는가는 매우 정확하게 알 수 있으나, 노동가격의 일반적 상승이 노동이 사용된 다양한 상품의 각각의 가격에 얼마만큼 영향을 주는지는 그다지 정확하게 알 수 없다. 따라서 각각의 외국상품에 대해 각각의 국내상품의 가격상승분만큼 정확하게 과세하기는 불가능하다.

35. (2)생활필수품에 대한 과세는 메마른 토지 또는 불량한 기후와 같은 것으로, 자본을 부자연스런 방향으로 이전시키려는 기도를 정당화할 수 없다.

둘째, 생활필수품에 대한 과세는 척박한 토양과 불순한 기후가 주는 것과 같은 영향을 국민들의 생활상태에 미친다. 식료품은 그것의 생산에 추가적인 노동·경비가 든 것처럼 등귀하게 된다. 토양과 기후로 인한 자연적 결핍시에 국민들에게 그들의 자본·노동을 어떤 식으로 이용해야 한다고 지시하는 것이 불합리하듯이, 이와 같은 조세로 인한 인위적인 결핍시에도 그것은 마찬가지로 불합리하다. 자유방임하여 그들로 하여금 그들의 산업을 상황에 적응시키도록 하며, 그들이 국내시장이나 해외시장에서 약간의 우위성을 가진 사업을 찾아내도록 하는 것이 어느 경우에나 그들에게 가장 유리한 것이다. 그들은 이미 과중한 세금을 부담하고 있기 때문에, 즉 그들은 이미 생활필수품에 대해 높은 가격을 지불하고 있기 때문에, 새로운 조세를 그들에게 부과하는 것은 곧 대부분의 다른 상품에 대해서도 높은 가격을 지불하게 하는 것으로, 이것은 그들을 도와주는 방법으로는 확실히 불합리하다.

36. 생활필수품에 대한 과세는 가장 부유한 나라에서 가장 흔한데, 그 이유는 다른 나라에서는 그것을 감당할 수 없기 때문이다.

생필품에 대한 과세가 일정 수준에 이른다면 토양의 척박함이나 기후의 불순함과 같은 재앙이 되므로, 이러한 과세가 가장 일반적으로 부과되는 것은 가장 부유하고 근면한 나라들에서뿐이다. 다른 나라들은 이러한 혼란을 지탱할 수 없다. 가장 건강한 사람만이 건강에 좋지 않은 섭생법(攝生法: regimen)에서도 생활하고 건강을 누릴 수 있듯이, 모든 산업에서 최대의 자연적·인공적 우위성을 갖는 국민만이 이러한 과세 하에서도 지탱하며 번영할 수 있다. 네덜란드는 유럽에서 이러한 세금이 가장 많은 나라지만, 그럼에도 불구하고 특별한 사정 때문에 계속 번영하고 있다. 그러나 네덜란드가 각종 세금 때문에 번영하고 있다고 생각하는 것은 매우 어리석은 생각이다.

37. 이 일반적 원칙에는 두 가지 예외가 있을 수 있다.

국내산업의 증진을 위해 외국산업에 부담을 주는 것이 일반적으로 유리한 두 경우가 있듯이, 신중하게 고려해야 할 문제가 두 가지 있다. 하나는 외국상품의 수입자유를 언제까지 계속하는 것이 적당한가이고, 다른 하나는 일시 중단되었던 수입자유를 언제 어떤 방식으로 복구하는가이다.

38. (1)보복

어떤 외국상품의 수입 자유를 언제까지 계속하는 것이 적당한가 하는 것이 고려의 대상이 되는 경우는, 어떤 외국이 우리 제조품의 수입을 높은 관세나 금지조치로 제한하는 때이다. 이런 경우 복수심은 당연히 보복을 명령하며, 우리도 우리나라로 수입되는 그 나라 제조품의 일부 또는 전부에 대하여 유사한 관세나 금지조치를 부과할 것을 명령한다. 이러한 방식으로 국민들은 보복하게 되는 것이다. 특히 프랑스 사람들은 그들의 상품과 경쟁이 될 수 있는 외국상품의 수입을 제한함으로써 자국의 제조업을 우대해 왔다. 콜베르(Colbert)의 정책의 대부분은 이러한 것이었는데, 그는 뛰어난 능력에도 불구하고 이런 경우에는 자기들의 동포들에 대한 독점을 항상 요구하는 상인·제조업자의 궤변에 속아넘어갔던 것 같다. 현재 프랑스의 가장 총명한 사람들의 의견은, 이러한 종류의 그의 조치들은 자국에 유리하지 않았다는 것이다. 1667년의 관세법을 통해, 콜베르는 수많은 외국제조품에 높은 관세를 부과했다. 그가 네덜란드 사람들에 대해 이 조치를 완화하는 것을 거부하자, 네덜란드는 1671년 프랑스산 포도주·브랜디·기타 제조품의 수입을 금지했다. 1672년의 전쟁은 부분적으로 이러한 무역분쟁에 연유한 것으로 보인다. 니메겐(Nimeguen)의 강화는 1678년에 전쟁을 종결시키고 프랑스는 네덜란드를 위해 관세를 완화하고, 네덜란드도 그들의 금지조치를 철회하기로 했다. 그와 비슷한 시기에 프랑스와 영국은 유사한 관세와 금지조치로 상대방 산업을 서로 억압하기 시작했는데, 프랑스가 먼저 시작했던 것 같다. 그 이후 양측간에 존재해온 적대감은 양측 모두로 하여금 관세·금지조치의 완화를 방해하고 있다. 1697년 영국은 플랑드르의 제조품인 아마 레이스의 수입을 금지했다. 그 당시 스페인의 지배하에 있던 플랑드르 정부는 그 보복으로 영국 모직물의 수입을 금지했다. 1700년 플랑드르로의 영국산 모직물 수입을 종전대로 한다는 조건하에, 영국으로의 아마 레이스의 수입금지 조치가 철회되었다.

39. 외국의 조치를 취소시킬

불만의 대상인 외국의 높은 관세나 금지조

수 있을 경우에는 보복은 현명한 정책일 것이다.

치를 취소시키는 것이 가능하다면, 이러한 종류의 보복은 좋은 정책이라고 할 수 있다. 거대한 외국시장을 회복하는 것은 일반적으로, 짧은 기간에 일부 종류의 상품에 대해 고가를 지불하는 일시적인 불편을 보상하고도 남을 것이다. 이와 같은 보복이 그러한 효과를 낼 수 있을 것인가에 대한 판단은 아마도, 일정불변의 일반원칙에 따라 사고하는 입법자의 과학에 속한다기보다는, 정세의 순간적인 변화에 따라 자신들의 의견을 결정하는 음흉하고 교활한 동물, 속된 말로 정치가나 정객이라 불리는 사람들의 수완에 속한다. 그와 같은 취소를 얻어낼 가능성이 없다면, 국민의 일정한 계급이 입는 손해를 보상하기 위해서 우리 자신이 그 계급뿐만 아니라 모든 계급에게 또다른 손해를 입히는 것은 좋지 않은 방법이다. 우리의 이웃이 우리의 일부 제조품을 수입금지할 때, 우리는 그들의 동종의 상품만을 수입금지하는 것이 아니라 그들의 다른 제조품도 수입금지한다. 왜냐하면, 동종의 상품을 수입금지하는 것만으로는 그들에게 큰 영향을 줄 수 없기 때문이다. 의심할 바 없이, 이것은 우리 중의 일부 특정 제조업자를 장려하게 될 것이다. 왜냐하면, 경쟁자가 배제됨에 따라, 그들은 국내시장에서 가격을 올릴 수 있게 될 것이기 때문이다. 그러나 이웃 나라의 금지조치로 손해를 입은 제조업자들은 우리의 조치로 이득을 보지 못한다. 반대로, 그들과 우리 국민 중 거의 모두는 어떤 상품에 대해 이전보다 더 높은 가격을 지불해야 할 것이다. 따라서 이러한 조치는 전 국민에게 실제로 과세하는 것이 됨으로써, 이웃 나라의 금지조치로 손해를 입은 제조업자들에게 유리한 것이 아니라, 다른 사람들에게 유리한 것이 된다.

40. (2)무역의 자유는 천천히, 점진적으로 도입되는 것이 좋을 것이다. 그러나 갑자기 도입하더라도 그 때문에 일어나게 될 혼란은 예상보다는 적을 것이다.

외국상품의 수입 자유가 일시 중단된 이후 언제 어떤 방식으로 그것을 회복하는 것이 적당한지를 고려해야 하는 경우는, 특정 제조업이 자기와 경쟁할 수 있는 외국상품에 대한 높은 관세나 수입금지를 통해 수많은 일손을 고용할 만큼 확대되었을 때이다. 이 경우 사람들은 자유무역이 다만 천천히 매우 신중하게 회복되어야 한다고 주장한다. 만약 높은 관세나 수입금지가 한꺼번에 제거된다면, 동종의 싼 외국상품이 국내시장으로 밀려들어와 수천 명의 우리 국민의 고용과 생계를 빼앗을 수 있다는 것이다. 의심할 바 없이, 이것이 야기하는 혼란은 심각할 것이다. 그러나 그것은 다음 두 가지 이유로 보통 상상하는 것보다 훨씬 덜 심각할 수 있다.

41. (2) a)현재 수출되고 있는 제조품은 영향을 받지 않을 것이다.

첫째, 장려금 없이 유럽의 다른 나라에 그 일부가 흔히 수출되는 모든 제조품은 외국상품의 가장 자유로운 수입에 의해서도 별로 영향을 받지 않는다. 이러한 제조품은 동종·동질의 다른 외국상품처럼 해외에서 싸게 팔릴 것이며, 따라서 국내에서는 더 싸게 팔릴 것이다. 그러므로 그것들은 여전히 국내시장을 장악할 것이다. 유행을 따르는 변덕스러운 사람은 오직 외제(外製)라는 이유로 더 싸고 좋은 동종의 국산상품보다 외국상품을 선호할 수도 있으나, 사물의 본성상 이런 어리석은 행동은 크게 확대될 수 없으며, 국민들의 일반적인 고용에는 민감한 영향을 줄 수 없다. 우리의 모직물공업·제혁업·금속공업의 다양한 분야 중의 대다수가 어떤 장려금 없이도 매년 유럽의 다른 나라에 판매되고 있으며, 이것들은 최대 다수의 노동자를 고용하는 제조업이다. 견직물이 아마도 이러한 자유무역에 의해 가장 큰 손해를 보게 될 것이고, 그 다음은 아마포일 것이다. 후자는 전자보다 훨씬 적은 손해를 볼 것이다.

42. (2) b)어떤 직업에서 해고된 사람들은 쉽게 다른 직업을 찾아낼 것이며, 만일 동업조합의 특권과 거주법이 폐지되면 특히 그렇게 될 것이다.

둘째, 자유무역을 회복함으로써 수많은 사람들이 통상의 일터와 통상의 생계수단을 일시에 잃어버린다고 하더라도, 이로 인해 그들이 고용 또는 생계를 박탈당한다고 말할 수는 없다. 최근의 전쟁이 끝난 뒤 육해군의 감축으로 병사·수병들 십만 명이 한꺼번에 그들의 통상의 일터를 잃었는데, 이 숫자는 대제조업에 고용되어 있는 사람수와 같았다. 그러나 그들이 비록 약간의 불편을 겪기는 했으나 모든 고용·생계를 박탈당한 것은 아니다. 수병들의 대다수는 기회가 되는 대로 점차 해상무역에 종사하게 되었는데, 그 사이 수병·병사들 모두 국민대중 속에 흡수되어 다양한 직업에 종사했다. 모두가 무기의 사용에 익숙하고 그들 중 다수가 약탈을 일삼았던 십만 명 이상의 사람들이 큰 상황변화를 겪었지만, 커다란 소동이나 눈에 띌 만한 혼란은 일어나지 않았다. 부랑자(vagrant)의 수는 어디서도 눈에 띄게 증가하지 않았으며, 내가 아는 한, 해상무역에서의 선원의 경우를 제외하고는, 어떤 직업에서도 노동임금은 저하하지 않았다. 그러나 우리가 병사의 습관과 제조공의 습관을 비교해 볼 때, 병사가 새로운 직업으로 전환하는 것보다 제조공이 새로운 직업으로 전환하는 것이 더 쉽다는 것을 발견하게 될 것이다. 제조공은 언제나 자기 노동에 의해 생계를 얻는 데 익숙해 있으나, 병사들은 봉급에 의존한다. 전자는 열성과 근면이 몸에 배어 있으나, 후자는 나태와 방탕이 몸에 배어 있다. 한 종류의 노동에서 다른 종류의 노동으로 직업의 방향을 전환시키는 것이 나태와 방탕을 다른 방향으로 전환시키는 것보다는 확실히 훨씬 쉽다. 이미 고찰한 바와 같이〔제1편 제10장 제1절〕, 대다수의 제조업에는 성질이 비슷한 기타의 제조업이 있기 때문에, 노동자가 한 분야에서 다른 분야로 쉽게 옮길 수 있다. 이러한 노동자의 대부분은 또한 일시적으로 농촌노동에 종사하기도 한다. 이전에 특정 제조업에서 그들을 고용하던 자본은 다른 방식으로 동일한 수의 사람들을 고용하기 위해 자국 내에 남아 있다. 만약 일국의 자본이 종전과 같다면, 비록 노동이 상이한 장소·직업에서 수행된다고 하더라도, 노동에 대한 수요는 같거나 거의 같을 것이다. 병사와 수병이 군복무에서 벗어날 때, 그들이 영국이나 아일랜드의 어디에서 어떤 직업에 종사하는가는 자유이다. 병사·수병들과 마찬가지로, 국민들 모두에게 그들이 좋아하는 어떠한 직업에도 종사할 수 있는 자연적 자유(natural liberty)를 회복시켜 주어야 한다. 즉, 자연적 자유를 심각하게 침해하는 동업조합(corporation)의 배타적 특권을 타파하고, 도제법을 폐지해야 한다. 그리고 이에 더하여 거주법을 폐지함으로써 가난한 노동자가 어느 직업이나 어느 장소에서 실직하더라도, 고발당하거나 이전(移轉)을 강요당할 근심 없이, 다른 직업을 얻거나 다른 장소에서 직업을 얻을 수 있도록 해야 한다. 그래야 사회나 개인은 병사들이 제대 뒤에 겪는 고통보다 훨씬 더 큰 고통을 특정 노동자들의 때때로의 해고로부터 입지 않을 것이다. 우리의 제조업자〔동업조합 구성원〕들은 틀림없이 우리나라에 큰 공헌을 하지만, 피로써 우리 나라를 지키는 사람에 비해 더 큰 공헌을 하는 것은 아니며, 그들이 더욱 특별한 대우를 받을 이유도 없다.

43. 영국에서는 사적인 이해관계가 너무 강하기 때문에 무역 자유의 회복을 허용치 않는다.

사실 영국에서 무역의 자유가 완전히 회복되리라고 기대하는 것은 영국에 '이상의 섬'(Oceanus)이나 유토피아(Utopia)가 세워지리라고 기대하는 것과 마찬가지로 터무니 없는 생각이다. 공중의 편견뿐만 아니라 극복하기 훨씬 더 어려운 개인들의 사적인 이익(private interest)이 그것을 완강히 반대할 것이다. 군대의 장교들이 병력을 감축시키는 것에 대해 일치단결해 강력히 반대하는 것과 마찬가지로, 제조업자들은 자국 시장에서 그들의 경쟁자 수를 증가시킬 것 같은 어떠한 법률에도 반대한다. 이런 법률의 제안자들을 폭력이나 불법행위로 공격하기 위해서 장교들은 사병들을 선동하는데, 이와 같은 방법으로 제조업자들은 자신들의 노동자들을 선동한다. 따라서 제조업자의 독점을 줄이려는 어떤 시도도 군대를 감축시키려는 시도처럼 위험하다. 이 독점은 특수한 부류의 제조업자들의 수를 크게 증가시켰으므로, 그들은 지나치게 방대해진 상비군처럼, 정부에 위협적인 존재가 되었을 뿐만 아니라,

많은 경우 입법부를 위협하기도 한다. 독점을 강화하는 온갖 제안을 지지하는 국회의원은 사업을 이해한다는 명성을 얻을 뿐만 아니라, 그 숫자와 부(富) 때문에 큰 중요성을 갖는 계층의 인기를 얻을 것이다. 반대로 국회의원이 독점적인 제조업자들을 반대하거나 나아가 그들을 제압할 권위를 갖는다면, 그가 잘 알려진 성실한 인물이고 높은 지위에 있고 가장 큰 사회적 봉사를 했더라도, 파렴치한 욕설과 비난 그리고 개인적인 모욕을 피할 수 없으며, 분노하고 실망한 독점자들의 무례한 행위에 의한 실질적인 위험을 피할 수 없다.

44. 자기의 사업에 고정자본을 투하한 제조업자는 공평하게 대우받아야 한다는 것이 새로운 독점의 확립에 대한 찬성론인 것이다.

국내시장이 갑자기 외국인의 경쟁에 개방됨으로써 사업을 포기해야 하는 대제조업자는 확실히 큰 피해를 입을 것이다. 그의 자본 중 원료를 사거나 임금을 지불하는 데 사용되었던 부분은 아마 별 어려움 없이 다른 사용처를 찾을 것이다. 그러나 작업장이나 생산도구에 고정된 부분은 큰 손해를 보지 않고는 처분될 수 없을 것이다. 따라서 그의 이익을 공평하게 고려한다면, 이러한 변화는 갑자기 도입되어서는 안 되고 천천히, 점차로, 그리고 긴 예고기간을 거친 뒤에 이루어져야 한다. 입법부가 편파적인 이익의 소란스러운 요구에 의해서가 아니라 보편적인 복리의 관점에서 움직인다면, 이러한 종류의 새로운 독점을 세우지 않도록, 그리고 이미 확립된 독점을 확대시키지 않도록 특히 주의해야 할 것이다. 수입제한 조치는 어느 정도 국가제도에 혼란을 초래하지만, 나중에 제한조치를 철폐하는 것도 또다른 혼란을 겪지 않고서는 어려울 것이다.

45. 세입을 위해 부과하는 관세는 뒤에서 고찰하기 위해 남겨 두기로 한다.

외국상품의 수입을 막기 위해서가 아니라 정부의 세입을 올리기 위해 외국 상품의 수입에 과세할 경우, 어느 정도 과세하는 것이 합당한가에 대해서는 뒤에서 조세를 다루는 부분〔제5편 제2장 제4절의 2〕에서 다룰 것이다. 수입을 막거나 감축시키기 위해 과세하는 것은 무역의 자유뿐만 아니라 관세수입에 대해서도 큰 해가 된다.

제3장
무역수지가 불리한 나라로부터의 거의 모든 종류의 상품수입에 대한 특별한 제한

제 1절 중상주의의 원칙상으로도 이러한 제한은 불합리하다

1. 프랑스 화물의 수입에 대한 영국의 제한이 그 한 예이다. 중상주의 체계의 원리상으로도 이러한 제한은 불합리하다.

무역수지가 자국에게 불리하다고 추정되는 특정국으로부터 수입되는 거의 모든 종류의 상품에 대해 특별한 제한을 가하는 것은, 중상주의가 금은의 양을 증가시키려고 사용하는 두 번째의 방법이다. 영국에서는, 실레지아산 한랭사(Silesia lawns)는 일정한 관세를 물고 국내 소비를 위해 수입되지만, 프랑스산 엷은 아마포 · 한랭사는, 재수출용으로 보세창고에 보관되기 위해 런던항에 들어오는 것을 제외하고는, 수입이 금지되고 있다. 포르투갈이나 그 밖의 다른 나라의 포도주에 비해 프랑스산 포도주는 더 높은 관세가 부과된다. 소위 1692년의 관세법(impost)에 의해, 상품 가치의 25%에 해당하는 관세가 모든 프랑스 상품에 부과되었고, 반면에 다른 나라의 대다수 상품에 대해서는 거의 5%를 넘지 않는 매우 낮은 관세가 부과되었다. 실제로 프랑스산 포도주 · 브랜디 · 소금 · 식초는 여기에서 제외되었는데, 그것은 이 품목들이 다른 법이나 동법의 특별 규정에 의해 중과세되었기 때문이다. 첫 번째 관세가 충분한 수입억제 효과가 없다고 생각되어, 1696년에 25%의 두 번째 관세가 브랜디를 제외한 모든 프랑스산 상품에 부과되었고, 동시에 프랑스산 포도주에 대해서는 1톤당 25파운드, 프랑스산 식초에 대해서는 1톤당 15파운드의 새로운 관세가 부과되었다. 관세율표에 열거된 모든 상품들, 또는 대부분의 상품들에 대해 부과된 일반적인 황실특별보조금세(general subsidies), 즉 5%의 관세 부과대상 어느 것에서도 프랑스의 상품이 빠진 적이 없다. 만약 우리가 $\frac{1}{3}$ 황실특별보조금세와 $\frac{2}{3}$ 황실특별보조금세를 합하여 하나의 완전한 황실특별보조금세를 만든다면, 이 일반 황실특별보조금세는 다섯 종류가 있게 된다. 따라서 현재의 전쟁 이전에는 프랑스에서 재배·생산·제조된 상품의 대부분에 부과된 최저 관세는 75%였다. 대부분의 재화의 경우, 이 정도의 관세는 금지조치와도 같은 것이다. 내가 생각하기로는, 프랑스인들은 프랑스인들대로 우리 상품에 대해 마찬가지로 가혹하게 대했을 것이지만, 그들이 우리의 상품을 얼마나 가혹하게 대했는지에 대해서는 잘 알지 못한다. 이러한 상호제한은 양국간의 거의 모든 공정무역(fair commerce)을 중단시켰으며, 현재는 프랑스 상품을 영국으로, 또는 영국 상품을 프랑스로 수입하는 주된 수입상은 밀수꾼이다. 내가 앞 장에서 검토한 원칙들은 사적 이익과 독점정신에 기원을 두고 있는 것이며, 여기에서 내가 검토하고자 하는 원칙들은 국민적 편견과 적대감에 기반을 둔 것이다. 따라서 이것들은 예상한 바와 같이 더욱 불합리하다. 이것들은 중상주의 체계의 원칙에서 보더라도 그러하다.

2. (1)만일 프랑스와의 자유무역의 결과 프랑스에 대한 무역수지가 불리하게 되더라도 세계 일반에 대해서도 그렇게 된다고 볼 수는 없기 때문이다.

첫째, 영국과 프랑스가 자유무역을 하는 경우, 예를 들어 프랑스가 무역수지 흑자를 내는 것이 확실하다 하더라도, 그러한 무역이 영국에 불리하거나 무역수지가 그 때문에 더 악화된다고는 도저히 생각할 수 없다. 만약 프랑스산 포도주가 포르투갈 포도주보다 싸고 좋다면, 또는 프랑스산 아마포가 독일산보다 싸고 좋다면, 영국은 포르투갈·독일보다는 프랑스에서 포도주와 아마포를 사는 것이 유리하다. 따라서 프랑스로부터의 연간 수입액이 크게 증가하더라도, 연간 총수입액은 동질의 프랑스 상품이 다른 두 나라의 상품보다 싼 것에 비례해서 줄어든다. 이것은 프랑스로부터 수입된 재화가 전부 영국에서 소비된다고 가정하더라도 그렇다.

3. (2)프랑스에서 수입되는 물품의 일부는 재수출되어 금은을 가지고 돌아올 것이기 때문이다.

그러나 둘째, 그들 중 대부분은 다른 나라로 재수출될 것이며, 거기에서 이윤을 남기고 팔리므로, 수입된 프랑스 상품 전체의 원가에 상당하는 금액을 국내로 가져올 것이다. 종종 동인도무역에 관해 이야기한 것이 프랑스의 경우에도 타당할 수 있다. 즉, 동인도 상품의 대부분은 금은으로 구매되었지만, 그 일부를 다른 나라로 재수출함으로써 전체 상품의 원가를 상회하는 금은을 우리나라에 가져다 주었다. 현재 네덜란드의 무역에서 가장 중요한 분야의 하나는 프랑스 상품을 다른 유럽 나라로 가져가서 파는 것이다. 심지어 영국에서 소비되는 프랑스산 포도주의 일부는 네덜란드와 질랜드(Zealand : 덴마크의 섬)에서 은밀히 수입된 것이다. 만약 프랑스와 영국이 자유무역을 한다면, 또는 프랑스 상품이 다른 유럽 나라의 제품과 같은 관세의 적용을 받아 수입되고 수출시에는 관세를 환불받는 것이 가능하다면, 영국은 네덜란드가 이처럼 이익을 보고 있는 무역의 일부분을 차지할 수 있을 것이다.

4. (3)무역차액을 정확하게 알 수 없기 때문인데, 즉 세관의 장부는 쓸모도 없고 외환시세표도 별 도움이 안 된다.

셋째, 그리고 마지막으로, 양국간의 수지가 어느 쪽에 유리한지 또는 어느 쪽이 더 큰 가치를 수출했는지를 결정할 명확한 기준이 없다. 항상 특정 무역업자의 사적 이익에 의해 촉발된 국민적 편견·적대감이 무역수지와 관련된 모든 문제에 대해 일반적으로 우리가 판단을 내리는 기준이 되고 있다.

이러한 경우 종종 준거로 삼는 두 가지 기준이 있는데, 그것은 세관장부와 환율이다. 지금은 일반적으로 알려져 있는 이야기지만, 세관장부는 그곳에 계상된 대부분의 상품들의 가치를 측정하는 데 부정확하기 때문에, 매우 불확실한 기준이다. 아마도 환율 역시 그러할 것이다.

5. 환율이 평가(平價) 상태에 있지 않을 때는 어느 한 쪽이 프리미엄을 지불해야 한다.

두 장소, 예컨대 런던과 파리 사이의 환율이 평가(平價: par)에 있을 때, 이것은 곧 파리에 대해 런던이 지고 있는 채무가 런던에 대해 파리가 지고 있는 채무로 상쇄된다는 것을 나타낸다고 한다. 반대로 파리에서 결제될 환어음에 대해 런던에서 프리미엄(premium)이 붙을 때, 그것은 곧 런던이 파리에 대해 지고 있는 채무가 파리가 런던에 대해 지고 있는 채무로 상쇄되지 못하고, 런던에서 그 차액을 화폐로 파리에 지불해야만 하는 것을 나타낸다고 한다. 그리고 화폐의 수출에 따른 위험·수고·비용 때문에 한 쪽에서는 프리미엄을 요구하고 다른 한 쪽에서는 그것을 지불한다. 그렇지만 두 도시 간의 일상적인 대차관계(貸借關係)는 반드시 서로간의 일상적인 거래과정에 의해 조절될 수밖에 없다고 한다. 어느 한 쪽도 수출액 이상으로 수입하지 않을 때, 서로의 대차는 상쇄될 것이다. 그러나 한 쪽이 다른 쪽에 수출한 것보다 더 큰 가치를 다른 쪽으로부터 수입할 때, 전자는 후자가 자신에게 빚진 것보다 더 많은 금액의 빚을 지게 되어, 서로의 대차는 상쇄되지 못하고, 채권을 초과하는 채무는 화폐로 결제되어야 한다. 따라서 두 장소 사이의 일상적인 채권·채무 관계의 지표인 보통환율은 통상의 수출·수입 상태의 지표임에 틀림없다. 왜냐하면, 수출과 수입이 채권과 채무를 규제하기 때문이다.

6. 환율이 어떤 특정국에 대하여 유리하다는 것은 그 나라와의 무역수지가 유리하다는 것을 증명하는 것은 아니다.

그러나 보통의 환율이 두 장소 사이의 통상적인 채권·채무 관계의 충분한 지표라 하더라도, 그로부터 채권·채무관계가 유리한 곳이 반드시 무역수지 흑자를 나타낸다고 결론내릴 수는 없다. 두 곳 사이의 일상적인 채권·채무 관계는 서로간의 거래에 의해서만 전적으로 규제되는 것이 아니라 그들이 다른 장소와 거래하는 것에 의해서도 규제되기 때문이다. 예를 들어, 잉글랜드 상인은 보통 함부르크·단치히(Dantzic)·리가(Riga) 등으로부터 구입한 상품에 대해 네덜란드에서 결제될 환어음으로 지불한다면, 잉글랜드와 네덜란드 사이의 보통의 채권·채무 관계는 양국간의 일상적인 거래에 의해 전적으로 규제되는 것이 아니라 잉글랜드와 다른 곳들과의 거래에 의해서도 영향을 받을 것이다. 잉글랜드가 네덜란드로 연간 수출하는 것이 잉글랜드가 네덜란드로부터 연간 수입하는 것의 가치를 훨씬 넘는다고 하더라도, 또는 무역수지가 잉글랜드에 훨씬 유리하다고 하더라도, 잉글랜드는 매년 네덜란드로 화폐를 보내야만 할 것이다.

7. 그나마 환율의 보통의 계산방식은 오해를 일으키기 쉽다.

또한 지금까지 계산된 환율의 평가(平價) 방식에 따르면, 통상의 환율은 환율이 유리한 나라가 보통의 채권·채무 관계에서도 유리하다는 것을 가리킬 충분한 지표가 될 수 없다. 다시 말하면, 실질환율은 흔히 계산상의 환율과 매우 다를 수 있고, 실제로도 다르므로, 계산상의 환율로부터는, 많은 경우, 실질환율에 대한 확실한 결론을 얻을 수 없다.

8. 화폐가 주조 표준에 따라 주조될 경우, 환율은 프리미엄을 지불하는 쪽에 불리하다.

잉글랜드의 주조표준(the standard of the English mint)에 따라서 일정량의 순은을 함유한 화폐를 잉글랜드에서 지불하고 그 대신에 프랑스의 주조표준에 따라서 같은 양의 순은을 함유한 화폐를 프랑스에서 지불받는 환어음을 받을 때, 잉글랜드와 프랑스 사이의 환율은 평가(平價)에 있다고 한다. 당신이 더 많이 지불한다면, 당신은 프리미엄을 지불하는 것이 되고, 환율은 잉글랜드에 불리하고 프랑스에 유리하다고 말한다. 당신이 덜 지불한다면, 당신은 프리미엄을 얻는 것이 되고,

환율은 프랑스에 불리하고 잉글랜드에 유리하다고 말한다.

9. (1)통용되는 화폐는 종종 그 표준가치보다 낮을 때가 있기 때문이다.

그러나 첫째, 우리는 항상 각국에서 통용되는 화폐의 가치를 각국의 주조표준에 의해 평가할 수는 없다. 통용되는 화폐는 마손되거나, 깎여 나가거나, 또는 기타 원인으로 인하여 주조표준 가치에 비해 가치가 저하됨으로써, 그 가치가 한 나라의 것은 조금 더 많고 다른 나라의 것은 조금 더 적을 수 있다. 한 나라에서 통용되는 주화의 가치는, 다른 나라에서 통용되는 주화와 비교할 때, 그것이 함유해야만 하는 순은의 양에 비례하는 것이 아니라 실제로 함유하고 있는 것에 비례한다. 윌리엄 왕 시기의 은화 재주조 이전에는, 각국의 주조표준에 따라 보통 방식으로 계산된 잉글랜드와 네덜란드 사이의 환율은 잉글랜드가 25% 정도 불리했다. 그러나 우리가 론데스(Lowndes) 선생으로부터 알게 되었듯이, 당시 잉글랜드에서 통용되던 주화의 가치는 주조표준가치보다 25% 이상 밑돌았다. 따라서 계산상의 환율은 영국에 불리했다고 하더라도, 실질환율은 잉글랜드에 유리했다. 실제 잉글랜드에서 지불된 더 적은 무게의 순은이 네덜란드에서 지불될 더 큰 무게의 순은의 환어음을 살 수 있었으며, 프리미엄을 지불했다고 생각되는 사람이 실제로는 프리미엄을 얻고 있었던 것이다. 잉글랜드의 최근의 금화 재주조〔1774년〕 이전에 프랑스의 주화는 잉글랜드 주화보다 덜 마모되어서, 아마도 주조 표준에 2~3% 정도 더 가까웠을 것이다. 따라서 양국간의 계산상의 환율이 잉글랜드에 2~3% 이상으로 불리하지 않았다면, 실질환율은 영국에 유리했을 것이다. 금화 재주조 이래 환율은 항상 잉글랜드에 유리하고 프랑스에 불리했다.

10. (2)주화는 조폐수수료 때문에 그것에 함유되어 있는 금덩어리의 가치보다 더 높을 때가 있기 때문이다.

둘째, 어떤 나라에서는 주조 비용(expence of coinage)을 정부가 지불하지만, 다른 나라에서는 금은 덩어리를 조폐국에 가져가는 개인이 주조비용을 지불하고, 정부가 주조비용으로부터 얼마간 수입을 올리는 경우도 있다. 잉글랜드에서는 정부가 주조 비용을 지불하므로, 만약 당신이 1파운드 무게의 표준 은을 조폐국에 갖다 주면, 당신은 동일한 표준 은 1파운드가 함유된 62실링을 돌려받을 것이다. 프랑스에서는 8%의 주조비용이 공제되는데, 그것은 주조비용을 충당할 뿐만 아니라 얼마간 정부의 수입을 올려주고 있다. 잉글랜드에서는 주조에 비용이 들지 않으므로 통용되는 주화는 실제 그것이 함유한 금은 덩어리의 가치 이상으로 평가되지 않는다. 그러나 프랑스에서는 주조비용을 지불하기 때문에, 주화의 가치는 그만큼 증가하는데, 이것은 금세공에 의해 금은 식기의 가치가 증가하는 것과 같다. 따라서 일정량의 순은을 함유한 프랑스 화폐는 동일한 양의 순은을 함유한 잉글랜드 화폐보다 그 가치가 더 크므로, 그것으로 구매하려는 은 덩어리나 다른 상품의 더 많은 양을 요구할 것임에 틀림없다. 따라서 양국에서 통용되는 주화가 모두 각국의 주조 표준에 가깝다고 하더라도, 잉글랜드 화폐의 일정액은 동일한 무게의 순은을 함유한 프랑스의 화폐를 구입할 수 없고, 따라서 프랑스에서 결제될 동일한 액면가의 환어음을 매입할 수 없다. 만약 이러한 환어음에 대해 프랑스의 주조비용을 보상하기에 충분한 것보다 더 많은 화폐가 추가로 지불되지 않는다면, 비록 계산상의 환율은 프랑스에 상당히 유리하더라도, 실질환율은 양국간에 평가(平價) 상태를 유지할 것이며, 양국간의 채권·채무는 상쇄될 것이다. 만약 주조비용보다 적게 지불된다면, 실질환율은 잉글랜드에 유리하고 계산상의 환율은 프랑스에 유리할 것이다.

11. (3)은행화폐에는 프리미엄이 붙기 때문이다.

셋째, 그리고 마지막으로, 암스테르담·함부르크·베네치아 등에서는 외국환어음은 이른바 은행화폐(bank money)로 지불된다. 반면에 런던·리스본·앤트워프(Antwerp)·레그혼(Leghorn) 등에서는 외국환어음이 자국에서 통용되는 화폐로 지불된다. 이른바 은행화폐는 항상 동일한 금액의 통용화폐보다 더 큰 가치를 갖는다. 예를 들어 암스테르담 은행의 은행화폐 1,000길더는 암스테르담의 통용화폐 1,000길더보다 더 큰 가치를 갖는다. 이 차이는 은행의 프리미엄(agio)이라고 불리는데, 암스테르담에서는 그것이 보통 5% 정도 된다. 두 나라의 통용화폐가 각국의 주조표준에 모두 동등하게 근접하고, 한 나라는 외국환어음에 대해 통용화폐로 지불하고 다른 나라는 은행화폐로 지불한다면, 실질환율은 통용화폐로 지불하는 나라에 유리할 것이지만, 계산상의 환율은 은행화폐로 지불하는 나라에 유리할 수도 있다는 것은 명백하다. 왜냐하면, 실질환율은 양호하지 않은 화폐로 지불하는 나라에 유리할 것이지만, 계산상의 환율은 양질의 화폐로, 또는 그 자신의 표준에 더 가까운 화폐로 지불하는 나라에 유리할 것이기 때문이다. 최근의 금화 재주조 이전에 계산상의 환율은 일반적으로 암스테르담·함부르크·베네치아와 그 밖의 이른바 은행화폐로 지불하는 모든 지역에 대해 런던이 불리했다. 그렇다고 해서 실질환율 역시 런던이 불리했다고 결론내릴 수는 없다. 금화 재주조 이래 실질환율은 심지어 그들 지역에 대해 런던이 유리했다. 계산상의 환율은 런던과 리스본·앤트워프·레그혼 및 통용화폐로 지불하는 다른 모든 유럽 지역 사이에서, 프랑스는 제외하고, 일반적으로 런던이 유리했으며, 실질환율 역시 그러했을 수가 있다.

1. 예금은행, 특히 암스테르담 은행에 관한 보충설명

1. 소국은 외국 주화의 유통을 허용하지 않으면 안 되는데, 그것은 자국 화폐의 가치가 불확정적이기 때문이다.

프랑스·잉글랜드와 같은 큰 나라의 통용화폐는 일반적으로 주로 자국의 주화로 이루어져 있다. 따라서 이 통용화폐가 마모되거나 닳아서, 또는 그밖의 이유로, 표준가치에 미달한다면, 국가는 주화 재주조에 의해 통용화폐를 유효하게 재정립할 수 있다. 그러나 제노바·함부르크와 같은 작은 나라의 통용화폐는 자국 화폐만으로 이루어질 수 없으며, 그 주민들이 계속적으로 교류를 갖는 이웃나라들의 주화가 큰 비중을 차지할 수밖에 없다. 따라서 이런 나라는 자국의 주화를 재주조함으로써 자국 화폐를 개편할 수 있는 것은 아니다. 만약 외국환이 이런 화폐로 지불된다면, 일정한 금액의 가치가 매우 불확정적이기 때문에, 환율은 그러한 나라에 대해 항상 불리하게 될 것이며, 그 화폐는 다른 모든 나라에서 자기가 가진 가치 이하로 평가될 것이다.

2. 그래서 주화의 상태에 관계없이 표준화폐로써 지불하기 위하여 은행이 설립되었으며, 이 화폐에는 프리미엄이 붙는다.

그 나라 상인들이 이러한 불리한 환율로 인해 겪게 되는 불편을 치유하기 위해, 이와 같은 작은 나라들이 무역의 이익에 관심을 갖기 시작했을 때, 그들은 흔히 법률 규정으로 일정한 가치의 외국환어음은 보통화폐로 지불되어서는 안 되고 국가의 신용과 국가의 보호하에 설립된 특정은행 앞 지불명령서나 그 은행의 장부상의 이체(移替: transfer)에 의해 지불되도록 했다. 그리고 이 은행은 국가의 주조표준에 부합되는 양호하고 진정한 화폐로 외국환어음에 대해 지불해야 할 의무가 있었다. 베네치아·제노바·암스테르담·뉘른베르크(Nuremberg)의 은행들은, 비록 이들 중 약간은 그 뒤 다른 목적에 종사하게 되기는 했지만, 원래는 이러한 목적을 위해 설립된 것들이다. 이러한 은행의 화폐는 그 나라의 보통 통용화폐보다 양호했기 때문에 반드시 프리미엄을 가졌는데, 이 프리미엄의 크기는 보통 통용화폐가 국가의 주조표준을 얼마나 밑돈다고 인식되는가에 따라 결정되었다. 예를 들어 함부르크 은행의 프리미엄은 보통 약 14%였다고 말하는데, 그것은 다른 이웃나라들로부터 그 나라에 유입된 깎여나가고 마모되고 가치가 줄어든 화폐와 그 나라의 표준화폐 사이의 추정 차액이다.

3. 1609년 이전에는 암스테르담의

1609년 이전, 암스테르담의 광범한 무

보통의 통용화폐는 표준화폐에 9퍼센트 미달되었다.

역이 유럽의 각지로부터 가져온 대량의 깎여나가고 마모된 외국 주화는 이곳의 화폐가치를 금방 주조되어 나온 양호한 화폐의 가치보다 약 9% 정도 인하시켰다. 이러한 양호한 화폐는 등장하자마자, 그와 같은 상황에서는 언제나 나타나는 현상이지만, 곧 용해되거나 유출되어 버렸다. 대량의 화폐를 가진 상인도 자신들의 환어음을 결제할 양의 양호한 화폐를 충분히 찾을 수 없었고, 그리하여 환어음의 가치는, 그것을 안정시키는 몇몇 규정이 있었음에도 불구하고, 크게 불확정적(uncertain)으로 되었다.

4. 그리하여 질 좋은 표준화폐의 내재적 가치에 비추어서 주화를 수불하기 위해 은행이 설립되었다.

이러한 불편을 치유하기 위해 1609년 암스테르담시(市)의 보증으로 은행이 설립되었다. 이 은행은 외국 주화와 가볍고 마모된 본국의 주화를 본국의 양호한 표준화폐에 근거하여 계산한 그 진실한 내재적 가치에 따라 받아들였는데, 이때 주조비와 기타 필요한 관리비만을 공제했다. 이러한 소액의 공제 후 남은 가치에 대해 이 은행은 장부상 예금계정을 부여했다. 이 예금계정을 은행화폐라 불렀는데, 그것은 주조표준과 완전히 부합하는 화폐를 대표했으므로 항상 일정한 실질가치를 가졌으며, 통용화폐에 비해 내재적으로 더 큰 가치를 가졌다. 이와 동시에, 암스테르담 앞으로 발행되거나 그곳에서 매입되는 600길더 이상의 외국환어음은 모두 은행화폐로 지불되어야 한다는 규정이 제정되었으므로, 이러한 환어음의 가치에 대한 불확정성은 일시에 사라졌다. 이 규정의 결과 모든 상인은 자기의 외국환어음을 지불하기 위해 은행에 예금계정을 가져야만 했는데, 이것은 필연적으로 은행화폐에 대한 일정한 수요를 불러일으켰다.

5. 은행화폐는 표준화폐에 필적했을 뿐 아니라, 안전하고 쉽게 대체되었으므로, 프리미엄이 붙었다.

은행화폐는 통용화폐에 대한 내재적인 우월성과 위에서 말한 수요가 필연적으로 부여하는 추가적인 가치 이외에도 몇 가지 다른 이점을 가지고 있다. 그것은 화재 · 도난 · 기타 사고로부터 안전하다; 은행화폐에 대한 책임을 암스테르담시가 지고 있다; 또한 계산하는 수고나 한 곳에서 다른 곳으로 옮길 때의 위험 없이 장부상의 단순한 이체만으로 은행화폐는 지불될 수 있다는 것들이다. 이러한 다양한 이점으로 말미암아, 은행화폐는 처음부터 프리미엄을 가졌던 것 같고, 그리고 누구도 시장에서 프리미엄을 받고 팔 수 있는 은행화폐를 인출할 사람은 하나도 없을 것이기 때문에, 처음부터 그 은행에 예금된 화폐는 모두 거기에 남아 있다고 사람들은 믿었다. 은행에 지불을 청구하면, 은행 예금의 소유자는 이 프리미엄을 잃어버리게 된다. 금방 주조된 1실링이 훼손된 보통의 1실링이 시장에서 구입할 수 있는 만큼의 재화밖에 구입하지 못하는 것과 마찬가지로, 은행금고로부터 나와서 개인금고 속으로 들어온 양호한 진정한 화폐는 그 나라에서 통용되고 있는 화폐와 합쳐지고 섞여져서, 더이상 그것과 쉽게 구분되지 않는 통용화폐보다 더 큰 가치를 가질 수 없게 된다. 반면에, 그것이 은행금고에 남아 있는 동안은 그 우월성이 누구에게나 알려져 있고 확인도 된다. 그러나 그것이 개인금고 속으로 들어갈 경우, 그 우월성은 가치의 차이에 상당하는 것 이상의 수고를 하지 않고서는 확인받을 수 없다. 그 외에도 은행금고로부터 인출됨에 따라 은행화폐는 안전성, 간편하고 안전한 이체 가능성, 외국환어음 지불의 편리성 등 그 밖의 이점들을 상실하게 된다. 이러한 모든 것 이외에도, 점차로 설명하게 되듯이, 은행화폐는 보관에 대해 미리 요금을 지불하지 않으면 은행금고로부터 인출될 수 없다.

6. 그 은행은 주화는 물론 금은 덩어리도 받아들이며, 그것과 교환으로 그 가치의 95퍼센트에 상당하는 신용을 은행화폐로써 준다. 그 은행은 또한 수취증을 주는데, 그 증서의 지참인은 선

주화예금, 즉 은행이 주화로 상환할 의무를 지고 있는 예금은 은행의 최초자본, 또는 이른바 은행화폐로 표시되는 것의 총가치를 구

대된 금액을 반제하고 은일 때는 $\frac{1}{4}$ 퍼센트, 금일 때는 $\frac{1}{2}$ 퍼센트를 지불하기만 하면 금은 덩어리를 반환받을 권리를 갖는다.

성했다. 현재 주화예금은 매우 작은 부분만을 구성하는 것으로 추측된다. 금은 덩어리의 거래를 용이하게 하기 위해 은행은 지난 여러 해 동안 금은 덩어리의 예금에 대해 장부상의 예금액을 부여하는 관행을 실시했다. 이 예금액은 일반적으로 금은 덩어리의 주조가격보다 약 5% 정도 밑돌았다. 은행은 동시에 영수증(領收症) 또는 수취증(收取證)이라고 불리는 것을 주어, 예금자나 지참인에게 금은 덩어리를 6개월 이내에 언제라도 인출할 수 있게 했다. 이 경우 예금자는 금은 덩어리를 예금할 때 은행장부상 받은 예금액만큼의 은행화폐를 은행으로 재이체시키고, 은 덩어리의 경우 $\frac{1}{4}$%, 금 덩어리의 경우 $\frac{1}{2}$%의 보관료를 지불해야 하는데, 이러한 지불을 행하지 않거나 기간이 지난 경우, 금은 덩어리 예금은 예금할 때의 가격이나 장부상 예금액을 제공할 때의 가격으로 은행의 소유로 귀속된다. 예금보관에 대한 대가로 지불되는 것은 창고료의 일종으로 생각된다. 그런데 은보다 금에 대한 창고료(倉庫料)가 왜 이렇게 더 비싸야 하는가에 대해서는 몇 가지 이유가 있다. 금의 순도는 흔히 은의 순도보다 확인하기 어렵고, 더 비싼 금속일수록 속기 쉽고 더 큰 피해를 낳는다고 한다. 이 밖에도 은은 표준금속이기 때문에, 국가는 금예금보다 은예금을 장려하기를 원한다고 한다.

7. 수취증서는 대체로 약간의 가치를 갖고 있으며, 각 6개월의 말에 갱신된다.

금은의 가격이 보통보다 낮을 때 금은 덩어리 예금이 가장 잘 되고, 오르기 시작하면 그것들은 다시 인출된다. 네덜란드에서 금은 덩어리의 시장가격은 일반적으로 주조가격보다 높은데, 그 이유는 잉글랜드에서 금화 재주조 이전에 일어났던 사정들과 동일하다. 그 차이는 보통 1마르크, 즉 순은 11과 합금 1의 비율로 되어 있는 은 8온스 당 6~16 스타이버(stiver)라고 한다. 이러한 은예금(예금을 외국 주화로 하는 경우에는 멕시코 달러처럼 그 순도가 인정·확인된 것이어야 한다)에 대해 은행이 제공하는 예금액, 또는 은행이 그 예금에 대해 제공하는 은행화폐는 1마르크당 22길더이다. 주조가격은 약 23길더이고, 시장가격은 23길더 6스타이버에서 23길더 16스타이버여서, 주조가격보다 2~3% 높다.* 금 덩어리의 은행가격·주조가격·시장가격 사이의 비율도 거의 비슷하다. 누구나 금은 덩어리의 주조가격과 시장가격 사이의 차액을 위해 그의 수취증을 팔 수 있다. 금은 덩어리에 대한 수취증은 항상 가치가 있기 때문에, 누구도 6개월 전에 금은 덩어리를 찾지 않거나 0.25~0.5%를 지불하고 보관을 다시 6개월간 연장하지 않음으로써 수취증의 유효기간이 만료되어 버리거나 자기의 금은 덩어리가 예금될 때의 가격으로 은행 소유로 귀속

---

* 다음 표는 암스테르담 은행이 현재(1775년 9월) 각종 금은 덩어리와 주화를 수령하는 가격이다.

은	1마르크(8온스)당
멕시코 달러 프랑스 크라운 잉글랜드 은화	22길더
멕시코 달러 신주화	21길더 10스타이버
더카툰(Ducatoon)	3길더
릭스달러(Rixdollar)	2길더 8스타이버

(순은 $\frac{11}{12}$을 함유하는 은 덩어리는 1마르크당 21길더이며, 이 비율로 순은 $\frac{1}{4}$을 함유하는 은 덩어리까지 내려가는데, 후자는 5길더이다. 순은 8온스는 23길더이다.)

금	1마르크당
포르투갈 주화 잉글랜드 기니화 루이 도르(Louis d'ors) 신주화	310길더
루이 도르 구주화(Ditto old)	300길더
더카트(Ducats) 신주화(1더카트당)	4길더 19스타이버 8더카트

(금 덩어리는 위의 외국 주화의 순도에 비례하여 받아들인다. 순금 덩어리에 대해 은행은 8온스당 340길더를 준다. 그러나 일반적으로 금은 덩어리에 대해서보다 순도가 알려진 주화에 대하여 더 많이 주는데, 이것은 금은 덩어리의 순도는 용해 및 시금의 과정을 거쳐서만 확정될 수 있기 때문이다.)

되도록 내버려두지 않는다. 그러나 거의 일어나지 않는 일이지만, 금의 보관에 대한 창고료가 은의 경우보다 높기 때문에, 이러한 일이 은의 경우보다는 금의 경우에 가끔 일어나기도 한다.

8. 예금자는 통상 자기의 수취증을 양도한다.

금은 덩어리를 예금하고 은행예금과 수취증을 받은 사람은 만기가 도래된 자기의 외국환어음을 자기의 은행예금 계정에서 지불한다. 그는 금은 덩어리의 가격이 오를 것인지 내릴 것인지를 판단하여 자기의 수취증을 팔기도 하고 계속 보유하기도 한다. 수취증과 은행예금을 오랫동안 동시에 보유하고 있는 경우는 드물고, 그렇게 할 필요도 없다. 수취증을 갖고 있으면서 금은 덩어리의 인출을 원하는 사람은 은행예금, 또는 보통의 가격으로 구매할 수 있는 은행화폐를 충분히 구할 수 있고, 은행화폐를 갖고 있으면서 금은 덩어리의 인출을 원하는 사람은 마찬가지로 수취증을 충분히 구할 수 있다.

9. 은행화폐와 수취증을 합하면 그 가치는 예금된 금은 덩어리의 가치와 같다.

은행예금의 소유자와 수취증의 보유자는 은행에 대해 상이한 두 종류의 채권자를 구성한다.[1] 수취증 보유자는 금은 덩어리의 예치시 가격에 해당하는 은행화폐를 은행에 지불하지 않으면 금은 덩어리를 인출할 수 없다. 자신의 은행화폐가 없다면 그는 은행화폐를 가진 사람에게서 그것을 구입해야 한다. 은행화폐의 소유자도 그가 원하는 양만큼의 수취증을 은행에 제시할 수 없다면 금은 덩어리를 인출할 수 없

1) 독자의 이해를 돕기 위해 다음과 같은 사실을 지적한다. A가 금은 덩어리를 암스테르담 은행에 예금하면 A는 수취증을 받을 뿐 아니라 금은 덩어리의 예치시 가격에 해당하는 은행예금액, 즉 은행화폐를 은행구좌에 받게 된다. 그런데 A가 금은 덩어리를 인출하려면 수취증을 제시하고, 금은 덩어리의 예치시 가격에 해당하는 은행화폐를 지불해야 하기 때문에, 금은 덩어리의 시장가격은 수취증의 시장가격과 은행화폐의 시장가격을 합한 것과 같으며, 수취증의 시장가격은 일반적으로 은행화폐의 시장가격의 2~3%였다고 한다 —역자.

다. 자기 자신의 수취증이 없다면 그는 그것을 가지고 있는 사람에게서 구입해야 한다. 수취증 보유자가 은행화폐를 구입할 때, 그는 주조가격이 은행가격보다 그가 통상 지불하는 5% 높은 금은 덩어리를 인출할 힘을 구입하는 것이다. 따라서 5%의 프리미엄(agio)은 상상의 것이 아닌 실질적인 가치에 대해 지불되는 것이다. 은행화폐의 소유자가 수취증을 구입할 때, 그는 시장가격이 주조가격보다 보통 2~3% 높은 금은 덩어리를 인출할 힘을 사는 것이다. 따라서 그가 지불하는 가격은 실질가치에 대해 지불하는 것이다. 수취증의 가격과 은행화폐의 가격을 합하면 금은 덩어리의 완전한 가치 또는 가격이 된다.

10. 통용화폐에 대해서도 수취증이 주어지지만, 이것은 종종 무가치한 것으로서 기한이 만료되도록 내버려둔다.

한 나라 안에 통용되고 있는 주화를 예금할 때에도 은행은 은행예금뿐만 아니라 수취증을 준다. 그러나 이러한 수취증은 종종 가치가 없고, 시장에서 어떤 가격도 받지 못할 것이다. 예를 들어 3길더 3스타이버로 통용되는 1더카툰(ducatoon)에 대해 은행은 오직 3길더의 은행예금, 즉 통용되는 가치보다 5% 낮은 은행예금액을 준다. 은행은 수취증도 주는데, 이것의 지참인은 보관료로 0.25%를 지불하는 조건으로, 6개월 이내에 어느 때나 예금된 더카툰을 인출할 수 있다. 이 수취증은 시장에서 종종 어떤 가격도 받지 못한다. 3길더의 은행화폐는 일반적으로 시장에서 3길더 3스타이버, 즉 1더카툰이 은행으로부터 인출될 때의 완전한 가치로 팔리는데, 이 1더카툰을 은행으로부터 인출하기 전에 0.25%의 보관료를 지불해야 하므로, 이 보관료는 수취증의 보유자에게는 순수한 손실이다. 그러나 은행의 프리미엄이 만약 3%로 떨어진다면, 이 수취증은 시장에서 일정한 가격을 얻을 수도 있으며, 1.75%의 프리미엄으로 팔릴 수도 있다. 그러나 은행의 프리미엄이 지금 일반적으로 5% 이상이므로, 이러한 수취증은 종종 만기가 지나도록 내버려두거나 은행으로 귀속된다. 금 1더카트(ducat) 예금에 대한 수취증은, 인출되기 이전에 지불해야 하는 0.5%의 높은 창고비로 인해, 더욱 종종 은행에 귀속된다. 주화나 금은 덩어리의 예금이 은행으로 귀속될 때, 은행이 얻는 5%는 이러한 예금의 계속적인 보관을 위한 창고비로 생각할 수 있다.

11. 그러므로 수취증의 만기가 지나버린 은행화폐는 상당한 액에 달해 있으나, 전체에 대한 비율은 크지 않다.

만기가 지나버려 무효화된 수취증에 대한 은행화폐액은 상당한 금액이 될 것이다. 거기에는 은행의 최초자본 전체가 포함되어 있을 것임에 틀림없고, 최초로 예금할 때부터 은행에 그대로 남아 있고, 아무도 수취증을 갱신하거나 예금을 인출하고자 하는 사람도 없다. 왜냐하면, 앞에서 설명한 이유들 때문에, 이렇게 하든 저렇게 하든 손해를 보지 않을 수 없기 때문이다. 그러나 그 금액이 얼마가 되든 은행화폐 총액에 대한 비율은 매우 적을 것이다. 암스테르담 은행은 지난 몇 년간 유럽의 금은 덩어리의 거대한 창고였는데, 그 수취증은 거의 만기가 지나거나, 또는, 그들의 표현과 같이, 은행에 귀속되는 일은 드물다. 은행화폐 또는 은행장부상의 예금액 대부분은 지난 몇 년간 금은 덩어리의 거래자가 끊임없이 예치 · 인출하는 예금에 의해 창조된 것으로 추측된다.

12. 이 예금은 은행에서 인출될 수 없는 것이다.

수취증이 없으면 은행에 대해 금은 덩어리의 지불을 요구할 수 없다. 그 수취증의 만기가 지나버려 무효가 되어 버린 소량의 은행화폐는 그 수취증의 유효기간이 남아 있는 거대한 은행화폐와 혼합되어 있다. 따라서 수취증이 없는 상당한 양의 은행화폐가 있을 수도 있지만, 그 은행화폐 중 수취증으로 어느 때라도 인출을 청구할 수 없는 특정 금액이나 부분이 있는 것은 아니다. 은행은 동일한 것에 대해 두 사람에게 채무자가 될 수 없다. 그리고 수취증을 가지지 않은 은행화폐 소유자는 수취증을 구입하지 않는 한 은행에 대해 금은 덩어리의 지불을 요구할 수 없다. 보통 평상시에는 시장가격으로 수취증을 구입하는 데 어려움이 없으며, 그것의 시장가격은 일반적으로 그가 은행으로부터 인출하게 될 주화나 금은 덩어리를 팔 수 있는 가격에 비례한다.

13. 그러므로 만일 모든 은행화폐의 보유자들이 그것을 주화나 금은 덩어리와 교환하고자 한다면, 수취증은 턱없이 비싼 값을 부를 것이다. 그러나 비상사태하에서는 은행은 수취증을 제출하지 않더라도 화폐 또는 금은 덩어리를 지불해줄 것이라는 것이 상정되어 있다.

예를 들어 1672년의 프랑스 침략과 같은 국가적 재난의 시기에는 사정은 이와 다르다. 이때 은행화폐 소유자는 은행에 예치해 놓았던 금은을 자기 자신이 보관하기 위해서 그것을 인출하기에 열을 올리기 때문에, 수취증에 대한 수요는 수취증의 가격을 엄청나게 상승시킨다. 수취증 보유자는 터무니없는 기대를 하여, 수취증이 발급된 예금에 대해 제공된 예금액〔즉, 은행화폐〕의 2~3%를 요구하는 것이 아니라 은행화폐의 50%를 요구할 것이다. 은행제도를 잘 알고 있는 적군(enemy)은 금은의 이전을 막기 위해 심지어 수취증을 모두 사버릴 수도 있었다. 이러한 비상상황에서 은행은 수취증 보유자에게만 지불하는 일상적 규칙을 폐기하려 했을 것으로 추측된다. 은행화폐를 가지지 않은 수취증 보유자는 각각의 수취증이 교부된 예금가치의 2~3%를 받았을 것이다. 따라서 이 경우 은행은 수취증을 구할 수 없는 은행화폐 소유자에게는 은행장부상 예금된 것의 총가치에 대해 주저 없이 화폐나 금은 덩어리로 지불하고, 동시에 은행화폐를 갖지 않은 수취증 보유자에게는 2~3%만 지불하는데, 2~3%는 이러한 상태에서 수취증 보유자에게 정당하게 지불할 수 있는 최고의 가치였다.

14. 근년에는 은행은 항상 은행화폐를 5퍼센트의 프리미엄으로 팔았으며, 4퍼센트의 프리미엄으로 매입했다.

심지어 평상시에도 수취증 보유자에게는, 은행화폐(따라서 자신들이 가지고 있는 수취증으로 은행으로부터 인출할 수 있는 금은 덩어리)를 훨씬 싸게 사거나, 또는 은행화폐를 가지고 있으면서 금은 덩어리를 인출하기를 원하는 사람들에게 자기들의 수취증을 그만큼 비싸게 팔수 있도록, 은행화폐의 프리미엄을 내리는 것이 이익이 된다. 수취증의 가격은 일반적으로 은행화폐의 시장가격과 수취증으로 인출할 수 있는 주화나 금은 덩어리의 가치 사이의 차액과 같기 때문이다. 반대로 은행화폐 소유자에게는 은행화폐를 비싸게 팔고 수취증을 되도록 싸게 사기 위해서는 프리미엄을 올리는 것이 이익이다. 이처럼 상반되는 이익이 야기할 수 있는 투기를 방지하기 위해, 최근 은행은 통용화폐를 받고 은행화폐를 팔 때는 언제나 5%의 프리미엄을 붙이고, (은행이 가지고 있는) 통용화폐를 내어주고 은행화폐를 다시 사들이는 경우에는 4%의 프리미엄을 인정하기로 결정했다. 이러한 결정에 따라 프리미엄은 5% 이상 오르거나 4% 이하로 떨어지지 않게 되었고, 은행화폐의 시장가격과 통용화폐의 시장가격 사이의 비율도 항상 그들의 내재적 가치의 비율에 거의 근접하게 유지되었다. 이러한 결정이 취해지기 이전에는, 상반되는 이익 중 어느 것이 시장을 지배하는가에 따라 은행화폐의 시장가격이 통용화폐보다 9% 프리미엄까지 오르는 경우도 있었고, 어떤 때는 통용화폐와 동일한 수준까지 떨어지는 경우도 있었다.

15. 그 은행은 예금을 조금도 대부하지 않는다고 공언하고 있다.

암스테르담 은행은, 자기 은행에 예금된 것은 어느 부분도 대부하지 않으며, 자기의 장부상 제공된 예금액은 매 길더에 대해 그 가치를 화폐나 금은 덩어리로 금고 속에 보관한다고 공언한다. 그 은행이, 아직 수취증이 유효해서 언제라도 인출을 요구할 수 있는, 그리고 사실상 끊임없이 인출되었다가 다시 되돌아오는, 모든 화폐나 금은 덩어리를 보관하고 있다는 것은 물론 의심의 여지가 없다. 그러나 그 은행이 은행자본 중에서, 이미 오래 전에 수취증이 만기에 달해 무효가 되었으며, 평상시 조용한 시기에는 인출을 요구할 수 없고 사실 영원히 또는 연방정부가 존속하는 한 거기에 남아 있을 부분에 대해서도, 그와 같은지는 아마도 불확실하다. 그러나 암스테르담에서는 은행화폐로 유통되는 매 길더에 대해서는 은행금고 속에 상응하는 금은이 있다는 확신이 아주 잘 확립되어 있다. 암스테르담시(市)가 그것을 보증하고 있다. 은행은 4명의 시장의 지휘·감독하에 있는데, 그들의 임기는 1년이다. 신임 시장들은 금고를 방문하여 장부와 대조하고 서약을 한 후 그것을 인수하고, 마찬가지로 엄숙하고 경건하게 다음 시장들에게 넘겨주는데, 이 착실하고 신앙심 깊은 나라에서는 서약은 준수되지 않은 적이 없다. 이러한 방식의 시장교체는 정당하지 못한 행위를 방지하는 데 충분한 보증이 된다. 암스테르담 정부 안에서 발생한 정파간 투쟁으로 일어났던 온갖 혁명에서도, 승리한 정파가 전임자들을 은행운영상의 부정행위로 고발한 적은 없다. 실각한 정당의 명예와 운명에 미치는 영향면에서 이러한 고발보다 더 심각한 것은 없을 것이므로, 만약 그러한 고발이 사실에 근거한 것이라면, 그러한 사실이 제시되었을 것이다. 프랑스 왕이 위트레히트(Utrecht)에 있었던 1672년, 암스테르담 은행은 신속히 지불했으므로, 은행의 약속 이행의 성실성에 대해 어떤 의심도 일으키지 않았다. 그 당시 금고에서 나온 화폐의 일부는 은행이 설립된 뒤 곧 일어났던 마을의 화재로 그을린 것들이었다. 따라서 이 화폐조각들은 그때부터 그곳에 묻혀 있었음에 틀림없다.

16. 그 은행에 예금되어 있는 금액이 얼마나 되는지는 아무도 모른다.

그 은행에 보관되고 있는 금은의 양이 얼마나 되는지는 오랫동안 호기심 많은 사람들의 관심을 끌어온 의문점이다. 이에 대해서는 추측만 할 수 있을 뿐이다. 그 은행에 계정을 가진 사람이 2,000명 정도 되고, 각각 자기 계정에 (아주 많이 잡아서) 1,500파운드 스털링의 예금을 가지고 있다고 한다면, 은행화폐의 총량 또는 은행금고에 있는 금은의 양은 3백만 파운드 스털링, 또는 1파운드가 11길더라고 하면, 3천3백만 길더가 될 것으로 생각된다. 이것은 거대한 금액으로서 매우 광범한 유통을 매개하는 데 충분하지만, 은행의 보유 금은에 대해 느끼고 있는 허황된 생각보다는 훨씬 적은 금액이다.

17. 암스테르담시는 그 은행의 각종 이윤으로부터 매우 많은 수입을 얻고 있다.

암스테르담시는 이 은행으로부터 큰 수입을 얻는다. 위에서 언급한 창고비 외에도 은행에 처음 계정을 여는 사람은 10길더의 요금을 내며, 새로운 계정을 개설할 때마다 3길더 3스타이버, 한 번 이체할 때마다 2스타이버, 그리고 소액거래의 증대를 억제하기 위해서 300길더 이하의 이체시에는 6스타이버를 받는다. 매년 두 번 자기 계정의 정산(精算)을 게을리한 사람은 25길더를 몰수당한다. 자기 계정에 있는 금액 이상의 이체를 지시하는 사람은 초과액에 대해 3%를 지불해야 되고, 게다가 그의 지시는 무시된다. 은행은 수취증의 만기로 인해 자신에게 귀속되는 외국 주화나 금은 덩어리를 이익을 남기고 팔 수 있을 때까지 보관해 두었다가 그것의 판매에 의해 큰 이득을 얻을 수 있다. 은행화폐를 5% 프리미엄 붙여 팔고, 그것을 4% 프리미엄을 붙여 다시 사들임으로써도 이윤을 남긴다. 이러한 다양한 이득은 사무원의 봉급이나 관리비를 지불하기에 필요한 것을 훨씬 넘는다. 수취증을 발급하고 금은 덩어리를 보관하는 것만으로도 15만~20만 길더의 연간 순수입을 올린다. 그러나 수입이 아니라 공적 봉사가 이 기관의 원래의 목적이었다. 그 목적은 불리한 환율에 따른 불편으로부터 상인을 구제하는 것이었다. 여기에서 나타난 수입은 예상하지 못한 것으로, 의외의 것이라 생각할 수 있다.

이른바 은행화폐로 지불하는 나라와 보통통화로 지불하는 나라 사이의 환율이 왜 일반적으로 전자에 유리하고 후자에 불리한가에 대해 내가 설명하려고 노력하다가 이와 같은 긴 여담에 빠졌는데, 이제 본론으로 돌아가자. 전자가 지불하는 것은 내재적 가치가 항상 일정하고 주조표준에 정확히 일치하는 종류의 화폐이고, 후자가 지불하는 것은 내재적 가치가 항상 변동하고, 항상 다소간 주조표준보다 낮은 종류의 화폐이기 때문이다.

제 2절 다른 원칙에서 보더라도 이와 같은 특별제한은 불합리하다

1. 무역수지가 자국에 불리한 나라에 대해서도 수입제한을 할 필요가 없다.

본장의 앞절에서 나는, 중상주의 체계의 원칙에 비추어 보더라도, 무역수지가 자기 나라에 불리하다고 생각되는 나라로부터의 상품수입에 대해 특별 제한을 가하는 것이 얼마나 불필요한 일인지에 대해 설명하려고 애썼다.

2. 무역차액에 관한 학설은 전부 틀렸다.

이러한 제한뿐만 아니라, 거의 모든 무역규제의 근거가 되고 있는 무역차액(貿易差額) 학설보다 더 불합리한 것은 없다. 이 학설은, 서로 교역하는 두 지역의 수지(收支)가 균형을 이루고 있다면 어느 누구도 이익을 보거나 손실을 보지 않는 반면, 그것이 한 쪽으로 어느 정도 기울어져 있다면, 정확한 균형에서 기울어지는 정도에 비례하여, 한 쪽은 손실을 보고 다른 한 쪽은 이득을 얻는다고 가정한다. 이 두 가정은 잘못된 것이다. 장려금과 독점에 의해 강요된 무역은, 내가 앞으로 보이려고 애를 쓰겠지만, 이러한 제도를 확립한 나라에 불리할 수 있고, 사실상 언제나 불리하다. 그러나 어떤 강요·제한 없이 양국간에 자연스럽고 규칙적으로 수행되는 무역은 양자 모두에게 유리하다. 비록 항상 동등하게 유리한 것은 아니라 하더라도 말이다.

3. 이익이나 이득은 금은량의 증가를 말하는 것이 아니다.

나는 이익이나 이득이라는 것은 금은량의 증가가 아니라 그 나라의 토지·노동의 연간생산물의 교환가치 증가나 주민들의 연간소득 증대를 말하는 것이라고 생각한다.

4. 무역수지가 균형을 이루고 교환되는 것이 전적으로 국산품인 지역에서는, 무역하는 두 나라는 거의 동등한 이득을 볼 것이다.

무역수지가 균형을 이루고 있고, 두 나라 사이의 무역으로 교환되는 것이 전적으로 자국 상품이라면, 대부분의 경우 양자 모두는 이익을 얻을 뿐만 아니라 균등한 또는 거의 균등한 이익을 얻을 것이다. 이 경우 양자는 서로 상대방의 잉여생산물의 일부에 대한 시장을 제공할 것이며, 사용된 자본, 즉 상대방의 잉여생산물의 일부의 생산 및 시장 출하를 위해 사용되어 그곳 주민들 사이에 분배되어 그들의 소득·생계를 제공한 자본을, 서로 보충해 준다. 따라서 각국 주민 중의 일부는 그들의 소득·생계를 간접적으로 다른 쪽에서 얻게 되는 것이다. 교환된 상품이 동등한 가치를 갖는다면, 무역에 사용된 두 자본들도 대부분의 경우 같거나 거의 같을 것이며, 두 자본이 각각 타국을 위한 상품을 만드는 데 사용되는 셈이므로, 두 자본이 각각 타국 주민들에게 제공할 수 있는 소득·생활수단도 같거나 거의 같을 것이다. 이와 같이 서로 제공해 주는 소득·생활수단은 그들 양자의 거래의 크기에 비례해 크기도 하고 작기도 할 것이다. 예를 들어 이것이 양측 각각에서 연간 10만 파운드 또는 100만 파운드에 달한다면, 그들 각자는 상대방 주민에게 10만 파운드 또는 100만 파운드의 연간소득을 제공하는 셈이다.

5. 만일 한 나라가 국산품만을 수출하고, 다른 나라는 외제품만을 수출한다면, 양자는 모두 이득을 볼 것이지만 전자의 이득이 더 클 것이다.

만약 양국간의 무역의 성질이 한 쪽은 상대방에게 자국상품만을 수출하고 상대방으로부터 수입하는 것은 상대방의 자국상품이 아니라 외국상품만인 경우에는, 상품에 대하여 상품이 지불되므로 무역수지는 여전히 균형을 이룰 수 있다. 또한 이 경우 양자는 이득을 볼 수 있으나 서로 동등하게 이득을 보는 것은 아니다. 즉, 자국 상품만을 수출하는 나라의 주민은 무역에서 최대의 소득을 올릴 수 있을 것이다. 예를 들어 잉글랜드는 프랑스로부터 프랑스산 상품만을 수입하는데, 프랑스가 수요하는 잉글랜드산 상품이 없어서 매년 담배나 동인도상품 등 대량의 외국상품으로 지불한다면, 비록 이 교역이 양국 주민에게 소득을 제공할 수 있다고 하더라도, 잉글랜드 주민보다는 프랑스 주민에게 더 큰 소득을 제공할 것이다. 매년 프랑스산 상품의 생산에 사용된 프랑스의 총자본은 프랑스 국민 사이에 매년 분배될 것이다. 그러나 잉글랜드에서는 프랑스산 상품의 수입을 위해 지불된 외국상품을 구매하는 데 지출된 잉글랜드 상품의 생산에 사용된 부분의 자본만이 잉글랜드 사람들 사이에 매년 분배될 것이다. 잉글랜드 자본의 대부분은 버지니아·인도·중국에서 사용된 자본, 즉 이러한 먼 나라 주민들에게 소득과 생활수단을 제공한 자본을 보충할 것이다. 따라서, 만약 자본의 크기가 같거나 거의 같다면, 이처럼 사용된 프랑스의 자본은 잉글랜드 자본이 잉글랜드 국민의 소득을 올리는 것보다 더욱 크게 자국민의 소득을 증대시킬 것이다. 이 경우 프랑스가 잉글랜드와 하는 무역은 직접적인 대외 소비무역인 반면, 잉글랜드가 프랑스와 하는 무역은 우회적인 대외 소비무역이다. 직접적인 대외 소비무역과 우회적인 대외 소비무역에 사용되는 자본의 상이한 효과에 대해서는 이미 〔제2편 제5장에서〕 충분히 설명했다.

6. 상품이 혼합되어 있을 경우에도 위에서 말한 원칙이 적용된다.

어떤 두 나라 사이에서 이루어지는 무역도 양자가 모두 자국상품만을 교역하거나 또는 한 쪽은 국산품만을, 다른 한 쪽은 외국상품만을 교역하는 경우는 아마도 없을 것이다. 거의 모든 나라는 일부분은 자국상품으로, 일부분은 외국상품으로 서로 교환한다. 그러나 수출화물의 대부분이 자국상품이고 일부가 외국상품인 나라가 주로 이득을 볼 것이다.

7. 잉글랜드로서는 금은으로 지불하는 편이 담배로 지불하는 것보

만약 잉글랜드가 매년 프랑스로부터 수입하는 상품에 대해 담배나 동인도

다 더 나쁘지는 않을 것이다. 상품이 아니라 금은으로 지불한다면, 이 경우 상품의 대가를 상품으로 지불하는 것이 아니라 금은으로 지불하기 때문에 무역수지가 균형을 이루지 못한다고 생각할 수도 있다. 그러나 이 경우에도 무역은 앞의 경우와 마찬가지로 양국 주민에게 일정한 수입을 제공하며, 잉글랜드 주민보다는 프랑스 주민에게 더 큰 수입을 제공할 것이다. 그리고 잉글랜드 주민에게도 어느 정도 수입을 제공할 것이다. 금은을 구매하는 데 지불된 잉글랜드 상품을 생산하는 데 사용된 자본, 즉 잉글랜드의 일정한 주민들 사이에 분배되어 그들에게 소득을 제공한 자본은, 이러한 무역에 의해 보충되고, 계속 그런 용도로 사용될 수 있을 것이다. 잉글랜드의 전체 자본은 금은을 수출하든 동일한 가치의 다른 상품들을 수출하든 감소하지 않는다. 반대로, 대부분의 경우 잉글랜드의 전체 자본은 증가할 것이다. 수요가 국내에서보다 해외에서 더 큰 상품, 따라서 수출의 대가로 수입되는 상품이 국내에서 수출되는 상품보다 더 큰 가치를 가질 것이라고 생각되는 상품만이 수출될 것이다. 만약 잉글랜드에서는 단지 10만 파운드의 가치를 갖는 담배가 프랑스로 수출되어 잉글랜드에서 11만 파운드의 가치를 갖는 포도주를 사가지고 온다면, 이 교환은 잉글랜드의 자본을 1만 파운드 정도 증가시킬 것이다. 10만 파운드 스털링의 잉글랜드 금이 잉글랜드에서 11만 파운드의 가치를 갖는 프랑스 포도주를 사올 수 있다면, 이 교환은 잉글랜드 자본을 1만 파운드 정도 증가시킬 것이다. 포도주 저장실에 11만 파운드의 포도주를 가지고 있는 상인은, 창고에 10만 파운드의 담배를 가지고 있는 상인보다 더 부유하듯이, 자기 금고에 10만 파운드의 금을 가지고 있는 상인보다 더 부유하다. 그는 다른 두 사람보다 더욱 많은 양의 노동을 가동시킬 수 있으며, 더 많은 사람에게 수입·생활자료·고용을 제공할 수 있다. 한 나라의 자본은 그 나라의 모든 주민들의 자본의 합계와 동등하며, 그 나라에서 매년 유지될 수 있는 노동량은 이 모든 자본이 유지할 수 있는 노동량과 동등하다. 그러므로 한 나라의 자본과 매년 유지될 수 있는 노동량은 이러한 교환에 의해 일반적으로 증가될 것임에 틀림없다. 잉글랜드는 프랑스산 포도주를 자신의 금속제품이나 직포로 사는 것이 버지니아산 담배나 브라질·페루의 금은으로 구입하는 것보다 훨씬 유리할 것이다. 직접적인 대외 소비무역이 우회적인 대외 소비무역보다는 항상 유리하다. 그러나 금은에 의해 이루어지는 우회적인 대외 소비무역이 다른 재화에 의해 이루어지는 우회적인 대외 소비무역에 비해 더욱 불리하다고는 생각되지 않는다. 광산이 없는 나라가 매년 금은을 수출하더라도 금은이 고갈되지 않는 것은, 담배를 재배하지 않는 나라가 담배를 수출하더라도 담배가 고갈되지 않는 것과 마찬가지다. 담배를 구입하는 데 필요한 수단을 가진 나라가 오랫동안 담배의 부족에 시달리지 않듯이, 금은을 구입할 수단을 가진 나라는 오랫동안 금은의 부족을 느낄 리가 없다.

8. 프랑스산 포도주의 수입을 반대하는 논거는 논리적으로 잘못이다. 말단 소매상인의 비열한 술책이 정치적 원칙으로 되는 바람에 상업은 조화는커녕 불화의 원천이 되어버렸다.

어떤 사람들은 말하기를, 직공(workman)이 술집과 거래를 하는 것은 손해 보는 거래이며, 공업국이 포도주 생산국과 거래하는 것도 역시 같은 성질의 것이라고 한다. 나는 술집과의 거래가 반드시 손해 보는 거래라고 생각하지 않는다. 아마도 이 거래는 다른 거래에 비해 남용되기 쉽지만, 그 성질상 다른 거래와 마찬가지로 이익이 있다. 양조업자의 직업이나 술소매상의 직업도 다른 직업과 마찬가지로 필요한 노동의 분업이다. 직공이 양조업자로부터 필요한 만큼 사는 것이 자신이 술을 직접 만드는 것보다는 일반적으로 유리하고, 그가 빈곤하다면, 양조업자로부터 대량으로 사는 것보다 소매상으로부터 조금씩 조금씩 사는 것이 더 유리하다. 물론 그는 자기 이웃에 양조업자나 술소매상이 있는 경우에는 그들로부터 너무 많이 살 수도 있는데, 이것은 대식가가 이웃에 정육점이 있을 때, 또는 멋쟁이가 이웃에 양복점이 있을 때 고기나 옷을 너무 많이 사는 것과 마찬가지이다. 그럼에도 불구하고 이러한 모든 직업이 자유롭다고 하는 것은, 비록 그 자유가 남용될 수 있고 특히 몇몇의 경우에는 더욱 그러하다고 하더라도, 근로자의 대부분에게 유리한 것이다. 개개인은 때때로 과음 때문에 재산을 탕진하는 수도 있으나, 한 나라가 그렇게 될 염려는 없다. 어느 나라에나 자신이 감당할 수 없을 만큼 술을 많이 마시는 사람들도 있지만, 덜 소비하는 사람이 그들보다 항상 많다. 또 경험에 비추어 볼 때, 포도주의 값이 싸다는 것은 과음의 원인이 아니라 오히려 절주(節酒)의 원인인 것 같다는 점을 언급하고 싶다. 포도주 생산국의 주민은 일반적으로 가장 절주하는 국민이다. 스페인 사람, 이탈리아인, 남부 프랑스 주민들을 보라. 사람들은 일상적인 음식을 지나치게 먹어 잘못을 저지르는 일은 별로 없다. 도수 낮은 맥주처럼 값싼 술을 아낌없이 사줌으로써 자신의 관대함이나 우정을 표시하려는 사람은 없다. 반대로, 매우 춥거나 더워서 포도주를 생산하지 못하고 따라서 포도주가 비싸고 귀한 나라에서는 과음이 보편화된 악습이다. 북방의 민족들과 열대의 민족들, 예컨대 기니아 해안의 흑인들 사이에서 그러하다. 내가 듣기로는, 프랑스의 어느 부대가 포도주가 비싼 북부에서 포도주가 아주 싼 남부지방으로 이동할 때, 군인들은 처음에는 값싸고 훌륭한 좋은 포도주를 폭음하지만, 그곳에서 몇 개월 거주하게 되면 그들의 대부분은 그곳 주민들과 마찬가지로 절주하게 된다고 한다. 만약 외국산 포도주에 대한 관세와 맥아·맥주에 대한 물품세가 한꺼번에 철폐된다면, 앞의 프랑스의 경우처럼, 잉글랜드에도 중류·하류층 사이에 일시적으로는 폭음하는 일이 꽤나 일반적이겠지만, 곧 뒤이어 영구적인 절주가 보편화될 것이다. 현재 과음은 상류층이나 가장 비싼 술을 쉽게 구입할 수 있는 사람들의 악습이 전혀 아니다. 우리 나라에서 맥주를 마시고 만취한 신사는 거의 찾아볼 수 없다. 또한 영국에서 포도주

무역에 대한 제한은, 내가 생각하기에는, 사람들이 술집에 가는 것을 막자는 것이 아니라, 가장 좋고 싼 술을 살 수 있는 곳에 가는 것을 막자는 것으로 보인다. 그 제한은 포르투갈과의 포도주 무역을 우대하고 프랑스와의 포도주 무역을 위축시킨다. 포르투갈 사람들은 프랑스 사람들에 비해 우리 제조품에 대한 더 좋은 고객이므로 더 우대되어야 한다고 말한다. 그들이 우리의 고객이므로 우리도 역시 그래야 된다고 한다. 이리하여 소상인들의 비열한 상술이 대제국의 행동방침으로 되었다. 왜냐하면, 주로 자신들의 고객만을 우대하는 것을 원칙으로 삼는 사람은 가장 비굴한 소상인이기 때문이다. 대상인은 이런 종류의 사소한 이익에 별로 관심을 갖지 않고 항상 가장 싸고 좋은 곳에서 상품을 산다.

9. 이웃나라를 궁핍하게 만듦으로서 자국에 이익이 되는 것은 아니다.

그러나 이와 같은 원칙에 의해, 국민들은 이웃나라를 궁핍하게 만드는 것(beggaring all their neighbours)이 자신들에게 이익이 된다고 배웠다. 각 국민은 자기 나라와 무역하는 상대국의 번영을 질투의 시선으로 바라보았으며, 그들의 이익이 자신들의 손실이라고 생각하게 되었다. 개인들 사이에서와 마찬가지로 국민들 사이에서 자연히 협동과 우정의 끈이 되어야 할 상업〔무역〕이 불화와 반목을 가장 많이 발생시키는 원천이 되었다. 금세기와 전세기 동안 국왕과 장관들의 변덕스런 야심도 상인·제조업자들의 당치도 않은 질투심에 비하면 유럽 평화에 더 치명적이지 않았다. 인류의 지배자들의 폭력·부정은 오래된 악이며 그 성질상 치유될 수 없는 것이라 생각된다. 그러나 인류의 지배자도 아니고 또 지배자로 될 수도 없는 상인·제조업자들의 비열한 탐욕과 독점정신이, 비록 교정될 수는 없다 하더라도, 다른 사람들의 평온을 교란하지 못하도록 저지하는 것은 매우 용이할 것이다.

10. 독점의 정신에 의해 고취된 상인들의 궤변이 인간의 상

독점정신이 무역차액 학설을 최초로 발명·전파했다는 것은 의심의 여지가 없다.

식을 혼란시켰다.

그리고 그것을 최초로 가르쳤던 사람들은 결코 그것을 믿었던 사람들만큼 어리석지는 않았다. 어떠한 나라에서든 대다수의 국민들로서는 자기들이 필요로 하는 물건을 가장 싸게 파는 사람들로부터 사는 것이 가장 이익이 되며 실제 그러함에 틀림없다. 이 명제는 너무나 명백해서 그것을 증명하려고 노력하는 것은 어리석은 일이라고 생각된다. 그리고 상인·제조업자들의 사리(私利)에서 나온 궤변이 인류의 상식을 혼동시키지 않았던들, 그 명제는 결코 문제가 되지도 않았을 것이다. 이 점에서 그들의 이익은 국민 대다수의 이익과 정반대이다. 주민들이 자기들 이외의 다른 사람들을 고용하는 것을 저지하는 것이 동업조합원의 이익이 되듯이, 국내시장의 독점권을 확보하는 것이 상인과 제조업자에게 이익이 된다. 따라서 잉글랜드나 대부분 유럽 나라에서는 외국상인에 의해 수입되는 대부분의 재화에 특별관세가 부과된다. 또 자기 나라의 제품과 경쟁할 수 있는 모든 외국제품에 높은 관세와 금지조치가 부과된다. 무역수지가 자국에 불리하다고 생각되는 나라, 즉 국민적 반감이 가장 격렬히 타오르는 나라로부터 수입되는 거의 모든 종류의 상품에 대해 특별제한을 가한다.

11. 부유한 이웃은 개인에게뿐만 아니라 국민에게도 유리한 것이다.

그러나 이웃 나라가 부유한 것은 전쟁이나 정치에서는 위험하지만 무역에서는 확실히 유리하다. 적대관계에 있을 경우, 이웃 나라의 부유함은 그들로 하여금 우리보다 우월한 육해군을 보유하게 할 것이지만, 평화시 교역을 할 때에는 그것은 우리들과 더욱 큰 가치를 교환할 수 있게 하며, 우리 산업의 직접적 생산물이나 그 생산물로 구입한 것에 대한 더 좋은 시장을 제공할 것이다. 부자는 가난한 사람보다 그 이웃의 노동 인민들에게 더 좋은 고객이듯이, 부유한 나라 역시 그렇다. 자기 자신이 제조업자인 부자는 사실 모든 동업자들에게는 매우 위험한 이웃이 된다. 그러나 훨씬 더 수가 많은 나머지 이웃들은 그의 지출이 그들에게 제공하는 좋은 시장에 의해 이익을 얻는다. 심지어 그들은 부유한 제조업자가 동업의 빈곤한 제조업자보다 싸게 팔기 때문에 이득을 얻는다. 부유한 나라의 제조업자도 마찬가지로 이웃 나라의 제조업자에게는 매우 위협적인 경쟁자일 것이다. 그러나 이러한 경쟁은 대다수 사람들에게 이익이 될 것이다. 이 외에도, 부유한 국민의 큰 지출은 그들에게 훌륭한 시장을 제공하기 때문이다. 돈을 벌기를 원하는 사람은 외지고 가난한 지방으로 갈 생각을 하지 않고 수도나 커다란 상업도시로 가려고 한다. 즉, 적은 부(富)가 유통하는 곳에서는 적은 것만을 얻을 뿐이고, 큰 부가 움직이는 곳에서는 그 중의 일부분이 그들에게 떨어질 것으로 알고 있다. 1명, 10명, 20명의 개인들의 상식을 지배하는 동일한 원칙이 백만, 천만, 이천만 사람의 판단을 규정하도록 해야 하며, 전국민으로 하여금 이웃 나라의 부가 자기 자신이 부를 획득할 수 있는 원인이나 기회라고 생각하도록 해야 한다. 외국무역에 의해 자신을 부유하게 하려는 나라는 이웃 나라가 모두 부유하고 근면한 상업국인 경우에는 틀림없이 그렇게 될 것이다. 유랑하는(wandering) 미개인이나 가난한 야만인으로 둘러싸인 큰 나라는 의심할 바 없이 외국무역이 아니라 자국 토지의 경작과 국내상업으로 부를 얻을 것이다. 고대 이집트와 현재 중국이 큰 부를 이룬 것은 이러한 방식에 의한 것으로 보인다. 고대 이집트는 외국무역을 등한히 했다고 하며, 현재 중국은 그것을 최고로 멸시하면서 법률의 정당한 보호조차 거의 제공하지 않는 것 같다. 현대의 외국무역의 원칙은 우리 이웃을 빈궁하게 하는 것이 목적이기 때문에, 만약 소기의 효과를 정말로 달성할 수 있게 되면, 무역은 중요하지 않고 하찮은 것으로 될 것이다.

12. 프랑스와의 무역은 제한받지 않으면 아메리카와의 무역보다 영국에게는 훨씬 더 유리할 것이다.

프랑스와 잉글랜드 사이의 무역이 그렇게도 위축되고 제한받은 것은 이러한 원칙에 따른 결과이다. 그러나 양국이 상업적 질투심이나 국민적 반감 없이 그들의 진정한 이익을 고려한다면, 프랑스와의 무역은 다른 어느 나라와의 무역보다 잉글랜드에게 유리할 것이고, 동일한 이유로 프랑스에게도 잉글랜드와의 무역이 가장 유리할 것이다. 프랑스는 영국에 가장 가까운 나라이다. 영국의 남부 해안과 프랑스의 북부·북서부 사이의 무역은 국내상업과 같이 일 년에 4회, 5회, 또는 6회의 회전을 기대할 수 있을 것이다. 따라서 이 무역에 운용되는 자본은, 외국무역의 기타 분야에서 운용되는 동량의 자본에 비해 4배, 5배, 또는 6배 많은 노동을 양국에서 가동시키며, 4배, 5배, 또는 6배 많은 사람들에게 고용과 생계를 제공한다. 영국과 프랑스 간에 서로 가장 멀리 떨어진 지역 사이의 무역도 적어도 1년에 1회 회전을 하여, 적어도 우리와 유럽의 기타 대부분 지역 사이의 대외무역만큼은 유리할 것이다. 그것은 적어도 자본의 회수가 3년 이내에는 거의 불가능하고 종종 4~5년을 넘는 북아메리카 식민지와의 허울좋은 무역보다 세 배는 유리할 것이다. 그밖에 프랑스의 인구는 2,400만 명이나 되는 것으로 추정된다. 그러나 우리의 북아메리카 식민지 인구는 300만 명 이상은 결코 되지 않을 것이다. 그리고 프랑스는 부의 불공평한 분배로 인하여 북아메리카보다 가난한 사람이나 거지가 더 많다고 하더라도, 북아메리카보다 훨씬 부유하다. 따라서 프랑스는 적어도 여덟 배나 더 넓은 시장을 제공할 수 있으며, 자본의 빠른 회전 때문에 북아메리카 식민지와의 무역보다 24배나 유리하다. 영국과의 무역은 프랑스에게도 마찬가지로 유리하다. 두 나라의 부·인구 및 가까운 거리에 비례하여 프랑스와 영국 사이의 무역은 프랑스가 자국의 식민지와 행하는 무역에 비해 마찬가지로 프랑스에 유리하다. 양국의 지혜 있는 사람들이 위축시키는 것이 마땅하다고 생각한 무역〔영국과 프랑스 사이의 무역〕과, 가장 장려했던 무역〔자국의 식민지와의 무역〕 사이의 중대한 차이점이 이런 것이다.

13. 그러나 프랑스와 잉글랜드의

그러나 이 두 나라 사이에 무역이 개방

상인들은 서로 시기하고 있다.

적이고 자유롭게 이루어지면 양자를 모두 유리하게 해 줄 바로 그 사정들이 이 무역의 주된 장애물이 되었다. 서로 이웃하고 있기 때문에 두 나라는 필연적으로 서로 적이 되고, 그 때문에 각자의 부와 힘은 서로에게 위협적인 것이 된다. 국민적 우의를 증진시키기에 유리한 사정들이 격렬한 국민적 적대심을 선동하는 작용을 하고 있을 뿐이다. 양국은 모두 부유하고, 부지런한 나라인데, 각 나라의 상인·제조업자들은 상대방 나라의 상인·제조업자의 기술과 활동에 의한 경쟁을 두려워한다. 상인적 질투는 국민적 적개심을 자극하고, 또한 상인적 질투와 국민적 적개심은 상승작용을 한다. 양국의 무역업자들은 자신들의 사리(私利)에서 나온 거짓말을 열렬히 확신하고는 다음과 같이 주장했다. 즉, 상대방과 제한 없는 무역을 행하면 필연적으로 무역수지 적자가 발생하며, 그 결과 각자는 반드시 파멸할 것이라고.

14. 불리한 무역수지 때문에 가난해진 나라는 하나도 없으며, 무역이 가장 자유로운 나라들이 외국무역으로 가장 부유해졌다.

유럽의 상업국들 중에, 자칭 중상주의 체계의 학자라고 한 사람들이 불리한 무역수지 때문에 곧 파멸하게 될 것이라고 예언하지 않은 나라는 하나도 없다. 그러나 그들이 불러일으킨 우려에도 불구하고, 그리고 모든 나라들이 무역수지를 이웃 나라에게 불리하고 자국에게 유리하게 하려고 온갖 헛된 수고를 하였음에도 불구하고, 유럽의 어떤 나라도 불리한 무역수지 때문에 어떤 면에서도 빈궁하게 된 것 같지는 않다. 반대로, 각 도시와 나라는 그들의 항구를 모든 나라에 개방한 것에 비례해서 부유하게 되었으며, 중상주의 체계의 원리가 예상한 것처럼 자유무역에 의해 파멸되지는 않았다. 물론 어떤 면에서 자유항이라는 이름에 걸맞는 도시는 유럽에 몇몇 있지만, 자유항(free ports)이라고 부를 만한 나라는 하나도 없다. 아마도 네덜란드가 그런 성질〔자유항〕에, 비록 여전히 멀기는 하지만, 가장 근접하고 있다. 네덜란드는 그 나라 부의 전체뿐 아니라 생활자료의 대부분을 외국무역으로부터 얻고 있다는 점을 사람들은 인정하고 있다.

15. 번영과 쇠퇴는 생산과 소비의 균형에 의해 결정된다.

사실 무역차액과는 매우 다른 또 하나의 차액이 있는데, 이미 설명한 바 있지만, 이 차액이 유리한가 불리한가에 따라 필연적으로 한 나라의 번영·쇠퇴가 결정된다. 그것은 연간생산물과 연간소비 사이의 차액이다. 이미 고찰했듯이, 연간생산물의 교환가치가 연간소비의 교환가치를 초과한다면, 그 사회의 자본은 매년 그 초과액에 비례하여 증가할 것이다. 이 경우 그 사회는 자기 수입(收入)의 한도 안에서 생활하고, 매년 그 수입 중 저축되는 것은 자연히 자본에 추가되어 연간생산물을 더욱 증진시키는 데 사용된다. 반대로, 연간생산물의 교환가치가 연간소비의 교환가치에 미치지 못한다면, 그 사회의 자본은 그 부족액에 비례해서 매년 감소할 것이다. 이 경우 그 사회의 지출은 자기의 수입을 초과하고, 그리하여 필연적으로 그 사회의 자본을 잠식하게 된다. 따라서 그 사회의 자본은 반드시 감소할 것이며, 이와 함께 노동의 연간생산물의 교환가치도 감소할 것이다.

16. 그것은 무역차액과는 전혀 다른 것이다.

생산과 소비 사이의 차액은 무역차액과는 완전히 다른 것이다. 그것은 대외무역이 전혀 없고 세계와 완전히 고립된 나라에서도 일어날 수 있다. 그것은 전 지구상에서도 발생할 수 있는바, 지구 전체의 부·인구·진보는 점차 증가할 수도 있고 점차 감소할 수도 있다.

17. 그것은 한 나라에 대해 항상 유리할 수도 있다.

생산과 소비 사이의 차액은 무역수지가 일반적으로 불리한 경우에도 계속 유리할 수 있다. 아마 반 세기에 걸쳐 어떤 나라는 수출하는 것의 가치보다 수입(import)하는 것의 가치가 더 클 수도 있다. 이 경우 들어오는 금은은 즉시 외국으로 보내지고, 유통되는 주화는 점차 감소하여 각종 지폐가 그것을 대신할 것이고, 심지어 그 나라의 주요 거래국에 대한 채무까지 점점 증가할 것이다. 그러나 이 반세기 동안 그 나라의 실질적인 부, 즉 그 나라의 토지·노동의 연간생산물의 교환가치는 훨씬 더 큰 비율로 증가할 수 있다. 현재의 혼란〔미국의 독립전쟁〕이 시작되기 이전, 북아메리카 식민지의 상태와 그들이 영국과 수행한 무역의 상황은 이것이 결코 불가능한 가정이 아니라는 것의 증거가 될 수 있다.*

---

* 이 문장은 1775년에 썼다.

제4장
세금환불

1. 상인은 수출에 대한 장려책을 요구한다.

상인과 제조업자는 국내시장의 독점에 만족하지 않고 자기 상품을 해외에서도 가능한 한 많이 팔고 싶어한다. 그들의 국가는 외국에 대해서는 관할권이 없으므로, 따라서 그들이 외국에서 독점권을 얻게 해 줄 수가 없다. 그러므로 그들은 일반적으로 수출에 대한 모종의 장려책을 청원하는 데 만족할 수 밖에 없다.

2. 국내생산물에 대한 세금환불은 노동의 자연적 배분을 유지하므로 합리적이다.

이러한 장려책 중에서 세금환불(drawbacks)이 가장 합리적인 것 같다. 상인에게 국산품을 수출하면 그것에 부과된 물품세·내국세의 전부 또는 일부를 환불해 준다고 해서, 세금이 전혀 부과되지 않을 경우 수출되는 것보다 더 많은 상품이 수출되게 할 수는 없다. 이 장려책은, 가만히 내버려 두었을 경우 일국의 자본이 어느 특정분야에 투자될 것보다 더 큰 부분이 그 분야에 투자되도록 하지는 않지만, 세금 부과로 인해 그 분야에 투자될 자본이 이탈하는 것은 저지할 것이다. 세금 환불은 사회의 다양한 자본의 용도들 사이에서 자연적으로 이루어지는 균형을 깨지는 않을 것이며, 과세로 인해 균형이 깨지는 것을 저지할 것이다. 즉, 사회의 노동의 자연적인 분업·분배를 파괴하는 것이 아니라 유지하는 경향이 있는데, 유지되는 것이 대부분의 경우 유리하다.

3. 수입재화에 대한 관세환불 또한 합리적인 것이다. 구 왕실보조금세의 경우에는 반액의 환불이 허용되었다.

수입된 외국상품을 재수출할 때의 관세환불도 마찬가지인데, 영국에서는 수입관세의 최대 부분이 일반적으로 환불되고 있다. 현재 구 왕실보조금세(old subsidy)라고 불리는 세금을 부과한 의회법률〔1660년〕의 부칙 제2조에 의하면, 영국상인이든 외국상인이든 모든 상인은 수입시에 납부한 관세의 반을 수출할 때 환불받을 수 있다. 다만 수입한 후 영국상인은 12개월 이내에, 외국상인은 9개월 이내에 재수출해야 한다. 포도주·건포도·가공된 견직류는 이 규정에 해당되지 않는 유일한 상품들인데, 이들은 다른 유리한 특전을 누리고 있었다. 그 당시에는 이 의회법률에 따라 부과된 관세가 외국상품의 수입에 부과되는 유일한 관세였다. 이것과 기타 모든 세금의 환불을 요구할 수 있는 기간은 그후(조지 1세 7년의 법률 제21호 제10조〔1720년〕에 의해) 3년으로 연장되었다.

4. 비교적 최근의 세는 일반적으로 전액이 환불된다.

구 왕실보조금세(old subsidy) 이래 부과된 관세는 대부분의 경우 수출시에 전액 환불되었다. 그러나 이 일반 규정에는 수많은 예외가 생기게 되어, 관세환불의 원리는 처음 제도화되었을 때처럼 그렇게 간단하지가 않게 되었다.

5. 경우에 따라서는 구 왕실보조금세까지 그 전액이 환불되었다.

수입량이 국내 소비를 위해 필요한 것을 훨씬 초과한다고 예상되는 일부 외국상품을 재수출할 때는 관세 전부가 환불되었는데, 구 왕실보조금세의 나머지 $\frac{1}{2}$ 까지도 환불되었다. 우리의 북아메리카 식민지에서의 반란 이전에 우리는 메릴랜드와 버지니아의 담배를 독점하고 있었다. 우리는 96,000통(hogshead)을 수입했는데, 국내소비는 14,000통을 넘지 않을 것으로 추정되었다. 대량의 수출을 용이하게 해서 나머지를 처분하기 위해, 만약 3년 이내에 재수출한다면, 관세 전부를 환불해 주었다.

6. 설탕에 대한 관세환불

우리는 아직도 서인도제도의 설탕에 대한 독점권을, 비록 완전한 독점은 아니지만 독점에 가깝게, 유지하고 있다. 따라서 1년 이내에 설탕이 재수출된다면 수입시에 부과된 모든 관세가 환불되고, 3년 이내에 재수출된다면 구 왕실보조금세의 반을 제외한 관세 전부가 환불되었는데, 수입시에 부과된 이 구 왕실보조금세 중에서 반은 대부분 상품의 경우에도 수출시에 여전히 환불되지 않고 있었다. 비록 설탕 수입량이 국내소비를 위해 필요한 양을 크게 초과하기는 하지만, 담배에 비하면 그 초과량이 크지 않다.

7. 수입이 금지된 재화의 경우에는 재수출시에도 관세 환불이 적용되지 않는다.

특정 상품들은 우리 제조업자의 질투의 대상으로, 국내소비를 위한 수입이 금지되었다. 그러나 그것들은 일정한 관세를 물고 수입되어 재수출을 위해 창고에 보관될 수 있다. 그러나 그것을 재수출하더라도 관세의 어떤 부분도 환불되지 않는다. 우리 제조업자들은 심지어 이 제한된 수입이 장려되는 것을 싫어하는데, 이 상품이 창고에서 몰래 유출되어 자신들의 상품과 경쟁할 것을 우려하기 때문이다. 우리는 오직 이 규정에 의해서만 가공된 견직물, 프랑스산 삼베와 한랭사, 착색·염색된 캘리코(calico)를 수입할 수 있다.

8. 프랑스로부터의 수입품에는 그 재수출시에도 일반적으로 더 적은 관세환불이 인정된다.

우리는 심지어 프랑스 제품은 운송조차 하려고 하지 않으며, 우리의 적으로 간주되는 사람들이 우리의 운송수단에 의해 이윤을 얻는 것을 참고 보느니 차라리 우리의 이윤을 포기하는 것을 선택한다. 구 왕실보조금세의 반뿐만 아니라, 2차적으로 25%를 모든 프랑스 제품의 재수출에 대해 환불하지 않고 보유한다.

9. 포도주는 특혜를 받아왔다. 구 왕실보조금세의 부칙 제4호에 의해, 모든 포도주의 재수출에 대해 허용된 관세 환불은 그 당시 그 수입에 대해 부과된 관세의 반을 훨씬 넘었고, 따라서 당시 입법자의 의도는 포도주를 중개무역하는 것을 보통 이상으로 장려하려고 했던 것처럼 보인다. 구 왕실보조금세와 동시에 또는 그 뒤에 부과된 기타 세금의 약간, 예컨대 추가관세, $\frac{1}{3}$ 특별세, $\frac{2}{3}$ 특별세, 1692년의 수입세, 주조비용 충당세 등은 포도주의 재수출시 전부 환불되었다. 그러나 이들 중 추가관세와 1692년의 수입세를 제외한 모든 관세는 수입시에 현금으로 지불되었고, 이 막대한 금액의 이자는 큰 비용을 형성해 수익성 있는 중개무역을 기대하는 것을 어렵게 만들었다. 포도주 수입세의 일부만이 재수출시 환불되었고, 프랑스 포도주에 톤당 25파운드의 관세나 1745 · 1763 · 1778년에 부과된 관세는 전혀 환불되지 않았다. 1779년과 1781년 두 번에 걸쳐 추가된 5% 수입세는, 다른 모든 제품의 재수출에 대해 전액 환불되었는바, 포도주에 대해서도 환불되었다. 1780년에 포도주에 대해 특별히 부과된 마지막 관세는 완전한 환불이 허용되었지만, 기타 수많은 중과세가 계속 유지되었으므로, 이러한 특전도 1톤의 포도주의 재수출도 야기하지 못했을 것이다. 이러한 규정은 아메리카의 영국식민지를 제외하고는 합법적인 수출이 가능한 모든 지역에 대해 적용된다.

10. 특히 포도주가 아메리카 식민지에 수출될 경우, 찰스 2세 제15년(1663년)의 법률 7호는 무역장려법이라 불렸는바, 동법은 유럽의 모든 농·공산품을 식민지에 공급할 수 있는 독점권을 영국 상인에게 주었는데, 따라서 포도주의 공급에 대해서도 독점권을 주었다. 그런데 우리의 북아메리카·서인도 식민지와 같이 해안이 긴

곳에서는 우리나라의 권위가 항상 매우 약했고, 주민들이 자신들의 선박으로 비(非)열거품목의 상품들(non-enumerated commodities)을 처음에는 유럽의 모든 곳으로, 나중에는 피니스테레 곶(Cape Finisterre: 이베리아반도의 북서부 스페인의 최서단의 곶) 이남의 유럽까지 수출하는 것이 허락되었으므로, 이러한 독점권이 제대로 지켜지지 않았을 가능성이 크다. 그리고 그들은 수출이 허용된 나라에서 돌아올 때는 항상 일정한 화물을 가지고 왔다. 그러나 그들은 유럽의 포도주를 산지로부터 직접 수입하는 데에는 상당히 곤란을 겪었던 것으로 보이지만, 그렇다고 영국으로부터 직접 수입할 수도 없었을 것이다. 왜냐하면, 영국에서는 포도주에 대해 무거운 관세가 부과되었고, 대부분의 관세가 재수출시에 환불되지 않았기 때문이다. 마데이라(Madeira: 대서양에 있는 포르투갈령 섬)산 포도주는 유럽 제품이 아니므로 아메리카와 서인도로 직접 수입될 수 있었는데, 이들 지역은 비(非)열거품목의 상품들로서 마데이라섬과 자유무역을 향유했다. 이러한 사정이 아마도 마데이라산 포도주에 대한 보편적인 선호를 조성했고, 1755년에 시작된 전쟁시에 우리 장교들이 우리의 모든 식민지에서 이러한 선호를 배워와서, 이전까지는 별 인기가 없었던 이 포도주가 영국에서도 크게 인기를 끌게 되었다. 전쟁이 끝난 1763년 (조지 3세 제4년의 법률 제15호 제12조에 의해) 프랑스 포도주를 제외한 모든 포도주를 식민지로 수출할 때 3파운드 10실링을 제외한 모든 관세의 환불이 허용되었으나, 프랑스 포도주의 무역·소비는 민족적 편견에 의해 전혀 장려되지 않았다. 이러한 특전의 허용과 북아메리카 식민지의 반란 사이의 기간은 이들 나라의 관습을 크게 변화시키기에는 아마도 너무 짧았을 것이다.

11. 이러한 식민지에 대한 기타 외국 상품의 수출은 저지되었다.

그 법률은 프랑스 포도주를 제외한 모든 포도주에 대한 관세환불에 있어 다른 나라들에 비해 우리의 식민지를 훨씬 우대했지만, 기타 대부분의 상품에 대해서는 식민지 수출을 별로 우대하지 않았다. 다른 나라에 수출하는 대부분의 상품에 대해서는 구 왕실보조금세의 $\frac{1}{2}$이 환불되었다. 그러나 이 법은, 포도주·흰 캘리코·모슬린(muslin)을 제외하고는, 유럽이나 동인도의 농산품과 공산품을 식민지로 수출하는 경우에는 어떠한 관세도 환불하지 않는다고 규정했다.

12. 처음에는 관세환불이 중개무역을 장려하기 위해 허용되었는데, 이것은 잘못된 것이다. 그러나 관세환불 그 자체는 충분히 합리적이었다.

처음 관세환불은 아마도 중개무역을 촉진시키기 위해 허용되었을 것인데, 선박의 운임이 종종 외국인에 의해 화폐로 지불되므로, 중개무역은 금은을 자국으로 유입시키는 데 적합한 것으로 생각되었다. 그러나, 중개무역이 특별히 장려할 가치가 없고, 관세환불 제도의 동기가 매우 어리석다고 하더라도, 이 제도 자체는 충분히 합리적이다. 이러한 관세환불 제도는 수입관세가 부과되지 않았을 경우 이러한 중개무역으로 스스로 향했을 한 나라의 자본보다 더 많은 자본을 그곳으로 향하도록 할 수는 없다. 그것은 수입관세에 의해 자본이 그곳으로 향하지 못하게 되는 것을 방지할 뿐이다. 중개무역은 특별히 선호될 필요는 없으나 다른 모든 사업과 마찬가지로 배제돼서는 안 되고 자유롭게 방치되어야 한다. 중개무역은 한 나라의 농업·제조업·국내상업·대외 소비무역에서 사용처를 찾을 수 없는 자본들에게 투자처를 제공한다.

13. 관세환불이 이미 지불된 관세의 전액에 달하지 못할 때는 관세수입이 늘어난다.

이러한 관세환불 제도를 통해 관세수입은 감소하기는커녕 관세 중 유보되는 부분만큼 증가한다. 만약 관세 전체가 환불되지 않고 유보된다면, 이미 관세를 납부한 외국상품은 재수출될 수도 없고, 따라서 시장부족 때문에 〔가격경쟁력이 없으므로〕 더이상 수입되지도 않을 것이다. 따라서 그 일부가 유보되는 수입관세도 납부할 사람이 없어질 것이다.

14. 관세환불액이 이미 납부된

이러한 이유들은 관세환불이 합리적임을

세액 전체와 같은 경우에도 그러할 것이다.

충분히 증명해 주는 것처럼 보인다. 또한 국산품이나 외래품에 부과된 세금 전체가 수출시에 환불되는 것도 합리적임을 증명할 것이다. 이 경우 물품세 수입은 사실 약간 손해를 보며, 관세수입은 훨씬 더 큰 손해를 보겠지만, 이와 같은 세금들에 의해 항상 다소간 교란되는 자연적인 산업균형, 노동의 자연적인 분업과 배분은 이러한 관세환불 규정에 의해 대체로 다시 회복될 것이다.

15. 이것은 독립국에 대해서만 적용되고, 무역에 대해 독점권을 가지고 있는 지역에 대해서는 그렇지 않다.

그러나 관세환불이 합리적임을 증명하는 이유들은 완전히 독립된 외국에 상품을 수출하는 경우에만 적용되고, 우리의 상인·제조업자가 독점권을 누리고 있는 지역에 수출하는 경우에는 적용되지 않을 것이다. 예를 들어 아메리카 식민지로 수출되는 유럽제품에 대한 관세의 환불은 관세환불이 없을 경우에 비해 항상 더 큰 수출을 야기하지 않을 것이다. 우리의 상인·제조업자가 아메리카 식민지에서 누리는 독점권에 의해, 관세 전부가 환불되지 않고 유보되더라도, 아마 같은 수량의 화물이 그곳으로 보내질 것이다. 따라서 관세의 환불은 무역의 상태를 바꾸거나 무역을 더욱 확대시키지 못하면서, 오직 물품세와 관세의 수입만을 감소시킬 것이다. 관세의 환불이 우리 식민지의 산업에 대한 적절한 장려책으로서 어느 정도 합리적인가, 또는 식민지에게 그들의 모든 동포들이 납부하는 세금을 면제시켜 주는 것이 어느 정도까지 식민 모국에 유리한가는 나중에 〔제4편 제7장 제2절에서〕 식민지를 다루면서 언급될 것이다.

16. 관세환불은 사기의 원인이 된다.

그러나 반드시 명심해야 할 것은, 관세환불은 세금을 환불받는 상품이 정말로 외국으로 수출되는 경우에만 유용하고, 그 상품이 비밀리에 자기 나라로 재수입되는 경우에는 유용하지 않다는 것이다. 어떤 관세환불은, 특히 담배의 경우, 종종 이러한 방식으로 남용되어 수많은 사기(frauds)를 야기함으로써 정부의 세수(稅收)와 공정한 거래를 하는 상인들에게 똑같이 손해를 끼쳐 왔다는 것은 잘 알려져 있는 사실이다.

제5장
장려금

1. 외국인들에게 우리의 재화를 사도록 강요할 수는 없으므로, 그들에게 돈을 주어서 사도록 하자는 방안이 제안되었다.

영국에서 사람들은 흔히 특정 국내산업의 생산물에 대해 수출장려금(bounties upon exportation)을 지급하자고 청원했고, 정부에서는 자주 그런 수출장려금을 지급했다. 수출장려금의 지급에 의해 우리의 상인과 제조업자는 그들의 상품을 외국시장에서 그들의 경쟁자만큼 싸거나 더욱 싸게 팔 수 있게 된다고 사람들은 주장한다. 그럼으로써 수출되는 수량은 더욱 증대될 것이고, 그로 인해 무역수지는 우리나라에 더욱 유리하게 될 것이라고 말한다. 우리는 우리의 산업가에게 국내시장에서처럼 해외시장에서도 독점권을 줄 수는 없다. 우리는 우리의 동포에게 강요하듯이 외국인들에게도 우리의 상품을 사도록 강요할 수는 없기 때문이다. 그래서 차선(次善)의 방법은 외국인들에게 금전적 지원을 해 줌으로써 우리 상품을 구매하도록 하는 것이라고 생각했다. 이러한 방식으로 중상주의체계는 무역차액으로 나라 전체를 부유하게 하고 우리 모두의 주머니에 돈을 집어넣을 것을 제안하고 있다.

2. 장려금은 손해를 보고 있는 무역만이 요구하도록 되어 있다.

장려금은 그것 없이는 운영될 수 없는 산업부문에만 주어져야 한다는 것이 일반적인 인식이다. 상인이 자신의 제품을 생산하여 시장에 내보내는 데 사용된 자본을 보통의 이윤과 함께 회수할 수 있는 가격에 팔 수 있는 산업부문은 장려금 없이도 운영될 수 있다. 이러한 분야는 명백히 장려금 없이 운영되는 다른 모든 분야와 같은 수준에 있으며, 따라서 그들과 마찬가지로 장려금을 요구할 수 없다. 상인이 보통의 이윤과 함께 그의 자본을 회수할 수 없는 가격으로 자기의 상품을 팔아야만 하는 산업이나, 또는 상인이 시장에 내보내기 위해 실제로 들어간 비용보다 낮은 가격에 팔아야만 하는 산업만이 장려금을 필요로 한다. 장려금은 이러한 손실을 보상하기 위해서 주어지거나, 수익보다 비용이 크다고 생각되는 산업을 계속하거나 또는 시작하도록 하게 할 목적으로 주어진다. 그러한 산업은 활동할수록 투하자본을 잠식하고, 만약 다른 모든 산업도 그것을 닮는다면, 그 나라에는 곧 어떠한 자본도 남아 있지 않을 것이다.

3. 그것의 효과는 무역을 불리한 방면으로 강제로 돌리는 데 있다.

지적해 두어야 할 것은, 장려금에 의해 수행되는 무역은, 두 나라 사이에서 상당한 기간 한 쪽이 항상 규칙적으로 손실을 입거나 상품을 시장에 내놓기 위해 실제로 드는 비용보다 싸게 파는 무역이다. 그러나 만약 장려금이 상인이 낮은 상품가격 때문에 입는 손실을 보상해 주지 못한다면, 그는 자기의 이익을 위해 곧 자본을 다른 방식으로 사용할 것이고, 상품가격이 상품을 시장에 내보내는 데 사용된 자본을 보통의 이윤과 함께 보상할 수 있는 그런 사업을 찾을 것이다. 중상주의 체계의 다른 정책의 효과와 마찬가지로, 장려금의 효과도 단지 한 나라의 무역이 자연적으로 스스로 흘러갈 수로(channel)보다 훨씬 덜 유리한 수로로 흐르도록 그것을 강제하는 것이다.

4. 찰스 스미스는 장려금이 지불되고 있는 곡물의 생산원가를 망각하고 있다.

곡물무역에 관한 논문을 쓴 총명하고 박식한 저자〔Charles Smith〕는 매우 명확히 다음과 같이 밝히고 있다. 즉, 곡물수출에 대한 장려금이 지급된 이래 적절히 평가된 곡물수출액이 아주 높게 평가된 곡물수입액을 초과한 금액은 이 기간 중 지불된 장려금 총액을 초과한다는 것이다. 이 저자는 이것이 중상주의 체계의 정확한 원리에 근거하여 강제된 곡물무역이 국민에게 유리하다는 것을 보여 주는 증거이며, 그 이유는 수출가치가 수입가치를 초과하는 금액이 곡물수출을 위해 국가가 부담하는 특별비용의 전액보다 훨씬 크기 때문이라고 생각하고 있다. 그는 이 특별비용, 즉 장려금은 곡물수출이 실제로 사회에 부담시키는 비용의 매우 작은 부분이라는 점을 고려하지 못했다. 곡물을 재배하기 위해 차지농이 사용한 자본도 역시 고려되어야 한다. 곡물을 외국시장에 판매할 때 곡물가격이 장려금뿐 아니라 이 자본을 보통의 이윤과 함께 회수하지 못한다면, 사회는 그 차액만큼 손실을 볼 것이며, 국민의 자본도 그만큼 감소할 것이다. 그렇지만 장려금을 반드시 주어야 한다고 생각되는 이유는 바로, 이러한 것을 가능하도록 하기에는 그 가격이 불충분하기 때문이다.

5. 장려금이 실시된 이래 곡물가격이 하락한 것은 다른 원인에서 유래한 것이다.

장려금이 실시된 이후 평균 곡물가격은 현저하게 떨어졌다고 한다. 평균 곡물가격은 지난 세기〔17세기〕 말경에 약간 떨어지기 시작해서 현세기의 64년간 계속 저하하고 있다는 것은 이미 내가 밝히려고 노력했던 바이다. 그러나 내가 믿는 바와 같이 그것이 사실이라면, 이러한 일은 장려금에도 불구하고 일어난 것이지 그것의 결과로 일어난 것일 수는 없다. 이러한 일은 잉글랜드뿐 아니라 프랑스에서도 일어났는데, 프랑스에서는 장려금이 없었을 뿐 아니라 1764년까지 곡물수출은 일반적으로 금지되고 있었다. 따라서 곡물가격의 점진적 하락은 궁극적으로 장려금이나 수출금지에 의한 것이 아니라, 내가 이 책의 제1편에서 밝히려고 한 바 있듯이, 아마도 현세기 동안 유럽 전체 시장에서 발생한 은의 진실가치의 점진적이고 눈에 띄지 않을 정도의 상승에 기인한 것이다. 장려금이 곡물가격을 낮추는 데 기여했다는 것은 도저히 불가능하다.

6. 장려금은 풍년에도 흉년에도 가격을 유지한다.

이미 고찰한 바와 같이, 풍년에는 장려금이 비상한 수출을 야기함으로써 국내시장의 곡물가격을 자연히 떨어질 가격보다 높게 유지한다. 이렇게 하는 것이 이 제도의 공개적으로 선포된 목적이다. 흉년에는 흔히 장려금이 중단되기도 하지만, 풍년에 야기한 대량의 수출 때문에 풍년의 잉여분으로 흉년의 부족분을 보충하는 것을 흔히 다소간 방해함에 틀림없다. 따라서 풍년에든 흉년에든 장려금은 국내시장에서 곡물의 화폐가격을 장려금이 없는 경우에 비해 다소 높이는 경향이 있다.

7. 장려금은 경작을 장려하고, 또한 그 때문에 가격을 떨어뜨린다고 사람들은 생각했다.

실제의 경작상황에서 장려금이 이러한 경향을 갖는다는 것은 이성적인 사람이라면 누구나 이의를 제기하지 않으리라고 생각한다. 그러나 많은 사람들은 다음의 두 가지 방식으로 장려금이 경작을 촉진시킬 것이라고 생각하고 있다. 첫째, 장려금이 곡물의 해외시장을 확대함으로써 곡물의 수요와, 따라서 생산을, 증대시킬 것이라고 그들은 생각한다. 둘째, 실제의 경작상황에서 기대할 수 있는 가격보다 더 높은 가격을 농민에게 보장해 주므로, 장려금이 경작을 촉진시킬 것이라고 그들은 생각한다. 이러한 이중의 촉진 때문에 장기에 걸쳐서는 곡물생산을 크게 증가시킬 것으므로, 그 시기가 끝날 때의 실제의 경작상황에서는, 장려금이 국내시장의 곡물가격을 등귀시키는 정도보다도 훨씬 크게 가격을 저하시킬 것이라고 그들은 생각한다.

8. 장려금에 기인된 국내 곡가의 등귀는 국민에 대한 중세이며, 그것은 인구와 산업발전을 억제하고, 결국은 곡물의 소비를 감소시키는 경향이 있다.

그러나 나는 다음과 같이 대답한다. 장려금으로 외국시장이 어느 만큼 확장될 수 있다고 하더라도,

그것은 그 특정한 해에 국내시장의 희생으로 이루어지는 것이다. 왜냐하면, 장려금이 있으면 수출되고 장려금이 없으면 수출되지 않는 매 부셸의 곡물은 국내시장에 남아서 소비를 늘리고 가격을 낮추었을 것이기 때문이다. 반드시 지적해 두어야 할 것은, 곡물수출 장려금은 기타의 수출장려금과 마찬가지로 국민에게 두 가지 종류의 세금을 부과하는데, 첫째는 장려금을 지불하기 위해 국민들이 납부해야만 하는 세금이고, 둘째는 국내시장에서 곡물가격의 등귀 때문에 곡물의 구매자인 국민 전체가 부담해야 하는 세금이다. 곡물의 경우 두 번째 세금이 훨씬 더 크다. 매년 평균 밀 1쿼터의 수출에 주는 5실링의 장려금이 국내시장의 밀가격을 그것이 없었을 경우에 비해 부셸당 6펜스, 또는 쿼터당 4실링 만큼 상승시킨다고 하자. 이러한 매우 온건한 가정하에서도 대부분의 사람들은 수출되는 밀 쿼터당 5실링의 장려금을 지불하기 위한 세금을 내야 할 뿐 아니라, 그들 자신이 소비하는 밀 쿼터당 4실링의 세금을 부담해야 한다. 그러나 곡물무역에 관한 논문을 쓴 매우 박식한 저자에 의하면, 국내소비량에 대한 수출량의 평균비율은 $\frac{1}{31}$을 넘지 않는다. 따라서 국민들은 첫 번째 세금으로 5실링을 납부할 때마다 두 번째 세금으로 6파운드 4실링(4실링×31)을 납부하는 셈이다. 생활의 절대적 필수품에 대한 이러한 중세(重稅)는 노동빈민의 생활자료를 등귀시키거나, 또는 생활자료의 화폐가격의 등귀에 비례하여 그들의 화폐임금을 증가시키게 될 것이다. 전자의 경우에는 노동빈민이 그들의 자녀를 교육·양육시킬 수 있는 능력을 감소시킬 것이고, 따라서 그 나라의 인구증가를 억제할 것이다. 후자의 경우에는 그렇지 않았을 경우보다 고용주가 노동빈민을 고용하는 능력을 감소시킬 것이며, 따라서 그 나라의 산업의 발전을 제한할 것임에 틀림없다. 따라서 장려금에 의해 야기된 곡물의 비상한 수출은 매년 외국시장과 외국소비를 확대시키는 만큼 국내시장과 국내소비를 감소시킬 뿐 아니라 그 나라의 인구와 그 나라의 산업발전을 제한함으로써, 궁극적으로는 국내시장의 점진적인 확장을 억제하고 제한한다. 그리고 장기에 걸쳐서는 곡물의 전체 시장과 소비를 증대시키는 것이 아니라 감소시킬 것이다.

9. 곡물의 화폐가격 등귀는 생산을 장려할 것인가?

그러나 곡물의 화폐가격의 등귀는 곡물이란 상품을 차지농에게 더욱 유리한 것으로 만듦으로써 그 생산을 늘리도록 할 것이라고 사람들은 생각하고 있다.

10. 곡물 가격의 등귀가 만일 진실가격의 등귀라면 생산을 장려하겠지만 사실은 그렇지 않다.

나는 다음과 같이 대답한다. 만약 장려금의 효과가 곡물의 진실가격을 등귀시키는 것이라면, 즉 차지농이 종래와 동일한 양의 곡물로써 이웃의 다른 노동자들이 보통 유지되는 것과 같은 방식으로 더 많은 사람을 고용할 수 있게 된다면, 앞의 주장은 옳을 수 있다. 그러나 장려금이나 그밖의 다른 인위적 제도는 이러한 효과를 가질 수 없다는 것이 명백하다. 장려금에 의해 어느 정도 큰 영향을 받을 수 있는 것은 곡물의 진실가격이 아니라 명목가격이다. 그리고 이 제도가 국민 전체에게 부과하는 세금은 그것을 납부하는 사람에게는 과중하지만 그것을 받는 사람에게는 대단히 사소한 이익에 불과하다.

11. 그것은 다만 은의 가치를 하락시킬 뿐이다.

장려금의 실질효과는 곡물의 진실가격을 높이는 것이라기보다 은의 진실가치를 감소시키는 것이다. 즉, 동일한 양의 은은 곡물뿐 아니라 기타 모든 국산품을 더욱 적게 구입할 것인데, 그것은 곡물의 화폐가격이 기타 모든 국산품의 화폐가격을 규정하기 때문이다.

12. 곡물은 노동의 화폐가격을 규정하고,

곡물의 화폐가격은 노동의 화폐가격을 규정한다. 노동의 화폐가격은 항상 노동자로 하여금 자신과 가족을 유지하기에 충분한 양의 곡물을 구매할 수 있도록 해야 하는데, 그것이 풍부한가, 적당한가, 적은가는 사회상태가 진보하고 있는가, 정체하고 있는가, 퇴보하고 있는가에 달려 있다.

13. 곡물은 모든 천연생산물의 화폐가격을 규정하고,

또한 곡물의 화폐가격은 토지의 기타 천연생산물 전체의 화폐가격을 규정하는데, 후자는 진보의 각 단계에서 전자와, 비록 그 비율은 각 단계마다 다르지만, 일정한 비율을 유지하게 되어 있다. 예를 들어 곡물의 화폐가격은 목초·건초·식용육·말의 화폐가격, 말의 사육비, 따라서 육상운임 및 그 나라의 국내 상업의 대부분의 화폐가격을 규정한다.

14. 그리고 거의 모든 제조품의 원료 및 완성품의 화폐가격을 규정하기 때문이다.

곡물의 화폐가격은 토지의 기타 천연생산물 전체의 화폐가격을 규정함으로써 거의 모든 제조품의 원료의 화폐가격을 규정한다. 노동의 화폐가격을 규정함으로써 그것은 제조업 노동의 화폐가격까지도 규정한다. 그리고 원료·노동의 가격 모두를 규정함으로써 그것은 완성제조품의 가격을 규정한다. 노동의 화폐가격 및 토지·노동의 생산물인 모든 물건의 화폐가격은 곡물의 화폐가격에 비례하여 필연적으로 등락하게 된다.

15. 그러므로 차지농과 지주는 장려금에 기인된 가격등귀로부터 이익을 보지 못한다.

따라서 장려금으로 인해 차지농이 부셸당 3실링 6펜스 대신 4실링에 그의 곡물을 팔 수 있고, 이 화폐가격의 등귀에 비례하여 지주에게 화폐지대를 더 많이 지불할 수 있다고 하더라도, 곡물가격의 이와 같은 등귀로 4실링이 이전의 3실링 6펜스가 구입할 수 있던 기타의 국산품밖에 구입할 수 없다면, 차지농이나 지주의 상태가 이 변화에 의해 크게 나아진 것은 아니다. 즉, 차지농이 종전보다 더 잘 경작할 수 있게 된 것도 아니고, 지주가 종전보다 더 잘살 수 있게 된 것도 아니다. 외국상품을 구매하는 데 있어서는 이와 같은 곡물가격 상승이 그들에게 약간의 이득을 줄 수 있다. 그러나 국내상품을 구매하는 데 있어서는 전혀 그렇지 않다. 그리고 차지농의 경우에는 지출의 전부가, 그리고 지주의 경우에는 지출의 대부분이, 국산품에 대한 것이다.

16. 전세계적인 은가치의 하락은 아무런 영향도 미치지 않는다.

은 가치의 하락은 광산의 생산성이 증가한 결과인데, 이것은 상업세계의 대부분을 통해 균등하게, 또는 거의 균등하게, 작용하기 때문에 어느 한 특정국에게는 거의 중요하지 않다. 은 가치의 하락에 따른 모든 화폐가격의 상승은 은을 받는 나라들을 종전보다 실제로 더 부유하게 하지도 않지만 실제로 더 가난하게 만들지도 않는다. 한 벌의 은식기는 실제로 더 싸게 되겠지만, 그밖의 다른 것은 정확히 이전과 같은 진실가치를 가지고 있기 때문이다.

17. 그러나 은 가치의 하락이 어떤 한 나라에 국한되면 그 나라의 산업을 저해할 수 있다.

그러나 은 가치의 하락이 만약 어느 특정국의 특수한 사정의 결과이거나 그 특정국의 정치제도의 결과로 그 나라에서만 일어난다면, 그것은 매우 중대한 결과를 가져오며, 어떤 사람을 실제로 부유하게 하는 것이 아니라 모든 사람을 실제로 궁핍하게 만든다. 모든 상품의 화폐가격의 상승은 이 경우 그 특정국에만 특유한 현상으로서, 그 나라 안에서 이루어지는 모든 종류의 산업을 다소 위축시키는 경향이 있고, 외국들로 하여금 그 특정국의 제조업자들이 받는 것보다 더 적은 양의 은으로 모든 종류의 재화를 공급하게 함으로써, 국외시장뿐 아니라 국내시장에서도 본국 제조업자보다 더 싸게 팔 수 있게 하는 경향이 있다.

18. 스페인과 포르투갈에서는 금은은 자연히 유럽의 다른 나라에서보다 더 싸다.

스페인과 포르투갈이 유럽의 다른 모든 나라에 금은을 분배하게 된 것은 광산 소유자로서의 그들의 특수상황 때문이다. 따라서 금은은 유럽의 다른 나라에 비해 스페인과 포르투갈에서 자연히 다소 싸다. 그러나 이 차이는 금은의 운송비·보험료보다 더 클 수는 없을 것인데, 귀금속의 큰 가치와 작은 부피로 운송비는 별 문제가 되지 않고, 보험료도 동일한 가치의 다른 상품과 같을 것이기 때문이다. 따라서 스페인과 포르투갈은, 만약 그들의 정치제도가 이러한 불리함을 더욱 악화시키지 않았다면, 그들의 특수사정에 의해 입게 되는 손해는 아주 작았을 것이기 때문이다.

19. 수출이 방해당하고 있으므로 금은은 더욱더 싸게 되고, 이 때문에 농업 및 제조업이 저해되고 있다.

스페인은 금은의 수출에 과세함으로써, 포르투갈은 금은의 수출을 금지함으로써, 금은의 수출에 밀수의 비용까지 부가되어 다른 나라에서의 금은 가격은 이들 두 나라에서보다 이 비용 전부만큼 더 높다. 댐을 만들어 물의 흐름을 막을 때, 댐에 물이 가득 차고 나면 마치 댐이 없었던 것처럼 물이 넘쳐 흐른다. 이와 마찬가지로, 수출을 금지하더라도 이 두 나라가 사용할 수 있는 한도, 즉 그들의 토지·노동의 연간생산물이 금은을 주화·식기·도금·기타 금은 장식품으로 사용하도록 허용하는 한도 이상의 금은을 보유할 수는 없다. 이만큼의 양을 가졌을 때는 댐은 이미 채워졌고, 그 뒤에 흘러들어온 물은 넘쳐흐르지 않을 수 없다. 따라서 스페인과 포르투갈의 연간 금은의 수출은 이러한 제한에도 불구하고 연간수입과 거의 같다. 그러나 물이 댐 밖보다 댐 안에서 깊은 것처럼, 이러한 제한으로 스페인과 포르투갈 국내에 남아 있는 금은의 양은 그 나라의 토지·노동의 연간생산물과 비교할 때 다른 나라의 금은의 양보다 훨씬 많다. 댐이 높아지고 견고할수록 댐의 안과 밖의 수심 차이는 더욱 커진다.

세금이 높을수록, 처벌이 엄할수록, 그리고 법의 집행을 감독하는 경찰이 더욱 삼엄할수록, 스페인과 포르투갈의 토지·노동의 연간생산물에 대한 금은의 비율은 다른 나라들의 그것에 비해 더욱 커진다. 실제로 이 차이는 대단히 크다고 한다. 그리고 또 이 두 나라에는 집집마다 금은 식기가 많은 것을 볼 수 있는데, 그런 집에도, 다른 나라에서라면 그런 정도로 찬란한 금은 식기를 소장하고 있을 정도의 집이라면 당연히 갖추고 있을 가재도구가 전혀 없음을 흔히 볼 수 있다고 한다. 금은의 싼 가격, 그리고 같은 이야기지만, 금은의 풍족함에 따르는 필연적인 결과인 다른 모든 상품의 높은 가격은 스페인과 포르투갈의 농업·제조업을 위축시키고, 외국으로 하여금 각종 천연생산물과 거의 모든 종류의 제조품을 스페인과 포르투갈 자신이 국내에서 제조·재배할 수 있는 것보다 더 적은 금은으로써 제공할 수 있게 한다. 과세와 수출금지는 두 개의 상이한 방식으로 작용한다. 그것들은 스페인과 포르투갈에서 귀금속의 가치를 크게 저하시킬 뿐만 아니라, 다른 나라로 흘러들어가야 할 일정량의 금은을 국내에 보유함으로써 다른 나라의 금은의 가치를 그렇지 않았을 경우에 비해 상승시킨다. 따라서 외국은 스페인과 포르투갈과의 무역에서 이중의 이득을 보게 된다. 수문을 연다면 댐 윗쪽의 물은 줄어들고 아랫쪽의 물은 늘어나서 마침내 양쪽의 물이 수평을 이루게 되는 것처럼, 과세와 수출금지 조치를 제거한다면 스페인과 포르투갈에서는 금은의 양이 크게 줄어들 것이고 다른 나라에서는 어느 정도 늘어날 것이며, 금은의 가치, 즉 토지·노동의 연간생산물에 대한 귀금속의 비율은 곧 같아지거나 거의 비슷하게 될 것이다. 스페인과 포르투갈이 금은의 수출에 의해 입을 손실은 전적으로 명목적이거나 허구적인 것이다. 이 나라의 상품 및 토지·노동의 연간생산물의 명목가치는 떨어질 것이고, 이전보다 더 적은 금은에 의해 표시되거나 대표될 것이다. 그러나 그것들의 진실가치는 이전과 동일할 것이며, 이전과 동일한 양의 노동을 유지·지배·고용할 것이다. 상품들의 명목가치가 떨어짐에 따라 남아 있는 금은의 진실가치는 상승하고, 더 적은 양의 귀금속으로써 이전에 더 많은 양을 사용해서 달성했던 동일한 상업·유통의 목적을 수행할 수 있게 된다. 외국으로 나가는 금은이 공짜로 나가는 것은 아니고 동일한 가치의 각종 상품들을 가져온다. 이러한 상품들은, 아무것도 생산하지는 않고 소비만 하는 유한계급(有閑階級: idle people)에 의해 소비될 사치와 낭비를 위한 것만은 아닐 것이다. 유한 계급의 진실한 부와 수입이 금은의 이런 식의 특별한 수출에 의해 증가되지는 않으므로, 그들의 소비 역시 크게 증가하지는 않을 것이다. 아마도 이러한 상품의 대부분 또는 일정 부분은 근로인민의 고용과 유지를 위한 원료·도구·식료품으로 이루어질 것인바, 근로인민은 그들이 소비한 가치 전체를 이윤과 함께 재생산할 것이다. 따라서 사회의 죽은 자본(금은)의 일부는 활동적인 자본으로 될 것이고, 이전보다 더 많은 양의 노동을 활동시키게 될 것이다. 그들의 토지·노동의 연간생산물은 즉각적으로는 조금밖에 증가하지 않겠지만, 아마 몇 년 안에는 크게 증가할 것이다. 왜냐하면, 산업이 현재 자신을 억누르고 있는 가장 무거운 짐의 하나로부터 벗어나기 때문이다.

20. 곡물수출장려금도 이것과 똑같은 작용을 한다.

곡물수출에 대한 장려금도 필연적으로 금은의 수출에 대한 스페인과 포르투갈의 불합리한 정책과 완전히 똑같은 방식으로 작용한다. 실제의 경작상황이 어떻든 간에, 곡물수출장려금은 자기 나라의 곡물을 국내시장에서 다소 비싸게 하고 외국시장에서는 다소 싸게 한다. 그리고 곡물의 평균 화폐가격이 대체로 다른 모든 상품의 평균 화폐가격을 규정하므로, 곡물수출장려금은 국내시장에서 은의 가치를 상당히 낮추며 외국시장에서는 그것을 조금 올리는 경향을 갖는다. 곡물수출장려금은 외국인, 특히 네덜란드 사람들로 하여금 그것이 없었을 경우에 비해 우리의 곡물을 더 싸게 먹을 수 있게 할 뿐 아니라 때때로 동일한 사정 하에서 우리 국민들이 먹는 것보다 더 싸게 먹을 수 있게 한다. 이것은 이 분야에서 뛰어난 권위자인 매튜 덱커(Matthew Decker)에 의해 확인되는 바이다. 곡물수출장려금은 우리의 제조업자들로 하여금 그것이 없었을 때처럼 적은 양의 은으로 그들의 상품을 공급할 수 없게 하며, 오히려 네덜란드인으로 하여금 더 적은 양의 은으로 그들의 상품을 공급할 수 있게 한다. 곡물수출장려금은 우리의 제조품을 모든 시장에서 어느 정도 비싸게 하며, 네덜란드인의 것을 그것이 없었을 때에 비해 어느 정도 싸게 하며, 따라서 그들의 산업을 이중으로 유리하게 한다.

21. 그것은 차지농과 농촌의 젠틀맨에게 많은 이익을 주지도 못하면서 제조업을 저해한다.

곡물수출장려금은 국내시장에서 우리 곡물의 진실가격이 아니라 명목가격을 등귀시키므로, 즉 일정량의 곡물이 유지·고용할 수 있는 노동의 양이 아니라 그것과 교환될 은의 양만을 증가시키므로, 그것은 우리의 차지농과 지주(gentleman)에게 어떤 상당한 이익도 주지 않으면서 우리의 제조업만 위축시킨다. 사실 그것은 차지농과 지주에게 조금 더 많은 화폐를 주게 되므로, 곡물수출장려금이 그들에게 매우 큰 이익을 주지 못한다는 것을 그들 대다수에게 설득하기는 힘든 일이다. 그러나 만약 이 화폐의 가치가 떨어진다면, 비록 그 양은 증가하더라도, 그 화폐가 구입할 수 있는 노동량·식료품·모든 종류의 국산품의 양은 그에 따라 감소할 것인데, 그렇다면 그로 인한 이익은 명목적이고 허구적인 것에 불과할 것이다.

22. 그것은 주로 곡물상인에게 이익이 된다.

한 나라 전체 중의 일부 사람들에게는 장려금이 필연적으로 이익이 되었거나 이익이 될 수 있을 것이다. 그들은 곡물상인, 즉 곡물의 수출입업자들이다. 풍년일 때 곡물수출장려금은 그것이 없었을 때보다 반드시 더 많은 양의 곡물을 수출하게 하며, 한 해의 잉여로 다음 해의 부족을 구제하는 것을 방해함으로써 그것은 흉년에는 더 많은 양의 곡물을 수입하게 한다. 곡물수출장려금은 곡물상인의 사업을 두 경우 모두 증가시킨다. 흉년에는 장려금이 곡물상인으로 하여금 더 많은 양을 수입하고 더 좋은 가격에 팔아 더 큰 이윤을 볼 수 있게 한다. 그러나 만약 풍년의 잉여로 흉년의 부족을 구제하는 것이 다소간 방해받지 않는다면 사정은 이와는 다를 것이다. 따라서 내가 관찰하기에 장려금의 계속 지급이나 갱신에 지대한 열성을 보이는 것은 이런 부류의 사람들이다.

23. 농촌의 지주들은 제조업자를 모방하여 곡물의 수입세 및 장려금을 설정하였는데, 그들은 곡물과 다른 재화 사이에 본질적인 차이가 있음을 알아차리지 못했다.

우리의 농촌 지주들이 외국 곡물의 수입에 대하여 평년작일 때 수입금지와도 같은 고율의 관세를 부과하고 곡물수출장려금을 설정한 것은 그들이 제조업자들의 행위를 모방한 것 같다. 고율의 관세제도를 통해 지주들은 국내시장의 독점권을 확보하고, 수출장려금 제도를 통해 국내시장이 그들 자신의 상품으로 넘쳐 흐르는 것을 방지하려고 애쓴다. 양자에 의해 지주들은 곡물의 진실가치를 올리려고 했는데, 이는 우리의 제조업자들이 유사한 제도로 각종 제조품의 진실가치를 올리려고 한 것과 같은 방식이다. 그러나 지주들은 아마도 곡물과 다른 종류의 상품 사이에 자연적으로 존재하는 크고도 본질적인 차이를 깨닫지 못했던 것 같다.

국내시장의 독점에 의해서건 수출장려금에 의해서건, 모직물·아마포 제조업자들로 하여금 그들의 상품을 그것들이 없을 경우에 비해 더 좋은 가격으로 판매할 수 있게 한다면, 그것은 그들 상품의 명목가격뿐만 아니라 진실가격도 상승시키는 것이다. 왜냐하면, 그들의 상품을 노동·생활자료의 더 많은 양과 등가(等價)로 만들며, 제조업자의 명목이윤뿐 아니라 실질적 이윤·실질적 부(富)·실질적 수입까지 증가시키고, 그들을 더 잘살게 하거나 그들의 특정 제조업이 더 많은 양의 노동을 고용할 수 있게 하기 때문이다. 이것은 실질적으로 이 제조업들을 장려하고, 저절로 그 산업에 가는 것보다 더 많은 양의 노동을 그쪽으로 향하게 한다.

그러나 유사한 제도에 의해 곡물의 명목가격 또는 화폐가격을 올릴 때, 그로 인해 곡물의 진실가치가 올라가는 것은 아니다. 그로 인해 차지농이나 농촌 지주의 실질적 부와 실질적 수입이 증가되지는 않는다. 그렇게 함으로써 그들로 하여금 곡물을 재배할 더 많은 노동자를 유지·고용하도록 할 수 없기 때문에, 그것은 곡물생산을 장려하지도 않는다. 사물의 본성은 곡물에게 단지 그 화폐가격이 변하더라도 변할 수 없는 진실가치를 부여했다. 수출에 대한 어떤 장려금도, 국내시장에 대한 어떠한 독점권 부여도 이 가치를 올릴 수는 없다. 최고의 자유경쟁이라도 그것을 낮출 수도 없다. 일반적으로 세계의 어떤 곳에서도 곡물의 진실가치는 이 곡물이 유지할 수 있는 노동량과 같고, 각 특정 지역에서는 이 가치는 그곳에서 노동이 보통 유지되는 방법으로, 즉 그것이 풍족하게 유지되건, 보통으로 유지되건, 부족하게 유지되건 간에, 곡물이 유지할 수 있는 노동량과 같다. 모직물·아마포는 다른 모든 상품들의 진실가치를 최종적으로 측정하고 결정하는 가치규정적인 상품은 아니다. 그러나 곡물은 그렇다. 다른 모든 상품들의 진실가치는 그것들의 평균화폐가격과 곡물의 평균화폐가격 사이의 비율에 의해 최종적으로 측정되고 결정된다. 곡물의 진실가치는 때때로 세기마다 변하는 그것의 평균화폐가격의 변동에 따라 변화하는 것은 아니다. 곡물의 평균화폐가격의 변동에 따라 변하는 것은 은의 진실가치이다.[1)]

24. 중상주의체계의 모든 정책은 노동을 억지로 불리한 방면으로 향하게 한다. 즉, 수출장려금은 노동을 실제로 불리한 방면으로 향하게 하고, 곡물의 장려금은 그 생산을 장려하지도 못한다.

국산품의 수출에 대한 장려금은 일반적으로, 첫째, 중상주의체계의 다른 모든 정책에 대한 비판의 이유로써 비판할 수 있는

1) 여기에서 스미스의 상품가치 개념이 분명히 나타난다. 곡물의 진실가치(또는 가격)는 곡물이 구입할 수 있는 노동량이다. 따라서 예컨대 하루 10시간의 노동에 대한 대가로 주는 곡물량이 변동하지 않으면 곡물의 진실가치는 변동하지 않는다. 만약 하루 10시간의 노동에 대한 대가로 주는 곡물량이 장기간에 걸쳐 변동하지 않는다면, 다른 모든 상품들의 진실가치는 그 상품들과 교환되는 곡물량에 의해 측정될 수 있다. 그렇다면 곡물의 진실가치는 무엇에 의해 변동하는가? 이 문제에 대해 스미스는 적절히 대답할 수 없다. 왜냐하면, 하루 10시간의 노동에 의해 곡물생산량이 두배로 증가하더라도, 그 노동에 대한 대가로 주는 곡물량이 변동하지 않으면, 곡물 1쿼터의 진실가치는 변동하지 않는다고 말해야 할 것이기 때문이다. 그러나 마르크스에 의하면, 곡물 1쿼터의 가치는 그것의 생산에 필요한 노동량이기 때문에, 동일한 노동시간에 곡물생산량이 두배로 증가한다면 곡물 1쿼터의 가치는 $\frac{1}{2}$ 로 저하할 수밖에 없다 —역자.

데, 그것은 국내노동의 일부를 스스로 흘러가도록 놓아두었을 경우보다 덜 유리한 방면으로 흘러가게 한다는 것이다. 둘째, 그것에 대한 특정한 이유로써 비판할 수 있는데, 그것은 노동의 일부를 덜 유리한 방향이 아니라 실질적으로 불리한 방향으로 이끈다는 것이다. 왜냐하면, 장려금 없이는 운영될 수 없는 사업은 필연적으로 손해를 보는 사업일 것이기 때문이다. 곡물수출에 대한 장려금은 또 다른 비판을 받아야 하는데, 그것은 생산을 장려하고자 의도한 특정 상품의 경작도 어느 모로 보나 증진시킬 수 없다는 것이다. 따라서 우리의 농촌 지주들이 우리의 상인·제조업자를 모방하여 장려금 제도의 수립을 요구했을 때, 상인·제조업자들은 자신들의 이익을 완전히 파악하고 행동했지만, 농촌 지주들은 자신들의 이익을 완전히 파악하고 행동한 것이 아니었다. 지주들은 국가세입에 막대한 비용을 부담시키고 전 국민에게 무거운 세금을 부담시켰지만, 그들 자신의 상품의 진실가치를 눈에 띌 만큼 증가시키지 못했다. 그리고 그들은 은의 진실가치를 어느 정도 낮춤에 따라 산업 일반을 어느 정도 위축시켰고, 산업 일반에 반드시 의존하는 그들 자신의 토지개량을 증진시킨 것이 아니라 다소 지체시켰다.

25. 생산에 대한 장려금은 수출에 대한 장려금보다 더 유효하고, 그 상품의 가격을 떨어뜨릴 것이다. 그러나 그러한 장려금은 아주 드물었다. 그 이유는 상인과 제조업자의 이해관계 때문이었다.

어떤 상품의 생산을 장려하기 위해서는 생산장려금이 수출장려금보다 더 직접적인 작용을 한다고 생각할 수도 있다. 또한 그것은 국민들에게 단 한 가지의 세금, 즉 장려금을 지불하기 위해서 반드시 납부해야 할 세금만을 부과할 것이다. 그것은 국내시장에서 그 상품의 가격을 올리지 않고 낮출 것이고, 따라서 국민들에게 제2의 세금, 즉 상품가격의 상승에 의한 세금을 부과하는 것이 아니라 적어도 첫번째 세금으로 납부한 것을 일부 돌려줄 수 있을 것이다. 그러나 생산장려금은 거의 주어진 적이 없다. 왜냐하면, 중상주의체계에 의해 형성된 편견은 우리로 하여금 생산에 의해서가 아니라 수출에 의해서 국부가 더 직접적으로 증가한다는 것을 믿도록 가르쳤기 때문이다. 따라서 수출장려금은 국내로 화폐를 가져다 주는 더욱 직접적인 수단으로서 우대받아 왔다. 또한 경험에 의하면 생산장려금은 수출장려금보다 더욱 유용(流用)되기 쉽다고 말해 왔다. 이것이 어느 정도 사실인지 나는 모른다. 수출장려금도 많은 부당한 목적으로 남용되었다는 것은 잘 알려져 있다. 그러나 생산장려금이 종종 야기할 수 있는 국내시장에서의 상품과잉은 이런 모든 정책들의 위대한 발명자인 상인과 제조업자의 이익에 부합되는 것은 아니다. 수출장려금은 그들로 하여금 잉여분을 외국으로 내보낼 수 있도록 함으로써 국내시장에 남아 있는 상품의 가격을 유지할 수 있게 상품과잉을 효과적으로 막아 준다. 따라서 중상주의체계의 모든 정책들 중에서 상인과 제조업자가 가장 선호하는 것이 수출장려금이다. 나는 특정 사업의 다양한 기업가들이 그들의 거래상품의 일정 비율을 수출하는 사람에게 그들 자신의 주머니로부터 장려금을 주기로 사적으로 합의한 사실을 알고 있다. 이러한 편법은 크게 성공하여 생산량의 상당한 증가에도 불구하고 국내시장에서 그 상품의 가격은 두 배 이상 상승했다. 곡물수출에 대한 장려금이 만일 곡물의 화폐가격을 인하시켰다면, 곡물수출장려금이 전혀 다른 방식으로 작용했음에 틀림없을 것이다.

26. 어업에 대한 장려금은 부분적으로는 그 생산에 대해 주어진 것이다.

그러나 특수한 경우에는 생산장려금과 유사한 것이 주어지기도 했다. 백색 청어·고래잡이 어업에 대해 주어진 장려금은 아마 이러한 성격의 것이라고 생각할 수도 있을 것이다. 그러한 장려금은 국내시장에서의 가격을 그렇지 않을 경우에 비해 직접적으로 싸게 할 것이다. 그러나 다른 측면에서는 그것의 효과는 수출장려금과 동일할 것이다. 이런 장려금이 있음으로 해서 일국 자본의 일부가, 그 가격이 보통의 이윤과 함께 비용을 보상하지 못하는 그런 상품을 시장에 가져오는 데 사용된다.

27. 그러한 장려금은 선원과 선박의 수를 증가시킨다고 생각되고 있다.

그러나 어업에 주어진 장려금이 국가의 풍요에 기여하지 못한다고 하더라도, 선원과 선박의 수를 증대시킴으로써 국방에 기여한다고 생각할 수도 있다. 육군 상비군을 유지하는 것과 같은 방식으로 대규모 상비 해군을 유지하는 것보다 더 적은 비용으로 이러한 장려금에 의해 국방이 유지될 수 있다고 주장되기도 한다.

28. 어업에 대한 장려금을 부여하는 데에 의회는 속았던 것이다.

그러나 이러한 찬성의 주장에도 불구하고, 다음의 것들을 고려하면, 이들 장려금 중 적어도 하나를 주기로 결정할 때 입법부가 매우 크게 기만당했다고 생각한다.

29. (1)청어 선박어업 장려금은 너무 거액이었기 때문이다.

첫째, 청어 선박어업 장려금은 지나치게 큰 것 같다.

30. 염장 청어에 대한 장려금은 1배럴당 8실링 $2\frac{1}{4}$ 펜스에 달했다.

1771년 겨울철 어획 때부터 시작해서 1781년 겨울철 어획이 끝날 때까지 청어 선박어업에 대한 장려금은 톤당 30실링이었다. 이 11년 동안 스코틀랜드의 청어 선박어업에 의해 잡힌 청어의 총 배럴 수는 378,347배럴에 이르렀다. 바다에서 잡혀 소금에 절여지는 청어를 염장 청어(sea sticks)라 부른다. 이것을 매매가능한 청어로 만들려면 소금을 더 넣어 재포장해야 하는데, 이 경우 3배럴의 염장 청어는 보통 매매가능한 청어 2배럴로 재포장된다. 이러한 계산에 따를 때, 11년 동안 잡힌 매매가능한 청어는 252,231$\frac{1}{3}$ 배럴일 것이다. 이 11년 동안 지불된 장려금은 155,463파운드 11실링이므로, 그것은 염장 청어 1배럴당 8실링 $2\frac{1}{4}$펜스이고, 매매가능한 청어 1배럴당 12실링 $3\frac{3}{4}$펜스였다.

31. 청어 염장용 소금은 주로 외국에서

청어를 절이는 데 사용되는 소금은

수입되면서 면세되었으므로, 염장 청어 1배럴 수출이 정부에 부담시킨 것은 평균 약 1기니나 된다.

어느 때는 스코틀랜드 소금이고 어느 때는 외국 소금이며, 양자 모두 생선 염장업자에게 일체의 소비세를 붙이지 않고 판매된다. 현재 스코틀랜드 소금에 대한 소비세는 부셸당 1실링 6펜스이고 외국 소금에 대한 소비세는 10실링이다. 청어 1배럴을 소금에 절이는 데는 외국 소금 1$\frac{1}{4}$부셸을 필요로 하고, 스코틀랜드 소금으로는 2부셸이 필요하다. 만약 청어가 수출을 위한 것이라면 이 소비세는 전혀 지불되지 않는다. 만약 국내소비용이라면 청어가 외국 소금으로 절여졌건 스코틀랜드 소금으로 절여졌건 배럴당 1실링을 지불한다. 그것은 소금 1부셸에 대한 스코틀랜드의 옛날 소비세였는데, 청어 1배럴을 절이려면 적게 잡아도 소금 1부셸은 필요하다고 생각되었기 때문이다. 스코틀랜드에서 외국 소금은 생선을 절이는 데 외의 다른 용도로는 잘 사용되지 않는다. 그러나 1771년 4월 5일부터 1782년 4월 5일까지 수입된 외국 소금량은 936,974부셸(1부셸은 84파운드)에 이르렀고, 반면 생선가공업자에게 판매된 스코틀랜드 소금량은 단지 168,226부셸(1부셸은 56파운드)에 그쳤다. 따라서 어업에서 사용된 것은 주로 외국 소금이었다고 할 수 있다. 그 밖에도 수출된 청어 1배럴당 장려금은 2실링 8펜스였고, 잡힌 청어의 $\frac{2}{3}$ 이상이 수출되었다. 이 모든 사항을 고려한다면, 이 11년 동안 스코틀랜드 소금에 절여져서 수출된 청어 1배럴은 정부에게 17실링 11$\frac{3}{4}$펜스의 비용을 부담시켰고, 그것이 국내소비로 들어왔다면 14실링 3$\frac{3}{4}$펜스의 비용을 부담시켰다. 또한 외국 소금에 절여져서 수출된 청어 1배럴은 정부에 1파운드 7실링 5$\frac{3}{4}$펜스의 비용을 부담시켰고, 그것이 국내소비로 들어왔다면 1파운드 3실링 9$\frac{3}{4}$펜스의 비용을 부담시켰다. 양질의 매매가 능한 청어 1배럴의 가격은 17~18실링에서 24~25실링 정도이며, 평균하면 대략 1기니이다.*

32. (2)장려금은 어획고에 비례하지 않았다.

둘째, 백색 청어잡이에 대한 장

려금은 선박 톤수에 대한 장려금으로, 선박의 적재량에 비례하고, 작업이나 어로작업에서의 성공에 비례하지 않는다. 따라서 고기를 잡기 위해서가 아니라 장려금을 받기 위해서 선박을 제조하는 경우가 아주 흔하지 않았나 생각된다. 1759년 장려금이 톤당 50실링이었을 때, 스코틀랜드의 선박어업 전체는 4배럴의 염장 청어를 잡았을 뿐이다. 이 해에 염장 청어는 배럴당 113파운드 15실링을 정부에게 부담시켰고, 매매가능한 청어는 배럴당 159파운드 7실링 6펜스를 부담시켰다.

33. (3)장려금은 선박에 주어지는 것이지만, 실제 그 어획은 보트로서 수행되지 않으면 안 되기 때문이다.

셋째, 백색 청어잡이에 대한 장려금이 주어진 어로 방식(청어잡이는 20~80톤의 적재량을 가진 어선· 또는 갑판선에 의해 이루어진다)은 네덜란드의 장려금 제도를 모방한 것인데, 이것은 네덜란드의 상황에 비해 스코틀랜드 상황에는 잘 맞지 않은 것 같다. 네덜란드는 청어들이 주로 살고 있는 바다로부터 멀리 떨어져 있고, 따라서 청어잡이는 먼 바다로의 항해에 충분한 물과 식량을 운송할 수 있는 갑판선에 의해서만 수행될 수 있다. 그러나 헤브리디스(Hebrides) [스코틀랜드의 서부 섬들] · 셰틀랜드(Shetland) · 스코틀랜드의 북부 · 북서부 해안지방 등은 그 주변이 주로 청어잡이가 행해지는 곳인데, 바다가 육지 깊숙히 들어와서 바다호수를 이루고 있다. 청어가 이 바다를 찾아오는 계절 동안 주로 가는 곳은 이곳 바다호수이고, 청어가 몰려오는 것은 다른 종류의 고기와 마찬가지로 불규칙적이고 가변적이다. 따라서 보트 어업(boat fishery)이 스코틀랜드의 특수상황에 가장 알맞는 어업형태인 것처럼 보인다. 청어는 해변으로 운반되자마자 소금에 절여지거나 식용으로 소비될 것이다. 톤당 30실링의 장려금은 선박어업에는 큰 자극을 주지만, 보트어업을 억제하게 된다. 왜냐하면, 보트어업은 장려금을 받지 않으므

* 이 장 끝에 있는 부록을 참조하라.

로 절인 생선을 선박어업과 동일한 가격으로 시장에 갖고 올 수 없기 때문이다. 따라서 선박어업 장려금이 수립되기 이전에 보트어업은 상당히 성행했고, 현재 선박어업이 고용하는 것보다 적지 않은 선원들을 고용하고 있었으나, 지금은 거의 전부 몰락했다. 그러나 현재는 망해 버린 이 어업에 대해 내가 매우 정확하게 그 이전의 크기를 말할 수 없다는 것은 인정한다. 보트어업에 대해서는 어떤 장려금도 지불되지 않았으므로, 관세나 소금 소비세의 담당자는 어떤 기록도 남기지 않았다.

34. (4)장려금은 청어의 가격을 올렸으며, 적어도 그것을 내리지는 않았다.

넷째, 스코틀랜드의 여러 지방에서는 일년 중 일정 기간 청어가 보통사람의 음식물 중 중요한 일부를 이룬다. 국내시장에서 청어 가격을 낮추는 경향이 있는 장려금은 생활이 풍족하지 않은 수많은 동포들을 구제하는 데 크게 기여할 수 있다. 그러나 청어 선박어업 장려금은 이러한 좋은 목적에 기여하지 않았다. 그것은 국내시장의 공급에 가장 적합하다고 생각되는 보트어업을 파괴했고, 배럴당 2실링 8펜스의 추가적인 수출장려금은 선박어업 생산물의 $\frac{2}{3}$ 이상을 외국으로 보냈다. 30~40년 전 선박어업 장려금이 설정되기 이전, 배럴당 16실링이 백색 청어의 보통가격이었다고 생각된다. 10~15년 전 보트어업이 완전히 파괴되기 이전에 그 가격은 배럴당 17~20실링이었다고 한다. 지난 5년간 그 가격은 평균 배럴당 25실링이었다. 물론 높은 가격은 스코틀랜드 해안의 청어의 실질적인 부족에 기인했을 수도 있다. 그리고 청어와 함께 팔리며 그 가격 안에 보통 포함되는 통(barrel)의 가격이 미국 독립전쟁 이래 약 2배, 즉 3실링에서 6실링으로 오른 것을 나는 보았다. 그리고 나는 이전 시기의 가격들에 대한 기록이 전혀 일정하지 않으며 일치하지도 않는다는 것을 보았고, 높은 정확성과 경험을 가진 한 노인이 나에게 50년 전에는 좋은 매매가능한 청어의 보통 가격이 1기니〔21실링〕였다고 확인해 주었는데, 이것이 평균가격이라고 생각된다. 어쨌든 모든 기록이 선박어업 장려금에 의해 국내 시장가격이 인하되지 않았다는 점에 대해서는 일치한다고 생각한다.

35. 이 사업의 이윤은 높은 것이 아니었다. 어업 종사자들이 이처럼 많은 장려금을 받게 된 이후에도 그들의 상품을 이전과 동일한 가격이나 더 높은 가격으로 판매할 때, 그들의 이윤은 더욱 크게 될 것으로 기대되며, 그들 중 일부는 그렇게 되었을 수도 있다. 그러나 일반적으로 그 효과는 전혀 반대였다고 나는 믿고 있다. 이러한 장려금의 보통의 효과는 성급한 기업가들로 하여금, 자기들이 알지도 못하는 사업이지만 자신들의 태만과 무지로 인해 손해보는 것보다 아주 너그러운 정부로부터 받을 수 있는 것이 더 큰 사업에 덤벼들도록 자극하는 것이다. 1750년 백색 청어 어업의 증진을 위해 톤당 30실링의 장려금을 지불한 동법(조지 2세 제23년의 법률 24호)에 의해 자본금 50만 파운드의 주식회사가 세워졌는데, 그 출자자들(subscribers)은 (지금 언급된 톤당 장려금, 배럴당 2실링 8펜스의 수출장려금, 영국소금과 외국소금의 면세구입 등 이외에도) 14년 동안 그들이 출자하여 회사의 자본에 납입한 매 100파운드에 대해 매년 3파운드를 받을 자격을 부여받았고, 그것을 관세징수관이 매 반 년마다 그들에게 지불했다. 사장과 이사들이 런던에 거주해야 하는 이 큰 회사 이외에도, 만약 1만 파운드 이상의 자본이 공모되어 스스로 위험부담을 지고 자기의 이윤·손실에 따라 운영된다면, 영국의 다양한 항구에 다양한 어업회사를 설립하는 것은 합법적이라고 선포되었다. 큰 회사에 대한 것과 동일한 연간지불액과 동일한 모든 종류의 장려책이 이 작은 회사의 사업에도 부여되었다. 큰 회사의 주식공모는 곧 완결되었고 몇몇 어업회사가 영국의 여러 항구에서 설립되었다. 이와 같은 장려책에도 불구하고 크고 작은 거의 모든 회사들은 그들 자본의 전부 또는 대부분을 잃어버리고 지금은 그 흔적조차 거의 남아 있지 않으며, 백색 청어잡이는 지금 완전히 개인 모험가들에 의해 수행되고 있다.

36. 국방상 필요한 제조품에 대한 장려금은 불합리한 것은 아니다.

만약 어떤 특수한 제조품이 국가의 방위를 위해 필요하다면, 그것의 공급을 이웃 나라에 의존하는 것이 반드시 현명하다고는 할 수 없을 것이다. 그리고 그러한 제조업이 국내에서 다른 방법으로 유지될 수 없다면, 그것을 유지하기 위해 다른 모든 분야의 산업에 과세하는 것이 불합리한 것만은 아니다. 영국제 범포(sail-cloth)와 영국제 화약에 대한 수출장려금은 아마도 이 원리에 의해 변호될 수 있다.

37. 번영의 시기에 장려금을 주는 것은 곤궁의 시기에 그렇게 하는 것보다 불합리하지는 않다.

그러나 어느 특정 제조품의 산업을 지원하기 위해 국민대중의 노동에 과세하는 것은 합리적인 것은 아니다. 그러나 대중이 무엇을 해야 할지 모를 만큼 큰 수입을 얻고 있는 호경기에는 마음에 드는 제조업에 장려금을 주는 것은 다른 무익한 지출처럼 자연스러울 수도 있다. 사적인 지출에서뿐만 아니라 공적인 지출에 있어서도 너무나 부유하면 바보같은 짓을 하더라도 용서받을 수 있다. 그러나 보편적인 곤란과 궁핍의 시기에 이와 같은 낭비를 계속하는 것에는 보통의 불합리성 이상의 무엇인가가 반드시 존재한다.

38. 장려금이라고 불리는 약간의 교부금은 관세환불이다.

장려금이라고 불리는 것은 때때로 관세환불에 불과하며, 따라서 진정한 장려금에 대한 비난과 동일한 비난을 받지 않을 수도 있다. 예를 들어 정제된(refined) 설탕 수출에 대한 장려금은 그것이 만들어지는 갈색설탕·흑설탕에 대한 관세의 환불이라고 생각할 수 있다. 견직물 수출에 대한 장려금은 수입된 원견·생사에 대한 관세의 환불이다. 화약 수출에 대한 장려금은 수입된 유황·초석에 대한 관세의 환불이다. 세관 용어에 따르면, 수입될 때와 같은 형태로 수출되는 상품에 주어지는 교부금(allowance)만이 관세환불이라고 불린다. 그것의 형태가 어떤 제조업에 의해 변화되어 새로운 이름으로 불린다면, 그것은 장려금이라고 불린다.

39. 우수한 기술자와 제조업자에 대한 포상금은, 산업을 이익이 더 적은 방면으로 전향시키는 것이 아니라 작업의 완전도를 향상시키는 것이다.

자신의 특정 직업에 뛰어난 기술자·제조업자에게 국가가 주는 포상금(premium)은 장려금과 같은 비난을 받지 않는다. 특별한 기능과 기교를 장려함으로써 그러한 상금은 직업에 실제 고용된 노동자들의 경쟁을 유지하지만, 일국의 자본 중 저절로 그곳으로 향할 것보다 더 큰 부분을 그곳으로 향하게 할 만큼 거액인 것은 아니다. 그것의 경향은 자연적인 고용의 균형을 역전시키는 것이 아니고 각각에서 수행되는 작업을 가능한 한 완전하게 하는 것이다. 그밖에도 포상금의 비용은 매우 작지만 장려금의 비용은 매우 크다. 곡물수출 장려금 하나가 일 년에 30만 파운드를 정부에 부담지운다.

장려금은, 관세환불이 때때로 장려금이라고 불리는 것과 같이, 때때로 포상금이라고 불린다. 그러나 우리는 어느 경우에건 그 단어에 구애받지 말고 사물의 본성에 주의를 기울여야 한다.

곡물무역과 곡물법에 관한 보충설명

1. 곡물장려금과 곡물법은 칭찬받을 만한 것이 못된다.

나는 곡물수출 장려금을 설치한 법률 및 그와 관련된 법제도에 대해 찬사를 보내는 것이 전적으로 부당한 것임을 지적하지 않고 장려금에 관한 이 장(章)을 끝맺을 수 없다. 곡물무역의 성격과 곡물무역에 관한 영국의 주요 법률들을 자세히 조사해 보면 나의 주장이 옳다는 것을 충분히 알 수 있을 것이다. 이 주제가 매우 중요하다는 사실이 이 보충설명이 길어지는 것을 정당화시켜 줄 것이다.

2. 곡물무역은 다음 네 가지

곡물상인의 업무는 서로 다른 네 분야로 이루

분야로 나누어진다.

어져 있는데, 이 분야들은 때때로 동일인에 의해 수행되더라도 성질상으로 보면 네 개로 서로 완전히 구별되는 업무이다. 그것은, 첫째 국내 상인의 업무, 둘째 자국의 소비를 위한 수입상의 업무, 셋째 외국의 소비에 대응하는 국산품 수출상의 업무, 그리고 넷째 중개업자의 업무, 즉 재수출하기 위해 곡물을 수입하는 상인의 업무이다.

3. Ⅰ.국내상인의 업무. 국내 상인으로서의 그의 이익은 국민의 이익과 동일하다. 소비는 유효 공급과 일치하지 않으면 안 된다.

Ⅰ.국내 상인의 이익과 국민대중의 이익은, 얼핏 보기에 매우 상반되는 것처럼 보일지라도, 가장 큰 흉년에조차 서로 정확히 일치한다. 국내 상인에게는 자신의 곡물가격을 어떤 계절의 실제적인 부족이 요구하는 정도로 올리는 것이 이익이 된다. 하지만 가격을 그 이상 올리는 것은 그에게 이익이 되지 않는다. 만약 가격을 올리게 되면, 모든 사람들, 특히 하류층은 절약과 알뜰한 살림살이로 소비를 축소시킨다. 만일 그가 가격을 지나치게 올리게 되면 소비가 너무 위축되어 그 계절의 공급이 그 계절의 소비를 초과하고, 또 다음 기(期)의 곡물이 출하되기 시작한 지 얼마 후까지도 여전히 그런 상태가 계속된다면, 자연적인 이유로 인해 자기 곡물의 많은 부분이 못쓰게 되기 때문에, 그리고 그 나머지를 몇 달 전에 받을 수 있었던 것보다 훨씬 낮은 값으로 팔 수밖에 없기 때문에, 그는 위험에 처하게 될 것이다. 만일 가격을 적절한 수준으로 올리지 않아서 소비가 거의 위축되지 않아 그 계절의 공급이 그 계절의 소비에 미달하게 된다면, 그는 가격을 올렸더라면 벌었을 이윤을 잃을 뿐만 아니라, 그 계절이 끝나기도 전에 국민들을 부족의 고통 대신 기아의 무시무시한 공포로 몰아넣을 것이다. 국민들에게 이익이 되는 것은 그들의 매일·매주·매달의 소비량을 그 계절의 공급에 맞춰 가능한 한 정확히 할당하는 것이다. 국내 곡물상

인의 이익도 이와 동일하다. 그는 자신이 판단할 수 있는 한 정확히 이 비율에 맞춰 공급함으로써 자기의 곡물 전부를 최고가격으로, 또 최대이윤을 얻고 판매할 것이다. 작황과 자기의 매일·매주·매달의 판매상태에 대한 그의 지식 덕분에 그는 곡물이 얼마만큼 실제로 이러한 방식으로 팔렸는가를 다소 정확히 판단할 수 있다. 국민들의 이익을 도모하려는 의도를 가지지 않고 자기 자신의 이익을 고려함으로써 그는 흉년에도 반드시, 신중한 선장이 때때로 그 선원들을 다룰 수밖에 없는 그런 방식으로, 국민들을 다루게 된다. 식량이 부족하리라고 예측하는 경우 선장은 선원들에게 배식(配食)을 줄인다. 때로는 선장의 주의가 지나쳐서 실제로 그렇게 할 필요가 없는데도 배식을 줄이는 경우도 있지만, 선원들이 이 때문에 겪는 모든 불편은 그들이 낭비적인 행위를 함으로써 맞게 될 위험·불행·파멸에 비하면 사소한 것이다. 이와 동일한 방식으로, 때로는 곡물상인의 탐욕이 지나쳐서 곡물가격을 그 계절의 부족이 요구하는 것보다 더 높게 올릴 수 있지만, 국민이 이런 행동 때문에 겪는 모든 불편은 그 계절 초에 많이 판매함으로써 맞게 될 것에 비하면 사소한 것이고, 또 이 행동은 결국 국민을 그 계절 말의 기아로부터 구해줄 것이다. 곡물상인 자신이 아마도 이 지나친 탐욕 때문에 가장 큰 손해를 볼 것이다. 이 지나친 탐욕으로 말미암아, 자신에 대한 국민들의 분노 때문에 손해를 볼 뿐만 아니라, 이 분노의 영향으로부터는 벗어날지라도, 그 계절 말에 자기의 수중에 남을 수밖에 없는 곡물량 때문에, 그리고 우연히도 다음 기(期)의 작황이 좋을 경우 그가 그렇게 하지 않았으면 받았을 가격보다 훨씬 낮은 가격으로 팔아야만 하는 곡물량 때문에, 손해를 보는 것이다.

4. 독점자에게는 수확의 일부를 파괴해 버리는 것이 이익이 될지 모른다. 그러나 상업이 자유로운 곳에서는 곡물은 독점될 수 없다.

만일 하나의 거대 상사(商社)가 한 나라의 수확 전부를 수중에 넣을 수 있다면, 네덜란드인들이 몰루카스(Moluccas) 제도의 향료의 상당 부분을 그 나머지의 가격을 높게 유지하기 위해 없애거나 버렸던 것과 같은 방식으로, 수확물을 처분하는 것이 그들에게 이로울 수도 있을 것이다. 하지만 그런 광범한 독점권을 확립하는 것은 법의 폭력을 이용한다고 하더라도 거의 불가능하다. 그리고 법이 상업을 자유방임하는 곳이라면 어디에서든 모든 상품 중에서 곡물은 그 대부분을 사버릴 수 있는 소수 대자본의 힘에 의해 매점되거나 독점되기가 가장 어렵다. 곡물의 총가치가 소수의 사적 개인의 자본이 구매할 수 있는 규모와 금액을 훨씬 초과할 뿐만 아니라, 가령 그것을 구매할 수 있는 규모라 하더라도, 곡물의 생산방식은 이러한 구매를 전혀 비현실적인 것으로 만든다. 모든 문명국에서 곡물은 연간소비가 가장 많은 상품이기 때문에, 다른 어떤 상품을 생산하는 데보다 더 많은 노동이 매년 곡물을 생산하는 데 종사한다. 곡물은 땅에서 처음 나올 때에도 다른 어떤 상품보다 더 많은 소유자들 사이에 분할되게 마련이다. 그리고 이 소유자들은 많은 독립 제조업자들처럼 한 장소에 모일 수 있는 것이 아니라 반드시 그 나라의 각지에 흩어져 있다. 이들 최초의 소유자는 자기 이웃의 소비자에게 직접 곡물을 공급하거나, 아니면 이 소비자들에게 공급하는 국내상인에게 공급한다. 그러므로 농부와 빵 제조업자도 포함된 국내 곡물거래자는 반드시 다른 어떤 상품거래자보다 그 숫자가 많고, 또 그들의 분산된 위치는 그들이 단일의 총연합체(general combination)를 형성하지 못하게 한다. 그러므로 흉년에 그들 중 한 사람이 현재의 가격에서 그 계절이 끝나기 전에 처분하고자 하는 것보다 훨씬 더 많은 양의 곡물을 수중에 가지고 있다는 사실을 깨닫는다면, 자기 자신은 그 가격을 유지함으로써 손해를 보고 적과 경쟁자들만 이익을 보도록 하지 않을 것이고, 즉시 가격을 낮추어 새로운 수확이 밀려 들어오기 전에 자기의 곡물을 처분하려고 할 것이다. 어떤 한 상인의 행동을 규제하는 것과 동일한 동기, 동일한 이익이 다른 모든 상인의 행동을 규제하고, 그들 모두로 하여금 자신의 최선의 판단에 따를 때 그 계절의 부족이나 잉여에 가장 적합한 가격으로 자기들의 곡물을 팔도록 할 것이다.

5. 식량부족은 담합에 의해 일어난 것이 아니라 흉작 때문에 일어난다. 그리고 기근은 항상 식량부족에 대한 정부의 잘못된 구제수단 때문에 발생한다.

금세기 또는 과거 2세기 동안 유럽 전역을 고통에 몰아넣은 식량부족(dearth)과 기근(famine)의 역사(이 중 몇몇에 대해서는 꽤 정확한 기록이 있다)를 주의깊게 조사해 본 사람은 누구든지, 식량부족은 국내 곡물상인들 간의 담합이나 기타 원인에 의해 일어난 것이 아니라, 실제의 곡물생산 부족 때문에 일어났는데, 이 부족은 때로는, 그리고 어떤 특정 지역에서는, 전쟁의 낭비 때문에, 그러나 절대 다수의 경우에는 계절의 불순 때문에 발생하였음을 발견할 것이다. 그리고 기근은 다른 원인에 의해서가 아니라 정부가 강압적으로 부적절한 수단을 사용해서 식량부족으로 겪는 곤란을 치유하려고 했기 때문에 일어난 것임을 발견할 것이다.

6. 식량부족은 기근을 일으킬 만큼 크지는 않다.

국토가 넓은 곡물생산국에서 각 지역간에 상업과 교통이 자유로이 이루어진다면, 가장 불순한 계절에 발생하는 식량부족도 결코 기근을 일으킬 만큼 심각할 수는 없다. 그리고 수확이 가장 나쁜 해에도, 절약하고 알뜰하게 관리하기만 하면, 평년작일 때 보통 비교적 여유있게 먹여 살릴 수 있는 인구수와 동일한 인구수를 일년간 부양할 수 있을 것이다. 곡물에 가장 불리한 계절이란 지나치게 가물거나 지나치게 비가 많이 오는 계절이다. 그러나 곡물은 고지대에서도 저지대에서도, 지나치게 습하기 쉬운 토지에서도 지나치게 건조하기 쉬운 토지에서도 똑같이 자라기 때문에, 그 나라의 어느 한 지역에 해로운 가뭄·비가 다른 지역에서는 이롭기도 하다. 또 습한 계절과 건조한 계절에는 기후가 알맞은 계절에 비해 수확이 훨씬 적기는 하지만, 한 나라의 어느 한 지역에서 입은 손실은 다른 지역에서 얻은 이익으로써 어느 정도 보상된다. 작물이 아주 습한 토양을 요구할 뿐만 아니라 성장기의 일부에는 땅에 물을 채워야 하는 쌀생산국에서는 가뭄이 미치는 결과가 훨씬 더 참담하다. 그렇지만 그러한 나라에서도 정부가 상업을 자유로이 허락하기만 한다면 가뭄이 그렇게 보편적으로 기근을 야기하는 경우는 별로 없을 것이다. 수 년 전에 벵골에서 발생한 가뭄은 아마 매우 커다란 식량부족을 야기했을지도 모른다. 그런데 몇몇 부적절한 규제, 동인도회사의 사원들이 쌀 거래에 가한 몇몇 부당한 제한이 그 식량부족을 기근으로 바꾸는 데 기여한 것 같다.

7. 정부가 곡물의 가격을 통제함으로써 기근을 야기한다.

정부가 식량부족의 곤란을 치유하기 위해 모든 상인들에게 정부가 합당하다고 책정한 가격으로 곡물을 팔도록 명령하면, 그것은 상인들이 곡물을 시장에 가져오는 것을 방해하여 때때로 그 흉년의 초기에도 기근을 발생시키며, 곡물을 시장에 가져올 경우에도 사람들로 하여금 그것을 너무 빨리 소비하게끔 하고, 또 곡물의 소비를 조장하여 흉년이 끝나기도 전에 반드시 기근을 낳고야 말 것이다. 곡물거래의 제한없는 자유는 기근의 불행을 막는 데 유일하게 효과적인 예방책이기 때문에, 식량부족의 곤란을 완화시킬 수 있는 가장 좋은 방법이다. 왜냐하면, 실제적인 식량부족의 폐해는 치유될 수는 없고 그저 완화될 수 있을 뿐이기 때문이다. 곡물거래보다 더 완전하게 법의 보호를 받을 가치가 있는 상업도 없으며, 또한 그것만큼 법의 보호를 필요로 하는 상업도 없다. 왜냐하면, 곡물거래만큼 대중의 반감을 불러일으키기 쉬운 상업도 없기 때문이다.

8. 곡물상인은 대중의 미움을 사고 있으며, 이 때문에 존경받을 만한 사람들은 그 상업에 종사하기를 꺼린다.

흉년에 하층 사람들은 자신들의 곤란을 곡물상의 탐욕 탓으로 돌리기 때문에, 곡물상은 그들의 원망과 분노의 대상이 된다. 그리하여 이런 경우 곡물상은 흔히 이윤을 벌기보다는 완전히 파산하고, 그들의 폭력에 의해 자기의 창고를 약탈당하고 파괴당할 위험에 직면한다. 그러나 흉년에는 곡물가격이 높이 치솟기 때문에 곡물상은 큰 이윤을 얻으리라 기대한다. 그는 일반적으로 몇몇 농민들과 일정한 햇수 동안 일정한 가격으로 일정한 양의 곡물을 자기에게 공급한다는 계약을 맺고 있다. 이 계약가격은 적당하고 합리적이라고 추정되는 가격, 즉 보통가격 또는 평균가격에 따라 결정되는데, 이 가격은 최근의 흉년 이전에는 보통 밀 1쿼터당 약 28실링이었고, 다른 곡류 1쿼터당 가격도 이것에 비례해 책정되었다. 그러므로 흉년기에 곡물상은 자기 곡물의 대부분을 보통가격에 사서 훨씬 더 높은 가격으로 파는 것이다. 그렇지만 이 특별이윤은 그의 상업을 다른 상업과 동등한 지위에 올려놓을 뿐이며, 다른 경우에 입는 많은 손실들을, 즉 곡물의 썩기 쉬운 성질과 예상할 수 없는 매우 흔한 가격변동 때문에 입게 되는 손실들을 보상하기에 충분할 뿐인데, 이런 점은 다음과 같은 단 한 가지 사실, 즉 곡물상업에서는 다른 어떤 상업에서처럼 큰 재산을 얻는 경우가 거의 없다는 사실로부터 분명히 알 수 있을 것 같다. 그런데 곡물상업이 큰 이익을 남길 수 있는 유일한 해인 흉년은 사람들이 싫어하는 해이기 때문에, 인품과 재산을 겸비한 사람들은 이 사업에 종사하는 것을 싫어한다. 곡물상업은 더 열등한 상인집단에게 완전히 맡겨져 있다. 그리고 방앗간 주인, 제빵업자·제분업자, 밀가루 전대상인(前貸商人: factor)이 기타 수많은 가련한 소(小)상인들과 함께 국내시장에서 곡물생산자와 소비자 사이에 존재하는 거의 유일한 중개자들이다.

9. 국민들의 증오는 입법에 의해 조장되었다.

유럽의 과거 정책은 이처럼 대중에게 이로운 직업에 대해 국민들이 가지고 있는 증오를 불식시키기보다는 오히려 그것을 정당화하고 조장한 것 같다.

10. 곡물의 불법매점은 엄격히 금지되었다.

에드워드 6세 제5년과 6년에 제정된 제14호 〔1551년〕 법률 규정에는, 곡물·곡류를 다시 팔 의

도로 구입하는 사람은 누구든지 불법매점자라고 부르고, 초범이면 2개월 금고형에 처하고 그 곡물의 가치만큼 몰수하며, 재범이면 6개월 금고형에 처하고 그 가치의 2배만큼 몰수하며, 삼범이면 칼을 씌워 국왕 마음에 드는 기간 금고형에 처하고 그의 동산 전체를 몰수한다고 규정되어 있었다. 과거 유럽의 기타 지역 대부분에서 실시된 정책도 잉글랜드의 정책보다 더 낫지는 않았다.

11. 곡물상인에게도 많은 제한이 가해졌다.

우리 선조들은 국민들이 곡물을 곡물상보다는 농부에게서 더 값싸게 살 것이고, 곡물상은 자기가 농부에게 지불한 가격 이외에 추가로 과도한 이윤을 요구할 것이라고 염려했던 것 같다. 그리하여 그들은 곡물상업을 완전히 없애버리려고 노력했다. 심지어 그들은 어떤 종류의 중개인이든 생산자와 소비자 사이에 개입하는 것을 가능한 한 막으려고 노력했는데, 그들이 키더(kidder) 또는 캐리어(carrier)라고 부른 곡물 중개인의 직업에 수많은 제한을 가한 것은 이 때문이었다. 그리고 그가 성실하고 공정한 거래자임을 증명해 주는 면허장(licence)이 없는 사람은 어느 누구도 곡물중개상 영업을 수행할 수 없게 했다. 에드워드 6세의 법률에 의해, 이 면허장을 발급받는 데에는 3명의 치안판사의 허가가 필요하게 되었다. 그러나 이 제한조차도 나중에는 불충분하다고 생각되었고, 엘리자베스의 법률은 그것을 발급할 특권을 계절마다 열리는 법원, 즉 쿼터 법원(quarter-sessions)에 한정시켰다.

12. 농업자를 강제적으로 소매상으로 만들려는 노력은 이루어졌으나, 제조업자가 그렇게 되는 것은 금지되었다.

유럽의 과거 정책은 이런 식으로 시골의 주된 업종인 농업을 도시의 주된 업종인 제조업에 대한 원칙과는 전혀 다른 원칙으로 규제하려고 노력했다. 농부에게는 소비자 또는 소비자의 직접적 대리인인 곡물 중개인(키더나 캐리어) 이외의 다른 고객을 남겨 놓지 않음으로써, 유럽의 정책은 농부로 하여금 농부로서의 일에 종사할 뿐 아니라 곡물도매상이나 곡물소매상의 일에도 종사하도록 강제하려고 했다. 이와는 반대로 이 정책은 많은 경우 제조업자로 하여금 상점주인의 직업을 수행하지 못하도록, 즉 자신의 재화를 소매로 판매하지 못하도록 했다. 유럽의 정책은 한 가지 법률로는 나라의 일반적인 이익을 증진시키려고, 다시 말해, 어떻게 그렇게 되는지는 알지 못한 채 곡물을 값싸게 하려고, 했으며, 다른 법률로는 특정한 계층의 사람들, 즉 상점주들의 이익을 증진시키려고 했다. 왜냐하면, 제조업자는 상점주들보다 훨씬 싸게 팔 것이므로, 만일 제조업자에게 소매가 허용된다면 상점주들의 상업은 파멸할 것이라고 생각했기 때문이다.

13. 제조자가 자기가 만든것을 자기 상점에서 직접 파는 경우의 이윤율.

그러나, 비록 제조업자가 상점을 가지고 자신의 재화를 소매로 파는 것이 허용된다고 하더라도, 그가 보통 상점주인들보다 값싸게 팔 수는 없을 것이다. 그의 자본의 어느 부분을 상점에 투하하든, 그는 이것을 자기의 제조업으로부터 빼내 와야 한다. 그의 사업을 다른 사람의 사업과 동등한 수준에서 운영하기 위해, 그는 한편으로는 제조업자의 이윤을 얻어야 하며, 다른 한편으로는 상점주인의 이윤을 얻어야 한다. 예를 들어, 그가 살고 있는 특정 도시에서 제조업 자본과 소매업 자본에 대한 보통이윤이 10%라고 하자. 이 경우 그는 자신이 만든 재화를 자신의 상점에서 직접 판매할 때 그 재화에 대해 20%의 이윤을 가산해야 할 것이다. 그가 재화들을 자기 작업장으로부터 자기 상점으로 운반할 때, 그는 그 재화들을 도매로 구매할 상인이나 상점주들에게 판매하는 가격으로 자기 재화를 평가할 것이다. 만약 그가 그 재화들을 더 낮게 평가한다면, 그는 자기의 제조업 자본의 이윤 일부를 잃는 셈이다. 그가 재화들을 자기 상점에서 판매할 때, 만일 상점주인이라면 팔았을 것과 동일한 값을 받지 않는다면, 그는 자기의 소매업 자본의 이윤 일부를 잃는 셈이다. 그러므로 비록 그가 동일한 재화 한 개에 대해 이중의 이윤을 얻는 것처럼 보일지라도, 이 재화들은 두 개의 구별되는 자본의 일부를 연속적으로 구성하기 때문에, 그는 이 재화들에 투하한 전체 자본에 대해서는 단 하나의 이윤만을 얻는 것이다. 그리고 만일 그가 이보다 적은 이윤을 얻었다면 그는 손해를 본 것이다. 다시 말해, 그는 자기의 전체 자본을 자기의 대부분의 이웃들처럼 유리하게 사용하지 못한 것이다.

14. 농부의 자본이 이런 경우에 해당한다.

제조업자에게는 하지 못하도록 금지된 것이 농부에게는 하도록 어느 정도 강제되었다. 즉, 농부의 자본을 두 개의 상이한 사업에 분산시켜, 그 일부는 시장의 때때로의 수요에 맞춰 공급하기 위해 그의 곡물창고에 쌓아 두고, 다른 부분은 토지경작에 사용하라고 강제한 것이다. 그러나 그는 농업자본의 보통이윤 이하로는 이 후자의 자본을 투하할 수 없는 것처럼, 상업자본의 보통이윤 이하로는 전자의 자본을 사용할 수 없다. 곡물상의 업무를 실제로 수행하는 자본이 농부의 것이든 곡물상의 것이든, 그 소유자로 하여금 자본을 이렇게 사용하도록 보장해 주기 위해서는, 또 그의 업무를 다른 상업과 같은 수준에 올려 놓기 위해서는, 그리고 그가 자본을 가능한 한 빨리 다른 사업으로 돌리는 것이 이익이 되지 않도록 하기 위해서는, 두 부문 모두 동일한 이윤이 필요하다. 그러므로 곡물상의 업무를 하도록 강제된 농부는 그의 곡물을 자유경쟁의 경우 다른 곡물상이 파는 것보다 싸게 팔 수는 없었다.

15. 한 사업부문에 전념하는 상인은 더 싸게 팔 수 있다.

자기의 자본 전체를 단 하나의 사업분야에 사용할 수 있는 상인은, 자기의 노동 전체를 단 하나의 작업에 사용할 수 있는 노동자와 똑같은 종류의 이익을 얻는다. 노동자가 일정한 숙련도에 도달함으로서 동일한 두 개의 손으로 훨씬 더 많은 양의 일을 수행할 수 있게 되는 것과 마찬가지로, 상인은 자신의 업무, 즉 재화를 구입하고 처분하는 일을 수행하는 데 매우 쉽고 편리한 방법을 터득함으로써 똑같은 자본을 가지고도 훨씬 더 많은 양의 업무를 처리할 수 있게 된다. [한 가지 일에 전념함으로써 일정한 숙련도를 획득한] 노동자가 보통 자기의 제조품을 훨씬 값싸게 공급할 수 있는 것처럼, 이 상인은 자기의 자본과 주의력을 매우 다양한 목표에 사용할 때보다 다소 저렴한 가격으로 재화를 공급할 수 있다. 대부분의 제조업자는, 재화를 도매로 사서 소매하는 것을 전업으로 하는 주의깊고 활동적인 상인만큼 값싸게 자신의 재화를 소매할 수 없다. 대부분의 농부들은, 곡물을 도매로 구입하여 그것을 커다란 창고에 쌓아 두었다가 소매하는 것을 전업으로 하는 주의깊고 활동적인 상인만큼 값싸게 자신의 곡물을 소매하거나 그들 대부분으로부터 4~5마일 떨어져 있는 도시주민들에게 공급할 수는 없다.

16. 제조업자가 소매상이 되는 것을 금지하고, 농업자가 곡물상인이 되는 것을 강제하는 법률은 모두가 좋은 정책이 못되고 부당한 것인데, 후자는 더욱 더 유해하다.

제조업자가 상인의 업무를 수행하지 못하도록 규정한 법률은 이러한 자본 이용상의 분업을 그런 금지가 없을 때보다 더욱 빨리 진행시키려고 노력했다. 반면에, 농부가 곡물상인의 업무를 수행하도록 강제한 법률은 그러한 분업이 너무 빨리 진행되는 것을 방해하려고 노력했다. 이 두 법률 모두 자연적 자유에 대한 명백한 침해이고 따라서 부당하다. 그리고 그것들은 모두 부당할 뿐만 아니라 잘못된 정책이다. 이러한 종류의 일들은 강제되지도 않고 방해되지도 않는 것이 사회에 이익이 된다. 자신의 노동이든 자본이든, 그것을 자신의 처지에서 필요한 것보다 더 다양한 방면에 사용하는 사람은, 이웃보다 물건을 싸게 팖으로써 이웃에게 해를 입힐 수는 결코 없다. 그는 자기 자신에게 손해를 입힐 수 있고, 또 일반적으로 그렇게 된다. '팔방미인은 결코 부자가 될 수 없다'(Jack of all trades will never be rich)는 속담도 있다. 법률은 마땅히 사람들로 하여금 자신의 이익은 자신이 돌보도록 해야 한다. 왜냐하면,

사람들은 일반적으로 자신들의 특수한 상황에서 자기 자신의 이익이 무엇인가를 입법자보다 더 잘 판단할 수 있기 때문이다. 농부에게 곡물상의 업무를 수행하도록 강제한 법률은 이 두 가지 법률 중에서 훨씬 더 해로운 것이다.

17. 그것은 토지의 개량을 방해하기 때문이다.

그 법률은 사회에 매우 유리한 자본 사용상의 분업을 방해했을 뿐만 아니라 마찬가지로 토지의 개량과 경작을 방해했다. 농부로 하여금 한 사업이 아닌 두 사업에 종사하도록 강제함으로써, 그 법률은 농부로 하여금 자기의 자본을 두 부분으로 나누도록 강제하였기 때문에, 그 중에서 오직 한 부분만이 경작에 사용될 수 있었다. 만일 그가 자신의 곡물을 수확하자마자 그것을 전부 곧바로 곡물상에게 판매할 자유가 있었더라면, 그는 자신의 자본 전체를 즉시 토지로 되돌려서 토지를 개량하고 더 잘 경작하기 위해 더 많은 가축을 구입하고 더 많은 일꾼을 고용하는 데 사용할 수 있었을 것이다. 그러나 자신의 곡물을 소매로만 팔도록 강제됨으로써, 그는 자기 자본의 큰 부분을 자기 곡물창고에 1년 내내 묵혀둘 수밖에 없었고, 그리하여 똑같은 자본을 가지고도 법적 강제가 없었을 때만큼 잘 경작할 수 없었다. 그러므로 이 법률은 토지개량을 방해했고, 또 법적 강제가 없는 경우보다 곡물가격을 저렴하게 하기보다는 오히려 곡물을 더 부족하게 하고 따라서 더 비싸게 하는 경향이 있었음에 틀림없다.

18. 곡물상인은 도매상인이 제조업자를 뒷받침해 주는 것과 마찬가지로 농업자를 뒷받침해 준다.

농부의 사업을 제외하고는 곡물상의 사업이, 만약 적절히 보호하고 장려해 준다면, 실제로 곡물 증산에 가장 큰 기여를 할 수 있는 사업이다. 곡물상의 사업은, 도매상의 업무가 제조업자의 업무를 뒷받침해 주는 것과 동일한 방식으로, 농부의 업무를 뒷받침해 줄 것이다.

19. 도매상인은 제조업자로 하여금

도매상은 제조업자에게 기성 시장을

그들의 자본 전체를 제조업에 사용할 수 있게 해준다.

제공하고, 제조업자가 재화를 만들자마자 그것이 그의 수중으로부터 벗어나게 하며, 어떤 때는 심지어 제조업자가 그것을 만들기도 전에 그 가격을 그에게 선대(先貸)함으로써 제조업자가 자신의 자본 전체를, 나아가 때로는 자신의 자본 전체보다 더 많은 것을 늘 제조업에 사용하고, 그리하여 자신의 재화를 소비자에게 직접 팔아야 할 때는 물론이고 심지어 소매상에게 팔아야 할 때보다도 훨씬 더 많은 양의 재화를 제조할 수 있도록 해 준다. 또 도매상의 자본은 일반적으로 다수 제조업자의 자본을 보충할 수 있을 만큼 충분히 크기 때문에, 도매상과 제조업자들 사이의 이러한 거래관계는 대자본 소유자〔도매상〕로 하여금 대단히 많은 수의 소자본 소유자〔제조업자〕들을 뒷받침하는 데 관심을 갖게 하고, 또 그들에게 치명적이 될지도 모를 손실과 불운이 제조업자에게 일어날 때 그들을 도와주는 데 관심을 갖게 한다.

20. 그러므로 곡물상인은 농업자가 그들의 자본 전체를 경작에 사용할 수 있게 해준다.

농부와 곡물상 사이에 위와 같은 거래관계가 전면적으로 수립된다면, 농부에게도 똑같이 이로운 효과를 가져올 것이다. 농민들은 자기의 자본 전체, 나아가 자기의 자본 전체보다 더 많은 것을 항구적으로 경작에 사용할 수 있을 것이다. 다른 어떤 직업에서보다도 농민들의 직업에서 일어나기 쉬운 돌발적인 사고가 일어나는 경우, 그들은 자신들의 일상적인 고객인 부유한 곡물상이 자신들을 뒷받침해 주는 데 관심을 갖고 있고 또 그렇게 할 능력도 있다는 것을 발견할 것이고, 또 지금처럼 지주의 관용이나 그 관리인의 자비에 전적으로 매달리는 일은 없을 것이다. 이럴 가능성은 아마 없겠지만, 이러한 거래관계를 보편적으로 한꺼번에 수립할 수만 있다면, 그리고 이 나라의 모든 농업자본을 그것들이 현재 전용(轉用: divert)되고 있는 다른 모든 사용부문으로부터 빼내어 모두 한꺼번에 그 고유한 업무, 즉 토지경작으로 되돌릴 수만 있다면, 그리고 이 거대한 자본의 활동을 뒷받침하고 돕기 위해 거의 그만큼 거대한 자본을 〔곡물상이〕 이따금 공급할 수만 있다면, 이러한 상황변화가 국토 전체에 가져올 진보가 얼마나 크고 얼마나 광범위하며 얼마나 갑작스러울지는 상상하기조차 아마 쉽지 않을 것이다.

21. 그러므로 에드워드 6세의 조례는 식량부족의 최선의 완화제이며 예방제이기도 한 하나의 직업을 절멸시키려고 노력했던 셈이 된다.

따라서 에드워드 6세의 법률은 경작자와 소비자 사이에 어떤 중개인의 개입도 불가능하도록 규정함으로써, 자유로이 수행되면 곡물부족의 곤란을 가장 잘 완화시켜 줄 뿐만 아니라 기근의 최선의 예방책인 하나의 직업〔즉, 곡물상〕을 전멸시키려 노력한 것이었다. 농부의 직업을 제외하고는 어떠한 직업도 곡물상의 직업만큼 곡물증산에 많이 기여할 수는 없다.

22. 그러한 규정은 찰스 2세 제15년에 제정된 법률 제7호 이후의 법률에 의해 완화되었다.

이 법률의 엄격함은 그 뒤, 밀가격이 쿼터당 20, 25, 32, 40실링을 넘어서지 않으면 곡물의 매점(買占: engrossing)을 허락한다는 몇몇 후속 법률에서 완화되었다. 마침내 찰스 2세 제15년〔1663년〕에 제정된 제7호 법률의 규정에 의해, 밀가격이 쿼터당 48실링을 초과하지 않고 다른 곡류의 가격도 이에 비례한 가격을 초과하지 않는 한, 되팔기 위해 곡물을 매점하거나 구입하는 것은 악덕 매점자가 아닌 모든 사람, 즉 3개월 이내에 동일한 시장에서 되팔지 않는 모든 사람에게 합법적이라고 선언되었다. 국내 곡물상의 상업이 지금까지 누려온 모든 자유는 이 법률에 의해 부여된 것이다. 매점자와 악덕 매점자를 금지한 거의 모든 법률들을 폐기하는 현 국왕〔조지 3세〕 제12년〔1772년〕의 법률은 찰스 2세 15년 법률의 제한규정을 폐지하지 않고 있으며, 따라서 후자의 법률은 여전히 효력이 있다.

23. 이 법률은 불합리하다. 왜냐하면, 그것은 다음과 같이 상정하고 있기 때문이다.

그러나 이 법률은 다음과 같은 두 가지 매우 불합리한 세속적 편견을 어느 정도 정당화하고 있다.

24. (1)가격이 어떤 일정한 높이에 달한 뒤에는 매점이 유해하게 된다는 것을 상정하고 있기 때문이다.

첫째, 이 법률은 밀가격이 쿼터당 48실링 정도로 높이 오르고 다른 가격도 이것에 비례해 오를 경우, 곡물은 매점되어 국민들에게 해를 끼치기 쉽다고 가정하고 있다. 그러나 앞에서 이미 이야기한 바로부터 알 수 있듯이, 곡물은 어떤 가격에서도 국민에게 해가 될 정도로 국내 상인에 의해 매점될 수 없다는 것은 분명한 사실이다. 그리고 쿼터당 48실링이라는 가격도, 비록 매우 높은 가격이라고 생각되기는 하지만, 흉년에는 추수 직후 흔히 나타나는 가격이다. 그런데 추수 직후는 새로 수확된 곡물 어느 부분도 아직 판매되지 않고 있고, 그리고 국민들에게 해를 끼치려면 새로운 곡물을 어느 정도 매점해야 하는지를 알 수 없는 시기이다.

25. (2)가격이 어떤 일정한 높이에 달한 뒤에는 독점이 유해하게 된다고 상정하고 있기 때문이다.

둘째, 이 법률은 어떤 일정한 가격에서 곡물이 매점되면, 즉 동일한 시장에서 되팔기 위해 사들여지면, 국민에게 해를 끼치게 된다고 가정하고 있다. 그러나 한 상인이 동일한 시장에서 곧바로 되팔기 위해 그 시장으로 오는 곡물이나 그 시장 안에 있는 곡물을 전부 사버린다면, 그 이유는 시장이 앞으로의 계절 전체를 통해 지금만큼 충분히 공급될 수 없으며, 따라서 가격이 틀림없이 곧 오르리라고 판단하기 때문일 것이다. 만일 그가 이 판단을 잘못하여 가격이 오르지 않으면, 그는 곡물 매점을 위해 사용한 자본의 이윤 전체를 잃어버릴 뿐 아니라, 곡물의 저장·유지에 반드시 수반되는 비용과 손모에 의해 이 자본 자체의 일부도 잃어버릴 것이다. 이리하여 그는 사실상 어떤 특정한 장날에 자기 때문에 곡물 구입을 방해받는 사람들에게 해를 끼치기보다는 오히려 자기 자신을 해치는 것이 된다. 왜냐하면, 그 사람들은 그 뒤 어떤 다른 장날에 그만큼 값싸게 곡물을 구입할 수 있게 되기 때문이다. 그가 옳게 판단한다면, 그는 국민 대중을 해치는 것이 아니라 그들에게 가장 중요한 봉사를 하는 것이 된다. 국민대중이 그렇지 않으면 느꼈을 것보다 좀더 일찍 부족의 곤란을 느끼게 함으로써, 가격이 저렴하여 그 계절의 실질적인 부족에 합당한 것보다 더 빨리 소비해 버림으로써 나중에 틀림없이 겪게 될 격심한 부족의 곤경을 매점 상인이 미리 방지해 준다. 실제로 곡물이 부족할 때 대중을 위해 할 수 있는 최선의 것은 부족의 곤경을 그 해의 여러 달·주일 전체에 걸쳐 가능한 한 고르게 분산시키는 것이다. 곡물상이 이익을 얻으려면 이것을 가능한 한 정확히 예측하도록 연구해야 한다. 그리고 다른 어떤 사람도 그것을 정확히 연구하는 데 곡물상과 동일한 이익·지식·능력을 가지고 있지 않기 때문에, 상업의 가장 중요한 이 일은 전적으로 그에게 맡겨져야 한다. 다른 말로 하면, 곡물상업은 적어도 국내시장에 대한 공급에 관한 한 완전히 자유롭게 내버려 두어야 한다는 것이다.

26. 매점매석에 관한 불안은 요술에 관한 불안처럼 근거가 없는 것이다.

매점매석(買占賣惜)에 대한 대중의 두려움은 요술(witchcraft)에 대한 대중의 공포와 의심에 비유할 수 있다. 요술로 사람들의 공포심을 야기했다는 죄목으로 기소된 요술장이들은, 매점매석(engrossing and forestalling)의 죄목으로 기소된 사람들과 마찬가지로, 그들 탓으로 돌리는 불행에 대해 아무런 죄가 없다. 요술이라는 죄목으로 고발하는 것을 완전히 폐지함으로써 이 가공(架空)의 죄를 이웃에게 뒤집어 씌워 자기 자신의 악의를 만족시키는 것을 방지한 법률은, 그러한 공포와 의혹을 조장하고 뒷받침한 커다란 원인을 제거함으로써 그것을 효과적으로 종식시킨 것 같다. 국내 곡물상업에 완전한 자유를 되찾아 줄 법률은 아마도 매점매석에 대한 국민들의 공포를 그만큼 효과적으로 종식시키게 될 것이다.

27. 그래도 찰스 2세 제15년의 제7호 법률은

찰스 2세 제15년의 제7호 법

곡물법 중 가장 좋은 것이다. 그것은 국내 곡물상업에 이것이 현재 가지고 있는 모든 자유를 주고 있기 때문이다.

률은 비록 불완전하기는 하지만 국내시장에 대한 풍부한 공급과 경작 증대에 대해 법전에 있는 다른 어떤 법률보다도 더 많은 공헌을 한 것 같다. 국내 곡물상업이 지금까지 누려온 모든 자유와 보호의 기원은 바로 이 법률이다. 국내시장에 대한 공급과 경작의 이익 모두 곡물의 수출입무역보다는 국내상업에 의해 훨씬 더 효과적으로 증진되는 것이다.

28. 국내상업은 외국무역보다 훨씬 더 중요하다.

영국에서 각종 곡류의 평균소비량 대 평균수입량의 비율은, 곡물무역에 관한 소논문의 저자(Charles Smith)가 계산한 바에 따르면, 570 대 1을 넘지 않는다. 그러므로 국내시장에 대한 공급에서 국내상업의 중요성은 수입무역의 중요성에 비해 570 대 1만큼 큰 것이다.

29. 곡물의 수출량은 연간생산량의 $\frac{1}{30}$을 넘지 않는다.

영국으로부터 수출되는 모든 종류의 곡물의 평균량은, 같은 저자의 계산에 따르면, 연간생산물의 $\frac{1}{30}$을 넘지 않는다. 그러므로 국내생산물에 대한 시장을 제공함으로써 경작을 장려하는 데 국내상업이 갖는 중요성은 수출무역이 갖는 중요성에 비해 30대 1만큼 큰 것이다.

30. 국내 곡물상업의 자유가 낮은 곡물가격의 원인이었다.

나는 정치산술(political arithmetic)을 크게 믿지 않기 때문에 이 두 계산의 정확성을 보장할 생각은 없다. 나는 오직 가장 분별력 있고 경험 많은 사람의 견해로도 국내상업에 비하면 대외 곡물무역이 얼마나 중요성이 적은가를 보여 주기 위해서 이 통계를 언급했을 따름이다. 장려금 제도를 도입하기 직전 수년 동안 곡물이 매우 쌌던 이유는 어느 정도 찰스 2세의 이 법령의 효과 탓으로 돌릴 수 있다. 이 법령은 장려금 제도의 도입보다 약 25년 전에 제정되었기 때문에, 그런 효과를 낳을 시간이 충분했던 것이다.

31. 곡물무역의 기타 3가지 종류

기타 세 종류의 곡물무역에 관하여 내가 이야기해야 할 것을 남김없이 설명하는 데에는 몇 마디 말만으로도 충분할 것이다.

32. Ⅱ.수입상인. 수입상의 무역은 국민에게 이익을 주고 농업자와 시골의 지주들을 실질적으로 해치지 않는다.

Ⅱ.국내소비를 위한 외국곡물 수입상의 업무는 분명히 국내시장에 대한 직접적 공급에 기여하고, 그러한 한 국민들에게 직접적으로 이익을 주는 것임에 틀림없다. 사실 이것은 곡물의 평균화폐가격을 다소 낮추는 경향은 있지만, 곡물의 진실가치, 즉 그것이 유지할 수 있는 노동의 양을 감소시키는 경향은 없다. 만일 수입이 항상 자유롭다면, 해가 갈수록 우리의 농업자·지주가 자기의 곡물로써 얻을 수 있는 화폐는 수입이 거의 항상 실질적으로 금지되어 있는 현재보다도 점점 더 적을 것이다. 그러나 그들이 얻는 화폐는 더 많은 가치가 있고, 각종 재화를 더 많이 구입할 것이며, 더 많은 노동을 고용할 것이다. 그러므로 그들의 실질적인 부와 실질적인 수입은, 비록 더 적은 양의 은으로 표현될지라도, 현재와 동일할 것이다. 그리고 그들은 곡물을 현재만큼 경작할 수 없게 되거나 경작하지 못하도록 위축되지도 않을 것이다. 이와는 반대로, 곡물의 화폐가격이 하락한 결과 발생한 은의 진실가치의 상승은 다른 모든 상품의 화폐가치를 다소 하락시키고, 이러한 사태가 발생한 나라의 산업에게 모든 해외시장에서 어느 정도의 이점을 갖게 해 주고, 그 산업을 장려하고 확대시켜 주는 경향이 있다. 그러나 국내 곡물시장의 크기는 그 곡물이 경작되는 나라의 전반적인 산업 상태, 즉 곡물과 교환할 어떤 것을 생산하는 사람의 수, 또는 같은 이야기지만, 그 어떤 것의 가격을 가지고 있는 사람의 수에 비례한다. 모든 나라에

서 국내시장은 곡물의 가장 가깝고도 가장 편리한 시장이며, 또한 가장 크고 가장 중요한 시장이다. 그러므로 곡물의 평균화폐가격의 하락의 결과 나타나는 은의 진실가치의 이러한 상승은 가장 규모가 크고 가장 중요한 곡물시장을 확대시키는 경향이 있고, 따라서 곡물시장의 성장을 저해하기보다는 오히려 장려하는 경향이 있다.

33. 찰스 2세 제22년의 제13호 법률은 수입에 대해 고율의 관세를 부과했다.

찰스 2세 제22년(1670년)의 제13호 법률에 의해, 밀의 수입은 국내시장 가격이 쿼터당 53실링 4펜스를 넘지 않을 때에는 쿼터당 16실링의 관세가, 그리고 그 가격이 (53실링 4펜스를 초과하지만) 4파운드(80실링)를 넘지 않을 때에는 8실링의 관세가 부과되었다. 이 두 가격 중 전자의 것은 과거 1세기 이상 동안 아주 극심한 흉년에만 나타났으며, 후자의 것은 내가 아는 한 전혀 나타나지 않았다. 그리하여 밀이 이 후자의 가격 이상으로 오를 때까지는 이 법령에 의해 매우 높은 관세가 부과되었고, 전자의 가격 이상으로 오를 때까지는 수입금지에 해당할 정도의 높은 관세가 부과되었다. 다른 종류의 곡물의 수입도 밀의 가치에 비례해서 거의 그만큼 높은 관세로써 제한되어 있었다.* 후속 법률들은 이 관세를 더욱 더 증가시켰다.

34. 그러나 흉년에는 일반적으로

흉년에 이런 법률의 엄격한 집행이 국민

* 현 국왕 제13년(1772년) 이전에 각종 곡물수입에 부과한 관세는 다음과 같다.

곡류(쿼터당)	가격	관세	가격	관세	가격	관세
콩	28실링까지	19실링10펜스	40실링까지	16실링8펜스	40실링초과	12펜스
보리	28실링 〃	19실링10펜스	32실링 〃	16실링	32실링 〃	12펜스
귀리	16실링 〃	5실링10펜스			16실링 〃	$9\frac{1}{2}$ 펜스
완두콩	40실링 〃	16실링			40실링 〃	$9\frac{3}{4}$ 펜스
호밀	36실링 〃	19실링10펜스	40실링 〃	16실링8펜스	40실링 〃	12펜스
밀	44실링 〃	21실링9펜스	53실링4펜스 〃	17실링	80실링까지	8실링
				80실링초과	실링4펜스	
메밀	32실링	16실링				

(맥아는 매년의 맥아세법에 의해 금지된다.)

그 집행이 정지되었다.

들에게 가져다 준 고통은 매우 컸던 것 같다. 그러나 그러한 경우에는 일반적으로 그 법률의 집행은 임시법에 의해 중단되었는데, 이런 임시법은 한정된 기간 외국곡물의 수입을 허용하였다. 이런 임시법이 필요했다는 사실이 이 일반법의 부당함을 충분히 보여 준다.

35. 이러한 제한은 장려금 때문에 필요했다.

이러한 수입제한은 장려금 제도가 도입되기 전부터 있었기는 하지만, 곡물수출 장려금 제도를 도입한 것과 동일한 정신과 동일한 원리에 의해 지배되었다. 이들 수입제한과 다른 몇몇 수입제한들은 그 자체가 아무리 유해하더라도 장려금 제도가 생겨난 뒤에는 필수적인 것으로 되었다. 만일 밀이 쿼터당 48실링 이하이거나 그보다 훨씬 높지 않을 때 외국곡물이 무관세로 수입되거나 소액의 관세로 수입된다면, 이 곡물은 장려금의 혜택을 받아 다시 수출될 수 있으며, 그 결과 국가의 세입은 큰 손실을 입고, 그 목적이 외국 곡물이 아니라 자국 곡물의 시장 확대에 있는 이 제도는 완전히 악용될 것이다.

36. Ⅲ.수출상인. 이 상업은 국내시장에 대한 공급을 윤택하게 하는 데 간접적으로 이바지한다.

Ⅲ.외국의 소비를 위한 곡물수출상의 업무는 분명히 국내시장에 대한 풍부한 공급에 직접 기여하지는 않는다. 그렇지만 간접적으로는 기여한다. 그 공급의 원천이 무엇이든, 그것이 국내 경작에서 오는 것이든 또는 외국 수입에서 오는 것이든 간에, 그 나라에서 소비되는 것보다 더 많은 곡물이 통상적으로 경작되거나 통상적으로 수입되지 않는다면, 국내시장에 대한 공급은 결코 매우 풍부할 수

이러한 상이한 관세는 부분적으로는 구(舊) 왕실보조금세(old subsidy)를 대신하여 찰스 2세 제22년에 부과되었고, 부분적으로는 새로운 왕실보조금세 · $\frac{1}{3}$왕실보조금세 · $\frac{2}{3}$왕실보조금세 · 1747년 왕실보조금세에 의해 부과되었다.

없다. 그러나 만일 잉여곡물이 언제라도 수출될 수 없다면, 곡물생산자는 국내시장의 총소비에 필요한 것 이상으로 경작하지 않으려 할 것이고, 수입업자도 그것 이상으로 수입하지 않으려 할 것이다. 그러면 시장이 과잉 공급되는 경우는 거의 없을 것이고, 오히려 공급자들이 일반적으로 자신들의 재화가 자신들의 수중에 남아 있을까봐 걱정하기 때문에, 시장은 품귀현상을 빚을 것이다. 수출 금지는 그 나라의 개량과 경작을 자국 주민의 필요만을 충족시키는 정도로 제한한다. 수출의 자유는 그 나라가 외국시장에 공급하도록 경작을 확대할 수 있게 해 준다.

37. 곡물수출의 자유는 1700년에 완전하게 이루어졌다.

찰스 2세 제12년의 제4호 법률에 의해 곡물수출은 밀가격이 쿼터당 40실링을 넘지 않고 다른 곡물의 가격도 그것에 준하는 경우라면 언제든지 허용되었다. 찰스 2세 제15년의 법률에 의해 이 자유는 밀가격이 쿼터당 48실링을 넘지 않는 경우까지로 확대되었고, 제22년의 법률에 의해 가격 제한을 받지 않게 되었다. 물론 이러한 수출에 대해 종가세(從價稅: poundage)를 국왕에게 납부해야 했다. 그러나 모든 곡물이 관세표에서는 낮게 평가되었기 때문에, 이 종가세는 밀의 경우 쿼터당 1실링, 귀리의 경우 쿼터당 4펜스, 그리고 다른 모든 곡물은 쿼터당 6펜스에 지나지 않았다. 윌리엄과 메리 제1년(1688년)에 제정된 장려금법에 의해, 이 소액의 세금은 밀가격이 쿼터당 48실링을 넘지 않는 경우 실질적으로 면제되었고, 윌리엄 3세 제11년과 12년의 제20호(1698년) 법률에 의해 이것은 가격의 제한 없이 철폐되었다.

38. 수출상인의 이해관계는 때로는 그 나라 국민의 이해관계와 다를 수도 있다.

이런 식으로 해서 수출상의 무역은 장려금에 의해 장려되었을 뿐만 아니라 국내상인의 상업보다 훨씬 더 자유로워졌다. 위에서 말한 법률들 중 마지막의 것에 의해 수출을 위해서는 곡물은 어떤 가격에서든 매점될 수 있었다. 하지만 국내판매를 위해서는 곡물은 가격이 쿼터당 48실링을 넘지 않는 경우에만 매점될 수 있었다. 그렇지만 이미 보았듯이, 국내상인의 이익은 국민대중의 이익과 결코 상반될 수 없다. 그러나 곡물수출상의 이익은 이와 상반될 수도 있고 때때로 실제로 상반되기도 한다. 만일 자기 나라가 곡물부족으로 고생하고 있는 동안 이웃 나라가 기근상태에 처해 있다면, 자기 나라의 곡물부족 상태를 크게 악화시킬 수 있을 정도의 곡물을 이웃 나라로 반출하는 것이 수출상에게는 이익이 될 것이다. 국내시장에 대해 풍부하게 공급하려는 것이 그러한 법률들의 직접적인 목적은 아니었다. 오히려 농업을 장려한다는 구실로 곡물가격을 가능한 한 높이고, 그럼으로써 국내시장에 항상적인 곡물부족을 가능한 한 많이 야기하는 것이 그 직접적인 목적이었다. 곡물수입이 억제됨으로써 국내시장에 대한 곡물공급은 극심한 흉년기에조차도 자국의 생산량만으로 한정되어 있었고, 곡물수출이 장려됨으로써 밀가격이 쿼터당 48실링을 넘지만 않으면 국내시장은 심각한 흉년기에도 국내생산량 전체를 향유하는 것이 허용되지 않았다. 제한된 기간 곡물수출을 금지하고, 제한된 기간 곡물수입 관세를 면제해 준 임시법들, 즉 영국이 그토록 자주 의지할 수밖에 없었던 응급책들은, 영국의 일반 제도(general system)가 부당함을 충분히 보여준다. 그 제도가 좋았다면 영국이 그 제도를 포기해야 할 필요성에 그토록 자주 부닥치지는 않았을 것이다.

39. 몇몇 대국의 그릇된 정책은 소국들로 하여금 수출을 제한하지 않을 수 없게 할 때가 있다.

모든 나라가 수출의 자유·수입의 자유라는 자유로운 제도를 채택한다면, 하나의 거대한 대륙을 분할하고 있는 상이한 여러 나라들은 무역에서는 하나의 거대한 제국(empire)의 상이한 여러 주(州)들과 비슷해질 것이다. 하나의 거대한 제국의 상이한 여러 주들 사이에서는 국내상업의 자유가 곡물 부족의 최선의 완화제이자 기근의 가장 효과적인 예방책으로 나타나는 것처럼, 하나의 거대한 대륙을 구성하고 있는 상이한 여러 나라들 사이에서는 수출입 무역의 자유가 그러할 것이다. 대륙이 크면 클수록, 이 대륙의 모든 상이한 구성부분들 사이에서 수로와 육로를 통해 이루어지는 교통은 더욱 쉬울 것이고, 이 대륙의 어느 한 특정 부분이 곡물부족·기근에 휩싸이기는 더욱 어려울 것이며, 어느 한 나라의 결핍이 어떤 다른 나라의 풍족함에 의해 완화될 기회는 더욱 많아질 것이다. 하지만 이 수출입자유 제도를 완전히 채택하고 있는 나라는 거의 없다. 곡물무역의 자유는 거의 모든 곳에서 다소 제한되어 있고, 또 많은 나라에서는 곡물부족의 불가피한 불행을 빈번히 기근의 무시무시한 재앙으로 악화시킬 정도로 불합리한 규제들에 의해 제약되어 있다. 이러한 나라들에서는 곡물수요가 자주 격증하고 또 급박하기 때문에, 우연히도 같은 시기에 약간의 곡물부족 상태에 있는 이웃의 작은 나라로서는 감히 그 나라들에 곡물을 공급할 수가 없다. 공급한다면, 그 나라 자신도 마찬가지로 무서운 재난에 빠져들기 때문이다. 따라서 한 나라의 매우 나쁜 정책은 다른 나라가 최선의 정책을 수립하는 것을 어느 정도 위험하고 무모한 것이 되게 하기도 한다. 그러나 수출의 무제한적인 자유는 큰 나라에서 훨씬 덜 위험할 것인데, 왜냐하면, 이런 나라에서는 생산량이 훨씬 많아 국내 공급이 곡물 수출량에 의해 거의 영향을 받지 않기 때문이다. 스위스 연방의 한 주나 이탈리아의 몇몇 작은 주에서는 곡물수출을 제한하는 것이 때로는 필요할지도 모른다. 그러나 프랑스나 영국 같은 큰 나라에서는 거의 그럴 필요가 없다. 더욱이, 농민이 자신의 재화를 언제나 가장 좋은 시장에 내보내는 것을 금지하는 것은, 공공의 이익(public utility)이라는 이념을 위해, 즉 일종의 국가이성(reasons of state)을 위해 보통의 정의(正義)의 법을 희생시키는 것임이 분명하다. 이러한 입법권의 발동은 가장 급박한 필요성이 있을 때에만 실행되어야 하고, 또 그러한 경우에만 용서될 수 있다. 곡물수출을 금지하는 가격은, 만약 꼭 금지해야만 한다면, 반드시 매우 높은 가격이어야 한다.

40. 곡물법은 종교에 관한

곡물에 관한 법률은 어디에서나 종교(宗敎:

법률과 비슷하다.

religion)에 관한 법률과 비교될 수 있다. 국민들은 현세에서의 생활이나 내세에서의 행복에 관련된 것에 무척 관심이 있기 때문에, 정부는 그들의 편견에 복종할 수밖에 없고, 또 사회의 안녕을 유지하기 위해서는 그들이 옳다고 생각하는 제도를 수립할 수밖에 없다. 합리적인 제도가 곡물과 종교라는 이들 두 가지 주요 대상에 대해 수립되지 않는 것은 아마도 이런 이유 때문일 것이다.

41. Ⅳ.중개상인. 이 상업은 국내시장의 공급을 풍부하게 하는 데 이바지한다.

Ⅳ. 중개업자, 즉 재수출하기 위해 외국 곡물을 수입하는 수입업자의 업무는 국내시장에 대한 풍부한 공급에 기여한다. 물론 국내시장에서 자신의 곡물을 파는 것은 그의 업무의 직접적인 목적이 아니다. 하지만 그는 일반적으로 그렇게 할 의사가 있고, 더욱이 외국시장에서 기대하는 것보다 훨씬 적은 돈을 벌더라도 그렇게 할 의사가 있다. 왜냐하면, 그는 짐을 싣고 내리는 비용, 운송·보험의 비용을 절약할 수 있기 때문이다. 중개무역 때문에 다른 나라에 공급하는 창고·저장소가 된 나라의 주민들은 좀처럼 궁핍해지지 않는다. 중개무역이 국내시장에서 곡물의 평균화폐가격을 낮출지는 몰라도 곡물의 진실가치를 낮추지는 않을 것이다. 그것은 은의 진실가치를 약간 올릴 뿐이다.

42. 영국의 법률은 곡물의 중개무역을 사실상 금지하고 있다.

영국에서는 사실상 중개무역이 금지되고 있다. 보통의 경우 외국곡물의 수입에 대해 높은 관세가 부과되고 있는데, 그 대부분에 대해서는 관세환불이 전혀 없다. 특수한 경우, 즉 곡물부족 때문에 임시법으로 그러한 관세를 면제해 줄 필요가 있는 경우에는, 항상 곡물수출이 금지되었다. 그러므로 중개무역은 이런 법률제도에 의해 사실상 모든 경우에 금지된 셈이다.

43. 영국의 번영은 곡물장려금에

그러므로 장려금 제도의 도입과 관련

기인한 것이 아니고 노동의 과실을 향유할 수 있는 안전이 확립되어 있었기 때문이다.

된 법률제도는 지금까지 받아온 찬사의 어느 것도 받을 가치가 없는 것 같다. 그토록 자주 이 법률의 덕택이라고 여겨져 왔던 영국의 진보와 번영은 다른 이유로써 매우 쉽게 설명될 수 있을 것이다. 영국의 법률은 모든 사람이 자신의 노동의 성과를 향유할 수 있도록 보장하고 있는데, 이것만으로도 온갖 불합리한 상업규제들에도 불구하고 한 나라를 번영시키기에 충분한 것이다. 그리고 이런 보장(security)은 장려금 제도가 도입된 것과 거의 같은 시기에 혁명〔1688년의 명예혁명〕에 의해 완성되었다. 모든 개인이 자신의 상태를 개선하려는 자연스러운 노력(natural effort)은, 자유롭고 안전하게 발휘될 수 있다면, 너무나 강력한 원동력이기 때문에, 다른 어떤 것의 도움 없이 그것만으로도 사회에 부와 번영을 가져다 줄 수 있을 뿐만 아니라, 인류가 만든 어리석은 법률이 개인의 자연스러운 노력에 가하는 수많은 부적절한 방해(이것은 항상 다소간 그 노력의 자유를 침해하거나 그 노력의 안전을 감소시키는 경향이 있다)를 극복할 수 있다. 영국에서 개인의 노력은 완전히 안전하다. 그리고, 비록 완전히 자유롭지는 않더라도, 유럽의 기타 어느 지역만큼은 자유롭거나 그보다 더 자유롭다.

44. 최대의 번영이 장려금의 뒤를 이어 일어났다는 것은 장려금을 정당화하지 않는다.

영국에서 최대의 번영·진보의 시기가 장려금 관련 법제도가 도입된 이후에 오기는 했지만, 그것을 이유로 번영·진보의 원인을 이들 법률 덕으로 돌려서는 안 된다. 또한 이 시기는 국채(國債)가 생긴 이후에 왔지만, 국채는 분명히 그 원인이 아니다.

45. 스페인과 포르투갈은 영국보다 더 가난하다. 왜냐하면 그들의 그릇된 정책이 영국의 그것보다 더 유효하고, 그것이 일반적 자유와 안전에 의하여 상쇄되지 않았기 때문이다.

장려금 관련 법제도가 스페인·포르투갈의 정책과 정확히 똑같은 경향, 즉 그 정책이 실행된 나라에서 귀금속의 가치를 다소 낮추는 경향을 가지고 있기는 하지만, 영국은 분명히 유럽에서 가장 부유한 나라들 중의 하나임에 반해, 스페인·포르투갈은 아마도 가장 빈곤한 나라에 속할 것이다. 그러나 이러한 상황의 차이는 두 가지 서로 다른 이유로써 쉽게 설명할 수 있다. 첫째, 금은의 수출에 대한 스페인에서의 과세와 포르투갈에서의 금지, 그리고 이들 법률의 집행을 감시하는 경계심 많은 경찰제도가 이들 매우 가난한 두 나라에서 귀금속의 가치를, 매년 6백만 파운드 스털링 이상을 수입함으로써, 필연적으로 감소시켰는데, 이것은 영국에서 곡물법이 귀금속의 가치를 감소시킨 것보다 더욱 직접적이고 그리고 더욱 강력하였다. 그리고 둘째, 두 나라에서는 이 나쁜 정책이 국민의 전반적인 자유·안전에 의해 상쇄되지 않는다. 그곳에서 개인의 자연스러운 노력은 자유롭지도 않고 안전하지도 않으며, 스페인·포르투갈의 일반 행정과 종교정치는 그것만으로도 양국의 현재의 빈곤상태를 영구화시키기에 충분할 정도이다. 비록 그들의 상업규제가 오늘날에는 그 대부분이 불합리하고 바보같지만 과거에는 현명했다고 하더라도 그렇다.

46. 조지 3세 제13년의 제43호 법률은

현재의 국왕 제13년(1772년)의 제43호 법률은 곡물법과 관련하여 많은 점에서 과거의 제도보다 낫지만 한두 가지 점에서는 그보다 못한 새로운 제도를 마련한 것 같다.

47. 종래보다 낮은 가격으로 국내시장을 개방하도록 하고,

이 법률에 의하면, 국내소비를 위한 수입에 부과되던 높은 관세는, 중급 밀 가격이 쿼터당 48실링으로, 중급 호밀·완두·콩 가격이 32실링으로, 보리가격이 24실링으로, 그리고 귀리가격이 16실링으로 오르자마자 면제되고, 그 대신 밀 쿼터당 6펜스, 그리고 다른 곡물 쿼터당 그것에 준하는 가벼운 관세가 부과된다. 이로써 모든 종류의 곡물, 특히 밀에 대해 국내시장은 전보다 훨씬 낮은 가격에서 외국의 공급에 개방된다.

48. 장려금도 더 빨리 정지시켰다.

이 법률에 의하면, 쿼터당 5실링의 밀 수출장려금은, 밀가격이 45실링으로 오르는 즉시 지불 중지되고(과거의 장려금 지불중지 가격은 48실링), 2실링 6펜스의 보리 수출장려금은 보리가격이 22실링으로 오르는 즉시 지불 중지되며(과거의 장려금 지불중지 가격은 24실링), 2실링 6펜스의 귀리 수출장려금은 그 가격이 14실링으로 오르는 즉시 지불 중지된다(과거의 장려금 지불중지 가격은 15실링). 호밀의 장려금은 3실링 6펜스에서 3실링으로 삭감되고, 그 가격이 28실링으로 오르는 즉시 지불 중지된다(과거의 지불중지 가격은 32실링). 만일 장려금이 내가 증명하려 했던 것처럼 부당하다면, 그 지불이 빨리 중지되면 될수록, 그리고 그 장려금이 적으면 적을수록 더 좋다.

49. 그리고 재수출을 위한 곡물 수입은 무관세로 허용했다.

이 법률은 가격이 최저일 때라도 재수출하기 위해 곡물을 수입하는 것을 무관세로 허용하고 있다. 다만 재수출될 때까지 이 곡물은 국왕과 수입업자의 공동관리하에 있는 창고에 보관되어야 한다. 사실 이 자유는 영국의 항구 중 겨우 25개의 항구에만 주어져 있을 뿐이다. 그러나 이 25개의 항구는 주요 항구들이고, 아마 다른 항구들 대부분에는 이 목적에 적합한 창고가 없을 것이다.

50. 이상은 결국 개선이긴 하다.

지금까지 본 바로는, 이 법률은 분명히 과거의 제도를 개선한 것 같다.

51. 그러나 이 법률은 귀리의 수출에 대해 장려금을 주고 있다.

그러나 바로 이 법률은 귀리의 수출에 대해, 그 가격이 14실링을 초과하지 않는 경우, 언제든지 쿼터당 2실링의 장려금을 준다. 과거에는 한 번도 귀리수출에 대해 장려금이 주어진 적이 없으며, 완두나 콩의 수출에 대해서도 그러했다.

52. 귀리의 수출을 금지할 경우의

또한 이 법률에 의해 밀 수출은 그 가격

가격이 지나치게 낮다.

이 쿼터당 44실링으로 오르는 즉시 금지되고, 호밀 수출은 그 가격이 28실링으로 오르는 즉시 금지되며, 보리의 수출은 그 가격이 22실링으로 오르는 즉시 금지되고, 귀리의 수출은 그 가격이 14실링으로 오르는 즉시 금지된다. 이러한 가격들은 모두 너무 낮은 것 같고, 또한 수출을 강제하기 위한 장려금의 지불이 정지되는 가격에서 정확히 수출을 전면적으로 금지한다는 것은 부당한 것 같다. 분명히 훨씬 더 낮은 가격에서 장려금이 정지되어야 했거나, 아니면 수출이 훨씬 더 높은 가격까지 허용되어야 했다.

53. 그러나 이것은 현재 기대할 수 있는 법률로서는 최선의 것이다.

이러한 점들에서는 이 법률이 과거의 제도보다 못한 것 같다. 그러나 그 불완전함에도 불구하고 우리는 솔론(Solon)이 법에 대해서 한 말, 즉 "그 자체로 최선은 아닐지라도 그것은 당시의 이해관계 · 편견 · 성향이 허용하는 범위 안에서 최선이었다"고 한 말을 이 법률에 대해서도 이야기할 수 있을 것이다. 머지 않아 이 법률은 더 나은 법을 위한 길을 열 것이다.